Sven von Ungern-Sternberg (Hg.)

**Freiburg auf dem
Weg zur »Green City«**

Ein Buch zum Stadtjubiläum

Schriftreihe der Badischen Heimat

Band 16

Sven von Ungern-Sternberg (Hg.)

Freiburg auf dem Weg zur »Green City«

Ein Buch zum Stadtjubiläum

rombach verlag

Auf dem Umschlag: Wiwilli Brücke Freiburg 1971 und 2000 (Fotomontage), Garten- und Tiefbauamt Freiburg i.Br.

Gefördert durch:

Bibliografische Information der Deutschen Nationalbibliothek
Die Deutsche Nationalbibliothek verzeichnet diese Publikation in der Deutschen Nationalbibliografie; detaillierte bibliografische Daten sind im Internet über <http://dnb.d-nb.de> abrufbar.

© 2020. Rombach Verlag KG, Freiburg i.Br./Berlin/Wien
1. Auflage. Alle Rechte vorbehalten
Lektorat: Stephanie Zumbrink
Umschlag: Bärbel Engler, Rombach Verlag KG, Freiburg i.Br./Berlin/Wien
Satz: Martin Janz, Freiburg i.Br.
Herstellung: Rombach Druck- und Verlagshaus GmbH & Co. KG, Freiburg i.Br.
Printed in Germany
ISBN 978-3-7930-5190-9

Inhalt

Vorwort Oberbürgermeister Martin W. W. Horn	9
Einführung und Überblick auf die einzelnen Beiträge Sven von Ungern-Sternberg	11

A Der lange Weg

I. Städtebau und Wohnungspolitik

Freiburg – ein Glücksfall Klaus Humpert	39
»Glück gehabt« Paul Bert	70
Die bauliche Entwicklung der Albert-Ludwigs-Universität Freiburg Eckhard Bull	84
Garanten für bezahlbares Wohnen in der Stadt Anja Dziolloss | Marc Ullrich | Martin Weiner	100
Soziales und innovatives Bauen für Freiburg Ralf Klausmann | Magdalena Szablewska	113
Der Kampf gegen die Abrisspolitik Hermann Hein	122

II. Denkmalpflege Heimatgefühl Identität

130 Jahre badische Denkmalpflege und Baugeschehen in Freiburg Wolfgang E. Stopfel	135
Zur ressourcenschonenden Fortschreibung der Stadt Freiburg Dagmar Zimdars	149
Das Freiburger Münster – Identität und gebaute Nachhaltigkeit Yvonne Faller	160

Stadtpolitik und heimatliche Bindung — 164
SVEN VON UNGERN-STERNBERG

III. Der Weg zur ökologischen Verkehrspolitik

Ausbau des Nahverkehrs in Stadt und Region — 183
MARTIN HAAG | UWE SCHADE

900 Jahre Freiburg – 119 Jahre Straßenbahn – 48 Jahre VAG — 195
OLIVER BENZ | ANDREAS HILDEBRANDT

Freiburg fährt Rad — 203
HANS-GEORG HERFFS

Das städtische Straßennetz und der individuelle Kfz-Verkehr — 214
SVEN VON UNGERN-STERNBERG

IV. Entwicklung des Natur- und Umweltschutzes

Das Gartenamt der Stadt Freiburg — 231
BERNHARD UTZ

Naturschutz in Freiburg (1976–1986) — 240
HELMUT VOLK

Vom Müllentsorgen über das Schonen von Deponieraum
zur Abfallwirtschaft — 250
ENGELBERT TRÖNDLE

Jahrhundertprojekt – Abwasserzweckverband Breisgauer Bucht — 255
WERNER DAMMERT

Städtische Wasser- und Abwasserpolitik — 266
JÜRGEN BOLDER

Solares Freiburg — 276
ROLF DISCH

Die Institutionalisierung des Umweltschutzes — 287
DIETER WÖRNER

900 Jahre Freiburg – 30 Jahre Umweltdezernat 298
    Interview mit Frau Bürgermeisterin Gerda Stuchlik

V. Soziale Nachhaltigkeit

Mittelpunkt Familie 315
    Sigrun Löwisch

Frauen planen und bauen – nicht nur für Frauen 323
    Renate Bert

Seniorenpolitik in Freiburg 332
    Ellen Breckwoldt

Bürgerbeteiligung in Freiburg 340
    Michaela Piltz

VI. Ökonomische Nachhaltigkeit

Aspekte, Indikatoren und Beispiele einer nachhaltigen Finanz- und Wirtschaftspolitik der letzten 25 Jahre in Freiburg 353
    Otto Neideck

Die Rolle des Handwerks in der »Green City« 364
    Johannes Ullrich

Die Bedeutung des Einzelhandels für die Stadtentwicklung 370
    Hanna Denecke | Roland Jerusalem

VII. Neue Stadtteile

Der neue Stadtteil Rieselfeld 383
    Klaus Siegl

Der Stadtteil Vauban 396
    Roland Veith

Freiburgs neuer Stadtteil Dietenbach: sozial – ökologisch – lebenswert 409
    Rüdiger Engel

VIII. Blick über den Tellerrand

Die Kragenweite muss stimmen — 425
    Dorothea Störr-Ritter

Freiburg – das Rätsel seiner besonderen Anziehungskraft
aus der Sicht von außen — 430
    Gudrun Heute-Bluhm

Learning from Freiburg to make cities livable internationally — 435
    Michael Mehaffy

B Der Ausblick

Architektur der städtischen Gebäude – Rolle der Freiburger Stadtbau — 447
    Ralf Klausmann | Magdalena Szablewska

Gebäudestandards — 457
    Andrea Katzer-Hug

Soziale Nachhaltigkeit — 464
    Ulrich von Kirchbach

Freiburg übermorgen – ein Blick in die nähere und fernere Zukunft — 483
    Martin Haag | Babette Köhler

Anhang

Chronik — 499

Literaturverzeichnis — 507

Bildnachweis — 515

Autoren- und Autorinnen — 519

Vorwort

OBERBÜRGERMEISTER MARTIN W. W. HORN

Das 900-jährige Jubiläum der Stadt Freiburg ist Grund genug, richtig zu feiern. Es ist aber genauso ein guter Anlass, einen Blick darauf zu werfen, was unsere Stadt mit all ihren Besonderheiten ausmacht. Gibt es einen roten Faden, der die Vergangenheit, die Gegenwart und die Zukunft zusammenhält? Wenn ja, was sagt das über die Identität und Haltung der Gesellschaft in unserer Stadt aus? Welche Wünsche und Ideen entstehen daraus für die Zukunft? Wie wollen wir eine lebenswerte Stadt in der Zukunft gestalten?

Um genauso solche Fragen zu stellen und miteinander zu diskutieren, fördert die Stadt Freiburg auf Beschluss des Gemeinderates rund 60 Kulturprojekte für das Stadtjubiläum – unter anderem auch diese Publikation des Landesvereins der Badischen Heimat.

Das Buch der Schriftenreihe »Badische Heimat« blickt zurück auf die städtebauliche, ökologische, soziale und nachhaltige Politik unserer Stadt in den letzten Jahrzehnten. Das Kompendium bietet somit einen Überblick der vielfältigen Entwicklung Freiburgs, vor allem in Richtung einer nachhaltigen Stadt.

Denn Nachhaltigkeit bedeutet nicht nur Umwelt-, Klima-, und Artenschutz, sondern ist eine umfassende Strategie auf allen wichtigen gesellschaftspolitischen Gebieten: im Sozialen, in der Wirtschaft oder der Finanzwirtschaft.

Und es geht dabei auch darum, über den Stadtrand, ja gar über die Landesgrenze zu schauen. Nachhaltigkeit und Klimaschutz sind Themen von überregionaler Bedeutung. Die Zusammenarbeit der Städte weltweit ist deshalb eine wichtige Voraussetzung für eine nachhaltige Entwicklung der Zukunft.

Eins der vordringlichsten Themen ist aber ohne Frage – nicht nur der aktuellen Freiburger Stadtpolitik – der existentielle Kampf gegen den Klimawandel und für eine nachhaltige Klimaschutzpolitik. Trockenheit, Brände und schmelzendes Eis verdeutlichen die Dringlichkeit von wirksamen und zielstrebigen Klimaschutzmaßnahmen.

Freiburg ist seit Jahrzehnten aktiv im Klimaschutz und Vorreiter für viele andere Kommunen in Deutschland und Europa. Die Dringlichkeit fordert aber noch mehr Engagement und mehr Tempo, auch bei uns in Freiburg. Der aktuelle Haushalt weist dementsprechend die größten Ausgaben für den Klimaschutz in der Stadtgeschichte aus.

Schließlich kommt den Kommunen beim Erreichen der Klimaschutzziele und der Umsetzung von Klimaschutzmaßnahmen eine zentrale Rolle zu.

Unsere Ziele erreichen wir aber nur, wenn wir gemeinsam mit der Zivilgesellschaft und allen wichtigen Akteuren und Akteurinnen aus Verwaltung, Wirtschaft und Wissenschaft weiter an einem Strang ziehen. Die größte Demonstration der Nachkriegsgeschichte, bei der im September 2019 weit über 20 000 Menschen in Freiburg für den Klimaschutz auf die Straße gingen, setzte hierfür ein weithin sichtbares positives Zeichen.

Es sind größtenteils die Zeitzeugen selber, die die Geschichte und Politik dieser Stadt an entscheidender Stelle geprägt haben und hier im Sonderheft Badische Heimat mit ihren Erinnerungen zu Wort kommen.

Zum Stadtjubiläum geht es unter anderem genau darum, aber wir wollen das heutige und das zukünftige Freiburg ebenfalls in den Fokus zu rücken. Mit frischem Blick wollen wir überlegen, was gut ist – und was besser werden könnte.

Im Namen der Stadt Freiburg bedanke ich mich bei allen Autorinnen und Autoren, die dieses Buch der Badischen Heimat mit ihren interessanten Beiträgen möglich gemacht haben. Allen voran aber bei Sven von Ungern-Sternberg als Vorsitzendem des Landesvereins Badische Heimat, der die Herausgabe des Jubiläumsbuchs initiiert hat.

Martin W. W. Horn
Oberbürgermeister
Stadt Freiburg im Breisgau

Einführung und Überblick auf die einzelnen Beiträge

SVEN VON UNGERN-STERNBERG

Die Idee zu diesem Buche entstand bei Beerdigungen. Beim Tode wichtiger kommunalpolitischer Akteure wurde mir immer wieder bewusst, dass von diesen Zeitzeugen unwiederbringlich wertvolle Erfahrungen, Kenntnisse und Hintergründe ins Grab mitgenommen werden. Diese für die Geschichte unserer Stadt so interessanten Informationen können von späteren Chronisten nur schwer aufgespürt werden.

So ist bei mir der Plan entstanden, Zeitzeugen anzusprechen und sie zu bitten, das, was ihnen im Rückblick auf ihr Lebenswerk wichtig war, doch festzuhalten – keine umfangreiche Monographie, sondern in kurzer prägnanter Form neben entscheidenden Fakten auch subjektive Wertungen, persönliche Erfahrungen und besondere Konstellationen – kurzum, Kommunalgeschichte aus erster Hand von maßgeblich mitgestaltenden Akteuren.

Zunächst hatte ich vor, geprägt durch meine eigene Arbeit als Baubürgermeister, ein derartiges Unterfangen auf das Baudezernat zu beschränken. Dann bot sich aber in Zusammenhang mit dem Stadtjubiläum an, in der Schriftenreihe der Badischen Heimat allgemein einen Beitrag zur neueren Freiburger Stadtgeschichte zu bringen. Freiburg begreift sich heute zu Recht als Umweltstadt, und so lag es nahe, den Weg Freiburgs in den letzten Jahrzehnten zu einer »Green City« aufzuzeigen. Dies ist zum einen auch ein Stück Geschichte des Freiburger Baudezernates, geht aber natürlich erheblich darüber hinaus. So bildete sich ein weit gefächertes Themenfeld, vom Städtebau, Denkmalschutz, klassischen Gebieten des Umwelt- und Naturschutzes bis hin zur sozialen und fiskalischen Nachhaltigkeit.

Und dann gab es eine zusätzliche Erweiterung. Es sollte nicht nur ein Rückblick »Ehemaliger« sein, sondern auch der Bogen zur Gegenwart und Zukunft geschlagen werden. So bin ich dankbar, dass die maßgeblichen Verantwortlichen im Freiburger Rathaus für die ökologische Gesamtausrichtung der Politik von heute sich an diesem Buch beteiligen.

Ich möchte nun auf die Konzeption und die Abfolge der einzelnen Abschnitte und Berichte sowie die Autoren eingehen und hie und da – weil ich ja selbst auch Zeitzeuge dieser Entwicklung bin – mit eigenen persönlichen Anmerkungen ergänzen.

Das zerstörte Freiburg nach dem 27. November 1944

Dieses Buch beginnt mit dem städtebaulichen Abschnitt. Stadtplanung ist für mich immer die »intellektuelle Mutter« jeglicher langfristig ansetzenden Stadtentwicklung gewesen. Dies gilt gerade auch für Freiburg.

Am Beginn steht ein Beitrag von Klaus Humpert, der von 1963 bis 1982 Leiter des Freiburger Planungsamtes gewesen ist. Humpert war ein Glücksfall für die Freiburger Stadtplanung, ein brillanter Kopf, geistreich, visionär und witzig, bis auf den heutigen Tag im Alter von 90 Jahren. Er formte in seiner Zeit das Amt zu einem »think tank« von bundesweitem und international hohem Ansehen. Er scharte um sich einen Kreis von kompetenten und engagierten Planern, die das Amt zu einem »Mekka der Stadtplanung« machten. Stellvertretend nenne ich Paul Bert (Entwicklung der Innenstadt), Wolfgang Bäumle (Westentwicklung), Adalbert Häge (Stadtentwicklung), Dieter Reinelt (Neue Stadtteile), Volker Rosenstiel und Rainer Schelkes (Stadtgestaltung), Bernhard Utz (Grünplanung) sowie Josef Diel und Hans-Jörg Oehm, die beide später zur Stadtbau wechselten.

Viele Delegationen besuchten uns. Wir waren gesucht auf Tagungen und Konferenzen. Es gab vielfache Auszeichnungen auf Landesebene, auf Bundesebene und sogar auch international. Als Klaus Humpert 1983 den ehrenvollen Ruf auf den renommierten Lehrstuhl für Städtebau nach Stuttgart erhielt und Freiburg verließ, konnte in der Ära seines Nachfolgers Wulf Daseking das Planungsamt von diesem Humankapital zehren und mit neuen kompetenten und engagierten Mitarbeitern das hohe Niveau halten, bis im Jahre 2006 die »Keule« kam und das Baudezernat aufgelöst und zerschlagen wurde. Klaus Humpert schildert in seinem anschaulichen Bericht vor allen Dingen den Kampf in Freiburg zwischen der Moderne und den Traditionalisten, geht auf einige weichenstellende Fragen ein und zeigt auch auf, wie eng städtebauliche und verkehrsplanerische Fragen miteinander verschränkt sind.

Es folgen die Ausführungen von PAUL BERT. Paul Bert hat mehr als 30 Jahre federführend die Entwicklung unserer Freiburger Innenstadt bestimmt. Bert war anders als Humpert von seiner Ausbildung her eher ein »Traditionalist«, ein Schüler von Karl Gruber und hat mit Humpert kongenial zusammengearbeitet. Paul Bert hat in seiner besonnenen und abwägenden Art die Bautätigkeit in der Altstadt in ihrer kleinparzellierten historischen Maßstäblichkeit sehr erfolgreich betrieben. Seine besondere Liebe galt der Denkmalpflege. Freiburg hatte damals wie heute keinen eigenen Denkmalpfleger. In all diesen Jahren war aber Paul Bert für uns alle faktisch die kommunale »Denkmalpflegeinstanz«.

Im Folgenden schildert ECKHARD BULL, der fast 25 Jahre in leitenden Funktionen für das Universitätsbauamt Verantwortung trug, die bauliche Entwicklung der Freiburger Universität. Er geht auf die entscheidende Weichenstellung nach dem Kriege ein, die seinerzeit Horst Linde durchsetzte. Freiburg hat nicht mit einem modernen »Campus« nach amerikanischem Vorbild die Universität vor die Tore der Stadt ausgelagert. Es blieb das vertraute Bild erhalten, dass die Universität im Herzen der Stadt einen wichtigen Beitrag zum urbanen Flair leistet. Ein Campus außerhalb der Stadt hätte, so Horst Linde, zugleich zu einer geistigen Isolierung der Universität geführt. Die staatlichen Architekten für die Universitätsbauten wurden den »Modernisten« zugerechnet. Umso bemerkenswerter ist es, dass in der eigentlichen Altstadt von diesen Architekten der Wiederaufbau wichtiger identitätsstiftender Gebäude im Sinne einer Rekonstruktion und somit einer Bewahrung des Vertrauten erfolgte. Dies gilt sowohl für die alte Universität mit der Universitätskirche als auch für das von Hermann Billing im Jugendstil geschaffenen Kollegiengebäude I. Allerdings war es bei diesem Gebäude kontrovers. Gegen den eindeutigen Willen des damalige Rektors, der dort eine modernen Zweckbau im Stil der neuen Zeit haben wollte, setzte sich Horst Linde im Sinne des Wiederaufbaus durch.

Im an die Altstadt angrenzenden Institutsviertel allerdings sieht man deutlich die Handschrift der Modernen, die im Gegensatz zu den städtischen Planern bei ihren Bauten die zeitgenössische Architektur zum Zuge kommen ließen. In meiner Zeit gab es für die Altstadt eine große Gefahr, denn die Universität brauchte in ihrer dynamischen Entwicklung sehr viel neue Fläche.

Ursprünglich gab es Planungen, entlang des Rings durch Abriss der meist in der Gründerzeit erbauten Häuser schrittweise die Universitätserweiterung bis hin zur Kronenbrücke durchzuführen. Begonnen hatte dies ja bereits mit dem Abriss des Rotteck-Gymnasiums. Diese Entwicklung, die ich persönlich als einen unvertretbaren Eingriff in den gewachsenen Organismus der Altstadt angesehen habe, konnte aber verhindert werden, indem für die zwingende Ausdehnung universitärer Bauten jetzt außerhalb der Stadtmitte neue Möglichkeiten gefunden werden konnten. Auf einer Fläche von 140 Hektar erwarb die Universität den notwendigen Platz für den dort in beeindruckender Weise sich entwickelnden »Flugplatz-Campus«.

Im Anschluss präsentieren sich die drei großen Wohnungsbaugenossenschaften Bauverein Breisgau, Heimbau Breisgau und Familienheim Freiburg vertreten durch MARC ULLRICH, MARTIN WEINER und ANJA DZIOLLOß. In der Umsetzung der städtischen Baupolitik haben diese Genossenschaften eine ganz wichtige Rolle für die Wohnversorgung der Freiburger Bevölkerung. In einer gemeinsamen Darstellung schildern sie die Akzente der letzten Jahrzehnte, vor allen Dingen ihre Verantwortung für bezahlbares Wohnen in der Stadt. Nachhaltigkeit und bezahlbares Wohnen gehören eng zusammen. Die Beiträge zeigen auf, dass die ökologische Gesamtausrichtung der Stadtpolitik wichtiges Thema für die Baugenossenschaften geworden ist.

Es schließt sich die Darstellung von RALF KLAUSMANN und MAGDALENA SZABLEWSKA für die Freiburger Stadtbau an, die seit der Gründung der Freiburger Siedlungsgesellschaft vor 100 Jahren als verlängerter Arm der Rathauspolitik einen wichtigen Beitrag zum Freiburger Baugeschehen leistet, sei es für den Wohnungsbau in all den Jahrzehnten bis in die neueste Zeit, etwa beim beeindruckenden »Rennwegdreieck«, sei es auch für spezielle Projekte wie das Faulerbad und das Konzerthaus in früheren Jahren oder etwa das »Green City-Hotel« im Vauban oder jüngst die Pavillons am Europaplatz. Bei all diesen Gesellschaften zeigt sich nicht nur die soziale Verantwortung für einen preisgünstigen Wohnungsbau, sondern es spiegelt sich auch der Weg Freiburgs zur »Green City« wieder. Denn in den letzten zwei Jahrzehnten hat die Ökologisierung einen Schwerpunkt in der Unternehmenspolitik eingenommen.

Der letzte Beitrag im Abschnitt Städtebau kommt von HERMANN HEIN, dem Leiter der Arbeitsgemeinschaft Freiburger Stadtbild. Diese Arbeitsgemeinschaft ist eine Bürgerinitiative, die vielfach Planungsabsichten der Verwaltung kritisch begleitet und sie des Öfteren sogar bekämpft hat. Ihre Gründung im Jahre 1967 war geprägt durch den Protest gegen die Absichten und den Zeitgeist der damaligen städtischen Planer und Rathauspolitik. In der Umweltpolitik war es vor allem Sigrid Lechner-Knecht, eine Vorläuferin der Grünen, die sich für den Erhalt des Mooswaldes und des städtischen Grüns einsetzte.

Die Arbeitsgemeinschaft wandte sich in der Verkehrspolitik gegen die autogerechte Stadt und stritt gegen die geplante ASS in der Wiehre. Sie bekämpfte die städtische Abrisspolitik und forderte eine höhere Bewertung des Denkmalschutzes. In der ersten Hälfte ihres Bestehens war diese Initiative durch ihren Vorsitzenden Walter Vetter geprägt, dem in erster Linie zu verdanken ist, dass die Wertschätzung des Historismus und des Jugendstils in unserer Stadt eine positive Wendung genommen hat. Seit seinem allzu frühen Tod im Jahre 1991 leitet Hermann Hein diese Arbeitsgemeinschaft Stadtbild mit großem Engagement. In einer Fülle von Einzelfällen hat sie sich erfolgreich eingebracht.

In dem folgenden Abschnitt kommt nun der Denkmalschutz zu Worte. Es beginnt mit einer Schilderung von WOLFGANG E. STOPFEL, dem Altmeister der südbadischen Denkmalpflege, der über viele Jahre die staatlichen Denkmalbehörden in unserer südbadischen Region geleitet hat. Wolfgang Stopfel geht in seinem Beitrag in einem großen historischen Bogen auf die Geschichte der Denkmalpflege in unserer Stadt ein und schildert entscheidende Weichenstellungen für Denkmal- und Heimatschutz in den ersten Jahrzehnten der Nachkriegszeit.

Die nachfolgende Autorin Frau DAGMAR ZIMDARS ist gegenwärtig für die praktische Bau- und Kunstdenkmalpflege in Freiburg zuständig und geht exemplarisch auf einige Schwerpunkte ihrer Arbeit ein. Sowohl Wolfgang Stopfel als auch Dagmar Zimdars kenne ich persönlich aus ihrem Engagement aus dem Freiburger Münsterbauverein als kompetente und verlässliche Partner.

Danach kommt ein Beitrag von unserer Münsterbaumeisterin YVONNE FALLER, die seit 2005 diese für Freiburg herausragende Position innehat. Dieses Buch handelt von Nachhaltigkeit. Der Inbegriff der Nachhaltigkeit in Freiburg ist unser Wahrzeichen, das Freiburger Münster. Es ist für mich eine wahrhaft erfüllende Freude, dass ich nun schon 15 Jahre als Vorsitzender des Münsterbauvereins mit diesem herrlichen Bauwerk verbunden bin. Die städtebauliche Gesamtausrichtung unserer Stadt zollt diesem Gebäude Respekt, ob in einer Höhenbegrenzung in der Nähe des Münsters, ob in den Sichtverbindungen der Straßen zum Münsterturm. Es ist immer wieder faszinierend, wenn man vom Norden auf der Habsburgerstraße in die Stadtmitte fährt und schon von weitem unverbaut den Münsterturm erblickt und sich daheim fühlt.

Es folgen Überlegungen von mir zu dem Thema »Stadtpolitik und heimatliche Bindung«, indem ich aufzeige, dass Städtebau erhebliche Auswirkungen auf die emotionale Verwurzelung der Bürgerschaft hat und auch andere Felder der Stadtpolitik darauf Einfluss haben, ob Bürger sich mit ihrer Stadt identifizieren.

Der nächste Abschnitt behandelt die ökologische Verkehrspolitik. Es war eine gute Konstellation, dass das Planungsamt und das Tiefbauamt in einem Dezernat miteinander verbunden gewesen sind. Dies hatte den naheliegenden Vorteil, dass von Anfang an in die Überlegungen der Stadtplaner auch die Überlegungen der Verkehrsplaner eingingen und vice versa. Eigentlich sollte dies selbstverständlich sein. Aber in der Praxis zumindest früherer Jahre wurde in vielen Städten zunächst gebaut und dann erst zu einem späteren Zeitpunkt, als kaum noch angemessen reagiert werden konnte, die Verkehrsauswirkung festgestellt. Städteplanung und Verkehrsplanung waren häufig nicht vernetzt. Bei uns in Freiburg gab es den glücklichen Umstand, dass durch den ständigen Kontakt zwischen den beiden Ämtern frühzeitig Dinge im Vorfeld bereits aufeinander abgestimmt werden konnten. Dies hatte insbesondere bei der Entwicklung der städtischen Verkehrspolitik hin zu einer ökologischen Grundausrichtung einen unschätzbaren Vorteil.

Der erste Bericht in diesem Abschnitt kommt von Martin Haag und Uwe Schade. Je stärker die Entwicklung hin zum öffentlichen Nahverkehr Fahrt aufnahm, desto wichtiger war es, als Baudezernat auch zusätzliches Know-how zu erlangen. Wir standen daher auch unter anderem mit Professor Topf von der Universität Kaiserslautern in Verbindung. Einen kompetenten Mitarbeiter von ihm konnten wir dann abwerben, nämlich Martin Haag, der dann 1987 als ÖPNV-Beauftragter im Freiburger Tiefbauamt angestellt wurde. Er hat nahezu zwei Jahrzehnte maßgeblich Anteil an der ÖPNV-Planung im Freiburger Rathaus gehabt. Er ging nach der Zerschlagung des Baudezernats nach Kaiserslautern zurück. Dort wurde er Lehrstuhlinhaber und Leiter des Instituts für Mobilität und Verkehr. Nach Wiedereinführung des Baudezernats wurde er 2011 unser neuer Baubürgermeister in Freiburg. Martin Haag schildert die Kernpunkte der erfolgreichen ÖPNV-Geschichte unserer Stadt.

Es folgt ein Bericht von Oliver Benz und Andreas Hildebrandt zur VAG. Der Bericht geht auf die Entwicklung der Straßenbahn hin zur Stadtbahn ein und nimmt auf wichtige Weichenstellungen der VAG Bezug, insbesondere aber auch den Freiburger »Paukenschlag« in Form einer radikalen Tarifvereinfachung.

Wir sind heute alle stolz auf diese Entwicklung des öffentlichen Personennahverkehrs und auf unsere attraktive moderne Stadtbahn. Es ist aber kaum einem Freiburger gegenwärtig, dass vor einem halben Jahrhundert die Straßenbahn in Freiburg abgeschafft werden sollte. Vielen modernen Verkehrspolitikern jener Zeit schien die Straßenbahn ein überholtes, »vermufftes« Massentransportsystem des 19. Jahrhunderts zu sein, das nicht mehr in die moderne Zeit passt. Nach und nach wurde das Liniennetz weniger attraktiv und Strecken waren »ausgedünnt« worden. Der Wagenpark wurde sträflich vernachlässigt. Für viele war in jenen Jahren die Straßenbahn »out«. So schufen manche Städte seinerzeit ganz die Straßenbahn ab, so etwa in unserer Nachbarschaft die Stadt Straßburg, die dann mit einem riesigen Aufwand viele Jahre später die Straßenbahn wieder eingeführt hat.

Auch in Freiburg gab es derartige Überlegungen. Die Stadtverwaltung wollte die Straßenbahn zu Gunsten der Busse und eines neu einzuführenden Kabinentaxisystems (CAT-System) abschaffen. Stattdessen wurde aber vom Freiburger Gemeinderat das Gegenteil beschlossen, nämlich die Straßenbahn auszubauen und attraktiver zu gestalten. Diese politische Linie ist vorbildlich in all den kommenden Jahrzehnten bis zum heutigen Tage auch in die Praxis umgesetzt worden, sodass wir heute zu Recht stolz auf unsere Stadtbahn, die Regio-S-Bahn und den ÖPNV insgesamt sein können.

Anschließend berichtet HANS-GEORG HERFFS über ein weiteres Markenzeichen der Freiburger Verkehrspolitik, nämlich die Radpolitik. Hier hat eine persönliche Konstellation die richtige Weichenstellung ausgelöst. Bis in die 1970er-Jahre hinein spielte die Fahrradpolitik für die Stadt Freiburg keine Rolle. Zwar hatte schon in den 1960er-Jahren das Planungsamt visionär einen General-Radwegeplan entworfen, erntete aber, wie Klaus Humpert mir erzählte, seitens des damals zuständigen Tiefbauamtes nur ein homerisches Gelächter. Eine Zählung aus dem Jahre 1976 zeigt, dass 67 000 Radwegefahrten pro Tag eine Zahl von über 220 000 Kfz-Fahrten pro Tag gegenüberstand. Kurz nach meiner Wahl zum Bürgermeister kam Stadträtin Sigrun Löwisch zu mir und erzählte, dass ihr Schwiegervater in Erlangen wohne und diese Stadt seit einigen Jahren eine sehr erfolgreiche Fahrradpolitik betreibe. Ich erinnerte mich an die Fahrradstadt Münster, die ich in den letzten Jahren kennen gelernt hatte. Daraufhin vereinbarten wir, das gute Beispiel dieser Städte Münster und Erlangen zum Vorbild zu nehmen und in Freiburg eine aktive Fahrradwegepolitik in die Wege zu leiten. Über die CDU-Fraktion wurde beantragt, eine ständige Arbeitsgruppe »Freiburger Fahrradwege« zu installieren und ausreichende Finanzmittel bereitzustellen, um ein attraktives Fahrradwegenetz aufzubauen. Ab dem Jahr 1980 tagte dann regelmäßig unter dem Vorsitz des Baudezernenten diese gemeinderätliche Arbeitsgruppe. In ihr waren die einzelnen Fraktionen einbezogen, aber auch Fahrradinitiativen, der Gesamtelternbeirat, das Verkehrsforum und die Polizei. Es gelang tatsächlich, ab 1980 eine Fahrradpauschale in Höhe von eine Millionen Euro jährlich einzustellen, die es ermöglichte, ein taugliches Fahrradwegenetz zu schaffen. Hierzu gehörten ergänzende Einzelprogramme, so ein besonderes «Bordsteinabsenkungsprogramm«, Abstellmöglichkeiten für Fahrräder, Abmarkierungen und Vorrangflächen im Straßenraum, Radfahrstraßen, Entschärfungen von Unfallschwerpunkten etc. Es folgte eine erfolgreiche Fahrradpolitik in den nächsten Jahrzehnten. Das entscheidende Gremium für einen erfolgreichen Start war die Arbeitsgemeinschaft »Fahrradwege«, in dem es einen weitgehenden überparteilichen Konsens gab und dessen Vorschläge der Gemeinderat durchweg auch zustimmte.

Diese Fahrradpolitik wurde vom angrenzenden Landkreis zunächst ein wenig belächelt. Leider gab es damals noch keine finanzielle Unterstützung für Fahrradprogramme von Bund und Land. Wie weit aber innerhalb von kurzer Zeit sich die Verkehrsanteile verändern können, sei aufgezeigt. War in den 1970er-Jahren das Verhältnis zwischen privatem Kfz-Verkehr und Fahrradverkehr ungefähr 4:1, so ergab der »modal split« bereits im Jahre 1982 einen Anteil von 15 Prozent Fahrradverkehr gegenüber knapp 40 Prozent privatem Kfz-Verkehr. 1999 war der Fahrradanteil im »modal split« dagegen bereits auf 27 Prozent angewachsen, während der private Kfz-Verkehr auf 32 Prozent sank. Im Jahre 2016 verzeichnete der »modal split« ein weiteres Ansteigen des Fahrradverkehrs auf 34 Prozent gegenüber nur noch 21 Prozent privaten Kfz-Verkehr. Das heißt, die Verhältnisse haben sich in einer wirklich schon sensationell anmutenden Weise zu Gunsten des Fahrradanteils verändert.

Diese Zahlen zeigen überzeugend auf, wie wichtig eine entschiedene Fahrradpolitik für Gemeinden ist. Vor allen Dingen kann sie überall erfolgreich praktiziert werden: in großen Städten, in kleineren Gemeinden und in Ortschaften auf dem flachen Lande. Sie erfordert einen relativ geringen Finanzaufwand – jedenfalls im Verhältnis zu teurem ÖPNV-Ausbau und teurem Straßenbau – und ist in der Lage, in wenigen Jahren ganz erhebliche Veränderungen im Verkehrsverhalten zu erreichen. Zudem ist die Fahrradinfrastruktur, die mit begrenzten baulichen Maßnahmen verbunden ist, beweglich und flexibel. Es dient auch der Volksgesundheit, wenn möglichst viele Menschen sich mit dem Rad bewegen. Schließlich ist im Rahmen der immer wichtiger werdenden Klimadebatte das Rad ein ausgesprochen umweltfreundliches Verkehrsmittel. In der heutigen Zeit ist durch die dynamische Entwicklung von E-Bikes der Anwendungsbereich von Fahrrädern noch größer geworden. Von daher ist es unverständlich, dass nicht auf viel breiterer Ebene eine aktive Fahrradpolitik betrieben wird, ob im nationalen oder internationalen Bereich. In den vielen Vorträgen, die ich in den USA gehalten habe, habe ich immer wieder versucht, amerikanische Kommunalpolitiker für eine Fahrradpolitik zu ermuntern. Abgesehen von einigen Kommunen, die wie Portland in Oregon so etwas wie eine Avantgarde sind, hat sich am Mainstream in den USA leider nicht viel geändert.

Hans-Georg Herffs schildert im Einzelnen die Erfolgsgeschichte der Fahrradpolitik in Freiburg. Hieran hat das Freiburger Tiefbauamt entscheidenden Anteil. In Norbert Göbel, der 1987 die Leitung des Tiefbauamtes übernahm, hatte dieses Amt einen durch und durch fahrradbegeisterten Chef. Mit großem Einsatz engagierte sich auch der Verkehrsplaner Klaus Herr, bis dann

Die Stühlinger- oder Wiwili-Brücke – früher und heute

Hans-Georg Herffs 1995 speziell als Fahrradbeauftragter im Tiefbauamt eingestellt wurde, eine Aufgabe, die er bis heute wahrnimmt.

Im nächsten Bericht des Blockes Verkehrspolitik versuche ich zum Thema »Straßennetz und privater Kfz-Verkehr« aufzuzeigen, dass bei aller gebotenen Reduzierung des Kfz-Anteils im täglichen Verkehr dennoch eine ausbalancierte Verkehrspolitik nicht ohne Straßen und individuellen Kfz-Verkehr auskommen kann.

Der folgende Abschnitt behandelt die klassischen Felder der Umweltpolitik. Früher war die Zuständigkeit für den Umweltschutz dem Hauptamt zugeordnet. Erst 1978, als ich Bürgermeister wurde, wurde die Federführung für diesen Bereich einem politisch verantwortlichen Dezernenten zugewiesen. Ich habe diesen Ball natürlich gerne aufgegriffen. So wurde zum einen der Umweltschutz innerhalb des Baudezernates vorangetrieben, in dem es ohnehin direkte Zuständigkeiten bei der Stadtplanung, beim Tiefbauamt für Verkehr und Wasser sowie beim Gartenamt gab. Dazu kam nun die Koordinierung für den gesamten städtischen Umweltschutz. Deshalb wurden vom Baudezernat auch alsbald interdisziplinäre ämterübergreifende Fragen angegangen. So legte das Baudezernat den ersten städtischen Umweltbericht dem Gemeinderat vor, verfasst von Roland Veith, dem späteren Koordinator für Vauban. Und so entstand auch ein erstes gesamtstädtisches Energiekonzept beim Baudezernat, entworfen von Klaus Siegl, der dann später für den Stadtteil Rieselfeld verantwortlich war. Zudem wurden in diesen Jahren ein Naturschutzbeirat und ein gemeinderätlicher Umweltausschuss eingerichtet, dessen Leitung und Federführung beim Baudezernat lag. Die gesamtstädtische Zuständigkeit ging dann 1986 vom Baudezernat auf das neu geschaffene Umweltamt über, das zunächst dem Oberbürgermeister und anschließend nach der Schaffung eines eigenen Umweltdezernates natürlich diesem zugeordnet war.

Den Anfang des Umweltschutzkapitels macht BERNHARD UTZ. Er war zunächst Mitarbeiter im Freiburger Planungsamt, bis 1972 ein eigenständiges Gartenamt geschaffen wurde, dessen Leitung er insgesamt 32 Jahre innehatte. Für das städtische Grün, für den Landschafts- und Naturschutz in Freiburg hat Bernhard Utz Maßgebliches geleistet. Sein Gespräch mit der Natur führt zu einem Rundgang zu wichtigen Orten seiner Tätigkeit. Bernhard Utz ist zu Recht als ein Pionier der städtischen Verwaltung in allen Fragen der grünen Politik bezeichnet worden.

Es folgt ein Bericht des ersten Naturschutzbeauftragten der Stadt Freiburg HELMUT VOLK, der bereits 1975 vom Freiburger Gemeinderat gewählt worden war. Helmut Volk ist von Beruf Forstwirt und übte das Amt des Naturschutzbeauftragten ehrenamtlich aus. Im Bauausschuss des Gemeinderats hat er sich zu allen naturschutzrechtlichen Fragen als sachkundiger Bürger eingebracht und für die laufende Verwaltung war er ständiger Ansprechpartner. Obwohl ich als Baudezernent immer wieder auch Kompromisse eingehen musste, die nicht hundertprozentig dem reinen »Naturschutz« entsprechen konnten, war die Zusammenarbeit mit den Naturschutzbeauftragten sehr zielführend. Bemerkenswert in seinem Beitrag ist, dass er die »Mütter der grünen Bewegung« Sigrid Lechner-Knecht und Emily Meier hervorhebt, die dem Naturschutz ein persönliches Profil gegeben haben.

Im nächsten Beitrag zeigt ENGELBERT TRÖNDLE auf, dass auch in der Müllbeseitigung Freiburg bundesweit vorangegangen ist. Die Verbrennungsanlage im Gewerbegebiet Eschbach entstand durch die gute Zusammenarbeit zwischen OB Böhme und dem Landkreis. Politisch war es in jenen Jahren im Freiburger Gemeinderat nicht durchsetzbar, dass auf unserer Gemarkung eine derartige Anlage gebaut werden konnte.

Es folgt von WERNER DAMMERT ein Bericht über den Abwasserzweckverband Breisgauer Bucht, ein umweltpolitisches Leuchtturmprojekt unserer Region, das bereits in den 1960er-Jahren konzipiert und in den 1970er-Jahren verwirklicht wurde. Ich selbst war von 1978 bis 1998 zwanzig Jahre lang Vorsitzender dieses Verbandes und habe immer wieder feststellen können, auf welch hohem Stand der Technik die Klärung unserer Abwässer in unserer

Das Schwerpunktheft »Freiburg« aus dem Jahr 2013 betont im Titelbild die Bedeutung der Solarplitik

Region sich befand. Forchheim war ein Modellprojekt. Insbesondere ist es das politische Verdienst meines Vorgängers Hermann Zens, diesen Zweckverband für unsere Region verwirklicht zu haben. Werner Dammert ist ein idealer Zeitzeuge, weil er von den Tagen der ersten Planung an als Verwaltungsbeamter an diesem Projekt und dann über Jahrzehnte als Bürgermeister der Verbandsgemeinde Merzhausen am Vorstandsgeschehen beteiligt war.

Danach zeigt JÜRGEN BOLDER Aspekte der städtischen Wasser- und Abwasserpolitik auf. Jürgen Bolder wurde 1983 beim Freiburger Tiefbauamt eingestellt und hat sich in den folgenden Jahren in der Stadt, aber auch in den ausgegliederten Gesellschaften als der Wasserexperte Freiburgs ein Profil geschaffen. Mit der gespaltenen Abwassergebühr hat Freiburg auch in diesem Bereich eine Pionierrolle eingenommen.

Es folgt ein Bericht von ROLF DISCH über die »Solarstadt« Freiburg. Zwei Personen haben die Bemühungen Freiburgs auf diesem Wege geprägt, der allzu zu früh verstorbene Georg Salvamoser und vor allem Rolf Disch, der bereits 1978 mit dem vielbeachteten Solarhaus in Freiburg-Tiengen Furore machte. Er ist ein streitbarer und unkonventioneller Geist, ein Architekt, der durch spektakuläre Bauten und Solar-Aktivitäten bundesweit Aufsehen erregt hat. Rolf Disch berichtet, wie auf der Expo 2000 unsere Stadt mit diesen Aktivitäten sich international als hervorragendes Beispiel präsentierte. Seine eindringlichen Worte zu dem Thema »fridays for future« müssen zu Recht allen Verantwortlichen zu denken geben.

Anschließend kommt der erste Leiter des neu geschaffenen Umweltschutzamtes der Stadt Freiburg, DIETER WÖRNER, zu Wort. Die Fraktion der Grünen beantragte 1985, eine eigene Umweltschutzverwaltung in der Stadt aufzubauen. Für das Baudezernat und auch mich persönlich löste dieser Antrag gemischte Gefühle aus. Das Baudezernat hatte mit seiner bisherigen Zuständigkeit für den Umweltschutz ein besonderes Profil entwickelt und sollte nun diese reizvolle und herausfordernde Zuständigkeit abgeben. Es war eine strittige Entscheidung im Freiburger Gemeinderat. Der Antrag der Grünen wurde knapp mit den Stimmen der Grünen und der SPD mehrheitlich durchgesetzt. Losgelöst von persönlichen Befindlichkeiten und im Rückblick aus der heutigen Zeit will ich einräumen, dass es gewichtige Gründe gab, die gewachsene politische Bedeutung des Umweltschutzes in einer eigenen organisatorischen Form zum Ausdruck zu bringen und ihm dadurch besonderes Gewicht zu geben. Wie Dieter Wörner zutreffend ausführt, werden so Zielkonflikte zwischen dem Umweltschutz und anderen Bereichen innerhalb der Verwaltung auch für die Öffentlichkeit transparenter. Die Schaffung einer eigenständigen Umweltschutzorganisation in den Verwaltungen lag zudem in diesen Jahren allgemein in der politischen Entwicklung. Dank der besonnenen und auf vertrauensvolle Zusammenarbeit mit anderen Dezernaten ausgerichteten Leitung von Dieter Wörner hat sich in Freiburg diese Organisation durchaus bewährt, da nicht in »Freund-Feind-Schablonen« polarisiert worden ist, sondern erfolgreich für die Belange der Umweltpolitik in den anderen Ämtern geworben wurde.

Es folgt ein Beitrag von der amtierenden Umweltbürgermeisterin GERDA STUCHLIK in Interview-Form. Freiburg war 1992 die erste Stadt in Deutschland, die ein Umweltdezernat geschaffen hatte. Erster Umweltbürgermeister wurde Peter Heller. Seit 1997 arbeitet Gerda Stuchlik erfolgreich in seiner Nachfolge. Sie ist in der Geschichte der Stadt Freiburg die erste Frau, die einen Bürgermeisterposten bekleidet. In ihrem Interview geht sie auf wichtige derzeitige Themen ein. In ihrer Zeit hat der Klimaschutz als übergreifendes Thema eine neue überragende Bedeutung eingenommen. Auch die Einbeziehung des Umweltschutzes in das schulische Angebot hat einen neuen Stellenwert erhalten.

Der folgende Abschnitt ist den Fragen der sozialen Nachhaltigkeit gewidmet. War zunächst die Konzeption des Buches mehr auf die klassischen umwelt- und städtebaulichen Fragen der Nachhaltigkeit ausgerichtet, so ergab sich sehr schnell eine Ausdehnung auf die soziale Nachhaltigkeit. Stadtpolitik, die nicht sozial verantwortlich handelt, kann nicht nachhaltig sein.

Freiburg hat in der Sozialpolitik eine lange Tradition. Sie ist die Stadt der Caritas. Es ist kein Zufall, dass zwei herausragende Freiburger Persönlichkeiten aus diesem Bereich in den zurückliegenden Jahrzehnten Ehrenbürger wurden, Gertrud Luckner und Georg Hüssler. Freiburg hat schon früh eine vorbildliche Zusammenarbeit der vier Freien Wohlfahrtsverbände entwickelt. In der städtischen Sozialpolitik haben Sozialdemokraten die Akzente gesetzt, von Fritz Schieler in der ersten Nachkriegszeit über die Bürgermeister Bertold Kiefer und Hans-Jörg Seeh bis hin zum jetzigen Amtsinhaber Ulrich von Kirchbach. Waren in früheren Zeiten die Leitungen städtischer Ämter und Verbände durchweg ein Monopol der Männer, so gab es seit dem Kriege insbesondere in der Sozialpolitik aber eine Reihe von hervorragenden Frauen, die als Stadträtinnen großen Einfluss ausübten. Ich denke an Emmi Seeh, an May Bellinghausen, Maria von Rudloff, an Betty Baum und an Margarete Hartmann, die vor wenigen Tagen im März 2020 ihren hundertsten Geburtstag feiern konnte. Die Familienpolitik ist eng mit den Namen von Ingrid Baas und Sigrun Löwisch verbunden. Ursula Kuri hat große Verdienste um den Gesamtelternbeirat. Irene Schrempp hat vor vier Jahrzehnten in Freiburg das Thema häusliche Gewalt und Frauenhaus pionierhaft aufgegriffen. Seit nunmehr 25 Jahren engagiert sich in diesem Bereich als Nachfolgerin Ellen Breckwoldt. All diese Frauen stehen für viele, die sich engagiert eingebracht haben. Ich bin froh, dass ich drei frühere Stadträtinnen als Zeitzeugen für dieses Buch gewinnen konnte: Sigrun Löwisch hat große Verdienste, auch als frühere Vorsitzende des Familienverbandes für ein kinder- und familienfreundliches Freiburg. Renate Bert hat sich kämpferisch und streitbar für die Belange von Frauen in unserer Stadt eingesetzt. Obwohl wir politisch in verschiedenen Lagern standen, haben wir gut und erfolgreich im Rieselfeld für ihr Projekt »Frauen für Frauen« zusammengearbeitet. Ellen Breckwoldt hat sich über ihr Engagement für das Frauenhaus hinaus vor allem für die Senioren in Freiburg eingesetzt. Die Beiträge dieser drei Frauen zeigen das weite Spektrum nachhaltiger Sozialpolitik auf. Zur sozialen Nachhaltigkeit gehört auch die Bürgerbeteiligung. Michaela Piltz geht in ihrem Beitrag auf die lange Tradition bürgerschaftlicher Mitwirkung in Freiburg ein, aber auch auf völlig neue Ansätze, wie die Stadtteilleitlinien und Digitalstrategien.

Auch die Wirtschafts- und Finanzpolitik einer Stadt ist auf Nachhaltigkeit auszurichten. Der langjährige Finanzbürgermeister Otto Neideck bringt einen Beitrag über die Nachhaltigkeit der Freiburger Haushalts- und Finanzpolitik. Hier sind die Dinge im Grundsatz sehr einfach: nur wer eine nachhaltige Haushaltspolitik betreibt, handelt zugleich verantwortlich für spätere Generationen. Bemerkenswert ist, dass der Schuldenstand von 330 Millionen Euro im Jahre 1989 auf 140 Millionen Euro im Jahre 2015 gesenkt werden konnte.

Es folgt ein Beitrag der Handwerkskammer Freiburg durch ihren Präsidenten Johannes Ullrich. Es ist schon beeindruckend, wie in der konkreten Praxis der Handwerksbetriebe in den letzten Jahrzehnten eine »ökologische

Revolution« stattgefunden hat. So versteht sich die Handwerkskammer als Motor für eine nachhaltige Entwicklung in Freiburg und engagiert sich auch regional in der jüngst gegründeten Zusammenarbeit des »Klima-Park am Oberrhein«.

Schließlich folgt eine Darstellung vom derzeitigen Chef des Stadtplanungsamtes ROLAND JERUSALEM und von HANNA DENECKE über die Rolle des Einzelhandels und des Freiburger »Märkte-Konzeptes«. Das Märkte-Konzept ist ein bundesweit beachtetes Markenzeichen unseres Baudezernates, maßgeblich betreut in jenen Jahren durch Götz Kemnitz im Planungsamt. Ich selbst durfte 1996 in Hamburg bei der Hauptversammlung des Deutschen Einzelhandels dafür den Ehrenpreis entgegennehmen. Das Märktekonzept hat mehrere Facetten: verkehrspolitisch fördert es in hohem Maße die Politik der kurzen Wege, sozialpolitisch ermöglicht es vielen eine fußläufige Versorgung, ohne auf das Auto angewiesen zu sein. Zugleich dient es auch Handel und Wandel in der Innenstadt und den Ortszentren, indem die Konkurrenz auf der »Grünen Wiese«, die nur mit dem Auto erreicht werden kann, weitgehend unterbunden wird.

Im nächsten Abschnitt folgen Beiträge über die neuen Stadtteile Rieselfeld, Vauban und die Planung zum Stadtteil Dietenbach. Bevor ich auf die Autoren und ihre Beiträge eingehe, möchte ich einige grundsätzliche Anmerkungen vorausschicken.

Erste Vorbemerkung: Wenn in der Region Freiburg Wohnungsbau betrieben wird, so sollte er möglichst innerhalb der Stadt und weniger in den Umlandgemeinden durchgeführt werden. Dafür gibt es einleuchtende ökologische Gründe. Zwei davon möchte ich nennen. Zum einen findet der Wohnungsbau innerhalb der Stadt Freiburg anders als in der Region durchweg in urbaner Dichte statt. Dies bedeutet, dass der Flächenverbrauch, das heißt der Verlust von Grund und Boden, beim städtischen Wohnungsbau signifikant geringer ist als der im Umland. Zum zweiten können in der urbanen städtischen Wohnform viel häufiger individuelle Kfz-Fahrten vermieden werden. Denn bei neuen Stadtteilen mit hinreichend hoher städtebaulicher Dichte kann die Straßenbahn »Rückgrat« der Verkehrserschließung sein, sodass der ÖPNV dort eine ganz andere Rolle spielt Zugleich können durch das Märkte-Konzept bei genügend dichter Bebauung Geschäfte und Angebote des täglichen Lebens angesiedelt werden, die im Sinne der »Politik der kurzen Wege« zusätzlichen Verkehr vermeiden. Je intensiver die Siedlungstätigkeit im regionalen Umfeld von Freiburg ist, desto größer die »Blechlawine«, die sich auf Freiburg zubewegt.

Eine zweite Vorbemerkung: Die Stadt Freiburg muss nach meiner Auffassung zu allen Zeiten intensiven Wohnungsbau betreiben. Dies gebieten

Urbane Dichte in den neuen Stadtteilen

sozialpolitische Gründe, um dem untragbaren Anstieg der Preise von Immobilien und Mieten zu begegnen. Es ist schlichtweg unerträglich, wenn in Freiburg durchschnittlich die Bewohner über 40 Prozent des Einkommens für die Miete ausgeben müssen. Damit liegt Freiburg (leider) auch an der Spitze aller deutschen Städte, sogar noch vor München und Berlin.

Als ich 1978 Bürgermeister wurde, gab es eine historisch einmalige Situation in der Entwicklung unserer Stadt. In den letzten fünf Jahren hatte die Bevölkerung nicht wie in allen anderen Jahren zugenommen, sondern war um sage und schreibe nahezu 5000 Einwohner gesunken. In jenen Jahren gab es das Schlagwort der »Stadtflucht«. Es war damals schick, aus den Städten in das Umland zu ziehen. Die Städte befanden sich in einer Krise. Der damalige Präsident des Deutschen Städtetages und Münchner Oberbürgermeister Hans-Jochen Vogel formulierte als Weckruf »Rettet unsere Städte jetzt«. So war auch in Freiburg damals für uns die »Revitalisierung« der Stadt eine besondere Herausforderung. Wichtig für mich war, dass trotz des Bevölkerungsrückgangs der Bau von vielen Wohnungen hohe Priorität hatte. Die beigefügten Schaubilder zeigen, dass über einen Zeitraum von mehr als zwölf Jahren zwischen 1973 und 1983 die Bevölkerung mit knapp 175 000 stagnierte (Graphik 1 und 2). Eine weitere Tabelle zeigt aufschlussreich, dass mit dieser forcierten Wohnungsbaupolitik eine Beruhigung des Immobilienmarktes für nahezu 15 Jahre erreicht wurde, obwohl in diesen Jahren bereits wieder ein starkes Wachstum der Bevölkerung einsetzte (Graphik 3).

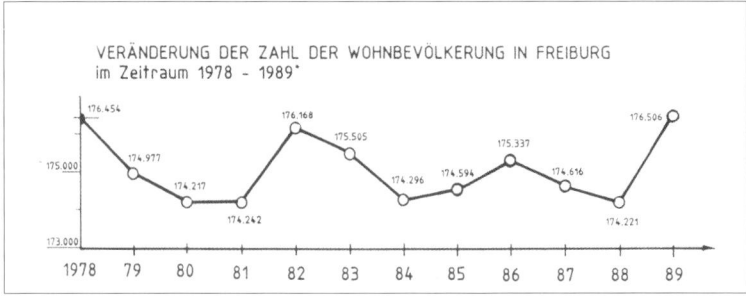

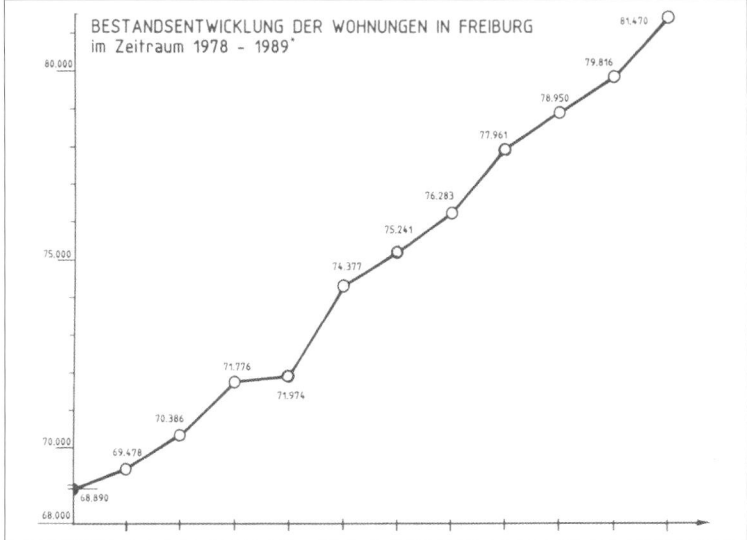

Graphik 1 und 2   Starker Wohnungsbau auch bei stagnierender Bevölkerung

So war es aus der Sicht der Bauverwaltung folgerichtig, dass die große Bauerwartungsfläche Rieselfeld, auf die man Jahrzehnte gewartet hatte, möglichst bald angegangen werden sollte. Mit der kraftvollen Verhandlungsführung von Oberbürgermeister Rolf Böhme war es zudem gelungen, nach dem Abzug der französischen Streitkräfte vom Bund das bisherige Kasernengelände Vauban für die Stadt zu erwerben.

Mit dem Bau dieser beiden Stadtteile bot sich für uns die Gelegenheit, zusätzlich auf den Wohnungsmarkt entlastend einzuwirken. Und dann sahen wir die Chance, unsere ökologischen Ziele zu »Modellstadtteilen« zu verwirklichen. Mir war als Vater von acht Kindern es zudem sehr wichtig, familien- und besonders kinderfreundliche Quartiere zu schaffen. Eine Voraussetzung für die Durchsetzung unserer Ziele war, dass die Stadt diese Flächen in Eigentum besaß. Auch wenn alle juristischen Möglichkeiten der Bauleitplanung ausge-

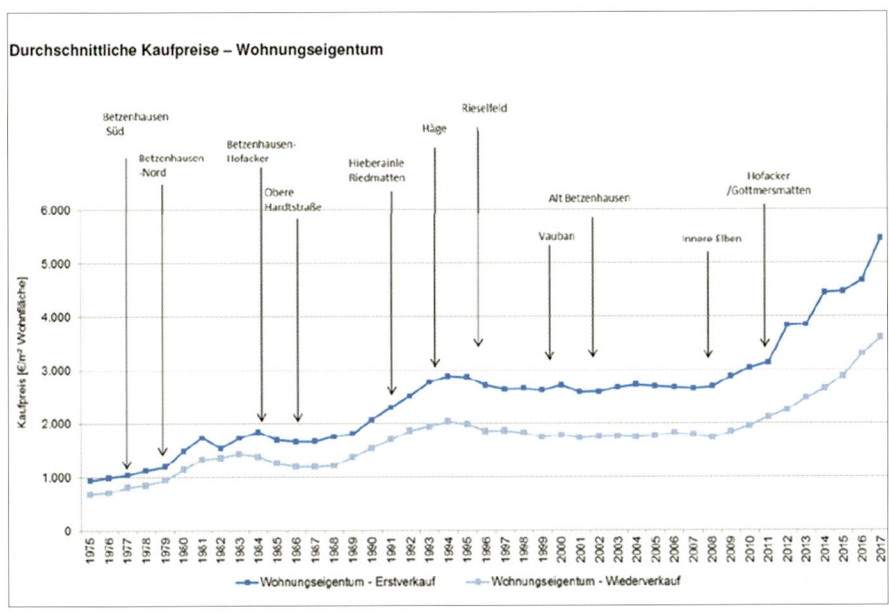

Graphik 3 Einfluss des Wohnungsbaus auf den Immobilienmarkt

schöpft würden, hätte vieles, was erreicht worden ist, sonst nie verwirklicht werden können. Denn die hohen Zielsetzungen, zum Beispiel in der Niedrigenergie, konnten über die gesetzlich verbindlichen Werte hinaus nicht öffentlich rechtlich festgeschrieben werden. Sie konnten nur in privatrechtlichen Verträgen vom Eigentümer Stadt an die künftigen Eigentümer durchgesetzt werden. Hierin liegt das eigentliche Geheimnis des großen Erfolges dieser am Umweltschutz orientierten neuen Siedlungen.

Deshalb wollte ich auf keinen Fall das Baugebiet insgesamt oder größere Flächen davon an Gesellschaften veräußern. Vielmehr sollte die Stadt das Heft für die Entwicklung dieses Stadtteils in der Hand behalten. Zu diesem Zwecke wurden zwei Stabsstellen eingerichtet, die unmittelbar dem Baudezernenten zugeordnet wurden (Rieselfeld mit Klaus Siegl, Vauban mit Roland Veith als Koordinatoren). Hier entstanden kleine interdisziplinäre städtische Arbeitsgruppen, in denen von Anfang an alle relevanten Ämter einbezogen waren. Zusätzlich dazu beschafften wir uns Know-how von außen, insbesondere von der Kommunalentwicklung Baden-Württemberg (KE). Von der KE wurden über ein Treuhandkonto auch die gesamten Finanzen abgewickelt. Die ganze Entwicklung und Infrastruktur der Stadtteile finanzierte sich selbst durch den Verkauf von Grund und Boden. Es war also eine »Insichfinanzierung«. Am Schluss wurden noch erhebliche Millionenbeträge als Überschuss an den städtischen Haushalt abgeführt.

Wir strebten Vielfalt und »mixed-use« an. Daher wurde an die einzelnen Wohnraumunternehmen Flächen für höchstens 40 Wohnungen vergeben. Vorrang vor Wohnbauunternehmen hatten private Wohngruppen. So konnten im Rieselfeld über 90 Wohngruppen mit circa 800 Wohnungen zu erschwinglichen Preisen Eigentum erwerben. Auch bei dem Thema Baugruppen waren wir bundesweit Vorreiter. Vielfalt wurde auch bei der baulichen Ausführung angestrebt. So gelang es beispielsweise beim ersten Bauabschnitt des Rieselfeldes, 40 verschiedene Architekten zu beteiligen.

Die Stadträte wurden nach dem Vorbild der erfolgreichen gemeinderätlichen Arbeitsgruppe »Radwege« in zwei gemeinderätlichen Kommissionen, die der Baudezernent leitete, in allen entscheidenden Phasen eingebunden. Beim Stadtteil Rieselfeld gab es inhaltlich weitgehende Übereinstimmung, beim Vauban dagegen eine Reihe von konfliktiven Sachfragen. Aber die Zusammenarbeit war insgesamt zielführend und konstruktiv. Der Gemeinderat stützte sich bei seinen Entscheidungen auf die Vorarbeit der Arbeitsgruppen.

Der Weg zu einer Bebauung des Rieselfeldes war nicht einfach. Für uns als Bauverwaltung war die gesamte Fläche als künftiges Bauland unbestritten. Aber die Mehrheit im Gemeinderat, Grüne und SPD, lehnte generell eine Bebauung ab. In der Abwägung wurde dem Landschaftsschutz stärkeres Gewicht gegeben als dem Bau von Wohnungen. Wir hatten vor, das Rieselfeld in einer ersten Phase auf insgesamt 110 Hektar Fläche zu bebauen. Da wir keine Mehrheit besaßen, führte Böhme, der unsere Pläne unterstützte, Gespräche mit der SPD und erreichte als äußersten Kompromiss eine Zustimmung der SPD, falls die Bebauung auf 70 Hektar reduziert und der Rest des Rieselfeldes unter Landschaftsschutz gestellt werde. Uns als Bauverwaltung passte das zwar nicht. Aber letztlich war ich einverstanden, weil man zumindest mit 70 Hektar beginnen konnte. Den Landschaftsschutz nahm ich in Kauf. Bei dringendem Wohnbedarf hätte dies die Möglichkeit für eine weitere Bebauung des Rieselfeldes nicht versperrt. So wurde das Rieselfeld – wenn auch weiter gegen die Stimmen der Grünen – zu zwei Drittel der von uns geplanten Fläche mit nunmehr 70 Hektar beschlossen. Später hat dann die Mehrheit des Gemeinderats gegen die Bedenken des Baudezernats das gesamte übrige Rieselfeld als Naturschutzgebiet ausgewiesen.

Die damalige Bauverwaltung hat diese Entwicklung sehr bedauert. Denn uns war klar, dass wir wegen der dramatischen Wohnungslage in Freiburg schon bald auf dem Rieselfeld ein weiteres Baugebiet hätten in Angriff nehmen müssen. Dies war aus unserer Sicht geboten, weil wir weder die erforderlichen Wohnungen durch Nachverdichtung hätten schaffen, noch auf andere Flächen hätten ausweichen können. Einige Jahre nach meinem Ausscheiden als Bürgermeister gab es einen Paradigmenwechsel bei der Stadt. Die Mehrheit des Gemeinderates ging davon aus, dass ein verstärkter Wohnungsbau nicht mehr geboten und gewünscht sei, zumal Wachstumsprognosen einen baldigen Bevölkerungsrückgang voraussagten. Dies war eine verhängnisvolle Fehleinschätzung, die heute schwer nachvollziehbar ist.

Im Einzelnen berichten nun KLAUS SIEGL über das Projekt Rieselfeld und ROLAND VEITH über den Stadtteil Vauban. Beide Mitarbeiter haben von den ersten Planungsschritten an über viele Jahre bis zu ihrer Pensionierung die operative Verantwortung für diese beiden Stadtteile mit großem Engagement und hoher Kompetenz wahrgenommen. Diese personelle Kontinuität hat der Entwicklung dieser neuen Stadtteile sehr gut getan.

RÜDIGER ENGEL, der zuvor das Bauordnungsamt geleitet hat, berichtet über die Planung des neuen Stadtteils Dietenbach, der in der Bürgerschaft sehr umstritten war und erst durch einen Bürgerentscheid grünes Licht erhalten hat. Im Gegensatz zum Rieselfeld war die Stadt nicht Eigentümer an Grund und Boden. Die vorgefundenen Eigentumsverhältnisse haben die Entwicklung dieses Stadtteils erschwert. Angesichts der dramatischen Lage auf dem Wohnungsmarkt und fehlender Alternativen gibt es aber bei allen Problemen derzeit keine Alternative. Die Planung ist ökologisch bestechend – entscheidend wird sein, inwieweit sozialverträgliches Wohnen zu erschwinglichen Preisen geschaffen werden kann.

In dem folgenden Abschnitt kommen drei Beiträger zu Wort, die aus der Sicht von Außenstehenden die Entwicklung Freiburgs zur »Green City« bewerten. Es beginnt mit den Anmerkungen der Landrätin des angrenzenden Kreises Breisgau-Hochschwarzwald DOROTHEA STÖRR-RITTER. Sie ist über den Landkreis zugleich auch an wichtigen Aktivitäten der Stadt beteiligt, sei es im regionalen Verbund der Verkehrspolitik, sei es bei der Müllverbrennung.

Der zweite Beitrag kommt von der früheren Oberbürgermeisterin von Lörrach GUDRUN HEUTE-BLUHM. Sie hat unmittelbare Erfahrung aus der Zusammenarbeit mit der Stadt, da sie viele Jahre erste Landesbeamte des Kreises Breisgau-Hochschwarzwald war. Anschließend war sie Oberbürgermeisterin von Lörrach. Gegenwärtig hat sie die wichtige Position der Hauptgeschäftsführerin des Städtetages von Baden-Württemberg inne.

Und schließlich gibt es einen Beitrag aus Übersee durch MICHAEL MEHAFFY aus Portland (Oregon). Ursprünglich hatte ich Professorin Suzanne Lennard, die Initiatorin der städtebaulichen Initiative »making cities liveable«, um einen Beitrag gebeten. Sie hat Freiburg sehr gut gekannt. Wir beide haben die erfolgreiche Städtebaukonferenz 1995 in Freiburg durchgeführt und gemeinsam auch für den englischsprachigen Raum publiziert. Sie wollte diesen Beitrag schreiben, ist aber nach schwerer Krankheit im vergangenen Jahr gestorben. Ich bin daher Michael Mehaffy sehr dankbar, dass er kurzfristig eingesprungen ist. Auch er kennt Freiburg und hat über unsere Stadt mehrfach im angelsächsischen Raum berichtet. Er ist ein Städtebauprofessor mit international hohem Ansehen.

Im Anschluss gibt es Beiträge mit dem Blick auf die Gegenwart und die Zukunft.

Zunächst schildern RALF KLAUSMANN und MAGDALENA SZABLEWSKA aus der Arbeit der Freiburger Stadtbau über die Architektur städtischer Gebäude. Erstaunlich ist die Bandbreite des städtebaulichen Engagements dieser städtischen Gesellschaft. Anschließend berichtet ANDREA KATZER-HUG aus dem Blickwinkel des städtischen Gebäudemanagements. Schwerpunkt ist das ökologisch wie auch architektonisch beeindruckende neue Technische Rathaus im Stühlinger.

Danach gibt Sozialbürgermeister ULRICH VON KIRCHBACH eine umfassende Darstellung darüber, wo die Stadt Freiburg im Jubiläumsjahr 2020 bei der sozialen Nachhaltigkeit steht. Den Schluss bildet dann der Beitrag von Baubürgermeister MARTIN HAAG und BABETTE KÖHLER mit einem Blick bis in das Jahr 2030. Die Autoren gehen auf zentrale Fragen der kommenden Jahrzehnte ein, Nachhaltigkeit und Resilienz, neue Herausforderungen für das urbane Zusammenleben, Mobilität im Wandel, Klimawandel und Klimaschutz. Beeindruckend wird aufgezeigt, vor welchen Schwierigkeiten und Aufgaben die Stadt von heute und morgen praktisch steht.

Der Bericht des Baubürgermeisters veranlasst mich zu einer Anmerkung über das frühere Freiburger Baudezernat. Dieses Dezernat wurde ja 2006 durch Gemeinderatsbeschluss aufgelöst und zerschlagen. Ich habe dies mit großem Bedauern und Unverständnis zur Kenntnis nehmen müssen. Auch wenn der Blick zurück häufig nostalgisch verklärt, so glaube ich doch, dass bei objektiver Betrachtung das Freiburger Baudezernat für die Zeitdauer einer Generation national und international zu Recht eine hohe Anerkennung und Wertschätzung gehabt hat. Ich will daher als »Zeitzeuge« ein paar Punkte ansprechen, die aus meiner Sicht zu dieser erfolgreichen Zeit beigetragen haben. Natürlich war es zunächst die hohe Anzahl von engagierten und kompetenten Mitarbeitern. Ganz entscheidend war aber, dass diese Ämter, die in der ersten Nachkriegszeit ziemlich unkoordiniert nebeneinander, zum Teil auch gegeneinander gearbeitet hatten, räumlich unter »ein Dach« an der Fehrenbachallee zusammengefasst wurden. Hieran hat mein Vorgänger Hermann Zens maßgeblichen Anteil. Ich hatte das Glück, dass kurz nach meinem Amtsantritt durch einen Neubau der Rest des Baudezernates einschließlich des Dezernenten ebenfalls an die Fehrenbachallee »übersiedeln« konnte. Diese räumliche Einheit beflügelte sehr auch das amtsübergreifende Zusammenwachsen des Dezernats. Dieses Gemeinschaftsgefühl des Dezernats zu pflegen, wurde zu einer wichtigen Führungsaufgabe der Dezernats- und Amtsleitungen.

Die inhaltliche Einheit wurde zusätzlich dadurch gefördert, dass regelmäßig das »Baudezernat« tagte, indem nicht nur die Dezernate und Amtsleitungen vertreten waren, sondern die Referatsleiter und auch die Sachbearbeiter, wenn ihre Themen zur Diskussion standen. Dadurch wurde die Tagesordnung mit ihren Punkten durch alle Teilnehmer der Dezernatsrunde gestaltet. Diese Form der Sitzungen baute die Hierarchien ab, sorgte für Informationen von oben nach unten und unten nach oben und damit für große Transparenz und führte nach Austausch der Argumente auch jeweils zu Entscheidungen, die für die Mitarbeiter nachvollziehbar waren. Insofern gab es eine sehr effektive Zusammenarbeit zwischen den Ämtern.

Zudem wurde das Bauverwaltungsamt als Stabsabteilung mit exzellenten »handverlesenen« Mitarbeitern ausgebaut. Das Bauverwaltungsamt koordinierte die verschiedenen Aktivitäten der einzelnen Ämter und war das politische Führungsinstrument der Bauverwaltung. Die Amtschefs Kurt Scherer und anschließend Rolf Wiehle waren altgediente Praktiker, die jeweils mit 13 ½ Jahren ihre Verwaltungslaufbahn begonnen hatten, somit von der Pike an die Verwaltungspraxis kannten und hervorragende »Korsettstangen« des gesamten Dezernats waren.

Und schließlich hatte ich den Vorteil, dass ich durch eine starke politische Verankerung in der CDU dem Baudezernat auch politisches Gewicht geben konnte. In der Ära Keidel war ich als Neuling 1971 in den Gemeinderat gewählt worden, aber bereits 1973 Vorsitzender der CDU-Fraktion geworden. Die CDU war damals im Freiburger Gemeinderat die dominierende Kraft. Dies wirkte sich sehr unterstützend für die Politik des Baudezernates aus. Hinzu kam meine Verankerung in der Region und im Land. Ich war Vorsitzender des Regionalverbandes Südlicher Oberrhein und in der CDU des Bezirkes und Landes gut vernetzt. Damals war die CDU ja noch die eindeutige Mehrheitspartei im Lande. Das hat insgesamt die Durchschlagskraft des Dezernates gestärkt.

Ich bin im Übrigen auch für die heutige Zeit der Auffassung, dass eine starke politische Verankerung eines Bürgermeisters in einer Partei als »Hausmacht« seine Position stärkt, unabhängig davon, dass natürlich die Amtsführung nicht parteipolitisch eng sein darf, sondern möglichst vertrauensvoll zu allen demokratischen Parteien erfolgen muss.

Als Zeitzeuge, der mit allen drei Oberbürgermeistern der letzten Jahrzehnte eng zusammengearbeitet hat, möchte ich – vor allen Dingen auch unter dem Gesichtspunkt des Weges zur »Green City« – meine Erfahrungen mit diesen drei Personen, die Freiburg in den letzten 60 Jahren geprägt haben kurz zusammenfassen.

Da war zunächst Eugen Keidel. Er wurde 1962 als Kandidat der SPD zum Oberbürgermeister gewählt. Vor der Wahl galt er als krasser Außenseiter. Binnen kurzer Zeit errang Keidel durch sein sympathisches Auftreten eine unglaubliche Beliebtheit und Volkstümlichkeit. Mit dem beherzten Bau der neuen Stadtteile Landwasser und Weingarten linderte er die bis dahin bestehende Wohnungsnot. Was die Umwelt angeht, so war Keidel ein Kind seiner Zeit. Er war ein Auto-Fan. In seiner Jugend war er sogar Autorennen gefahren. Vor 1962 war er Stadtdirektor in der Karlsruher Verwaltung. Ehrenamtlich war er Präsident des ADAC – Gau Nordbaden. Diese Position nahm er auch noch später wahr, als er in Freiburg Oberbürgermeister wurde, heute kaum vorstellbar. Er wurde 1970 nach damaligem Recht auf zwölf weitere Jahre ohne Altersbegrenzung mit über 80 Prozent der Stimmen wieder gewählt. Ich persönlich erfreute mich eines denkbar guten Verhältnisses zu ihm, er war fast so etwas wie ein väterlicher Freund für mich. Er ließ mir einen großen Spielraum auch in den Feldern, die ihm ferner lagen, wie etwa der Fahrradpolitik, oder ganz einfach der »ökologischen Weichenstellung«. Natürlich trug dazu auch die starke Unterstützung der CDU-Fraktion bei. Wir hatten 1975 bei der Kommunalwahl mit über 42 Prozent der Stimmen und 21 Sitzen einen »historischen Sieg« errungen. Auch 1980 war die CDU mit Abstand stärkste Fraktion. Das war natürlich auch für mich Rückenwind für die Leitung des Baudezernats.

Nach der so heftig umkämpften OB-Wahl 1982 war die Zusammenarbeit zwischen Oberbürgermeister Rolf Böhme und mir in den ersten Jahren verständlicherweise sehr schwierig. Aber nach einigen Jahren besserte sich das Verhältnis und mündete in eine vertrauensvolle und verlässliche Zusammenarbeit. Rolf Böhme erkannte bald, dass ein erfolgreiches Baudezernat im Sinne der ganzen Stadt wirkt und die Erfolge städtischer Baupolitik ihm als Oberbürgermeister zu Gute kamen. Auch im persönlichen Miteinander entspannte sich im Laufe der Jahre manches. Vor allen Dingen gab es eine Übereinstimmung in nahezu allen wichtigen Fragen der Stadtentwicklung. In einzelnen Fragen wie etwa dem Märktekonzept, das Böhme als zu dirigistisch ansah, oder der »Mobile«-Fahrradstation, wo er finanzielle Bedenken hatte, gab es Differenzen, aber hier gab dann die Mehrheit des Gemeinderates den Ausschlag. Entscheidend war, dass es dann ein politisches Zweckbündnis in einer Art »Großen Koalition« zwischen uns gab. Rolf Böhme entwickelte eine dynamische, »bürgerliche« Wirtschaftspolitik, ging immer mehr auf Distanz zu dem linken Flügel seiner Partei und hatte zunehmend Konflikte mit den »Grünen«. Zum Erreichen von handlungsfähigen Mehrheiten im Gemeinderat benötigte er daher ein Bündnis mit der CDU. So entstand die von ihm häufig zitierte »B 31 Ost-Mehrheit« im Freiburger Gemeinderat. Aus dieser politischen Gesamtkonstellation profitierte das Baudezernat. Ich erhielt von Rolf Böhme weitgehend freie Hand für Aktivitäten des Baudezernats.

In der Gesamtbewertung halte ich Rolf Böhme für einen sehr erfolgreichen dynamischen Oberbürgermeister, der auch kämpferisch gegen Bürgerproteste die Linie des Rathauses durchsetzte, sei es beim Konzerthaus oder bei der B 31. Wesentliche Verdienste von ihm sind auch das erstmalig enge Zusammenwirken von Universität und Stadtpolitik. Und ihm gelang es, das durch die Verwaltungsreform zerrüttete Verhältnis zwischen dem Freiburger Rathaus und dem Umland zu bereinigen. Die umweltpolitischen Erfolge der Regio-S-Bahn und der Regio-Umweltkarte sind maßgeblich darauf zurück zu führen, dass es eine vertrauensvolle Zusammenarbeit zwischen der Freiburger Rathausspitze und den Landräten von Breisgau-Hochschwarzwald und Emmendingen gab. In allen Bereichen der Umweltpolitik hat in seiner Zeit die Stadt Freiburg mächtig Fahrt aufgenommen. Als ich beim achtzigsten Geburtstag von Rolf Böhme von ihm gebeten wurde, die kommunalpolitische Laudatio auf ihn zu halten, war dies ein Zeichen für das entstandene Vertrauen. Zum Zeitpunkt des Wahlkampfes wäre dies kaum vorstellbar gewesen.

Dieter Salomon habe ich als Oberbürgermeister zwar nicht aus der Perspektive des Dezernenten erlebt, aber aus meinem Amt als Regierungspräsident. Hier war die Zusammenarbeit angenehm und partnerschaftlich. In seiner Amtszeit gab es den politischen Höhenflug der »Grünen«, die sich von Wahl zu Wahl steigerten, bis zur letzten Kommunalwahl, bei der sie eine klare Mehrheit im Freiburger Gemeinderat erreichten. Insofern ist Freiburg in seiner Zeit auch im parteipolitischen Sinne eine »Green City« geworden, die bundespolitisch Aufsehen erregte. Schließlich war er in ganz Deutschland der erste grüne Oberbürgermeister einer Großstadt. Inhaltlich hat sich auf Grund des starken Einflusses der »Grünen« naturgemäß das umweltpolitische Profil Freiburgs weiterentwickelt. Das von Gerda Stuchlik geleitete Umweltdezernat erhielt einen erheblich höheren Stellenwert. Ein besonderes Verdienst von Salomon ist die ökologische Gesamtausrichtung der Stadtverwaltung und vor allem die »Ökologisierung« der städtischen Gesellschaften. Darüber hinaus wurde durch nationale und internationale vielbeachtete öffentliche Auftritte die Wahrnehmung Freiburgs als Umweltstadt intensiv und erfolgreich betrieben. Es war Dieter Salomon, der zusammen mit dem Wirtschaftsförderer Dallmann den Ausdruck »Green City« als Logo für das Stadtmarketing erstmals bewusst einsetzte. Zwar ist in seiner Amtszeit die besondere Ausnahmesituation Freiburgs als ökologischer Vorreiter dadurch relativiert worden, dass in der Zwischenzeit auch viele andere Städte eine bemerkenswerte ökologische Ausrichtung ihrer Politik vorgenommen haben. Aber die in den vorausgegangenen Jahrzehnten begonnene Linie ist konsequent weiter geführt und ausgebaut worden.

Am Ende des Buches kommt schließlich eine Chronik, die für die letzten 50 Jahre wichtige Stationen auf dem Wege Freiburgs zur »Green City« aufzeigt. Die Idee hierzu ist erst bei Redaktionsschluss entstanden. Daher ist die Auswahl »mit heißer Nadel gestrickt« und berücksichtigt nur das, was uns gerade vorlag. Da es aber unseres Wissens eine vergleichbare Chronik bisher nicht gab, ist es zumindest den Versuch wert. Ganz zum Schluss folgt ein Literaturverzeichnis – zumeist durch Literaturhinweise der Autoren und Autorinnen zusammengestellt.

Die Übersicht auf die Vielzahl der Artikel zeigt, wie sehr sich von Monat zu Monat der Kreis der Autoren und der Bereich der anzusprechenden Themen erweitert haben. Es ist mittlerweile mit 550 Seiten auch vom Volumen her ein umfangreiches Kompendium geworden. Und dennoch beleuchtet dieses Buch mit seinem Schwerpunkt nur einen einzelnen Aspekt. Es konzentriert sich auf die Rathauspolitik und die Aktivitäten der städtischen Ämter, vor allem des früheren Baudezernats. Demzufolge wird vieles ausgeblendet, etwa das große Gewicht einer liberal-offenen, ökologisch bewussten Bürgerschaft mit ihren Protesten und Initiativen, von den seinerzeitigen Diskussionen um Wyhl bis hin zu den heutigen Demonstrationen »fridays for future«. Die besondere ökologische Sensibilität unserer Freiburger Bevölkerung wirkt sich in hohem Maße auf Rathaus- und Gemeinderatspolitik aus. Freiburg als »Green City« wird auch durch zahlreiche Einrichtungen und Institutionen geprägt, so durch das ökologische Profil unserer Universität und Hochschulen, die große Bedeutung der Institute der Fraunhofer Gesellschaft, Einrichtungen wie das Öko-Institut oder die Öko-Station. Vielfältige Initiativen spiegeln das ökologische Bewusstsein unserer Stadt wieder, in jüngster Zeit durch die alles beherrschende Klimadiskussion. Klimaneutralität ist heute das Ziel vieler Bestrebungen. So werden in Freiburg die traditionsreichen Albert-Konzerte in einem klimaneutralen Gesamtrahmen durchgeführt – auch das ist erstmalig in Deutschland. Sollten alle Bereiche, die Freiburg auf dem Weg zur »Green City« mit beeinflusst haben, angesprochen werden, hätte es völlig den gesetzten Rahmen gesprengt.

Das Buch ist daher keineswegs »ausbalanciert«. Die Auswahl der Autoren ist vielfach aus persönlichen Bezügen heraus entstanden. Im Zeitalter der Gleichberechtigung muss ich darauf hinweisen, dass die noch lebenden und mitwirkungsbereiten Zeitzeugen, die in jenen Jahren Akteure der städtischen Verwaltung waren, durchweg Männer sind. Nach meiner Erinnerung ist die erste weibliche Amtsleiterin Christa Bühler, die 1987 zur Leiterin des Rechnungsprüfungsamtes gewählt wurde. Und die erste Bürgermeisterin in der Geschichte der Stadt Freiburg ist Gerda Stuchlik. Jeder Autor ist für seinen Text verantwortlich. Es hat keine inhaltliche »Glättung« durch unsere Lektorin Stephanie Zumbrink gegeben, sodass durchaus inhaltliche Überschneidungen möglich, ja gewollt sind. Im Übrigen sind die Beiträge nicht »gender-mäßig« überarbeitet worden. Dort wo nur Bürger steht, sind selbstverständlich Frauen wie Männer gemeint.

Zum Schluss möchte ich allen Autorinnen und Autoren danken für ihre Bereitschaft, an diesem Buch mitzuwirken. Ich bedanke mich bei der Stadt Freiburg für die finanzielle Unterstützung und die Aufnahme in das Programm des Stadtjubiläums, zugleich auch für den würdigen Rahmen der Buchpräsentation im Historischen Kaufhaus.

Auch das Land Baden-Württemberg, vertreten durch das Regierungspräsidium Freiburg, hat dankenswerterweise unser Vorhaben durch einen Zuschuss gefördert.

Mein Dank gilt Frau Stephanie Zumbrink, die weit über das Lektorat hinaus für die operative Koordinierung verantwortlich war. Und dann gilt mein Dank Gabriele Keller-Nitsche für ihre zeitaufwendige Hilfe bei der Textverarbeitung.

Schließlich gilt mein Dank wie bei allen bisherigen Büchern der Schriftenreihe der Badischen Heimat dem Rombach Verlag, insbesondere Herrn Torang Sinaga, für die wiederum äußerst harmonische und effektive Zusammenarbeit.

Und nun hoffe ich sehr, dass dieses Buch auch viele interessierte Leser findet. Ich wünsche, dass unsere Stadt Freiburg sich so positiv weiter entwickelt wie dies in den vergangenen Jahrzehnten der Fall gewesen ist. Die Voraussetzungen dafür sind gut. Aber wer die Zukunft erfolgreich gestalten will, insbesondere die ökologische Verantwortlichkeit für unsere Umwelt und unser Klima nach dem Motto »global denken, lokal handeln« umsetzen will, der kann dies umso besser tun, wenn er auch um den Weg weiß, der bisher zurückgelegt worden ist.

A Der lange Weg

I. Städtebau und Wohnungspolitik

Freiburg – ein Glücksfall

Klaus Humpert

Einführung

Fast 20 Jahre lang, von 1963 bis 1982, habe ich in verantwortlicher Position bei der Entwicklung und Gestaltung der Stadt Freiburg mitgewirkt. Wie viele deutsche Städte war auch Freiburg im Zweiten Weltkrieg schwer zerstört worden. Nach dem Krieg gehörte der Wiederaufbau der Städte zu den großen Aufgaben der Stadtplaner. Schicksalhaft für die neue Gestalt der Nachkriegsstädte war, zu welchem der beiden ideologischen Lager die verantwortlichen Stadtplaner und Architekten gehörten – zu den »Modernen«, die von einer radikalen Neugestaltung und der Umsetzung völlig neuer Stadtkonzepte träumten, oder zu den »Konservativen«, die den Wiederaufbau weit weniger radikal und in Anknüpfung an die Geschichte anstrebten.

Freiburg hat die Herausforderungen, die der gigantische Wirbelsturm des letzten Jahrhunderts mit der Zerstörung der Städte, dem Wiederaufbau, der Ausdehnung der Stadtflächen, der Verkehrszunahme im Vergleich zu anderen deutschen Städten, wie ich finde, gut bewältigt (Abb. 1).

Aus meiner Perspektive als Stadtplaner und Architekt versuche ich nun mit großem zeitlichem Abstand einen Rückblick zu wagen. Freiburg hat Glück gehabt. Die heutige Qualität der Stadt ist in vielen Bereichen das Ergebnis engagierter Planer und Politiker.

1. Kampf der Ideologien – das moderne und das konservative Lager

Seit Anfang des 20. Jahrhunderts herrschte unter Architekten und Stadtplanern eine harte, ideologische Auseinandersetzung um die zukünftige Gestalt der Gebäude und der Städte. Diese heftige und weltanschauliche Auseinandersetzung war Teil des großen gesellschaftlichen Diskurses. Einzige Gemeinsamkeit dieser beiden sich feindlich gesinnten Lager war die Ablehnung der Baugesinnung der Vorgängerepochen, des Historismus und des Jugendstils. Dem Historismus war es gelungen, tatsächlich in jedem gewünschten Baustil perfekte Gebäude zu erstellen. Die Wiener Ringbebauung ist für diese Epoche das beste Beispiel. Der darauffolgende Jugendstil war der Versuch, sich von diesem historischen Stilzwang zu befreien. Neue Formen wurden gesucht. Gebäude wurden mit den Formen von Pflanzen und Menschen geschmückt.

Abb. 1 Das zerstörte Freiburg von Norden

Der neue Zeitgeist definierte sich über Reform und Jugend und erfasste die Gestaltung von Gebäuden und Siedlungen bis zu Möbeln, Kleidung und Ernährung (Reformgeschäfte). Die neuen Gebäude der Universität und das Theater sind in Freiburg gute Beispiele dieser Stilepoche. Von England wurde die Idee der Gartenstadt übernommen. Das Grün in der Stadt, frische Luft und Sonne – das waren Sehnsüchte der Zeit. Die Gruber-Siedlung in Haslach ist der gelungene Freiburger Beitrag zu dieser Reformbewegung.

Der Jugendstil hatte jedoch eine nur sehr kurze Blütezeit. Nach etwa zehn Jahren wurde der dynamische Reformprozess von neuen Gestaltvisionen abgelöst, die die kurze Jugendepoche mit Hohn und Abscheu ablehnten. Aus der Ablehnung der früheren Reformbewegung hatten sich nach kurzer Zeit zwei neue, sehr verschiedene Gestaltungsschulen entwickelt, die hier nur sehr verkürzt unter der Bezeichnung *Moderne* und *Konservative* dargestellt werden.

Die Moderne brach radikal mit aller historischen Baugesinnung. Anlässlich des Jubiläums der Bauhausgründung vor 100 Jahren kann man zur Zeit viel über die modernen Zielvorstellungen dieser Bewegung lesen. Alles sollte neu werden – neue Materialien, neue Technik, neue Formen bis zu neuen internationalen Menschen. Die abstrakten Bildwelten der Maler, die neuen Freiheiten der wilden 1920er-Jahre sind der Hintergrund dieser Bewegung. Die alte steinerne Stadt ohne Licht und Grün wird zum Feindbild, das überwunden werden muss.

Abb. 2   Goethes Gartenhaus im Schlosspark von Weimar

Lasst sie zusammenfallen die gebauten Gemeinheiten, Steinhäuser machen Steinherzen, nun blüht unsere Erde auf, jubelte Bruno Taut 1920 in seiner Kampfschrift *Die Auflösung der Städte*.

Die neuen Bauformen wurden aus der Geometrie abgeleitet. Adolf Loos aus Wien setzt sogar das verhasste Ornament in einen Bezug zum Verbrechen.

Die Konservativen hatten dieselben Feindbilder, aber ganz andere Visionen. Hier spielen Geschichte, Ort, Landschaft, Heimat eine zentrale Rolle. Das als grauenhaft empfundene formale Repräsentieren der Gründerzeit und des Jugendstiles sollte überwunden und möglichst entfernt werden. Die Qualität des alten Handwerks und traditionelle Baustoffe sollten auf keinen Fall durch seelenlosen Stahl, Glas oder Beton ersetzt werden. Ein Teil der Bewegung hatte sogar den Namen *Heimatstil*.

Die beiden Lager fanden im Dach des Hauses ein Bauelement, an dem sie sich radikal abgrenzen und gegenseitig diffamieren konnten. Das Flachdach, noch technisch nicht beherrscht, war für die reine geometrische Gestaltvision der Modernen zwingend notwendig. Ein weißer Würfel durfte kein Dach oder Gesims haben. Dagegen war das Idealvorbild der Konservativen Goethes Gartenhaus (Abb. 2).

Abb. 3   Universitätsstadion

In Freiburg wurden keine heftigen Auseinandersetzungen zwischen den beiden Richtungen ausgetragen. Hier gab es fast keine modernen Experimente. Hier wurde nur gegen den Historismus und Jugendstil gekämpft. Die Konservativen hatten die Stadt fest im Griff. *Neutöner* nannte Joseph Schlippe die Modernen. Nur an einem Ort ist es der modernen Richtung gelungen, ihre neue Sprache zu demonstrieren: mit dem an der nördlichen Schwarzwaldstraße gelegenen Universitätsstadion und den anschließenden großen Wohnbauten *Vier Linden* (Abb. 3).

Die Wohnbebauung direkt gegenüber auf der anderen Seite der Schwarzwaldstraße zeigt die völlig andere Baugesinnung: Häuser mit steilen Dächern, traditionellen versprossten Fenstern mit Läden und Gewänden (Abb. 4). Ein Paradebeispiel für diese Gestaltungsvorstellung ist das Forstamt von Joseph Schlippe (Abb. 5).

Die rechts und links der Schwarzwaldstraße so unterschiedlichen Bauten sind genau in derselben Zeit, circa 1929–1930, erbaut worden. Die Architekten hielten jeweils die gegenüberliegenden Bauten für abscheulich. Aus heutiger Sicht ist klar, dass es auf jeder Seite hervorragende Architekten gegeben hat.

Abb. 4 Wohngebäude Schwarzwaldstraße, um 1930

Abb. 5. Das Forstamt von Joseph Schlippe an der Günterstalstraße

2. Wiederaufbau der Städte von Anhängern der Moderne

Das Dritte Reich hatte die Vertreter der Moderne als Bolschewisten verfolgt und aus dem Land getrieben. Nach dem Krieg sahen die Überlebenden und Rückkehrer angesichts der riesigen Zerstörung der Städte jetzt eine Chance, ihre alten Ideen von der neuen Architektur und der neuen Stadt zu verwirklichen. Jetzt lag eine riesige, neue Aufgabe auf dem Tisch. Die großflächig zerstörten Städte mussten wiederaufgebaut werden, ein Projekt ohne historisches Vorbild. Es ging jetzt nicht nur um den Bau neuer Siedlungen, sondern fast immer um zerstörte, historische Innenstädte. Die in zwei Lager gespaltene Baumeistergilde hatte jetzt ein riesiges, neues Schlachtfeld. Beide Lager konnten jeweils ihre Reviere abgrenzen und sichern. Die Architekten der Moderne sahen in der Zerstörung die historische Chance des Neuanfangs. Jetzt konnten die Mängel der alten Stadt radikal beseitigt werden. Jetzt konnten Licht, Luft, Grün und das Auto berücksichtigt werden. Das Wort *Wiederaufbau* wurde von Intellektuellen und führenden Architekten politisch als Anknüpfung an das Dritte Reich gebrandmarkt. Um den Wiederaufbau des zerstörten Goethehauses in Frankfurt wurde geradezu fanatisch gestritten. Je progressiver sich eine Stadt sah, umso radikaler waren die Wiederaufbaukonzepte. Für die internationale Bauausstellung 1957 in Berlin wurde ein alter zerbombter Stadtteil total abgeräumt: Keller, Versorgungsnetz, Straßen, alles wurde beseitigt. Ein dicht bebautes Gründerzeitquartier wurde von ausgewählten, internationalen Architekten durch eine Waldstadt mit bester Wohnqualität ersetzt. In dieser wurden fast alle modernen Wohnhaustypen demonstriert. Der neue Stadtteil *Hansaviertel* wurde zum Modell der Moderne für die Neuordnung der deutschen Städte. In Ostberlin entstand gleichzeitig die monumentale Stalinallee.

3. Das konservative Wiederaufbaukonzept in Freiburg

Das Wiederaufbaukonzept der Stadt Freiburg war von radikal anderer Natur. Hier war die Stadtplanung fest in der Hand der Konservativen. Baudirektor Joseph Schlippe hatte die Leitung des Bauens und Planens über das Kriegsende hinaus in der Hand behalten können.

Seine zentrale Zielvorstellung war die Erhaltung des mittelalterlichen Stadtgrundrisses (Abb. 6). Ein solcher Planungsansatz existierte auf der Seite der Modernen überhaupt nicht. Die Beibehaltung der von der Stadtgeschichte ausgehenden Raumstrukturen wurde der Schlüssel für die heutige Qualität der Freiburger Altstadt. Man hatte in Freiburg keine Skrupel, ein zerstörtes Haus auf dem alten Grundriss an der Straßenbauflucht wiederaufzubauen. Es konnte auch ohne Probleme eine andere Fassade erhalten. Entscheidend war, dass

Abb. 6   Wiederaufbauplan von Joseph Schlippe

die Architektursprache aus der Kiste der Tradition kam. Fast alle zerstörten öffentlichen historischen Gebäude wurden ohne ideologische Diskussion in ihrer Originalgestalt wiederaufgebaut. Durch dieses einfache Konzept wurde der alte Straßenraum erhalten. Nur die als Abscheulichkeit empfundenen Bauten der Gründerzeit und des Jugendstils wurden *bereinigt*, wie der Fachausdruck hieß. Dazu gehörte auch das arme Theater, das sogar schon vor dem Krieg im Inneren eine Bereinigungsprozedur erdulden musste (Abb. 7). Joseph Schlippe wollte nicht den Zustand der Vorkriegszeit wiederherstellen, sondern er nahm die Katastrophe der Zerstörung als Chance, den historischen Bauzustand wieder vor die Gründerzeit zurück zu bauen. Er bereicherte sogar die Hauptstraße mit beidseitigen Arkaden, die es in Freiburg nie gegeben hatte. In der Schweizer Zähringerstadt Bern waren die Lauben vor den Häusern schon im Mittelalter zu Arkaden umgebaut worden. In schlauer Weise wurden die Bedürfnisse der Tiefbauer zur Verbreiterung der Straße, die zu jener Zeit noch die Bundesstraße B 3 war, benützt. Wesentliche Teile des Wiederaufbaukonzeptes hatte Schlippe schon 1937 im Rahmen einer vom NS- Staat geforderten Zukunftsperspektivplanung ausgearbeitet.

Das Freiburger Wiederaufbaukonzept wurde von Städten, in denen die Modernen am Ruder waren, heftig abgelehnt. Die Aufbauideen der Moderne

Abb. 7 Theater vor der Bereinigung

wurden unter anderem in Hannover, Berlin, Stuttgart, Kassel, Braunschweig und Hamburg umgesetzt.

Ich erinnere mich noch gut, dass ich mich in Karlsruhe als Student an der Technischen Hochschule, die kompromisslos die Moderne propagierte, geschämt habe, aus einer so rückständigen Stadt wie Freiburg zu kommen. Ich ahnte zu dieser Zeit noch nicht, dass das Freiburger Wiederaufbaukonzept die beste Möglichkeit darstellte, die historische Kontinuität einer Stadt zu erhalten. Nicht ein einziger Versuch der selbstbewussten Moderne konnte in Deutschland einen ähnlichen Erfolg vorweisen, trotz – und man muss fast sagen: wegen – der Beteiligung des Spitzenpersonals der deutschen Architekten. Die Stadt- und Architekturvisionen der Moderne blockierten den Blick auf das gewachsene Gefüge der beschädigten, aber nicht verschwundenen Stadt. Die hervorragenden Leistungen im Siedlungsbau, die Erfindung neuer Gebäudetypen, die Verwendung neuer Konstruktionen und Materialien konnten den Verlust der gewachsenen Identität nicht ausgleichen.

4. Moderne Architektur in Freiburg

Im Kräftespiel des Wiederaufbaus der Stadt Freiburg gab es neben den oben beschriebenen städtischen konservativen Architekten noch die der Moderne verpflichtete Kraft in Gestalt der staatlichen Bauverwaltung. Hier erwuchs dem mächtigen Joseph Schlippe in der Person des Architekten Horst Linde sehr früh ein ebenso mächtiger Gegenspieler aus dem Lager der Moderne. Horst

Linde war Schüler von Otto-Ernst Schweizer an der Technischen Hochschule Karlsruhe gewesen und gehörte damit zur modernen Architekturschule. Er war ein hervorragender moderner Architekt ohne ideologische Probleme beim Umgang mit historischer Bausubstanz. Ihm ist später u.a. zu verdanken, dass in Stuttgart das Schloss vor dem Abbruch gerettet und in Karlsruhe die Stadtkirche von Weinbrenner wiederaufgebaut worden ist. Sein Vater war in Baden-Baden Denkmalpfleger gewesen. Horst Linde baute in sehr kurzer Zeit mit vier Bauämtern, dem Klinik-, Uni-, Hoch- und Sonderbauamt, eine neue, junge Bauverwaltung auf. Die Mitarbeiter dieser Ämter waren untereinander vielfach persönlich und fachlich vernetzt. Fast alle Architekten kamen von der Technischen Hochschule in Karlsruhe. Die Architekten der Stadt Freiburg hatten dagegen überwiegend in Darmstadt studiert. Freiburg wurde durch Horst Linde zur bevorzugten Adresse für engagierte junge Architekten. Man ging nach Freiburg zu Linde. Die personelle Ausstattung des Staates war wesentlich besser als die der Stadt. Die wechselseitigen ideologischen Vorbehalte der beiden Lager behinderten fast alle kollegialen und persönlichen Kontakte. Für die Karlsruher war die Technische Hochschule in Darmstadt noch ein Hort der Traditionalisten.

Der Staat hat gegenüber der Stadt weitgehend ein eigenes Baurecht und kann ohne die Bevormundung der Stadt seine Aufgaben erfüllen. Die Staatliche Bauverwaltung brachte jetzt in ihrem Bauprogramm vielfach die Gestaltvorstellung der Moderne in die Stadt, zunächst außerhalb der Kernstadt im Institutsviertel und im Klinikum.

Der Neubau des neuen Kollegiengebäudes II der Universität (Abb. 8) wurde der erste größere staatliche Eingriff in die Altstadtstruktur der Stadt. In einem Wettbewerb hatte Otto-Ernst Schweizer den ersten Preis gewonnen. Der Neubau hält sich nicht mehr an den mittelalterlichen Stadtgrundriss, sondern erzeugt auf allen Seiten neue städtebauliche Raumsituationen. Der Maßstab und die klare Gliederung des Gebäudes halten sich nicht an die städtischen Vorgaben. Das fast monumentale Bauwerk ist das erste Gebäude in der Innenstadt mit einem Flachdach. Der zwischen Theater und Kollegiengebäude entstehende große Raum, der noch mit grünem Boden konzipiert ist, wurde erst über fünfzig Jahre später durch einen steinernen Boden zu einem großen Stadtplatz, unter dem die mittelalterliche Mauer verläuft, ausgebaut. Hier wurde ganz gegen das Konzept von Schlippe die Eierschale der mittelalterlichen Stadt gesprengt. Otto-Ernst Schweizer hatte nachgewiesen, dass auch mit der Sprache der Moderne eine Weiterentwicklung und Bereicherung der historischen Struktur der Stadt möglich ist.

Der Wiederaufbau des Sickingen-Palais zwischen Salz- und Schusterstraße ist ein zweites Beispiel dafür, wie ein modernes staatliches Bauwerk im Stadtkern errichtet wurde. Das Denkmalamt hatte zwar dem Staatlichen Hochbauamt

Abb. 8   Kollegiengebäude II

den Wiederaufbau der klassizistischen Fassade abgerungen. Auf der Rückseite des Gebäudes an der Schusterstraße wurde jedoch kräftig die Flagge der Moderne gezeigt: Material, Plastizität der Wände und Dachkante wollen nichts mit der Umgebung zu tun haben (Abb. 9).

Mit dem neuen *Regierungspräsidium* gegenüber dem Theater wurde vom staatlichen Hochbauamt der erste Versuch gewagt, ein Hochhaus am Rand der Altstadt zu platzieren. Hier wehrte sich die Stadtverwaltung heftig, doch die Lindetruppe setzte sich durch.

Im Institutsviertel und im Klinikum wurden viele moderne Gebäude errichtet. Wir hatten in Freiburg somit die besondere Situation, dass beide Richtungen nebeneinander am Werk waren. Der Staat hat dabei jedoch nicht in das Konzept der Stadtplanung eingegriffen.

Auch an der Auswahl von Kunstwerken im öffentlichen Raum kann man die verschiedenen Auffassungen der beiden Richtungen von Stadt und Staat gut erkennen. Das Reiterstandbild am Bertholdsbrunnen von Bildhauer Rösselmeier als Ersatz des alten Brunnens von Weinbrenner war eine große Aktion, an der viele renommierte Freiburger Bürger beteiligt waren (Abb. 10). Die ausgewählte Skulptur des Reiters ist stark von den Reiterskulpturen des großen Italieners Marino Marini beeinflusst, aber leider nicht so gut, da Rösselmeier kein Bildhauer der modernen Schule war. Man hätte sicher versuchen können, hier ein Original von Marini für dasselbe Geld in die Mitte der Stadt zu holen. Aber die gegensätzlichen Richtungen ließen das nicht zu. Schade, denn wenn dort heute ein Marini stünde, wäre der Bertholdsbrunnen

Freiburg – ein Glücksfall // 49

Abb. 9   Rückwärtiger Bau des Sickingen Palais

Abb. 10   Der Bertholdsbrunnen mit seinem Reiterstandbild

Abb. 11   Skulptur von Henry Moore vor dem Kollegiengebäude

ein um vieles interessanterer Mittelpunkt der Stadt Freiburg. Die staatliche Bauverwaltung hat zur selben Zeit vor dem neuen Kollegiengebäude eine große Skulptur von Henry Moore, dem zu dieser Zeit wohl weltweit renommiertesten Bildhauer, aufgestellt (Abb. 11).

Im Lauf der Zeit war es den modernen Architekten der staatlichen Bauverwaltung gelungen, mit vielen Bauprojekten die neue und grundsätzlich andere Erscheinungsform in der Stadt sichtbar zu machen: Mensa der Universität, Institutsviertel, Ludwigs- und Klinikkirche (Abb. 12) und vieles mehr. Auch bei der Stadt wurden Kräfte sichtbar, die eine mehr zeitgenössische Baugesinnung zeigen wollten. Beispiele hierfür sind unter anderem das neue Bertholds-Gymnasium, die Lortzing- und die Gewerbeschule.

5. Umbruch und Generationswechsel

Mitte der 1960er-Jahre regte sich immer mehr Unmut im Freiburger Gemeinderat über die zu konservative städtische Bauverwaltung. Der große Kämpfer Schlippe war pensioniert worden, und die Nachfolger konnten für die inzwischen neuen Herausforderungen wie Kauf- und Parkhäuser und Hotels keine zufriedenstellenden Antworten in der Innenstadt finden. Der Unmut war so groß, dass sogar der Wiederaufbau der mittelalterlichen Gerichtslaube von Teilen des Gemeinderates und der Presse in Frage gestellt wurde. Offensichtlich war der Konsens, die zerstörte Stadt wieder in historischer

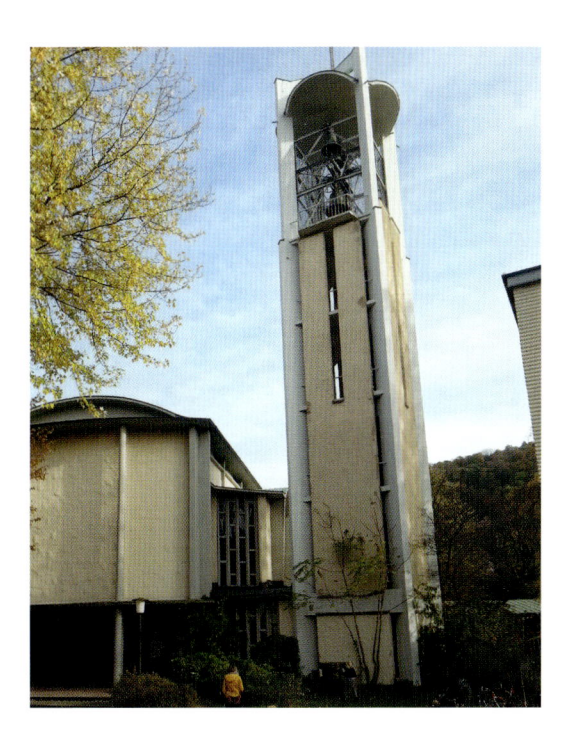

Abb. 12　Ludwigskirche

Kontinuität aufzubauen, verbraucht. Neue Köpfe sollten aus dieser Sackgasse heraushelfen. Obwohl die Amtszeit des amtierenden Oberbaudirektors Geiges noch nicht abgelaufen war, wurde seine Nachfolgestelle ausgeschrieben. Der Gemeinderat sprang nicht fair mit seinen verdienten Planern um. Die Stadt sollte nun möglichst schnell den Anschluss an die als zeitgemäß empfundene Bau- und Planungsentwicklung erlangen. Das war die Erwartung der Mehrheit des Gemeinderates. Kurze Zeit später fand eine turbulente Bürgermeisterwahl statt, bei der der Architekt Hermann Zens zum neuen Baudezernenten gewählt wurde. Die Stelle des zukünftigen Leiters des Stadtbauamtes wurde mir übertragen. Nachdem ich neun Jahre lang als Architekt in der staatlichen Bauverwaltung unter Horst Linde gearbeitet hatte, wechselte ich nun das Lager und stellte mich jetzt in den Dienst der Gegenpartei. Für manchen der dort arbeitenden Kollegen war das sicher eine Zumutung. Was wollte dieser im Städtebau unerfahrene Mann aus der Riege der arroganten Linde-Truppe? Als junger Mensch und begeisterter Architekt der Moderne hatte ich eine hohe Risikobereitschaft. Zuerst musste ich mir jetzt eine neue Sicht auf die Probleme der Stadt und auf die Planungsrealität erarbeiten. Sehr bald wurde mir klar, dass der Planungsbaukasten meiner Schule aus Karlsruhe für viele der anstehenden Aufgaben keine zufriedenstellenden Lösungen zu Verfügung hatte. Ich musste zugleich erkennen, dass die Leistungen der Kollegen vom konservativen Lager sehr viel ernster zu nehmen waren, als wir das aus unserer oberflächlichen Sicht von außen wahrgenommen hatten. Ich erinnere mich noch an meine einzige Begegnung mit Joseph Schlippe anlässlich des Wettbewerbes für die Erweiterung des Kaufhauses Werner Blust (Kaufhof): *Machen Sie mir aus Freiburg kein Cincinnati,* war seine besorgte und spöttische Ermahnung. Als in Karlsruhe in der Wolle gefärbter moderner Architekt erkannte ich, dass die anstehenden architektonischen und städtebaulichen Aufgaben einerseits in der Sprache und Gesinnung der Moderne und andererseits nicht gegen die Individualität der Stadt zu lösen waren. Der neue Baubürgermeister Zens stand für diese Richtungswende. Er brachte viele neue Impulse in die Diskussion, viele alte Planungsansätze wurden in Frage gestellt. Er hatte zum Schrecken der alten Garde in den ersten Wochen den lange nicht entschiedenen Herderbau in der Kaiser-Joseph-Straße genehmigt.

6. Fußgängerzone, Park- und Kaufhäuser

Unsere erste Vision für die Altstadt war die Vertreibung der alle Plätze besetzenden Autos. Man kann sich das heute nicht mehr vorstellen: Münsterplatz, Rathausplatz, Kartoffelmarkt, Holzmarkt – alles voller Blech. An Freimachung war nicht zu denken. Weder Gemeinderat noch Bürgerschaft konnten sich vorstellen, dass man nicht mehr überall vorfahren kann. Es gab in Deutschland noch keine Fußgängerzonen, nicht einmal kleine Fußgängerstraßen. Nur in Rotterdam hatte man erste Schritte versucht. Ein dilettantischer Probelauf mit der Sperrung der Kaiserstraße an einem Wochenende wurde ein Misserfolg. Es wurde klar, dass ohne Ausbau des Innenstadtringes und Schaffung von ausreichendem Parkraum an diesem Ring eine schrittweise Vertreibung der fahrenden und parkenden Autos nicht erreicht werden konnte. Mit einem kleinen, fast skizzenhaften Plan, der den anspruchsvollen Namen *Generalparkhausplan* erhielt, belegten wir alle potentiellen Standorte für mögliche Parkhäuser. Unser Ziel war, im Inneren der Altstadt keine öffentlichen Parkbauten zuzulassen. Vor allem der zentralste und günstigste Standort Münsterplatz sollte möglichst früh aus der Diskussion genommen werden. Für die Realisierung des Parkhausrings bot sich an, die Ablösungssummen für die zu erbringenden Parkplätze zu verwenden. Es ist gelungen im Lauf der Zeit außer dem Holzmarktplatz alle geplanten Standorte zu realisieren (Abb. 13).

In Freiburg gab es nur ein einziges Kaufhaus mit Vollsortiment, den Werner Blust, später Kaufhof. Die Freiburger reisten in dieser Zeit nach Karlsruhe, Mannheim und Basel zum Einkaufen. Die Stadt warb um die Ansiedlung neuer Kaufhäuser. Diese saßen aber auf dem hohen Ross, während die Stadt

Abb. 13   Strukturplan Fußgängerzonen und Parkierungsflächen

als Bittsteller auftreten musste. Zudem hatten die großen Kaufhäuser in dieser Zeit die immer gleiche Fassadengestaltung als Identitätsmerkmal entdeckt und zur Bedingung gemacht. Den älteren Planern waren sowohl Parkhäuser als auch große Kaufhäuser in der Altstadt ein Graus. Wir machten den ersten Versuch das Kaufhaus Hertie (heute Karstadt) in das Stadtgefüge einzubauen. Es gelang, die Einheitsfassade zu verhindern und das Gebäude durch die Aufteilung in drei leicht verdrehte Baukörper mit Dach und Gesims und Naturstein-Fassade in die Struktur der Kaiserstraße zu integrieren und damit dem benachbarten Basler Hof die wichtige Dominanz zu erhalten. Das war natürlich noch keine Baukunst. Auch mit dem Kaufhaus C&A verfolgten wir städtebauliche Ziele. Das attraktive Kaufhaus wollte sich natürlich in der Kaufachse der Kaiserstraße ansiedeln. Es gelang, dies zu verhindern. Wir wollten eine weitere attraktive Kaufachse nach Westen aufbauen. Die Stadt bot das freigewordene Grundstück der verlagerten Feuerwache an. Nachdem sich C&A weigerte, selbst eine Tiefgarage unter dem neuen Kaufhaus zu errichten, wurde das zur Geburtsstunde der Stadtbau GmbH. Mit dieser Konstruktion war es möglich, die städtische Rotteckgarage unter dem Kaufhaus auf dem Grundstück von C&A zu realisieren. Unser Kollege Joseph Diel von der Stadtplanung wurde Chef der Stadtbau GmbH. Damit hatten wir einen engagierten Städtebauer auf der Seite der Bauherren. Ohne seine kreative Aktivität wären viele städtebauliche Konzepte nicht gelungen.

7. Schlossbergparkhaus und Schlossbergplan

Die erste Aufgabe, die ich von Bürgermeister Zens auf den Tisch bekam, betraf das geplante Parkhaus in der Konviktstraße. Hier war die Stadtplanung zur Aufstellung eines Bebauungsplanes für ein Parkhaus an Stelle der maroden östlichen Häuserzeile verpflichtet worden. Oberbaudirektor Hans Geiges hatte seine Unterschrift unter den Bebauungsplan mit einem Sternchen versehen als Ausdruck seiner persönlichen Ablehnung. Es war auch wirklich ein schrecklicher Plan. Ich kam gerade von der jahrelangen Arbeit am Kurhaus Badenweiler und war also mit Terrassenbau vertraut. Zusammen mit dem Architekt Lothar Dorgerloh machten wir Bürgermeister Zens den Vorschlag, in unserer Freizeit eine Idee als Diskussionsgrundlage für die Lösung der Garagenfrage auszuarbeiten. Unser Entwurf verschob das Parkhaus nach Osten. Die historische Zeile der Häuser der Konviktstraße sollte erhalten bleiben. Dafür mussten jetzt die Häuser entlang der Schlossbergstraße abgerissen werden. Das Parkhaus sollte den geplanten Schlossbergring überspannen und auf der Stützmauer des Schlossberges aufliegen. Es sollte auf der Oberseite terrassenartig mit kleinen Häusern bebaut werden. In der Mitte sollte eine Treppe in der Verlängerung der Schusterstraße den Schlossberg erschließen (Abb. 14). Das Projekt hatte ursprünglich nur die Zielvorstellung, endlich die Schaffung eines Parkhauses in der Nähe der Einkaufzone zu verwirklichen. Wir integrierten das Garagenprojekt jedoch in die große Maßnahme des Ausbaus des Schlossbergrings mit zwei neuen Fußgängerübergängen. Da der Ausbau der Ringstraße auf der Nordseite einen Streifen des Stadtgartens beansprucht, wollten wir diesen Verlust durch die Schließung und Auffüllung der Mozartstraße kompensieren, und so den Stadtgarten direkt mit dem Schlossberg zu verbinden. Mit dem Aushub der Ringstraße war genug Material vorhanden, den Hangfuß im Garten auslaufen zu lassen. Diese Idee der totalen Schließung scheiterte jedoch in letzter Minute. Eine Fußgängerbrücke musste dann die Verbindung zwischen Schlossberg und Stadtgarten übernehmen. Zu dem großen Neuordnungsplan gehörte neben der Freilegung der völlig zugewachsenen Burg der Stadtgründer auf dem Schlossberg auch die Verwirklichung einer Seilbahn zum Restaurant Dattler. Die Talstadion der Seilbahn wurde noch einige Meter nach Norden verschoben, um die Lieblingsidee von Bürgermeister Zens, nämlich die Möglichkeit einer Zufahrt zu einem Schlossbergtunnel offen zu halten. Das ganze Paket wurde in aller Breite mit den Bürgern und im Gemeinderat als Schlossbergplan diskutiert und mit großer Zustimmung verabschiedet. Heute wäre es kaum noch möglich, solch ein komplexes Projekt zu realisieren (Abb. 15).

Abb. 14 Modell zum geplanten Parkhausbau am Schlossberg

Abb. 15 Schlossbergplan mit geplanter Überbauung des Schlossbergrings

8. Der »Karlsklotz«

Die Bebauung des Karlsplatzes gehörte auch zu den ersten Projekten, mit denen mich der neue Baubürgermeister Zens beauftragte. Seine Konzeption war der Bau einer Hochgarage und daneben ein Hochhaus mit einem Hotel auf dem Gelände des ehemaligen Großmarktes. Über eine Brücke sollten die Hotelgäste eine Grünanlage auf dem Dach der Garage erreichen. Das Konzept hat mir nicht gefallen. Vor allem die Hochgarage wollte ich um jeden Preis vermeiden. Da kam der Wunsch von Kulturdezernent Dr. Graf gerade recht, ein Kongresszentrum in das Projekt zu integrieren. Unser Vorschlag, die Führung der Herrenstraße zu verlegen, wurde vom Tiefbauamt freudig aufgenommen. Mit dem Hotelbau wurde an einen schon vor dem Krieg vorhanden Querbau hinter der Karlskaserne angeknüpft. Ein sehr junger Architekt, Herr Babylon, machte die ganze Planung, in moderner Sprache, wenig sensibel aber robust, plastisch und nirgendwo kleinlich. Positiv ist, dass das Gebäude nicht ökonomisch optimiert wurde. Sehr viele Teile des Bauwerks sind nur der plastischen Architektur wegen gebaut worden. Die Stadt bezuschusste den Saal mit einer Million DM. Im Rohbau wäre das Projekt fast gestorben und wurde in einer Baurezension von der Baufirma in eigener Regie weitergebaut. Die Verbindung zum Stadtgarten wird durch eine sehr elegante Spannbandbrücke erzielt. Der Baukomplex erhielt sehr bald den Namen *Karlsklotz*. Er wird sicher kein sehr hohes Lebensalter erreichen. Die Hauptqualität des Komplexes ist seine günstige Lage zu Altstadt und Stadtgarten mit Schlossberg sowie die gut geschnittene große Garage.

9. Westentwicklung

Bürgermeister Zens hatte sich sehr früh für eine aktive Stadtentwicklung nach Westen engagiert. Das Aufzeigen dieser Ziele war neu und wurde ein politisches Programm. In der Tat hatte die Stadt mit den drei Stadterweiterungen Bischofslinde, Weingarten und Landwasser bereits entscheidende Schritte nach Westen getan, dieses aber nicht als eigenes Planungskonzept herausgestellt. Die großräumigen Ziele der Westentwicklung reichten weit über die Gemarkungsfläche hinaus und bezogen die ganze Freiburger Bucht mit ein. Sehr viele spätere Einzelentscheidungen basierten auf diesem Westkonzept (Abb. 16).

Abb. 16   Blick von Westen auf Freiburg – im Vordergrund der Stadtteil Landwasser

10. Ost-West-Gefälle

Bei einer vergleichenden Analyse der einzelnen Stadtteile erkannten wir sehr bald, dass in der Stadt ein sehr reales Westproblem existierte. Eine tiefe und von Politikern und Planern nicht angesprochene soziale Trennungslinie teilte die Stadt. Die Eisenbahnlinie bildete die jedermann lesbare Grenze zwischen attraktiven und weniger attraktiven Stadtteilen. Die Bevölkerungsanteile auf beiden Seiten waren annähernd gleich. Der Grund für diese offensichtliche Segregation lag in der Morphologie und in Klimaunterschieden: Im Westen Nebel und Schnaken, im Osten Ausblicke und weniger Nebeltage. »Gehobener« Wohnungsbau liegt weltweit am Hang mit unverbaubarer Aussicht. Hinter der Eisenbahn gab es eigentlich keine gute Adresse. Das Phänomen der sozialen Sortierung gibt es in jeder Stadt, aber eine so scharfe Barriere quer durch die Stadt ist mir nicht bekannt. Wir gaben diesem im Prinzip allbekannten Phänomen den Namen *Ost-West-Gefälle*. Nicht jeder Politiker war über diese Bezeichnung glücklich. Den Skeptikern mussten wir nur die farbig dargestellten Wahlergebnisse in den verschiedenen Stadtgebieten zeigen. Die Erkenntnis und die Offenlegung dieser sozialen Sortierung auf beiden Seiten der Bahn wurden für mich ein wesentlicher Planungshintergrund. Das Ziel war eine energische Gegensteuerung zur Verbesserung der gewachsenen und verdrängten sozialen Unterschiede.

11. Technische Rathaus

Abb. 17 Der provisorische Bau des Technischen Rathauses

Einer der ersten in die Tat umgesetzten Schritte nach Westen war die Zusammenführung aller technischen Ämter im Technischen Rathaus im Stühlinger (Abb. 17). Dabei war der eingeschossige Holzpavillon von Anfang an ein Provisorium. Wir haben dort schon dem Gemeinderat aufgezeigt, dass die mit dem Pavillon belegte große Fläche die Chance offen hält für ein späteres Technisches Rathaus. Auch der neue Ratssaal, der notwendig geworden war wegen der Vergrößerung des Gemeinderates auf 48 Räte, war Teil des Projektes Holzpavillon. Denn mit dem Auszug der Verwaltung aus dem alten Rathaus wurde es möglich, dort den neuen Ratssaal zu realisieren – und nicht wie schon geplant in einem Gebäude auf der anderen Straßenseite. Die Brüstung im neuen Ratssaal wurde vom Kurhaus in Badenweiler übernommen. Das Sahnehäubchen des Projektes war die Unterbringung des Wallgrabentheaters unter dem neuen Ratssaal. Ich sehe noch heute Bürgermeister Dr. Graf, wie er den verzweifelten Leiter des Hauptamtes beauftragt, das ganze Gewölbe voller Akten auszuräumen. Wir haben auch an diesem Projekt die Erfahrung gemacht, dass verschiedene Bauaufgaben, die in einem Plan miteinander verknüpft sind und gleichzeitig mehrere Bedürfnisse abdecken, wesentlich leichter umgesetzt werden können.

Das Technische Rathaus wurde zum Nukleus einer Verwaltung der kurzen Wege und gegenseitigen Kommunikation auf allen Ebenen. Es gelang weitgehend, die Hierarchie möglichst niedrig zu halten und eine persönliche, kollegiale Zusammenarbeit zu fördern. Ganz entscheidend für die Arbeit war die wöchentliche Sitzung der Ämter mit dem Baubürgermeister. Hier wurden alle Projekte und Probleme vorgetragen, beraten und wenn möglich vom Bürgermeister entschieden und von Herrn Scherer protokolliert. Alle Partner waren informiert, kamen zu Wort und wenn notwendig wurde eine weitere Abstimmung festgelegt. Zu der Dezernatssitzung waren nicht nur die Chefs eingeladen. Das von Bürgermeister von Ungern-Sternberg eingerichtete Bauverwaltungsamt bildete eine starke Klammer für den ganzen bunten Laden des Baudezernates. Die klar strukturierte wöchentliche Runde war eine optimale Gestaltungseinrichtung.

12. Stadtgestaltung

Die Einführung und Durchsetzung der Fußgängerzonen war viele Jahre ein Schwerpunktthema der Stadtplaner und Tiefbauer. Das Konzept, den Ausbau an den Rändern und kleineren Straßen vorzuziehen und erst zum Schluss die Hauptstraße auszubauen, hat sich in der Durchsetzung und in der Unterstützung der kleineren Geschäfte bewährt. Als die Kaiser-Joseph-Straße als letzte neu gepflastert wurde, haben die dort ansässigen Geschäfte sich zur Hälfte an den Kosten beteiligt.

Wir haben im Stadtplanungsamt eine eigene Abteilung für Stadtgestaltung unter der Leitung von Architekt Volker Rosenstiel eingerichtet. Diese Arbeitsgruppe hatte die Transformation aller Bodenbeläge vom Asphalt zur Pflasterung gestalterisch in der Hand. Das Gelingen dieser für die Stadt ganz wichtigen Bodenkultur war nur möglich, weil im Technischen Rathaus eine selbstverständliche und kollegiale Zusammenarbeit üblich war. Die Stadtgestaltung befasste sich nicht nur mit den Böden, sondern mit allem, was im öffentlichen Raum abgestellt und eingebaut wird, z.B. Fassadengestaltung, Bäume, Lampen und Schilder. Die schönen Bänke in der Kaiserstraße sind von Volker Rosenstiel, die Lampen des Bildhauers Walter Schelenz und die großen Pflanzkübel des Bildhauers Franz Gutmann. Auch die Erhaltung und Integration der alten Geländer, Skulpturen und schmückenden Elemente an allen Brückenneubauten, zum Beispiel Schwabentor-, Kronen- und Ochsenbrücke, sind von der Stadtgestaltung erarbeitet worden. Hervorzuheben ist, dass die Stadtgestaltung keinerlei Weisungsbefugnis hatte, sondern nur durch gegenseitigen Respekt ihre Aufgaben gemeinsam mit den ausführenden Partnern mit Erfolg löste.

60 // Städtebau und Wohnungspolitik

13. Kunst im öffentlichen Raum

Abb. 18   Der Große Gartenschlauch von Claes Oldenburg

Wir waren auch immer interessiert, der Stadt Freiburg ein modernes und dem neuen aufgeschlossenes Gesicht zu geben. Gerade bei dem großen Gewicht des Historischen fanden wir dies besonders wichtig. Wir förderten, wo es möglich war, die Aufstellung moderner Kunstwerke, oft auch nur für eine begrenzte Zeit. Bürgermeister Dr. Graf als Kulturbürgermeister war unser großer Förderer und Schutzpatron. Das wichtigste Beispiel für dieses Gebiet der Stadtgestaltung wurde der Große Gartenschlauch von Claes Oldenburg. Die ganze Aktion wurde von Dr. Graf angestoßen mit der Bitte an mich, ob es möglich wäre, dass die Stadt Freiburg auch wie das Land Baden-Württemberg eine internationale Arbeit in die Stadt holen könnte. Ohne das Fachwissen und Management der Stadtgestaltung wäre das anspruchsvolle Kunstwerk von internationalem Rang nicht in dieser Qualität gelungen (Abb. 18).

14. Konviktstraße

Ein wesentliches Ziel bei der Planung der Schlossberggarage war die Erhaltung und Sanierung der Konviktstraße. Mit diesem Vorschlag hatten wir uns die Unterstützung der Altstadtfreunde erworben – etwas ganz Neues für die Verfechter der Moderne. An diesem kleinen Stück Stadt haben wir für die kommenden Jahre sehr, sehr viel gelernt. Wir entdeckten den uralten Stadtbaustein: das Haus auf einer eigenen Parzelle. In dieser Straße versuchten wir nicht nur die Bauflucht, sondern auch die Körnung der Stadt zu erhalten. Wir verzichteten auf das prinzipielle Ziel der Moderne, möglichst durchgängige Einheitlichkeit der einzelnen Bausteine anzustreben. Im Gegenteil erkannten wir, dass gerade die unterschiedlichen Handschriften und Qualitäten eine selbstverständliche Stadt-Struktur erzeugen. Die strikte Einhaltung der Bauflucht reichte aus. In der Konviktstraße hatten wir das Glück, mit einer vorgegebenen eleganten S-Kurve den Straßenraum zu fassen. Noch wenige Jahre früher hätten wir hier ein einheitliches Projekt möglichst von einem Architekten oder einem Träger auf einer Tiefgarage vorgeschlagen. Man hätte das Gebäude etwas geschüttelt um einen »menschlichen Maßstab« zu erreichen. Diese neue Einsicht, Städtebau mit möglichst autonomen Stadtbausteinen in einem klaren Gerüst zu arbeiten, ist dann auch Jahre später im Baugebiet Vauban und im Rieselfeld mit Erfolg angewendet worden. Auch die Bebauung auf dem Dach des Parkhauses folgt diesem Prinzip. Es gelang, das Liegenschaftsamt zu überzeugen für jedes Grundstück einen Bauherrn zu suchen, der zusicherte hier sein eigenes Haus zu bauen und auch dort zu wohnen. Damit wurde ein persönliches Bürger-Engagement in das Projekt eingebaut. Das Liegenschaftsamt hatte mehr Arbeit. Bau und Sanierungskosten waren alle privat. Die heute wilde Glyzinien-Verspannung der ganzen Straße wurde von der Stadtgestaltung mit einigen Pflanzkörben gestartet.

Unsere Erkenntnis, den modernen, strengen Gestaltungswillen zurückzufahren und auf das alte Prinzip der Bauflucht zu setzen, hatten wir in der kleinen unscheinbaren Straße gewonnen und durch die Methode der gebändigten Vielfalt eine in die Altstadt integrierte Dachlandschaft erhalten (Abb. 19).

Abb. 19   Die Dachlandschaft der Konviktsstraße

15. Die neuen Stadtteile Bischofslinde, Landwasser und Weingarten, Rieselfeld

Die Stadt sollte möglichst schnell den Anschluss an die als zeitgemäß empfundene Bau- und Planungsentwicklung erlangen. Das war die Erwartung der Mehrheit des Gemeinderates.

Bischofslinde war das erste große Baugebiet im Westen der Stadt. Um diese Zeit war der Begriff Satellitenstadt noch nicht gebräuchlich. Das Gebiet war von vielen Baugesellschaften erbaut worden, alles sehr normal. Das Studentendorf und das benachbarte Behördenviertel brachten eine gewisse Vielfalt in den Stadtteil. Bischofslinde wurde eine gute Adresse, es gab keine sozialen Brennpunkte.

Landwasser wurde dagegen als sehr ambitionierte Trabantenstadt von den Planern der Neuen Heimat entworfen und betreut. Der Stadtteil liegt neben dem Dorf Lehen ohne eine Straßenverbindung. Hier wurde ein sehr modernes Konzept realisiert. Keine Durchgangsstraßen, Sammelhochgaragen, die ganze Palette der modernen Gebäudeformen vom eingeschossigen Teppichhaus bis zum Hochhaus. Eine ausgebaute Ortsmitte mit Schule, Kirchen, Bürgerhaus, Geschäften, Hotel und Altenzentrum. Für die Gestaltung der Häuser war einheitlich Waschbeton vorgegeben. Für die Markisen an den Hochbauten gab es nur die Auswahl unter drei Farben. Ein hervorragender Gartenarchitekt hat die gesamten Freiflächen gestaltet. Sogar ein eigenes Kunstkonzept wurde mit der Neuen Heimat ausgeführt. Viele Vorstellungen entsprachen dem oben erwähnten Konzept des Hanseviertels von 1957 in Berlin.

Eine soziale Differenziertheit der neuen Bewohner war gegeben. Die beiden großen Cluster mit Einfamilienhäusern sorgte für Bürger, die sich später intensiv in die Belange des Stadtteils einbrachten. Der Stadtteil wurde in der letzten Phase leider sehr spät mit einer Straßenbahnlinie an das Stadtzentrum angebunden. Der neue Stadtteil Landwasser war in Deutschland ein anerkannter Beitrag für das Problem der Trabantenstädte. Es gab zunächst viele Kinder, man wusste noch nicht, dass große Neubaugebiete eine andere Bevölkerungsstruktur generieren. Wir hatten viel zu wenig Kindergartenplätze. Jetzt ist Landwasser alt geworden, und seine neuen Bewohner sind politisch stark selektiert.

Weingarten ist der dritte neue Stadtteil und wurde ungefähr gleichzeitig mit Landwasser erbaut. Die Lage ist günstiger, näher bei der Stadt und nicht so im Wald isoliert. Die Planung ist ähnlich wie Landwasser. Fast alle Gebäude liegen an Stichstraßen, ein Zentrum, Schulen, Kirchen, Stadtpark – alles ist da. Und doch ist der Stadtteil um vieles problematischer als Landwasser. Die Ursache ist sehr offensichtlich. Die Stadt hat dort für die eigene Siedlungsgesellschaft ein langfristiges Bauprojekt ausgearbeitet. Freiburg litt unter einer enormen Wohnungsnot, und mit einem Konzept wollte die Stadt über viele Jahre ihrer Siedlungsgesellschaft eine Neubaurate von preiswerten Wohnungen ermöglichen. Ein Ingenieurbüro aus Frankfurt, welches sich auf stringente Rationalisierung spezialisiert hatte – sie nannte sich auch Ratio –, erhielt die Zusage, jährlich einen Zuschlag von über 200 Wohnungen zu erhalten. Jetzt hatte die arme Siedlungsgesellschaft endlich genügend Sozialwohnungen – und der Stadtteil wegen der zu einseitigen sozialen Selektion seine Probleme. Weingarten ist ein engagiertes, großes und soziales Projekt mit problematischen und fast nicht korrigierbaren Folgen.

Das *Rieselfeld* war der vierte und größte Trabant der Stadt Freiburg. Es gelang, hier viele negative Erfahrungen der Vorgängerversuche zu vermeiden: das Modell der kleineren autonomen Bausteine, der Verzicht auf eine rigide gestalterische Disziplinierung. Vielfalt war erlaubt und angestrebt. Die tolle Erfindung der Baugruppen wurde bundesweit beachtet. Das von vielen Parteien gemeinsam erbaute individuelle Haus konnte von der Stadt als Grundstücksbesitzerin bestens gefördert werden. Der soziale Wohnungsbau war zu dieser Zeit fast zum Erliegen gekommen. Die Probleme der sozialen Segregation waren dadurch fast nicht mehr aktuell. Auch gelang es, die Infrastruktur frühzeitig mit hoher Qualität zur Verfügung zu stellen. Nur eine räumliche Mitte zu bauen mit Platzwänden und Erinnerungswert, ist den Architekten noch nicht gelungen. Alle öffentlichen Bausteine stehen herum.

Man dachte, das Rieselfeld sei der letzte große neue Stadtteil, den Freiburg benötigt. Wir glaubten, das Wachstum der Bevölkerung laufe aus. Das Problem der Binnenwanderung und schon gar das der Zuwanderung wurden nicht erkannt. Man realisierte noch nicht, dass man mit dem Ausbau der Kernstadtqualität die Dynamik der Zuwanderung verstärkt. Viele waren der Überzeugung, dass eine Stadterweiterung einen unangemessenen Landschaftsverbrauch bedeutet. Man wollte das mit einem Geschenk an die Natur wieder gut machen und trennte sich vom größeren noch unbebauten Teil des Rieselfeldes. Doch die Realität ist 40 Jahre später völlig verändert. Die Wohnungsknappheit und damit der Anstieg der Mieten sind sozial nicht zu beherrschen. Freiburg hat sich mit großem, grünem Idealismus eine greifbare Entspannung dieser brennenden Frage versperrt. Ein Weiterbau des Rieselfeldes hätte auf eigenem Gelände schnell und billiger ein enormes Angebot erzeugen können. Die ersten Neubauten hätten schon längst bezogen sein können. Natürlich würden die Bewohner des heutigen Rieselfelds Sturm laufen. Das ist aber immer so und muss ausgehalten werden.

Freiburg hat sich für ein anderes Realisierungsgelände, Dietenbach, entschieden. Ich bin überzeugt, dass auch hier ein hervorragender neuer Stadtteil entstehen wird. Wir wussten seinerzeit noch nicht, dass große Stadtflächen wesentlich bessere Biodiversität aufweisen als das landwirtschaftliche Umland.

Die Zahl der im Stadtgebiet brütenden Vogelarten nimmt mit der Größe der Städte zu. In Berlin brüten zwei Drittel der in Deutschland lebenden Vogelarten. Das Schlagwort Landschaftsverbrauch ist zu kurz gedacht.

16. Straßenbahn nach Westen

Zur Westentwicklung gehört auch die neue Straßenbahnlinie nach Landwasser. Hier gelang es im letzten Moment, eine beschlossene Unterquerung der Gleise am Bahnhof durch eine Brücke zu ersetzen. Das Projekt der Unterquerung der Bahn war der Rest einer geplanten UBahn-Vision, die die ganze Kernstadt unterfahren sollte. Es gab auch Tendenzen, die Straßenbahn ganz abzuschaffen. Ja, in dieser Zeit glaubte man, gigantische Großstadtprojekte kämen in den Bereich des Machbaren. Wir, die Stadtplaner, vertraten eine noch kühnere Vision. Wir wollten ein ganz neues, öffentliches Verkehrssystem einführen. Auf einer Versuchsstrecke sollten autonom fahrende Kabinen auf einem hoch liegenden Tragbalken vom Siegesdenkmal nach Landwasser den öffentlichen Verkehr übernehmen. Wir hofften, das Ganze vom Bund als Versuchsstrecke finanziert an Land zu ziehen (Abb. 20). Wir hatten in dieser Zeit die Bodenhaftung etwas verloren. Es zeigt, welche Aufbruchstimmung und welcher Realitätsverlust in der Zeit vorhanden war. Die flammende Streitschrift von Mitscherlich über die *Unwirtlichkeit unserer Städte* von 1965 war sicher ein wichtiger Impuls.

17. Die Brücke zwischen Ost und West – Konzerthaus

Die Stadt hatte lange Zeit auf der Agenda die Verwirklichung eines Konzerthauses mit Kongresszentrum und Hotel. Nachdem die Straßenbahnbrücke über die Bahn fertig war, machten wir den Versuch, das große Kulturprojekt auf einer großen Platte über der Bahn zu erstellen. Wir waren fasziniert von der Idee, auf der Nahtstelle der Ost- und Weststadt eine mächtige Klammer mit Ausblicken nach Osten zum Münster mit dem Schlossberg, nach Süden zum Schönberg und nach Westen zum Kaiserstuhl und Tuniberg zu schaffen. Die technische Möglichkeit einer mächtigen, weitgespannten Platte, in der geparkt werden konnte, konstruierte uns Professor Leonhardt von Stuttgart. Von ihm war der Stuttgarter Fernsehturm geschaffen worden. Wir fühlten uns von dieser konstruktiven Seite her gut abgesichert. Der Architekt Manfred Saß zeigte in einem interessanten Vorentwurf, welche Möglichkeiten diese Brückenkonstruktion bot. Durch die Anhebung über der Bahn und die mächtige Platte kam das Gebäude in eine beachtliche, weit sichtbare Höhe (Abb. 21).

Abb. 20   CAT-System

Abb. 21   Konzerthausbrücke über die Eisenbahn – Modell. Entwurf Manfred Saß, Gruppe F 70

Die Dominanz als Klammer zwischen beiden Stadthälften hat uns sehr begeistert. Es gelang sogar, die Bahn zu überzeugen, und der Staatssekretär Böhme versprach uns 30 Millionen für das Baulandexperiment über der Bahn. Ich weiß nicht genau, wo unser Traum beerdigt wurde. Nur der Standort des heutigen Konzerthauses, das auf einem für die Brücke vorgesehenen Grundstück errichtet wurde, erinnert an unser kühnes Projekt.

18. Der Seepark – das grüne Zimmer

Einen großen Erfolg erzielte die Umwandlung der alten Kiesgrube zu einem Park. Wir gaben diesem Projekt sehr gezielt den Namen Seepark. Es gelang dann sogar, den Ausbau des Parks in eine Landesgartenschau einzubringen. Kaum jemand weiß, dass sich im oberen Teil der verfüllten Kiesgrube »das Grab« der im Krieg zerstörten Stadt befindet. Mit einer Schienenbahn waren hier alle Trümmer eingebracht worden. Wir lernten dort, dass eine gute Randbebauung der Grünfläche die Geschlossenheit des Parks steigert. Grünes Zimmer war der Arbeitstitel. Hier ist zum ersten Mal gelungen, gute Adressen im Westen zu erzeugen. Das hat sich in dem Bürgerentscheid zum Konzerthaus signifikant gezeigt. Die verschiedenen Stadtteile um den Seepark, Bischofslinde, Landwasser, Mooswaldsiedlung, haben ganz im Gegensatz zu den anderen Stadtteilen die Stadt bei dem Projekt Konzerthaus unterstützt.

19. Das Freiburger Verkehrsgerüst

Das Verkehrsgerüst der Stadt Freiburg ist mit Augenmaß im Lauf der Jahre ausgebaut worden. Es konnten große Fehlentscheidungen wie die Planung zum Ausbau der *Dreisamuferstraßen* in der Verlängerung des Zubringers Mitte vermieden werden, wie auch der Gegenvorschlag von Bürgermeister Zens, die B 31 nach Norden auf die Friedrichstrasse in Verbindung mit einem Schlossbergtunnel zu verlegen.

Die Planer haben die *Autobahn Karlsruhe – Basel* so weit wie möglich nach Westen verschoben. Sie sollte ursprünglich auf der Trasse der späteren Westrandstraße gebaut werden – eine glückliche Entscheidung. Zu dieser Zeit drohte die Gefahr von der Seite der Schlaumeier, die hofften mittels der Autobahn eine Entlastung für den städtischen Verkehr zu gewinnen.

Die neugeplante *Westrand-Straße* ist komplett als äußere Ringstraße ausgeführt worden. Damit ist ein unverzichtbares Rückgrat des städtischen Verkehrsgerüstes geschaffen worden. Es ist sogar gelungen, zwischen Bischofslinde und Lehen die Straße in Tieflage und nicht auf einem Damm auszuführen. Die *Berliner Allee*, eine über den Flugplatz weiter innen laufende Ringstraße, konnte noch mit nur einer Stimme Mehrheit durchgesetzt werden. Die an den Zugängen zur Stadt gelegenen ehemaligen Dörfer St. Georgen und Ebnet, die eine eigenständige Identität bewahrt hatten und durch die stark frequentierten Zufahrtsstraßen extrem belastet waren, konnten umfahren werden. Für Zähringen fehlt noch der vierspurige Ausbau. Natürlich konnte die innerstädtische Verkehrsentlastung immer nur durch neue Straßen erreicht werden. Freiburg war in der Nachrüstung des Verkehrsgerüstes kein Nachzügler und hatte damit das Glück, viele sinnvollen Ausbauten noch vor der großen Ablehnung aller Straßenprojekte unter Dach und Fach zu haben. Das neue undifferenzierte Schlagwort *Ausbau statt Neubau* kam glücklicherweise erst später. Viele Städte hängen heute mit ungelösten Grundgerüsten da. Eine zu breite Straße zurückzubauen und Raum zu haben für Fußgänger, Fahrräder und Bäume (Eschholzstraße) ist leichter, als eine neue Umgehungsstraße durchzusetzen.

20. Die B 31 – ein Jahrhundert-Problem

Das große Problem der Durchfahrt der B 31 beschäftigt die Stadt seit fast hundert Jahren. Das Dreisamtal ist seit der Vorgeschichte die natürliche Pforte zur Überquerung des Schwarzwaldes. Kelten und Römer haben sie verwendet. Jede Amphore Wein für die Fürsten von der Heuneburg ist vom Rhonetal kommend auf der Schwarzwaldstraße transportiert worden. Kirchzarten wird als Tarodunum schon beim römischen Geographen Ptolemaios im zweiten Jahrhundert als Keltenstadt erwähnt. Hier liegt der Zugang zur oberen Donau und nach Schwaben. Das ist auch der Grund, warum die Zähringer ihre Stadt hier an der Pforte angelegt haben. Nicht umsonst heißt das Osttor der Stadt Schwabentor. Weiter im Norden, im Kinzigtal, liegt der nächste Ausstieg aus dem Rheintal. Die Zähringer haben hier auch mit der Stadt Offenburg den Zugang besetzt.

Heute verstopft die Stadt Freiburg den Zugang zum engen Tal komplett, und gleichzeitig wird der großräumige West-Ost-Verkehr immer stärker. Die vor 100 Jahren durch die Verlegung der Höllentalbahn freigewordene Trasse geisterte als ASS Autoschnellstraße fast 50 Jahre durch die Pläne. Man glaubte lange, hier eine Option für die Zukunft zu haben. Wir haben das Phantom im Flächennutzungsplan 1978 lautlos beerdigt. Auf der im Stadtkörper eingewachsenen Eisenbahntrasse konnte man keine Entlastungsstraße bauen, sondern nur die Wiehre gnadenlos schädigen. Es war den Kollegen im Tiefbauamt und uns klar, dass nur eine weiträumige Umfahrung der Stadt das Problem der Überlagerung von historischer West-Ost-Magistrale und städtischem Verkehrsgerüst lösen konnte. Unser Vorschlag war, dass der Fernverkehr ausgehend vom Zubringer Nord großräumig die Stadt umfahren sollte. Mit einem Rosskopftunnel sollte der Anstieg auf den Schwarzwald bewältigt werden. Mit einer Trassierung in Halbhöhenlage aus Tunnels und Brücken Richtung Turner (ähnlich der Autobahn Genua–Frankreich) sollte die Straße bei Donaueschingen mit dem Autobahnnetz verbunden werden. Im genehmigten Flächennutzungsplan 1978 war diese Lösung festgeschrieben und sogar vom Verkehrsministerium in Bonn in die Langfristplanung aufgenommen worden. Man hatte sich für eine Nordumfahrung durchgerungen, obwohl es eindeutig ein erstes Teilstück der zutiefst bekämpfte *Schwarzwaldautobahn* war. Es war die Zeit, als Eppler in Kirchzarten verkündete: *Jede Autobahn ist immer eine mittlere Barbarei*. Ich meine, eine so undifferenzierte Aussage ist nicht korrekt. Die Autobahn durch Basel ist mehr als eine mittlere Barbarei, was man aber sicher nicht von der Autobahn Karlsruhe–Basel sagen kann. Überall wo Autobahnen in die Städte eindringen, ergeben sich fast unlösbare Probleme. Das neue Hochleistungsnetz der Autobahnen ist im Gegensatz zum historischen Straßennetz, das von Marktplatz zu Marktplatz führt, immer ein versetztes Gitter, in dem man an dem angepeilten Ziel vorbeifährt und dann erst durch Zubringerstraßen mit dem Zielpunkt verbunden wird.

Die große Verwerfung der genehmigten Planungsperspektive begann, als zwei Freiburger Architekten ohne Auftrag eine Alternativlösung erarbeiteten und veröffentlichten. Der Vorschlag legt die neue B 31 ausgehend vom Zubringer Mitte unter das Flussbett der Dreisam. Die Autoren erhoffen sich aus diesem Projekt die Streichung der Nordumgehung und eine bessere Verbindung von Stadt und Fluss durch eine Uferpromenade – für Architekten natürlich eine bestechende Vision. Der neugewählte Oberbürgermeister Böhme bat das Tiefbauamt den Vorschlag zu untersuchen. Das Ergebnis war aus vielen Gründen negativ. Doch das Tiefbauamt nimmt den Gedanken der Tunneldurchquerung der Stadt auf und schlägt vor, die beiden Uferstraßen doppelstöckig auszubilden und damit dem Durchgangsverkehr eine störungsfreie Durchfahrt zu ermöglichen. Der Vorschlag wird positiv aufgenommen, da er die nördliche Umfahrung durch die Landschaft entfallen lässt. In dieser Zeit war eine neue Straße fast nur mit einem Tunnel vorstellbar. Eine Nachfrage beim Bundesverkehrsministerium, ob die Möglichkeit besteht, die geplante Umfahrung in einen Stadttunnel umzuwandeln, erhielt eine positive Antwort. Damit war das politisch schwer umsetzbare Projekt der nördlichen Umfahrung tot, leider ohne jegliche abwägende Diskussion. Die Vision, endlich das Problem der Durchfahrt noch, ohne die bittere Pille der Umfahrung durch den Schwarzwald zu lösen, war zu attraktiv. Nach meiner persönlichen Meinung bedeutet das aber einen langfristigen Systemfehler. Freiburg öffnet hier einen schwierigen Knoten in der sich abzeichnenden ersten europäischen West-Ost-Autobahn nördlich der Alpen. Die Überlagerung von Durchgangs-, Ziel- und Quellverkehr wird nicht korrigierbar festgeschrieben. Wenn wir nach Osten schauen sind schon viele Teilstücke fertig: die Autobahn von München bis Lindau und die Autobahn von Donaueschingen bis Überlingen. In Himmelreich ist ein Aufstiegstunnel in Planung. Es ist mit großer Wahrscheinlichkeit damit zu rechnen, dass sich diese dringend notwendige West-Ost-Magistrale Schritt um Schritt im Lauf vieler Jahre durchsetzen wird. Freiburg kann das nicht mehr verhindern, es öffnet jetzt ja gerade eine schwierige Engstelle. Durch die politische Öffnung im Osten zeigt sich, dass das große europäische Netz in West-Ost-Richtung zu schwach entwickelt ist. Straßen sind im Gegensatz zu Bauten langlebige Strukturen. Ob Freiburg mit dieser Entscheidung wieder Glück hat? Mein größtes Glück wäre, wenn meine Bedenken falsch wären.

»Glück gehabt«

Lernzeit in Freiburg – lebenslang

Paul Bert

Erinnerungen – wenn man in Freiburg die Kindheit, die Schulzeit, die Arbeitszeit und den Ruhestand erleben darf, dann war es eine schöne Zeit!

In meiner Jugendzeit, der Zeit im Melanchthonstift in der Mercystrasse, war die tägliche Lernzeit von 14 Uhr bis 16 Uhr eine feste Tageseinheit, in der wir uns konzentriert dem Erledigen der Schulaufgaben widmen mussten. »Lernzeit lebenslang« – das ist mit Lernen-Wollen verbunden, mit dem Wunsch offen für andere Meinungen zu bleiben, ist damit verbunden zu diskutieren, zu hinterfragen, zu akzeptieren oder abzulehnen. Elternhaus, Karlschule und Bertold-Gymnasium halfen dabei dem Erwachsenen die Grundlagen für das Weiter-Lernen-Wollen zu festigen.

Nach dem *Abitur am Bertold-Gymnasium* kam die übliche Frage: was nun? Alles war möglich.

Die Zeit der Schulfreundschaften war zu Ende und die Offiziers-Pension meiner Mutter minimal.

Das Schulgeld betrug 200 DM jährlich. Also ab auf den Bau! ECA-Siedlung an der Basler-Straße.

Kellerzimmer bei einem ehemaligen Stiftsfreund in der Dimmlerstraße. Weil es ja unendlich viel zu bauen gab, riet mir meine Mutter, Architekt zu werden, denn sie wollte selber ein Haus.

Studium natürlich an einer Technischen Hochschule. Vorzugsweise Darmstadt – Zürich zu weit, München zu fern, Stuttgart zu schwäbisch und Karlsruhe zu hässlich, aber modern. Glück gehabt, da Aufnahmeprüfung in Darmstadt bestanden, Hochschulbad frei für Studierende und Zimmer für 30 Mark. Hilfsbremser bei Karl Gruber und Tanzkurs in der Tanzschule Bäulke, dort zur zweiten Saison kostenlos, da Männermangel.

Nach dem *Diplom an der TH Darmstadt* zurück nach Freiburg, Referendarzeit und Arbeitsbeginn beim Stadtbauamt Freiburg, später aufgeteilt in Hochbauamt und Stadtplanungsamt. Auf diese Zeit beziehen sich meine nachfolgenden, chronologisch nicht streng korrekt geordneten Erinnerungen.

Baudirektor *Joseph Schlippe* war Darmstädter und hat uns nach der Zerstörung durch seinen konservativen Wiederaufbauplan den Charakter Freiburgs im Stadtgrundriss erhalten. Sein Vorgänger *Karl Gruber* war mein Leh-

Abb. 1   Karl Gruber mit Studenten 1955 (hinter Gruber der junge Paul Bert, links oben)

rer an der TH Darmstadt, auch er beeinflusste die Gestaltung Freiburgs vor und nach dem Ersten Weltkrieg, sowohl durch sein Buch »Die Gestalt der Deutschen Stadt«, als auch durch seine Zeit als Stadtbaudirektor (Abb. 1). Er war einer meiner Prüfer, auch bei ihm musste ich die Aufnahmeprüfung für die Technische Hochschule bestehen. Glück gehabt, denn ich konnte das Zähringer-Straßenkreuz mit den Namen der fünf Stadttore spontan aufzeichnen. Schließlich hatte man so was schon im Heimatkundeunterricht an der Karlsschule gelernt. Dort waren wir 54 Schüler in der ersten Klasse, auch das hat geklappt, Glück zusätzlich, dass man immer noch einige der Mitschüler in der Stadt treffen kann.

Großes Glück war für mich, dass sich eine Symbiose von Freiburg mit Darmstadt ergab. Joseph Schlippe war geborener Darmstädter und Karl Gruber, mein verehrter Lehrer an der Hochschule war zwar Konstanzer, trug aber auch das kulturelle Erbe Süddeutschlands mit. Mehrere Kollegen bei der Stadtverwaltung waren »Darmstädter« und hatten damit eine ähnliche DNA, wie man heute sagen würde. Joseph Diel, Wolfgang Bäumle, Thilo Schmidt, Immo Kirsch, meine Frau Renate, Hansjost Angenendt waren dadurch mit mir verbunden. Das spürte man bald bei der Arbeit für die Stadt. Klaus Humperts offene Art der Amtsführung und sein Umgang mit den »Amts-Oberen«, mit den Politikern und der Presse machte einfach Spaß und hielt

Abb. 2 Der sogenannte Fohr-Plan von 1938 im Sinne Albert Speers. Die historische Altstadt soll als Denkmal romanischer Stadtbaukunst heraus prepariiert werden: Freilegung des Rotteckringes, Uni – Neubauten, Karlsplatz mit neuer Festhalle, rechts oben Parteitagsgelände, Konviktstraße mit Altersheim – Neubau eines Pfründhauses, Abbruch von Jugendstilbauten.

die Leute im Amt zusammen. So ist es nicht verwunderlich, dass Amtschef Franke vom Vermessungsamt 100 Jahre alt wurde und der von ihm initiierte Stammtisch der Stadtverwaltung im »Bären« heute noch stattfindet.

Die Baugrube für den Erweiterungsbau des *Alten Marienbades* hatte mir 1937/38 als Kind sehr imponiert, und es hat mir später sehr weh getan, dass dieser Neubau des Bades in eine Ausstellungshalle für den Kunstverein umgebaut wurde und der so schön gekachelte Altbau in eine Theater-Spielstätte. Nun ist das Kinder- und Jugendtheater ein wichtiger Teil der Theaterszene.

Die *Konviktstraße* war schon seit den 1930ern Sanierungsgebiet und die Stadtverwaltung ließ sie verlottern, um sie leichter abbrechen zu können (Abb. 2). Zuerst war hier ein neues »Pfründhaus« als ein neues Altersheim

Abb. 3 Baubürgermeister Hermann Zens trägt seine neuen Thesen vor.
Von links: Bauamtschef Hans Geiges, Baubürgermeister Hermann Zens, Paul Bert

geplant. Dann wurde die Forderung nach mehr Parkierungsflächen laut und es wurde hier ein Parkhaus mit Tankstelle und Zufahrt von der Schlossbergstraße her vorgeschlagen. Bürgermeister Zens hatte zuvor Hans Geiges als zu zögerlichen Bauamts-Chef kaltgestellt (Abb. 3). Geiges machte deshalb auf dem Bebauungsplan hinter seinem Namen drei Kreuze, das war seine Aussage zum stadtplanerischen Bauvorhaben. Er hatte quasi abgeschworen, konnte und wollte diesen geplanten Eingriff in die historische Stadtstruktur nicht mit verantworten.

Einmal – bei meinem ersten Stadtrundgang mit Hans Geiges – waren wir am Unterlindenbrunnen vorbeigekommen und er bemerkte, dass an der Brunnenfigur ein Fuß abgebrochen war. »Wir müssen das Füßle unbedingt ersetzen, bitte erinnern Sie mich daran nachher wieder im Amt.« Ich war zuerst etwas verwundert darüber, um was sich ein städtischer Baudirektor alles kümmern kann. Später habe ich begriffen, dass man in der Innenstadt auch das Detail im Auge behalten muss. Ich habe Hans Geiges wegen seiner Feinfühligkeit sehr geschätzt. Er war über Jahre hin Vorsitzender des Oberrheinischen Architekten- und Ingenieurvereines. Wegen seines Festhaltens am Schlippe-Plan musste er damals – auch von den Jüngeren – viel Kritik ertragen. »Wie konntest Du nur zu diesem verkalkten Verein gehen!« wurde ich oft gefragt. Meine Antwort: »Weil es mir hier gefiel!«

Und warum hat es mir bei der städtischen Verwaltung so gut gefallen? Weil sie meiner Vorliebe zur Geschichte Freiburgs einen Raum bot – Freiburg, dessen Zerstörung ich im Jahr 1944 als zwölfjähriger Schüler miterlebt hatte, ein Ereignis, das mich nachhaltig beschäftigte. Der Beruf gab mir nun die Möglichkeit am Wiederaufbau Freiburgs mitwirken zu können.

Dabei war es für mich wichtig, dass der denkmalpflegerische Aspekt beachtet wurde, denn durch meine privaten Hobbys, der *Philatelie* – der Briefmarken, und der *Numismatik* – der antiken Münzen, durch diese handgreiflichen Zeugnisse der Vergangenheit, mit denen ich mich gerne befasst habe, ist mir die Wertigkeit auch des Vergangenen bewusst geworden.

Die Stadtverwaltung besaß *keinen* fest angestellten Denkmalpfleger und wer sich hier einsetzte, wurde eher belächelt, so, wie zum Beispiel Rudi Keller, der auch das Nachrichtenblatt der Denkmalpflege mit herausgab. Sein vergeblicher Einsatz für den Erhalt des Schalenturmes in der Tiefgarage im Friedrichring bleibt uns in der Erinnerung.

Denkmalpflege hat man als Stadtplaner so nebenbei mitgemacht, mit Engagement und freier Hand. In der Arbeitsgruppe *»Kommunale Denkmalpflege«* beim Deutschen Städtetag war ich stets überrascht, dass die anderen Städte einen solchen Denkmalpfleger besaßen, Freiburg aber nicht. Hier klappte das aber doch durch den persönlichen Kontakt mit den Kollegen der Denkmalbehörden des Landes. Da gab es kaum Differenzen in der Sache, dass meiste lief einvernehmlich.

Die klein parzellierte Struktur Freiburgs war eine Voraussetzung für kleinteilige Entscheidungen, für einen Maßstab, der meines Erachtens den menschlichen Bedürfnissen gerechter wird als große Dimensionen, für einen Maßstab, der vertraut, leichter verständlich ist. Auch politische Entscheidungen brauchen kleinteilige Entscheidungen von Gibraltar bis zum Ural.

»Alt – Freiburg« ist heute am besten erhalten im Bereich von Grünwälderstraße und der Gerberau mit der Insel. Dies gelang dem Stadtplanungsamt durch das Festhalten an der klein parzellierten Struktur. Intensive Gespräche mit den Bauherren und Architekten waren notwendig, um mit viel Überzeugungskraft dieses Ziel zu erreichen. Samstags kann man an den Fußgängerströmen vor der Stadtmauer beim Café Capri mit seinem kulturellen Angebot für Musik und Plakatkunst diesen Erfolg beobachten. Das alles wurde ohne Satzungen für Gestaltung, Farbgebung oder Reklame erreicht.

Die Phase der Stadterneuerung mit der Konviktstraße am östlichen Altstadtrand und mit dem Bereich zwischen Münsterplatz und der Gerberau boten der Stadtverwaltung die Chance, sich an nationalen Wettbewerben zu beteiligen. In diesem Zusammenhang wurde zum einen das Thema *der Denkmalpflege*, zum anderen das Thema *Wohnen in historischer Umgebung* beurteilt. Wir konnten hier über nationale Preiszuteilung internationale Anerkennung gewinnen und waren stolz darauf, in Berlin die Plaketten als Auszeichnung zusammen mit unserem Baudezernenten von Ungern-Sternberg abholen zu können. Gemeinsam wurde dort in der Zitadelle mit »Ritterschmaus« gefeiert und es wurden die Auszeichnungen im Vorraum des Freiburger Alten Rathauses ausgestellt. In diesem Sinne bleiben die 1970er-Jahre in positiver Erinnerung als eine heitere Zeit mit der Würdigung der gemeinsamen Arbeit im Baudezernat.

In den USA beschäftigte man sich inzwischen mit dem Thema »*Making Cities livable*«, suchte »Neue Stadtteile für Urbanes Leben«. In diesem Zusammenhang war unter anderen Städten Freiburg als orientierungswürdige und beispielgebende Stadt ausgesucht worden und konnte sich durch die Ausrichtung eines Kongresses zu diesem Thema geehrt fühlen. Viele Interessierte kamen, zumal inzwischen die Thematik des Umweltschutzes in den Kongress mit eingebunden war.

Kritisch zu beurteilen bleibt für mich jedoch ein Gebäude aus dieser Zeit in der Schusterstraße, das von der staatlichen Bauverwaltung wiederhergestellt wurde. Es ist Teil eines Projektes, das zwei wichtige Stadtbild prägende Gebäude umfasst: das heutige *Landgericht* im ehemaligen Großherzoglichen Palais in der Salzstraße. Dabei ist die gegenüberliegende Deutschordenskommende an der Salzstraße/Grünwälder Straße ein völliger Neubau unter Verwendung alter Fassadenelemente und so weit in Ordnung. Auch das ehemalige Palais an der Salzstraße hat seine historische Fassade wiedererhalten. Doch an der Schusterstraße haben sich noch einmal die »Modernisten« mit einer glatten Blechfassade durchgesetzt, ohne Traufgesims und Lochfassade, ohne sichtbares Steildach – einfach ohne Berücksichtigung der Freiburger Gestaltungselemente. Inzwischen ist es fast schon wieder ein stadtbildprägendes Zeitdokument, ein Lehrstück.

Kritisch beurteile ich am *Platz der Alten Synagoge*, am Platz vor dem Theater, dass er durch Straßenbahnschienen eingeschränkt und gestört wird. Diese Straßenbahnlinie gehört auf die Bahnhofachse und könnte dort auch noch von einer späteren Planergeneration realisiert werden. Ein Thema für später! Kritischer Blick auch auf die *Schlossbergnase*, deren Bebauung Begehrlichkeiten sowohl bei den Investoren als auch beim städtischen Finanzdezernat wecken könnte! Doch aus stadtplanerischem Blickwinkel ist eindrücklich davon abzuraten, diesen speziellen wichtigen und sensiblen Ort zu bebauen! Denn mit der Schlossbergsituation ist hier eine einmalige Möglichkeit gegeben, den Schwarzwald mit Reben mitten in der Stadt sichtbar ankommen zu lassen, ein Signal, das mehr bewirken kann als kommerzielle Ausnutzung! Stadtplanung hängt selbstverständlich auch mit solchen »verschenkten« Möglichkeiten zusammen, die die Stadtkasse nicht sofort bereichern, sich aber für die Zukunft rentieren werden.

Und warum gefällt es mir hier immer noch? Weil die Stadt lebendig geblieben ist und weil sich so viele junge Menschen hier wohl fühlen. Es gefällt mir hier, weil wir mit dem *Münsterturm* eine *Stadtkrone* haben, unter der das Kleine weitgehend noch beachtet wird und gedeihen kann, und weil man im Bereich der Denkmale zunehmend sensibilisierter agiert. Bei der Denkmalpflege zählt ja vordergründig nur das Original, das es zu erhalten gilt, doch hat sich da inzwischen vieles verändert. Im Bereich der gebauten Stadt hat sich die *Denkmalpflege* verstärkt zur *Stadtbildpflege* gewandelt. Aber mindestens diese Stadtbildpflege muss zunehmend bei den zukünftigen Stadterneuerungsmaßnahmen umgesetzt werden, wobei es hier verstärkt auf Geschick und Bildung der Handelnden ankommen wird.

Gefragt ist zum Beispiel das richtige, das angemessene Maß an die schon gebaute Stadt und die Hinterfragung ihrer mit Bauwünschen belegten freien Flächen. Zu hinterfragen ist auch, ob wir den längsten Straßenbahnzug haben müssen. Zu erfragen auch, was die Fernflieger von ihren Kurz-Fern-Reisen nach Hause mitbringen, neue Erkenntnisse und Umsetzungspläne? Geht's nicht ein bisschen näher, langsamer, zu Fuß oder mit dem Rad? Kann nicht die zum Kulturgut angewachsene »Lange Rote« vom Münsterplatz der Reduzierung der Gelüste entgegenkommen?

1962 kommt es zu einem *Generationenwechsel* in der Städtischen Bauverwaltung. Das Stadtbauamt unter Geiges wurde zweigeteilt in das Stadtplanungsamt und in das Hochbauamt.

Ich bekam eine Stelle als Stadtplaner unter Helmuth Phleps aus Hermannstadt, dem heutigen Sibiu. Der Wiederaufbauplan von Schlippe war festgeschrieben. Als in den 1950er-Jahren in Deutschland das Thema der Fußgängerzonen in Mode kam, sperrte man hier in Freiburg kurz entschlossen samstags die Kajo, ein Kurzschluss wahrlich, denn Stadtrat Adolf Keller mobilisierte sofort die Geschäftsleute gegen die Sperrung. Nun begann der intensive und langwierige Planungsprozess im Baudezernat, der 1973 als beispielgebendes Ergebnis die verkehrsberuhigte Innenstadt mit ihren Fußgängerzonen präsentieren kann.

Die verkehrsberuhigte Innenstadt mit dem neuen Benutzungssystem:
1.) Verkehrsring um die Innenstadt für den Individualverkehr
2.) Öffentliche Erschließung mit der Straßenbahn
3.) Private Stellplätze in die Parkhäuser
4.) Förderung des innerstädtischen Wohnens, Stadt der kurzen Wege, Lärmschutz
5.) Qualitätsvolle Ausgestaltung, Natursteinpflaster, Bächle, einige Bäume, wenig Grün

Die Maßnahmen wurden mit allen Beteiligten besprochen, um einen breiten Konsens herzustellen. *Sven von Ungern-Sternberg* hatte die 14-täglichen Baudezernatssitzungen eingeführt, bei der jeder mitreden konnte. Bürgermeister Berthold Kiefer kaufte sich einen Cordanzug »in beige« – Cord gehörte zur Architektentracht –, sein Bekenntnis, die »fortschrittlichen, modernen« Stadtentwicklungsgedanken mit tragen zu wollen. Der Diskussionsprozess, der zu einem positiven Ergebnis beim Thema »verkehrsberuhigte Innenstadt« führte, schweißte die Verwaltung zusammen.

Klaus Humpert, der von der anderen Seite kam, – von der modernen, avantgardistischen Karlsruher Technischen Hochschule, – brachte dann in seine erste Bauausschuss-Sitzung mit seinem Freund Dorgerloh ein Modell mit, das vom Dach des Parkhauses dort über den überbauten Schlossbergring circa 60 Wohneinheiten vorsah – also endlich wieder frischer Wind beim Stadtplanungsamt! Bald war die Baugrube ausgehoben, aber dann kam die Ölkrise und das Projekt schrumpfte auf das heutige Maß zurück. Wieder mal Glück gehabt!

Zudem wurde an einem weiteren Riesenprojekt gearbeitet: an der Bahnhofsplatte! Man wollte die Nase vorne haben mit mutigen Projekten. Also Bauland schaffen über einer »Parkhausmatratze«. Die wäre statisch möglich gewesen, da Prof. Leonhard gewonnen werden konnte – ein mutiger Statiker neben mutigen Architekten! Auch dieses Projekt platzte – dieses Mal wegen fehlender kommerzieller Partner! Schon wieder mal Glück gehabt!

Die gewünschte Kultur- und Tagungsstätte *(KTS)* wurde zum stadtweiten Zankapfel. 1996 feierte die Verwaltung Richtfest unten im neuen Keller und oben auf der Stadtbahnbrücke demonstrierten engagierte Gegner auch wegen der Folgekosten, darunter meine Frau Renate.

Unten gab es Rippchen und oben Frust. Das architektonisch »gute« Gebäude – heute Konzerthaus – war vom Wettbewerbsgewinner, dem Berliner Architekten Bangert, entworfen worden.

Oberbürgermeister Böhme wurde hier als Namensgeber für den neuen Konzertsaal geehrt. Mit dem Neubau des Konzerthauses wurde auch die *Neubebauung des Bahnhofes* initiiert: Nicht höher als 42 Meter sollten die Bürobauten werden. Der Bahnhofsturm mit fast 60 Metern sollte nur zur Hälfte dem Münsterturm mit seinen 116 Metern Paroli bieten dürfen.

Meine Hauptaufgabe beim Stadtplanungsamt lag in der Verantwortung für den Bereich der Innenstadt, bestehend aus der Altstadt und dem Innenstadtring mit den Gebäuden vor der Jahrhundertwende gebaut, bis hin zum Bahnhof. Zusammen mit den Verkehrsplanern des Tiefbauamtes konnte 1973 die Innenstadt insgesamt verkehrsberuhigt werden mit einem ausgeklügelten System für die notwendigen Belieferungen. Die vier Quadranten um den Bertoldsbrunnen sollten untereinander nur fußläufig zu erreichen sein, deshalb musste der Individualverkehr auf einen Verkehrsring um die Innenstadt ausweichen. Hier standen auch die Parkhäuser mit insgesamt 6600 Stellplätzen zur Verfügung.

Doch auch der Wohnungsbau sollte gefördert werden. So zog Baubürgermeister Zens selbst, beispielgebend, in ein Dachgeschoß am Kartoffelmarkt, unter dessen Platz ein Aldi-Markt und darunter zusätzlich zwei Parkgeschosse erstellt wurden. Alles war machbar – und das kalte Buffet zur Einweihung wurde aus Augsburg eingeflogen.

Mit meinem Kollegen Hanns Helbling war jedes Baugesuch zu begutachten. Befreiungen von der Stadtbauordnung wurden damals von Architekten gegeben und nicht von Juristen. Beim Stadtplanungsamt sollte nach Humperts Wunsch jeder ein Instrument spielen können wegen der Geselligkeit beim Feiern. Feiern wurde gepflegt, denn es verband auch mit den anderen Ämtern.

Kunst im Öffentlichen Raum war für die Stadtplaner immer ein wichtiges Thema und seinerzeit durch Klaus Humpert gut abgedeckt. Er war Vorsitzender des Kunstvereins und kam von der Staatlichen Bauverwaltung, die mit Walter Müller einen wichtigen Mäzen der Kunstförderung in Freiburg besaß. Für mich, in meiner Jugendzeit, war die Kunsthalle im Stadtgarten ein bedeutendes Gebäude, das leider 1944 völlig zerstört wurde (Abb. 4). Das Siegesdenkmal jedoch war Furcht erregend, musste zwei Mal eine Umsetzung erfahren, bis es nun zu einem Zeichen der Aussöhnung mit Frankreich werden konnte (Abb. 5).

Freundlicher waren die Betonfiguren meines Lehrers Hermann Geibel die schon 1934 im Strandbad die Kinder begeisterten (Abb. 6). Weniger erfreut jedoch war die Freiburger Kunstszene über die »Neun Musen« der Schweizerin Bettina Eichin. Ihre neun lebensgroßen Frauengestalten bedeuteten für die Szene einfach zu viel Geld für diesen Kunstbeitrag, weshalb die Musen nun in einem Innenhof der Uni ein freudloses Dasein fristen müssen (Abb. 7). Klaus Humperts Kunstbeitrag, eine »Arche mit Baum und Bauwerk«, fand 1986 bei einem Unwetter einen würdigen Untergang und ruht nun auf dem Grund des Flückigersees.

Die 68er-Zeit hat mich nicht sonderlich berührt, ich war schon zu alt für Demos, hatte schon vier Kinder zu ernähren und ein Haus für die noch wachsende Familie zu bauen. Drei Male wurde ich zum Kongress »*Making cities livable*« eingeladen, einmal nach Charlston USA, zweimal nach Venedig, was zur Folge hatte, dass diese Tagung auch einmal in Freiburg ausgerichtet wurde. Andere Male konnte ich – durch Stadtführungen für japanische Wissenschaftler und der damit freundschaftlichen Verbundenheit mit Frau Maeda ermöglicht – Vorträge in Minamata halten und Hiroshima kennen lernen, Jahre zuvor durfte ich an einer Reise nach Matsuyama und Kyoto teilnehmen, um dort Freiburg bekannt zu machen.

1968 kam DDR-Besuch nach Freiburg, Bürgermeister Donath aus Dresden. Beim Mittagessen im Bären meinte ich, Dresden sei ja auch eine sehenswerte Stadt – ähnlich sehenswert wie Freiburg. Prompt bekam ich andertags

Glück gehabt // 79

Abb. 4 Der Park vor der im Krieg zerstörten Festhalle für 5000 Besucher heißt schlicht »Stadtgarten«.

Abb. 5 Das Siegesdenkmal von 1871 berichtet von der Abwendung des Krieges und wurde von den Badischen Gemeinden gestiftet. Rechts Parteibauten am Kunstverein, links Karlskaserne, nach der Zerstörung als Oberpostdirektion wieder aufgebaut.

Abb. 6   Monumentale Tierplastiken im 1934 eröffneten neuen Strandbad
(ABM Maßnahme von Prof. Hermann Geibel von der TH Darmstadt)

eine Einladung dorthin, wobei der Zeitpunkt der Einladung aber »zufälligerweise« auf den 20. Jahrestag der Republikgründung fiel (1969). Das Ereignis hatte aber auch zur Folge, dass man gemeinsam Händchen hielt und »Freude schöner Götterfunke« sang, dass die Transparente Fröhlichkeit vermittelten, zumal das Ganze als Dienstreise mit eigenem Auto genehmigt war und dem Amt keine Reisekosten entstanden. Später daran anschließend war einmal die Sängerin und Schauspielerin Vera Oelschlegel zu betreuen, eingeladen von der Freiburger SPD, deren späterer Mann Politbüromitglied der SED Kulturfunktionär Naumann war. So hatte die Zeit beim Stadtplanungsamt immer wieder mal besondere Momente: »Glück gehabt«!

In den 1970ern begannen die *Stadterneuerungsmaßnahmen* der Stadt, die ein weltweites Echo bewirkten. Diese Maßnahmen beinhalteten starke Veränderungen im Innenstadtbereich, betrafen sowohl die Konviktstraße als auch das neue Verkehrskonzept mit einer »Fußgänger Zone«. Von Amerika bis Japan erweckten unsere Planungs- und Baukonzepte die Aufmerksamkeit der Stadtplanenden und kurbelten den Tourismus an. Dabei galt in der Bauverwaltung folgende Maxime: Altes erhalten und Neues gestalten und zwar so, dass es den Charakter der Stadt bewahrt.

Ende der 1980er gab es im Stadtplanungsamt eine ganze Menge von Auseinandersetzungsmöglichkeiten zwischen *»Bewahrern«* und *»Veränderern«*. Nachdem die alte Feierling-Brauerei aufgegeben worden war, weil sie zu ihrem beliebten Biergarten am Gewerbekanal umzog, geriet das aufgege-

Abb. 7   Die »Neun Musen« von Bettina Eichin im KG III der Universität werden eher versteckt. Wer kennt noch »Kliometerthal Euer Urpokal« bei den Altphilologen?

bene Areal in den Fokus der Investoren. Die wollten mit dem »Atrium« ein Innenstadt-Einkaufszentrum schaffen und dazu noch das Gelände der alten Druckerei der Badischen Zeitung mit einbeziehen, also Einkaufszentrum vom *Augustinerplatz* bis hin zur Kaiser-Joseph-Straße. Glücklicherweise gibt es heute dort die Markthalle und eine Vielzahl kleinerer Geschäfte! Das dort erhaltene Stück der alten Stadtmauer – das einmalige Baudenkmal, das unwiederbringliche Zeitdokument – hätte abgerissen werden sollen, um mehr PKW-Stellplätze unter dem Gelände zu ermöglichen! Dafür hatte eine Versicherung der Stadt eine Brunnenschale für den Platz, von Franz Gutmann gestaltet, als Geschenk angeboten. Die Brunnenschale lehnte ich – obwohl Geschenk – ab, selbst wenn sie wahrscheinlich vom Künstler gut gestaltet worden wäre. Denn eine Stadt braucht auch freie Plätze ohne Garnierung!

Zudem sind die baulichen Veränderungen hier kritisch zu beurteilen. Der Augustinerplatz wird durch die Gestaltung des Westgiebels der Augustinerkirche, die Karl Gruber so nobel vom Theater in ein Museum umgestaltet hatte, nicht positiv beeinflusst, denn die einst stimmige Westfassade erhielt

Abb. 8 Das Andlawsche Palais in der Herrenstraße vor der Zerstörung im November 1944. Es verdeckt das ehemalige Wohnhaus von Joseph Wirth, dem Reichskanzler des Rapallo-Vertrages von 1922 mit der Sowjetunion. Seine Möbel waren während seines Exils in unsere Wohnung Schlageterstrasse 20 ausgelagert.

einen prägnanten Vorbau mit schießschartenartigen Öffnungen. Im Innern der *Augustinerkirche* wurden die Propheten und Wasserspeier, vormals am Münster in freier Luft und in großer Höhe angebracht, jetzt, an Betonpfeilern befestigt, in eine dreischiffige »Basilika« auf Augenhöhe eingesperrt! Bei der Entscheidung zu diesem Thema war die Lobby um die Neuplaner stärker als die der »Gegner« – Christoph Maeckler gegen Gruber. Jetzt bietet der Pilz im Dachstuhl neue Gelegenheit darüber nachzudenken, ob es nicht besser ist Geld in die Bauunterhaltung der Altbausubstanz zu stecken als Neubauten einzuweihen.

Ein letztes Kapitel »meiner Baugeschichte« endet 2019 mit dem sogenannten *Andlawschen Palais,* das vom Erzbischöflichen Bauamt gerade fertiggestellt wird. Was mag es durch Tebarts van Elst im Ordinariat für Diskussionsrunden gegeben haben, weshalb Anton Bauhofer, Leiter des Erzbischöflichen Bauamtes, erst so spät Richtfest feiern konnte, 75 Jahre nach der Zerstörung des Hauses (Abb. 8 und 9). Wieder mal »Glück gehabt«, wenn man auf dem Münsterplatz seinen ehemaligen Baukollegen samstags trifft. Schön, dass die-

Abb. 9   Das neuerstandene sogenannte »Münsterforum« am Ort des ehemaligen Andlawschen Palais öffnet sich mit 6 Fenstersäulen hinüber zum Münsterchor über eine kleine Wiese, auf der vor dem 27.11.1944 die ehemaligen Häuser Nr. 26 und 28 standen. In Erinnerung an die Toten, die dort nicht geborgen werden konnten, aber auch aus städtebaulichen Gründen wurden diese Häuser nicht wieder aufgebaut.

ses lang vermisste Gebäude wieder »verjüngt« am angestammten Platz zu sehen ist! »Alte Baustrukturen erhalten, Neues gestalten« - man muss nur Geduld haben, bis alle Lücken geschlossen sind!

Noch immer bin ich Mitglied bei der Oberlindengesellschaft mit der Zierkommission zur Verzierung des Brunnens bei der Fronleichnamsprozession. Wenn dies meine Vorfahren aus den Waldenser Tälern im Piemont gewusst hätten!

Am Ende meiner Dienstzeit beschloss ich, Politiker zu werden. Deshalb gründete ich die Kulturliste mit dem Barocksolisten Günter Theis und mit Atai Keller, dessen Vater Historiker und Denkmalpfleger in Freiburg war und engagiert beim Nachrichtenblatt der Landesdenkmalpflege mitarbeitete. Die Kulturliste errang 2004 zwei Sitze im Gemeinderat, von denen ich den ersten Listenplatz erreichen konnte. Ich hoffte damals, nachdem durch die Leitung des Baubürgermeisters Schmelas in der städtischen Baupolitik ein Vakuum entstanden war, Einfluss auf stadtplanerische Entscheidungen nehmen zu können, was sich leider als Illusion herausstellte.

Und trotzdem: »Glück gehabt«! weil man dazu beitragen konnte »seine Stadt Freiburg« in der Welt bekannt zu machen, »Glück gehabt« aber auch, weil man selbst ohne Reise- und Mobilitätszwang seit 50 Jahren im selben Haus leben darf!

Die bauliche Entwicklung der Albert-Ludwigs-Universität Freiburg

Eckhard Bull

I. Die Universität entsteht in der Stadt

Die Universität Freiburg, gegründet vom Landesherrn Erzherzog Albrecht VI. von Österreich, siedelte sich mit allen Zufälligkeiten vor 560 Jahren in der Altstadt von Freiburg in Bursen an. Sie hatte vier Fakultäten (Theologie, Rechtswissenschaften, Medizin, Philosophie) und noch keine Leitidee, was den Standort und den Bautypus angeht.

Im 16. Jahrhundert entstanden die ersten eigenen Kollegiengebäude, das Kollegium am Franziskanerplatz (später Rathaus), das Jesuitenkolleg (Alte Universität) (Abb. 1) und das Gymnasium (später Berthold-Gymnasium). Daraus erwuchs der Nukleus, das heutige *Universitätszentrum* in der Stadt.

Im 18. Jahrhundert entwickelten sich die Naturwissenschaften sprunghaft, insbesondere die medizinische Fakultät. Die Universität wuchs. Es wurden Institute und in enger Folge Krankenspitale, in dem neu entstandenen *Institutsgebiet* gebaut.

Im 19. Jahrhundert kämpfte die Universität nach den Kriegswirren der Revolutionszeit sowie dem Regierungswechsel ums Überleben. Großherzog Ludwig von Baden gab jedoch 1820 durch Zustiftung eine Bestandsgarantie (270 Studierende). Zum Dank dafür nannte sich die Albertina nun Alberto-Ludoviciana, heute Albert-Ludwigs-Universität.

Mit der Reichsgründung 1871 erlebte die Universität einen großen Aufschwung. Im Institutsviertel entstanden weitere Gebäude und eine Neuansiedlung in Herdern, die *Biologie* und die *Außenkliniken*. Die Universität hatte um die Jahrhundertwende 1500 Studierende.

Nach 1900 erfuhr die Universität dann mehrere Impulse. Es entstanden im Randbereich des Zentrums das *Kollegiengebäude I* (1906–1911, Prof. Friedrich Ratzel und Prof. Hermann Billing) (Abb. 2) und eine *Bibliothek* (heute KG IV, 1896–1902, Prof. Carl Schäfer). Damit hatte die Universität in der Altstadt ein repräsentatives Zentrum.

Der Erste Weltkrieg führte zwar zu großen Kriegsopfern, aber zu wenigen Gebäudezerstörungen. Die Universität und die Studentenschaft waren aber in enormer finanzieller Not. Trotz allem wuchs die Universität an Größe und Bedeutung. Aus Freiburg kamen bis heute *zehn Nobelpreisträger*.

Abb. 1 Die Alte Universität mit der ehemaligen Jesuitenkirche (heute Universitätskirche) und dem anschließenden Kolleg

Im sogenannten »Dritten Reich« wurde diese Blüte jäh unterbrochen. Die Universität war überwiegend nationalsozialistisch orientiert.

II. Der Wiederaufbau nach dem Zweiten Weltkrieg

Der Bombenhagel am 27. November 1944 zerstörte nicht nur das Stadtzentrum, sondern auch die Universität bis zu 80 Prozent.

Im Winter 1945/1946 wurde zögerlich, teils in Behelfsbauten, der Lehrbetrieb wieder aufgenommen. Als Erstes konnten die Kliniken mit Unterstützung der Franzosen und der Stadt notdürftig wieder aufgebaut werden.

Das 1947 zunächst neu eingerichtete Wiederaufbaubüro, das 1965 zum Universitätsbauamt des Landes Baden-Württemberg wurde, stand an einer

Abb. 2   Kollegiengebäude (KG) I

Stunde Null. Es galt ein Neuordnungskonzept zu finden. Sollte die in der Stadt entstandene gewachsene Universität weiter verfolgt werden oder eine neue Campus-Universität in der freien Landschaft entstehen, wie es die meisten der Landesuniversitäten verfolgten. Die Unterschiede lagen auf der Hand:

Die Stadtuniversität ist Teil der Stadt mit offenen Veranstaltungen und einer Durchmischung in sozialen Bereichen. Notwendig ist die Bereitstellung des Raumes für die wachsende und sich ständig weiter entwickelnde Universität. Dieses Konzept setzte die Förderung durch die Stadt und die Akzeptanz der Bürger voraus. Aus dem Gemeinderat und dem Baudezernat unter Bürgermeister Dr. von Ungern-Sternberg erhielt das Bauamt und die Universität volle Unterstützung. Die Stadt erfuhr dafür Internationalität und bekam repräsentative Stadtteile.

Für *die Campusuniversität* gab es wenige Stimmen. Das gesamte Universitätsleben wäre außerhalb der Stadt in einen geschlossenen Komplex verlagert worden und hätte wohl in absehbarer Zeit von Land und Bund nicht finanziert werden können. Die Zurverfügungstellung eines so großflächigen Gebietes mit Erweiterungen hätte sich auch innerhalb der begrenzten Gemarkung Freiburgs höchstens im Westen durchsetzen lassen.

Das Neuordnungskonzept (Prof. Horst Linde) sollte mit folgenden Verbesserungen verfolgt werden: Keine Zerstreuung auf weitere Gebiete, Unterstützung bei der Arrondierung sowie eine gute Verknüpfung der Gebiete untereinander (Abb. 3).

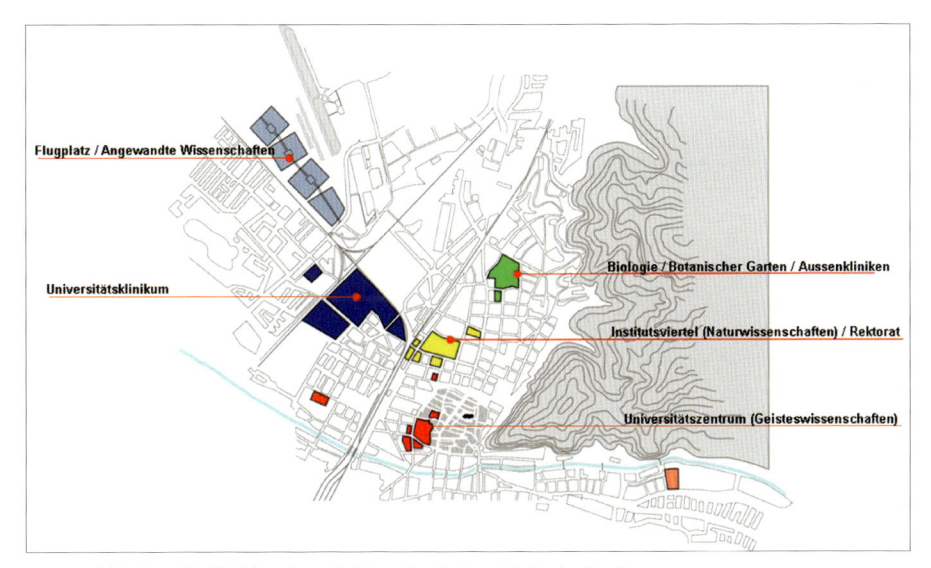

Abb. 3 Die fünf heutigen Gebiete der Universität in der Stadt

Der Wiederaufbau (1947–1960) erfolgte in kürzester Zeit in den alten Strukturen und den Altgebäuden. Galt es doch, den Stillstand in Forschung und Lehre aufzuholen. Auch die Studentenzahlen wuchsen rapid (von 3000 Studierenden im Jahr 1947 auf 10 000 Studierende 1960).

Im Zentrum entstanden als wichtigste Gebäude das Kollegiengebäude II (1957–1961, Prof. Otto Ernst Schweizer) (Abb. 4), das Kollegiengebäude III (1964–1969), die Mensa I (1959–1961), die Neue Bibliothek, anstelle des städtischen Rotteck-Gymnasiums (1973–1978, Eigenplanung des Uni-Bauamtes).

Als Erweiterungsflächen kamen hinzu das alte Quartier Belfortstraße-Werderring, das Haus in der Wilhelmstraße und das Haus in der Sedanstraße.

Im Institutsgebiet wurden zwölf *naturwissenschaftliche und klinische Institute* (1952–1964) instandgesetzt, das heißt an- oder umgebaut (Abb. 5).

Die Struktur des Gebietes blieb dabei unverändert. Im Randbereich standen die Solitäre um einen mittleren Grünraum.

Das Gebiet der Biologie und *die Außenkliniken* entstand aus der notwendig gewordenen Verlagerung des botanischen Gartens mit seinen Schaugewächshäusern in die Schänzlestraße. Die Psychiatrische Klinik konnte mit dem ehemaligen Diakonie-Krankenhaus (1986–1997) in der Hauptstraße vergrößert werden.

Die Biologie wurde stark erweitert mit einem kreuzförmigen Typenbau (1965–1968) (Abb. 6) und einem Zoologie-Neubau (1994–1997).

Das neue Universitätsklinikum an der Hugstetter Straße im Westen der Stadt war in den 1920er- und 1930er-Jahren ein großer Wurf. Der neubarocken

Abb. 4   Das Kollegiengebäude (KG) II

geschlossenen Ringanlage um einen parkartigen Hof lag die Idee zugrunde alle Fachkliniken zu vereinigen. Der Entwurf wurde aus einem Wettbewerb entwickelt (1. Preis 1913, Prof. Adolf Billing). Die ursprünglich kammartige Anlage wurde durch Verlagerung der Hugstetter Straße auf die Breisacher Straße gespiegelt und somit war die geschlossene Hofanlage (1914, Prof. Karl Gruber, Stadt Freiburg) erst möglich geworden. Erweiterungen sollten ringartig nach außen erfolgen, die gegliederte Hofanlage durchgrünt und unbebaut bleiben. An der Bahnlinie war die Ver- und Entsorgung konzentriert. Die Belieferung erfolgte unterirdisch über befahrbare Versorgungskanäle. Die einzelnen Fachkliniken wurden vom Bezirksbauamt unter Baudirektor Adolf Lorenz zwischen 1926–1939 gebaut (Abb. 7).

Die vierte Fachklinik, die HNO- und Augenklinik, die den Ring schließen sollte, wurde zurückgestellt.

Militär und Stadt waren nach der Zerstörung 1944 an einem zügigen Wiederaufbau interessiert (1946–1953), zumal das Klinkum, wie bereits erwähnt, auch städtisches Krankenhaus war und bis heute ist. Spätere Weiterentwicklungen erfolgten durch Anbauten oder kleinere Neubauten im Umfeld.

Anstelle der nicht realisierten vierten Klinik wurde an einer neuen Südachse ein Hochhaus für die HNO- und Augenklinik im Kontrast zur neubarocken Lorenz'schen Anlage gebaut.

Die bauliche Entwicklung der Albert-Ludwigs-Universität Freiburg // 89

Abb. 5 Luftaufnahme über das Institutsviertel

Abb. 6 Kreuzförmiger Bau der Biologie II/III

Abb. 7　Das Universitätsklinikum von Westen

Ein Sportzentrum entstand an der Schwarzwaldstraße (1928–1929, Prof. Hermann Alker). Dies wurde in den 1960er-Jahren mit zwei Doppelhallen erweitert.

Der Wiederaufbau von Stadt und Universität war nach dem Zweiten Weltkrieg sehr gegensätzlich. Während die Altstadt nach dem Muster der mittelalterlichen Stadt unter Prof. Joseph Schlippe ganz traditionsorientiert wiederaufgebaut wurde, waren die Planer der Staatlichen Bauverwaltung unter Horst Linde ganz der Moderne verpflichtet, genannt *Freiburger Schule*. Die beiden Lager standen einander unversöhnlich gegenüber. Selbst beim Wiederaufbau von Altgebäuden wurden von der Bauverwaltung neue Gebäudeteile im Kontrast eingefügt (Kollegiengebäude III).

Die Neubauten waren meist frei stehende Solitäre, die städtebaulich nur bedingt Stadträume bildeten (Institutsgebiet), dem Leitbild allseitig belichteter Skulpturen im grünen Park folgend.

Eine Verdoppelung der Universität forderte der neue 1960 gegründete Wissenschaftsrat. Es entstanden Typenbauten, vorgefertigt aus Betonteilen, die mehr eine Struktur als ein repräsentatives Gebäude waren (Uni-Bibliothek, Chemiehochhaus, Biologiekreuz).

In Freiburg war aber seit dem frühen Wiederaufbau das Baugeschehen nun fast zum Stillstand gekommen. Nach einer 1963 verfassten Denkschrift sollte die Universität bis 1980 auf 20000 Studierende anwachsen und die

Grundstücksflächen von 67 auf 140 Hektar erweitert werden. Es entstanden Pläne für eine gigantische Nachverdichtung (Werderring, Institute, Klinikum). Diese wurden an keiner Stelle realisiert. Dafür musste die Freiburger Universität eine Überlast von 185 Prozent tragen. Druck entstand insbesondere bei den Naturwissenschaften.

III. Neuorientierung, Ausbau

Anfang der 1990er-Jahre stand die Universität Freiburg unter sehr hohem Erneuerungsdruck. Die deutschen Universitäten sollten in kürzester Zeit zu Massenuniversitäten ausgebaut werden.

Zudem waren die Gebäude (Laboratorien, Kliniken) nach dem frühen Wiederaufbau inzwischen total überaltert. Technik und Forschung konnten nicht mehr den internationalen Forderungen entsprechen. Insbesondere die Laboratorien wiesen nicht die notwendige Arbeitssicherheit aus und waren teils schadstoffbelastet. Es drohten Teilschließungen.

Aus dieser Zwangslage entstand schnell ein gewaltiger Bauboom, bei dem Freiburg für einige Jahre innerhalb der Landesuniversitäten Investitionsschwerpunkt wurde (bis zu 150 Millionen DM jährlicher Bauausgaben).

Zunächst musste die Gesamtplanung überprüft werden. Für die Stadtuniversität gab es aus dem Rektorat und der Stadt wenig Widerspruch. Es mussten aber im Umfeld der bestehenden vier Gebiete ausreichend Erweiterungsflächen zur Verfügung gestellt werden. Ein großer Glücksfall und eine einmalige Chance war es, dass die französischen Besatzungsmächte 1992 Freiburg verließen. Es konnten für das *Zentrum* folgende Gebäude und Flächen hinzugewonnen werden: Foyer du soldat (Sedanstraße), ehemaliges französisches Hospital (Engelbergerstraße), ehemalige IHK (Wilhelmstraße) und ehemaliges Schluchseewerk (Rempartstraße). Die expandierenden Geisteswissenschaften konnten somit auch im Zentrum genügend erweitert werden. Das *Institutsgebiet* konnte durch die Neubebauung des Schafweidengrundstückes und den Zuerwerb des ehemaligen Herder-Verlagsgebäudes sowie eine Nachverdichtung weiter wachsen.

Das *Klinikum* wurde an der neuen Südachse zur Breisacher Straße hin erweitert: mit dem Neubau Neurozentrum sowie der Erweiterung der Medizinischen Klinik im rückwärtigen Bereich (Abb. 8).

Für sechs kliniknahe Institute und Forschungsgebäude entstand an der Breisacher Straße eine Doppelzeile. Nebengebäude konnten dann durch den Erwerb des früheren Kasernengebäudes an der Elsässer Straße entstehen.

Das Gebiet der *Biologie und Aussenkliniken* wurde mit einem Forschungsbau an der Schänzlestraße erweitert.

Anfang der 1990er-Jahre verfolgten Land und Universität die Einrichtung einer neuen technischen Fakultät für eine zukunftsweisende Entwicklung der Mikroelektronik und mikromechanischer Strukturen (damals 15. Fakultät). Es musste ein neues, das *fünfte Gebiet* gefunden werden. Es sollte ausreichend entwicklungsfähig sein auch für nicht absehbare Forschungsbauten und als Mischgebiet entstehen (Wohnen, aggregierte Institute, zentrale Einrichtungen).

Nach langer Suche (Gutachten 1990) ergab sich nach dem Abzug der französischen Streitmächte 1992 für die Universität die Möglichkeit, das südwestliche *Flugplatzgebiet* mit 140 Hektar Fläche zu erwerben (Abb. 9). Das Land fürchtete damals, dass bei dieser Verdoppelung des Universitätsgebietes die Bauwünsche in Freiburg zu groß würden, stimmte aber schließlich dem Erwerb zu.

Ein städtebaulicher Grundsatzwettbewerb 1994 war die Grundlage für den Bebauungsplan. Das Konzept enthielt vier leicht gegeneinander versetzte Baufelder, eine zentrale Mittelerschließung als Sackgasse und eine offene kammartige Bebauung (Architektenbüros Aminde-Loweg und Bott).

Aus dem benachbarten Wohngebiet Lehen kam Widerspruch, weil eine sommerliche Überhitzung befürchtet wurde. Man begegnete dem mit der kammartigen Bebauung, die Durchlüftung erlaubt.

Den Einspruch der Naturschützer wegen der auf dem Flugplatzgebiet entdeckten Beißschrecke konnte man durch Aufwertung der Ausgleichsfläche im Randbereich entkräften. Die Stadtplanung und das Baudezernat unterstützten dabei die Universität entsprechend.

Die denkmalgeschützten Altkasernen wurden erneuert und rasch umgebaut, sodass der Lehrbetrieb für die Informatik im Wintersemester 1994/1995 beginnen konnte. Der Bau der Reinräume und hoch installierten Laboratorien für die Mikrosystemtechnik waren für uns zunächst Neuland. Die zentrale Technik wurde in einem unter der Straße liegenden begehbaren Infrastrukturkanal untergebracht.

Die Universität verfolgte einen *neuen Ingenieurtyp*. Es sollten in interdisziplinären Clustern mit den Geisteswissenschaften (Psychologie, Soziologie) nicht nur Neuentwicklungen entstehen, sondern diese sollten auch der Bevölkerung vermittelt und somit Akzeptanz geschaffen werden. Der Lehrbetrieb für die Mikrosystemtechnik konnte im Wintersemester 1996/1997 aufgenommen werden (1200 Studierende/30 Lehrstühle/500 Mitarbeiter).

Der neue Flugplatzcampus wurde ein voller Erfolg für die Universität. Es entstanden, neben den Erweiterungen, zwei neue Forschungskomplexe (FIT, Bionik/Imbit, Maschine-Mensch) neben Studentenwohnheimen mit einer Kita. In Vorbereitung sind drei weitere Institute (Umwelt, Innovationszentrum, Fraunhofer Institut). Damit ist einschließlich der forstlichen Versuchsfläche schon das halbe Gebiet genutzt. Mit dem neuen SC-Stadion und der Messe ist das Flugplatzgebiet hiermit bereits ein integrierter Stadtteil.

Abb. 8   Die Medizinische Klinik – Visualisierung

Abb. 9   Institute am Flugplatz

Mit den interdisziplinären Zusammenschlüssen begann eine neue Ära. Es wurden Forschungszentren geschaffen. Der Bund führte einen Wettbewerb zwischen den Universitäten durch mit dem Ziel, die zukunftsorientiertesten Forschungen zu fördern. Die Universität Freiburg erhielt 2007 die *Exzellenz-Auszeichnung* unter Rektor Prof. Wolfgang Jäger und bekam dadurch erhebliche finanzielle Zuwendungen. Es entstand eine Anzahl hochwertig ausgestatteter Forschungsgebäude.

Freiburg gehört heute zu den großen führenden und beliebten Universitäten in Deutschland (Ranking). Inzwischen ist sie zudem grenzüberschreitend mit Frankreich und der Schweiz vernetzt (Eucor). Auch für die Freiburger Bürger wurde sie umfassend geöffnet, was rege wahrgenommen wird (Uni-Bibliothek, Samstags-Uni, Studium generale).

Die Universität hat inzwischen 11 Fakultäten mit 280 Studiengängen, 20 wissenschaftliche Zentren, 25 000 Studierende mit 120 Nationalitäten und 18 000 Beschäftigte (größter Arbeitgeber Freiburgs).

Nicht unerwähnt sollte bleiben, dass Freiburg weitere Lehrstätten, Forschungseinrichtungen und Hochschulen aufzuweisen hat (Musikhochschule, Pädagogische Hochschule, katholische und evangelische Hochschule, Fraunhofer- und Max-Planck-Institute).

IV. Infrastruktur und Ökologie

Die Studierenden und die Beschäftigten haben alle ihren Wohnraum in der Stadt oder in der näheren Umgebung. Die Essensversorgung übernehmen acht Mensen beziehungsweise Caféterien durch das 1971 gegründete Studierendenwerk.

Für die Kulturarbeit gibt es den Theatersaal und das Uniseum im Zentrum, daneben den Peterhof mit einem mittelalterlichen Gewölbekeller und das Haus zur lieben Hand mit einem attraktiven Saal sowie einer Professoren-Mensa.

Im Sportzentrum an der Schwarzwaldstraße ist für alle Studierenden eine Ertüchtigung möglich.

Alle Gebiete haben für Begegnungen ausgebaute Plätze und jeweils besondere Grünflächen (Platz der Alten Synagoge, Botanischer Garten, Geologischer Garten im Institutsgebiet).

Für die *Kunst am Bau* hat das Land ein eigenes Programm erstellt. Die Finanzierung, bis zu ein Prozent der Bausumme, das Vergabeverfahren sowie die Einrichtung einer Kunstkommission sind darin geregelt. Neben Bildern und Reliefs in und an Gebäuden bereichern Skulpturen den öffentlichen Raum mit Bezug zur Funktion der jeweiligen Gebäude, aber auch zum städtischen Umfeld. So entstanden, um nur zwei Beispiele zu nennen, am Kollegiengebäude II »Die Liegende« von Henry Moore (England) und am Flugplatz »Jump and Twist« von Dennis Oppenheim (New York) (Abb.10). Je nach Größe und Bedeutung des Projektes wurden und werden meist regionale Künstler einbezogen.

In der Universitätskirche ist die katholische Hochschulgemeinde beheimatet.

Nachhaltigkeit ist auch in der Universität ein großes Thema. So wurde die ehemalige Forstfakultät umbenannt und erhielt den Schwerpunkt Umwelt und natürliche Ressourcen.

Beim Klinikum entstand für die Umweltmedizin ein Neubau als Pilotprojekt (Prof. Franz Daschner).

Die Institutsneubauten sind in ihrer Struktur so entwickelt, dass keine Schadstoffabgabe möglich ist und Verbräuche fast gegen Null gehen.

Für alle chemischen Abfallstoffe werden in einer Zentrale im Institutsgebiet Wertstoffe recycelt. Und das Energiesparen ist nicht nur wegen der hohen Betriebskosten ein zentrales Thema. So wurden Luftkollektoren zur Warmwassererzeugung getestet (Großküche) oder solarthermische Kälte erzeugt (Außenklinikum). Auf allen Flachdächern befinden sich, teils als Mietflächen, Solarkollektoren. Auch Tageslichtausleuchtungen über Reflektoren wurden installiert (Lehrgebäude Flugplatz).

Die Gebäude sind auch als Wohlfühlstätten für die Mitarbeiter und die Studierenden geschaffen.

An der *neuen Universitätsbibliothek* kann man darstellen, welchen ökologischen Standard die Neubauten haben. Der Gesamtenergieverbrauch liegt heute bei 30 Prozent des Altbaus. Dies wurde mit einer Flächenheizung über Betonkern-Aktivierung der Decken und einer Kühlung mit einer Luftführung unterhalb des Fußbodens mit Brunnenwasser erreicht. Der Strombedarf wird teilweise über eine Photovoltaikanlage auf dem Flachdach gedeckt. Es mussten neueste Regelungs-, Sicherheits- und Kommunikationsanlagen entwickelt werden.

Die Wärmeversorgung, auch für Teile der öffentlichen Gebäude der Stadt, erfolgt über ein Ferndampfnetz vom Klinik-Heizkraftwerk. Die frühere Kohlefeuerung wurde umgestellt auf Kraft-Wärme-Kopplung, gasbeheizt. Dies führte zu einer erheblich saubereren Anlage mit CO_2-Reduzierung.

Für die Verteilung der Medien und der Technik gibt es in den großen Gebieten unterirdisch begehbare, nachrüstbare Infrastrukturgänge (Klinikum, Institutsgebiet, Flugplatz) (Abb. 11).

96 // Städtebau und Wohnungspolitik

Abb. 10 »Jump and Twist« von Dennis Oppenheim

Die Gebäude einer Universität sind in ihrer Funktion jeweils sehr spezifisch. Bei den Hörsälen liegt der Schwerpunkt auf Hör- und Sichtverständlichkeit. Bei den Laboratorien ist heute ein sehr hoher Installationsgrad mit bis zu 30 Medien notwendig, die zugänglich und nachrüstbar sein müssen.

Wir haben in Freiburg einen *neuen Labortyp* entwickelt, der das Haus in verschiedene Zonen gliedert: Labor- und Gerätezone sowie büroartiger Bereich.

Beim Klinikum werden hohe Ansprüche an die Hygiene gestellt, aber auch an die medizintechnische Ausstattung. Dabei soll jeweils eine heilsame Architektur entstehen, die die Genesung unterstützt.

V. Resümee und Ausblick

Die Universität Freiburg war außer in ihrer humanistischen Blüte im 16. Jahrhundert unbedeutend. Bis zur Reichsgründung 1871 war sie mit circa 270 Studierenden klein und regional orientiert; nach den beiden Weltkriegen musste sie jeweils neu aufgebaut werden. Dem zügigen Wiederaufbau, 1947–1960, folgte ein gewisser Stillstand.

Die Forderung des Wissenschaftsrates im Jahre 1960, die Studierendenzahl von 10 000 auf 20 000 zu verdoppeln, führte zwar zu einem Schub. Letztendlich konnte die Vorgabe aber nicht erfüllt werden.

Abb. 11   Ein Versorgungstunnel

Der Ausbau der Naturwissenschaften mit Gründung der Angewandten Wissenschaften auf dem Flugplatz führte wiederum zu neuen Impulsen. Es entstanden fächerübergreifende Forschungsverbünde.

Die Stadtuniversität mit ihren inzwischen fünf Gebieten wurde nach 2000 weiterentwickelt. Im Zentrum wurde die alte Uni-Bibliothek nach 30 Jahren durch einen spektakulären Neubau ersetzt (2009–2015, Architekt Heinrich Degelo, Basel) (Abb. 12). Es ist ein gläserner kristalliner Kompaktbau, der internationale Exzellenz und Offenheit signalisiert. Er ist zusammen mit dem Kollegiengebäude I das Wahrzeichen der Universität. Der Werder-, Rotteck- und Friedrichring wurde für den Autoverkehr zurückgebaut und ist mit dem neu geschaffenen Platz der Alten Synagoge ein neues Zentrum. Es gab anfangs viel Kritik über den fremdartig wirkenden Solitärbau, die aber verstummt ist und zwischenzeitlich große Akzeptanz insbesondere bei den Studierenden findet.

Das seit 1990 gewaltige Finanzierungsprogramm *Sanierung, Modernisierung und Ausbau* (SAMOA) führte dazu, dass heute alle Fachgebiete mit ihren Ins-

Abb. 12   Universitätsbibliothek und Platz der alten Synagoge 2019

tituten weitestgehend erneuert, erweitert, verlagert oder neu gebaut wurden. Die größten Erweiterungen hier in Kürze:
1. Im Zentrum: Ehemaliges Schluchseewerk (Wirtschaftswissenschaften), Panzerkreuzer (Rektorat), ehemaliges Militärlazarett (Psychologie)
2. Im Institutsgebiet: Ehemaliger Herder-Verlag (Umwelt- und natürliche Ressourcen), Neubau Geologie, Neubau Pharmakologie, Neubau Forschungsbau, Neubau Physik
3. Im Gebiet Biologie: Neubau Zoologie, Neubau Biosystemanalyse, Neubau Biologische Signalforschung
4. Im Klinikum: Neubau Neurozentrum, Neubau Forschung, Neubau Chirurgie-Erweiterung, Neubau Tumorzentrum, Zuerwerb Tumorbiologie, im Bau neue Kinderklinik. An der Breisacher Straße entstehen als Doppelzeilen sechs neue klinisch theoretische Institute.
5. Am Flugplatz: Fünf Forschungsgebäude der Universität und angegliederte aggregierte Institute

Stadt und Universität gehen bis heute eine fruchtbare Symbiose ein. Die Universität ist nicht nur eine nicht mehr wegzudenkende Wirtschaftskraft, sondern sie prägt auch die liberale, aufgeklärte und weltoffene Stadtgesellschaft. Freiburg ist eine Wissenschaftsstadt und Zentralort mit hohem Bildungsniveau, internationaler Bevölkerung und gehört zu den attraktivsten Städten Deutschlands.

Mit dieser kurzen Darstellung sollte gezeigt werden, dass die Freiburger Voll-Universität sehr umfassend erneuert und erweitert wurde mit erheblichem Mitteleinsatz von Bund und Land. Die Betreuung der Gebäude und die Durchführung der Baumaßnahmen liegen dabei in der Hand von Vermögen und Bau Baden-Württemberg, Amt Freiburg.

Die Geschichte lehrt auch, dass die Entwicklung weiter geht, wenn die Freiburger Universität an der Spitze bleiben will. Es werden weitere Veränderungen in den Fächern entstehen und es wird Kooperationen geben, die zu Investitionen in neue Forschungsfelder führen werden.

Gleichzeitig bedarf der große Gebäudebestand (circa 175 Gebäude) einer ständigen Pflege und Anpassung (Bauunterhalt).

Und die Universität wird weiterhin eine »Stadt in der Stadt« bleiben!

Text und Bildmaterial basieren auf der Publikation Vermögen und Bau Baden-Württemberg, Universitätsbauamt Freiburg: *Universitätsbauamt Freiburg. Bauen für Forschung und Lehre 1957–2007. Freiburg 2007. Für die zur Verfügungstellung von Bildmaterial sei Vermögen und Bau Baden-Württemberg und dem Leiter des Amtes Karl-Heinz Bühler gedankt.*

Garanten für bezahlbares Wohnen in der Stadt

Freiburgs große Wohnungsbaugenossenschaften – Bauverein Breisgau, Heimbau Breisgau, Familienheim Freiburg

Anja Dziolloß | Marc Ullrich | Martin Weiner

Das städtebauliche Erscheinungsbild vieler Freiburger Stadtteile ist wesentlich von den Wohngebäuden der drei Wohnungsgenossenschaften Bauverein Breisgau, Familienheim Freiburg und Heimbau Breisgau geprägt. Seien es der Stühlinger, Haslach, Brühl-Beurbarung, der Mooswald, Waldsee, Herdern, Landwasser, die Wiehre, Zähringen oder Betzenhausen-Bischofslinde. Mit einem Mietwohnungsbestand von 9700 Wohnungen und 34 000 Mitgliedern – dies entspricht einem Bevölkerungsanteil von 15 Prozent – sind sie nicht nur ein wichtiger Akteur auf dem Freiburger Mietwohnungsmarkt, sondern ebenso Garanten für sicheres, bezahlbares und zeitgemäßes Wohnen in der Stadt.

Als gegen Mitte des 19. Jahrhunderts die Industrialisierung Deutschland erreichte und eine ungeheure gesellschaftliche Dynamik in Gang setzte, zog es Abertausende arbeitsuchende Menschen vom Land in die Städte. Das explosionsartige Bevölkerungswachstum führte vielerorts zu einem dramatischen Wohnungsmangel. Während die Wirtschaft ihr erstes Wirtschaftswunder erlebte, verhieß dieser Aufschwung für den einfachen Arbeiter zunächst nichts Gutes. Triste, graue Mietskasernen, prekäre hygienische Verhältnisse und eine unvorstellbare Enge kennzeichneten die damalige Wohnsituation. In ihrer Not besannen sich die Arbeiter zunehmend auf ihre gemeinsame Stärke. Beflügelt von der Genossenschaftsidee, die in diesen Jahren großen Auftrieb erhielt, schlossen sie sich zu Wohnungsgenossenschaften zusammen, um gemeinsam menschenwürdigen, bezahlbaren Wohnraum zu schaffen. Zur großen Gründungswelle kam es jedoch erst nach der überstandenen Weltwirtschaftskrise 1889 und der Novellierung des Genossenschaftsgesetzes, das der Sozialreformer, Jurist und Politiker Hermann Schulze-Delitzsch 1868 in den Reichstag eingebracht hatte. Ein Genossenschaftsmitglied haftete fortan nicht mehr uneingeschränkt mit seinem Privatvermögen, sondern nur noch mit seinem eingezahlten Geschäftsanteil. Die Änderung dieses Passus war für die Bau- und Wohnungsgenossenschaften von großer Bedeutung und eine Initialzündung. Der Weg für genossenschaftliche Wohnprojekte war frei.

Nach dem Ersten Weltkrieg nahm die Gründungsbewegung noch einmal deutlich Fahrt auf, da Staat und Behörden aufgrund der Wanderungsbewegungen in Deutschland mit Steuerbefreiungen und zahlreichen Vergünstigungen für die Gründung von Bau- und Wohnungsgenossenschaften warben, um die erneut große Wohnungsnot zu bekämpfen. Nach den Grundsätzen der Selbsthilfe, Selbstverwaltung und Selbstverantwortung gründeten sich in der Folge Hunderte neue Wohnungsgenossenschaften im Land. In Deutschland gibt es heute rund 2000 dieser Solidargemeinschaften mit 2,2 Millionen Wohnungen; in ihnen leben rund fünf Millionen Menschen. Baugenossenschaften wie die drei Freiburger Wohnungsgenossenschaften Bauverein Breisgau, Familienheim Freiburg und Heimbau Breisgau schufen nicht nur gut ausgestattete und preisgünstige Mietwohnungen, sondern auch stadtteilprägende Siedlungen, Gartenstädte und architektonisch ansprechende Gebäude. Sie tun es noch heute. Die Aufhebung der Wohnungsgemeinnützigkeit 1990 ließ schließlich einen Wohnungsmarkt entstehen, den sich kommunale und öffentliche Wohnungsunternehmen, Bauträger, Wohnungsgenossenschaften und Privatvermieter seitdem teilen.

Die freiwillige Wohnungsgemeinnützigkeit spielt bei vielen Unternehmen auch heute noch eine bedeutende Rolle, denn ihr nachhaltiges Geschäftsmodell verbindet ökonomischen Erfolg mit ökologischen und sozialen Zielen. Von jeher sind Wohnungsgenossenschaften maßgeblich daran beteiligt, die soziale Balance in den Quartieren aufrecht zu erhalten. Was sie von anderen Wohnungsunternehmen und Bauträgern unterscheidet, ist nicht nur ihr gesellschaftspolitisches Verantwortungsbewusstsein und ihre innovative Kraft im Wandel der Zeiten. Es ist ebenso der bewusste Verzicht auf Profit und maximale Gewinne zugunsten eines werteorientierten Wirtschaftens. Auch die Genossenschaften selbst unterscheiden sich voneinander. Was sie eint, sind ihr Unternehmenszweck und der Förderauftrag, Mitglieder mit preisgünstigen Mietwohnungen und Serviceangeboten rund ums Wohnen zu versorgen sowie ihre Grundsätze der Selbsthilfe, Selbstverwaltung und Selbstverantwortung. Was sie jedoch deutlich voneinander unterscheidet, sind ihre Gründungshistorien, ihre jeweiligen Entwicklungen und ihr Unternehmensprofil. Während der Bauverein Breisgau 1899 als Wohnungsbaugenossenschaft für Arbeiter gegründet wurde, war die Heimbau Breisgau 1919 Freiburgs erste Baugenossenschaft für den Mittelstand. Ausgehend von den Forderungen des 68. Deutschen Katholikentages in Freiburg, wurde die Familienheim Freiburg 1929 als katholische Baugenossenschaft für Familien gegründet.

Bauverein Breisgau eG
MARC ULLRICH

Abb. 1   Der Gründungsbau in der Emmendinger Straße

Am 18. Februar 1899 wurde die Bauverein Breisgau eG von 122 genossenschaftlichen Pionieren als erste Freiburger Baugenossenschaft ins Leben gerufen. Anlass war die zunehmende Wohnungsnot im Rahmen der Industrialisierung und das Entstehen der neuen Klasse der Arbeiterschaft und Mittelschicht.

Bis zur Verwirklichung des ersten Bauvorhabens 1903 waren etliche Hürden von den Gründungsvätern zu überwinden. Der Gründungsbau in der Emmendinger Straße ist bis heute im Eigentum der Bauverein Breisgau eG und spricht für die genossenschaftliche Nachhaltigkeit (Abb. 1). In den Folgejahren wuchs die Solidargemeinschaft durch stetige Bauprojekte, vorausschauende Grundstückskäufe und umsichtige Partnerschaften mit Kommunen und Politik.

Die hohe Wachstumsdynamik betrifft auch die Stadt Freiburg. Während im Jahre 1900 rund 60 000 Einwohner in der Schwarzwaldhauptstadt beheimatet waren, beläuft sich die Einwohnerzahl Ende 2018 auf nahezu 230 000 Menschen mit weiter stark steigender Tendenz.

Abb. 2   Das Logo der Bauverein Breisgau eG

Das menschliche Grundbedürfnis Wohnen wird in der Genossenschaft durch lebenslange Wohnrechte geschützt. Eigenbedarfskündigungen sind genossenschaftsrechtlich ausgeschlossen.

Im Laufe der Jahrzehnte entwickelte sich der damalige Bauverein Freiburg rasant und gewann durch verschiedene Fusionen an Wohnraum, Größe und Bedeutung: mit der Gartenvorstadt Freiburg eG (1920), der Siedlungsgesellschaft Vertriebener Elsaß Lothringer (1925), der Baugenossenschaft Breisgau eG (1996) sowie der Wohnstättenbau Freiburg eG (2004). Auch das Geschäftsgebiet erweiterte sich in diesem Rahmen auf das Umland und den gesamten Breisgau, sodass der Name in Bauverein Breisgau eG umgewandelt wurde (Abb. 2).

Mittlerweile ist der Wohnungsbestand auf 5000 Einheiten angewachsen, die den Mitgliedern ein sicheres, bezahlbares Wohnen ermöglichen (Abb. 3).

Die Bauverein Breisgau eG hat sich in den letzten 120 Jahren zum Allrounddienstleister in Sachen Immobilie und Wohnen entwickelt. Die Bereiche Eigentumsverwaltung für 3500 Wohn- und Gewerbeeinheiten sowie Maklerservice ergänzen das Dienstleistungsportfolio der Genossenschaft. Ein Alleinstellungsmerkmal stellt die Banklizenz für das Einlagengeschäft dar. Die hauseigene Spareinrichtung verwaltet über 115 Millionen Euro Einlagen auf rund 16 000 Konten und zeigt, dass die Genossenschaft wahrhaft eine »sichere Bank« für Mitglieder und Geschäftspartner ist.

Weiterhin wurde die Sozialberatung im Jahre 2011 durch den Verein Quartierstreff Bauverein Breisgau e.V. professionalisiert. Heute zählt der nachbarschaftsfördernde Verein über 600 Mitglieder. Darüber hinaus hat die Bauverein Breisgau eG bereits im Jahre 1998 die Tochtergesellschaft EVB Energieversorgungsgesellschaft Bauverein Breisgau mbH gegründet, deren Hauptaufgabe in der dezentralen und regenerativen Energieversorgung der eigenen Mitglieder mit Wärme und Strom besteht. Hier leistet die Genossenschaft seit Jahren einen aktiven Beitrag zum Klimaschutz.

Seit den Gründerjahren liegen Innovationen in den Genen der Genossenschaft. Entsprechend wurde 2018 die »Bauverein Breisgau Stiftung« zur Unterstützung gemeinnütziger Projekte und notleidender Menschen gegründet – eine der ersten Einrichtungen dieser Art im gesamten Bundesgebiet.

Der Kern einer jeden Genossenschaft sind die Mitglieder. Die Bauverein Breisgau eG ist mit fast 24 000 Mitgliedern eine der mitgliederstärksten Genossenschaften in Deutschland.

Abb. 3   Die 2019 fertig gestellten Wohnungen des Uni-Carrés

Die Idee der »Hilfe zur Selbsthilfe« basiert auf drei Säulen: Wohnen, Soziales und Dienstleistung.

Die zentrale Kernaufgabe der Genossenschaft ist der Erhalt und die Schaffung bezahlbarer Wohnungen. Umfangreiche Modernisierungs- und Instandhaltungsmaßnahmen sowie ein anspruchsvolles Neubauprogramm gewährleisten den Erfolg der Bauverein Breisgau eG. Die Mitglieder profitieren von hoher Wohnqualität zu fairen Konditionen.

Die Säule Soziales wird getragen von professionellen Sozialarbeitern. Deren Erfahrung stärkt sowohl die Genossenschaft als auch den Quartierstreff Bauverein Breisgau e.V.

Für Kommunen und Kirchen hat sich die Genossenschaft als wesentlicher Partner in der Stadt- und Quartiersentwicklung etabliert. Herausforderungen werden zuverlässig im Wohnen und der Schaffung von Infrastruktur für die Bürgergesellschaft gelöst. Dies spiegelt sich am umfangreichen Bestand von Kindertagesstätten, Seniorenwohnanlagen, Tages- und Nachtpflegeeinrichtungen, Wohngruppen und auch dem eigenen Pflegeheim wider.

Die dritte Säule »Dienstleistung« bietet eine breite Palette rund um das Thema Wohnen – von der Geldanlage, der Eigentumsbildung bis hin zur Verwaltung und Vermarktung von Immobilieneigentum.

Um die Erfolgsgeschichte fortsetzen zu können, werden auch künftig Rahmenbedingungen gebraucht, die das genossenschaftliche Wohnen zu bezahlbaren Preisen ermöglichen. Hier sind Kommunen und Behörden als verlässliche Partner gefordert.

Freiburgs Drittgrößte – die Heimbau Breisgau eG
MARTIN WEINER

Massive Geldentwertung und enorm gestiegene Lohn- und Materialkosten führten nach dem Ersten Weltkrieg auch in Freiburg dazu, dass es sich kaum ein Bürger mehr leisten konnte, mit eigenen Mitteln ein Haus oder eine Wohnung zu errichten. Um der großen Wohnungsnot Herr zu werden, warben Land und Städte mit Steuerbefreiungen und zahlreichen Vergünstigungen für die Gründung neuer Baugenossenschaften. Diesem Aufruf folgten in Freiburg der Architekt Curt Balke und Baurat Wilhelm Sattler. Gemeinsam mit hundert Bürgerinnen und Bürgern gründeten sie am 12. Mai 1919 Freiburgs erste gemeinnützige Baugenossenschaft für den Mittelstand. In ihrer Satzung legten sie fest, »gesunde und zweckmäßig eingerichtete Wohnungen für Familien oder Personen in eigens erbauten oder angekauften Häusern zu angemessenen Preisen zu schaffen.« Anders als in der Heimstätten-Bewegung dieser Zeit üblich wurden die errichteten Einfamilienhäuser nicht verkauft, sondern preisgünstig vermietet.

In einer für heutige Verhältnisse sehr zügigen baulichen Umsetzung – von der Einreichung einer Baugenehmigung bis zum Baubeginn vergingen gerade mal sechs Wochen – entstanden ab 1919 zunächst Reihenhaussiedlungen für kinderreiche Familien in Herdern (Abb. 4) und Waldsee. Aufgrund der damals schon sehr hohen Grundstückspreise verlegte sich die Heimbau zehn Jahre später zunehmend auf den Mehrfamilienhausbau, um mehr Wohnraum für die Mitglieder zu schaffen. Bei allen Wohnungen wurde ein außergewöhnlicher Qualitätsstandard realisiert. Das umfangreichste Bauprojekt jener Jahre ist der städtebaulich markante »Heimbau-Block« in der Stefan-Meier-Straße, in dem die Baugenossenschaft noch heute ihren Unternehmenssitz hat. Als Wohnquartier für Arbeiter geplant, entstanden in diesem Gebäudeensemble von 1928 bis 1930 75 ausgesprochen »gediegene, mustergültige und gesunde Mietwohnungen«, wie es vom damaligen Geschäftsführer Karl Kuhn heißt. Nach Fertigstellung schrieb er: »Wir haben also neben dem Bauen von Wohnungen auch eine gewisse Wohnkultur betrieben. Hoffen wir, dass auch zufriedene und glückliche Menschen, die vom genossenschaftlichen Geist beseelt sind, Einkehr halten.« 1987 wurde das Heimbau-Ensemble, dessen fünfflügelige Gesamtanlage an ein barockes Schloss erinnert, als Kulturdenkmal unter Denkmalschutz gestellt (Abb. 5).

106 // Städtebau und Wohnungspolitik

Abb. 4   Ihre erste Reihenhaus-Siedlung realisierte die Heimbau Breisgau in ihrem Gründungsjahr 1919 in der Stefan-Meier-Straße 109–127 in Freiburg-Herdern.

Abb. 5   Im denkmalgeschützten Mehrfamilienhaus-Ensemble, dem sog. »Heimbau-Block« in der Stefan-Meier-Straße 147–165 (Freiburg-Herdern) befinden sich 75 Mietwohnungen und der Unternehmenssitz der Heimbau.

Abb. 6 Logo der Heimbau Breisgau eG

Die in Freiburg und in der Region tief verwurzelte Heimbau Breisgau ist heute mit 4000 Mitgliedern und 1300 Mietwohnungen Freiburgs drittgrößte Wohnungsbaugenossenschaft. Solides Wachstum, gepaart mit einem hohen Grad an sozialer Verantwortung, zeichnen das moderne Dienstleistungsunternehmen aus. Der Weg dorthin war aufgrund des über mehrere Jahrzehnte währenden großen Engagements für den sozialen Wohnungsbau nicht einfach, immerhin beteiligte sich die Heimbau daran mit rund 700 Wohnungen und leistete in Zeiten großer Wohnungsnot immer wieder einen verantwortungsvollen Beitrag für die Menschen in der Stadt Freiburg. Notwendige Kurskorrekturen, ein straffes Kostenmanagement und werteorientiertes, umsichtiges Wirtschaften führten ab 2000 zu einer wirtschaftlichen Konsolidierung, die es der Solidargemeinschaft erlaubte, erneut Kurs in Richtung Wachstum zu nehmen. Unterstützt wurde dieser auch durch die Fusionen mit den Baugenossenschaften Teningen (2004) und Waldkirch (2009). Sie stärkten nicht nur die Finanzkraft der Genossenschaft, sondern ermöglichten ihr erstmals wieder, in die Weiterentwicklung des Wohnungsbestandes durch Neubauten im Breisgau zu investieren. Die dynamische wirtschaftliche Entwicklung der Heimbau zeigt sich seitdem Jahr für Jahr in guten Bilanzen.

Nachhaltige Wohnungsbewirtschaftung bedeutete für die Heimbau zu allen Zeiten bezahlbare Mieten und eine gute Wohn- und Lebensqualität ihrer Wohnungen. In den Jahren, in denen es kaum Baugrundstücke für die Genossenschaft gab oder das Bedürfnis der Mitglieder nach Wohnkomfort wuchs, wie etwa nach dem Wiederaufbau in den 1960er-Jahren, investierte die Genossenschaft in umfangreiche Modernisierungsmaßnahmen. Einen immensen Beitrag leistete die Genossenschaft auch hinsichtlich der energetischen Sanierung. Im Jubiläumsjahr der Stadt Freiburg haben über 90 Prozent der »Heimbauten« eine gute Energieeffizienz und unterstützen so die Freiburger Klimaziele. Ob zukunftstaugliche Wohnkonzepte für die sich wandelnde Gesellschaft, ob Investitionen in einen zeitgemäßen, gepflegten Wohnungsbestand oder ein ansprechendes Wohnumfeld – die Schaffung und Erhaltung lebenswerten und bezahlbaren Wohnraums für ihre Mitglieder war und ist von jeher Motor der Heimbau Breisgau.

Die Familienheim Freiburg
Anja Dziolloß

Angeregt durch die Forderungen des 68. Katholikentages 1929 in Freiburg nach menschenwürdigem Wohnraum für Familien, gründeten am 23. Januar 1930 namhafte Persönlichkeiten aus Politik, Wirtschaft und der katholischen Kirche unter Einbindung von Repräsentanten des politischen und sozialen Katholizismus die Wohnungsbaugenossenschaft »Familienheim Freiburg«. Ihr Ziel war es, den überaus beengten Wohnverhältnissen kinderreicher Familien durch den Bau von zweckmäßigen, gesunden und preiswerten Eigenheimen und Mietwohnungen Abhilfe zu schaffen.

Nach dem 2. Weltkrieg avancierte die ›Familienheim‹ zum Modell der katholischen Siedlungsbewegung Badens, aus der überregional und diözesenweit viele ›Neue Heimaten‹ entstanden, die die gewaltige Wohnungsnot lindern halfen.

Im Jahr 1930/31 errichtete die Familienheim Freiburg im Rennweg/Komturstraße ihr erstes Bauprojekt mit 45 Mietwohnungen. 1932, als es in Deutschland rund sechs Millionen Erwerbslose gab, erhielt die Baugenossenschaft im Rahmen des Stadtrandsiedlungsprogramms für ihr Siedlungskonzept »St. Josef« den Zuschlag. Es entstanden 103 einfache Wohnhäuser mit Gärten, um Erwerbslosen und deren Familien eine ländliche Selbstversorgung zu ermöglichen. Diese Siedlungsbildung stellt die Keimzelle des heutigen Freiburger Stadtteils »Mooswald« dar.

Die 1950er- und 1960er-Jahre standen unter dem Vorzeichen »Aufbruch in eine neue Zeit«. Auch der soziale Wohnungsbau erlebte einen Boom. Erhebliche Summen öffentlicher Gelder wurden investiert, um die herrschende Wohnungsnot zu lindern. Erneut beteiligte sich die katholische Kirche am Wiederaufbau durch die Vergabe von Bauland.

Die in weiten Teilen zerstörte Stadt und die Zuwanderung stellte auch die Familienheim Freiburg vor die große Herausforderung, möglichst rasch viele Wohnungen zu bauen. Innerhalb weniger Jahre gelang es der Baugenossenschaft, 1000 Wohneinheiten in Form von Eigenheimen, Eigentumswohnungen und Mietwohnungen zu errichten.

Zu Beginn der 1960er-Jahre war der Wiederaufbau weitgehend abgeschlossen und der Wohnungsmarkt relativ ausgeglichen. Die staatlichen Reglementierungen des Wohnungsbaus wurden liberalisiert und dieser sukzessive in die soziale Marktwirtschaft überführt. Neue wohnungspolitische Konzepte begründeten den Wandel vom Wohnungsbau zum Städtebau. Es ging um die Gestaltung neuer Raumordnungen, die Auflockerung von Ballungsräumen, die Erschließung strukturschwacher Gebiete und die Entwicklung neuer Stadtteile. In Freiburg fand dieser Wandel seinen städtebaulichen

Ausdruck in den Stadtteilen Weingarten, Landwasser und Betzenhausen. Hier war die Familienheim Freiburg mit 1000 Wohneinheiten maßgeblichen beteiligt.

In den 1970er-Jahren erschütterte die Dollar- und Energiekrise die Weltwirtschaft – und mit ihr die Bauwirtschaft in Deutschland. 1972 fusionierte die Familienheim Freiburg mit der »Neuen Heimat Emmendingen« und erweiterte damit ihr Geschäftsgebiet. In dieser Zeit errichtete die Baugenossenschaft rund 550 Eigenheime, Eigentums- und Mietwohnungen. Im Stadtteil Betzenhausen-Bischofslinde baute sie weitere 108 Mietwohnungen für einkommensschwache Haushalte.

In den 1980er-Jahren drängten die geburtenstarken Jahrgänge auf den Wohnungsmarkt, der Trend zum Single-Haushalt verstärkte sich – Faktoren, die erneut die Wohnungsnachfrage steigerten. 1986 zog sich die Bundesregierung gänzlich aus dem sozialen Wohnungsbau zurück und hob 1989 das Wohnungsgemeinnützigkeitsgesetz auf. Im Gegenzug setzte sie auf Eigenheimförderung. Diese Maßnahme sollte nicht nur zu privaten Investitionen motivieren, sondern auch die hohe Fehlbelegungsquote durch gutverdienende Mieter verringern, die die Versorgung wirklich Bedürftiger mit Sozialwohnungen erschwerte. In diesen Zeitraum fiel der Bau von rund 200 öffentlich geförderte Mietwohnungen im Stadtteil Betzenhausen-Bischofslinde durch die Baugenossenschaft. Auch die deutsche Wiedervereinigung und die einsetzende Wanderung von Ost nach West führten neben der Zuwanderung zu einem enormen Wohnungsbedarf. Die Familienheim Freiburg errichtete in dieser Zeit weitere 37 geförderte Neubauwohnungen und 50 Einheiten im Rahmen des frei finanzierten Wohnungsbaus.

Aufgrund der Entwicklungen im frei finanzierten Wohnungsbau reduzierte die Genossenschaft ihre Neubautätigkeit. Die Familienheim Freiburg investierte verstärkt in zukunftsweisende und vorausschauende Modernisierungen sowie in die Aufstockung von Wohnungen in Holzrahmenbauweise auf bestehenden Mietwohngebäude in Freiburg-Landwasser. Für diese Modernisierungsmaßnahme erhielt die Baugenossenschaft 1996 die Auszeichnung guter Bauten des Bundes Deutscher Architekten (BDA).

Ausgezeichnet wurde die Familienheim Freiburg ebenfalls für die innovative und energetische Fassadensanierung von 96 Wohneinheiten im Stadtteil Betzenhausen (Abb. 7). In Verbindung mit der Aufstockung von acht Wohnungen und der Errichtung einer Solar- und Photovoltaikanlage erhielt sie im Jahr 2002 den »Deutschen Fassadenpreis« in Zusammenarbeit mit dem Bund Deutscher Architekten.

Seit 2005 investiert die Baugenossenschaft neben ihren langjährigen und vorausschauenden Sanierungs- und Modernisierungsmaßnahmen regelmäßig in zukunftsweisende Neubauvorhaben. Mit dem Bau von Mietwohngebäuden

110 // Städtebau und Wohnungspolitik

Abb. 7 Modernisierung und Aufstockung Wilmersdorfer Str. 3 + 5, FR-Betzenhausen (2002)

Abb. 8 Neubau eines Massivholzhaues im Weidweg 82, FR-Mooswald (2018)

Abb. 9   Logo der Familienheim Freiburg

in Holz- oder Ziegelmassivbauweise bei gleichzeitiger Berücksichtigung ökologischer und regenerativer Heiztechnologien trägt die Familienheim Freiburg zum Erreichen der Klimaschutzziele der Stadt Freiburg bei (Abb. 8).

Aufgrund fehlender Rendite bei sonstigen Kapitalanlagen stieg in den vergangenen Jahren das Interesse an Immobilien. Kapitalanleger suchen nach sicheren und ertragreichen Anlagen. Vor allem in »Schwarmstädten« wie Freiburg kann das Angebot die Nachfrage nach Wohnraum seit Jahren nicht mehr befriedigen, was zu stetig steigenden Kauf- und Mietpreisen führt.

Auch die Klimawende, fehlende Bauflächen und steigende Mieten im unteren Preissegment stellen die Stadt Freiburg erneut vor große Herausforderungen. Die Familienheim Freiburg hat in den vergangenen 90 Jahren ihren genossenschaftlichen Auftrag, die Bereitstellung von bezahlbarem Wohnraum für ihre Mitglieder und die Bürgerinnen und Bürger dieser Stadt verlässlich wahrgenommen.

Dieser Aufgabe möchten wir auch zukünftig nachkommen, durch Innenentwicklung im Bestand und Mietwohnungsneubau auf neuen Bauflächen – doch nur durch die Bereitstellung von bezahlbarem Bauland können auch bezahlbare Mietwohnungen entstehen.

Unter dieser Voraussetzung sollte die Familienheim Freiburg Baugenossenschaft eG zukünftig ein unverzichtbarer Bestandteil bei Neubauvorhaben im Rahmen der Stadtentwicklung sein.

Ein Ausblick

Die Idee des Genossenschaftswesens erfährt heute, in einer Zeit, die erneut von einem dramatischen Mangel an bezahlbaren Wohnungen im städtischen Raum geprägt ist und zugleich einem gesellschaftlichen Wandel unterliegt, mit dem sich auch die Anforderungen an das Wohnen selbst stark verändern, wieder großen Zuspruch. Die drei Freiburger Wohnungsbaugenossenschaften Bauverein Breisgau, Familienheim Freiburg und Heimbau Breisgau stehen von jeher für die Schaffung bezahlbaren Wohnraums, aber auch für die Realisierung innovativer bedarfsgerechter Wohnkonzepte – Unternehmensziele, die von privaten, an Rendite und maximalem Gewinn interessierten Unternehmen nicht angestrebt werden. Wie effektiv die Genossenschaften immer wieder dazu beigetragen haben, Wohnungsnot in der Stadt zu überwinden, veranschaulichen die einzelnen Unternehmensportraits.

Das Zusammenwirken von Stadt und Baugenossenschaften war in den vergangenen hundert Jahren nicht immer harmonisch, obwohl es in der Sache doch stets um ein gemeinsames Ziel ging, nämlich die Schaffung preisgünstigen Wohnraums. Kompromissbereit haben sich Genossenschaften oftmals im sozialen Wohnungsbau engagiert, auch wenn sich dieser mit dem mitgliederbezogenen genossenschaftlichen Geschäftsmodell heute wie damals nur schwerlich vereinbaren lässt. Angesichts des übergroßen Defizits an bezahlbaren Mietwohnungen in Freiburg und der Region sind sie auch heute bereit, Verantwortung zu übernehmen und zur Entspannung der Wohnungssituation beizutragen. Nötig dafür sind – wie in allen Krisenzeiten zuvor – entsprechende wohnungspolitische Rahmenbedingungen, die ein solides, selbstbestimmtes Wirtschaften ermöglichen, denn Genossenschaften agieren nicht profit- sondern gemeinwohlorientiert. Möchte Freiburg auch zukünftig die vielfältige, lebendige und weltoffene Stadt bleiben, braucht es die Traditions-Genossenschaften als Partner, um Wohnraum für alle gesellschaftlichen Gruppen zu schaffen. Sie zusammen machen Freiburg so lebens- und liebenswert.

Soziales und innovatives Bauen für Freiburg

100 Jahre Freiburger Stadtbau

Ralf Klausmann | Magdalena Szablewska

100 Jahre Freiburger Stadtbau – das bedeutet seit der Gründung der Freiburger Siedlungsgesellschaft vor 100 Jahren die soziale Verantwortung, bezahlbaren Wohnraum zu errichten und den Freiburger Bürger_innen ein lebenswertes Zuhause zu schaffen. Wie ein roter Faden zieht sich diese Verantwortung durch die Wirkungsjahrzehnte, stets verbunden mit der Wohnungsknappheit in Freiburg, auch wenn sich deren Vorzeichen immer wieder geändert haben. Hervorgegangen aus der Bürgerlichen Beurbarungsgesellschaft gründete sich im Jahr 1919 die Freiburger Siedlungsgesellschaft. Grund war der fehlende Wohnraum nach dem Ersten Weltkrieg. Freiburg war die Stadt in Deutschland, die in dieser Zeit durch Bombardierungen aus der Luft am stärksten zerstört wurde. Zudem kamen sehr viele deutschstämmige Geflüchtete aus dem Elsass, das nach dem Ersten Weltkrieg wieder französisch war. Es wurde also sehr viel mehr Wohnraum in Freiburg benötigt, als vorhanden war. Wiederaufbau und Wohnungsneubau waren eine Herkulesaufgabe, an der sich viele beteiligten, unter anderem die Siedlungsgesellschaft.

Zu den ersten Bebauungen der neuen Siedlungsgesellschaft gehörten die Gartenstadt Haslach und der Tennenbacher Platz (Abb. 1). Die Bautätigkeit war enorm: Bereits im ersten Jahrzehnt nach ihrer Gründung hatte die Siedlungsgesellschaft 500 neue Wohnungen errichtet. 1931 wurde die eintausendste Wohnung fertiggestellt. Schon in den Anfängen der Bautätigkeit dachte die Siedlungsgesellschaft über die Bauten hinaus. Die Gartenstadt ist ein Beispiel für Bauen mit gleichzeitiger Quartiersentwicklung. Um der Zergliederung entgegen zu wirken, entwarf der erste Geschäftsführer der Siedlungsgesellschaft, Dr. Karl Gruber, einen zusammenhängenden Bebauungsplan für das gesamte Gebiet. Es wurden damals Zeilen mit kleinen Häusern bestmöglich nach der Sonne ausgerichtet erbaut und dazugehörige große Gärten für Selbstversorger geschaffen (Abb. 2 und 3).

114 // Städtebau und Wohnungspolitik

Abb. 1   Die »roten Blocks«, frühe Bauten der Siedlungsgesellschaft

Abb. 2 und 3   Die Gartenstadt in Haslach

Wegweisende Ideen mit sozialem Charakter

Doch es war nicht allein das Bauen. Mit innovativen, sozialen Ideen wurde das Bauen auch nach den Bedürfnissen der Menschen ausgerichtet. So realisierte die Gesellschaft bis zum Jahr 1936 und 1939 als ein zukunftsweisendes Projekt die sogenannten »Altenwohnungen«. Gebaut wurden kleine Wohnungen als Altenwohnsitz, vor allen Dingen für bedürftige Rentnerinnen, die sich die größeren nach dem Tod des Mannes und dem Auszug der Kinder nicht mehr leisten konnten. Für ihre Belange wurde bezahlbarer und altengerechter Wohnraum geschaffen. Diese Wohnungen entstanden als Alternative zu Altenheimen. Die freigewordenen, größeren Wohnungen kamen dann Familien zugute. Was heute selbstverständlich klingt, war vor 100 Jahren ein soziales Novum. Und es ist auch heute noch ein großes Thema für die Freiburger Stadtbau. Mit ihrem Wohnungstauschprogramm gibt sie älteren, alleinstehenden Menschen die Möglichkeit aus zu großen Wohnungen in kleinere und möglichst altersgerechte Wohnungen umzuziehen.

Nach 1939 war die Zeit des Nationalsozialismus, auch kriegsbedingt, eher eine Zeit des Stillstands. Es wurde nicht mehr gebaut, sondern bis Kriegsende nur noch verwaltet. Luftangriffe, vor allen Dingen aber der große Luftangriff am 27. November 1944, zerstörten weite Teile der Stadt Freiburg und damit auch jede Menge Wohnraum.

Die Stunde Null glich in vielen Varianten der Gründungszeit 1919. Fehlender und zerstörter Wohnraum bedingten eine extreme Wohnungsknappheit für weite Teile der Freiburger_innen. So waren die Jahre 1945 bis 1948 bei der Siedlungsgesellschaft geprägt durch Aufräumarbeiten im Wohnungsbestand und das provisorische Wiederherstellen der Gebäude. 1949 beginnt die Siedlungsgesellschaft mit Neubauprogrammen, auch dieses Mal wieder geboren aus der kriegs- und vertreibungsbedingten Wohnungsnot. Bereits vier Jahre später, 1953, wird die dreitausendste Wohnung bezugsfertig. 14 Jahre später, im Jahr 1967, sind bereits doppelt so viele Wohnungen, insgesamt 6000, fertiggestellt. Doch wirkt dies nur wie ein Tropfen auf dem heißen Stein, denn Anfang der 1960er-Jahre suchen mehr als 80 000 Menschen in Freiburg bezahlbaren Wohnraum.

Um all diese Menschen unterbringen zu können, werden in den 1990er-Jahren auch komplett neue Stadtteile, wie zum Beispiel das Rieselfeld konzipiert und gebaut. Auch die Freiburger Stadtbau war dort aktiv: Von 1991 bis 1995 errichtete sie im Rieselfeld Mietwohnungen und später, im dritten und vierten Bauabschnitt, Wohneigentum, vor allen Dingen für Familien.

Ausrichtung auf die Zukunft

Ende der 1970er-Jahre macht die Siedlungsgesellschaft einen gewaltigen Schritt Richtung Zukunft. Sie wurde eine der Vorreiterinnen für ökologische und nachhaltige Energieversorgung in ihren Bauvorhaben. Seit 1977/1978 engagiert sie sich in der Solartechnik und stattet die ersten Wohnungsbauten damit aus. Bis Mitte der 1980er-Jahre werden etliche Vollmodernisierungen durchgeführt, die zum Beispiel mit Wärmedämmungen und vergleichbaren Maßnahmen wie neuen Fenstern zum Energiesparen beitragen. Insgesamt stehen die 1980er-Jahre unter dem Vorzeichen der Modernisierung und Instandsetzung des Wohnungsbestandes, denn die Nachfrage nach bezahlbarem Wohnraum stagniert. Aber es ist nur eine Ruhe vor dem Sturm, denn Ende des Jahrzehnts steigt diese Nachfrage wieder enorm an.

Gesellschaftsrechtlich verändert sich die Siedlungsgesellschaft in dieser Zeit ebenfalls. 1983 schließen sich der Siedlungsgesellschaft Freiburg i. Br. GmbH, die Freiburger Kommunalbauten GmbH Baugesellschaft Co. KG und die Gesellschaft für Stadterneuerung GmbH unter dem Dach der Freiburger Stadtbau GmbH zusammen. Die Siedlungsgesellschaft bleibt jedoch zunächst rechtlich selbstständig. Erst zum 1. Januar 2000 wird die gesellschaftsrechtliche Zusammenführung von Siedlungsgesellschaft und der Stadtbau GmbH zur »neuen« Stadtbau GmbH vollzogen.

Ab 1989, auch verbunden mit dem Mauerfall und der Übersiedlung vieler Menschen aus den damals neuen Bundesländern nach Freiburg, steigt die Nachfrage nach bezahlbarem Wohnraum in der Stadt erneut sprunghaft an. Es werden wieder verstärkt Mietwohnungen als öffentlich geförderter Wohnungsbau errichtet. Die Siedlungsgesellschaft entwickelt das »1000-Wohnungen-Programm« mit einer Investitionssumme von rund 150 Millionen DM. Wie auch schon Jahrzehnte früher beschränkt sich die Siedlungsgesellschaft auch dieses Mal nicht auf das bloße Bauen. Ihre Bautätigkeit ist geprägt von Wirtschaftlichkeit, energetischer Verbesserung, Berücksichtigung von Ökologie und Denkmalschutz sowie die Anwendung innovativer Techniken und Verfahren. Damit hat die Gesellschaft zu Beginn der 1990er-Jahre die Zeichen der Zeit erkannt und ist der Entwicklung im geförderten Mietwohnungsbau bereits einige Schritte voraus.

Die Siedlungsgesellschaft trägt zur Erforschung unterschiedlicher Dämmsysteme und Bautechniken bei und nutzt auch schon früh alternative Energieträger. Ende der 1990er-Jahre baut die Siedlungsgesellschaft in Freiburg das erste Holzhaus mit 24 Wohnungen im Stadtteil Rieselfeld. Es hat damals Pilotcharakter. Diese Bauweise wird jedoch zunächst nicht weitergeführt, weil ein verschärfter Brandschutz die damalige Holzbauweise noch zu aufwändig macht. Doch die Entwicklung bleibt nicht stehen. Im Oktober 2019 beginnt

Abb. 4   Bugginger Straße 50: Das erste Passiv-Hochhaus

sie wieder mit dem Bau von sechs viergeschossigen Holzhäusern mit 116 neuen Wohnungen. Die Häuser werden ab der Kellerkante komplett aus zertifiziertem Holz aus Deutschland, der Schweiz und Österreich errichtet. Der Baustoff Holz hat damit seinen Weg in die deutsche Baubranche als ökologischer und nachhaltiger Baustoff gefunden. Die Freiburger Stadtbau war in der Dreisam-Stadt hierfür einer der Vorreiter.

Bereits 2009 hat sich die Freiburger Stadtbau verpflichtet, mit einem hohen Energieeffizienz-Standard zu bauen, um die CO_2-Emissionen zu senken, aber auch um die Mieter_innen finanziell zu entlasten. Es begann 2004 mit dem bundesdeutschen Pilotprojekt »Niedrigenergiehaus im Bestand« der Deutschen Energie-Agentur. Damals wurde eine beispielhafte energetische Sanierung von zwei Gebäuden in der Rislerstraße in Freiburg-Haslach durchgeführt. Im ersten Gebäude konnte nach der Sanierung der Energieverbrauch um 80, im zweiten Gebäude sogar um 87 Prozent gesenkt werden. Damit setze die Freiburger Stadtbau Maßstäbe, denn sie konnte erstmals nachweisen, dass auch Altbauten auf Passivhausstandard ertüchtigt werden können. Das spektakulärste Beispiel dafür ist die Modernisierung eines Hochhauses aus dem Jahr 1968 in der Bugginger Straße 50 (Abb. 4). Die Sanierung fand zwischen 2009 und 2011 statt. Das »Buggi 50« mit seinen 139 Wohnungen, 49 mehr als vor der Sanierung, geht als erstes Passiv-Hochhaus Deutschlands in die Baugeschichte ein und sorgt international für großes Aufsehen. In seinem neuen Gewand kommt es mit rund 80 Prozent weniger Heizenergie im Vergleich zu vorher aus. Damit werden 57 Tonnen CO_2-Emissionen eingespart. Seitdem beeinflussen und prägen Energieeffizienz, Nachhaltigkeit und auch moderne Mobilitätskonzepte immer die Überlegungen und Planungen zu den Bauprojekten und Quartiersentwicklungen. Für ihr innovatives Bauen wird die Stadtbau mehrfach mit Preisen für beispielhaftes und innovatives Bauen und Quartiersentwicklung ausgezeichnet: so für das Projekt Haslacher Straße/Uferstraße mit dem Deutschen Bauherrenpreis für »hohe Qualität und tragbare Kosten im Wohnungsbau« und für die Sanierung des Hochhauses im Binzengrün 9 im Passivhausstandard mit gleich drei Preisen, die Silbermedaille »Energetische Sanierung von Großwohnsiedlungen auf der Grundlage von integrierten Stadtteilentwicklungskonzepten«, den Preis »Soziale Stadt 2000« vom Deutschen Städtetag und anderen sowie die Hugo-Häring-Auszeichnung 2014. Das Stadthaus M1 – »Green City« war nominiert als »Top Hotel Opening Award 2013« und erhielt 2014 ebenfalls den »Hugo Häring Preis«.

Mieter und Mitarbeiter bilden das Fundament der Weiterentwicklung

In den 1970er-Jahren intensiviert sich auch die Beziehung zu den Mieter_innen. Über einen eigens dafür eingerichteten Mieter_innenbeirat seit dem Jahr 1974 können die Mieter_innen ihre Wünsche und Ideen auch bei Modernisierungs- und Instandsetzungsprogrammen an die Siedlungsgesellschaft herantragen. Denn die soziale Verantwortung hat sich weiter entwickelt. Es geht nicht nur um bezahlbaren Wohnraum, sondern weitergefasst auch um das damit verbundene Leben im Umfeld und den Quartieren. In dieser Zeit wird auch das Umzugsmanagement bei Modernisierungs- und Instandhaltungsprogrammen aus der Taufe gehoben. Es gewährleistet, dass kein Mieter der Stadtbau wegen dieser Maßnahmen die Wohnung verliert. Mieter_innen erhalten innerhalb des Stadtbau-Bestandes eine Ausweichmöglichkeit und können auf Wunsch nach erfolgter Modernisierung wieder in ihr Stadtviertel zurückziehen.

Die Zusammenführung der Siedlungsgesellschaft und der Freiburger Stadtbau bringen zur Jahrtausendwende auch tief greifende Veränderungen in den Unternehmensstrukturen mit sich. Beim Zusammenschluss war die Freiburger Stadtbau stark defizitär und musste seitens der Stadt subventioniert werden, damit sie auch weiterhin ihrer sozialen Aufgabe nachkommen konnte. 1999 übernahm auf Wunsch des damaligen Oberbürgermeisters Rolf Böhme Ralf Klausmann als neuer Geschäftsführer die Leitung der Freiburger Stadtbau. Ihm gelang es, zusammen mit den Mitarbeitern_innen der Stadtbau, innerhalb von fünf Jahren aus dem defizitären kommunalen Unternehmen ein wirtschaftlich erstarktes und von finanzieller Unterstützung der Stadt wirtschaftlich unabhängiges Wohnungsbauunternehmen zu formen. Noch heute honoriert er die Leistung seiner damaligen »Mannschaft« mit den Worten, dass er ihnen viel zugemutet habe. Er habe jedoch immer wieder mit Erstaunen gesehen, dass die Mitarbeiter_innen alle an einem Strang gezogen hätten, weil ihnen »ihre« Stadtbau so wichtig war.

Der große Einschnitt kam dann wie ein Paukenschlag. 2006 sollte die erfolgreiche Freiburger Stadtbau, wie es auch in vielen anderen deutschen Städten geschah, an einen Privatinvestor verkauft werden. Die Stadt wollte sich auf diese Weise entschulden. Aber da hatte gewissermaßen der Wirt die Rechnung ohne den Gast gemacht. Die Freiburger_innen sahen das ganz anders und lehnten den Verkauf ab. Sie gingen auf die Straße und organisierten einen Bürgerentscheid für den Erhalt der Stadtbau. Damit hatte sich das Blatt gewendet. Die Freiburger Stadtbau wurde nicht verkauft, sondern blieb im kommunalen Eigentum. Heute, mit Blick auf die anderen Städte, weiß Freiburg das damalige Engagement seiner Bürger_innen sehr wohl zu schätzen. Seit dem Jahr 2000 hat die Freiburger Stadtbau 2000 neue Wohnungen errichtet, rund 1400 davon sind öffentlich geförderte, was einem Anteil von 70 Prozent entspricht.

Blick in die Zukunft: Herausforderungen und Ziele

Doch die Herausforderungen für die Freiburger Stadtbau werden nicht weniger und sie verändern sich permanent. Die Stadtbau steht wieder einer enorm gestiegenen Nachfrage nach bezahlbarem Wohnraum gegenüber. Selbst wenn sie mehr Wohnungen errichten wollte, sie könnte es nicht ohne weiteres. Es gibt in Freiburg nicht ausreichend baureife Grundstücke, die mit dem dringend benötigten Wohnraum bebaut werden können. Dies ist nicht nur für die Stadtbau, sondern für die gesamte Stadt, die größte Herausforderung in der Vergangenheit und in naher Zukunft. Denn bezahlbarer Wohnraum ist eine der drängendsten Fragen der Zeit. Hinzu kommt für die Stadtbau die wirtschaftliche Herausforderung, dass das Bauen an sich immer teurer wird. Es fängt bei der Preissteigerung für Rohstoffe und Materialien an und endet bei den Arbeitskosten. Damit geht eine Schere auf zwischen dem, was die Erstellung der Wohnung tatsächlich kostet und dem, was die Mieten kosten dürfen. Wirtschaftlich gesehen bedeutet dies, dass bezahlbarer Wohnraum wieder subventioniert werden muss. Aktuell geschieht dies bei der Stadtbau durch den Bau von Wohnungen, die als selbst genutzte Eigentumswohnungen von den Freiburger_innen gekauft werden können. Diese Erträge bleiben bei der Freiburger Stadtbau und werden wieder für den Mietneubau sowie für Modernisierungen und Instandhaltungen verwendet. Dieses Quersubventionieren garantiert, dass die Freiburger Stadtbau weiterhin geförderte Mietwohnungen errichten kann.

Die Freiburger Stadtbau als kommunales Unternehmen ist eng mit den wohnungspolitischen Zielen des Gemeinderates verbunden. Somit sieht sich die Freiburger Stadtbau auch einer weitergehenden sozialen Verantwortung verpflichtet. Integriert in die Errichtung von bezahlbarem Wohnraum sieht sie die integrative Entwicklung der dazugehörigen Quartiere. Sie sollen den Wohnraum in eine lebenswerte Umwelt einbetten. Dazu gehört auch eine ökologisch nachhaltige Bauweise mit Frei- und Grünflächen, viele Fahrradstellplätze und für die Kinder Spielplätze. Wohnungen müssen barrierefrei zugänglich sein. Lebenswerte Wohnquartiere müssen eine vielfältigere soziale Durchmischung aufweisen. In einer lebenswerten Umwelt dominiert nicht das Auto, sondern es werden Mobilitätskonzepte benötigt, die einen PKW weitgehend überflüssig machen. Lebenswerte Quartiere umfassen auch eine

Abb. 5   Spielplatz der neuen KiTa, die gut erreichbar im neuen Quartier liegt.

soziale Infrastruktur und nachbarschaftliche Kommunikationsmöglichkeiten. Dafür werden barrierefrei zugängliche Quartiersräume ebenso benötigt wie moderne Kindertagesstätten (Abb. 5).

In den kommenden Jahren liegt eine Vielzahl an spannenden Aufgaben und zukunftsweisenden Projekten vor der Freiburger Stadtbau. So spielt der Klimaschutz bei allen Bauvorhaben eine wichtige Rolle. Beispiele für nachhaltige Projekte der FSB sind die schon erwähnten innovativen Mehrfamilienhäuser in modularer Holzbauweise und energieeffiziente Wohnquartiere mit nachhaltigen Mobilitätsangeboten und Mieterstrommodellen. Auch die behutsame Entwicklung bestehender Quartiere gehört zu den Aufgaben einer kommunalen Wohnungsbaugesellschaft, so zum Beispiel die umfangreiche Sanierung der denkmalgeschützten Knopfhäusle-Siedlung im Stadtteil Oberwiehre. Damit wird sie sich dem Erhalt eines wichtigen Teils der Freiburger Stadtgeschichte widmen.

Nach einem Jahrhundert Bautätigkeit im Sinne der sozialen Verantwortung sieht sich die Freiburger Stadtbau heute als ein modernes Wohnungsbauunternehmen, das sozial, nachhaltig und auch ökologisch handelt. Aufbauend auf ihrer sozialen Verantwortung sucht sie nach Wegen, wirtschaftlich und ökologisch nachhaltig weiterhin bezahlbaren Wohnraum zu schaffen und innovative, zukunftsweisende Wohn- und Quartierskonzepte umzusetzen.

Der Kampf gegen die Abrisspolitik

Freiburgs Geschichte nach 1945

Hermann Hein

Viele Freiburger erinnern sich noch an die schwere Zerstörung der Alt- und der Innenstadt von Freiburg durch den Hauptangriff am 27. November 1944 und die weiteren kleineren Angriffe. Nur relativ wenige Menschen wissen, welche ernsthaften Überlegungen es zum Wiederaufbau gab. Bereits im August 1946 hatte Professor Hans Bernoulli aus Basel in einem Vortrag »Die Stadt als Grundherr – Die Neuordnung des Grundeigentums beim Wiederaufbau« seine Vorschläge zu einer durchgreifenden Bodenreform dargelegt. Nach Bernoullis Meinung »sollten die Grundstückseigentümer ihr Eigentumsrecht gegen ein Baurecht eintauschen.« Bernoullis Auffassung beruht auf der Charta von Athen von 1933, die die funktionale Stadt als Leitidee für Stadtplaner propagierte, nach der sich die Innenstädte in gewissen Zeiträumen erneuern und an Funktionsänderungen anpassen können. Bürgermeister Schneider griff die Anregungen von Bernoulli auf und plante sie in einem Wiederaufbau- und Siedlungsgesetz umzusetzen.

Rückblickend kann man froh sein, dass diese Idee nicht durchgesetzt werden konnte. Wie würde die heutige attraktive Altstadt mit ihrem Charme der Gassen und Bächle sowie den für das Auge wichtigen historischen Fassaden aussehen?

Wenngleich die Gefahr des Verlustes der Identität Freiburgs vorüber ging, kam es trotzdem zur Gründung einer Arbeitsgemeinschaft Freiburger Stadtbild, veranlasst durch den Wandel in der städtischen Baupolitik. Als dieser ›Geist‹ sich anschickte, wesentliche Bestandteile der Freiburger Stadtschönheit und Kultur zu zerstören (Kartaus, Schlossbergbebauung, Zerstörung der Grünanlagen, welche die Stadt mit der Umgebung verbinden), entwickelte sich eine Auseinandersetzung zwischen den Trägern dieses neuen Geistes und jenen Bürgern, die sich dagegen wehren, dass Freiburg nach dem katastrophalen Bombenangriff ein zweites Mal mit Genehmigung seiner Bauverwaltung zerstört wird. Dieser Kampf führte zur Gründung der Arbeitsgemeinschaft Freiburger Stadtbild. Die Gründung erfolgte am 14. März 1967 unter Beteiligung unter anderem folgender Personen: Walter Vetter, Dr. Sigrid Lechner-Knecht, Prof. Dr. Noack, Eberhard Meckel, Franz Ruh und Prof. Dr. Ing. Josef Schlippe.

Relativ bald übernahm Walter Vetter die Führung des Vereins. Schwerpunkte waren unter anderem:
- Gefährdung der Natur, des Waldes und der Landschaft,
- Qualität der Gebäude und Fassaden,
- Moloch Verkehr,
- Mitwirkung der Bevölkerung.

Die Arbeitsgemeinschaft (ARGE) Freiburger Stadtbild setzt sich für die Architektur und Gestaltung der Straßen und Plätze ein. Die Architektur der Häuser, die Plätze und Straßenräume prägen das Stadtbild. Der Charme der Gassen, der ‚Insel', aber auch das nahe Grün der Gärten und Berge sind nicht nur für die Touristen, sondern gerade auch für die Wohnbevölkerung wichtig. Diese Bereiche dienen der Identifikation der Menschen mit ihrer Umwelt und mit sich selbst; zugleich tragen sie auch zum Wohlbefinden der Bürger bei und geben so den Menschen ein Gefühl von Heimat und Geborgenheit. Daher bemüht sich die Arbeitsgemeinschaft Freiburger Stadtbild besonders um die Erhaltung des Stadtbildes, aber auch um denkmalgeschützte oder Identität stiftende Gebäude und um geschichtliche Zeugnisse.

I. Bauten

Nach dem Denkmalschutzgesetz von Baden-Württemberg sind »Kulturdenkmale im Sinne dieses Gesetzes … Sachen, Sachgesamtheiten und Teile von Sachen, an deren Erhaltung aus wissenschaftlichen, künstlerischen oder heimatgeschichtlichen Gründen ein öffentliches Interesse besteht.«

Mehrfach engagierte sich die ARGE mit tatkräftiger Unterstützung des Besitzers und der Stadt gegen den Abbruch und für den Erhalt des »Weinschlössles« im Jahre 1970. Die Lösung lautete: Am Rand des Grundstückes entsteht ein Neubau zur Unterbringung des Goethe-Instituts. Heute ist das Gebäude ein anerkanntes Kulturdenkmal.

Die ARGE trat mit einer Denkschrift für den Erhalt des Rotteck-Gymnasiums ein, das mit dem benachbarten Stadttheater das Stadtbild deutlich prägte – leider erfolglos (Abb. 1). Der damalige Neubau der Universitätsbibliothek an seiner Stelle wurde nach weniger als fünfzig Jahren wieder ersetzt.

Die ARGE bemühte sich um die Anerkennung vom Historismus und Jugendstil als schützenswerte Baustile. In der damaligen Architektenschaft waren diese Baustile nicht anerkannt und galten als zu beseitigende Verunstaltungen. Schon damals wurde ein Ensembleschutz für Bauten der letzten 150 Jahre gefordert und auf die Vorbilder wie Paris, Wien, Warschau, Moskau, St. Petersburg und Köln hingewiesen. Der engagierte Einsatz für die

Abb. 1   Das ehemalige Rotteck-Gymnasium, 1874 als Höhere Bürgerschule von Heinrich Lang errichtet

Anerkennung dieser Baustile in Freiburg gehört zu den großen Verdiensten von Walter Vetter.

1993 trat die ARGE für den Erhalt des Hauses Grünwälderstraße 17 mit Renaissanceelementen von 1559 und barockem Tonneckgewölbe ein. Wir hatten brieflich mit dem Erwerber sechs Wochen lang gerungen, als das erlösende Schreiben mit der Zusage zum kam.

1994 betitelten wir eine Fotoausstellung »Bausünden oder gute Architektur« in der Sparkasse Freiburg und verbanden sie mit einem Wettbewerb zur Meinungsforschung. Das Interesse an der Fotoausstellung war groß. Bei der Besichtigung der Fotoausstellung gestand der Oberbürgermeister Dr. Rolf Böhme mit Hinweis auf das Foto des abgerissenen Rotteckgymnasiums ein, dass er als Stadtrat an dieser Bausünde beteiligt war. Aufgrund des großen Interesses bildete die Fotoausstellung die Grundlage für das 1995 erschienene Buch »Freiburger Bilderbogen, Häuser verändern ihr Gesicht«.

Die ARGE engagierte sich seit Anfang der 1990er-Jahre verstärkt für die Erhaltung und Sanierung von öffentlichen Kulturdenkmalen, wie der Gertrud-Luckner-Gewerbeschule mit der am Gewerbebach liegenden Werkstätte in der Kirchstraße 4, des Lycée Turenne, der Knopfhäusle-Siedlung, des Lorettobads. Bei den Werkstätten hieß es, dass das Gebäude verseucht und daher nicht erhaltensfähig sei. Einen Gutachter baten wir um Überprüfung. Mit dem Ergebnis, dass die Annahme der Verseuchung unzutreffend war – damit

Abb. 2 Die Gertrud-Luckner-Gewerbeschule nach der Sanierung

konnte die Bausubstanz gerettet werden. Es gelang uns, dass viele Gemeinderäte in unsere Mitgliederversammlung in die Aula der Gertrud-Luckner-Gewerbeschule kamen und der Oberbürgermeister Dr. Rolf Böhme ein Grußwort zur Eröffnung sprach. Daraufhin ließ Oberbürgermeister Böhme eine Beschlussvorlage zur Sanierung dieser Schule erarbeiten und legte sie dem Gemeinderat vor. Die Mehrheit der Stadträte konnte für die Sanierung der Gewerbeschule gewonnen werden. Die Gesamtsanierung wurde 1995 beschlossen und schon 2002 konnten wir uns beim Oberbürgermeister, der Bürgermeisterin Stuchlik und allen Beteiligten für den erfolgreichen Abschluss des ersten Bauabschnittes bedanken. Die Innensanierung der Gertrud-Luckner-Gewerbeschule konnte gerade noch abgeschlossen werden, doch das Äußere der Schule verfiel immer mehr. Erst 2012 gelang es mit Unterstützung des Gemeinderats, des Baubürgermeisters Prof. Dr. Martin Haag und des Oberbürgermeisters Dr. Dieter Salomon, dass die Außensanierung in Angriff genommen und 2016 abgeschlossen wurde. Jetzt gehört die Gertrud-Luckner-Gewerbeschule – so Baubürgermeister Prof. Haag – zu den »Top Ten« der Kulturdenkmale Freiburgs (Abb. 2).

Immer wieder musste die ARGE um den Erhalt von Kulturdenkmalen mit den Eigentümern ringen. Mal mit Unterstützung von Bürgervereinen und mal alleine. Dieses Ringen verlangte Zähigkeit und erfolgte wie im Falle des Kulturdenkmals An der Mehlwaage 2 über Stellungnahmen an die Stadt, das

Abb. 3 und 4   Das Haus an der Mehlwaage 2 vor und nach der Sanierung

Regierungspräsidium, die Landesregierung und alle Landtagsabgeordneten sowie über die Badische Zeitung. Der Gutachter behauptete, das Tonnengewölbe im Keller sei statisch so problematisch, dass sein Erhalt die Auskernung des Gebäudes und das Anbringen eines Stahlskeletts erfordere. Nachdem das Denkmalamt den Erhalt forderte, wurde ein Fahrstuhlschacht in das Tonnengewölbe unsensibel eingebracht und das Gebäude im Dachgeschoss massiv aufgestockt (Abb. 3 und 4).

Im Sommer 1996 setzten wir uns mit einer Bürgerinitiative für den Erhalt des hochwertigen Kulturdenkmals »ehemaliges Finanzgericht« am Aschoff-Platz mit seinem Garten ohne Neubau ein. Geplant war ein zusätzlicher Neubau mit Fahrstuhl und etwa gleichgroße Kubatur im Hof und Garten und dies bei einem besonders hochwertigen Kulturdenkmal mit Umgebungsschutz. Begründet wurde die Notwendigkeit des Neubaus mit dem Fahrstuhl, weil ein Teileigentümer auf einen Rollstuhl angewiesen sei. Wir erreichten mit dem Baubürgermeister eine öffentliche Anhörung in letzter Minute. Die Kinder der Bürgerinitiativler verteilten zur Rettung des Kulturdenkmals schnell ein Info in alle Briefkästen. Nach der öffentlichen Anhörung beschloss der Gemeinderat die Aufstellung eines Bebauungsplanes mit Veränderungssperre. Den Eigentümern wurde es scheinbar zu heiß, denn sie verkauften das Anwesen (Abb. 5).

Abb. 5   Das ehemalige Finanzgericht in Herdern

1999 setzte sich die ARGE für den Erhalt der Amtsleiterstelle beim Hochbauamt ein. Nach Streichung der Stelle eines Baubürgermeisters trat die ARGE mit anderen für den Erhalt des Baudezernats mit einem Bürgermeister ein. Erst 2010 ging der Wunsch der Ernennung eines Baubürgermeisters in Erfüllung. Prof. Dr. Martin Haag wurde zum Baubürgermeister gewählt.

Aufgrund von Hinweisen aus der Bevölkerung in den 1990er-Jahren konnte ein weitgehend unbekanntes kleines Wasserschlösschens am Brombergkopf aus der Winterer-Zeit von der Denkmalfachbehörde überprüft und unter Denkmalschutz gestellt werden. Da durch einen Neubau eines größeren Wasserspeichers das kleine Wasserschloss nicht mehr benötigt wurde, bekam die Badenova die Auflage zur Beseitigung des stillgelegten Wasserschlösschens. Aufgrund des mehrfachen Einsatzes der ARGE konnte der Abbruch verhindert werden.

Wie beinahe ein Kulturdenkmal verlorenging

Seit Jahren ging es hin und her zwischen der Stadt und dem Eigentümer der beiden Biedermeier-Häuser Günterstalstraße 7 und 9. Das Gebäude Nr. 9 stand jahrelang leer. Das Areal sollte renditeträchtig vermarktet werden. Einmal war eine größere Dachluke auf und der Regen lief über Tage in den

Dachstuhl. Ein andermal wurde das Verbindungsstück zwischen Regenrinne und Regenablauf angeblich geklaut. Die Folge war, dass das Regenwasser an der Hauswand herunterlief und dabei den Verputz zerstörte. Ein Schelm ist, wer dabei Schlechtes denkt.

Die ARGE wurde Ende der 1990er-Jahre von der VAG zu einer Anhörung der Planung der Straßenbahnlinie nach Haslach eingeladen. Erstaunt nahmen wir am Ort der Anhörung zur Kenntnis, dass wir alleine eingeladen wurden, also ohne den Lokalverein und anderen Einrichtungen. Man erklärte uns, dass die Michaels-Kapelle beseitigt werden müsse, um die Straßenbahnlinie zweispurig im Bereich der Kreuzung Feldbergstraße – Carl-Kistner-Straße führen zu können. Die Kirchengemeinde sei damit einverstanden, da diese Kapelle nur noch als Abstellraum diene. Wir wiesen auf die Bedeutung der Kapelle hin – ohne Rücksprachemöglichkeit mit dem Lokalverein. Wir machten darauf aufmerksam, dass die St.-Michaels-Kapelle die erste katholische Kirche im evangelischen Haslach ist und forderten daher Lösungen unter Erhalt der Kapelle. Später erfuhren wir, dass der Lokalverein Haslach ähnlich votierte. Die Planer setzen eine funktionsfähige Lösung unter Erhalt der denkmalgeschützten Kapelle um. Die St. Michaels-Kapelle wird jetzt als Café zur Begegnung genutzt

Rettung der alten Haslacher Schule

Der verloren geglaubte Kampf um ein Kleinod in Haslach wurde in letzter Minute gewonnen. Die alte Haslacher Schule, eine Begegnungsstätte und für Haslacher ein identitätsstiftendes Gebäude, schien nicht zu retten zu sein. Geschildert wurde von Fachleuten, dass es völlig marode sei. Engagierte Haslacher betonten, dass, wenn das Gebäude abgerissen würde, es eine Lösung für die Begegnungsstätte auf dem Grundstück der Melanchthongemeinde gäbe.

Am Tag des offenen Denkmals gab es eine sogenannte Verabschiedungsführung durch einen Architekten, in der den Haslachern klargemacht werden sollte, warum das Gebäude nicht zu erhalten ist: Im Erdgeschoss, im Obergeschoss überall Stützpfeiler und daher für Veranstaltungen nicht nutzbar. Die Frage an den Architekten, wenn das Dachgeschoss saniert würde, dann bräuchte man doch keine Stützpfeiler, wurde von ihm als zutreffend beantwortet. Unverzüglich wurde hiervon der Lokalverein Haslach informiert. Mit Hilfe dieser Information setzte der Lokalverein alle seine Möglichkeiten mit Herrn Sutter zur Rettung des stadtbildprägenden Gebäudes erfolgreich ein.

Die Rettung eines gefährdeten, besonders hochwertigen Kulturdenkmals

Das Antoniterhaus, die ehemalige Niederlassung der Antoniter in der Salzstraße 51 und Herrenstraße 62, hat zum Innenhof eine Bruchsteinwand. Diese endet in einen Glockenstuhl. Wir wurden auf die erhebliche Gefährdung des Glockenturmes aufmerksam gemacht. Zwei junge Studierende erbten nach dem Tod ihres Vaters dieses Haus. Die Erben sahen sich finanziell nicht in der Lage, eine notwendige Sanierung vorzunehmen. Wir schlugen vor, dass Sie uns erlaubten, die Sanierung für Sie vorzunehmen. Wir holten Kostenvoranschläge ein, beantragten Zuschüsse beim Landesamt für Denkmalpflege und der Denkmalstiftung Baden-Württemberg. Vorsorglich gingen wir auf das Finanzamt zu. Nach anfänglichen erheblichen Bedenken wurde eine Lösung gefunden. Ein Architekt war bereit das Projekt auf Basis der Kostenvoranschläge unter Einhaltung dieses Kostenrahmens durchzuführen. Während der Sanierung kam die Idee auf, in den Glockenturm zwei Glocken anzubringen und täglich einmal läuten zu lassen. Gutachter hielten dies für möglich. Unter der Voraussetzung, dass zwingend der Kostenrahmen eingehalten werden muss, wurde die Zustimmung erteilt. Die Sanierung konnte im Sommer 2009 erfolgreich abgeschlossen werden. Dann präsentierte man im August 2009 die Abrechnung. Statt Rechnungen für 54 000 Euro wurden Rechnungen über rund 97 000 Euro vorgelegt. Die Insolvenz zumindest des Vereins Denkmalpflege schien unausweichlich. Auf Empfehlung eines Mitglieds wurden die Handwerker gebeten 30 Prozent ihrer Rechnung entweder zu spenden oder gegen Besserungsscheine zu tauschen; denn nur so konnte eine Insolvenz vermieden werden. Schweren Herzen stimmten die Handwerker zu.

Obwohl von Fachleuten darauf hingewiesen wurde, dass eine Nachfinanzierung keine Chancen hätte, beantragten wir eine Nachfinanzierung bei der Denkmalstiftung Baden-Württemberg und beim Landesamt für Denkmalpflege sowie bei der Irene-Kyncl-Stiftung. Nach einiger Zeit wurden unsere Anträge bewilligt und dadurch wurde der Verein Denkmalpflege wieder frei von Schulden. Inzwischen wurde der Verein Denkmalpflege in die Arbeitsgemeinschaft Freiburger Stadtbild e.V. überführt.

Ringen um das ehemalige Wirtshaus zu Amerika.

Im Jahr 2014 engagierten wir uns – wie auch andere – für den Erhalt des Gebäudes des früheren Wirtshauses zu Amerika, Ecke Habsburger- und Wölflinstraße. Es handelt sich um eines der geschichtsträchtigsten, Identität stiftenden und das Stadtbild prägenden Gebäude der Neuburg bzw. Herderns. Joachim Scheck hat hier äußerst engagiert recherchiert. Auch die Herdermer Bürger und der Bürgerverein von Herdern setzten sich ebenfalls für den Erhalt dieses Gebäudes ein, zu dem ein barockes Portal im Erdgeschoss, ein barocker Kellereingang und ein barocker Keller sowie ein historisches Walmdach gehören. Lediglich die Erdgeschosszone war durch übergroße Verkaufsfenster deutlich verändert. Wir informierten den obersten Vertreter für Kulturdenkmale des Landesamtes für Denkmalpflege mit ausführlichen Informationen und Fotos und legten Widerspruch bei der Obersten Dienstbehörde für Denkmalpflege ein. Vom zuständigen Ministerium wurde der Vertreter des Landesamtes für Denkmalpflege weder informiert noch um Stellungnahme gebeten. Man darf gespannt sein, ob der Neubau eine ähnliche Identität stiftende Wirkung entwickelt.

Da uns die Menschen wichtig sind, setzt sich die Arbeitsgemeinschaft Freiburger Stadtbild zum Wohle ihrer Bürger auch für eine soziale Erhaltungssatzung für die Bergarbeitersiedlung in St. Georgen und für eine Erhaltungssatzung des Stadtteils Waldsee und für die Familienheimsiedlung Quäkerstraße ein.

II. Verkehr

An problematischen Themen mangelte es nicht. Es kam zur Diskussion, statt der Straßenbahn ein modernes Cabinen-Taxi-System, genannt CAT einzuführen: Oberirdisch außerhalb der beengten Innenstadt auf Pfeilern mit Ein- und Ausstiegsmöglichkeiten und unterirdisch in der Innenstadt in Tunnelröhren. Die Einzelkabinen bieten bis zu vier Plätze. Die Kabinen haben kein vorgegebenes Endziel, sondern die Fahrgäste bestimmen das Ziel. Der erste Fahrgast teilt mit, wo die Endstation dieser Kabine sein soll. Diese Kabine schließt sich auf der Fahrt zur Innenstadt mit anderen Kabinen zu einem Zug zusammen, die sich gegebenenfalls bei Abzweigungen wieder trennen. Mitinsassen mit anderen Zielen müssen bei entsprechenden Umsteigehöfen die Kabine verlassen. Nachteile dieses Systems wurden darin gesehen, dass eine Bewältigung von Massen nicht möglich sei, dass die Pfeiler nicht gerade zur Stadtverschönerung beitrügen und die Bewohner der Häuser, an deren Fenstern die Kabinen vorbeiführen, kaum davon zu begeistern sind. Ergebnis: Man setzt weiter auf die Straßenbahn, legte Strecken still und erweiterte Strecken an anderer Stelle.

Die ASS, eine Planung einer vierspurigen Autoschnellstraße in Tieflage durch die Wiehre, führte zu erheblichen Bürgerprotesten. Sie war eine Ergänzung der autogerechten Stadt. Bürgerproteste hatten zunächst nur das Ergebnis, dass die Pläne in den Schubläden verschwanden und schließlich wohl für den Bau eines Stadttunnels aufgegeben wurden.

Durch Rückholung gelang die Rettung von zwei historischen Straßenbahnen aus einem Straßenbahnmuseum. Der Zustand der Fahrzeuge war so erbärmlich, dass die Zeitung von zwei Schrottfahrzeugen schrieb. Durch Gründung des Vereins Freunde der Freiburger Straßenbahn konnte sogar die Straßenbahn Nummer 45 von 1914 wieder selbständig fahrfähig instandgesetzt werden. Allerdings führte eine Überspannung zu einem Motorschaden. Es wird gehofft, dass sie zur 900 Jahrfeier im Jubiläumsjahr 2020 wieder fahren kann.

Das Resümee unserer bisherigen Arbeit lautet: Mit hartnäckiger Überzeugungsarbeit und unablässigem engagierten Einsatz für den Erhalt eines Stadtbildes mit seinen Identität stiftenden Kulturdenkmalen und weiteren Gebäuden, Plätzen und Straßen konnten wir die Gemeinderäte und die Bürgermeisterriege sensibilisieren. Das Wohlfühlen der Bürger in ihrem Stadtteil und der Gesamtstadt ist uns wichtig, ebenso die Wahrung der Prinzipien: vorausschauend, nachhaltig, umweltfreundlich.

Hierdurch war es bisher möglich – meist mit Stadtteilbürgervereinen – das eine oder andere Juwel zu retten. Viele Aufgaben warten darauf, gemeinsam mit allen Beteiligten zum Wohle der Stadt mit und für ihre Bürger bewältigt zu werden.

II. Denkmalpflege
Heimatgefühl
Identität

130 Jahre badische Denkmalpflege und Baugeschehen in Freiburg

Wolfgang E. Stopfel

Das Datum der Ernennung des Karlsruher Hofmalers August von Bayer zum Konservator der Kunstdenkmale, der 27. April 1853, gilt als der Beginn einer staatlichen Denkmalpflege-Organisation in Baden.

Von Bayer, der auch Architektur studiert hatte, war gleichzeitig Direktor der großherzoglichen Altertumssammlung. Eine solche Personalunion hielt sich bis 1938: Der Direktor des späteren Landesmuseums war immer gleichzeitig der oberste Denkmalpfleger im Land.

Die Aufgabe des neuernannten Konservators sollte vor allem in der Inventarisation der im Lande vorhandenen Kunstdenkmale bestehen. Darüber hinaus aber sollte er alle staatlichen Behörden, aber auch Vereine, Körperschaften und Private, über den Wert eines solchen Denkmals aufklären und Vorschläge zu seiner Erhaltung machen. Bei Maßnahmen an Denkmalen war der Konservator zu hören; auch die Kirchen mussten bei Restaurierungen den Konservator hinzuziehen.

Das änderte aber nichts an der Tatsache, dass die praktische Ausführung von Denkmalpflegemaßnahmen, also die Erhaltung, Pflege, auch Restaurierung von Kulturdenkmalen, wie bisher Aufgabe der staatlichen Bauverwaltung, der Kreis- und Bezirksbaumeister, blieb.

Das Finanzministerium beeilte sich auch festzustellen, die Aufforderung, Rat und Begutachtung des neuernannten Konservators einzuholen, beziehe sich nur auf Altertümer außerhalb von Bauwerken; für diese selbst genüge das Gutachten der Baudirektion.

Das war die Situation in Karlsruhe. Und in Freiburg?

Dort war seit 1820 der Kreisbaumeister Christoph Arnold nicht nur für das Bauwesen des Staates und aller Korporationen, sondern auch für das der Kirchen zuständig. In der Instruktion von 1820 hieß es darüber hinaus: »Im Allgemeinen hat das Baupersonal durch die Leitung des Staatsbauwesens auch auf das Bauwesen der Privaten eifrigst einzuwirken ...«.

Gut informiert sind wir über die Tätigkeit Arnolds beim wichtigsten Kulturdenkmal Freiburgs, dem Münster. Hier war seit 1819 eine Verschönerungskommission am Werk, in der Arnold die führende Rolle innehatte. Aufgabe der Kommission war die Reinigung des Münsters von unangemessenen Zutaten der Barockzeit und die Neuausstattung mit modernem, neugotischem, dem mittelalterlichen Bau besser entsprechendem Mobiliar. Bei der Auswahl der Künstler, ihrer Beauftragung, der Beurteilung ihrer Arbeit traf der staatliche Baubeamte Arnold, oft im unmittelbaren Auftrag durch den Großherzog und auch mit eigenen Entwürfen, die wesentlichen Entscheidungen.

Die Re-Gotisierung des Münsters hätte sicher auch den Beifall des Konservators von Bayer gefunden, denn für Breisach schlug er 1855 eine ähnliche Aktion vor. In Freiburg erschien ihm jedoch der helle Anstrich im Innern des Münsters, den die Verschönerungskommission beibehielt – die ersten neugotischen Stücke waren hell gestrichen – als ganz und gar unangemessen. Im Jahre 1858 schlug er darum dem Erzbischof vor, die Tünche zu entfernen, wie das in Straßburg bereits geschehen sei. Die Kirche lehnte den Vorschlag ab; man habe dafür kein Geld, das Münster würde ohne die helle Tünche zu dunkel. Erst 1865 entschied man sich anders und begann mit der Freilegung, die alle wahrscheinlich vorhandenen Reste ehemaliger Bemalung zerstörte, was später zu einer negativen Beurteilung der ehemals als denkmalpflegerisch angesehenen Maßnahme führte.

Arnold hatte schon 1825 auf den jammervollen Zustand der dem Staat zugefallenen Kirche des ehemaligen Klosters Tennenbach hingewiesen und deren Abbruch befürchtet. Die schließliche Versetzung der Kirche nach Freiburg und deren Restaurierung und Umbau bis zur Weihe 1839 – eine denkmalpflegerische Tat nach damaligem Verständnis – war nicht mehr sein Verdienst. Sie geschah unter der Leitung des neuen Oberbaurates in der Karlsruher Baudirektion, Heinrich Hübsch.

Der erste Konservator August von Bayer starb 1875. In seiner Nachfolge wurde das Amt geteilt. Weiterhin Konservator der Altertümer blieb der Leiter der Kunstsammlung, nun Ernst Wagner; dazu kam ein Architekt, Gustav Kachel, im Nebenamt als Konservator der öffentlichen Baudenkmale. Zu den »öffentlichen Baudenkmalen« gehörten immer noch die Kirchen. Nach Kachels Tod wurde seine Stelle nicht neu besetzt, aber 1882 nun ein Konservator der kirchlichen Denkmale, also der katholischen und evangelischen, ernannt: der Freiburger Theologieprofessor Franz Xaver Kraus. Von da an blieb Freiburg Sitz des Denkmalpflegers für die Kirchen; die Oberleitung des Konservator-Amtes blieb aber in Karlsruhe.

1883 lag ein Entwurf für ein badisches Denkmalschutzgesetz vor, das für alle Denkmäler im öffentlichen Besitz (auch der Kirchen) eine Erhaltungspflicht, für Private eine Genehmigungspflicht vorsah. Das Gesetz kam nicht zustande. Es scheiterte am Widerspruch der katholischen Kirche, die eine zu große Einmischung des Staates in kirchliche Belange fürchtete.

In Freiburg veröffentlichte der Architekten- und Ingenieurverein im Jahre 1898 nach dem Vorbild anderer Städte einen gewichtigen Sammelband über die Stadt und ihre Bauten. Der größte Teil des Bandes ist den Baudenkmälern gewidmet. Im Kapitel »Baudenkmäler« beschreibt der Archivar Leonard Korth die Altstadt. Von den bürgerlichen Bauten heißt es, dass jahrhundertelang schlichte Hütten die Heimstätten des Gewerbefleißes und der kaufmännischen Betriebsamkeit »im Schatten der kirchlichen Prachtbauten« gebildet hätten. Korths Bewunderung gilt den repräsentativen, auch profanen Bauten, deren künstlerische Ausschmückung auch die Gestalt der Bürgerbauten beeinflusst habe. Zeilen aneinandergereihter, aber unterschiedlicher Straßenfronten sieht er in der Herrenstraße und in Insel und Fischerau erhalten. Er bedauert den Abbruch von Fachwerkhäusern, stellt aber fest, dass trotz Alters und verständnisloser Neuerungssucht dank des Verständnisses der Bürgerschaft für die altertümlichen Privatbauten doch viel Schönes erhalten geblieben sei. Und »von dem gleichen Sinne liebevoller Bewahrung und sorgsamer Pflege des Alten zeigt sich die Stadtverwaltung selbst erfüllt«. Höchst bemerkenswert ist der Ausspruch: »In Wahrheit ist eine Strasse von alterthümlichem Gepräge in ihrer Gesammterscheinung ein geschichtliches Denkmal, das ebensogut wie jede Burgruine dem öffentlichen Schutz unterstellt sein sollte.«

Im Kapitel über die öffentlichen Bauten wird der Ankauf des alten Universitätsgebäudes durch die Stadt, des späteren Neuen Rathauses, auch mit dem Bestreben begründet, die Erhaltung dieses geschichtlich und architektonisch interessanten Bauwerks für alle Zukunft zu sichern. Mit der gleichen Begründung hatte die Stadt schon früher die Kartause gekauft, später das Colombischlösschen und das Wentzinger-Haus, ein sicher nicht häufig praktizierter Akt städtischer Denkmalpflege. Als tätige Denkmalpflege wurde auch die Erhaltung der verbliebenen Tortürme und des Kornhauses, aber auch deren später sehr kritisierte »künftige stilgerechte Erneuerung« angesehen.

Ab 1899 wurde die Tätigkeit des Konservators in Karlsruhe durch ein landesweites System von Bezirkspflegern der Kunst- und Altertumsdenkmäler ergänzt. Deren Aufgabe war Information und Berichterstattung über Gefährdung und Veränderung von Kulturdenkmalen. Sie sollten »durch Geltendmachung persönlichen Einflusses« auch bei Schutz und Erhaltung mitwirken.

Seit 1909 gab es wieder Vorarbeiten für ein badisches Denkmalschutzgesetz; 1913 scheiterte das Vorhaben wiederum am Widerstand der Kirchen.

Wichtiger als ein nun zum zweiten Mal gescheitertes Denkmalschutzgesetz war für die Denkmalpflege in Freiburg die Badische Landesbauordnung von 1907. Sie räumte nämlich den Gemeinden das Recht ein, Bestimmungen über die äußere Ausgestaltung der Bauten zu erlassen und künstlerisch bedeutende Bauwerke, aber – und das ist das Bemerkenswerte – auch geschichtlich oder künstlerisch bedeutungsvolle Straßen- oder Ortsbilder vor Beeinträchtigung zu schützen. Die Bauordnung für die Stadt Freiburg von 1910 trägt dem Rechnung. Im Anhang zu Paragraph 37 sind nicht nur 48 erhaltenswerte Bauten, kirchliche und profane, aufgeführt, sondern auch 20 bedeutungsvolle

Abb. 1   Professor Dr. Joseph Schlippe, Baudirektor und Denkmalpfleger (1949)

Straßen- und Ortsbilder, nahezu die gesamte Altstadt, der Alte Friedhof, der Annaplatz, die Umgebung der Kartause.

Mit aller wünschenswerten Klarheit nahm damit die Stadt die Bewahrung aller ihrer Baudenkmäler und –ensembles in die eigene Hand. Die Liste der Bauordnung von 1910 wird auch in die nachfolgenden Bauordnungen übernommen. Sie erscheint, ergänzt durch Ensembles in Zähringen, St. Georgen, Uffhausen und Wendlingen, auch in der Bauordnung vom 15.3.1957.

An der Zuständigkeit des Karlsruher Konservators für die Beratung bei Arbeiten an Kulturdenkmalen im öffentlichen Besitz und des Konservators der Kirchen in Freiburg änderte sich durch die Bauordnung von 1910 aber nichts, auch nichts an der Zuständigkeit der staatlichen Bauverwaltung. Für das Freiburger Münster allerdings beauftragte man schon 1855/56 einen Bezirksbaumeister, Rudolf Lembke, mit der Leitung der Bauarbeiten; ihm folgte 1863 bis 1867 wieder ein Baudirektor, Lukas Engesser, seit 1864 nun als erzbischöflicher Baumeister des inzwischen gegründeten Erzbischöflichen Bauamtes.

1890 begann ein Münsterbauverein seine Tätigkeit. Er wurde gegründet vom Oberbürgermeister der Stadt; Erster Vorsitzender aber wurde der staatliche Konservator Franz Xaver Kraus.

Am 25.5.1925 wurde der Architekt Dr. Joseph Schlippe zum Vorstand des städtischen Hochbauamtes in Freiburg berufen (Abb. 1). Er wurde Nachfolger von Karl Gruber, der das Amt seit 1919 bekleidet hatte.

Gruber schrieb zum 800jährigen Stadtjubiläum 1920 in der Zeitschrift des Vereins »Badische Heimat« über das alte und das neue Freiburg. In diesem Aufsatz beklagte er die Unbescheidenheit und Dekorationssucht der bürgerlichen Bauten in der Stadt, deren Bauamt er ja vorstand. Er lobt die frühere ehrfürchtige Zurückhaltung gegenüber der »Heiligkeit der kirchlichen oder der Würde der weltlichen öffentlichen Gebäude«. Auch beklagt er die Möglichkeit der Bodenspekulation, die einst durch die Trennung von Baurecht und Bodenrecht nicht möglich war. Darin und in seinem Lob des genossenschaftlichen Bauens bewegt er sich bereits in geistiger Nähe zum schweizerischen Bodenreformer Hans Bernoulli, der später beim Wiederaufbau Freiburgs eine Rolle spielen sollte.

Schlippe stellte mit einem Aufsatz in der gleichen Zeitschrift von 1929 unter dem Titel »Über Denkmalpflege des alten und Gestaltung des neuen Freiburgs« nun seine eigene Tätigkeit und seine Pläne vor. Er äußert sich ähnlich wie Gruber über die Grundsätze für die Erhaltung einer historischen Altstadt. Wichtig erscheinen ihm das taktvolle Sicheinfügen des Neuen in das Erhaltene und eine Verkehrsregelung, die Abbrüche und Straßenverlegungen im Altstadtgebiet unnötig mache.

Notwendige Maßnahmen zur »Bereinigung« von überdekorierten Gebäuden im Straßenbild der Altstadt werden noch sehr vorsichtig formuliert: »Außerdem müssen wohlgemeinte, aber verfehlte historisierende Zutaten des späten 19. Jahrhunderts mit behutsamer Hand eliminiert werden …«.

Das liest sich anders in seinem Beitrag mit fast gleichem Titel »Die Erhaltung des alten und Gestaltung des neuen Freiburg«, 1941 in nunmehr »Oberrheinische Heimat«: »An dieser Stelle hatte ich schon vor zwölf Jahren die Notwendigkeit betont, an den schlichten Bürgerbauten aus alter Zeit die historisierenden Zutaten … mit behutsamer Hand auszumerzen« (!), und weiter:

»In Freiburg packte man diese Aufgabe vor einem Jahrzehnt, längst vor anderen Städten, planmäßig an …«. Es folgt die Darstellung der oft geschilderten Freiburger Methode, zuerst maßstäbliche Aufnahmen der Straßenfronten im gegenwärtigen Zustand anzufertigen, danach die nach historischen Quellen rekonstruierte Ansicht von 1850 und schließlich Bereinigungspläne für ganze Häuserzeilen vorzulegen.

Seit 1926 war der städtische Baudirektor als Nachfolger von Carl Anton Meckel auch Leiter des Sachverständigenausschusses für Denkmalpflege und Heimatschutz des Landesvereins Badische Heimat und blieb in dieser Position bis 1940, dann wieder ab 1950.

Schlippes Person und Tätigkeit war wohl das prägnanteste Beispiel für die enge Verbindung von Denkmalpflege und Baugeschehen in Freiburg, denn er war über viele Jahre hinweg abwechselnd oder gleichzeitig Stadtbaudirektor und Denkmalpfleger.

Die Stelle eines Konservators der Kunstdenkmäler für ganz Baden gab es 1929 nicht mehr. Sie war 1920 im Interesse der Vereinfachung und Verbilligung des Staatshaushaltes ganz gestrichen worden. Die Aufgaben des Konservators gingen an die Bezirksbauinspektionen der Hochbauverwaltung.

An der Stelle des Konservators der kirchlichen Baudenkmale, die inzwischen der Theologieprofessor Josef Sauer innehatte, vergriff man sich nicht. Dem Konservator wurde aber 1924 versichert, dass mit einem namhaften Betrag für die kirchliche Denkmalpflege nicht gerechnet werden könne. Man setzte dagegen auf bürgerschaftliches Engagement, denn das Finanzministerium hatte festgestellt, dass die Denkmalpflege nicht zu den Staats-Notwendigkeiten gehöre. Das bekam selbst das Freiburger Münster zu spüren, wo 1923 der Bauhüttenbetrieb eingestellt werden musste.

Die ehrenamtlich tätigen Bezirksdenkmalpfleger allerdings wurden aufgefordert, bitte weiterzuarbeiten.

1934 war die Zuordnung der Denkmalpflege zur Bauverwaltung beendet; wiederbelebt wurde nicht die Stelle eines einzelnen Konservators, sondern es wurde ein Landesamt für Denkmalpflege errichtet. Die »Behörde« bestand wiederum nur aus drei Personen, dem Leiter, gleichzeitig Direktor des Badischen Landesmuseums, Hans Rott, dem Geschäftsführer Otto Linde, der gleichzeitig noch mit halber Stelle beim Landesgewerbeamt tätig war, und dem für Baudenkmalpflege und Inventarisation zuständigen Emil Lacroix.

Faktischer Chef des Landesdenkmalamtes aber war der Geschäftsführer Otto Linde. Er war auch Leiter des Hochbauwesens des abgedankten Großherzogs von Baden und unter anderem mit der Instandsetzung und Einrichtung des großherzoglichen Palais in Freiburg betraut. Er blieb zudem Chef des 1939 sogenannten Landesdenkmalamtes.

Das für die Bauämter zuständige Finanz- und Wirtschaftsministerium hatte nicht versäumt, den Bauämtern mitzuteilen, dass durch die Neuorganisation der staatlichen Denkmalpflege sich ihre Zuständigkeit für die Erledigung der baulichen Denkmalpflegeaufgaben nicht geändert habe. In dieses Arbeitsgebiet sollte vom Landesdenkmalamt »nach ausdrücklicher Anordnung« nicht eingegriffen werden. Die alte und neue Konkurrenz zwischen Bau- und Denkmalämtern blieb ein Charakteristikum in Baden, obwohl beide bei vielleicht unterschiedlichen Methoden das gleiche Ziel verfolgten, die Erhaltung der Kulturdenkmäler.

In Freiburg allerdings war seit 1934 der städtische Baudirektor Schlippe auch amtlich bestellter Bezirkspfleger der Kunst- und Altertumsdenkmäler im Bezirk Freiburg und damit ehrenamtlicher Mitarbeiter der Landesdenkmalpflege.

Seit 1940 hatte Schlippe noch eine dritte Aufgabe. Er wurde staatlicher Bevollmächtigter für die Pflege der neueren Denkmäler der Kunst im Elsass, ab 1942 Landeskonservator in der nach Straßburg verlegten deutschen Verwaltung.

Über seine Arbeit dort hat er 1942 in »Oberrheinische Kunst« berichtet und dabei erwähnt, dass auch in Straßburg, Kolmar und Mühlhausen mit der Bereinigung der Altstadtbilder begonnen worden sei.

Für die Betreuung der Kirchen auch im Elsass besaß das Denkmalamt einen wissenschaftlichen Mitarbeiter, Pfarrer Hermann Ginter, der später in gleicher Funktion in Südbaden tätig war.

Nicht einmal ein halbes Jahr vor dem Ende des Zweiten Weltkriegs zerstörte ein Fliegerangriff am 27.11.1944 weite Teile der Stadt Freiburg, auch der Altstadt. Alle Baudenkmale wurden zerstört, schwer beschädigt oder waren ausgebrannt. Das Münster blieb beschädigt erhalten; das Dach war abgedeckt, Brandwachen konnten aber entstehende Brände löschen. Der in Freiburg wohnende Konservator der kirchlichen Denkmalpflege, Josef Sauer, berichtete, dass auf seinen Antrag hin die ursprünglich für den unfertigen Schulbau in der Glümerstraße bestimmten Ziegel bereits am dritten Tag nach dem Bombardement vom Oberbürgermeister für das Münster bereitgestellt wurden.

Der erfolgreiche Versuch, das Münster vor der Witterung zu schützen, muss angesichts der Notlage in der zertrümmerten Stadt als ein fast unbegreiflicher Akt der Denkmalpflege angesehen werden.

Mit dem Ende des Krieges, der Besetzung, der Teilung Badens in zwei Besatzungszonen und dem Aufstieg Freiburgs zur Hauptstadt eines eigenen Staates entstand für Denkmalpflege und Baupolitik in dieser Stadt eine völlig neue Lage.

Am 4.4.1945 besetzten französische Einheiten der Alliierten das durch Luftangriffe stark zerstörte Karlsruhe, am 21.4. das ebenfalls weitgehend zerstörte Freiburg. Die deutschen Verwaltungsbehörden blieben erhalten, darunter auch das Landesdenkmalamt in Karlsruhe; seine Mitarbeiter waren allerdings zum Wehrdienst einberufen.

Schon am 8.5.1945 setzte das Gouvernement militaire den ehemaligen Geschäftsführer des Amtes, Otto Linde, als neuen Leiter ein. Er behielt diesen Posten bis 1947 und hielt damit noch eine Weile die Fiktion eines gesamtbadischen Amtes aufrecht. Von seinem Wohnsitz Ebersteinburg gingen seine ersten amtlichen Schreiben aus. Aber schon im Juli 1945 gaben die Franzosen – nicht ganz freiwillig – Karlsruhe auf, das in die amerikanische Besatzungszone kam, und machten Freiburg zur Hauptstadt ihrer Zone. Lindes Wohnsitz lag in der französischen Zone; der Verkehr über die Zonengrenzen hinweg war bald nur mit besonderer Erlaubnis möglich.

In Karlsruhe waren trotz großer Kriegsverluste Bestände des Denkmalamtes, Ortsakten, Pläne, Fotografien vorhanden. In Freiburg, wohin die gerade wieder arbeitenden deutschen Zentralbehörden umziehen mussten, gab es nichts Derartiges. Nur der Konservator der kirchlichen Baudenkmäler verfügte über seine Unterlagen.

Schon im Juni 1945 ist ein Landesamt für Naturschutz, Kunst- und Denkmalpflege in Freiburg erwähnt, wohl noch nicht mehr als ein vorgesehener Titel. Die vorerst wichtigste aus diesem Sammelamt hervorgegangene Institution war die des Landesamtes für Museen, Sammlungen und Ausstellungen. Chef des Amtes war Kurt Martin, einst Direktor der Oberrheinischen Museen, nun wieder der Kunsthalle in Karlsruhe. Er sollte auf Wunsch der Amerikaner seinen Dienstsitz in Karlsruhe haben, behielt aber trotzdem die Leitung des südbadischen Amtes. Das bestand außer ihm aus einer einzigen Person in Freiburg, Elfriede Schulze-Battmann.

Für die kulturpolitische Zusammenarbeit mit der französischen Besatzungsmacht war das Amt sehr wichtig. Seine Ausstellungen seit 1946 (!) waren weithin anerkannt. Eine gewisse Berühmtheit erlangte der für den Service des beaux-arts zuständige Capitaine Maurice Jardot, der entscheidend Belange der Denkmalpflege vertrat, etwa bei der Rettung des schwer zerstörten Breisacher Münsters. Dem Museumsamt wurde eine Abteilung für Denkmalpflege angegliedert, die nur aus der Person von Joseph Schlippe im Nebenamt bestand. Er war auch noch immer Bezirkspfleger der Denkmalpflege.

1946 fanden Besprechungen über die Organisation eines neu zu gründenden eigenen südbadischen Denkmalamtes statt. Für seine Leitung war Hans Reinhold vorgesehen, für den sich besonders Joseph Sauer einsetzte. Er hatte in Freiburg studiert, über den Chor des Freiburger Münsters promoviert und war zuletzt Assistent des preußischen Staatskonservators, aber in Prag. Überlegungen zu seiner Berufung zogen sich lange hin; im Januar 1949 wurde er endlich Leiter des Landesamtes für Denkmalpflege und Heimatschutz. Schlippe blieb weiterhin Konservator der weltlichen Baudenkmale im Nebenamt – einer alten badischen Regel folgend, die natürlich Konflikte über die Zuständigkeiten der beiden Konservatoren nicht ausschloss.

Reinhold wurde nun gleichzeitig Leiter der Kreisstelle für Denkmalschutz im Kreis Freiburg; zweiter Leiter war Martin Hesselbacher, der später Schlippes Nachfolger als Chef des Denkmalamtes werden sollte. Schlippe war aber bereits zur gleichen Zeit Leiter der Kreisstelle für die Stadt Freiburg. Reinhold war leidend und konnte ab 1950 seine Aufgaben nur noch eingeschränkt wahrnehmen. Für kurze Zeit wurde noch einmal als Stellvertreter Otto Linde eingesetzt, sicherlich auch, um die faktische Amtsleitung durch Schlippe etwas einzuschränken.

Reinhold starb am 15. Mai 1951. Sein Nachfolger wurde nun hauptamtlich endlich Joseph Schlippe. Er war gegen seinen Willen als städtischer Baudirektor in den offiziellen Ruhestand verabschiedet worden.

Diese etwas verworrene Organisation der Denkmalpflege sollte aber nicht zu dem Eindruck führen, dieses Fachgebiet sei in Freiburg vernachlässigt worden. Das Gegenteil war der Fall.

Mit der Verlegung der Regierung Ende 1945 kam Karl Asal nach Freiburg, der bereits seit 1921 im badischen Kultusministerium als Referent für den Denkmalschutz unermüdlich tätig gewesen war und an Entwürfen für Denkmalschutzgesetze gearbeitet hatte. Diese Tätigkeit setzte er praktisch fast ohne Unterbrechung fort. Er wurde Leiter des Badischen Landeskulturamtes, Oberbehörde für alle mit Kulturpflege befassten Ämter, darunter natürlich das seit 1.9.1948 als Landesamt für Denkmalpflege und Heimatschutz firmierende Denkmalamt.

Große Unterstützung fand Asal in dem späteren Staatspräsidenten Leo Wohleb, der außerordentlich denkmalfreundlich eingestellt war. Wohleb gelang es gegen große Widerstände dreier Ministerien, im Juli 1949 das von Asal konzipierte, berühmte erste deutsche Denkmalschutzgesetz nach dem Zweiten Weltkrieg im Landtag durchzusetzen.

Schlippe konnte seine Tätigkeit als Leiter des Denkmalamtes von Anfang an auf dieses Gesetz stützen. Sein Amt bestand aber weiterhin nur aus ihm, wenn auch Frau Dr. Schulze-Battmann neben der Betreuung von Museen und Ausstellungen mehr und mehr Aufgaben in der Baudenkmalpflege übernahm. Ihr Landesamt für Museen und Ausstellungen ging mehr oder weniger stillschweigend im Denkmalamt auf, bis es 1954 auch offiziell eingegliedert wurde.

Das von Schlippe geleitete Amt war für das Land (Süd)-Baden zuständig; nach Konstituierung von Baden-Württemberg 1952 hieß es Staatliches Amt für Denkmalpflege und Heimatschutz und betreute den Regierungsbezirk Freiburg.

Aus den vier Amtsjahren haben sich unzählige Dokumente über Schlippes Einsatz für historische Bauten erhalten. Sehr viele Zeichnungen zeigen Gestaltungs- und Änderungsvorschläge bei Restaurierungen und bei Neubauten, immer im Sinne einer schlichten Eingliederung in ein bestehendes Ortsbild. Auch »Bereinigungen« von unangemessenen Verzierungen kommen vor, etwa in Gengenbach.

Die Vorbereitungen für die beiden ersten Eintragungen von geschützten Ortsbildern ins Denkmalbuch – von Meersburg 1954 und vom Waldkircher Stiftsbezirk 1955 – sind noch Schlippes Werk. In Freiburg glaubte man auf eine solche Eintragung verzichten zu können, weil man die Bestimmungen der städtischen Bauordnung für ausreichend hielt.

Insgesamt ist es sicher nicht unangemessen, von einer Ära Schlippe in der staatlichen Denkmalpflege in Südbaden zwischen 1946 und 1956 zu sprechen. Eine solche Bezeichnung gilt natürlich noch viel mehr für seine Pläne zum

Wiederaufbau und zur Gestaltung des Stadtbildes von Freiburg. Im Herbst 1945 war Schlippe von der französischen Militärregierung mit der Ausarbeitung eines Wiederaufbauplanes für das zerstörte Freiburg beauftragt worden. Am 19. Oktober konnte er den Plan dem Bauausschuss, am 10. Dezember dem Oberbürgermeister vorlegen. Man beauftragte ihn mit der Leitung eines von ihm konzipierten Wiederaufbaubüros.

Über Gegenentwürfe, Opposition bei städtischen Ämtern, Modifikationen und Schwierigkeiten bei den notwendigen Eingriffen in Privatbesitz ist in vielen Veröffentlichungen berichtet worden.

Nach seiner Zurruhesetzung 1951 konnte Schlippe seinem Nachfolger jedenfalls ein gesichertes Konzept übergeben; bis zum endgültigen Bebauungsplan von 1955 vergingen allerdings noch mehrere Jahre.

Bemerkenswert ist, dass die Planungen Schlippes sich sehr wesentlich nur auf den Bereich der Altstadt etwa in den Grenzen von 1850 erstreckten. Die durch den Bombenangriff so grauenhaft zerstörten Viertel nördlich der Kaiser-Joseph-Straße, ja selbst das nordwestliche Altstadtviertel wurden zwar – wie Schlippe 1947 mitteilte – in die Planung einbezogen; in den erhaltenen Wiederaufbauplänen werden sie vernachlässigt.

Mehrere beratende Gremien sollten zu Schlippes Planungen gehört werden und sie begleiten. Allerdings beschwerten sich die Mitglieder der Kommission für Baudenkmalpflege im Januar 1949: »Wenn Herr Oberbaudirektor Schlippe etwa auf dem Standpunkt steht, dass die Denkmalpflege durch ihn als den bisherigen staatlichen Beauftragten genügend vertreten sei, so ist es als ganz abwegig zu bezeichnen, dass er selber als Denkmalpfleger seine Planungen kontrollieren könnte.«

1956 beendete Schlippe seine Tätigkeit als Amtschef des Freiburger Denkmalamtes. Nachfolger des 70jährigen Schlippe wurde Martin Hesselbacher, ehemals Vorstand des Klinikbaubüros. Schlippe fürchtete – zu Unrecht – eine Denkmalpflege im Sinne der Hochbauverwaltung durch seinen Nachfolger, darin bestärkt durch die Tatsache, dass drei Kreisstellen für Denkmalpflege in Konstanz, Donaueschingen und Schopfheim in Personalunion mit den Leitern der entsprechenden Staatlichen Hochbauämter besetzt waren.

Schlippes Konzeption, die großen Baudenkmäler der Stadt als Dominanten in das Gefüge der aufzubauenden Straßenwände aus schlichten Häusern einzubeziehen, betraf besonders Bauwerke, die dem Staat gehörten. Für die denkmalpflegerische Betreuung von Basler Hof, Alter Universität, Deutschordens-Palais und später auch Großherzoglichem (Sickingen-) Palais etwa waren die staatlichen Hochbauämter zuständig. In deren Arbeitsgebiet sollte vom Landesdenkmalamt nicht eingegriffen werden, wie es schon 1940 in einer Information des Finanz- und Wirtschaftsministeriums hieß. Das verursachte in den meisten Fällen in Freiburg keine Probleme: In seiner Rede

Abb. 2   Die Fassade des Sickingen-Palais nach dem Wiederaufbau

zum Denkmalpflegetag 1956 lobte Schlippe den Wiederaufbau der Alten Universität mit der Kirche durch das Universitätsbauamt unter Horst Linde und des Basler Hofes durch das Hochbauamt unter Erwin Heine. Allerdings stellte Schlippe in der gleichen Rede fest: »Nach dem Basler Hof und der Alten Universität wird der Staat nun auch die Deutschordenskommende und das Sickingen-Palais wiederaufbauen.« Damit sollte es allerdings noch eine Weile dauern und nicht ohne Kontroversen zwischen Denkmalpflege und Hochbaubehörden abgehen.

Das Sickingen-Palais gehörte der Markgräflich-Badischen Verwaltung (Abb. 2). Es war völlig ausgebrannt, aber die Fassade zur Salzstraße war in voller Höhe erhalten, ebenso große Teile der Rückwand des Gebäudes. Die Fassadenwand wurde von der Markgräflichen Verwaltung aufwendig gesichert und schon bald nach Erlass des Denkmalschutzgesetzes ins Denkmalbuch eingetragen.

Die Liste der Persönlichkeiten, die sich für ihre Erhaltung einsetzten, ist lang. Darunter waren natürlich der neue Leiter des Denkmalamtes, Hesselbacher, Rudi Keller von der Kreisstelle für Denkmalpflege, der ehemalige französische Kulturoffizier Jardot, der Bundestagsabgeordnete Kopf und auch der Chef der baden-württembergischen Bauverwaltung, Horst Linde, Sohn von Otto Linde. Nur die städtischen Ordnungsbehörden verlangten mit unterschiedlichen Begründungen mehrfach den Abbruch, dabei unterstützt von Freiburger Presseorganen.

Schließlich gelang die Wende 1957. Das Land beschloss einen Neubau für die Justizbehörden hinter der Fassade. Allerdings wurde dazu die alte Fassade abgebrochen, eine neue mit neuen Materialien unter Verwendung der geborgenen Zierteile, aber geringfügig verändert, errichtet.

Der Neubau wendet sich, obwohl der Architekt durchaus eine andere Meinung vertrat, ausdrücklich gegen die Fassade. Kaum eine Mauer im Innern bezieht sich auf sie; der Durchblick durch eine Glastür, der sie vollends zur Kulisse degradierte, wurde später durch eine Rekonstruktion der alten Holztür geschlossen, die allerdings inzwischen schon wieder verändert ist.

Aber die Front zur Salzstraße war seit 1965 doch wieder eine der von Schlippe geforderten Dominanten im Stadtbild.

Viel schwieriger gestalteten sich die Dinge beim gegenüberliegenden Deutschordens-Palais. Dort wandte sich das Staatliche Hochbauamt vehement gegen einen Wiederaufbau oder eine Rekonstruktion der allerdings ungleich stärker zerstörten Fassade. Erhalten blieben da die fünf östlichen Achsen der ehemals 13-achsigen Front in voller Höhe bis zum Dachgesims, der reich mit Skulpturen geschmückte Mittelteil mit Portal und Balkon; im westlichen Fassadenteil klaffte eine riesige Lücke. Die Fassadensicherung geschah dort durch den Abbruch erheblicher Teile des Bestandes.

Bis 1953 ging das Staatliche Hochbauamt von der Erhaltung der Fassade aus, in späteren Planungen nicht mehr. Das Grundstück wurde mit der Stadt getauscht. Auch sie verlangte den Abbruch. Die Denkmalpflege lehnte ab und gab 1960 einen Zuschuss zur Erhaltung der Fassade. Danach begann eine lange Phase der Gefährdung, in der das Staatliche Hochbauamt die Erhaltung der Sickingen-Fassade mit ihren Kosten gegen die Erhaltung der Deutschordens-Fassade ausspielte. Bei »Sicherungsarbeiten« wurden immer weitere Teile der Fassade entfernt bis auf das Erdgeschoss, wo ein Schutzdach aufgelegt wurde, um die Sickingen-Fassade errichten zu können. Schließlich kam es zum vollständigen Abbruch unter Bergung der Zierteile. Das Steinmaterial wurde mehrfach umgesetzt, dabei das Balkongitter offenbar als Schrott abgefahren.

Das Argument, der Platz hinter einer wiederaufgebauten Fassade wäre für die vorgesehene Nutzung nicht ausreichend, konnte entkräftet werden. Die bohrende, aber langsam resignierende Erhaltungsforderung der Denkmalpflege und eine veränderte Auffassung auch in den Hochbauämtern – was auch immer der Grund war –, führten dazu, dass 1965 ein Neubau mit Erhaltung der Fassade beschlossen wurde. Erst 1974 wurde ein Wettbewerb ausgeschrieben, den Max Bächer gewann; der Bau konnte erst nach einer nochmaligen Verzögerung 1986 fertiggestellt werden. Im Gegensatz zur Gestaltung im ehemaligen Sickingen-Palais hielt Bächer seinen Bau nicht durch die Barockfassade für beeinträchtigt. Sie wurde vielmehr Ausgangspunkt für die Gestaltung des dahinterliegenden Teiles des Gebäudes bis hin zur künstlerischen Ausstattung.

Für die Bemühungen um die beiden Palais-Fassaden und für viele andere denkmalpflegerische Bestrebungen in Freiburg spielte der Historiker Rudi Keller, Vater des gegenwärtigen Stadtrates Atai Keller, eine erhebliche Rolle. Seit der Wiedergründung des Vereins Badische Heimat 1949 war er dessen geschäftsführender Vorsitzender und Schriftführer. Nach seinem Ausscheiden dort wurde er Mitglied und Leiter der Kreisstelle für Denkmalpflege und Heimatschutz im Stadt- und Landkreis Freiburg und Schriftleiter des Nachrichtenblattes für Denkmalpflege und Heimatschutz im Regierungsbezirk Freiburg.

Im Gegensatz zur Zeitungskorrespondenz des Badischen Kulturamtes für Naturschutz und Heimatpflege, 1950–1952 erschienen unter der Schriftleitung des Journalisten Otto Ernst Sutter im unförmigen Format zweier Zeitungsseiten, bekam das neue Nachrichtenblatt richtiges Heftformat. Mit seiner hohen Auflage und der kostenlosen Abgabe lebt es in seinen Nachfolgern bis zur Zeitschrift »Denkmalpflege in Baden-Württemberg« noch heute weiter. Zusammen mit dem Badischen Denkmalschutzgesetz von 1949 gehört es zu den »Alleinstellungsmerkmalen« der Denkmalpflege in Südbaden nach dem Zweiten Weltkrieg.

Schon in der ersten Nummer vom Januar 1953 veröffentlichte Keller eine Denkschrift Freiburger Vereine an den Baubürgermeister, in der die Freiburger Bürgerschaft von der Stadt die angestrengte Aufmerksamkeit auf die »treubewahrende Pflege« des Altstadtbildes erwartet. Als Postulate werden die Gitter an der Karlskaserne, der Peterhof, die Gerichtslaube, das Sickingen-Palais und die Nordwand des Münsterplatzes angeführt. Im gleichen Jahr wird der Wiederaufbau des Kornhauses gefordert. 1954 wird der Protest der Arbeitsgemeinschaft zum Schutz des Altstadtbildes gegen das von der Staatlichen Hochbauverwaltung unmittelbar an der Altstadtgrenze geplante Büro-Hochhaus veröffentlicht. Das Hochhaus an der Bertoldstraße wurde 1955/57 erbaut; die Forderung, in einem Umkreis von 750 Metern um das Münster keine Hochhäuser zuzulassen, wurde nicht erfüllt. Neben vielen Beiträgen zu Freiburger Denkmälern, auch gestalterischen Vorschlägen Kellers, sei noch erwähnt, dass Schlippe sich in der ersten Nummer des seit 1958 das ganze Land betrachtenden Nachrichtenblattes der Denkmalpflege in Baden-Württemberg vehement für den Wiederaufbau der Gerichtslaube, Rudi Keller sich für den der Deutschordens-Kommende einsetzt.

Viele Elemente, Schlippes Wiederaufbauplan und die partielle Opposition der staatlichen Hochbauer dagegen bei doch weitgehend identischen Zielen, und die in Einzelheiten stark auf die »Hauptstadt« Freiburg bezogenen Bestimmungen des staatlichen Aufbaugesetzes schufen zusammen mit personellen Verbindungen in Freiburg eine sehr besondere Gemengelage, die sich in Verbindung mit dem hier entstandenen Denkmalschutzgesetz als höchst segensreich für die Erhaltung des Stadtbildes erwies. Das Gesetz schrieb den bereits in der städtischen Bauordnung enthaltenen Ensembleschutz fest. Es gewährte dem Landesamt für Denkmalpflege und Heimatschutz umfassende Rechte, schrieb aber in den Vollzugsbestimmungen vor: »Dem Sinn und Zweck der Denkmalschutzbestimmungen widerspricht jede schematische und rigorose Anwendung. Die gesamte Tätigkeit der Denkmalpflege-Organe muss darauf abgestimmt sein, die Beteiligten von der Notwendigkeit der Denkmalpflege zu überzeugen.«

Die besondere Situation in Freiburg endete spätestens mit dem Erlass des Baden-Württembergischen Denkmalschutzgesetzes von 1972. Durch dieses Gesetz, das gegen die Auffassung der Denkmalämter in Tübingen, Karlsruhe und Freiburg mit dem Personal des Denkmalamtes Stuttgart als Amtsleitung ein zentrales Amt schuf, wurde die strikte Trennung zwischen Denkmalpflege-Amt und Denkmalschutzbehörde festgeschrieben. Für Genehmigungen waren nicht mehr das Denkmalamt, sondern die Verwaltungsbehörden als Untere Denkmalschutzbehörden zuständig, also Kreis- und Stadtverwaltungen, die anfangs im Einvernehmen mit dem Denkmalamt, später nur noch unter Mitwirkung des Denkmalamtes zu entscheiden hatten.

Es entfiel die Einbeziehung von Elementen des Heimatschutzes in die Gesetzgebung. Die im siebenten Abschnitt des badischen Gesetzes verankerten Heimatschutzbestimmungen wie diejenige gegen Beeinträchtigungen durch kulturlose Bautätigkeit – die an Schlippes »Bereinigung« des Stadtbildes erinnert – wurden nicht übernommen.

Der Begriff »Heimatschutz« erschien nun auch in der Amtsbezeichnung des Denkmalamtes nicht mehr.

Zur ressourcenschonenden Fortschreibung der Stadt Freiburg

Denkmalpflegerische Leuchtturmprojekte – Schule, Kirche, Kloster und Friedhof

DAGMAR ZIMDARS

Als im September 2018 das Landesamt für Denkmalpflege mit der Stadt Freiburg zum ersten Mal überhaupt zur »Nacht des offenen Denkmals« in der Breisgau Metropole einluden, zeigte sich eindrucksvoll, wie erfolgreich hier Denkmalschutz und Denkmalpflege gemeinsam mit den Denkmaleigentümern gelebt wird. Das Interesse der Freiburger war spektakulär groß, selbst die sonst kritische Berichterstattung der lokalen Badischen Zeitung zum Thema Denkmalpflege lobte die Veranstaltung überschwänglich.

Im Mittelpunkt dieses Beitrags stehen in subjektiver Auswahl die aufregendsten Denkmalbaustellen der letzten Jahre in der Stadt. Sie dokumentieren in vielerlei Hinsicht eine Erfolgsgeschichte – dies sowohl für das denkmalgeschützte Bauwerk selbst, als auch für die Landesdenkmalpflege. Für die denkmalfachliche Praxis gilt die Maxime, dass dem grundsätzlich nicht aufhaltbaren Verschleiß und Verfall der historischen Materialien durch gezielte Maßnahmen gegengesteuert werden kann. Neben der materialgerechten und am Befund angelehnten Ausbildung von Austausch- beziehungsweise Ergänzungsteilen bedarf es dafür präventiver Instandsetzungsimpulse, bewährter Reparatur- und Konservierungstechniken sowie innovativem und interdisziplinärem Grundlagenwissen. Bei drohenden Verlusten haben Sicherungsmaßnahmen Vorrang vor Abbruch und Austausch. Mit dieser Haltung verleihen die Kulturdenkmale Freiburgs der Stadt weiterhin ihr spezifisches Gesicht und leisten einen wichtigen Beitrag zu ihrer zukünftigen Entwicklung.

Aufgabe der Denkmalpflege ist es, die dafür notwendigen Anpassungen, die einzelnen Untersuchungsschritte, letztlich die Veränderungen, zu steuern und für deren Dokumentation Sorge zu tragen. Für notwendige Hinzufügungen gilt, dass diese stets als solche erkennbar bleiben, aber das Erscheinungsbild respektieren und allenfalls minimal beeinträchtigen. Idealerweise sind sie reversibel, bestenfalls rückbaubar. Das Kerngeschäft des Landesamtes lautet im Sinne der Nachhaltigkeit: Erkennen der Denkmalschichten, Beurteilen und Benennen der Denkmalwerte, Beurteilen und Moderieren der Denkmalverträglichkeit von Reparatur, Konservierung, Ergänzung und Fortschreibung.

Und nicht zu vergessen, den Weg zu ebnen für den Fluss von Fördermitteln. Der Kern dieses Alltagsgeschäftes ist die konservatorische Beratung der Denkmaleigentümer vor Ort, unterstützt und ergänzt durch die Baurechtsbehörde. Gelingt dieser Dialog zwischen Fachbehörde, Genehmigungsbehörde und den Partnern auf der Baustelle, sind die Eigentümer auf einem guten Weg. Denn ihnen obliegt die Bauunterhaltspflicht.

Schule

Die Gertrud-Luckner-Gewerbeschule ist eine der ersten Gewerbeschulbauten im deutschsprachigen Raum mit Modellcharakter der baulichen und ehemals maschinellen Einrichtung. Sie ist ein Kulturdenkmal von besonderer Bedeutung gemäß § 12 Denkmalschutzgesetz. Die Gewerbeschule wurde 1905 nach Plänen des Stadtbaumeisters Rudolf Thoma und des Architekten Matthias Stammnitz errichtet. Der Bau sollte an die Blütezeit des süddeutschen Kunsthandwerks erinnern, die Zeit der Wiedergeburt der deutschen Kunst um die Wende des 16. Jahrhunderts. Insgesamt zeigen Bautyp, Grundrisse und Formenkanon prototypische Lösungen für diese Bauaufgabe (Abb. 1). Das Gebäude besitzt kostbares Anschauungsmaterial in der wandfesten Ausstattung für Maler, Schriftsetzer, Dekorationsmaler, Keramiker, Installateure, Kunstschlosser, Kunstglaser, Steinmetze, Zimmermänner et cetera. Technische Lehrwerkstätten befinden sich im Keller, in den Obergeschossen Unterrichtsräume, Verwaltungsräume, eine über zwei Stockwerke reichende Aula mit beeindruckenden Zunftfenstern von Fritz Geiges; in den obersten Geschossen ursprünglich die Ateliers mit Oberlicht für Maler, Fotografen. Das charakteristische Erscheinungsbild ist geprägt durch die aufwendigen Sandsteinfassaden im Stil der Neurenaissance. Sowohl die Fassaden, wie auch das Gebäudeinnere sind mit einer Vielzahl von qualitätvollen Dekorationselementen und Baudetails versehen, die noch heute von der Handwerkskunst Anfang des 20. Jahrhunderts Zeugnis ablegen.

Über Jahre waren Steinabbrüche und Schäden an den Fassadenelementen Sgraffiti, Majolikarelief und dem Giebelmosaik zu beklagen, ebenso die Rostentwicklung an dem schmiedeeisernen Gartenzaun. Gemeinsam mit der Stadt Freiburg, dem Landesamt für Denkmalpflege und Restauratoren wurde das Gebäude 2012–2015 instandgesetzt. Dabei standen die steinrestauratorische Ertüchtigung der Fassaden und die Sicherung der Dekorationselemente, beispielsweise der Sgraffiti, im Mittelpunkt. Spektakulär sind die Restaurierung der im Keller der Schule aufgefundenen 12 000 Mosaiksteinchen mit der Huldigung des Handwerks sowie der Statue des »Lehrjungens« aus Kupfer, der heute wieder an seinem ursprünglichen Standort auf dem Hauptgiebel steht (Abb. 2).

Abb. 1   Gertrud-Luckner-Schule Giebelansicht

Abb. 2   Gertrud-Luckner-Schule Mosaik, »Friburga« und die Allegorie des Handwerks

Kirche

Bundesweit sorgen sich Denkmalpflege und Kirchen um die wachsenden Leerstände von Kirchengebäuden. Abbruchgesuche von Kirchen des 20. Jahrhunderts mit Denkmalwert häufen sich. Die im Jahre 2006 profanierte katholische Kirche St. Elisabeth stand seit 2007 leer. Die bisherige Eigentümerin des Gebäudes, die Katholische Kirchengemeinde St. Elisabeth, hatte 1997 beschlossen, sich mit der benachbarten Kirchengemeinde St. Konrad zu einer neuen Gemeinde zusammenzuschließen. Kurze Zeit danach war entschieden worden, die Kirche St. Elisabeth aufzugeben, nachdem trotz Leerstand

Abb. 3   Kirche und Campanile St. Elisabeth nach der Umnutzung

Sanierungskosten am Gebäude jährlich nötig geworden wären. Kirchengemeinde, Erzdiözese und Landesdenkmalpflege versuchten mehrere Jahre lang, genehmigungsfähige und wirtschaftliche Nutzungsvarianten gemeinsam zu erarbeiten. Allerdings vergebens. Letztendlich folgte der Beschluss, das Kirchengebäude mit Turm und Pfarrhaus abzureißen (Abb. 3).

St. Elisabeth wurde 1965 von Rainer Disse erbaut. Sie ist ein Kulturdenkmal nach § 2 Denkmalschutzgesetz aus wissenschaftlichen, vor allem baugeschichtlichen, sowie aus künstlerischen und heimatgeschichtlichen Gründen. Der Gebäudekomplex setzt sich aus dem annähernd kubischen Kirchengebäude mit Flachdach und dem freistehenden Turm zusammen. Eingebettet ist der Gesamtkomplex in einen aus Waschbetonelementen bestehenden Vorplatz ehemals mit einem Brunnen. Das wuchtig und streng geschlossen erscheinende Kirchengebäude ist in Sichtbetonbauweise errichtet. Mittig eingetieft liegt der Haupteingang an der Westfassade, die mächtigen Portale aus Gusseisen schuf Franz Gutmann. St. Elisabeth ist ein wichtiger Vertreter der Sakralarchitektur der 60er-Jahre des 20. Jahrhunderts: Grundriss, Baukubus und wandfeste Ausstattung zeigen die Auseinandersetzung mit geometrischen Grundformen wie Rechteck, Kreis, Oval, und sind durchdacht und kunstvoll in Beziehung gebracht. Mit ihrer Architektursprache und Materialität ist

Abb. 4   Campanile St. Elisabeth nach der Umnutzung

sie einer asketisch ausgerichteten Stilrichtung in der Baukunst der Moderne verpflichtet. Bei St. Elisabeth wird insbesondere am skulptural gegliederten Außenbau die Entwicklung der Architektur vom Leichten und Grazilen der 1950er-Jahre zur geschlossenen strengen Masse der 1960er-Jahre deutlich. Beton, ein Material vermeintlich für die Ewigkeit geschaffen, schien der angemessene Baustoff gerade auch für die Konzeption eines Sakralbaus.

Nach langen Verhandlungen wurde die Kirchenimmobilie an einen lokalen Bauträger verkauft und für Eigentumswohnungen umgenutzt. Dafür wurde ein deutlich ablesbares Wohngeschoss aufgesetzt, das Innere für die Erschließung und den Einbau der Wohnungen verändert. Charakteristische Architekturdetails wie das gebaute Tabernakel mit Glasfenstern von Emil Wachter, Teile der Empore und des Kreuzwegs von Gutmann wurden integriert. Für die Belichtung wurden Betonscheiben aus den Seitenschiffwänden geschnitten. Jüngst fand sich selbst für den Campanile eine überzeugende Umnutzung als Loft (Abb. 4). Vorbildhaft wird mit behutsamen Eingriffen beispielsweise für die Belichtung Äußeres und Inneres des Turms fortgeschrieben. Insgesamt ist St. Elisabeth ein Leuchtturmprojekt, das prototypisch zeigt, wie selbst denkmalgeschützte Kirchengebäude dem Abbruch entkommen und fortgeschrieben werden können.

Münster Unserer Lieben Frau

Eine der größten Herausforderungen bei der Erhaltung des Münsters ist der Umgang mit dem verbauten Sandstein. Zum dramatisch schlechten Schadensbild gehören abfallende, absandende und verwitternde Werkteile. Sie verursachen Rissbildungen, Schalenbildungen und bewirken statische Probleme. Abbrüche oder Fehlstellen an Quadern und Maßwerken sind die Folge. Diese Schäden zwingen zu unterschiedlichsten Ertüchtigungsmaßnahmen. Sie reichen von der reinen Konservierung durch Festiger über die kleinteilige Reparatur mit Steinersatzmassen bis hin zum Teilersatz oder Ersatz mit Natursteinen und ganzer Werkstücke. Hinzukommen die zerbrechlichen historischen Verglasungen. Regen, Wind und Schadstoffe sowie Hagel, Steinwürfe oder Vogelkot gefährden sie von außen. Von der Innenseite kommen Schädigungspotentiale wie Schwitzwasser oder Ruß, Schimmelpilze oder Bakterien hinzu. Unabhängig von Geschmack und Zeitstellung ist es denkmalpflegerisches Ziel, Eingriffe in den historischen Glasmalereibestand auf ein Minimum zu beschränken. Zum Erhalt der Fensteroriginale stehen verschiedene Methoden zur Verfügung: Malschichtsicherung und Reinigung unter Verzicht aggressiver Mittel und Techniken. Sind Glasmalereibestände bereits zerstört oder angegriffen, werden sie ergänzt und mit reversiblen Retuschen versehen. Die Überarbeitung der Bleinetze und der Windeisen gehört ebenfalls zur Sicherung sowie der Einbau einer Schutzverglasung als vorbeugender Schutz. Unabdingbar ist überdies der Einsatz von UV-Licht filternden Gläsern zum Schutz vor Licht- und Hitzeeinwirkungen. Mit dem Einbau einer Schutzverglasung wird an Stelle der originalen Glasgemälde eine Schutzscheibe als Raumabschluss eingesetzt. Die originalen Fenster werden um einige Zentimeter zum Innenraum hin vor dieser Schutzscheibe auf eine Trägerkonstruktion montiert.

Prominente Bauteile wie das parlerzeitliche Schöpfungsportal an der Nordseite und die kostbar ausgestattete Universitätskapelle wurden in den vergangenen Jahren konservierend ertüchtigt. In diesem Sinne wurden ab 1998 ebenso die gotische Westturmhalle sowie der renaissancezeitliche Vorbau am südlichen Querhaus gesichert. Bereits ab 1990 wurden aufgrund aktueller Gefährdungen die Locherer- und die Blumenegg-Kapelle restauriert. Schon damals war es denkmalpflegerisches Anliegen, nach und nach auf der Grundlage einer Prioritätensetzung die Chorkapellen in Angriff zu nehmen. Zwischenzeitlich ist an zahlreichen Ausstattungsteilen noch das die Malschicht sichernde Japanpapier zu sehen. Damit wird die Wartezeit bis zur endgültigen Restaurierung überbrückt. Aktuell stehen nunmehr die Böcklin-Kapelle mit ihrer prominenten Ausstattung an. Das silberne Böcklin-Kreuz fand vor einigen Jahren bereits einen neuen Standort im Triumphbogen. 2013 wurden die südliche Kaiser-Kapelle, die Schnewlin-Kapelle, ihre meist übersehenen

Abb. 5　Blick in das Strebewerk des Münsterchors

Kapellengitter sowie die Gewölbezone des Chorumgangs restauriert. Im Vordergrund standen die Konservierung und Restaurierung der Gewerke Stein, Glas, Metall und Holz. Restauratoren der einzelnen Fachdisziplinen führten die Maßnahmen nach Standards der Landesdenkmalpflege aus. Gemeinsam mit der Münsterbauhütte wird parallel die »zerfallende« Chorfassade außen steinrestauratorisch unter die Lupe genommen (Abb. 5). Im Mittelpunkt stehen die zum Teil maroden Strebepfeileraufsätze der Zeit um 1900. Das ursprüngliche Zusammenspiel am Münsterchor von Architektur, liturgischer Ausstattung und Glasmalerei ist heute weiterhin erlebbar. Zum Beispiel in der Fastenzeit, in der das tafelbildartige Fastentuch von 1612 nach der Restaurierung 2002 wieder Bestandteil der Liturgie ist. 2020 steht ganz aktuell das sogenannte Kleine Fastentuch zur Restaurierung an.

Seit Herbst 2018 ist der Turm des Freiburger Münsters nach zwölf Jahren wieder in seiner gesamten Schönheit zu sehen. Sein zierlicher Maßwerkhelm verleiht ihm Einzigartigkeit und ist der Grund für seine hohe baukünstlerische Bedeutung. 2005 und erneut 2010 lösten sich dort Maßwerkteile. Die kühne mittelalterliche Konstruktion war nachweisbar an bedeutenden Punkten geschwächt. Am Turmbauwerk wurden gravierende Schädigungen der

Denkmalgesteine entdeckt. Sehr bitter war die Erkenntnis, dass die Qualität des 1920 sowie 1960 für neue Krabben und Fialen geschlagenen Sandsteins sehr zu wünschen übrig ließ. Dramatische Verformungen an den Ecksteinen des Helms lenkten 2010 zudem das Augenmerk auf statische Probleme. Zum ersten Mal überhaupt war der Umgang mit statisch verursachten Schadensbildern als große denkmalfachliche Herausforderung an der Münsterbaustelle Thema. Die Gutachten über den statisch-konstruktiven Zustand konstatierten in den acht Ecksteinen besorgniserregende Risse, genau an den Punkten, wo Ringanker auf Ringanker treffen und die Kraftübertragung zwischen Eisen und Stein am wirksamsten sein muss.

2012 wurde entschieden, sich für die Analyse der Schadensbilder Zeit zu nehmen und in Ruhe Stein für Stein vor dem Hintergrund der Gesamtschadensproblematik vertieft anzuschauen. In diesem Zusammenhang fiel die wegweisende Befürwortung, den Grad der Fragmentierung des Helms über eine virtuelle 3D-Computermodellierung genauer zu bestimmen. Dieser »Denkpause« ist es zu verdanken, dass präventiv neue methodische und handwerkliche Ansätze entwickelt wurden, die schlussendlich zur Minimierung der nötigen Eingriffe beitrugen. Als Ergebnis stand fest, dass an Teilen der wichtigen Knotenpunkte umfangreiche Auswechslungen der tragenden Steine vorgenommen sowie »Bandagen« angebracht werden müssen. Insgesamt gelang es, zum Umgang mit den Schäden am Stein, an den eisernen Ringankern und der historischen Konstruktion ein konservierendes Konzept zu entwickeln. Dabei ergänzen sich das Wissen und Können der Münsterbauhütte sowie der diplomierten Steinrestauratoren mit den Erfordernissen einer statischen Hightech-Ertüchtigung. Die Instandsetzungsmaßnahmen beziehen sich auf Teile der Ringanker, Maßwerke, Ecksteine und Fugen. Dazu zählen Reinigung, Konservierung und Auswechslungen der geschädigten Steine, zeitintensive Fugensicherung und -pflege, Konservierung der freiliegenden Teile des Ringankers. Zentral war die Ertüchtigung der konstruktiven Knotenpunkte des Turmhelmes. Glücklicherweise musste nur eine verhältnismäßig geringe Zahl an Ecksteinen vollständig ersetzt werden. Weniger stark geschädigte Ecksteine wurden steinmetztechnisch und konservierend sowie mit Titanstäben und Titanplatten gesichert. Dabei wurden Gewindestangen diagonal über Kreuz durch die Ecksteine geführt und mit einem Titanschuh innen und einer Titanplatte außen verspannt. Nicht nur die Bohrungen für die Stäbe erforderten ein hohes Maß an Präzision, auch der Umgang mit dem Erscheinungsbild der störend silberglänzenden Titanplatten stellte hohe Ansprüche an deren technische Fertigung. Schlussendlich konnte mit der anthrazit farbigen Oberflächenveredelung und der größtmöglichen Minimierung der »Bandagen« in der Nah- und Fernsicht des Helmes ein Optimum erzielt werden. Parallel dazu wurde der hölzerne mittelalterliche Glockenstuhl zimmermannsmäßig instandgesetzt und das Münstergeläut optimiert.

Kloster

Die ehemalige Anlage der Kartäusermönche prägte neben denen der Augustinerchorherren, der Dominikanerinnen, der Franziskaner, der Jesuiten und der Ursulinen im Herzen der Stadt die ehemals reiche »Klosterlandschaft« Freiburgs. Die Kartause und ihre Nachfolgebauten sind als Sachgesamtheit ein Kulturdenkmal im Sinne des baden-württembergischen Denkmalschutzgesetzes. Die Dreiflügelanlage mit Torhäuschen und Einfahrtstor sowie alle dem Komplex zugehörigen Wirtschaftsgebäude an der Kartäuserstraße (Meierhof, Verwaltergebäude, »Kraftwerk«) wurden 1984 als Kulturdenkmal von besonderer Bedeutung ins Denkmalbuch eingetragen (Abb. 6). Zu den wesentlichen Bestandteilen der denkmalgeschützten Bauten gehört nicht nur ihr äußeres Erscheinungsbild, sondern ebenso ihre historische Konstruktion, Raumdisposition und Ausstattung. Auch die historischen Freiflächen der barocken Klosteranlage und des späteren herrschaftlichen Landsitzes – Gärten, Obstwiesen

Abb. 6   Nebeneingang zum östlichen Flügel der ehemaligen Kartause

und so weiter – sind wichtige Bestandteile des Kulturdenkmals. Im Bereich des Gartens nördlich des heutigen Hauptgebäudes liegen die im Boden erhaltenen Reste der mittelalterlichen Kartause (archäologisches Kulturdenkmal).

Das bemerkenswerte Areal der Kartause ist mit seinen historischen Bauten, Gärten, Wiesen beziehungsweise Obstwiesen und wasserbaulichen Anlagen trotz den der Zeit geschuldeten Verlusten immer noch eindrucksvoll überliefert. Das Mitte des 14. Jahrhunderts gestiftete Kartäuserkloster und das später als Herrensitz genutzte Schlossgebäude war lange in der Hand der Freiburger Heiliggeiststiftung. Die denkmalgeschützte Sachgesamtheit und der Kernbau »Kartaus« lagen seit dem Jahr 2000 in einem Dornröschenschlaf. Die aktuelle Belebung des Kulturdenkmals, der Erhalt und dessen Fortschreibung als UWC-Robert-Bosch-Kolleg sowie die wissenschaftliche Aufbereitung der archäologischen Erkenntnisse erfolgte in Jahren von 2011 bis 2015/16. Die neue Nutzung orientiert sich an der Funktion der historischen Klosteranlage. Ihre Fortschreibung und Raumprogramme wurden behutsam in den Gebäudebestand integriert. Das zeitgemäße neue Bauen in der Sachgesamtheit mit einer Aula und Cafeteria nimmt Rücksicht auf die Wertigkeit der Grünflächen. Die lebhaft diskutierten modernen Wohnkuben für die Lehrer und Schüler schmiegen sich heute am Rande des Kernareals behutsam in das Weichbild der Kartause ein (Abb. 7). Der Meierhof wird zukünftig als Lehrerwohnung fortgeschrieben, der nötige Bauunterhalt für das »Kartause-Kraftwerk« mit dem charakteristischen Dach und der sprechenden technischen Ausstattung sollte im Auge behalten werden.

Abb. 7   Blick über das »Kraftwerk« zu den Wohngebäuden des UWC

Friedhof

Der »Alte Friedhof« ist ein Kulturdenkmal von besonderer Bedeutung nach § 12 DSchG und in der Bevölkerung als Ort des Gedenkens und der Erholung tief verankert, er war von 1683 bis 1872 in Benutzung. Seine Gesamtwirkung entsteht aus dem Kontext von Friedhofskapelle und Nebengebäuden, von Grabmalen und Gedenkstätten verschiedener Art, Friedhofsmauer mit Nischengräbern und parkartigem alten Baumbestand. Zahlreiche Grabmale sind gestalterisch und kunstgeschichtlich von hervorragender Qualität und Aussagekraft (Abb. 8). Sie haben einen hohen Erinnerungswert, da sie die Grabstätten namhafter Freiburger Bürger bezeichnen. Um die Qualität der Pflege der circa 1200 Grabdenkmale sicher zu stellen, wurde im Laufe der Jahre eine umfassende Bestandsaufnahme vorgenommen. Deren Ergebnisse werden aktuell digital in einer eigens erstellten Datenbank erfasst und praxisnah für die turnusmäßige Restaurierung angewendet und fortgeschrieben. 2016 wurde dafür eine gesamthafte digitale Bestandsaufnahme, Schadenserfassung sowie differenzierte Maßnahmenbeschreibung zwischen Stadt Freiburg und LAD vereinbart. Als Grundlagenermittlung ermöglicht sie fortan eine nachhaltige Strategie im Umgang mit den Grabdenkmalen, die sich am Erhaltungszustand orientiert. Die Nutzbarmachung moderner Medien zum Erhalt und Pflege der Kulturdenkmale machen selbst vor einer historischen Friedhofsanlage nicht halt. So wird diese kostbare grüne Lunge inmitten der Stadt auch in Zukunft zu Kunstgenuss und besinnlicher Entspannung einladen.

Abb. 8   Alter Friedhof mit Engelsskulptur

Das Freiburger Münster – Identität und gebaute Nachhaltigkeit

Yvonne Faller

Das Freiburger Münster ist auch 800 Jahre nach seiner Errichtung das bestimmende Bauwerk der Stadt und ihr Wahrzeichen.

Wie eine Landmarke wirkt der hochaufragende Münsterturm weit in das Land hinaus. Nach Freiburg kommend ist er für viele Freiburger auch heute noch ein vertrautes Willkommenszeichen, so wie er es schon für den Reisenden im Mittelalter ein Zeichen zur Orientierung war.

Obwohl die Stadt mittlerweile um ein Vielfaches angewachsen ist und sich ausgedehnt hat, markiert das Münster nach wie vor ganz selbstverständlich die Mitte und das Zentrum der Stadt. Der Münsterplatz wird wie eh und je als täglicher Marktplatz genutzt, hier treffen Besucher aus aller Welt, Erzeuger landwirtschaftlicher Produkte aus dem Umland und Freiburger Bürger zusammen. Sie bestätigen durch diese vielfältige und intensive Nutzung, dass dieser Ort, vom grandiosen Bau des Münsters geprägt, eine einzigartige Atmosphäre besitzt.

Es gibt nur wenige Menschen, die sich der Faszination dieses Bauwerkes entziehen können.

Sicherlich liegt dies daran, dass es als Gotteshaus gebaut über die alltägliche Nutzung hinausreicht und Inhalte vermittelt, die sich einer rationalen Betrachtung entziehen.

Möglicherweise liegt es daran, dass die unglaubliche Energie, die für den Bau eingesetzt wurde, immer noch spürbar ist. Jeder Stein wurde mit Sorgfalt bearbeitet und unter großer Mühe an seinen dafür bestimmten Platz gesetzt.

Vielleicht liegt es auch daran, dass es sich um eines der ersten großen Gemeinschaftswerke der Freiburger Bürgerschaft handelt, an dem sich viele Generationen beteiligt haben und dieses Wissen noch in der Genetik der Stadtbevölkerung vorhanden ist.

Ungeklärt ist dabei bis heute, was die Freiburger im Mittelalter dazu bewogen hat, sich als kleines Provinzstädtchen eine solch prächtige und ambitionierte Pfarrkirche zu leisten.

Auf jeden Fall ist das Münster ein besonderes Bauwerk, das kaum einer missen möchte. Der Umgang mit ihm war in der Regel von Bewunderung oder zumindest Respekt geprägt.

Das Münster vom Schloßberg aus

Nicht immer wurde diesem Umstand Rechnung getragen, was zum Beispiel die Tiefgaragenpläne auf dem Münsterplatz der 1970er-Jahre zeigen.

Dafür wurden Höhenbeschränkungen von Gebäuden im Umfeld der Innenstadt festgesetzt, keines sollte die Höhe des Münsterturmes erreichen dürfen, keines sollte den Blick auf den Turm verstellen und bestimmte Sichtachsen mussten freigehalten werden.

Als Architektin für die Erhaltung des schönsten Bauwerks der Region verantwortlich zu sein ist eine äußerst befriedigende und sinnstiftende Aufgabe. Das Schöne daran ist der gemeinschaftliche Aspekt- und dies in mehrfacher Hinsicht:

Es ist zuallererst »unser Münster« und »gehört« damit sehr vielen, die sich in bestimmter Weise für den Erhalt mitverantwortlich fühlen.

Gelebt wird diese Verantwortung vor allem durch circa 5000 Mitglieder im Münsterbauverein, der seit 1890 für die Erhaltung des Steinwerkes verantwortlich ist. Daneben tragen weitere Hunderte von MünsterfreundInnen mit kleinen und großen Spenden dazu bei, die notwendigen Arbeiten zu finanzieren. Dieses private Engagement übertrifft die Summe der Zuwendungen von der Freiburger Erzdiözese, dem Land Baden-Württemberg und der Stadt Freiburg.

Blick von der Oktogonhalle in den Turmhelm

Die Münsterbauhütte, die seit dem Bau des Münsters im Mittelalter ununterbrochen besteht, versteht sich schon traditionell als eine Gemeinschaft. Frei von wirtschaftlichem Konkurrenzdruck arbeiten die Steinmetze ausschließlich und mit nicht nachlassendem Engagement für ihr Münster.

Als Münsterbaumeisterin trage ich zwar die Verantwortung für bauliche Maßnahmen, aber stehe nicht als einzelne Architektin im Vordergrund, sondern in einer langen Reihe von Vorgängern und – hoffentlich – Nachfolgern.

In den bislang 14 Jahren meiner Tätigkeit konnte ich beobachten, dass die Arbeit am Münster dazu führt, dass sich fast jeder in den Dienst der übergeordneten Sache stellt, frei von Profitdenken und persönlichem Ehrgeiz.

Interesse auf dem Münsterplatz beim Turmfinale im Oktober 2018

Besonders zu spüren war dieser Teamgeist während der langjährigen komplexen Sanierung des Münsterturms von 2006–2018. Die notwendige statische Konsolidierung erforderte sehr viel geistige Beweglichkeit und Offenheit für Alternativen. Der Gruppe aus Denkmalpflegern, Tragwerksingenieuren, Bauforschern, Restauratoren und Steinmetzen ist es gelungen, kontrovers zu diskutieren aber schließlich im Konsens zu entscheiden. Oberste Prämisse: nur das Beste für den Münsterturm.

Gekrönt wurde dieses Gemeinschaftswerk durch das sogenannte Turmfinale: Im Oktober 2018 wurde der entrüstete Turmhelm den Freiburgern offiziell wieder übergeben. Nach zwölf Jahren war der weltberühmte Blick von der Oktogonhalle in den Turmhelm erstmalig wieder möglich. Es lockten eine Lichtinstallation und der kostenlose Turmaufstieg bis in die späten Abendstunden. Der Münsterplatz war abends zur kleinen Eröffnungszeremonie gefüllt mit Münsterfreunden, die gutgelaunt bis 22.00 Uhr in der Schlange standen, um endlich wieder auf »ihren« Münsterturm zu steigen, den schönsten Turm auf Erden.

Stadtpolitik und heimatliche Bindung

Sven von Ungern-Sternberg

Eine gute und auf Nachhaltigkeit ausgerichtete Stadtpolitik muss darauf zielen, bei der Bürgerschaft die heimatliche Verbundenheit für ihre Stadt zu stärken. Der Begriff »Heimat« hat in jüngster Zeit erfreulicherweise eine Renaissance erfahren. Das war noch vor einigen Jahrzehnten ganz anders. Nachdem alles, was mit »Heimat« zu tun hatte, in der Nazi-Diktatur ideologisch vereinnahmt und missbraucht worden war, wurde »Heimat« in der deutschen Nachkriegsmoderne lange Zeit als verstaubt-überholt, wenn nicht gar als »völkisch-rechtslastig« eingestuft, nicht mehr passend für eine nur der Zukunft verpflichtete, neue Zeit.

Überlieferte Traditionen, selbst allgemein der Sinn für Geschichte, wurden weniger geschätzt. So galt die von der Badischen Heimat betriebene Pflege der Geschichts- und Erinnerungskultur vielen als »rückwärtsgewandt«. Brauchtum und Heimatpflege wurden abschätzig als »Heimattümelei« abgetan. Folgerichtig wurde im Schulunterricht das so vielen Generationen vertraute Fach »Heimatkunde« abgeschafft. Auch der Gebrauch der heimatlichen Mundart wurde zurückgedrängt. Der Dialekt als tradierte Umgangssprache erschien als ein Hindernis für die »bildungsfernen Schichten« beim gesellschaftlichen Aufstieg.

Die »Modernisten« waren auch im Städtebau und in der Architektur tonangebend. Die in der Nazizeit diskriminierte »Bauhaus-Ideologie« wurde im Nachkriegsdeutschland bestimmend. Bis zum heutigen Tag, das haben die Jubiläumsfeiern 2019 deutlich gezeigt, genießen die Lehren des Bauhauses weithin große Wertschätzung. Aber die Architekten des Bauhauses lehnen eine »Anpassung« der neuen gebauten Wirklichkeit an die überlieferte Maßstäblichkeit und die Geschichte des Ortes ab. Nur Funktion und Form zählen. Das Wort »Anpassungsarchitektur« wurde für die Anhänger des Bauhauses zu einem Schimpfwort. So verlor der Denkmalschutz an Bedeutung. Heute hoch eingeschätzte Bausubstanz wie etwa die aus der Gründerzeit war damals nicht wert, für die Nachwelt erhalten zu werden und stand modernen Bauten im Wege. Abrisspolitik und großräumige Flächensanierungen waren angesagt.

Repräsentativ für dieses Denken war die Planung von Le Corbusier, einer Ikone der Bauhausanhänger, die traditionellen Wohnviertel von Paris abzureißen und stattdessen gigantische Hochhauslandschaften als die neue

Das Haus des Landesvereins Badische Heimat in der Hansjakobstraße, Freiburg – ein ortsbildprägendes Denkmal

Wohnkultur der Zukunft entstehen zu lassen. Paris ist diese städtebauliche Barbarei erspart geblieben. Viele Nachkriegssiedlungen spiegelten diese Sichtweise wieder, ob im »sozialistischen Osten« die menschenverachtende Öde der Plattenbausiedlungen, ob im »kapitalistischen Westen« die monotonen Trabantenstädte (zum Beispiel der »Neuen Heimat«, wo der Begriffe »Heimat« ad absurdum geführt wurde), ob im benachbarten Frankreich die Tristesse der Banlieus. Die »Unwirtlichkeit unserer Städte«, um mit Mitscherlich zu sprechen, wurde damit manifest. Ein derartiger Städtebau erschwerte entscheidend, dass Menschen sich hier »zu Hause« fühlten und heimatliche Bindungen entwickelten.

Mittlerweile hat sich der Zeitgeist gewandelt. »Heimat« ist wieder »in«. Auch die Politik hat sich dieses Themas bemächtigt, »Heimattage« werden erfolgreich durchgeführt. In jüngster Zeit werden sogar »Heimatministerien« propagiert. Die Pflege der Mundart hat bei vielen Menschen neuen Zuspruch erhalten. Die Heimatgeschichte erweckt zunehmend Interesse. Der Stellenwert der Denkmalpflege ist wieder gewachsen. Und der konservativ bewahrende Umweltschutz und Naturschutz, der in der ersten Nachkriegsgeneration stiefmütterlich behandelt worden war, hat heute zu Recht eine überragende politische Bedeutung. Das als wertvoll Erkannte zu bewahren ist eine zentrale gesellschaftliche Aufgabe mit großem parteiübergreifendem Konsens geworden.

Ich halte den Prozess der Globalisierung für verantwortlich für den Paradigmenwechsel beim Begriff »Heimat«. Die globale Entwicklung, die unumkehrbar ist und neben großen Chancen auch erhebliche Risiken mit sich bringt, hat aber, wie die Soziologen sagen, zu einer »Neuen Unübersichtlichkeit«, zu Unsicherheiten und Ängsten vieler Menschen geführt. So entwickelt sich parallel zur Globalisierung eine wachsende Sehnsucht nach überschaubaren und vertrauten Bereichen, in denen man Wurzeln schlagen kann, sich wohl fühlt und heimatliche Bindungen besitzt.

Auch angesichts der zunehmenden Flüchtlings- und Migrationsströme hat »Heimat« eine wachsende Bedeutung für unsere Zukunft erhalten. Bereits in der deutschen Nachkriegszeit war es eine große Herausforderung, die Millionen von Heimatvertriebenen zu integrieren. Dies ist hervorragend gelungen, Jahrzehnte später auch bei den Aussiedlern. Die Integration der heutigen Flüchtlinge und Migranten ist angesichts deren zumeist völlig anderen sprachlichen und kulturellen Hintergrundes bedeutend schwieriger. Im Gegensatz zu früheren Jahren, in denen von Teilen unserer Gesellschaft »Multi-Kulti« und »Parallelgesellschaften« befürwortet wurden, sowie die Forderung nach Erlernen der deutschen Sprache als »Germanisierung« auf Ablehnung stieß, besteht mittlerweile eine weitgehende Übereinstimmung: Menschen, die auf Dauer zu uns kommen, sollen die deutsche Sprache erlernen und sich möglichst gut bei uns einleben, bei uns eine »neue Heimat« finden.

So gesehen hat der Begriff »Heimat« gegenüber früher sich in seiner Bedeutung gewandelt. »Heimat« wird nicht mehr statisch oder gar völkisch verstanden, als dauerhaft durch Geburtsort, Sprache und ethnische Zugehörigkeit definiert und festgelegt, sondern ist »dynamisch« und offen. Heimat kann – etwa durch Vertreibung und Migration – verloren gehen, aber auch in bisher fremder Umgebung neu erworben werden. Dabei ist der Begriff Heimat vielschichtig. Er kann sich auf die Berufswelt, auf Freunde und Familie, auf Freizeit und Ehrenamt beziehen. Aber »Heimat« ist auch eine geographische »Verortung«. »Heimat« kann sich auf das ganze Land, auf eine Region und Landschaft, aber auch kleinräumig auf Gemeinden und Ortsteile beziehen. So hat der Begriff »Heimat« quasi in konzentrischen Kreisen unterschiedliche geografische Zuordnungen.

Da ist zum einen die nationale Ebene. Es ist anzustreben, dass Menschen aus fremden Kulturen, die dauerhaft bei uns bleiben, sich mit ihrem neuen Heimatland identifizieren und Deutschland als »Heimat« empfinden. Und das gilt natürlich für alle Bürger. Auch wenn wir Deutsche uns angesichts unserer Vergangenheit schwerer als andere Nationen damit tun, so ist dennoch eine Identifikation mit dem eigenen Herkunftsland und auch eine gewisse emotionale Hinwendung dazu in einem weltoffenen, liberalen Deutschland von heute möglich, ja aus vielerlei Gründen sogar geboten – natürlich kein unzeitgemäßer hochfahrender Nationalstolz, der sich chauvinistisch gegenüber anderen Völkern abgrenzt.

Auf regionaler Ebene tun wir Deutschen uns leichter. Allenthalben sind landschaftsbezogene Identitäten zu finden. Menschen begreifen sich als Rheinländer, Hessen, Franken oder Bayern. Bei uns in Baden – gerade auch in Freiburg – ist dieses regional ausgerichtete Heimatbewusstsein recht präsent, auch bei jungen Leuten. Der Begriff »badisch« ist positiv belegt. In aller Regel wird unsere regionale Hymne, das »Badner Lied« mit mehr gefühlsmäßiger Ergriffenheit gesungen als die deutsche Nationalhymne.

Diese regionalen Identitäten haben im Übrigen eine bemerkenswerte Nachhaltigkeit. Ein Blick zu unserem Nachbarn Frankreich: Vor über 200 Jahren sind die altfranzösischen Landschaften abgeschafft und in moderne Departements gegliedert worden. Aber immer noch hat sich im Bewusstsein der Franzosen ein starkes Gefühl zu ihren alten Landschaften, ob Normandie, ob Champagne oder Provence, bis auf den heutigen Tag erhalten. Und in unserer jüngsten deutschen Vergangenheit ist bezeichnend, dass bei der Wende die ahistorischen, nur funktional begründeten Bezirke der DDR fast wie selbstverständlich wieder in die traditionellen alten Landschaften Sachsen, Thüringen, Brandenburg oder Mecklenburg eingegangen sind.

Besonders intensiv empfinden die Menschen ihre unmittelbare Umgebung in ihren nachbarschaftlichen Bezügen, die Stadt und die Ortschaft, in der sie leben, als Heimat. Für jede Gemeinde muss es ein überragendes Ziel sein, nicht nur »Einwohner« zu haben, sondern »Bürger« zu besitzen, die in der Gemeinde verwurzelt sind und sich bürgerschaftlich engagieren und einbringen.

Bei uns in Freiburg sind die Voraussetzungen für eine starke Identifikation der Bürgerschaft mit ihrer Stadt ausgesprochen gut. Die Menschen wohnen gern in Freiburg. Wir haben eine unverwechselbare, historische Innenstadt. Wir haben Vorstädte und Ortsteile mit eigenständigem und liebenswertem Charakter. Dazu kommt eine wunderschöne Landschaft, die Nähe zur Schweiz und zum benachbarten Elsass. All dies ergibt die Gesamtatmosphäre einer Stadt und ein urbanes Flair mit einem liberalen und weltoffenen Bürgertum, um das uns viele beneiden.

Eine gute Stadtpolitik kann wesentlich dazu beitragen, dass Alteingesessene ihr Heimatgefühl zur Stadt bewahren und Neubürger ein solches entwickeln können. Hierzu möchte ich einige Überlegungen einbringen. In diesem Zusammenhang spielt die Städtebaupolitik eine ganz wichtige Rolle. Die Professoren Henry und Suzanne Lennard, die ich durch die internationale städtebauliche Initiative »making cities liveable« seit Jahrzehnten kenne und begleitet habe, hoben stets in ihren Beiträgen hervor, dass die gebaute Wirklichkeit – das »built environement« – eine erhebliche Auswirkung auf das soziale Verhalten der Bewohner habe und indifferente »inhabitants« zu engagierten »citizens« machen kann.

Eine gute Stadt, will man sich mit ihr identifizieren, muss in ihrer ganzen städtebaulichen Erscheinung etwas Besonderes und nicht beliebig Austauschbares sein, vielmehr einzigartig und unverwechselbar. Das Zusammenspiel von Straßen, Gebäuden, Grünflächen und Plätzen muss singulär sein. Für mich waren die Versuche der Sowjetunion abschreckend, einen sozialistischen Prototyp einer Stadt zu schaffen und mithin die moderne Stadt von morgen zu »klonen«. Vielmehr sollte ein städtischer Organismus wie ein Individuum gesehen werden, eine »Seele« besitzen und einen »urbanistischen DNA-Code«, den die Stadtplanung erspüren, entwickeln und pflegen muss.

Dies gilt insbesondere für die Mitte historisch gewachsener Städte. Jeder Kundige kann schon auf den ersten Blick auf dem Stadtplan die eigene Stadt erkennen und identifizieren. Für Freiburg ist dies der Zähringer-Grundriss, der die Stadt seit ihrer Gründung prägt. Nach der Zerstörung im Zweiten Weltkrieg war es ein Glücksfall, dass die damals Verantwortlichen für den Freiburger Wiederaufbau nicht der Versuchung der »Modernisten« erlagen, einen neuen funktionalen, aber völlig ahistorischen Stadtgrundriss zu schaffen. Vielmehr ist aus einer konservativ-bewahrenden Sicht der überlieferte Stadtgrundriss mit seinen Krümmungen und Plätzen die Grundlage des Wiederaufbaus geworden. Damit ist nach der Zerstörung die Identität der Stadt für die Zukunft erhalten geblieben. Dies war seinerzeit keineswegs selbstverständlich. Es gibt manche deutsche Städte, die nach der Zerstörung den historisch überlieferten Grundriss erheblich verändert haben.

Der Wiederaufbau von Freiburg ist auch deshalb so geglückt, weil über die Beibehaltung des alten Stadtgrundrisses hinaus auch die kleinparzellierte Maßstäblichkeit der Bebauung weitgehend erhalten blieb. Bei allen Veränderungen im Detail blieb somit der Gesamtcharakter der Freiburger Altstadt erhalten.

So wurde das vertraute Bild der Stadt nach der Zerstörung wiedergewonnen, Freiburg behielt seine Identität. Die Identität einer Stadt hängt in hohem Maße von wichtigen identitätsstiftenden Gebäuden ab. In Freiburg ist dies zuallererst und in ganz herausragender Weise unser Münster. Jenseits aller Konfessionen ist es für die gesamte Bürgerschaft das Wahrzeichen und die kulturelle Mitte unserer Stadt. Wie durch ein Wunder blieb es beim Bombenangriff am 27. November 1944 nahezu unversehrt. Wenn unser Münster zerstört und dann nach dem Krieg durch ein modernes Kirchengebäude ersetzt worden wäre, Freiburg wäre nicht das, was es heute ist. Wenn über Nachhaltigkeit in diesem Buch geschrieben wird, so muss betont werden, dass es nichts Nachhaltigeres in unserer Stadt gibt als dieses Münster. Es ist für die Stadtplanung bezeichnend, dass es aus Respekt vor diesem überragenden

Die Rathäuser in der Altstadt – identitätsstiftend für die Bürgerschaft

Baudenkmal und Gotteshaus eine Höhenbegrenzung im engeren Bereich der Altstadt gibt und dass viele Straßen so konzipiert sind, dass durch die Straßenfluchten weithin das Münster sichtbar wird. Wenn man zum Beispiel von der Habsburger Straße von Norden in die Stadtmitte zu fährt, erblickt man schon von weitem den Münsterturm als das Herz unserer Stadt und fühlt sich »daheim«.

Aber auch andere wichtige Bauten tragen dazu bei, dass den Bürgern ihre Stadt vertraut ist. So war es den Verantwortlichen der Stadt nach dem Kriege wichtig, dass die zerstörten Gebäude in ihrer gewohnten Gestalt wiederaufgebaut wurden, sei es das Rathaus oder das Theater. Es ist bezeichnend für den hohen emotionalen Stellenwert des Freiburger Theaters, dass es noch Ende 1949 wieder für die Bürgerschaft geöffnet wurde. Freiburg war seinerzeit die erste Stadt, die ein im Krieg zerstörtes Theater wiederaufgebaut und eröffnet hat, längst bevor die dringenden Probleme der Wohnungsnot auch nur annähernd gelöst worden waren.

Es ist auch ein Glücksfall, dass die staatlichen Planer, die im Gegensatz zu den städtischen Kollegen die »Modernisten« waren, zumindest in der Altstadt den Wiederaufbau mit der Rekonstruktion der identitätsstiftenden Gebäude betrieben. Das war früh bei der Alten Universität und ihrer Kirche, das war beim staatlichen Regierungsgebäude »Basler Hof« und beim Wiederaufbau des zerstörten Kollegiengebäude I so. Hier war es Horst Linde, der sich gegen den Widerstand des damaligen Rektors durchsetzte, welcher unbedingt an Stelle des wertvollen Jugendstilgebäudes von Hermann Billing einen modernen Zweckbau haben wollte. Beim Aufbau des Institutsviertels, das deutlich die Handschrift der modernen Architekten trägt, ist jedoch der Unterschied zu den traditionellen städtischen Architekten sichtbar.

Auch in späteren Jahren ist in der Altstadt eine Reihe von kriegsbedingten Baulücken geschlossen worden. Vielfach hat sich der Neubau an den Vorgängerbauten vor der Zerstörung orientiert, zumindest in deren von außen sichtbaren Fassaden. Dies ist im Bereich der Salzstraße das Sickinger Palais und die Deutsch-Ordens-Kommende, auf dem Münsterplatz das wieder errichtete Kornhaus. Am Rathaus ist die Gerichtslaube wieder neu erstanden. Dies ist dem bürgerschaftlichen Engagement zu verdanken, war aber in der Politik sehr umstritten. All diese Bauten haben dazu beigetragen, dass die Bürgerschaft die im Krieg zerstörte Stadt wiedererkennt und an derartigen Gebäuden auch ihre Identität bewahren konnte. Diese Überlegungen entsprechen sehr der polnischen Denkmalpflege. Ich finde es bewundernswert, wie die Polen in wirtschaftlich äußerst schwierigen Zeiten ihren Städten, insbesondere Warschau, nach den schlimmen Zerstörungen durch die Nazibarbarei die Identität erhalten haben, indem sie das Alte so wieder aufbauten, wie sie es vor der Zerstörung gekannt hatten. Dies entspricht aber keineswegs den modernen Strömungen unserer deutschen Denkmalpflege, die grundsätzlich Rekonstruktionen ablehnt. In letzter Konsequenz hätten dann aus dieser Sichtweise all die Bauten, ob Rathaus, ob »Basler Hof«, ob Theater, und Alte Universität nicht so wiederaufgebaut werden dürfen, wie wir Freiburger sie heute schätzen. Es wären stattdessen moderne Zweckbauten entstanden.

Dem Wiederaufbau von historisch wichtigen Bauten steht allerdings der Abriss mancher wichtigen Gebäude in der Zeit der »Modernisten« entgegen. Dies war in vielen deutschen Städten so. Bisweilen ist in überspitzter Form geäußert worden, dass städtische Baupolitik nach dem Kriege vielerorts eine zweite Zerstörung unserer Städte bewirkt hat.

Auch in Freiburg herrschte damals dieser Zeitgeist. Die Furcht vor einer zweiten Zerstörung der Stadt, – diesmal nicht durch Bomben, sondern durch Planer und Architekten – führte 1967 zur Gründung der Arbeitsgemeinschaft Freiburger Stadtbild. Trotzdem hat es auch in Freiburg entsprechende Abrisse gegeben. Ich nenne das wertvolle Neorenaissancegebäude des Rotteck-Gymnasiums und das bemerkenswerte Baudenkmal des alten Gewerkschaftshauses vor dem Schwabentor – für beide Bauten wurden Betonbauten im Stil der neuen Zeit errichtet. Mit jedem dieser Abrisse ist ein Stück Vertrautheit, ein Stück Heimat zerstört worden.

Ich bin sehr froh, dass in der Zeit, als ich Bürgermeister wurde, ein Umdenken stattfand. Zu meinem Amtsantritt gab es noch weitere »Abriss-Kandidaten« (Knopfhäusle, Funker- und Artilleriekaserne, ja sogar die imponierende Karls-Kaserne am Siegesdenkmal). All diese Gebäude konnten gehalten werden. Heute würden manche der früher abgerissenen Gebäude durch eine höhere Bewertung des Denkmalschutzes wohl nicht mehr weichen müssen.

Natürlich bedeutet die hier vertretene Auffassung nicht, dass eine »Käseglockenpolitik« betrieben werden muss. Jede Generation hat den berechtigten Anspruch, durch Bauten mit der Architektursprache ihrer Zeit das Stadtbild zu bereichern und fort zu entwickeln. So ist es immer wieder geboten, dass es zu einem Austausch zwischen alter und neuer Bausubstanz kommt. Aber im Sinne eines konsequenten Denkmalschutzes müssen die Bauten, die wegen ihrer Qualität, ihrer baugeschichtlichen Bedeutung über die Generationen hinweg erhalten werden sollten, dauerhaft geschützt und gepflegt werden. In der Praxis muss konkret entschieden werden, welche vorhandenen Gebäude durch einen Abriss disponibel sind und einem Neubau weichen dürfen. Diese Abwägung ist nicht immer konfliktfrei. Ich habe erlebt, dass der Abriss denkmalpflegerisch unbedenklicher Bausubstanz wie beim Schwarzwaldhof oder Dreisam-Eck mit dem Begriff »Vernichtung preiswerten Wohnraumes« erheblichen politischen Zündstoff hatte.

Neue Baumaßnahmen sollten zwar die Formensprache ihrer Zeit sprechen, aber durchaus in einer Zuwendung zum vorgefundenen Ort auf die Maßstäblichkeit und das städtebauliche Umfeld reagieren. Vor allen Dingen sollten gute Bauten eine gute Architektur besitzen, also möglichst wenig »Bauten von der Stange«, die austauschbar und damit anonym sind. Stattdessen sollten die Gebäude die individuelle Handschrift des Architekten tragen. So halte ich die jüngste Baumaßnahme, die eine der letzten kriegsbedingten Baulücken geschlossen hat, nämlich den Wiederaufbau des Andlauschen Hauses, für ausgesprochen gelungen. Ein Gegenbeispiel war für mich die an Stelle des Rotteck-Gebäudes geschaffene kalte Betonorgie der Universitätsbibliothek, die noch nicht einmal den bautechnischen Anforderungen eines dauerhaften Werkes entsprochen hat. Der dann anschließend verwirklichte Neubau des Basler Architekten Heinrich Degelo hat sicherlich eine hohe architektonische Qualität, sprengt aber als fremdartig wirkender Solitärbau die Dimensionen seiner Umgebung. Das eine Generation zuvor geschaffene Kollegiengebäude II von Otto E. Schweizer ist ein, wie ich finde, zeitlos moderner Bau von großer Qualität. Ganz begeistert bin ich über den faszinierenden Neubau des großen Rundlings des Technischen Rathauses an der Fehrenbachallee. Entscheidend ist, dass zu jeder Zeit sich bemüht wird, gute Architektur zu bauen, die nicht mit einer Laufzeit von einigen Jahrzehnten versehen ist, sondern in sich die Möglichkeit hat, auch als »Denkmal« und als Zeitzeugnis der jeweiligen Architektur mit einem hohen Anspruch das Stadtbild zu bereichern und auch für künftige Generationen Vertrautheit und Identifikation zu schaffen.

Über die Gebäude hinaus ist es aber auch die Gesamterscheinung einer Stadt, die Gefühle von Heimat fördern kann: die vertraute Konfiguration von Plätzen, Grünflächen, Natur. So spielt der »öffentliche Raum« eine ganz wichtige Rolle. Er darf nicht durch Kommerz privatisiert werden oder im Rahmen einer autogerechten Stadt zu Parkplätzen verkommen. Die Stadtpolitik muss darauf achten, dass der »öffentliche Raum« tatsächlich von allen seinen Bürgern genutzt werden kann und für die gesamte Bürgerschaft zugänglich ist. So ist in Freiburg die Schaffung der Fußgängerzone vor nunmehr fast 50 Jahren ein Meilenstein in dieser Entwicklung gewesen. Die Tatsache, dass diese früher ausschließlich dem Kfz zugeordnete Straße nunmehr für den Fußgänger, für die Bürgerschaft wieder zurückgewonnen wurde, war ein Signal für einen Kurswechsel der gesamten Politik.

Dies gilt allgemein für unsere öffentlichen Plätze. Als ich 1971 in den Gemeinderat kam, war der nördliche Teil des Münsterplatzes ein allgemein zugänglicher ebenerdiger Parkplatz für die Innenstadt. Versuche, ihn »blechfrei« zu machen, waren noch Ende der 1960er-Jahre gescheitert. Im Gegenteil, in dieser Zeit stellte die Stadt sogar noch neue Parkuhren auf. Ich habe dann 1973 zusammen mit den Stadträten Bernd Waldmann (SPD) und Edith Goldschagg (FDP) einen interfraktionellen Antrag gestellt, dem dann die Mehrheit des Gemeinderates folgte und gegen den damaligen Widerstand der Verwaltung erzwang, dass seither dieser wunderschöne Platz tatsächlich auch von der Bürgerschaft für Begegnungen und Kontakte genutzt werden kann. Es ist ganz wichtig, dass die übrigen öffentlichen Plätze diese identitätsstiftende Funktion für die Bürgerschaft dauerhaft behalten: ob in der Innenstadt der Rathausplatz, der Augustinerplatz, der Kartoffelmarkt und der Adelhauserplatz oder in den einzelnen Ortsteilen Bereiche wie das Anna-Plätzle in der Wiehre oder der Herdermer Kirchplatz. All diese öffentliche Fläche muss der Bürgerschaft zur Verfügung stehen und prägt unser Bild von der Freiburger Innenstadt. Ich habe es sehr bedauert, dass Ende der 1960er-Jahre der Karlsplatz im Norden der Altstadt mit dem »Karlsklotz« zugebaut und damit faktisch als öffentliche Fläche der Bürgerschaft entzogen wurde.

Natürlich haben auch das öffentliche Grün und Parkanlagen einen hohen Stellenwert für die Bürgerschaft, sie müssen zugänglich und betretbar sein. Ob der Colombi-Park in der Innenstadt oder der Stadtgarten, ob im Osten der Konrad-Günter-Park oder im Westen Anlagen wie der Seepark, der Eschholzpark, der Stühlinger Kirchplatz oder die Dietenbachanlage. Sie alle müssen in einem demokratischen Gemeinwesen von der Bürgerschaft in Besitz genommen werden können. Auch das kleinere innerörtliche Grün, das in Privateigentum ist, sollte als grüne Lunge der einzelnen Stadtteile möglichst

Der tägliche Münstermarkt, wo die Freiburger sich treffen

erhalten bleiben und nicht zugebaut werden. Es hat bereits in allen historisch gewachsenen Vororten eine sehr intensive Nachverdichtung stattgefunden. Hier gibt es Grenzen, die nicht überschritten werden sollen, will man das Flair dieser Stadtteile dauerhaft erhalten.

Identifizierung schaffen aber auch im Straßenbild Denkmäler und die Kunst am Bau. So war es richtig, dass Freiburg am Siegesdenkmal festgehalten hat. Auch wenn die »völkische Siegeseuphorie« nach dem Deutsch-Französischen Krieg 1870/1871 aus jenen Tagen nicht mehr in die Landschaft der deutsch-französischen Freundschaft passt, ist dieses Denkmal ein Stück Freiburger Geschichte und sollte es dauerhaft bleiben. Das Siegesdenkmal gehört zu Freiburg wie etwa Bertold Schwarz am Rathausplatz, der Bertoldsbrunnen in der Stadtmitte oder der Fischbrunnen auf dem Münsterplatz. Und jede Generation bringt auch selbst immer wieder neue Denkmäler oder Kunst am Bau hervor, die im Bewusstsein der Bevölkerung sich dauerhaft verankert. Dies gilt für »die Liegende« von Henry Moore vor der Universität oder für den »Gartenschlauch« von Claes Oldenburg im Stühlinger. Beide sind zum dauernden Bestandteil unsres öffentlichen Raumes geworden und im Bewusstsein unserer Bevölkerung verankert.

Und dann gibt es für uns Freiburger noch anderes Unverwechselbares in der Innenstadt. Das sind die Bächle und das Kiesel-Pflaster. Auch die Bächle wollten seinerzeit fortschrittliche Planer als unzeitgemäßes und unpraktisches

Die Freiburger Bächle, ein Erkennungszeichen unserer Innenstadt.

Relikt aus dem Mittelalter aus dem Stadtbild verschwinden und verdohlen lassen. Wie schön, dass dies verhindert werden konnte. Wie symbolträchtig für Freiburg die Bächle sind, kommt in der populären Person des Bächle-Putzers zum Ausdruck, der sogar im Rahmen des Stadtjubiläums den Status eines Botschafters erhalten hat.

Und auch das besondere Freiburger Pflaster, das aus gespaltenen Rheinkieseln in Ornamenten und kunstvoll zusammen gesetzten Wappen, geschaffen wird, ist etwas ganz Spezifisches. Es wird von vielen Touristen bewundert. Meine angelsächsischen Freunde aus den USA und Großbritannien haben diesem Pflaster den Ehrentitel »Carpet« (Teppich) gegeben. Die Zukunft der weiteren Pflege dieser Tradition war gefährdet. Es gab keinerlei ausgebildete Handwerker mehr, um diese Tätigkeit fortzuführen. Es ist das Verdienst des Freiburger Tiefbauamtes, das in jenen Jahren einen Ausbildungsgang zum Straßenpflasterer speziell in diesem Amt installierte und damit die Fortsetzung dieser so sympathischen Tradition für die Innenstadt bewahrte. Es sind Männer wie Hans Geiger oder Bernhard Spägele, die sich dauerhaft große Verdienste erworben haben.

Diese bisherigen Überlegungen, die sich vor allem auf die Innenstadt bezogen haben, gelten natürlich gleichermaßen für alle Ortsteile Freiburgs. Es ist sehr wichtig, dass im Rahmen einer dezentralen Stadtpolitik die einzelnen Stadtteile ein besonderes Selbstwertgefühl haben. Daher ist die Förderung von Bürger- und Lokalvereinen in den verschiedenen Stadtteilen, aber auch die pflegliche Beachtung der Ortschaftsverfassung für die in den 1970er-Jahren eingemeindeten neuen Ortsteile für die Gesamtstadt wichtig und unumgänglich. Ganz wichtig ist die grundsätzlich dezentrale Ausrichtung einer Stadtpolitik. Hierzu gehört die Umsetzung einer Stadt der kurzen Wege, die nicht nur unter Umwelt- und Verkehrsgesichtspunkten betrieben werden sollte, sondern auch deshalb, weil mit ihr das nachbarschaftliche Miteinander, die persönlichen Bindungen und damit auch das Entstehen eines Gefühls von »Heimat« sehr stark befördert werden kann. So ist es wichtig, dass unsere Kinder und Jugendlichen bei einer Stadt der kurzen Wege fußläufige Entfernungen zu den Einrichtungen haben, und nicht etwa mit Autos zu den Spielplätzen, den Kindergärten, in die zentralen Bildungsstätten befördert werden müssen. Die Politik der kurzen Wege gehört zu den Eckpunkten einer Stadt. Wenn Kinder »selbstbestimmt« sich zu Fuß, per Fahrrad oder mit öffentlichem Personennahverkehr in ihrer Nachbarschaft bewegen können, so sind sie nicht auf den Kfz-Transport durch »Helikoptereltern« angewiesen. Diese Selbstbestimmtheit von Kindern und Jugendlichen in der nicht autodominierenden Stadt ist von erheblicher Bedeutung in der Erziehung junger Menschen und natürlich fördert es das Miteinander von Freunden und Spielgefährten, gibt Heimat und Vertrautheit. All das wirkt auch dem zunehmenden Trend entgegen, wie etwa in Amerika mit großem Schrecken zu beobachten ist, dass sich immer mehr Jugendliche und Kinder daheim hinter ihren PCs und elektronischen Spielen verbergen.

Alte Menschen, die nicht mehr in ihrer eigenen Wohnung leben können, sollten möglichst nicht in eine weit entfernte zentrale Einrichtung oder ein Seniorenheim im Grünen ziehen müssen, sondern in eine Einrichtung in ihrem vertrauten Stadtteil kommen. Wenn also Seniorenheime oder Angebote im betreuten Wohnen im Rahmen einer dezentralen Stadtpolitik auf einzelne Stadtteile verstreut eingerichtet werden, so können mehr Menschen in ihrer vertrauten Umgebung leben, intensiver ihre bisherigen persönlichen Beziehungen pflegen. Alte Bäume sollen möglichst nicht verpflanzt werden.

Und Begegnungsmöglichkeiten und »Cafés um die Ecke« sind wichtig. Der Schlager von Peter Alexander mit der kleinen Kneipe um die Ecke drückt dieses spezielle Lebensgefühl sehr treffend aus. Auch dies vermittelt Heimat. Das gesamte Zentren- und Märkte-Konzept trägt zu einer dezentralen Stadtentwicklung bei. Durch das Märkte-Konzept sollen möglichst in allen Stadtteilen die Dinge des täglichen Bedarfes per Fuß erledigt werden können. Dies ist aus verkehrspolitischen Gesichtspunkten richtig, da unnötiger Verkehr vermieden wird. Dies ist aus sozialen Erwägungen wichtig, da viele Menschen kein Auto haben. Aber dadurch wird auch das Gefühl von Vertrautheit und Heimat gefördert, indem durch mehr Möglichkeiten der täglichen Begegnung häufig persönlicher Kontakt stattfinden kann und ein Nachbarschaftsgefühl der Zusammengehörigkeit gefördert wird.

Wenn die Bürger sich für ihre Stadt engagiert einsetzen sollen und die Gemeinde, in der sie leben als »Heimat« empfinden, dann ist es auch notwendig, dass sie sich in das Geschehen der örtlichen »Heimat« einbringen, von der Stadt gehört und von der Stadt ernst genommen werden. Somit ist das ganze Spektrum der Bürgerbeteiligung von herausragender Bedeutung. Das gilt über die Pflege der Ortschaftsverfassung und die Förderung der traditionellen lokalen Ortsvereine hinaus für alle am Gemeinwohl orientierten Bürgerinitiativen und Aktivitäten. Es ist wichtig, dass die Stadt für die Bürgerschaft Informationsveranstaltungen anbietet.

Das breit gefächerte Netz von bürgerschaftlichen Beteiligungen hat sicherlich heute gegenüber früheren Jahren zugenommen. Dies ist gut so und kann dazu beitragen, der zunehmenden Politikverdrossenheit entgegen zu wirken. Zu meiner Zeit waren diese Instrumentarien noch nicht so fein entwickelt wie heute. Allerdings gab es auch damals schon erfolgreiche Versuche der Bürgerbeteiligung. Und ich selbst habe auch gerne von dieser Möglichkeit Gebrauch gemacht, weil ich unabhängig von den begründeten Erwartungen der Bürger, ihre Meinung zu Gehör zu bringen, schon allein aus der Sichtweise der Verwaltung es als sehr nützlich empfand, damit eine Art »Frühwarnsystem« zu entwickeln, welches vor Fehleinschätzungen bewahren kann.

Bei dem Thema Bürgerentscheid gilt es abzuwägen. Einerseits können derartige Voten teilweise sehr spontan aus kurzfristigen Sichtweisen und Emotionen zu Stande kommen, also sich auch im Nachhinein als falsch erweisen. So wäre das Konzerthaus Freiburg nie gebaut worden, wenn der Bürgerentscheid, der ja mehrheitlich zu einer Ablehnung des Konzerthauses kam, das erforderliche Quorum gehabt hätte. Und ich bin mir auch nicht sicher, ob seinerzeit bei einem Bürgerentscheid zur B 31 nicht die Freiburger Bürgerschaft insgesamt diese Planung abgelehnt hätte. Beide damals strittigen Punkte haben, so meine ich, heute allerdings eine deutliche Mehrheit in der Bürgerschaft, sodass wir froh sein können, dass diese Dinge verwirklicht worden sind. Andererseits haben Bürgerentscheide aber auch eine hohe demokratische Legitimation für wichtige Weichenstellungen einer Stadt. Sie können in demokratischer Weise für höchst kontroverse und strittige Diskussionen einen Schlusspunkt setzen. So war dies beim Ausbau des Sportstadions oder bei der Planung eines neuen Stadtteils Dietenbach. Und man kann von Glück sagen, dass durch einen Bürgerentscheid der Beschluss des Freiburger Gemeinderats, das städtische Wohnungseigentum zu verkaufen, gestoppt wurde. So ist bei allen Risiken in der Gesamtabwägung sicherlich das Instrument eines Bürgerentscheides sehr sinnvoll, um in wichtigen Fragen der Stadtentwicklung den Bürgern eine unmittelbare Einflussnahme zu sichern. Die benachbarte

Schweiz gibt uns da ein gutes Beispiel. Da dieses Instrumentarium nur bei wenigen seltenen, wichtigen Entscheidungen eingesetzt wird, bedeutet es keine Entmachtung des demokratisch gewählten Gemeinderats, der ja ohnehin Tag für Tag für die große Mehrheit der anstehenden Fragen zuständig bleibt. Jedenfalls stärkt ein bunt gefächerter Strauß von bürgerschaftlichen Mitwirkungsrechten das emotionale Band der Bürger zu ihrer Stadt, stärkt das Gefühl, dass es ihre Stadt ist, in der sie sich auch zu Wort melden und mitwirken können.

Es gibt noch viele weitere Aspekte, die diese Bindungen verstärken können. Aus meiner Sicht ist wichtig, dass Menschen, die Eigentum an Häusern oder Wohnungen haben, eine zusätzliche Bindung zu ihrer Stadt entwickeln. Angesichts der dramatisch gestiegenen Preise auf dem Immobilienmarkt in Freiburg ist es schwierig, wenn nicht unmöglich, preisgünstige Wohnungen zu mieten oder gar Eigentum zu erwerben. Es ist aber wichtig, dass Menschen möglichst dauerhaft in ihrer Nachbarschaft wohnen können, wenn sie das wünschen.

Dies bedeutet, dass die Stadt selbst in ihrem Wohnungsbestand oder auch die Baugenossenschaften möglichst vielen Menschen die Möglichkeit geben sollten, preisgünstig und dauerhaft zu wohnen. Daher wäre der Verkauf städtischer Wohnungen ein verhängnisvoller Fehler gewesen. Wenn man auf den Wohnungsmarkt Einfluss nehmen möchte, und das ist sicherlich für eine Stadt mit der Situation, wie sie in Freiburg herrscht, geboten, so kann dies nur bedeuten, dass über zusätzlichen aktiven Wohnungsbau auf dem Wohnungsmarkt das Ungleichgewicht durch eine städtische aktive Baupolitik behoben werden sollte.

Neben der Verantwortung einer städtischen Politik zugunsten preisgünstiger Miet-Wohnungen muss es ein Interesse der Stadt sein, dass möglichst viele Menschen Wohnungseigentum erwerben können. Daher war es unser Ziel bei der Entwicklung der neuen Stadtteile Rieselfeld und Vauban, darauf gezielt Einfluss zu nehmen, insbesondere auch junge Baugruppen zu fördern.

Das Fazit ist: Auch wenn wir heutzutage in einer mehr und mehr mobilen Gesellschaft leben, so fördert die Verwurzelung von Menschen in ihrer Nachbarschaft natürlich die Dauerhaftigkeit eines Mietverhältnisses oder gar den Erwerb von Eigentum. Menschen, die seit vielen Jahren mit ihrer Nachbarschaft verbunden sind, betrachten sie eher als »Heimat« und bringen sich bürgerschaftlich ein.

Alles was die Menschen zusammenbringt, fördert das Gemeinschaftsgefühl. Dazu gehören auch die örtlichen Hocks, Nachbarschafts- und Vereinsfeste und natürlich auch das Feiern für die ganze Stadt. Das gilt für ein Ereignis wie 1986 die Landesgartenschau. Das gilt für Feste, die eine bestimmte Tradition haben und im Bewusstsein der Bevölkerung verankern, wie zum Beispiel das Schlossbergfest. Es ist richtig, dass es wiederbelebt wird. Entscheidend ist, dass nicht nur ein kleiner ausgewählter Kreis daran beteiligt ist, sondern ein Gemeinschaftserlebnis entsteht, das Jung und Alt, Arm und Reich verbindet. Deshalb gefällt mir das Motto des Stadtjubiläums, das die gesamte Bürgerschaft anspricht, sehr gut. Solche generationsübergreifende Gemeinschaftserlebnisse und Identitäten können etwa auch durch Dinge wie den Sport verstärkt und geprägt werden. Für die Gelsenkirchener Bevölkerung ist der Traditionsverein Schalke 04 in hohem Maße identitätsstiftend. In den letzten Jahrzehnten hat das bei uns in Freiburg auch die Erfolgsgeschichte des Sport Clubs bewirkt, der viele Freiburger miteinander verbindet. Dies zu fördern, ist auch Angelegenheit der Rathauspolitik. Dem dient zu Recht der Neubau des Sportstadions im Freiburger Westen.

Im Ergebnis muss immer das Ziel vor Augen bleiben, dass möglichst viele Bürger sich so in einer Stadt zu Hause fühlen, dass sie sie als »Heimat« begreifen und bereit sind, sich mit Engagement und Interesse für das Gemeinwohl einzubringen. Wie gut das in einer Stadt wirklich gelingt, hängt von vielerlei Gründen ab. Aber eine kluge Rathauspolitik, ein reichhaltiges kulturelles und soziales Leben, ein vielfältiges Angebot von Vereinen und Initiativen und eine vorausschauende Städtebaupolitik können entscheidend dazu beitragen.

III. Der Weg zur ökologischen Verkehrspolitik

Ausbau des Nahverkehrs in Stadt und Region

Martin Haag | Uwe Schade

Freiburg und die Stadtbahn

Freiburg gilt als Beispiel für eine besonders umweltfreundliche kommunale Verkehrspolitik. Der konsequente Ausbau des Stadtbahnsystems sowie die enge Verzahnung mit der Siedlungsentwicklung sind dabei wesentliche Erfolgsfaktoren. Die Straßenbahn oder die modernere Stadtbahn hat in den letzten Jahrzehnten in vielen Städten Europas eine enorme Erfolgsgeschichte erfahren. Bestehende Systeme wurden um- und ausgebaut oder ganz neu eingeführt. Nach heutigem Verständnis sind Schienenverkehrssysteme unverzichtbar, um den Gesamtverkehr in einer größeren Stadt abwickeln zu können (Abb. 1).

Freiburg setzte besonders früh und besonders konsequent auf die Straßenbahn. Früh meint dabei nicht die Eröffnung der ersten Strecke der historischen Straßenbahn im Jahr 1901. Dies war nicht ungewöhnlich. Jede größere europäische Stadt nahm zu dieser Zeit Straßenbahnen in Betrieb. Besonders früh meint vielmehr das Umdenken nach der Entwicklung der Massenmotorisierung, die in Deutschland in den 1950er- und 1960er-Jahren begann und in den 1970er-Jahren zu so unerträglichen Zuständen geführt hatte, dass es nach und nach zu einer Änderung der Verkehrspolitik kam.

Diese Probleme traten in allen Großstädten auf und es entstand eine Gegenbewegung zur autogerechten Stadt mit dem Ziel, den Autoverkehr zu reduzieren. Die Großstädte begannen, Fußgängerzonen einzurichten und S- sowie U-Bahnen zu bauen. Für Städte mittlerer Größe, zu denen Freiburg in den 1970er-Jahren mit etwa 170 000 Einwohnern gehörte, war diese Entwicklung aber nicht selbstverständlich. Hier wurden die Straßenbahnen meistens zurückgebaut, oft sogar ganz stillgelegt. Die Straßenbahn hatte kein gutes Image: zu langsam, zu unflexibel, zu teuer.

Auch Freiburg hatte seine »Straßenbahnkrise«. Beschädigt im Zweiten Weltkrieg und in finanziell schwieriger Situation wurden bis Mitte der 1960er-Jahre drei Straßenbahnstrecken stillgelegt. Aus verschiedenen Gründen – das rasche Stadtwachstum und die früh einsetzende Umweltbewegung – verwarf die Stadt die ausführlich diskutierte Umstellung auf den Busverkehr Anfang der 1970er-Jahre jedoch wieder. Sie verknüpfte den Beschluss zum Erhalt der Straßenbahn schließlich sogar mit einem Beschluss zum Ausbau des Strecken-

Abb. 1   Moderne Freiburger Stadtbahn (»Urbos«) in der Altstadt

netzes und zu einer Weiterentwicklung hin zu einem leistungsfähigen Stadtbahnsystem.

Als Resultat dessen wurde 1983 die erste neue Strecke in Betrieb genommen, mit der eine außergewöhnliche Erfolgsgeschichte begann. Im Takt von wenigen Jahren wurden in Freiburg Stadtteile mit neuen Stadtbahnstrecken erschlossen: 1983 Betzenhausen und Lehen, 1985 Landwasser, 1986 der Bereich Klinikum, 1994 Weingarten, 1997 Rieselfeld, 2004 Haslach, 2006 Vauban, 2014 Zähringen und 2016 der Stadtteil Mooswald mit der Stadtbahn Messe. Als jüngstes Projekt wurde schließlich im Frühjahr 2019 die Stadtbahn durch die Unterwiehre und über den Rotteckring durch die westliche und nördliche Innenstadt in Betrieb genommen. Innerhalb von rund 35 Jahren wurde ein Großteil des Stadtgebiets an die Schiene angebunden. Heute wohnen mindestens 80 Prozent der Bevölkerung weniger als 500 Meter von einer Haltestelle entfernt (Abb. 2).

Für eine Stadt in der Größe von Freiburg mit circa 230 000 Einwohnern und einer vergleichsweise kompakten Siedlungsstruktur ist die Stadtbahn perfekt geeignet, um eine sehr gute ÖPNV-Erschließung zu wirtschaftlich vertretbaren Kosten zu erreichen.

Ausschlaggebend für den Erfolg war dabei auch die Fortentwicklung von der klassischen Straßenbahn zur modernen Stadtbahn. Kennzeichnend für diese Entwicklung der baulichen Infrastruktur ist insbesondere ein eigener Gleiskörper, auf denen die Stadtbahnen unabhängig vom Autoverkehr unterwegs sind, Bevorrechtigungen an Ampelanlagen sowie gut ausgestattete, barrierefreie Haltestellen. Daher wurden neben den oben beschriebenen Neubaustrecken nach und nach auch die meisten der bestehenden Strecken in Freiburg auf dieses Niveau ausgebaut.

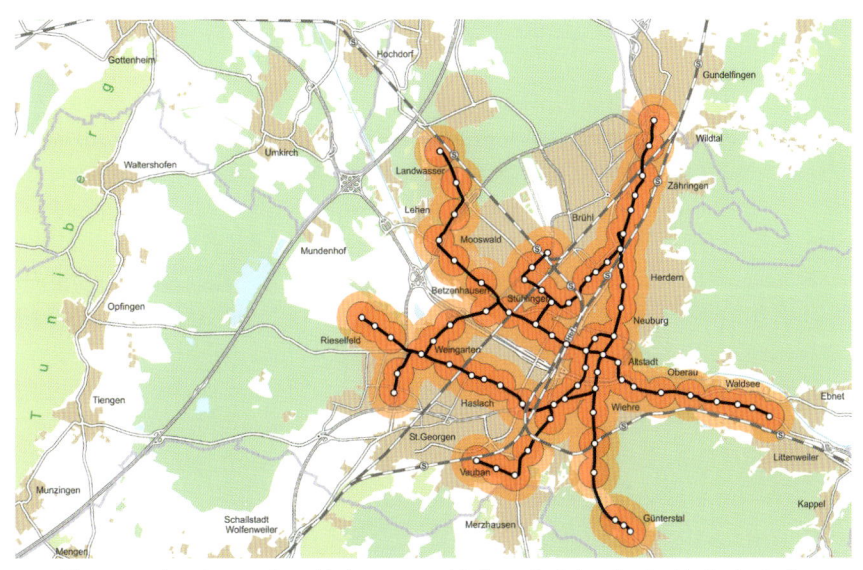

Abb. 2   Stadtstruktur und Stadtbahnnetz: Erschließungsfunktion der Stadtbahn im Radius von 300 m bzw. 500 m um die Haltestellen

Ein weiterer Vorteil des Systems Stadtbahn ist es, dass es sich sehr flexibel an die unterschiedlichsten Anforderungen anpassen kann. Während grundsätzlich so viel eigener Gleiskörper wie möglich zum Erreichen kurzer Fahrzeiten angestrebt wird, wurden in Freiburg auch angepasste Lösungen mit straßenbündigem Gleiskörper umgesetzt, bei denen der Vorrang für die Stadtbahn auf anderen Wegen erreicht wird. Und im Ergebnis entstehen dann attraktive Stadträume mit ÖPNV wie zum Beispiel in der Ortsmitte Haslach oder am Rotteckring (Abb. 3 und 4).

Abb. 3   Eigener Gleiskörper als Rasengleis – die Musterlösung bei Verfügbarkeit der Flächen

Abb. 4   Straßenbündiger Gleiskörper im Stadtteilzentrum

Stadtentwicklung und Stadtbahnausbau nach Westen

In Freiburg blieb in den 1960er-Jahren nach einigen Streckenstilllegungen nur noch ein Rumpfnetz der Straßenbahn übrig. Dieses Rumpfnetz konzentrierte sich auf das innere, historische Stadtgebiet. Die intensive Siedlungserweiterung ab den 1960er-Jahren fand geografisch bedingt im Westen statt, denn der Osten der Stadt grenzt unmittelbar an die Schwarzwaldhänge.

Schon im Generalverkehrsplan 1969 war ein Trassenkorridor für eine neue Stadtbahnstrecke festgelegt worden, welche die neuen Stadtteile im Westen möglichst zeitnah mit deren Aufsiedelung erschließen sollte. Die neuen Wohngebiete sollten mit der Innenstadt und dem dort bestehenden Stadtbahnnetz auf kürzestem Wege verbunden werden, trotz einer dafür notwendigen aufwendigen Querung der Bahngleise am Hauptbahnhof. Lange wurde diskutiert, ob diese Querung ober- oder unterirdisch erfolgen sollte. Die anfangs bevorzugte Lösung in Tieflage wurde schließlich aus finanziellen, aber auch aus städtebaulichen Gründen zugunsten einer Brückenlösung aufgegeben. Zum Glück, denn die attraktive Stadtbahnbrücke ist auch heute noch das Herz des ÖPNV-Systems von Stadt und Region.

Die insgesamt 5,7 Kilometer lange neue Stadtbahnstrecke wurde in zwei Abschnitten bis 1985 fertiggestellt. Sie erschließt die meisten der heute insgesamt rund 24 000 Einwohner der Stadtteile Betzenhausen, Lehen und Landwasser. Dank vollständiger Anlage auf einem eigenen Gleiskörper sowie Bevorrechtigungen an den Ampelanlagen führt sie in erstaunlich kurzer Fahrzeit von etwa 15 Minuten vom äußeren Ende bis in das Zentrum der Innenstadt.

Hieran zeigt sich besonders gut der Übergang von der Straßenbahn zur Stadtbahn, zu einem modernen, schnellen Verkehrsmittel also, dass bei Fahrzeit und Komfort mit dem Kfz-Verkehr mithalten kann.

Rieselfeld und Vauban – Beispiele für Integration von Stadt- und Verkehrsplanung

Beflügelt von den ersten Erfolgen der umweltorientierten Verkehrspolitik und angetrieben von einer bundesweiten Diskussion über die negativen Folgen des Autoverkehrs beschloss der Freiburger Gemeinderat 1989 eine Gesamtverkehrskonzeption mit dem Ziel, die umweltfreundlichen Verkehrsträger zu fördern, um eine Alternative zur Nutzung des Autos zu bieten.

Dieses Ziel im Hinterkopf begannen 1991 die Planungen für den neuen Stadtteil Rieselfeld im Freiburger Westen, der etwa 10 000 Einwohnern Platz zum Wohnen geben sollte. Naheliegend war, dass als eine Bedingung für den städtebaulichen Wettbewerb eine zentrale Erschließung über die Stadtbahn

quasi als »Rückgrat« für die Bebauung definiert wurde. Alle Bewohner sollten in einem Abstand von höchstens 400 Metern entfernt von einer Haltestelle wohnen, was einer Gehzeit von etwa fünf bis sieben Minuten entspricht.
Die Durchführung als eine einheitliche Erschließungsmaßnahme machte es möglich, dass die Stadtbahn nur ein Jahr nach Einzug der ersten Bewohner im Jahr 1997 in Betrieb ging. Seinerzeit lebten gerade einmal etwa 1000 Einwohner im Rieselfeld. In gewissem Sinne ging die Stadt also in Vorleistung, um den neuen Bewohnern von Anfang an ein attraktives ÖPNV-Angebot als Alternative zur Auto-Nutzung zur Verfügung zu stellen.

Nur wenige Jahre nach Beginn der Planungen für das Rieselfeld ergab sich die Chance, eine große freigewordene Militärfläche innerhalb des Siedlungsgebiets, die Vauban-Kaserne, zu entwickeln.

Anfang der 1990er-Jahre erreichten die Auseinandersetzungen um die negativen Folgen des Autoverkehrs einen ersten Höhepunkt. Jahrelange Diskussionen um Waldsterben, Unfallzahlen und die beginnende Auseinandersetzung um die Gefahren der CO_2-Emissionen führten dazu, dass Teile der Bevölkerung nicht nur Alternativen zum Autoverkehr, sondern den weitgehenden Verzicht auf das Auto anstrebten. Vor diesem Hintergrund wurden im Vauban von den insgesamt 2000 Wohneinheiten etwa 800 Wohneinheiten als »autoreduzierter« Bereich definiert.

Über den Erfolg des Konzepts von »Wohnen ohne Auto« entschied eine dank der Stadtbahn hervorragende ÖPNV-Anbindung. Dabei war der Start holprig, denn wegen planerischer Abhängigkeiten konnte die Strecke zum Start der Aufsiedelung noch nicht in Betrieb genommen werden. Die provisorische ÖV-Anbindung über eine Buslinie stieß auf eine geringere Akzeptanz, weil sie mit längeren Reisezeiten und im Vergleich zur Stadtbahn geringerem Komfort keine gleichwertige Alternative zum Auto darstellte.

Im Frühjahr 2006 ging die herbeigesehnte Stadtbahn mit einem großen Stadtteilfest in Betrieb, und sehr rasch wies auch diese Linie hohe Fahrgastzahlen auf. In der Folge entwickelte sich der Stadtteil sehr erfolgreich. Die Kombination aus guter Förderung der Nahmobilität (Fuß- und Radverkehr), der guten ÖPNV-Anbindung und der Anlage der Wohnstraßen mit einer besonders hohen Aufenthaltsqualität macht den Stadtteil in Bürgerumfragen regelmäßig zu einem der beliebtesten.

Stadtbahn Messe und der Rotteckring – die neuesten Projekte

Die Stadtbahn Messe, nach ihrem Endpunkt benannt, könnte mit Blick auf ihre Erschließungswirkung auch als Stadtbahn Nordwest bezeichnet werden, da sie große Teile dieses Stadtgebiets neu an das Stadtbahnnetz anschließt.

Das Besondere bei diesem Projekt ist, dass Stadtbahn- und Siedlungsentwicklung sich gegenseitig in einer ungewöhnlichen Dynamik angetrieben haben. Anders als in der ersten Phase der Ideenfindung zunächst angedacht, wurden in dem Stadtteil große Entwicklungen angestoßen, die von der Nachverdichtung einzelner Flächen bis hin zur Entwicklung von Uni-Standorten, der Uni-Klinik und zahlreichen weiteren Arbeits- und Wohnstätten reichte. Als jüngstes großes Projekt kam schließlich der Neubau des Fußballstadions hinzu, womit die neue Stadtbahnlinie optimal genutzt werden wird. Mit der weiteren Verlängerung der Stadtbahn bis zur Messe wird dann auch die Messe Freiburg mit allen ihren größeren und kleineren Veranstaltungen optimal mit dem ÖPNV erschlossen sein.

In den 1990er-Jahren wurde erkannt, dass die Freiburger Stadtbahn Opfer des eigenen Erfolgs werden könnte, wenn nicht eine innerstädtische Strecke gebaut werden würde, die den zentralen Knotenpunkt am Bertoldsbrunnen in der Mitte der Altstadt entlastet.

Die Lösung war eine zweite innerstädtische Stadtbahnstrecke über den Rotteckring. Neben der reinen Verkehrsfunktion veranschaulicht gerade diese Strecke auch das städtebauliche Potenzial, das im Ausbau von Stadtbahnstrecken steckt. Inspiriert durch die erfolgreichen Straßenraumumgestaltungen mit Stadtbahnbau im nahe gelegenen Frankreich wurde bei diesem Streckenausbau von Anfang an Wert auf eine hochwertige Stadtgestaltung gelegt. Das Projekt wurde zum gemeinsamen Städtebau- und Verkehrsprojekt, bei dem der Rotteckring, ursprünglich mal eine vierstreifige, die Innenstadt durchtrennende Hauptverkehrsstraße, zurückgebaut wurde und heute das Scharnier zwischen der historischen Altstadt und der Innenstadterweiterung in Richtung Hauptbahnhof bildet.

Stadtbahn Dietenbach – neue Ideen für die Zukunft

Aufgrund der Lage in der wirtschaftlich dynamischen Oberrheinregion, der international beachteten Forschungs- und Universitätslandschaft sowie der attraktiven Stadt und Region wird die Bevölkerung in Freiburg weiter wachsen.

Zur Entlastung des Wohnungsmarkts wurde daher ein eigenständiger neuer Stadtteil in einer Größe von rund 15 000 Einwohnern geplant. Bei der Suche nach der am besten geeigneten Fläche spielten die Argumente der kompakten Stadt der kurzen Wege sowie des Anschlusses an die Stadtbahn eine zentrale Rolle. Ausschließlich Flächen, die diese Kriterien erfüllten, blieben in der engeren Wahl.

Nach intensiver Diskussion und der Beteiligung der Bürger beschloss der Gemeinderat, die Dietenbach-Fläche zu entwickeln, die unmittelbar an den

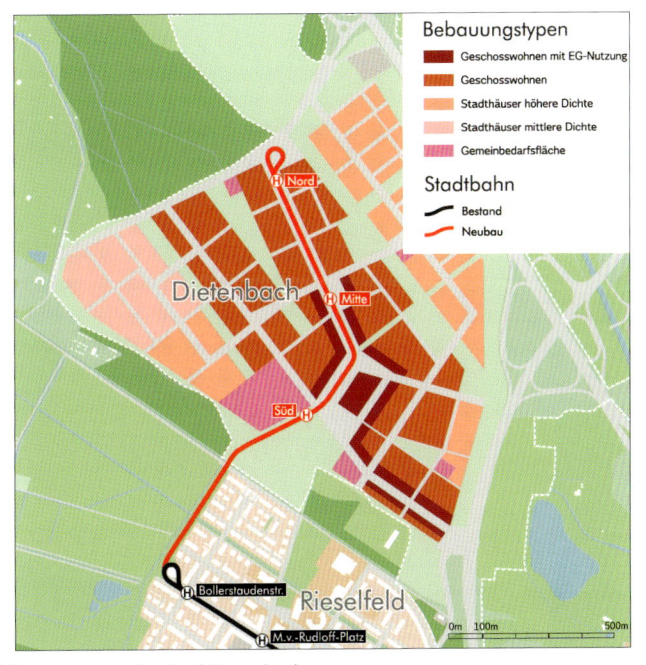

Abb. 5   Testentwurf für den neuen Stadtteil Dietenbach

Stadtteil Rieselfeld anschließt. Die Fläche ist mit einer Entfernung von circa fünf Kilometern zum Zentrum durchaus noch stadtnah und hat den großen Vorteil, dass sie durch eine Verlängerung der Stadtbahnlinie vom Rieselfeld aus sehr gut erschlossen werden kann (Abb. 5).

Nach dem der neue Stadtteil durch einen Bürgerentscheid im Jahr 2019 bestätigt wurde, werden nun intensive Planungsüberlegungen durchgeführt, wie moderne Wohn- und Mobilitätsformen für diese Siedlungsfläche aussehen können. Ziele dafür sind zum einen die Umweltverträglichkeit, zum anderen auch Möglichkeiten zur Kosteneinsparung im Wohnungsbau. Das angestrebte Mobilitätskonzept soll durch eine wirkungsvolle Kombination aus ÖPNV, Rad- und Fußverkehr sowie Carsharing die Notwendigkeit des Autoverkehrs soweit wie möglich reduzieren. Die Stadtbahn wird dabei die entscheidende Rolle spielen.

ÖPNV in der Region Freiburg

Über dreißig Jahre stetiger Ausbau des Netzes hat die Stadtbahn zum Rückgrat der Verkehrserschließung in Freiburg gemacht. Sie nahm dabei zu einem großen Teil das aus der Zunahme an Arbeitsplätzen und Bewohnern resultierende Verkehrswachstum auf. Das damit verbundene gebremste Wachstum des Autoverkehrs ist ein wichtiger Erfolg, um die Lebensqualität in einer dicht besiedelten Stadt wie Freiburg zu erhalten. Bei Politik und Bevölkerung ist dies allgemein anerkannt, sodass Ausbaumaßnahmen generell von breiten Mehrheiten unterstützt werden.

Doch endet die Verkehrsnachfrage natürlich nicht an der Stadtgrenze. Freiburg als Oberzentrum einer Region mit fast 660 000 Einwohnern ist Ziel beziehungsweise Start von täglich über 100 000 Ein- und Auspendlern. Auch diese Nachfrage soll so weit wie möglich über ein gutes Nahverkehrsangebot abgefangen werden. Daher arbeitet die Stadt Freiburg auf dem Gebiet des ÖPNV schon seit Langem mit den beiden Nachbarlandkreisen Breisgau-Hochschwarzwald und Emmendingen zusammen. Ausgehend von der 1977 gegründeten Nahverkehrskommission haben sich die drei Partner 1994 zum Zweckverband Regio-Nahverkehr Freiburg (ZRF) zusammengeschlossen. Aufgabe des ZRF ist es, Ziele und Rahmenvorgaben für den Ausbau des ÖPNV in der Region zu definieren. Hinzu kommt die kommunale Mitfinanzierung des Verbundtarifes, die insbesondere das Erfolgsmodell RegioKarte mit seinem preiswerten Tarifniveau sichert, sowie die Finanzierung des Ausbaus der regional bedeutsamen ÖPNV-Strecken.

Zeitgleich mit der Gründung des ZRF hatten 1994 auch die zuvor in der Verkehrsgemeinschaft Freiburg zusammengeschlossenen regionalen Verkehrsunternehmen ihre Zusammenarbeit intensiviert und den Regio-Verkehrsverbund Freiburg (RVF) gegründet. Heute arbeiten im RVF 19 regionale Verkehrsbetriebe zusammen. Neben der DB Regio AG und der Freiburger Verkehrs AG sind dies insbesondere die Südwestdeutsche Landesverkehrs AG (SWEG) mit den Sparten Bus und Schienenpersonennahverkehr (SPNV), die SüdbadenBus GmbH, aber auch insgesamt zwölf mittelständisch geprägte Busverkehrsunternehmen.

Integriertes regionales Nahverkehrskonzept Breisgau-S-Bahn

Ausgehend von Initiativen der regionalen Politik und Diskussionen um Streckenstilllegungen Anfang und Mitte der 1990er-Jahre hat der ZRF in den Jahren 1995 bis 1997 in enger Abstimmung mit dem Land Baden-Württemberg das »Integrierte regionale Nahverkehrskonzept Breisgau-S-Bahn 2005« entwickelt. Das Land ist als sogenannter »Aufgabenträger« für die Planung, Organisation und die Finanzierung des regionalen Schienenverkehrs zuständig.

Grundidee der Breisgau-S-Bahn ist es, den SPNV, das Regionalbusnetz und die Stadtbahn in Freiburg auszubauen und miteinander zu einem Nahverkehrskonzept »aus einem Guss« zu verknüpfen. Diese Verknüpfung erfolgt einerseits baulich über zahlreiche Umsteigehaltestellen, insbesondere aber betrieblich über eine Verbesserung des Angebotes und eine Schaffung von Taktfahrplänen mit entsprechend kurzen Übergängen beim Umsteigen zwischen den Verkehrsmitteln. Ergänzt wird das System durch Verknüpfungen mit dem Individualverkehr über Park&Ride- beziehungsweise Bike&Ride-Anlagen, wobei angestrebt wird, den Bedarf an P+R-Stellplätzen durch den Ausbau des Angebotes im Regionalbusverkehr zu begrenzen, weil den Fahrgästen auf diesem Weg attraktive Zubringerangebote zu den Stationen des Schienenverkehrs angeboten werden sollen.

Das Angebot auf den regionalen Schienenstrecken wird im Rahmen der Breisgau-S-Bahn deutlich ausgeweitet. Ziel ist ein 30-Minuten-Grundtakt mit Verdichtungen in den Hauptverkehrszeiten beziehungsweise auch ganztägig auf den nachfragestarken Achsen. Auf Relationen mit geringerer Nachfrage soll mindestens ein Stundentakt angeboten werden.

Darauf wird das Regionalbusangebot ausgerichtet, dessen Taktzeiten ebenfalls nachfragegerecht verdichtet werden sollen in einer Bandbreite zwischen einem 30- und einem 120-Minuten-Takt. Der Regionalbus übernimmt dabei zukünftig fast ausschließlich Zubringerfunktionen zur S-Bahn beziehungsweise zur Stadtbahn, das heißt Parallelfahrten zwischen Regionalbus und S-Bahn soll es nur noch in Ausnahmefällen geben.

Erste Schritte

Der ZRF hatte nach Abschluss der Machbarkeitsstudie 1997 drei Pilotstrecken definiert, die als erste Vorhaben umgesetzt werden sollten. Dies waren die Breisacher Bahn zwischen Freiburg und Breisach, die Elztalbahn von Freiburg über Denzlingen nach Elzach sowie die Stadtbahn Haslach. Später kam noch die östliche Kaiserstuhlbahn zwischen Gottenheim und Endingen hinzu.

Im Bereich der S-Bahn-Strecken wurden insbesondere die Stationen barrierefrei ausgebaut und auf einen den heutigen Anforderungen der Fahrgäste entsprechenden Standard gebracht.

Parallel hierzu wurde der Betrieb der Breisacher Bahn und der Elztalbahn durch das Land Baden-Württemberg als Aufgabenträger von der DB AG auf die neu gegründete Breisgau-S-Bahn GmbH übertragen und schrittweise ausgebaut. Im Jahr 2000 wurde dann auf Grundlage einer Finanzierungsvereinbarung zwischen dem ZRF und der SWEG der 30-Minuten-Takt zwischen Gottenheim und Bahlingen mit stündlicher Weiterführung bis Endingen eingeführt. In Gottenheim bestehen kurze Übergänge auf die Züge der Breisacher Bahn. Für diese Angebotsverbesserungen reichte der Ausbau der Stationen nicht aus. Es mussten zahlreiche Maßnahmen an der Strecke und an Bahnübergängen umgesetzt werden. Die Strecke wurde darüber hinaus mit neuer Signaltechnik ausgerüstet.

Gleichzeitig mit der Verbesserung des S-Bahn-Angebots strukturierte man in den Korridoren entlang der Strecken auch das Regionalbusangebot neu. Insbesondere wurden Leistungen, die zuvor parallel zur S-Bahn verkehrten, umgeschichtet auf die verbleibenden Zubringerlinien, die damit ebenfalls verstärkt werden konnten. Durch eine entsprechende Abstimmung der Fahrpläne von Bus und Bahn und den Bau von optimierten Umsteigeanlagen an vielen Stationen konnten die Fahrgastzahlen im Ergebnis trotz des zusätzlichen Umsteigevorgangs sowohl auf den S-Bahn- als auch auf den Regionalbuslinien gesteigert werden.

Die deutliche Verbesserung des Angebotes hatte auf allen Pilotstrecken zu einer starken Zunahme der Fahrgastnachfrage geführt, welche insbesondere auf den S-Bahn-Strecken die Prognosen bei Weitem übertraf. So sind beispielsweise die Fahrgastzahlen auf der Breisacher Bahn zwischen 1997 und 2013 von 650 000 auf 4 100 000 Fahrgäste pro Jahr und somit um rund 530 Prozent angewachsen. Zu dieser sehr positiven Entwicklung hat neben den Angebotsverbesserungen und den baulichen Maßnahmen auch das attraktive Ticketangebot des Regio-Verkehrsverbunds Freiburg (RVF) beigetragen. Vor allem die RegioKarte – ob als flexible Monatskarte, als Jahreskarte oder im Abo – ist im Vergleich mit anderen Städten und Regionen in Deutschland ein sehr preiswertes Angebot für alle, die regelmäßig mit Bus und Bahn unterwegs sind.

Die enorme Entwicklung der Fahrgastnachfrage hat dazu geführt, dass die vorhandenen Kapazitäten auf der Breisacher Bahn und auf der Elztalbahn zeitweise nicht mehr ausreichen. Vor diesem Hintergrund vereinbarten der ZRF und das Land Baden-Württemberg, das für den S-Bahn-Verkehr verantwortlich ist, im Jahr 2007 in der »Freiburger Erklärung«, das Nahverkehrskonzept Breisgau-S-Bahn gemeinsam weiter zu entwickeln mit dem Ziel, ein nachfragegerechtes S-Bahn-Angebot für die Region zu schaffen und langfristig zu sichern. Das Angebot soll so ausgebaut werden, dass sowohl die derzeitige Nachfrage als auch die für die Zukunft noch zu erwartenden Steigerungen abgedeckt sind (Abb. 6).

Voraussetzung hierfür sind umfassende Maßnahmen zum Ausbau der Infrastruktur. Insbesondere soll das gesamte regionale Schienennetz elektrifiziert werden. Für die geplanten Taktverdichtungen muss die Fahrgeschwindigkeit auf verschiedenen Streckenabschnitten angehoben werden und es müssen Kreuzungsbahnhöfe, in denen sich zwei Züge begegnen können, neu- oder ausgebaut werden. Als Folge davon erhalten alle Strecken neue elektronische Stellwerke. Ein weiteres wichtiges Element ist der barrierefreie Ausbau der Bahnhöfe und Stationen, damit der Zugang zum ÖPNV auch mobilitätseingeschränkten Personen ermöglicht wird.

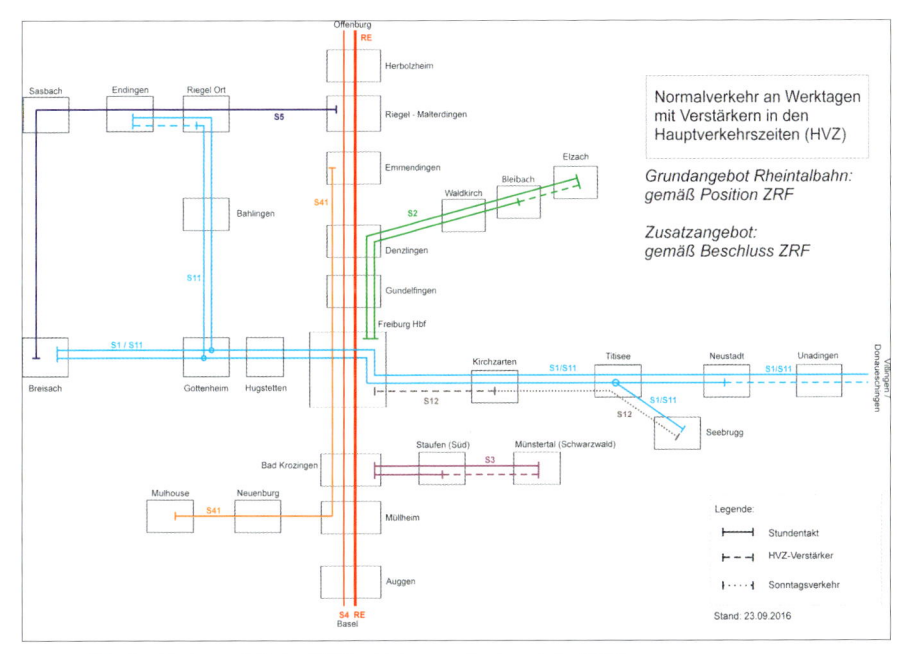

Abb. 6   Breisgau-S-Bahn 2020 – Liniennetz Ausbaustufe 2018-neu

Aktueller Stand und Ausblick

Die städtischen wie die regionalen Projekte bringen umfassende Verbesserungen für die Bürgerinnen und Bürger in Freiburg und der Region. Die erste Ausbaustufe der Breisgau-S-Bahn ist 2020 mit der Inbetriebnahme der sogenannten »Ost-West-Achse« weitgehend abgeschlossen. Im Jubiläumsjahr 2020 können Reisende dann zum Beispiel in Villingen in die S-Bahn einsteigen und durchgängig ohne Umsteigen bis Freiburg und sogar darüber hinaus in Richtung Endingen oder Breisach fahren. Und das in neuen komfortablen Fahrzeugen. Der Ausbau der Elztalbahn wird das regionale Netz ergänzen (Abb. 7).

In der Stadt geht der Ausbau der Stadtbahn in Abstimmung mit der Stadtentwicklung weiter. Hinzu kommen die qualitativen Verbesserungen durch neue Fahrzeuge, dichtere Takte, Fahrplanverdichtungen sowie ergänzende Angebote rund um das Thema Mobilität wie das Fahrrad-Verleih-System Frelo.

Freiburg und die Region sind beim ÖPNV also auf einem guten Weg. Dies auch deshalb, weil die Weichen rechtzeitig in die richtige Richtung gestellt wurden. Und obwohl sowohl in der Stadt als auch in der Region im Jubiläumsjahr 2020 hervorragende ÖPNV-Systeme vorhanden sind, gibt es keinen

Abb. 7   Breisgau-S-Bahn 2020 – Neue Züge unterwegs im Schwarzwald

Grund sich zurückzulehnen. Die Mobilität der Bürgerinnen und Bürger in Stadt und Region auch für die Zukunft umweltverträglich zu gestalten – und damit die Voraussetzung für die Funktionsfähigkeit der Stadt, die wirtschaftliche Entwicklung und die gesellschaftliche Teilhabe zu schaffen – ist nicht abgeschlossen. Die nächsten Projekte sind in Vorbereitung – der Ausbau des ÖPNV wird weiter gehen.

900 Jahre Freiburg – 119 Jahre Straßenbahn – 48 Jahre VAG

Oliver Benz | Andreas Hildebrandt

Mobilität ist ein Grundbedürfnis – und ohne Mobilität würde das menschliche Leben nicht funktionieren. Wir sind mobil, um beispielsweise zur Ausbildungsstätte oder zur Arbeit zu kommen, wir gehen einkaufen, um mit Lebensmitteln oder Kleidung versorgt zu sein, und die Freizeit verbringen wir auch nicht immer nur zu Hause. Das war in 900 Jahren Freiburg schon immer so – nur die dabei zurückgelegten Distanzen haben sich im Laufe der Jahrhunderte deutlich gewandelt und das verändernde Mobilitätsverhalten hat auch das Stadtbild immer wieder beeinflusst. So ist also die Geschichte von 900 Jahren Freiburg ganz wesentlich auch von der Entwicklung der Mobilität geprägt.

Vor der Erfindung von allgemein zugänglichen Verkehrsmitteln, die es erlaubten größere Distanzen zurückzulegen, war es eine bloße Notwendigkeit, dass die Faktoren »Wohnen«, »Arbeiten« und »Versorgen« räumlich nah beieinanderliegen mussten. So entstanden in unmittelbarer Nähe von größeren Fabriken und Gewerbebetrieben eigene, das Stadtbild nachhaltig prägende, Siedlungen für die dort Arbeitenden und deren Familien. Ein heute noch sichtbares Beispiel dafür ist die zwischen 1869 und 1886 errichtete ehemalige Arbeitersiedlung der einstigen Knopffabrik Risler und Cie., die sogenannten *Knopfhäusle*, westlich des alten Messplatzes gelegen. Die Siedlung verfügte zum Beispiel auch über ein Hausmeister-, ein Bad- und ein Waschhaus, eine Mädchenanstalt sowie eine Kleinkinderbewahrungsanstalt – alles, was man brauchte, war auf kurzen Wegen erreichbar.

Dieser Zustand, dem wir heute mit Mitteln der Stadt- und Verkehrsplanung unter dem Motto »Stadt der kurzen Wege« und mit einem »Zentren- und Märkte-Konzept« wieder näher zu kommen trachten, war vor der Erfindung der Eisenbahn eine schiere Notwendigkeit.

Die von Freiburg besiedelte Fläche wuchs und mit ihr entwickelte sich auch die Verkehrsinfrastruktur. Der Anschluss an die Rheintal-Bahnlinie mit dem Bau des Bahnhofes erfolgte Mitte 1845, und seit 1891 betrieb zunächst der »Fuhrhalter« Josef Amann in der Innenstadt Pferdeomnibuslinien. Diese waren die ersten allgemein öffentlich zugänglichen Verkehrsmittel, mit denen sich – außer auch damals schon mit dem Fahrrad – innerhalb der wachsenden Stadt mittlere und größere Entfernungen zurücklegen lassen konnten.

Was dies für Folgen zeitigte und welche Möglichkeiten es eröffnete, manifestiert sich in einem »Vortrag des Stadtrathes« aus dem Jahr 1899:

> Das ununterbrochene Anwachsen der Bevölkerungszahl der Städte und die heilsamen Bestrebungen unserer Zeit, das dichte Beisammenwohnen zu verhindern und durch eine aufgeschlossene Bauart die menschlichen Wohnungen thunlichst auseinander zu ziehen, haben längst bewirkt, daß auch der alltägliche Innenverkehr sich auf immer größere Entfernungen erstreckt. Es ist daher nur natürlich, daß die hergebrachten Aufwendungen der Bevölkerung an Kraft und Zeit für diesen Verkehr bald als zu groß erschienen und daß Abhülfe durch Errichtung von Fahranstalten auch für den Innenverkehr verlangt wurde.
> (zitiert nach »Mobile Stadt – Die Geschichte der Straßenbahn in Freiburg; Hg.: Freiburger Verkehrs AG, Vorwort).

Die vom damaligen Oberbürgermeister Otto Winterer forcierte Diskussion im »Stadtrath« führte schließlich zu dem Entschluss, die oft nicht sonderlich zuverlässigen »Pferde-Trams« durch eine elektrische Straßenbahn zu ersetzten. Und tatsächlich: Am 14. Oktober 1901 rollte erstmals »der Hobel« – auf der Strecke von Günterstal zum Rennweg.

Um die Straßenbahnen überhaupt betreiben zu können, musste Freiburgs erstes Elektrizitätswerk gebaut werden. Die Entscheidung für die Tram war also auch eine für die beginnende Elektrifizierung. Für unsere Stadt war das ein großer Schritt in die Moderne, und in der Geschichte der Mobilität war ein neues Kapitel aufgeschlagen worden.

Von der Straßenbahn zur Stadtbahn – von der »Städtischen Straßenbahn« zur »VAG«

Nach ihrer ersten Inbetriebnahme fuhr die Straßenbahn dann fast immer. Selbst nach der Bombennacht vom 27. November 1944 konnte rasch ein Notbetrieb aufgebaut werden. Einen totalen Stillstand gab es nur vom 15. April bis zum 25. Mai 1945. In dieser Zeit wurden viele Strecken und Oberleitungen wiederinstandgesetzt.

In den Zeiten des Wiederaufbaus wuchs Freiburg enorm. Ein Blick auf die Einwohnerzahlen belegt dies eindrucksvoll: Lebten 1954 noch 100 000 Menschen in Freiburg, so waren es 1964 bereits 160 000. Neue Stadtteile im Westen der Stadt entstanden. Mit der Ausdehnung der Stadt wuchs auch das Bedürfnis nach Mobilität. Da war die städtische Straßenbahn gefordert.

Doch schon bald sollte die Straßenbahn ernsthafte Konkurrenz bekommen: Die Geschichte beginnt vor gut 50 Jahren. Das »Wirtschaftswunder« brachte »Wohlstand für alle«. Luxusgüter – wie ein Farbfernseher oder ein Automobil – werden für viele erschwinglich. Urlaubsreisen werden länger. Auch exotische Ziele geraten in Reichweite. Auf der Autobahn gilt »Freie Fahrt für freie Bürger«. Und das gilt auch für die Freiburgerinnen und Freiburger. Individualität ist angesagt. Das »Massenverkehrsmittel Straßenbahn«

scheint nicht besonders gut in die Zeit zu passen. Hier fahren Schülerinnen und Schüler, die noch keinen Führerschein besitzen, »Arme«, die sich kein Auto leisten können, und »Alte«, die sich dem Verkehrsstress nicht aussetzen wollen.

Mitten hinein in diese Zeit verabschiedet der Freiburger Gemeinderat mit Oberbürgermeister Dr. Eugen Keidel im Jahr 1969 seinen ersten Generalverkehrsplan. Und damit wurde erneut ein neues Kapitel im Buch der Mobilität in Freiburg aufgeschlagen.

Schon früh verstehen die politisch Verantwortlichen, dass Mobilitätsplanung ein wesentliches Element der Stadtplanung ist. Man erkennt: Mit dem Auto ist es wie mit allem: Für sich genommen ist es eine feine Sache, aber zu viel davon ist schädlich. Gerade die Freiburger Innenstadt, die nach dem Zweiten Weltkrieg im Wesentlichen im mittelalterlichen Grundriss wiederaufgebaut wurde, drohte im Autoverkehr zu ersticken. Auf diese Erkenntnis hin wurden folgerichtig in den Jahren 1972 und 1973 die ersten Bereiche der Fußgängerzone eingeweiht.

Genau in dieser Zeit war nach hitzigen Debatten im Gemeinderat die Gründung einer Stadtwerke-Holding beschlossen worden. Dabei ging es darum, einige marode Eigenbetriebe, die einer dauerhaften Finanzzuführung durch die Stadt bedurften, in eine zukunftsfähige und wirtschaftlich leistungsfähige Organisation zu überführen. So wurde aufgrund des Gemeinderatsbeschluss vom 21. März 1972 zur Gründung einer Stadtwerke Freiburg GmbH schließlich zum 1. Januar 1973 aus der »Städtischen Straßenbahn« die Freiburger »Verkehrs Aktiengesellschaft«, kurz: VAG.

VAG: Weichenstellungen in die Zukunft

Gesellschaftsrechtlich und wirtschaftlich auf neue Füße gestellt, startete die VAG – unterstützt von weitsichtigen politischen Entscheidungen – dann so richtig durch: Die Fahrgastzahlen in Freiburgs Bussen und Stadtbahnen haben sich von 1973 bis zum Jahr 2020 nahezu vervierfacht!

Mit der Eröffnung der Stadtbahn bis zur Paduaallee am 9. Dezember 1983 begann in Freiburg das Stadtbahnzeitalter. Jetzt mussten die Bahnen nicht mehr im Straßenverkehr mit im Stau stehen, sondern konnten auf eigenem Gleiskörper zügig an selbigem vorbeiziehen – und das Ganze noch auf einem begrünten Rasengleiskörper. An Kreuzungen – auch das war neu in Freiburg – bekamen die Bahnen immer sofort freie Fahrt. Es sollte attraktiv sein, die schnelle und moderne Stadtbahn zu benutzen (Abb. 1).

Im 900sten Jahr des Bestehens der Stadt Freiburg spricht alle Welt von der notwendigen Verkehrswende. In Freiburg, das bundesweit auch einen

Abb. 1   Bau der Brücke über die Berliner Allee als Teil der Straßenbahnlinie 1

Namen als Fahrradstadt hat, hat diese Verkehrswende spätestens schon 1983 begonnen –, und sie ist sicherlich immer noch nicht abgeschlossen. Das zeigt, in was für langen Zeiträumen man mit Blick auf solche Prozesse denken muss.

Der Stadtbahnausbau schritt und schreitet bis weit über das Jubiläumsjahr hinaus weiter voran – was an anderer Stelle dieses Buches ausführlich beschrieben ist. Schon heute wohnen mehr als 80 Prozent der Freiburgerinnen und Freiburger nicht weiter als 500 Meter von einer Stadtbahnhaltestelle entfernt. Auch diese räumliche Nähe ist ein wichtiger Erfolgsfaktor für den ÖPNV.

Investitionen in die Stadtbahn sind aktive Stadtentwicklung

Investitionen in neue Stadtbahnlinien, aber auch in grundlegende Erneuerungen bestehender Strecken sind immer auch Investitionen in die Entwicklung der städtischen Räume. Das konnte man in Freiburg schon mehrfach beobachten. Erinnern wir uns zum Beispiel daran, welche positive Wandlung die Ortsmitte von Haslach durch den Bau der Stadtbahn erfahren hat oder welche positiven Auswirkungen die Erneuerung der Schienen in der Habsburgerstraße oder durch die Verlängerung der Stadtbahn Zähringen in Richtung Gundelfingen für das unmittelbare Schienenumfeld mit sich gebracht haben. Bei der Stadtbahn Rotteckring wird dies nun geradezu in exemplarischer Weise und an prominentester Stelle der Stadt deutlich.

Die Stadtbahn Rotteckring ist ein wesentlicher Meilenstein der Westerweiterung der Innenstadt und erschließt den Bereich der bis zur Bismarckallee gewachsenen Innenstadt flächig mit Öffentlichem Nahverkehr. An der Halte-

Abb. 2   Die neue Stadtbahn Rotteckring

stelle »Stadttheater« ist ein neuer barrierefreier Umsteigeknoten entstanden, der den Bertoldsbrunnen als zentralen Straßenbahnknotenpunkt Freiburgs entlastet (Abb. 2). Entlang des Rotteckrings ist ein wundervoller Boulevard entstanden und auch der Friedrichring ist kaum noch wieder zu erkennen. Hier wurde, dank des Stadtbahnbaus, eine ehemals schwierige Verkehrsführung radikal vereinfacht und zugleich Platz für eine großflächige Erweiterung des Fußgängerbereiches in der nördlichen Kaiser-Joseph-Straße geschaffen. Am Europaplatz ist mit dem markanten Pavillon für Einheimische wie für Gäste der Stadt eine neue Landmarke, ein neuer Orientierungspunkt entstanden. Beim Pavillon findet sich jetzt eine kombinierte Bus- und Stadtbahnhaltestelle, und im architektonisch geschwungenen Dach kann man die erste Ladeeinrichtung für Elektrobusse entdecken (Abb. 3).

Abb. 3   Der Europaplatz mit der neuen Haltestelle und den Pavillons

Die Umgestaltung des Rotteck- und Friedrichrings mitsamt dem Platz rund um das Siegesdenkmal ist zweifellos eines der wichtigsten stadtgestalterischen und stadtbildprägenden Projekte in Freiburg seit Einführung der Fußgängerzone in den frühen Siebzigerjahren. Der ehemals trennende Innenstadtring wurde für die Menschen zurückgewonnen, zugleich entstanden viele urbane Flächen. Entlang der Stadtbahnstrecke entwickelten sich Plätze und verkehrsberuhigte Stadträume mit idealen Bedingungen für Fahrradfahrende sowie Fußgängerinnen und Fußgänger. Erneut wurde deutlich, wie die Entscheidung für den Bau einer Stadtbahn zu vielen Folgeinvestitionen entlang der Strecke und zu einer Aufwertung großer Bereiche der Stadt führt.

Der Freiburger Paukenschlag: Die radikale Tarifvereinfachung

Dass ein sehr gutes, immer weiter ausgebautes Nahverkehrsangebot mit dichten Taktungen wichtig ist, um Fahrgäste zu gewinnen, liegt auf der Hand. Ein weiterer bedeutender Faktor ist der Tarif. Und auch hier haben die Stadt Freiburg und die VAG bundesweit Geschichte geschrieben:

Am 24. Juli 1984 sorgte der Freiburger Gemeinderat unter Leitung von Oberbürgermeister Dr. Rolf Böhme für einen Paukenschlag, der die ÖPNV-Experten in Deutschland aufhorchen ließ. Man beschloss – nach dem Vorbild der Stadt Basel – das komplizierte und teure Tarifsystem abzuschaffen und durch einen preiswerten, leicht verständlichen, überall und jederzeit gültigen Monatstarif zu ersetzen. Gleichzeitig wurde der Preis dieser Monats-Netzkarte um 30 Prozent gesenkt. Das Ticket, das erstmals »übertragbar« angeboten wird, erhielt zudem einen Namen, der deutlich machte, worum es ging: Die »Umweltschutz-Monatskarte« war geboren und wurde zum Oktober 1984 erstmals angeboten.

Für 38 D-Mark im Monat oder 380 D-Mark im Jahr war es nun möglich, das gesamte Netz der Freiburger Verkehrs AG jederzeit zu nutzen. Der Schritt, der andernorts angesichts stagnierender Fahrgastzahlen und steigender Defizite im Nahverkehr mit Skepsis betrachtet wurde, erweist sich in Freiburg als Renner. Es werden so viele neue Fahrgäste für Busse und Bahnen gewonnen, dass das Defizit der VAG im Jahr nach der Einführung erstmals seit Jahren wieder leicht zurückgeht. Von 1984 auf 1985 steigen die Fahrgastzahlen um fast fünf Millionen von 29 Millionen auf 33,8 Millionen Fahrgäste.

Mobilität macht aber an Stadtgrenzen nicht halt. Die Zahl jener, die im Umland leben, aber in Freiburg arbeiten oder zur Ausbildung gehen, wächst. Das attraktive Oberzentrum ist ein Magnet für viele Besucherinnen und Besuchern aus dem näheren und weiteren Umland. Dieser Austausch ist jedoch keine Einbahnstraße. Auch viele Freiburgerinnen und Freiburger nutzen Angebote des Umlandes. Die Erkenntnis, dass »Mobilität« auch eine regionale Problemstellung ist, wird im Raum Freiburg bereits früher erkannt als anderswo. 1977 bildet sich die Nahverkehrskommission, der neben den Verkehrsbetrieben und politischen Vertretern der Stadt Freiburg auch der Regionalverband, die IHK und das Regierungspräsidium angehören. 1985 wird die Verkehrsgemeinschaft Freiburg gegründet. Hier wurde zusammen mit Vertretern der benachbarten Landkreise Emmendingen und Breisgau-Hochschwarzwald an der regionalen Zukunft des ÖPNV gearbeitet.

Das Jahr 1991 brachte dann erneut eine Revolutionierung des Tarifgefüges, nicht nur in Freiburg, sondern auch in den beiden angrenzenden Landkreisen Breisgau-Hochschwarzwald und Emmendingen: Die Regio-Umweltkarte – heute RegioKarte – wurde eingeführt.

Der Monats- und Jahrestarif kennt keine Tarifzonen. Doch es dauerte bis zum Jahr 1996 – der »Regio-Verkehrsverbund Freiburg« war mittlerweile gegründet – bis die einzelnen Unternehmen auch ihre Bartarife vereinheitlichten.

Doch auch ein preiswerter und leichtverständlicher Tarif wird erst dann attraktiv, wenn ihm auch ein entsprechener Nutzen für die Fahrgäste entgegen steht. Das Nahverkehrsnetz in Freiburg und in der Region bietet heute eine Qualität, die ihresgleichen sucht. Nur in der Kombination von Tarif und Angebot ist ein solcher Erfolg möglich, wie ihn der Öffentliche Nahverkehr in Freiburg erlebt.

Rückblickend darf die Einführung der »Umwelttarife« als Quantensprung zum heutigen Erfolg des Öffentlichen Nahverkehrs in Freiburg bezeichnet werden. Nicht überall, wo man versuchte, das »Freiburger Modell« nachzuahmen, hatte man Erfolg damit. Schließlich muss nicht nur der Tarif stimmen. Auch das ÖPNV-Angebot muss halten, was der Tarif verspricht.

VAGmobil-App, Frelo und Co.

Immer wieder in ihrer Geschichte haben sich zunächst die städtische Straßenbahn und dann die VAG modernisiert, den Zeiten angepasst und weiterentwickelt. Dieser nie endende Prozess verläuft manchmal etwas langsamer, und dann gibt es immer wieder Entwicklungsschübe. Und genau in so einer Phase befindet sich die VAG im Jahr 2020.

Wie selten zuvor in ihrer Geschichte ist sie dabei, die Palette ihrer angebotenen Leistungen zu erweitern und sich von einer modernen und erfolgreichen Anbieterin Öffentlichen Nahverkehrs hin zu einer Mobilitätsdienstleisterin zu entwickeln, die bestehende Mobilitätsangebote vernetzt und auch digital abrufbar und buchbar macht.

So kann man in der VAGmobil-App nicht nur in Echtzeit Fahrplandaten abrufen und dabei auch gleich erkennen, ob als nächstes ein Niederflurfahrzeug kommt. Man kann seinen Fahrschein direkt online kaufen und nach dem Ausstieg mittels derselben App ein Frelo-Leihrad mieten (Abb. 4).

Dieses System soll in den kommenden Jahren weiter ausgebaut und um andere Anbieter, wie zum Beispiel Carsharing- oder Taxiangebote, erweitert werden. Dabei ist die VAG nicht selbst die Betreiberin, sondern hat mit ihren fast 120 Jahren Know-how als Mobilitätsdienstleisterin koordinierende und bündelnde Funktion: Die Bus- und Stadtbahnangebote der VAG werden jedoch auch in diesem System bleiben, was sie sind: das Rückgrat der Mobilität im Freiburg des Jahres 2020 (Abb. 5).

Abb. 4 Die Frelo-Station am Europaplatz

Abb. 5 Eine neue Straßenbahn der Linie 4

Freiburg fährt Rad

Hans-Georg Herffs

Freiburg fährt Rad. Wenn man in den Straßen der Stadt unterwegs ist, kann man schnell den Eindruck gewinnen, alle und jeder ist mit (s)einem Drahtesel unterwegs. Auch wenn es tatsächlich mehr Räder als Einwohner_innen gibt, kann natürlich nicht wirklich jeder oder jede (täglich) Fahrrad fahren. Beim Blick auf die vielen Velozipedisten in der neuen Fahrradstraße am Werthmannplatz wird aber deutlich, dass Radfahren in Freiburg nicht die Sache einer bestimmten Gruppe, eines Alters oder einer bestimmten Einkommensschicht ist. Es radelt morgens der gut gekleidete Anzugträger neben der sportlichen Studentin oder neben der an einem Fahrradanhänger schwer ziehenden Mutter – dazwischen pedaliert gemütlich ein älterer Herr und es strampelt lachend ein kleines Mädchen. Wie kam es zu diesem Fahrradboom in Freiburg? War es angesichts des guten, häufig warmen Wetters und der hohen Zahl an Studierenden ein Selbstläufer (Abb. 1)?

In der jüngeren Geschichte Freiburg spielte das Fahrrad zunächst keine so herausragende Rolle wie in anderen Städten Europas, in denen das Fahrrad zum Beispiel aufgrund der strukturellen Gegebenheiten oder Bevölkerungsstruktur wie selbstverständlich eine Vormachtstellung einnahm. So gab es in Freiburg keine starke ansässige Industrie mit einer Arbeiterschaft, die das Fahrrad als Verkehrsmittel zum und besonders auf dem Werksgelände nutzten wie etwa in der traditionellen Fahrradstadt Marl.

In den Jahren nach Kriegsende 1945 stand in Freiburg der Wiederaufbau und, im Hinblick auf die starken Zerstörungen sowie das Bevölkerungswachstum, die schnelle Schaffung von Wohnraum im Vordergrund. Die zerstörte Innenstadt wurde überwiegend auf dem historischen Stadtgrundriss wiederaufgebaut. Die folgenden Jahre waren auch in Freiburg von einem rasanten Bevölkerungswachstum, steigendem Wohlstand und einer zunehmenden Motorisierung geprägt. In Deutschland verfolgte man damals in der Stadtplanung überwiegend die Vision einer autogerechten Stadt. Auch in Freiburg setzte man bis in die 1970er-Jahre planerisch auf die individuelle Mobilität mit dem eigenen Auto. Es waren diese rund 30 Jahre nach Kriegsende, in denen das Stadtbild von Straßenneubauten teilweise massiv verändert wurde beziehungsweise in denen weitreichende Entscheidungen zum Stadtumbau zu mehr Autofreundlichkeit getroffen wurden. Hierzu gehören zum Beispiel der Bau des Zubringers Mitte Anfang der 1970er, oder der vier streifige Ausbau des Schlossbergringes Ende der 1970er-Jahre. Die Entscheidungen und Planverfahren zu diesen Großprojekten lagen dabei natürlich 10 bis 20 Jahre zurück.

Abb. 1　Fahrradfahrende in Freiburg

Die alte Straßenbahn galt – wie vielerorts in Europa – als »miefig« und unmodern und wurde in den 1950er- und 1960er-Jahren in Freiburg streckenweise zurückgebaut – glücklicherweise aber nie vollständig. Als öffentliches Verkehrsmittel setzte man wie vielerorts auf den Bus – er galt als modern, schnell und leise. Auch Visionen einer Art Kabinenseilbahn wurde in Freiburg ernsthaft diskutiert und als Ersatz für die althergebrachte Stadtbahn gehandelt. Das Fahrrad spielte in den ganzen Planungen der Verantwortlichen seinerzeit kaum eine Rolle.

Anfang der 1970er-Jahre sollte sich diese autoorientierte Grundhaltung dann langsam, wenn auch noch zögerlich, wandeln. Es folgten Entscheidungen, die die Stadt- und Verkehrsplanung gravierend verändern sollten.

So wurde Anfang der 1970er-Jahre vom Gemeinderat der weitere Abbau des Straßenbahnnetzes gestoppt und mit großer Mehrheit für den Erhalt und auch weiteren Ausbau Richtung Westen entschieden. Ebenfalls verbannte man im November 1972 den Autoverkehr durch die – zunächst probeweise – Einrichtung einer Fußgängerzone aus dem Herzen der Stadt. Seinerzeit eine Besonderheit, da entgegen dem damaligen Trend anstelle der Straßenbahn nur der motorisierte Individualverkehr aus der Altstadt verbannt wurde. Wo vorher auf einer Bundesstraße am Bertoldsbrunnen sich die Autos stauten, rollten nur noch die Straßenbahnen und liefen die Fußgänger_innen. Der Münsterplatz wurde wieder vom Park- zum Marktplatz.

Politisch war dies unter anderem verknüpft mit der Herstellung eines vierspurigen Innenstadtringes um die beruhigte Altstadt – allerdings dachten die Planer dabei nicht an Radverkehrsanlagen. Aus heutiger Sicht undenkbar – wird bei jedem Straßenumbau in Freiburg doch nunmehr geprüft, ob und die die Situation für den Radverkehr verbessert werden kann.

Abb. 2   Typischer baulicher Radweg aus den Anfängen in den 1980er-Jahren

Unter dem Eindruck eines wachsenden Umweltbewusstseins erhielt das Fahrrad dann auch Einzug in die Generalverkehrspläne der Stadt, ein erster Fahrradnetzplan wurde erstellt. Hatte das Fahrrad bislang keine Berücksichtigung in den Planungen gefunden, wurden jetzt – aus heutiger Sicht noch zaghaft – gesonderte Radwege gebaut und in den Seitenbereichen der Stadtstraßen ab markiert. In der Zeit galt das Fahrrad noch als Teil einer Langsammobilität und wurde eher dem Fußgänger, denn dem (motorisierten) Fahrverkehr zugerechnet. So waren es in der Regel für die Radelnden zunächst Flächen, die im Seitenbereich dem Fußgänger zum Beispiel durch einen schmalen Strich abgezwackt wurden (Abb. 2).

In den 1980er-Jahren begann dann ein »Paradigmenwechsel« – das Stadtbahnnetz wurde nicht nur erhalten, sondern auch um Netzergänzungen zur Erschließung der neuen Stadtteile im Westen der Stadt erweitert. Entscheidend für die weitere Radverkehrsförderung war die auf Initiative des seinerzeitigen Baudezernenten von Ungern-Sternberg erfolgte Einrichtung einer institutionalisierten »Radwegekommission«. Unter seiner Leitung steckten Gemeinderäte, Verwaltungsmitarbeiter und Vertreter von Verkehrsverbänden rund zehn Jahre lang regelmäßig die Köpfe zusammen und entwickelten Ideen und Maßnahmen zur Verbesserung der Fahrradsituation. Auf dieser Basis wurden Radwegepläne und Radnetzkonzeptionen erstellt. Bis dahin gab es im Stadtgebiet ja keine 30 Kilometer Radwege! Entlang der Dreisam wurde teilweise unter großem Aufwand ein bislang wasserwirtschaftlicher Trampelpfad befestigt, verbreitert und für Radfahrende tauglich gemacht (Abb. 3). Attraktiv gelegen, sicher zu befahren und mit niveaufreien Kreuzungspunkten mit dem Kfz-Verkehr wurde der Dreisamuferradweg schnell zu einem der beliebtesten Radwege der Stadt (Abb. 4). Damals im Grunde schon die Vision der Planer einer unabhängig geführten, schnellen Raddurchmesser-

Abb. 3   Fußweg auf der Südseite der Dreisam 1982 auf Höhe der Brauerei Ganter

Abb. 4   Dreisamuferradweg an der Brauerei Ganter heute

verbindung durch die Stadt – heute als Radvorrangroute FR1 perfektioniert und bundesweit in ähnlicher Form als neues Führungsinstrument in Form sogenannter »Radschnellwege« in die Planungen der Städte aufgenommen. Es wurden in den Jahren erstmals sogar Straßen für den Radverkehr umgebaut und – ganz revolutionär – Flächen dem Autoverkehr abgenommen. So erfolgte zum Beispiel Anfang der 1990er-Jahre ein (schmaler) Radwegbau auf dem Schlossbergring zulasten der Fahrbahnbreite.

Ende der 1980er-Jahre beschloss der Gemeinderat dann im Verkehrsbereich die Priorität auf den Umweltverbund zu legen: 1989 erfolgte mit großer Zustimmung der Beschluss der sogenannten »Gesamtverkehrskonzeption«. Zwar sollte das Auto in der Stadt nicht verteufelt oder aus der Stadt vollständig verbannt werden, es wurde aber zur Planungsmaxime, den Umweltverbund

Abb. 5   Miteinander im Verkehr: Ausfahrt südliche Kaiser-Joseph-Straße

aus Stadtbahn, Rad- und Fußverkehr in den Vordergrund zu stellen und die negativen Auswirkungen des motorisierten Individualverkehrs möglichst zu reduzieren (Abb. 5). Das besondere dieser bahnbrechenden Grundsatzentscheidung war einerseits sicherlich die Initialzündung durch einen CDU-Bürgermeister, andererseits der breit getragene Konsens über die politischen Fraktionen des Gemeinderates, der die Basis legte für eine in den nächsten Jahrzehnten politisch unumstrittene konsequente Verkehrspolitik zugunsten des Umweltverbundes.

In die 1980er-Jahre fiel auch die breit angelegte Verkehrsberuhigung der Wohn- und Nebenstraßen durch die fast flächendeckende Einrichtung der neu in der StVO eingeführten Tempo 30 Zonen. Diese »Langsamfahrzonen« dienten nicht nur einer Steigerung der Lebensqualität in den Wohngebieten, sondern förderten indirekt auch das Radfahren durch eine Erhöhung der Verkehrssicherheit in vielen Straßen.

Unter dem fahrradbegeisterten Baudezernenten legte die Verkehrsplanung in den 1980er- und 1990er-Jahren einen deutlichen Schwerpunkt auf den Radverkehr. Er sorgte Anfang der 1980er-Jahre für die Bereitstellung einer eigenen Radverkehrspauschale im städtischen Haushalt, mit der die Bauverwaltung in der Zeit viele Radprojekte anschob und realisierte. Regelmäßige Befahrungen mit Mitgliedern des Gemeinderates halfen, den gewählten Entscheidern die Bedeutung der Maßnahmen zu erläutern und das Erfordernis auch von größeren Investitionen in das sonst eher günstig eingestufte Verkehrsmittel zu vermitteln.

Anfang der 2000er-Jahre erlebte die Dynamik der Radbaumaßnahmen eine gewisse Stagnation beziehungsweise sogar leichte Delle. Das lag zum einen sicherlich daran, dass die wirtschaftliche Situation und die Auswirkungen im städtischen Haushalt die Stadt zwang, bauliche Investitionen in vielen Bereichen zurückzufahren. Ebenfalls verlor der Radverkehr mit dem Wechsel 1998 im Baudezernat seinen politischen Ziehvater – der Nachfolger im Rathaus teilte nicht dessen unbedingte Radbegeisterung. So wurden in den Folgejahren zwar noch viele Rad-Projekte realisiert – aber es wurde zum Beispiel die eigenständige Fahrradpauschale im städtischen Haushalt zur Realisierung von unabhängigen Fahrradprojekten finanziell stark zurückgefahren. Der Schwerpunkt in diesen Jahren lag daher auf Kleinmaßnahmen, die aber auch als wichtige Mosaiksteine das Radnetz ergänzten und halfen, das Radfahren in der Stadt sicherer und attraktiver zu machen. So wurden alle Einbahnstraßen auf eine mögliche Öffnung für den Radverkehr geprüft und nahezu alle für den radelnden Gegenverkehr geöffnet, signalisierte Kreuzungen erhielten bei Eignung sogenannte aufgeweitete Radaufstellstreifen (Ziel war die »Pole-Position« für Radfahrende an den Ampeln), es wurde eine flächendeckende Radwegweisung aufgebaut oder es wurden kleine Lücken im RadNetz geschlossen (Abb. 6).

Der Radverkehr nahm infolge der immer besser werdenden Infrastruktur über die Jahre stetig zu – selbstverständlich auch begünstigt durch die tendenziell gut geeigneten Wetterbedingungen, die vielen Studierenden und die fahrradfreundliche Topographie innerhalb der Stadtgrenzen. Auch die kompakte Struktur der Stadt erleichterte die Entwicklung zu immer mehr Radverkehr: 90 Prozent der Einwohner leben heute in einem Umkreis von fünf Kilometern um den Bertoldsbrunnen.

Eine bedenkliche Entwicklung waren allerdings die in diesen Jahren wachsenden Unfallzahlen im Radverkehr. Freiburg gehört seit einigen Jahren zu den Städten in Baden-Württemberg mit den – bezogen auf die Einwohner-

Abb. 6   Poleposition für Radfahrer: Die Aufstellstreifen an Ampeln

zahlen – meisten Unfällen mit verletzten Personen. Natürlich lag und liegt dies auch an den vielen radfahrenden Menschen in der Stadt, die bei einem Unfall in der Regel schwerer verletzt werden, als wenn sie mit einem Pkw unterwegs wären. Die Reduzierung der Unfallzahlen ist daher eine große Herausforderung für die städtische Verkehrsplanung, der allerdings nicht nur mit infrastrukturellen Maßnahmen begegnet werden kann. Verhaltensänderungen sowie die Kenntnis über die tatsächlichen Risiken im Straßenverkehr sind mindestens genauso wichtig. Informationskampagnen wie die von Freiburg mitinitiierte bundesweite »Rücksicht-im-Straßenverkehr-Kampagne« sollen dazu einen Beitrag leisten.

Im Verkehrsentwicklungsplan mit Beschluss im Jahr 2002 wurde die Förderung des Radverkehrs bekräftigt und fortgeschrieben. Die Flughöhe dieses Planes war allerdings – da der Plan umfassend alle Verkehrsmodi betrachtete – relativ hoch und damit in Bezug auf den Rad- und Fußverkehr auf der Maßnahmenebene relativ unkonkret. Daher wurde vom Garten- und Tiefbauamt einige Jahre später ein sektorales Planwerk angestoßen, um der Förderung des Radverkehrs neuen Schub zu leisten.

In den Jahren 2008 bis 2012 erarbeite dann die Verwaltung gemeinsam mit einer eigenen Arbeitsgruppe aus Gemeinderäten, Verkehrsverbänden, Polizei und Verwaltung in vielen Arbeitsstunden das »Radkonzept 2020« – fast eine Art »Neuauflage« der früheren Radwegekommission. Es wurde darüber hinaus mit einer breiten Bürgerbeteiligung in Stadt und Ortschaften auch mit der Zivilgesellschaft abgestimmt und im Frühjahr 2013 vom Gemeinderat als neues Planungswerk für die kommenden 10 bis 15 Jahre beschlossen. Kern des Radkonzeptes war neben der Festlegung der beiden übergeordneten Ziele, den Radverkehrsanteil in Freiburg auf über 30 Prozent zu steigern und die Unfallzahlen zu senken, die Bildung eines hierarchischen Radwegenetzes. Zentrales Element im Planwerk waren die neu eingeführten »Radvorrangrouten«, die besonders attraktive Verbindungen mit einer hohen Reisegeschwindigkeit über längere Distanzen anbieten sollten. Bewusst entschied man sich gegen die Begrifflichkeit eines »Radschnellweges«, weil nicht besonders hohe Fahrgeschwindigkeiten, sondern kurze »Reisezeiten« das Ziel waren. Im Radkonzept wurde aber nicht nur auf Flughöhe des Fahrradnetzes gearbeitet, sondern auch auf der konkreten Maßnahmenebene mit der Darstellung, Spezifizierung und auch Priorisierung von fast 200 Einzelmaßnahmen.

Das fast fertige Radkonzept war dann auch 2012 ein Glücksfall, als die neue Landesregierung das Förderprogramm für Verkehrsinvestitionen (das sogenannte Gemeindeverkehrsfinanzierungsgesetz) reformierte und den Kommunen bei Vorliegen eines Radkonzeptes bis dahin nicht existierende finanzielle Unterstützung bei Investitionen in eine Radinfrastruktur von rund 50 Prozent anbot. Damit konnte Freiburg für die neuen Pilotstrecken der

Abb. 7   Treppenabgang an der Schnewlinbrücke zum Dreisamuferradweg 2009

Abb. 8   Fahrbare Rampe an der Schnewlinbrücke zum FR1/Dreisamuferradweg 2016

Radvorrangrouten eine großzügige Förderung einwerben und manche – seit Langem in den Köpfen der Planer existierende Vorhaben – endlich umsetzen. Dazu gehörten zum Beispiel der Durchstich am unteren Mühlenweg im Zuge des Güterbahnradweges FR2 oder die fahrbaren Rampen anstelle der bisherigen Treppenanlagen an Ochsen- oder Schnewlinbrücke am Dreisamuferradweg FR1 (Abb. 7 und 8).

Neben den großen, eindrucksvollen Bauprojekten und Maßnahmen sind es aber auch die vielen kleinen Mosaiksteine, die in Freiburg dazu gehören, ein attraktives Radnetz zu spinnen: Vorfahrtsregelung für die Hauptrouten, eine möglichst fahrradfreundliche Ampelschaltung an den Kreuzungen, konsequenter Winterdienst auf Radwegen, durchgängige Wegweisung, geöffnete

Abb. 9   Freiburger Wort-Bild-Marke zur einheitlichen Vermarktung der Fahrradaktivitäten der Stadt

Einbahnstraßen, breites Angebot an öffentlichen Abstellplätze, Berücksichtigung des Radverkehrs bei Baustellen/Sperrungen, Serviceangebote wie die Scherbenhotline und vieles andere mehr.

Neben diesen »Hard-Ware-Angeboten« aus klassischem Infrastrukturausbau wurde deutlich, dass nicht nur gute infrastrukturelle Angebote die Menschen aufs Fahrrad holen, sondern ebenfalls gute Informationsangebote und attraktives Marketing für eine Verhaltensänderung wichtig sind. Es wurde 2013 in Freiburg mit einem kleinen Wettbewerb eine eigene Wort-Bild-Marke beziehungsweise Logo entwickelt, mit denen ab diesem Zeitpunkt alle Initiativen der Stadt unter eine einheitliche Marke gestellt wurden (Abb. 9).
Auch die Kennzeichnung der Radvorrangrouten erfolgte mit einem eigens daraus entwickelten Logo.

Durch den Erfolg der Radverkehrsförderung und die Vielzahl an Menschen, die ihr Auto stehen lassen und auf das Fahrrad steigen, stoßen an manchen Stellen die Radverkehrsanlagen zu Stoßzeiten an ihre Leistungsgrenzen. Radwege sind manchmal überlastet, es bilden sich quasi Staus bei den Radfahrenden und auch wenn man sein Fahrrad am Ziel abstellen möchte, gibt es an einigen »Hotspots« Parkplatzprobleme – Phänomene, die man andernorts nur als Autofahrer kennt (Abb. 10).

Abb. 10   Fahrradparken in der Innenstadt

Und heute? Viele Auszeichnungen bewerten von außen das Freiburger Engagement sehr positiv und beispielgebend. Wiederholt wurde die Stadt vom Land Baden-Württemberg als fahrradfreundliche Kommune ausgezeichnet, beim ADFC-Fahrrad-Klimatest belegt Freiburg seit Anbeginn Spitzenplätze und selbst die eher als sehr kritisch bekannte Organisation *Greenpeace* zeichnete unlängst Freiburg als best-practise-Stadt im Mobilitätsbereich aus.

Der Infrastrukturausbau seit den 1980er-Jahren lässt sich in beeindruckenden Zahlen ausdrücken: Heute besitzt die Stadt 230 Kilometer Radverkehrsanlagen, davon sind 180 Kilometer selbstständige und straßenbegleitende Radwege, 33 Kilometer Radfahr- und Schutzstreifen und sechs Kilometer Fahrradstraßen. Hinzu kommen die über 120 Kilometer radfahrfreundliche Straßen (Tempo 30) und die rund 120 Kilometer besonders radfahrfreundlichen Wald- und Wirtschaftswege. Dies addiert sich zu einem eindrucksvollen Streckennetz! Und diese Wege werden rege genutzt: Mit einem Modalsplit-Anteil für das Fahrrad im Binnenverkehr der Freiburger von 34 Prozent der Wege und einem der höchsten Wegeanteile in einer deutschen Großstadt, der mit einem Verkehrsmittel des Umweltverbundes zurückgelegt wird, hat Freiburg sehr gute Voraussetzungen für die Entwicklungen in der Zukunft. Insbesondere der Klimawandel und die beschlossenen sehr ambitionierten Ziele zur CO_2-Reduzierung bedeuten für die nach wie vor rasch wachsende Stadt aber auch große Herausforderungen. Die Zeit läuft und auch in einer Stadt wie Freiburg wächst vor dem Hintergrund eines hohen Lebensstandards die Zahl der privaten Pkws immer weiter. Um noch mehr Menschen aus dem Auto und aufs Fahrrad zu holen, bedarf es weiterer großer Investitionen und ausreichende personelle Ressourcen in der Planung und dem Bau. Allerdings wird es in Zukunft nicht mehr nur darum gehen, die Voraussetzungen für den Radverkehr durch den Bau einer geeigneten Infrastruktur zu verbessern. Aufgrund des immer knapper werdenden öffentlichen Raumes wird sich die Flächenkonkurrenz weiter verschärfen – bei der Verteilung der städtischen Flächen werden auch vermehrt Verkehrsflächen zwischen den Verkehrsträgern »umverteilt« werden müssen.

Eine weitere zentrale Herausforderung bleibt die Senkung der Unfallzahlen – eine Aufgabe, bei der Verwaltung, Polizei und Zivilgesellschaft in einer Art Sicherheitspartnerschaft intensiver zusammenarbeiten müssen.

Hinzu kommen die sich rasend schnell verändernden Mobilitätsangebote durch neue technische Entwicklungen. Neben den klassischen Fahrrädern und der sehr heterogenen Gruppe der Radfahrenden mit unterschiedlichen Bedürfnissen an die Infrastruktur oder die Führungsform, kommen laufend neue Verkehrsmittel auf die Straße. Neben den elektrisch unterstützten Pedelecs und E-Bikes konkurrieren nun auch Segways oder E-Scooter um die knappen öffentlichen Flächen. Diese Entwicklungen bieten natürlich auch Chancen, wenn es zum Beispiel darum geht, Menschen auf größeren Pendelentfernungen auf das Rad zu locken, Menschen zum Radfahren zu bringen, die es ohne elektrische Unterstützung nicht schaffen würden oder wenn es darum geht, im intermodalen Mix für die individuellen Bedürfnisse und die verschiedenen Fahrzwecke das richtige Verkehrsmittel anbieten zu können.

Entscheidend war und ist in Freiburg der über viele Jahrzehnte breit getragene Konsens zur Förderung des Radverkehrs innerhalb des Gemeinderates. So war es im Grunde in den letzten knapp 40 Jahren nie strittig, den Radverkehr in der Stadt zu fördern und seine Bedingungen zu verbessern.

Den Erfolg dieser über 40 Jahre konsequenten Radverkehrsförderung spürt man an den omnipräsenten Radfahrenden im Stadtbild – Freiburg fährt halt Rad. Wie sähe unsere heute liebens- und lebenswerte Stadt und deren Straßen aus, wenn diese Menschen alle das Auto nehmen würden?

Das städtische Straßennetz und der individuelle Kfz-Verkehr

Sven von Ungern-Sternberg

In einem Buch, das Freiburgs Weg zur »Green City« beschreibt und die ökologische Nachhaltigkeit als einen Eckpfeiler städtischer Politik rühmt, mag ein Plädoyer für den Straßenbau und eine Absage an die Vision einer autofreien Stadt zumindest »Öko-Fundamentalisten« als ein Fremdkörper erscheinen. Ich will es dennoch wagen und einen Blick auf diese in den letzten Jahrzehnten so umstrittenen Fragen der städtischen Politik werfen.

Die städtische Politik und die Planer waren auf die explosionsartige Zunahme der Kraftfahrzeuge in den 1950er-Jahren nicht vorbereitet und das wieder aufgebaute Straßennetz natürlich in keiner Weise geeignet, die auf die Städte hereinbrechende Flut von Automobilen aufzunehmen (Abb. 1). Aber eine Politik, die diesem dynamisch wachsenden Kfz-Verkehr dadurch Rechnung tragen wollte, dass bedarfsgerecht vielspurige Straßen geschaffen werden sollten, diese Politik hätte mit Schneisen der Zerstörung den traditionellen Stadtgrundriss und eine lebenswerte Stadtlandschaft für die Bürgerschaft vernichtet. In Amerika ist mit dem Leitbild einer »autogerechten Stadt« in diesen Jahren vieles gebaut worden, was uns heute als ein Bild des Schreckens erscheint. Aber auch in Europa, in Deutschland, auch in Baden-Württemberg, begannen viele Städte mit dieser Politik. Ob in Stuttgart, Karlsruhe oder Ulm, allenthalben wurden Straßen gebaut, die die gewachsene Stadt nachhaltig verwundet hat.

Auch in Freiburg gab es diesen Zeitgeist. So konzipierte der damalige Baubürgermeister Gerhard Graf schon in den 1950er-Jahren den Innenstadtring, der in den 1960er-Jahren unter seinem Nachfolger Hermann Zens verwirklicht wurde. Diese Straßenbaumaßnahme hatte erhebliche Eingriffe in den Stadtpark und teilweise auch in den Colombipark zur Folge, auch Abbrüche von interessanten Gebäuden, wie das Pfefferle-Haus am Schlossberg, das im Krieg zerstört, dann wiederaufgebaut und nun dem Straßenbau weichen musste. Gegen manche Kritik wurde letztlich die Planung umgesetzt. Sie hatte seinerzeit vor allen Dingen die Leichtigkeit und Flüssigkeit des Verkehrs im Blick. Im Nachhinein war aber der Innenstadt-Ring sehr hilfreich, weil er die Voraussetzung für eine großräumige Fußgängerzone der Freiburger Innenstadt in den 1970er-Jahren darstellte.

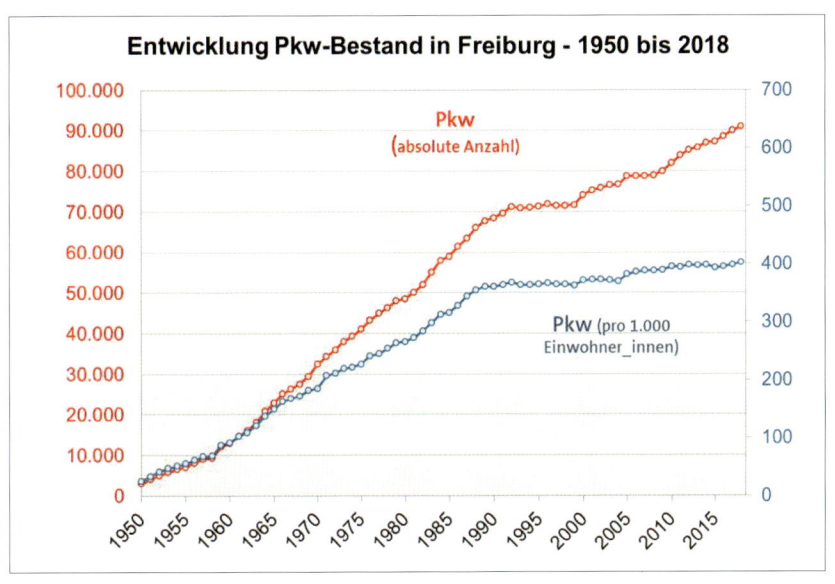

Abb. 1 Zunahme des Pkw-Bestandes in Freiburg von 1950 bis 2018

Gravierender waren die Eingriffe, die mit der städtischen Planung verbunden waren, entlang des Dreisamufers kreuzungsfreie autobahnähnliche Zubringerstraßen in die Stadt zu schaffen. Sie sind dann in abgeschwächter Form in den 1970er-Jahren verwirklicht worden. Die Abwägung war nicht einfach: Zum einen war der Bau dieser Straßen mit der Beeinträchtigung der schönen Uferlandschaft der Dreisam verbunden, zum anderen haben diese Straßen als Bündelungsstraßen die Wohngebiete im Freiburger Westen spürbar entlastet.

Wirklich schlimm war aber die seinerzeitige Planung des Tiefbauamtes, zur Bewältigung des immer weiter anschwellenden Kfz-Verkehrs eine Autoschnellstraße (ASS) auf Hochstelzen durch die Wiehre zu bauen. Diese Straße hätte den gewachsenen Organismus dieser so attraktiven Vorstadt nachhaltig zerstört. Die Planung rief zu Recht einen Bürgeraufstand hervor. Hier profilierte sich insbesondere die Arbeitsgemeinschaft Freiburger Stadtbild, Wortführer waren Sigrid Lechner-Knecht und Walter Vetter. Obwohl die Planung noch manche Jahre in den Schubladen der städtischen Ämter zu finden war, war die ASS politisch schon gestorben, als ich 1971 in den Freiburger Gemeinderat kam. Im Flächennutzungsplan 1978 haben wir dann endgültig diese Trasse aus der Planung gestrichen. Dass es nicht zur Verwirklichung dieser heute als barbarisch angesehenen Planung gekommen ist, war seinerzeit nicht der Einsicht der Stadtverwaltung, sondern vor allen Dingen dem Engagement von Bürgern zu verdanken, die dagegen aufgestanden sind.

Als ich in den Gemeinderat kam, gab es eine sehr intensive Diskussion um die Schwarzwald-Autobahn und den damit verbundenen Rosskopf-Tunnel. Die Freiburger Stadtverwaltung und die damalige Mehrheit des Gemeinderats favorisierte diese Planung. Auch ich bin persönlich davon überzeugt gewesen. So habe ich mich zusammen mit Oberbürgermeister Eugen Keidel und Bürgermeister Gerhard Graf in der Interessensgemeinschaft Schwarzwaldautobahn engagiert und habe versucht, über die CDU im Freiburger Gemeinderat und dem frisch geschaffenen Regionalverband Südlicher Oberrhein, Einfluss zu nehmen. So haben wir 1977 einen entsprechenden Beschluss im Freiburger Gemeinderat für diesen Tunnel gefasst und 1978 den Roßkopftunnel als einen Eckpunkt der städtischen Planung in unsern Flächennutzungsplan aufgenommen.

Noch heute bin ich davon überzeugt, dass Autobahnen in unserer Straßeninfrastruktur notwendig sind, den Verkehr bündeln, in den Städten den Durchgangsverkehr vermeiden helfen und im ländlichen Raum das Wirtschaftsgefälle zwischen Stadt und Land verringern. Für die Freiburger Interessenslage war der Bau einer Schwarzwaldautobahn deshalb so entscheidend wichtig, weil mit ihr die Umgehung Freiburgs durch den Rosskopftunnel verbunden war. Aus vielerlei Gründen ist es nun weder zum Bau der Schwarzwaldautobahn noch zum Bau des Rosskopftunnels gekommen, mit der Folge, dass sich von Jahr zu Jahr in einem immer mehr beängstigenden Ausmaß der überregionale, ja europäische Ost-West-Fernverkehr durch die Stadt bewegt. Allein in den letzten zehn Jahren hat sich auf der B 31 der Lkw-Transitverkehr um mehr als 25 Prozent erhöht, fuhren im Jahr 2004 ungefähr 2500 Lkws diese Straße pro Tag, so waren es 2017 bereits 3120.

Das mit Abstand umstrittenste Straßenprojekt in meiner Zeit war die der Planung und die Verwirklichung der B 31 Ost. Immer wieder wurde sie in all den Jahren im Freiburger Gemeinderat in strittigen Diskussionen behandelt und jeweils mit immer knapper werdenden Mehrheiten beschlossen. Die in Ebnet und an der Schwarzwaldstraße lebenden Mitbürger sehnten diese Straße als Befreiung herbei, aber große Teile der Freiburger Bevölkerung stand in entschiedener Gegnerschaft zu dieser Straße. Die Stimmung in jenen Jahren war ungeheuer aufgeheizt.

Der Spatenstich, der hochkarätig von Bundesverkehrsminister Wissmann und Ministerpräsident Erwin Teufel vorgenommen wurde, führte zu chaotischen Tumulten. Ein groß angelegter Protest, bei dem eigens militante Baumbesetzer aus Berlin angereist kamen, sprengte den Ablauf des offiziellen Termins. Schließlich mussten die Ehrengäste, um sich vor Wurfgeschossen zu schützen, fluchtartig den Ort des Geschehens verlassen.

Der Bau der B 31 war dann einer der Schwerpunkte meiner eigenen Amtstätigkeit als Regierungspräsident. Als dann im Jahre 2004 die Straße mit den zwei großen Tunnelabschnitten endlich fertig gestellt war, gab es ein Kuriosum. Angesichts der überörtlichen Bedeutung dieser Straße und der hohen Finanzmittel, die in dieses Projekt investiert worden waren, wäre es eigentlich selbstverständlich gewesen, eine spektakuläre Eröffnung mit hoher Bundes- und Landespräsenz vorzunehmen. Als dann aber die Straße fertig war, gab es große Schwierigkeiten zwischen Bund, Land und Stadt, einen auch nur halbwegs zeitnahen Termin für eine gemeinsame Eröffnung zu finden. Ich war davon überzeugt, dass die Bürgerschaft auf die Nutzung des nun fertigen Abschnittes nicht deshalb lange warten sollte. So erhielt ich von Bund und Land das Plazet, ohne Teilnahme höherer Repräsentanten des Bundes und Landes in Eigenregie zwischen dem Regierungspräsidium und der Stadt den Verkehr frei zu geben. Es wurde dann in bescheidenem, aber harmonischen Rahmen ohne spürbare Gegendemonstrationen diese seit Jahrzehnten hart umkämpfte Straße erstaunlich »unterschwellig« für den Verkehr frei gegeben. Für die Bewohner von Ebnet und der Schwarzwaldstraße war es natürlich Anlass zu ausgiebigem Feiern.

Heute kann man sich als vernünftiger Mensch kaum vorstellen, wie sich der enorm angestiegene Durchgangsverkehr ohne die beiden B 31-Tunnel durch die Schwarzwaldstraße und Ebnet zum Leidwesen der Bevölkerung quälen müsste. Bei der Eröffnung sagte der amtierende Oberbürgermeister Dieter Salomon auch ganz offen, dass er aus der heutigen Sicht die Notwendigkeit dieser Straße bejahen müsse.

Umstritten in Freiburg waren auch andere Straßenprojekte. Ich erinnere an die Umgehungsstraße in St. Georgen, die 1987 eröffnet worden ist. Sie zog nicht nur den üblichen Widerstand von Straßenbaugegnern, sondern auch die Bedenken der Geschäftswelt von St. Georgen auf sich. In der Praxis der nachfolgenden Jahre ist genau das Gegenteil eingetreten ist. Den Geschäften und der Gastronomie in St. Georgen hat diese Umgehungsstraße gutgetan, von der verminderten Lärm- und Abgasbelästigung für die Bevölkerung ganz zu schweigen.

Heftig umkämpft war vor allem auch der vierspurige Ausbau der Westrandstraße und der Bau der Berliner Allee über den Flugplatz. Bei beiden Straßen gab es hitzige Kontroversen und nur hauchdünne Mehrheiten im Gemeinderat. Als der letzte nördliche Teil des vierspurigen Ausbaus eröffnet wurde, kam es zu heftigen Protesten der Straßenbaugegner. Wir, die Verantwortlichen für den Bau, wurden als Umweltsünder ins »moralische Abseits« gestellt, ja sogar mit den alttestamentarischen Brunnenvergiftern verglichen. Im Rückblick bin ich froh, dass wir uns auch hier gegen den energischen Widerstand durchgesetzt haben. Man muss sich einmal vorstellen, wie die Verkehrssituation im Freiburger Westen aussähe, wenn es den vierspurigen Ausbau der Westrandstraße nicht gegeben hätte. An vielen Wohnstraßen konnte die Bürgerschaft aufatmen. So sank nach der Freigabe der Westrandstraße an der Hofackerstraße unmittelbar der Kfz-Verkehr von 15 700 auf 5100, also auf ein Drittel pro Tag. An der Dietenbachstraße sank der Kfz-Verkehr von 12 400 auf 2000, also auf ein Fünftel. An der Betzenhausener Straße, wo zuvor 17 000 Fahrten pro Tag gezählt wurden, sank er auf null, da danach nur noch Radverkehr zugelassen war.

Wie sehr die Positionen im Gemeinderat schroff aufeinander prallten, können die Diskussionen jener Jahre etwa im Freiburger Bauausschuss bekunden. Hier wurde mir in den 1980er-Jahren von den Grünen vorgeworfen, dass wir zwar in der Frage der Fahrradpolitik und des ÖPNV eng übereinstimmten, aber uns beim Straßenbau Welten trennen würden. Mir wurde vorgehalten, diese Straßen, die wir damals planen und bauen wollten, würden in 30 Jahren verwaist sein und innerhalb weniger Jahrzehnte das Auto keine Rolle mehr spielen. Die vielen Millionen, die mit dem Bau von Straßen verbunden seien, wären herausgeschmissenes Geld.

Inzwischen sind dreißig Jahre vergangen. Die Zahlen sprechen für sich. In Deutschland, wie in der ganzen übrigen Welt, hat die Zahl der Kfz signifikant zugenommen. Selbst die Umweltstadt Freiburg hat sich nicht entscheidend von dem Bundestrend deutscher Städte abkoppeln können. Obwohl bemerkenswert viele Haushalte, nämlich 40 Prozent in Freiburg kein eigenes Kfz besitzen, hat es bis in die 1990er-Jahre ein stürmisches Wachstum und seither immerhin einen leichten Anstieg der Pkw-Dichte pro Person gegeben. Die Kfz-Dichte in verschiedenen Freiburger Stadtteilen ist sehr unterschiedlich. Am wenigsten Autos pro Einwohner gibt es im Stadtteil Vauban. 2017 betrug hier die Kfz-Dichte 225 pro tausend Einwohner. Im Stadtteil Tiengen gibt es nahezu die dreifache Kfz-Dichte mit einem Wert 635. Für Freiburg insgesamt lag der Durchschnittswert mit 394 knapp unter 400. Das ist im Verhältnis zum Landesschnitt (587) und Bundesschnitt (560) bemerkenswert niedrig. Allerdings hat in Baden-Württemberg interessanter Weise Heidelberg mit 375 eine niedrigere Kfz-Dichte als Freiburg. Und die Millionenstadt Berlin – natürlich mit anderen Voraussetzungen als Freiburg – hat eine Kfz-Dichte von 330. Im Übrigen ist bemerkenswert, dass der in früheren Jahren schon nahezu als »autofrei« bezeichnete Stadtteil Vauban die mit Abstand höchste Zuwachsrate von 32 Prozent in den letzten zehn Jahren aufweist, während die Kfz-Dichte der gesamten Stadt nur um gut fünf Prozent zugenommen hat.

Da die Stadt in den letzten beiden Jahrzehnten absolut an Einwohnern deutlich zugenommen hat, ist die absolute Zahl der Pkws deutlich gestiegen, von 107 000 Kfz auf 117 000 im Jahre 2018.

Ganz entscheidend aber ist, dass trotz der ständigen Zunahme an Kfz in unserer Stadt im Verhältnis der verschiedenen Verkehrsteilnehmer untereinander der Anteil des privaten Kfz-Verkehrs ständig, und zwar in sensatio-

Modal Split im Binnenverkehr in Freiburg

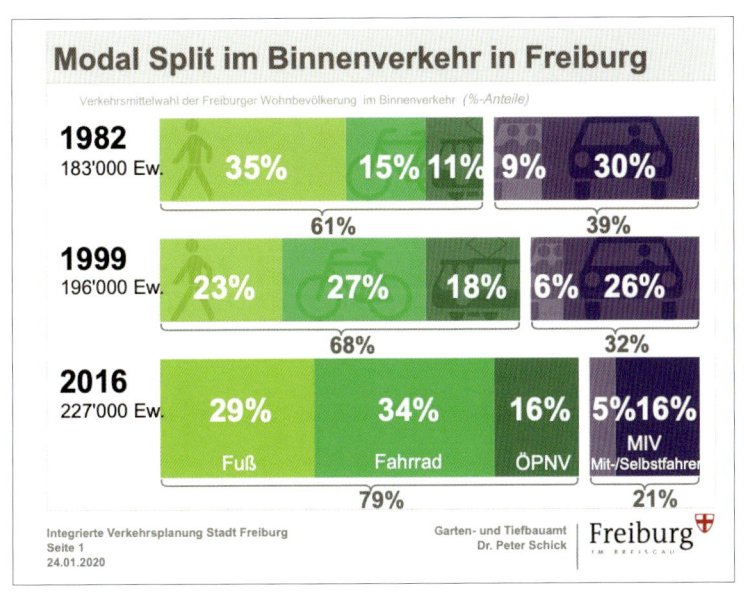

Verkehrsmittelwahl der Freiburger Wohnbevölkerung im Binnenverkehr (%-Anteile)

Jahr	Fuß	Fahrrad	ÖPNV	MIV Mit-	MIV Selbstfahrer	Umweltverbund	MIV gesamt
1982 (183'000 Ew.)	35%	15%	11%	9%	30%	61%	39%
1999 (196'000 Ew.)	23%	27%	18%	6%	26%	68%	32%
2016 (227'000 Ew.)	29%	34%	16%	5%	16%	79%	21%

Integrierte Verkehrsplanung Stadt Freiburg, Seite 1, 24.01.2020 — Garten- und Tiefbauamt, Dr. Peter Schick — Freiburg im Breisgau

Abb. 2   Das starke Anwachsen des Umweltverbundes

nellem Umfange, vermindert wurde. In den 1970er-Jahren betrug der Anteil des individuellen Kfz-Verkehrs am gesamten täglichen Verkehrsaufkommen mehr als die Hälfte. Bereits 1982 hat sich das Verhältnis der verschiedenen Verkehrsmittel zu einander (der so genannte »Modal Split«) bemerkenswert geändert (Abb. 2). Der Anteil des Kfz war 1982 bereits auf 39 Prozent gefallen. 11 Prozent der Verkehrsteilnehmer wählten damals den öffentlichen Personennahverkehr, 15 Prozent das Fahrrad und 35 Prozent waren Fußgänger.

Bereits 1999 hatte sich das Bild weiter deutlich verschoben. Der Anteil des privaten Kfz-Aufkommens pro Tag fiel auf 32 Prozent. Dank der forcierten Fahrradpolitik stieg der Anteil von Fahrradfahrern fast schon sensationell auf 27 Prozent, der ÖPNV konnte sich auf 18 Prozent steigern, während der Anteil von Fußgängern auf 23 Prozent fiel. Der gesunkene Anteil von Fußgängern ist im Übrigen leicht zu erklären. Dort, wo früher längere Fußwege gemacht worden sind, gab es bessere Angebote mit der Bahn, mit dem ÖPNV oder mit dem Fahrrad, sodass Fußwege häufig erspart werden konnten.

Und 2016 verschob sich erneut das Bild zu Gunsten des Umweltverbundes. Der Fahrradanteil konnte sich weiter von 24 Prozent auf 34 Prozent steigern. Der ÖPNV stieg zwar in absoluten Zahlen, konnte sich aber prozentual nicht verbessern und fiel auf 16 Prozent. Bemerkenswert ist der Anstieg der Fußwege-Beziehung von 23 Prozent auf 29 Prozent. Dies ist der erfolgreichen Politik der kurzen Wege zu verdanken. Und im Ergebnis sank der Anteil des privaten Kfz-Verkehrs auf ganze 21 Prozent. Die umweltfreundlichen Verkehrsmittel, zu Fuß, zu Rad, mit dem ÖPNV sind der sogenannte Umweltverbund. Dieser betrug 1982 61 Prozent, stieg im Jahre 1999 auf 68 Prozent und kam dann sogar 2016 auf 79 Prozent. Dieses ist im Vergleich zu anderen Städten in Deutschland der deutsche Spitzenplatz.

Der Erfolg dieser Freiburger Politik besteht darin, dass alle Bereiche der verschiedenen Verkehrsmittel erfolgreich zusammenwirken. So mag bei isolierter Betrachtung für den Radverkehr eine Stadt wie Münster sicherlich noch besser dastehen als Freiburg. Und es gibt auch einige Städte, die einen noch höheren ÖPNV-Anteil besitzen als Freiburg. Aber in der Addition dieser verschiedenen Einzelsegmente der umweltfreundlichen Verkehrsmittel kommt Freiburg zu diesem Spitzenergebnis deutscher Städte.

Diese erfolgreiche Entwicklung der letzten Jahre, bei der der Umweltverbund ständig gewachsen ist und der Anteil des Kfz-Verkehrs ständig abgenommen hat, scheint auf den ersten Blick unverständlich zu sein, da ja die absolute Zahl der Kfz auch in unserer Stadt ständig zugenommen hat. Dieser Erfolg ist ganz einfach darin begründet, dass diejenigen, die in unserer Stadt ein eigenes Kfz besitzen, angesichts der attraktiven Alternativen zum Auto weniger von ihrem Kfz Gebrauch machen. Wenn eine erfolgreiche »Politik der kurzen Wege« es ermöglicht, ohne jedes Verkehrsmittel zu Fuß die Dinge zu erledigen, so bleibt das Auto stehen. Wenn eine attraktive Radwegeverbindung oder der ÖPNV zur Verfügung steht, wird dies häufiger genutzt als das eigene Kfz. Dem zu Folge ist auch die Zahl der Kfz-Bewegungen pro Tag in all den Jahren dramatisch gesunken, sodass es zu dem so erfolgreichen Gesamtergebnis kommen konnte.

Wenn eine städtische Politik zum Ergebnis hat, dass der Umweltverbund immer mehr ansteigt und bald mehr als vier Fünftel des gesamten Verkehrs beträgt, dann ist es einleuchtend, dass die öffentlichen Flächen, die Straßen und Plätze nicht mehr in dem Maße dem individuellen Kfz-Verkehr gewidmet sein können wie in früheren Jahrzehnten, als der Kfz-Verkehr eine deutliche Dominanz besaß. So ist es folgerichtig, dass Schritt für Schritt Flächen zu Gunsten der Fußgänger, der Radfahrer und des ÖPNVs umgewidmet wurden. Ein Meilenstein in dieser Entwicklung war, dass vor einem knappen halben Jahrhundert in der Freiburger Innenstadt die Fußgängerzone verwirklicht wurde. Bis dahin hatten auf der Freiburger Hauptstraße, der Kaiser-Josef-Straße, die Autos dominiert. Man kann sich heute einfach nicht mehr vorstellen, dass der gesamte Nord-Süd-Verkehr in unserer Region, also der Kfz-Verkehr von Basel nach Frankfurt, auf der alten B 3 durch die Freiburger Stadtmitte zwischen Martinstor und Siegesdenkmal führte. Erst durch den Bau von Umgehungsstraßen in konzentrischen Ringen um die Altstadt, ob weit im Westen die Autobahn, ob die Westrandstraße, ob die Berliner Allee, ob der Innenstadtring konnte die Kaiser-Josef-Straße autofrei werden. Am

Anfang gab es vor allem vom Einzelhandel erhebliche Bedenken gegen die Entwicklung der Fußgängerzone, weil man Umsatzeinbußen befürchtete. Sobald aber vom Handel erkannt wurde, dass dies ganz im Gegenteil auch für den Handel eine ungeheure Attraktivitätssteigerung bedeuten würde, gehörte auch er zu den Befürwortern der sich erweiternden Fußgängerzone in der Innenstadt. So wurde der Großteil der Straßenflächen in der Altstadt für die Bürgerschaft zurückgewonnen.

Dies gilt natürlich nicht nur für die Straßen, sondern auch für die öffentlichen Plätze, zum Beispiel den Rathausplatz oder den Adelhauser Platz, die 1972 »autofrei« wurden. Vor allem möchte ich unseren Münsterplatz ansprechen, der heute ein so beliebter Treffpunkt für die Bürgerschaft ist und mit seinen attraktiven Angeboten auch Touristen in hohem Maße anspricht. Noch in den 1960er-Jahren wurden die Versuche, den nördlichen Teil des Münsterplatzes »blechfrei« zu machen, von der Verwaltung »niedergebügelt«. Ja, es wurden Ende der 1960er-Jahre sogar noch neue Parkuhren an der Nordseite des Münsterplatzes aufgestellt. Der südliche Teil wurde 1970 gegen starke Widerstände des örtlichen Lokalvereins, des Handels und der Gastronomie für den Kfz-Verkehr gesperrt (Abb. 3 und 4).

Ein weiterer Schritt in diese Richtung ist die Schaffung von Spielstraßen (Abb. 5). In meiner Jugend gab es kaum Spielplätze, aber die Straßen, die kaum befahren waren, standen uns Kindern praktisch zum Spielen zur Verfügung. Es ist gut, dass in einer Reihe von Freiburger Stadtteilen diese Spielstraßen eingerichtet wurden, in denen zwar der Autoverkehr für die Anwohner zugelassen ist, aber diese dann Schrittgeschwindigkeit fahren müssen und natürlich Vorrang für die Fußgänger, insbesondere aber auch für spielende Kinder besteht. Das angefügte Bild zeigt eine Spielstraße, die im Bereich des neuen Stadtteils Vauban konzipiert ist. Kinder nehmen die Straße in Besitz und bemalen sie mit Kreide. Ich habe von einem dort ansässigen Drogisten gehört, dass seit der Einrichtung der Spielstraße der Verbrauch an Kreide sprunghaft gestiegen sei.

Der Sicherheit dienen soll auch die Geschwindigkeitsbegrenzung in Wohngebieten. Freiburg ist in den 1980er-Jahren eine der ersten deutschen Städte gewesen, die flächendeckend in allen Wohngebieten eine Geschwindigkeitsbegrenzung mit Tempo 30 eingeführt hat. Dies dient natürlich offenkundig der Sicherheit. Bereits bei einer Reduzierung von 50 auf 30 Kilometer pro Stunde sinkt das Risiko erheblich, dass es überhaupt zu Unfällen kommt. Falls es tatsächlich zu einem Unfall kommen sollte, ist bei einer derartigen Geschwindigkeit die Gefahr von schweren Verletzungen oder gar Todesfällen, signifikant geringer. Dem Prinzip der Geschwindigkeitsbegrenzung in verkehrsberuhigten Bereichen in den Wohngebieten entspricht das System der Bündelungsstraßen, auf denen sich außerhalb der Wohngebiete der Kfz-

Abb. 3 und 4   Münsterplatz mit und ohne Automobile

Abb. 5   Spielende Kinder auf einer Spielstraße

Verkehr konzentrieren soll. Hier haben wir heutzutage allerdings unter dem Stichwort »Umwelt- und Klimaschutz« zunehmende Schwierigkeiten, da durch die Überschreitung der vorgeschriebenen Werte bei der Schadstoffbelastung auf Bündelungsstraßen große Probleme entstehen.

Nicht nur gegenüber dem Fußgänger, sondern auch gegenüber den Fahrradfahrern müssen Konsequenzen in der Zuordnung der Straßenflächen entstehen. Zunächst einmal können Straßen als sogenannte Fahrradstraßen vorrangig dem Fahrradverkehr gewidmet werden. Diese Straßen sind für Autos weiter befahrbar, aber Fahrradfahrer haben Vorfahrt. Dann ist es möglich, dass Straßen künftig völlig für den Kfz-Verkehr gesperrt werden und ausschließlich Fahrradfahrern zur Verfügung stehen. Ein gutes Beispiel hierfür ist die Umwidmung der Wiwili-Brücke, das Titelbild unseres Buches. Und schließlich ist es vielfach notwendig, zur Anlage von Fahrradstreifen Teile der Fahrbahn, die bisher ausschließlich von den Autos genutzt wurden, dem Fahrradverkehr zu zuschlagen. Bei der Schaffung eines integrierten Fahrradwegenetzes ist es in Außenbereichen noch relativ einfach neue Fahrradwege anzulegen, in den dicht bebauten Teil der Stadt ist dies nicht möglich. Hier besteht der einzige Weg darin, zu Lasten der bisher dem Kfz zugewiesenen Flächen entsprechende Raum für den Fahrradverkehr abzuzweigen. Diese abmarkierten Fahrradwege müssen breit genug sein, um dem Sicherheitsbedürfnis des Fahrradverkehrs Rechnung zu tragen. In den ersten Jahren waren wir da ein wenig zu zaghaft. Bei den Kreuzungen sind Markierungen im Sinne einer Aufstellfläche ausgesprochen wichtig. So gibt es mittlerweile ein ausgeklügeltes

System, um auf der bisher zugewiesenen Kfz-Fläche möglichst viel Sicherheit und Vorrang für den Fahrradverkehr zu ermöglichen.

Wichtig ist auch, dass ausreichende Abstellflächen für die immer größer werdende Zahl von Fahrrädern entstehen. Dies gilt für die Umsteigebeziehungen zum ÖPNV, mit dem Bau von ausreichenden Bike-and-ride-Plätzen. Dies gilt insbesondere für die Freiburger Innenstadt, in der ebenerdige Kfz-Parkplätze zugunsten von Fahrabstellplätzen umgewandelt werden müssen. Es gilt für sämtliche andere Bereiche des täglichen Lebens, vor Kaufhäusern, vor Schulen, in den einzelnen Wohnquartieren. Und es ist gut, dass es gelungen ist, im Herzen der Stadt eine für die Fahrradpolitik so zentrale Einrichtung wie der großen Fahrradstation am Hauptbahnhof einzurichten (Abb. 6).

Ähnliche Gedanken der Umwidmung gelten natürlich auch für den öffentlichen Personennahverkehr. Es ist einleuchtend, dass der öffentliche Nahverkehr nur dann gegenüber dem Kfz-Verkehr attraktiv ist, wenn er auf eigenem Gleiskörper fährt und damit auch in Stoßzeiten den Kfz-Verkehr überholen kann. Insofern ist es richtig, auch zu Lasten der Autoflächen bei der Sanierung bestehender Straßenbahnschienen diese auf eigene Gleiskörper zu stellen.

All diese Maßnahmen bringen zum Ausdruck, wie wichtig es ist, bei den öffentlichen Flächen und bei den Straßen eine »Umverteilung« zu Gunsten des Umweltverbundes und zu Lasten des Kfz zu erwirken. Allerdings soll dies nach meiner Meinung nicht so weit gehen, dass sich Konzepte einer autofreien Stadt durchsetzen. Es wird immer eine bestimmten Wirtschaftsverkehr geben, der auf das Kfz angewiesen ist. Auch wird es stets einen gewissen privaten Kfz-Verkehr geben, der sinnvoll ist und der in einer ausbalancierten Verkehrspolitik zugelassen werden sollte. Das Entscheidende ist, dass das Verhältnis zwischen Umweltverbund und privatem Kfz-Verkehr sich insgesamt so positiv entwickelt hat wie in Freiburg, ohne dass das Auto verteufelt wird.

Die Vision von einer gänzlich autofreien Stadt oder gar noch weitergehend einer autofreien Gesellschaft halte ich nicht nur für weltfremd utopisch, sondern auch in der Sache für falsch.

Natürlich ist die Abkehr von der Idee der autogerechten Stadt zwingend und richtig gewesen. Natürlich ist es richtig, den Anteil des Kfz-Verkehrs durch den größeren Ausbau von attraktiven Rad- und ÖPNV-Angeboten im Sinne der Politik der kurzen Wege deutlich zu senken. Und es muss auch das Ziel sein, dass die Menschen, die kein Auto haben wollen oder können, in ihrer Bewegungsfreiheit und Mobilität in der Gemeinde nicht beeinträchtigt sind. Aber eine offene und freiheitliche Gesellschaft muss auch eine individuelle Mobilität für den Bürger ermöglichen. Der Besitz und Gebrauch des Kfz dürfen nicht verteufelt werden. Es wäre auch politisch völlig falsch, den Gebrauch des Kfz so zu verteuern, dass ihn sich nur noch Reiche leisten können.

Abb. 6   Fahrradstation »Mobile« am Hauptbahnhof

Es wäre völlig unvertretbar, wenn die Mehrheit der Bevölkerung aus finanziellen Gründen vom Automobil und damit von der individuellen Mobilität ausgeschlossen wäre. Alles was dazu dient, den Gebrauch des Kfz sinnvoller und auch effektiver zu gestalten, etwa durch das Carsharing oder verfeinerte Park-and-ride-Systeme, ist sicherlich auszubauen. Das Auto hat insbesondere dann eine Zukunft, wenn es gelingt, im Sinne des Klimaschutzes durch Veränderung der Technologien die schädlichen Abgaswirkungen in hoffentlich baldiger Zukunft zu überwinden. Und so wie das Auto zu unserer Gesellschaft dazu gehört, ist auch Straßenbau sinnvoll. Ohne den richtigen Straßenbau etwa in Freiburg der Autobahn, der Westrandstraße, der Berliner Allee, des Innenstadtrings, hätte es nie zu einer Fußgängerzone kommen können. Ohne Umgehungsstraßen sind die Ortskerne, in denen die Menschen wohnen, den Unbilden des Durchgangsverkehrs ausgeliefert. Auch die Verkehrsmisere, die wir in Freiburg haben, lässt sich nur durch Straßenbau lösen. Wir brauchen, und da sind sich eigentlich alle politischen Gruppierungen einig, möglichst bald die Verwirklichung des Stadttunnels.

Ich persönlich gehe sogar noch weiter: Ich glaube, dass auch mit dem Stadttunnel das Kernproblem Freiburgs, nämlich internationale Transitstrecke des Fernverkehrs zwischen West- und Osteuropa zu sein, sich nicht entscheidend ändern wird. Ich persönlich bin der Meinung, dass die Verwirklichung eines Rosskopftunnels ohne Autobahn utopisch ist und die Schwarzwaldautobahn auch irreversibel als realistische Option nicht mehr zur Verfügung steht. So ist für mich der einzige mittel- und langfristige Weg, die Freiburger Verkehrsmisere zu beenden, ein zügiger Ausbau der A 98 am Hochrhein. Dann könnte eine Hochrheinautobahn eines Tages den internationalen Ost-

West-Verkehr auf einer Autobahn auch um die Freiburger Region herum lenken. Ich selbst habe als Regierungspräsident versucht, wenn auch nur mit mäßigem Erfolg, diese Autobahn voran zu treiben. Es wird sicherlich noch viele Jahre dauern, bis dies Realität geworden ist.

So wird Freiburg auch in Zukunft mit dem Auto leben müssen, auch wenn das manchem umweltpolitischen Aktivisten nicht lieb ist. Aber der eingeschlagene Weg, dass das Auto nicht dominiert und dass der Umweltverbund in seiner Addition den mit Abstand größten Anteil der Verkehrsteilnehmer stellt, dieser Weg einer ausbalancierten Verkehrspolitik ist sicherlich der richtige. In den zurückliegenden Jahrzehnten ist sehr viel Gutes in dieser Richtung erreicht worden. Die Weichen sind so gestellt, dass auch in der kommenden Zeit diese Politik ihre Kontinuität findet.

So ist das Fazit keine Vision von einer autofreien Gesellschaft, sondern ein Ja zu einer ausbalancierten Verkehrspolitik und ein Ja auch zu zukünftigem Straßenbau, wenn er durch Umgehung und Bündelung Menschen von der bisherigen Beeinträchtigung durch das Kfz befreit.

IV. Entwicklung des Natur- und Umweltschutzes

Das Gartenamt der Stadt Freiburg

Im Gespräch mit der Natur

Bernhard Utz

Von den 900 Jahren der Stadt Freiburg waren die letzten 100 Jahre von einem Gartenamt begleitet.

Was haben die Bürger, was die Stadt dadurch gewonnen? Oder wurde vieles behindert, verloren? Ich finde diese Fragen spannend, habe ich doch 33 Jahre, also ein Drittel der Zeit, dieses Amt geleitet, das danach im Jahr 2007 in das Tiefbauamt integriert wurde.

Aus einem städtischen Anzuchtgarten ist das Gartenamt kurz nach dem Ersten Weltkrieg »geboren«. Meine Arbeit im Amt begann 1972 und ich möchte in diesem Artikel die »Gewinne« der Stadt würdigen und auch manchen »Flop« beschreiben, den das Gartenamt in »meinen« Jahren produziert hat. Als roten Faden bediene ich mich eines Spazierganges durch den Freiburger Seepark. Der Park, dem ich mich immer noch stark verbunden fühle, weil er für mich einen Höhepunkt in meiner beruflichen Arbeit darstellte. Beeindruckend an einem Park ist, dass er von Menschen geplant und gebaut wird und dann sein Eigenleben entwickelt. Dem aufmerksamen Besucher gibt er Antworten auf Fragen, die unseren heutigen und zukünftigen Lebensraum betreffen. Der Seepark ist für mich ein »sprechender Park« und ich bin bei jedem Besuch neugierig, wie er sich verändert hat (Abb. 1).

Zuerst begrüßt mich der Werbe-Schmetterling der Landesgartenschau. Inzwischen verblasst, ziert er das gepflasterte Rund des Anton-Dichtel-Platzes vor der Öko-Station. Hier stelle ich mein Fahrrad ab. Überdimensional große Fußspuren scheinen auf das Dach der Öko-Station zu führen. Sie thematisieren den Klimawandel und fragen nach dem CO_2-Fußabdruck, den jeder mit seiner Lebensführung hinterlässt.

Wie ist aus dem ausgeräumten Kiesweiher und den anschließenden Maisäckern dieser Park entstanden?

Die angrenzenden neuen Stadtteile Betzenhausen und Bischoffslinde sollten aus der Sicht des Gemeinderates eine verbesserte Naherholungsfläche bekommen. Die Durchführung einer Landesgartenschau (LGS) bedeutete erhebliche finanzielle Zuschüsse aus dem Landeshaushalt und so stimmte der Gemeinderat 1980 mit großer Mehrheit für die LGS im Jahr 1986. Den Wettbewerb gewann das Büro Fleig-Harbauer aus Emmendingen für die Grünan-

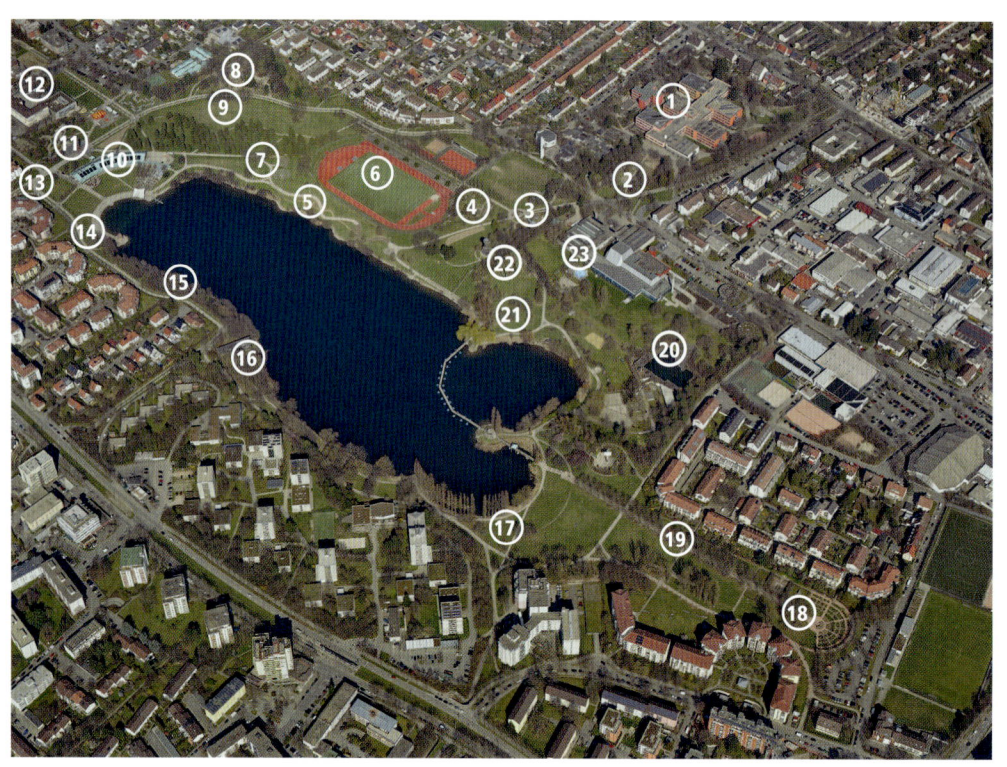

Abb. 1   Seepark. Luftbild von Süden
1 Wentzinger Schulzentrum, 2 Schmetterlingsplatz, 3 Ökostation, 4 Biogarten, 5 Wiesenhügel, 6 Schulsport, 7 Steinkreuz, 8 Spielplatz, 9 Mammutwäldchen, 10 Bürgerhaus, 11 Lichtturm, 12 Japanischer Garten, 13 Torplatz, 14 Tempelchen, 15 Schleichpfad/Biotop, 16 Langhaus, 17 Wiesental, 18 Rosengarten, 19 Kastanienallee, 20 Freibad, 21 Weinberg, 22 Aussichtsturm, 23 Pflegebezirk

lage und das Büro Langenbacher aus Lahr für das Bürgerhaus. Die Bauleitung für den Park wurde in die Verantwortung des Gartenamtes gegeben. Meine Aufgabe war die technische Geschäftsführung der LGS.

Das wichtige Thema »Ökologie« hatte sich schon viele Jahre vorher in die Gesellschaft eingenistet, war jedoch in Gartenschauen bisher eher ein Randthema. In Freiburg sollte das anders sein. Die Ökostation bekam den prominenten Platz am Nordeingang, nahe des Wentzinger-Schulzentrums. Im Folgejahr der LGS wurde sie durch einen Brand zerstört. Die Stadt hätte sagen können: »Das war's jetzt. Die Show ist vorbei, die Karawane zieht weiter.« So war es zum Glück nicht. 1990/1991 wurde sie wieder aufgebaut. Bauökologisches und baubiologisches Wissen hat sich hier verwirklicht. Natürliche Baustoffe, Gründach, Energie- und Wassersparmaßnahmen, passive und aktive Solarenergienutzung, ökologische Gartengestaltung werden gezeigt. Diesen

Wiederaufbau bewerte ich als Beweis dafür, dass es der Freiburger Bevölkerung, den Verantwortungsträgern wirklich ernst war mit dem Willen zu einem konstruktiven Miteinander von Natur und Mensch. Inzwischen hat sich die Öko-Station zu einer international bekannten »grünen Volkshochschule« entwickelt. Ein wichtiger Baustein für das städtische Image »Green City«.

Als Ergänzung zur Ökostation ist der Biogarten in unmittelbarer Nachbarschaft zu verstehen. Schulklassen betreuen den Garten. Ich genieße die Ruhe auf einer der Gartenbänke, als eine japanische Delegation den Garten besucht. Die gepflegte Kleidung der 20 Frauen und Männer bilden einen Kontrast zu den Pflanzbeeten, die während der »betreuungsfreien Zeit« der Schulferien Lust auf Anarchie zeigen. Es wird eifrig fotografiert und der Vortrag beklatscht. Dann wird es wieder ruhig und ich bleibe zufrieden auf meiner Bank, begrüße den Zitronenfalter und gehe in Gedanken zu meiner Zeit im Gartenamt.

Die *Kleingärten* fallen mir ein. Sie gehören nicht gerade zu den »Lieblingskindern« der Ämter, die mit Stadtentwicklung zu tun haben, blockieren sie doch mögliche wertvolle Bauplätze. Das Gartenamt sollte sich deshalb als »Anwalt des Kleingartens« stark machen. Wir haben 1000 neue Kleingärten zu den vorhandenen 2500 erkämpft. Mit der Möglichkeit von Solarzellen auf den Dächer von Gartenlauben und dem Verbot von Pestiziden wollten wir die Hobbygärtner zum rücksichtsvollen Umgang mit der Natur anregen. Vor 35 Jahren waren das, auch amtsintern, durchaus keine Selbstverständlichkeiten.

Es fällt mir schwer, mich von der Bank zu trennen. Der See schimmert durch die Wiesenhügel. Die Mittagsstunde lädt viele zum Picknick unter Kirschbäumen ein. Ich erinnere mich an die Aufregung über »die Nackten am Kiesweiher«. Hitzige Diskussionen wurden mit der Leitung der angrenzenden Kirchengemeinde St. Albert geführt. Mir rutschte der Satz raus: »Am Anblick eines Nackten ist noch keiner gestorben.« Das war nicht diplomatisch und hat den Konflikt eher befeuert. Heute, mehr als 30 Jahre später, ist es ein unaufgeregtes Nebeneinander und die Bronzestatue des Weingottes Bacchus von Kurt Lehmann zeigt freudig seinen reparierten Schniedel.

Meinen Weg nehme ich nach Westen, entlang dem Leichtathletikstadion durch die Wiesenhügel, bis zum alten Steinkreuz zwischen den Linden, das trotz tief greifender Erdverschiebungen beim Bau des Parks, seinen angestammten Platz behalten hat. Das ursprüngliche Bodenniveau kann man dadurch erkennen. Das Kreuz erinnert mich an das große Steinkreuz vor der Kapelle des *Alten Friedhofs*, der so etwas wie das »soziale Niveau« zeigt, auf dem wir stehen. Viele Generationen Freiburger liegen hier begraben und haben das Gesicht Freiburgs mitgeprägt. Dieser uralte Park stellt dem Gartenamt völlig andere Aufgaben, als die Neuanlagen. Die Zusammenarbeit mit Denkmalschutzämtern, Hochbauamt, Kirche und Förderverein ist intensiv und Veränderungen in der Pflege gilt es zu erklären und wenn nötig zu verteidigen. Wenn zum Beispiel im Juni das Gras hochsteht und die alten Grabsteine fast darin versinken, so kann man das »ungepflegt« schimpfen oder sich an dem Spiel von Wind und Vögeln in den Grasähren erfreuen. Oft war es eine Gratwanderung von der ausschließlich traditionellen Parkpflege hin zu einem Konzept, das dem beginnenden Wertewandel in der Gesellschaft Rechnung trägt.

In Gedanken noch ganz zwischen den riesigen Platanen des alten Parks, lenkt mich Kinderlachen ins Hier und Jetzt. Ich bin beim Spielplatz mit der Röhrenrutsche angekommen. *Spielplätze* zu bauen und zu pflegen gehören zum Auftrag an das Gartenamt. Als ich meinen Dienst antrat, war ich 31 Jahre, hatte zwei kleine Kinder und Spielangebote betrafen mich privat und beruflich. Vielleicht war das der Grund, dass mir dieses Thema so wichtig wurde. Die Einseitigkeit der Schaukel – Wippe – Rutsche – Plätze wollte ich ergänzen. Unter der Leitung des Gartenamtes wurde 1975 die »Arbeitsgemeinschaft Freiburger Spielplätze« gegründet. In vierteljährlichen Treffen erarbeiteten Pädagogen, Soziologen, Stadtplaner, Garten- und Landschaftsarchitekten, Förster, Vertreter aus der Bevölkerung, Mitglieder des Gemeinderates, Pressevertreter, die Konzepte, auf deren Grundlage die naturnahen Spielräume gestaltet wurden. Wasser, Berg- und Talmodellierung, gezielte Anpflanzungen, Verwendung von Naturmaterialien bereichern nun das traditionelle Spielangebot.

Ich wende mich von der Röhrenrutsche ab, schaue nach Süden und erinnere mich an die »Rutschpartie« mit den Mammutbäumen. In der Stadtgärtnerei hatten wir aus einem Pfund Samen Mammutbäumchen groß gezogen. Sie sollten den neuen Hochhäusern in Weingarten ein optisches Paroli bieten und gediehen im Gewächshaus prächtig. Es waren Tausende, also eindeutig zu viele. Da lag die Idee der Pflanzung eines *Mammutwäldchens* am Ufer des Flückingersees nahe. Und es wurde ein reizvoller Kontrast zur Liegewiese, der mit den Jahren jedoch »floppte«, weil die Wurzeln der Bäume das tief gelegene Grundwasser nicht erreichen konnten. Der Wald ist inzwischen verschwunden. Die Bäume, die noch stehen, sehen richtig krank aus. Ohne Wipfeltrieb, braune Nadeln, ein Bild des Jammers. Aus Fehlern gilt es zu lernen. Heute werden hier Bäume gepflanzt, die resistent sind gegen Hitze und Trockenheit.

Vor mir liegt das Bürgerhaus und die Gastronomie lockt zur Stärkung. Während ich den Eiskaffee genieße, schaue ich zum Tempelchen von Rob Krier. Es hat Patina angesetzt, in der Dachrinne wächst Gras und doch zieht es meinen Blick fast magisch an. Es gehört zu den sogenannten *»zweckfreien Bauten«* des Seeparks, wie der Lichtturm von Oswald Matthias Ungers, das Langhaus von Heinz Mohl, der Turm von Hilmer und Sattler. Was ist die Botschaft eines zweckfreien Baues? Sei Du doch einfach auch mal »nur« zweckfrei? Darüber kann ich immer wieder gerne sinnieren. Das Mahnmal in die Zukunft, die Arche von Klaus Humpert ist inzwischen mit Taucherausrüstung zu besuchen. Am Lichtturm lese ich den Spruch der Elsässerin Lina Ritter: »Warum trennt us e Rhi? Ass mir zeige chenne wie me Brücke bäut.«

Die Verbindung zwischen Menschen unterschiedlicher Nationen zeigt auch der *Japanische Garten*. Die Städtepartnerschaft zwischen Freiburg und Matsuyama ist schon einige Jahre alt, bevor das Gartenamt »eingeschaltet« wurde. Zum neuen Park wollte die japanische Stadt einen Beitrag geben und ein Stück japanische Gartenkultur zeigen. Dazu reisten vier Gartenspezialisten aus Matsuyama an und organisierten den Bau eines typischen Japangartens. Ich erinnere mich an die Suche der großen Steinblöcke, die den Wasserfall ermöglichen sollten. Mit den japanischen Kollegen fuhren wir in einen Bötzinger Steinbruch, da wir annahmen, dass die Japaner hier fündig würden. Maßgenau könnten sie die Steine bestellen. Unglücklich sahen die Steinexperten aus und schüttelten immer wieder die Köpfe. Unser nächstes Angebot lag am Nordhang des Schauinslandes, ein sogenannter postglacialer Abbruch. Und die Augen der Kollegen leuchteten. Sie kletterten zwischen die Steine, wählten zielsicher und verbauten alle angelieferten Blöcke. Sie hatten das exakte Maß des Wasserfalls im Kopf. Noch heute bin ich beeindruckt über ihr Gefühl für das »Gesicht«, die Form und Masse eines Steins.

Nach meiner kleinen Pause im Teehaus will ich die Holzplastiken von Hans-Dieter Schaal am Torplatz auf mich wirken lassen. Die vorbeifahrende Straßenbahn in Richtung Westen lenkt meine Gedanken zum *Dietenbachpark*, der zur gleichen Zeit wie der Seepark angelegt wurde. Das Budget war deutlich kleiner, als im Seepark, das Ergebnis kann sich jedoch durchaus sehen lassen: Badesee, Fuß- und Radwege, Ufergestaltung des Baches, Spielplätze, Abenteuerspielplatz, Sportvereinsanlage, Tennisplätze, Kleingärten, Streuobstwiese (Abb. 2). Erdwälle bilden einen wirksamen Schutz gegen die umgebenden Straßentrassen. Die Erinnerung an diese arbeitsintensive Zeit bringt mich heute noch ins Schwitzen.

Beruhigend wirken die schwarzen und grauen Holzwände der Torplastik und ich lege meine Hände auf das raue Holz. Ein kleines Mädchen spielt mit seiner Oma Verstecken. Mich erinnert die Szene an mein Aufgabengebiet *Mundenhof und Tiergehege*, das 1987 in das Gartenamt eingegliedert wurde. Ich hatte keinerlei Erfahrung mit Zootieren, meine Erfahrung mit Haustieren beschränkte sich auf eine Tigerkatze. So wie Oberbürgermeister Rolf Böhme und Baubürgermeister Sven von Ungern-Sternberg meinen Fähigkeiten in der Amtsführung vertrauten, so vertraute ich den Mitarbeitern im Mundenhof und Tiergehege. Sie haben mich nicht im Stich gelassen. Der Mundenhof ist ein 100 Hektar großer biologischer Landwirtschaftsbetrieb,

Abb. 2 Dietenbachpark. Luftbild von Süden
1 Zubringer Mitte, 2 Dreisam, 3 Besançonallee, 4 Sport, 5 Baumschule, 6 Sport, 7 Parkplatz, 8 Spielplatz, 9 Streuobstwiese, 10 Kleingärten, 11 Abenteuerspielplatz, 12 Dietenbach, 13 Weingarten, 14 Dietenbachsee

mit Mutterkuhhaltung, Dreifelderwirtschaft und Erwirschaftung von Heu, Stroh und Kraftfutter für das angrenzende Tiergehege. Mit der Stiftung eines Esels durch Oberbürgermeister Eugen Keidel im Jahr 1968 begann das Tiergehege. »Freier Eintritt« stand ganz oben auf seiner Wunschliste und hat sich bis heute durchgesetzt. »Haustiere aus aller Welt« wurde zum Motto für die Entwicklung des Tiergeheges. Die Gründung des naturpädagogischen Projektes KONTIKI half dabei, den KOntakt zwischen TIeren und KIndern zu fördern. Hunderten Kindern wurde seither die Möglichkeit geboten, bei der Haltung und Pflege von Haus- und Nutztieren mitzuhelfen. Ich hege die Hoffnung, dass das hautnahe Erleben von Naturkreisläufen die Einstellung der jungen Menschen prägt.

Zurück an das Ufer des Sees setze ich meinen Weg nach Osten fort. Ich bin gespannt, wie sich die Vegetation des sogenannten »Schleichpfades« entwickelt hat. Bei der Neuanlage zur LGS war es ein Experiment, 300 Meter Südufer mit sorgfältig ausgestochenem *Biotop* aus dem Industriegebiet Hochdorf, zu gestalten. Sämtliche Kleinlebewesen, Büsche, Bäumchen wurden umgesiedelt. Die Ökologie sollte nicht nur am Nordrand der LGS Schwerpunkt sein. Heute ist diese Technik bei der Neuanlage von Hochbauten eine sinnvolle Alternative zum Zerstören von gewachsenen Bodenstrukturen.

Die Vegetation hält nichts von Schleichpfaden. Ich werfe einen Blick in den »Dschungel« und bin beeindruckt von der Wuchskraft der Pflanzen. Während der LGS standen und ruhten hier »die Musen« der Künstlerin Bettina Eichin. Heute wären sie an diesem Platz nicht mehr zu sehen. Sie zieren jetzt ein Foyer der Universität.

Entlang der zwei Meter hohen Brombeerhecke suche ich nach einer Möglichkeit ans Wasser zu kommen. Die ehemalige Floßanlegestelle bietet ein lauschiges Plätzchen und Ausblick auf den Aussichtsturm und den Turm der Markuskirche. Eine schwarze Ente wetzt ihren Schnabel am Ast einer Weide, der auf dem Wasser ruht. Wind bringt das Schilf zum Rascheln, eine Libelle surrt vorbei. In Gedanken gehe ich zurück in die Zeit, als hier der Natur die Ressource Kies entnommen wurde. Abgeschälte Ufer, Förderbänder, Bagger, Schutthalde der abgeräumten Trümmer der Kriegszerstörung. Durch die Anlage des Parks wurde der Natur Lebensmöglichkeit angeboten. Sie hat das Angebot genutzt.

Merkwürdig! So lang gestreckt hatte ich den Park nicht in Erinnerung. Die 30 Jahre machen sich in den Knien bemerkbar. Jetzt bin ich am östlichsten Punkt angekommen. Der Rosengarten steht in voller Blüte, die Glyzinie an der Pergola wird gerade zurückgeschnitten, die Bronzestatue »Adam« von Wilhelm Gerstel zieht meinen Blick in die Kastanienallee.

Neuanpflanzung und Schutz von *Park- und Straßenbäumen* war ein wichtiges Thema in meiner Dienstzeit. Ich denke an die Baumschutzsatzung, die öffentliche und private Bäume ab einem Stammumfang von 80 Zentimetern generell unter Schutz stellt. 1993 hat sie der Gemeinderat verabschiedet. Den Baumschäden (Blattrandnekrose) durch das Salzen im Winter, versuchte das Gartenamt mit dem Vorschlag eines Verbotes der Gehwegsalzung und dem reduzierten Streuprogramm auf den Straßen, entgegenzuwirken. Ganz umgehen lässt sich der Stress für die 25 000 Straßenbäume jedoch nicht.

Konfliktstoff boten »Baumbesetzungen« durch Bürgerinnen und Bürger, die sich gegen Fäll-Entscheidungen wehrten. Damals habe ich mich über die Störungen geärgert. Heute sehe ich die positive Langzeitwirkung. Der – manchmal vielleicht überzogene – Protest war und ist ein wichtiger Motor in einer Stadt, die dabei ist ein ökologisches Gewissen zu entwickeln.

Dem Reiz, die Aussicht auf den Park vom Turm aus zu genießen, kann ich nicht widerstehen. Das Hochsteigen verführt mich zum Überblicken der *Konzeption* unserer Arbeit im Gartenamt. Da kann man sich zuerst einmal die Frage stellen, warum brauchen wir überhaupt ein Konzept? Das schränkt doch nur ein, lass uns doch einfach auf das reagieren, was die Gesellschaft braucht. Das Fehlen einer klaren Vorstellung, hätte bei dem rasanten Wachstum der Stadt in den 1960er- und 1970er-Jahren, zu einem »Stadtbrei« geführt, der sich nach Westen ergossen hätte. Im Osten Freiburgs zeigen Berge und Fluss klare »Kante«. Ähnlich klare Strukturen sollten auch im Westen erkennbar sein. Ein tragendes Gerüst bot der Plan der »grünen Finger«, die vom Umland in die Innenstadt zeigen sollten (Abb. 3):

Der *Daumen* steht für die sogenannte Hirzbergspange (Freiflächen der Stadthalle, Musikhochschule, Schulen an der Dreisam); der *Zeigefinger* steht für die Südspange (Verkehrsbegleitgrün Zubringer Süd, Friedhof St. Georgen, Kleingartenanlage, Sportflächen); der *Mittelfinger* beinhaltet Verkehrsbegleitgrün Zubringer Mitte, landwirtschaftliche Flächen, Dietenbach, Dreisam; der *Ringfinger* beinhaltet den Flugplatz und Hauptfriedhof; der *kleine Finger* beinhaltet Verkehrsbegleitgrün Zubringer Nord, Sportflächen in Zähringen, Kleingartenanlage.

Zwischen den »Fingern« liegen die Stadtteilparks Seepark, Moosweiher, Dietenbach, Eschholzpark, Joseph-Brandel-Anlage, Urachpark, die während meiner Amtszeit angelegt wurden.

In den Jahren 1967 bis 1972 war ich beim Stadtplanungsamt beschäftigt und durfte bei der Entwicklung dieser Konzeption mitarbeiten. Dieses schlüssige, gedankliche Konzept war hilfreich bei der Weiterentwicklung des Freiburger Flächennutzungsplanes, auch wenn es sich nicht überall in »Reinkultur« verwirklichen ließ.

Etwas außer Atem komme ich auf der Aussichtsplattform an. Als müsste es jetzt sein, fährt das orange Arbeitsauto der städtischen Pflegegruppe an den Fuß des kleinen Weinberges. Natürlich ist es eine Binsenwahrheit, dass die Freiburger Grünflächen unendlich viele Stunden Arbeit erfordern, um den heutigen Pflegestandard zu halten. Doch dahinter steht die Knochenarbeit der *Mitarbeiter*, die den Parks ihr Arbeitsleben geben. Mutwillige Zerstörungen, Unachtsamkeit, Vermüllungen, setzen ihnen spürbar zu.

Angeleitet und unterstützt wurden die 120 Gärtner und Helfer vor Ort, von der »Mannschaft« im Büro, das in folgende Abteilungen aufgefächert war: Planung (Projekte, Bebauungspläne, Veranstaltungen), Ausführung (Ausschreibung, Bauleitung, Abrechnung), Pflege (Neubau, Galabau, Werkstätten), Verwaltung (Haushalt, Personal, Kleingärten, Feldpolizei), Mundenhof (Landwirtschaft, Tiergehege, KONTIKI).

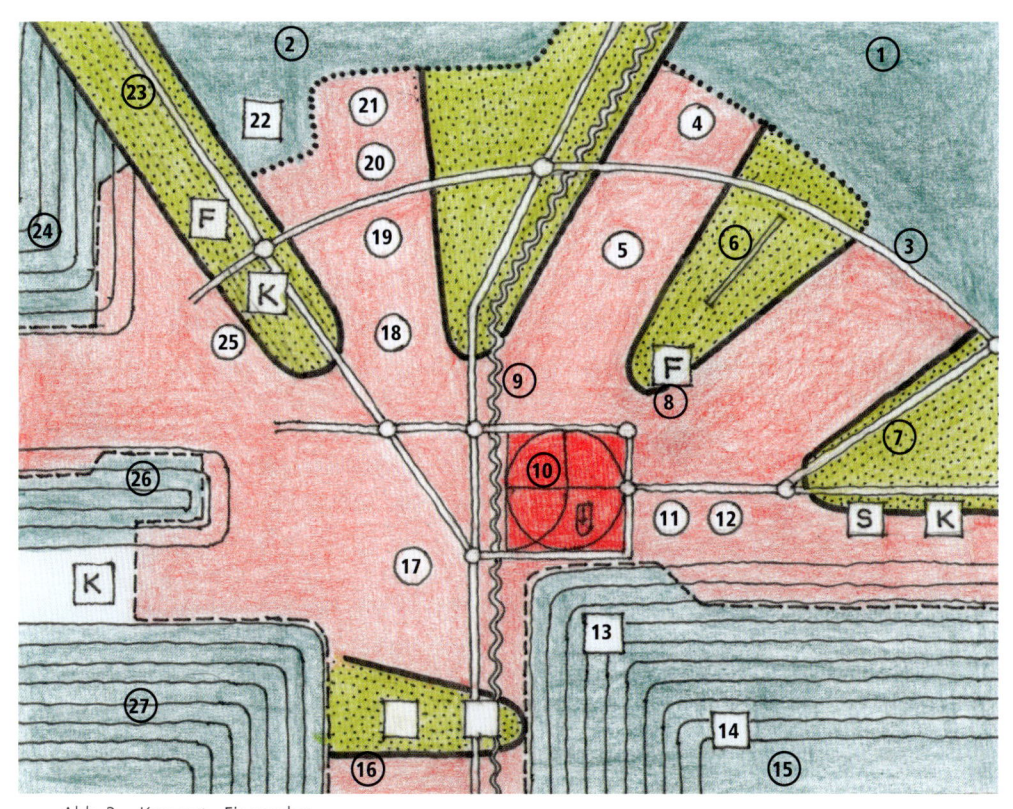

Abb. 3 Konzept »Fingerplan«
1 nördlicher Mooswald, 2 südlicher Mooswald, 3 Westlandstraße, 4 Moosweiher, 5 Seepark, 6 Flugplatz, 7 Zubringer Nord, 8 Hauptfriedhof, 9 Dreisam, 10 Altstadt, 11 Stadtgarten, 12 Alter Friedhof, 13 Kanonenplatz, 14 Adlerburg, 15 Schloßberg, 16 Hirzbergspange, 17 Urachpark, 18 Kleingärten, 19 Dietenbachpark, 20 Rieselfeld, 21 Mundenhof, 22 Keidelbad, 23 Zubringer Süd, 24 Schönberg, 25 Sportpark, 26 Lorettoberg, 27 Sternwald

Naturschutz in Freiburg (1976–1986)

Helmut Volk

Der Naturschutzbeauftragte

Freiburg war in den 70er-Jahren des letzten Jahrhunderts auf dem Weg zu einer Stadtpolitik, die ökologische Ambitionen verwirklichte. Die Grünbewegung hatte die Stadt erreicht. Auf Anhieb kam die Partei Die Grünen 1980 auf acht Prozent der Stimmen, und sie erhöhte ihren Stimmenanteil bei der Gemeinderatswahl 1984 auf fast 18 Prozent. Die Grünbewegung war eine Herausforderung für die Stadtpolitik. In Freiburg war zwischen 1976 und 1986 im Natur-und Umweltschutz viel in Bewegung. Die Stadt suchte damals daher einen ehrenamtlich Tätigen, der für das ganze Stadtgebiet als fachlicher Gutachter in Fragen von Natur und Landschaft tätig wird. Diese Person sollte die Naturschutzbehörde der Stadt fachlich beraten und die meisten Naturschutzfragen im Bauausschuss und im Umweltausschuss des Gemeinderates begleiten. In den politischen Diskussionen mit der Stadtplanung, der Wasserwirtschaft, Abfallwirtschaft, dem Gartenamt und dem Forstamt sollte dem Naturschutz eine stärkere Stimme gegeben werden.

Gewählt wurde ich vom Gemeinderat zwei Mal für jeweils fünf Jahre. Für meine Tätigkeit in dieser Zeit hatte ich mich durch meine forstliche Ausbildung an der Universität Freiburg und durch eine berufliche Spezialisierung im Fachgebiet Landespflege empfohlen. Ich arbeitete an der Forstlichen Versuchsanstalt in Freiburg und war dadurch mit Naturschutzfragen vertraut. Ein Naturschutzbeauftragter hatte früher eine wesentlich größere Wirkungsmöglichkeit als heute. Er vertrat den Naturschutz in der Stadt, die noch kein Umweltamt mit zahlreichen fachlich spezialisierten Mitarbeitern hatte. In der Phase der Ökologisierung der Stadtpolitik suchten die Bürgermeister (Dezernenten) sehr häufig den direkten, persönlichen Kontakt mit dem Naturschutzbeauftragten, weil dieser auf der einen Seite fachlich kompetent, auf der anderen Seite aber nicht unmittelbar in die Verwaltung und die Stadtpolitik eingebunden war.

Begonnen hatte ich unter dem energischen Baubürgermeister Zens, der Naturschutzfragen keine hohe Bedeutung beimaß. Allerdings lernte ich in der kurzen Phase der Zusammenarbeit, welche großen Pläne die Stadt bewegten: Ausbau der B 31, die Auseinandersetzung mit den Hausbesetzern, die Stadterweiterung, die Abfallbeseitigung und der Schutz des Grüns. Dazu musste der

Naturschutzbeauftragte Stellung beziehen, die Untere Naturschutzbehörde für die Anliegen gewinnen und viele Male die gemeinsamen Ergebnisse in den Ausschüssen des Stadtparlaments vortragen.

Nach dem frühen Tod von Baubürgermeister Zens wurde Bürgermeister Dr. Kiefer mein wichtigster Ansprechpartner. Er hatte den Stadtwald in seinem Ressort und war somit in der Praxis der Wald-Naturschutzarbeit des Dezernates vertraut. Die Zusammenarbeit mit ihm und der Unteren Naturschutzbehörde war sehr fruchtbar. In schwierigen Fragen, etwa dem Aufbau und der Sanierung der Mülldeponie Eichelbuck, war er bereit, Anliegen des Naturschutzes auch mit Oberbürgermeister Dr. Keidel zu besprechen. Daraus ergab sich Positives für den Naturschutz im Verhältnis zur Leitung der Abfallwirtschaft, die zu wenig an die Langzeitfolgen einer zeitweilig ganz ungeordneten Abfall-Deponie dachte.

Der Baubürgermeister als Chef des Naturschutzes

1978 wurde Dr. von Ungern-Sternberg Baubürgermeister. Unter seiner Ägide änderte sich viel im Naturschutz der Stadt. In seinem Dezernat wurden Naturschutzfragen ernst genommen. Dazu wurde die Untere Naturschutzbehörde im Baurechtsamt personell verstärkt. Der Mitarbeiterstab im Büro des Dezernates war angewiesen, den Naturschutzbeauftragten voll zu informieren und mit ihm die Besprechungen mit den Ämtern der Stadt vorzubereiten. Besprechungen und Abstimmung gab es genug. Einige Beispiele: Flächenvorhaltung für die Stadterweiterung: Welche Flächen waren aus Naturschutzsicht ungeeignet; wie kann ein Ausgleich für den notwendigen Flächenverbrauch aussehen? Die Stadtplaner waren wichtige Ansprechpartner, die in Grenzen bereit waren, Naturschutzwünsche in die Flächennutzungs- und Bebauungspläne aufzunehmen.

Vor allem bei der Grünplanung in neuen Baugebieten war der Rat des Naturschutzes wichtig. In der Abfallwirtschaft kam eine verbesserte Zusammenarbeit zustande, um die sich Dr. von Ungern-Sternberg kümmerte. Die umweltpolitische Zeitbombe Deponie Eichelbuck wurde deutlich entschärft, Umweltauflagen wurden durchgesetzt. Damit wurde in der Verwaltung und im Stadtrat sichtbar, dass die Stadt mehrere Anstöße aufgriff, die das Landesnaturschutzgesetz von 1976 einforderte. In einem ersten Anlauf wurde die Beteiligung des Naturschutzes an den Veränderungen von Natur und Landschaft wie Straßenbau, Bebauung, Schutz des Grüns an Wald und Flur verbessert.

In der Umsetzung des Naturschutzes auf der Fläche der Stadt forderten Die Grünen ständig eine schärfere Kontrolle der Umwelt- und Naturschutzarbeit ein. Untere Naturschutzbehörde und Naturschutzbeauftragter wurden häufiger zu Bebauungs-, Umwelt- und Naturschutz-Vorhaben gehört. Ihre Meinung und ihre Projekte standen öfters inhaltlich in der Kritik Der Grünen. Einige der Vertreter Der Grünen im Stadtrat waren aktiv an den Demonstrationen zur Verhinderung des geplanten Kernkraftwerkes bei Wyhl beteiligt. Entsprechendes Engagement und Kämpfertum brachten sie in die Umweltarbeit in Freiburg mit.

Aber auch interne Kämpfe waren an der Tagesordnung. In meiner Erinnerung zählen die Gründung und der Ausbau des Naturschutzverbandes Bund für Umwelt und Naturschutz in Deutschland (BUND) dazu. Es ging um den Standort und die Ausrichtung dieses Naturschutzverbandes auf Landesebene. Nach bitteren Auseinandersetzungen wurde der Standort Freiburg als Zentrale für Baden-Württemberg aufgegeben. Der Verband verlagerte sein Zentrum nach Stuttgart. Die Führungsspitze des Verbandes wurde ausgetauscht.

Mütter der Grünbewegung

In den Anfängen der Grünbewegung suchten insbesondere zwei Frauen der »Ur-Grünen« den Kontakt zum Naturschutz in Freiburg. Als erste nenne ich *Frau Dr. Sigrid Lechner-Knecht*. Sie war unglaublich für die Natur motiviert, ja gelegentlich übermotiviert. Sofort nahm sie den Naturschutzbeauftraten für Ihre Zwecke in Anspruch. Als Schülerin des deutschen Naturschutzpioniers und Freiburger Universitätsprofessors Konrad Guenther war sie sowohl in Biologie als auch in Geschichte gut geschult. Guenther gab seine immensen Kenntnisse in Vogelkunde und Biologie an Dr. Sigrid Lechner-Knecht weiter.

Mit großem Geschick verbreitete sie ihr vogelkundliches und biologisches Wissen bei Kindern und Erwachsenen. Dem Wald, seinen Vögeln, seinen kleinen Säugetieren, den Bäumen und Pflanzen des Waldes galt ihre ganze Liebe. Sie kümmerte sich über Jahre hinweg darum, Kindern im stadtnahen Sternwald die Natur und die Vögel auch durch praktische Naturschutzmaßnahmen ans Herz zu legen. Gute Voraussetzungen also für die Zusammenarbeit mit dem Naturschutzbeauftragten. Frau Lechner-Knecht forderte die Zusammenarbeit nachdrücklich ein, auch bei ihrem Kampf gegen unerwünschte Bauvorhaben. Kinder, die sie im Rahmen ihres Wald-Kindergartens unterrichtete, wurden von ihr bei Demonstrationen gegen solche Vorhaben eingesetzt.

So geschah es auch beim Neubau des Max-Planck-Institutes für Internationales Strafrecht in der Günterstalstraße. Einige Kinder wurden von ihren Eltern an den Rand des Stadtgartens gebracht. Dort startete die Demonstration. Plakate mit Aufschriften »Hände weg vom Sternwaldeck« und Blumen trugen die Kinder mit sich. Das Institut sollte am Rande des Sternwaldes gebaut und mehrere Bäume sollten gefällt werden. Die Gegnerschaft in der

Wiehre wurde aktiviert und Kinder demonstrierten. Mir als Naturschutzbeauftragtem fiel die Aufgabe zu, als Demonstrant mit zu gehen und den Kindern am Ende der Demonstration für Ihren Einsatz zu danken. Solche Aktivitäten blieben in den 1970er-Jahren kaum im Gedächtnis der Menschen. Das Institut wurde gebaut und strahlt heute seine internationale Bedeutung in alle Welt aus.

Als weitere »Urmutter« der Grünbewegung möchte ich *Frau Emilie Meyer* würdigen. Sie war im Stadtrat eine der wichtigen Abgeordneten, die ebenfalls stark gegen die Betonierung und Asphaltierung der wachsenden Großstadt eingestellt waren. Mit dem überall sichtbaren Verlust an Baumsubstanz in der Stadt wollte sie sich nicht abfinden. Beim geplanten Erweiterungsbau der Breisgau Milch in der Eschholzstraße war es so weit. Sie stieg auf einen der Bäume, die gefällt werden sollten und kettete sich in der Baumkrone an. Die Badische Zeitung kam, machte Bilder und berichtete eindrücklich. Das Baudezernat überlegte fieberhaft, wer Frau Meyer vom Baum herabholen könnte. Ich ging hin und redete mit Frau Meyer.

Sie sagte, sie steige nur vom Baum herab, wenn sie die Zusage der Stadt bekäme, dass der Baum nicht falle. Ich schlug vor, wir sollten am besten die Zeit vor Arbeitsschluss noch nutzen, um mit einem Verantwortlichen der Breisgau Milch zu sprechen. Wir könnten vielleicht einen Aufschub der Fällarbeiten erreichen. Frau Meyer stieg vom Baum, wir sprachen mit dem Verantwortlichen. Die Verschiebung der Baumfällung haben wir erreicht, die Holzfäller-Firma zog ab. In diesem Falle bekamen die Bäume noch eine Gnadenfrist. Der Erweiterungsbau der Breisgau Milch zog sich einige Zeit hin. Zuerst wurde Fläche ohne Bäume bebaut. Eines Tages mussten die Bäume dennoch weichen. Ersatzmaßnahmen wurden der Firma auferlegt. Ein Ersatzgrün auf dem Firmengelände war das Ergebnis unserer Bemühungen.

Heute ist dieses Ergebnis zum Erhalt des Grüns im Firmengelände der Breisgau Milch natürlich Schnee von gestern. Die Betriebsgebäude der Firma wurden inzwischen mehrfach erweitert. In der stark expandierenden Stadt hielten Absprachen zum Fortbestand des Grüns in der Stadt häufig nur wenige Jahre. Derartig nachteilige Entwicklungen für das Stadtklima und die Vielfalt des Stadtgrüns ziehen sich wie ein roter Faden durch die Arbeit der Naturschutzbeauftragten. Mehrfach wird uns dies noch begegnen.

Die Baumschutzsatzung

Engagement für den Erhalt der Bäume war im Dezernat des Baubürgermeisters an verschiedenen Stellen vorhanden: Bei der Naturschutzbehörde, beim Gartenamt, bei einigen Stadtplanern und im Gemeinderat. Bürgermeister von Ungern-Sternberg bündelte diese Bestrebungen und beteiligte mich beim Entwurf der ersten Baumschutzsatzung. Vor über 30 Jahren entstand die Satzung, die normal wachsende Bäume wie Eichen, Linden, Nussbäume mit einem Umfang von 80 Zentimetern schützt. Solche Bäume sind 50 bis 80 Jahre alt. Sehr langsam wachsende Bäume wie die Eibe oder die Stechpalme werden schon bei einem Stammumfang von 40 Zentimetern geschützt. Sie erreichen diesen geringen Umfang erst, wenn sie 50 bis 80 Jahre alt sind. Wenn derartige Bäume bei Bauvorhaben oder als Schadensverursacher an Dächern und Häuserwänden weichen müssen, fehlen in der Stadt wichtige Elemente des Klimaschutzes (Temperaturausgleich, CO_2-Bindung), der natürlichen Filterung von Stäuben, Abgasen und des Bodenschutzes (Versickerung von Regenwasser).

Die Baumschutzsatzung konnte vom Stadtrat nur verabschiedet werden, wenn die beiden »Urmütter der Grünbewegung« zustimmten. Zunächst schienen sie grünes Licht zu geben. Doch auf der Zielgerade des Verfahrens verlangten sie Unmögliches: Baumschutz müsse, so sagten sie, auch die Keimlinge der Bäume einschließen. Die Schwelle 80 und 40 Zentimeter Umfang sei unannehmbar. Eine solch hohe Schwelle für den Schutz bedeute, dass wichtiges Stadtgrün ohne Genehmigung beseitigt würde. Nach mehreren Krisensitzungen wurde der Grundgedanke des Baumschutzes vom Keimling an in einer Einleitung zur Schutzverordnung festgehalten. Dr. Sigrid Lechner-Knecht und Emilie Meyer stimmten zu, der Stadtrat konnte die Satzung beschließen. Die Einleitung fehlt in der neuesten Fassung der Satzung, weil sie in der Praxis nicht verwirklicht werden kann.

Zu Beginn der Arbeit an der Satzung verhandelte ich im Auftrag der Unteren Naturschutzbehörde mit sehr vielen Eigentümern oder Bauträgern. Es kam mir darauf an, dass der Baumschutz in jedem Einzelfall gut begründet und dadurch auch die Bereitschaft zur Ersatzpflanzung geweckt wurde. Der Naturschutz sollte in der Öffentlichkeit vom Image des reinen Verhinderns befreit werden. Heute wird der Baumschutz vom Gartenamt der Stadt durchgeführt. Das Instrument Schutz hat durch Änderungen der Landesbauordnung, die den Naturschutz behindern, an Wirkung verloren. Der Naturschutzgedanke wurde ein wenig verwässert. Dennoch ist der Baumschutz präsent. Pro Jahr wird in Freiburg die Ersatzpflanzung als ökologischer Ausgleich für entfernte Bäume in circa 950 Fällen angeordnet.

Bebauung und Stadtklima

Einige für die Stadt bedeutsame Umwelt-Großprojekte werden kurz beleuchtet. Sie zeigen, der Naturschutz wirkt an entscheidenden Fragen mit. Er kann aber keine verbindlichen Festsetzungen treffen. Weil der Klimaschutz heute vorne in der Umweltdebatte ist, gehe ich auf das Großprojekt Stadtklima und Bebauung im Zeitraum 1970 bis 1990 ein. Grundlage war das Klimagutachten von Prof. Weischet, das 1974 an die Stadt ging. Die Stadtplanung hatte das Gutachten gewünscht. Zwei Punkte sind wesentlich. Die erste Frage war, kann der kühle Abendwind entlang der Dreisam von Kirchzarten bis Umkirch trotz geplanter Bebauung nachhaltig Kühlung im Sommer bringen? Die zweite Frage war, wo gibt es Knackpunkte im Westen der Stadt für das Stadtklima an heißen, schwülen Sommertagen?

Der kühle Abendwind, in Freiburg »Der Höllentäler« genannt, sollte bleiben. Mit der Stadtplanung ließ sich ein Grünkonzept mit wenig neuer Bebauung entlang der Dreisam entwickeln, das dem Wind aus dem Höllental nicht schadet. Das Konzept schien tragfähig. Es hielt aber nur fünf bis zehn Jahre. Dann kam die verdichtete Bebauung, oftmals als Riegel quer zur Windrichtung, sodass Windstau eintrat. Das Dreisam Stadion, die Bebauung an den Sportplätzen entlang der Dreisam, die stark verdichtete Bebauung Kartäuserstraße, all dies zusammen genommen, haben das Ziel der »Grünachse Höllentäler« als grüne Lunge für die Stadt vereitelt.

Auch am neuralgischen Klimapunkt im Westen der Stadt, am Flugplatz, ist die Entwicklung an den Zielen für ein gutes Stadtklima vorbei gegangen. Das Weischet Gutachten stellte fest, der damals große Grünbereich am Flugplatz sei ein Kältepol in den heißen Sommernächten. Die Temperaturunterschiede zum Umfeld bringen eine schwache Windbewegung, die in der nahen Bebauung als Abkühlung empfunden wird. Deshalb setzten sich einige Stadtplaner dafür ein, Randbebauungen, um den Flugplatz zu begrenzen. Auch diese gute Absicht scheiterte langfristig. Die neue Messe, Ikea, die 15. Fakultät, das neue Fußball Stadion im Westen von Freiburg, das geplante Baugebiet am Dietenbach, sie lassen die Nachttemperaturen am Flugplatz nicht mehr deutlich sinken. Dadurch fehlt heute in schwülen Nächten der früher wirksame Temperaturunterschied zum Mooswald, und es kommt kein Luftaustausch zustande.

Interessant ist, dass die Auswirkungen von Bebauungsblöcken auf die Luftqualität in Großstädten in mehreren Städten Baden-Württembergs stadtplanerisch und umweltpolitisch vor 40 Jahren heftig diskutiert wurden. Stuttgart mit seiner Lage im verbauten Talkessel, Heidelberg mit Querriegelbauten am Neckar und Mannheim als riesengroße Baufläche in der Rheinebene sind Beispiele. Eine Generation der Stadtplaner und zwei Perioden der Stadträte hielten sich an die getroffenen Vereinbarungen zur Luftqualität. Heute will sich niemand mehr mit dem Thema befassen. Dabei ist doch leicht einzusehen, dass die rasante Ausdehnung der Städte und die Vervielfachung der versiegelten Fläche nicht unerheblich zur Temperaturerhöhung in den Städten beitragen.

Grundwasser, Bebauung und Naturschutzgebiete

Abb.1 Das Schutzgebiet Gaisenmoos lebt vom oberflächennahen Grundwasser. Am Gewässerlauf wachsen der seltene Erlenbruchwald und seltene Moose und Farne.

Einen starken Eingriff in das Grün des Mooswaldes stellen die Bauten und der Betrieb des Kur und Thermalbades dar. Viele Fragen waren zu bedenken, als das Bad gebaut und erweitert wurde. Eine wichtige war, wie stark sich Bau und Betrieb des Thermalbades auf das Grundwasser in der unmittelbaren und weiteren Umgebung auswirken können. Aus Naturschutzsicht sollte vermieden werden, dass sich solch nachteilige Grundwasserabsenkungen einstellen wie im nördlichen Mooswald. Dort ist der Grundwasserstand vor allem durch die Wasserentnahme der Firma Rhodia (heute Cerdia GmbH) auf zehn bis zwölf Meter unter der Bodenoberfläche abgesunken.

In der Nähe des Keidel Bades liegt ein besonders schützenswertes Feuchtgebiet, das sogenannte Gaisenmoos. Ausgestattet mit seltenem Erlen-Bruchwald, Moosen und einer besonders schützenswerten Pflanze, dem Königsfarn, ist es eine Kostbarkeit der Natur. Unter allen Umständen sollte vermieden werden, die Lebensgrundlage des Feuchtgebietes zu zerstören. Eine Grundwasserabsenkung von wenigen Dezimetern hätte eine katastrophale Entwicklung im Feuchtgebiet ausgelöst. Der Schutz des Gebietes als Naturschutzgebiet wurde beantragt. Ein Gutachten zur Begründung des Schutzes wurde vorgelegt. Die Stadt insgesamt und der Ortsteil Tiengen waren von einem Schutzgebiet Gaisenmoos (Abb. 1) zunächst gar nicht begeistert. Es galt für mich, die Schutzwürdigkeit des Gaisenmooses bei jeder sich bietenden Gelegenheit zu unterstreichen. Im Baudezernat ging das Anliegen zum Glück nicht verloren. Aber erst 1995, neun lange Jahre nach meinem Ausscheiden als Naturschutzbeauftragter war die Schutzverordnung unterzeichnet, ein später Erfolg.

Landschaftsschutz am Tuniberg

Auch am Tuniberg reichten zwei Perioden Arbeit als Naturschutzbeauftragter nicht aus, um das Ziel »Ausweisung des Landschaftsschutzgebietes Tuniberg bei Freiburg-Munzingen« zu erreichen. Die Idee des Schutzgebietes (Abb. 2) wurde von den Interessenten ganz unterschiedlich beurteilt. Im Ortschaftsrat von Munzingen wurde 1984 vorgetragen, die Schutzabsicht beziehe sich auch auf Pläne, die eng gestuften Reben Terrassen in große Einheiten umzugestalten, in denen der Weinbau leichter ausgeführt werden könne. Diese Pläne gefährden zahlreiche schützenswerte Pflanzen und Tiere auf den Böschungen der Reben Terrassen. Negative Erfahrungen mit großen Verlusten wertvoller Arten habe man bei den großen Rebumlegungen im Kaiserstuhl der 1960er- und 1970er-Jahre gemacht. Dies solle am Tuniberg vermieden werden. Die Ausweisung eines Landschaftsschutzgebietes helfe dabei, das Ausmaß großer Erdbewegungen und den Verlust der Böschungen in Grenzen zu halten.

Der Ortschaftsrat lehnte das Vorhaben nicht grundsätzlich ab, verlangte aber, dass naturschutzbedeutsame Böschungen nicht nur in Munzingen, sondern auch in den Nachbargemeinden Oberrimsingen und Merdingen geschützt werden müssten. Der überörtliche Schutzansatz verzögerte den Abschluss des Verfahrens erheblich. Erst 2008 ist die Landschaftsschutzgebietsverordnung in Kraft getreten. Bis heute legte der Naturschutz nochmals zu. Das Landschaftsschutzgebiet wurde nach besonders wertvollen Naturbausteinen (Biotopen) intensiv untersucht. Wie ein Spinnennetz mit Haltepunkten

Abb. 2 Blick auf das Schutzgebiet Munzingen-Tuniberg mit seinen Reben-Böschungen und der Erentrudiskapelle

für die Naturschutz-Fäden durchziehen geschützte Biotope das Schutzgebiet (Schaich 2018). Das Schutzgebiet am Tuniberg dient manchen Naturschützern als Beleg für den Artenschwund. Erfreulicherweise gibt es Beweise für das Gegenteil: Seltene Vögel wie der Bienenfresser und der Wiedehopf, die lange Zeit aus dem Gebiet verschwunden waren, sind wieder im Schutzgebiet.

Das Rieselfeld – Naturschutzgebiet und neuer Stadtteil

Das Rieselfeld hat heute zwei Teile: Im Osten der neue Stadtteil, im Westen das Naturschutzgebiet. Stadtteil und Naturschutzgebiet leben in Koexistenz. Das Naturschutzgebiet ist Naherholungsgebiet des neuen Viertels. Bis 1985 war das ganze Gelände des Rieselfeldes die Kläranlage der Stadt. Die Abwässer aus der Stadt wurden über Kanäle auf die Felder geleitet und dort durch unzählige kleine Gräben auf die Fläche verteilt, gelangten ins Grundwasser und wurden im unterirdischen Grundwasserstrom auf dem Weg zum Opfinger See gereinigt. Dieses System der Abwasser Reinigung war nach 1890 auf eine Einwohnerzahl von ungefähr 50 000 Menschen ausgelegt worden. Freiburg platzte aber nach dem Zweiten Weltkrieg aus den Nähten. 1980 war die Stadt auf mehr als 170 000 Einwohner angewachsen. Dadurch war die Natur-Kläranlage Rieselfeld überfordert. Eine neue überörtliche Kläranlage wurde bei Forchheim gebaut. Sie ging 1985 in Betrieb (Abb. 3).

Beim Bau des Stadtteils Rieselfeld wurden neue Ideen der Stadt- und Grünplanung entwickelt. Der nicht bebaute Teil des Rieselfeldes wurde Naturschutzgebiet. Randliche Waldflächen gehören dazu. Bis heute blieb das Naturschutzgebiet unangetastet. Es wird nicht als Erweiterungsfläche für die wachsende Stadt verbaut. Diese Funktion übernimmt der geplante Stadtteil Dietenbach. Das Wachstum der Stadt, die bauliche Verdichtung in den älteren Stadtteilen haben heute wesentlich rasantere Züge angenommen als während meiner Tätigkeit als Naturschutzbeauftragter. Freiburg war damals noch in den Anfängen der Grünbewegung. Das Baudezernat und Baubürgermeister von Ungern-Sternberg haben diese Bewegung, in der auch der Naturschutz einen wichtigen Platz hat, von Anfang an konstruktiv begleitet und den Naturschutz stadtpolitisch an den Entscheidungen beteiligt.

Die Zusammenarbeit Naturschutz und Stadtpolitik war spannend. Sie ist heute vielleicht schwieriger, weil der Naturschutz gelegentlich romantische Ziele verfolgt. Gleichbleibende Voraussetzungen für den Erhalt der historischen Biodiversität und den Artenschutz hat es seit 50 Jahren nicht gegeben. Sie werden auch in Zukunft nicht möglich sein, obwohl Naturschutzverbände dies überall in Deutschland einfordern. Die Stadterweiterung ist durch Gesetze und den anhaltenden Wachstumsschub erleichtert. Freiburg steuert

Abb. 3   Das Rieselfeld 2006: Im Vordergrund das grüne Naturschutzgebiet. Im Mittelgrund der Stadtteil Rieselfeld noch im Bau. Dahinter und daneben neuere Stadtteile (Weingarten, Haid).

250 000 Einwohner an. Der Fußabdruck der Städter drückt sich weiter und unaufhaltsam in die Natur ein.

Statistische Werte unterstreichen dies ganz dick: 32 Prozent der Stadtgemarkung sind heute schon bebaut oder durch Infrastruktur versiegelt mit negativen Folgen für Boden, Wasser, Klima, Luft, Pflanzen und Tiere. 52 Prozent des Stadtkreises stehen unter mehr oder weniger starkem Schutz durch Naturschutzgesetze. Trotz mancher Rückschläge wächst dem Naturschutz in der Klimapolitik neue Verantwortung zu. Er darf sich nicht auf Kampagnen für Biodiversität und Artenschutz zurückziehen. Naturschutz in der stark wachsenden Stadt soll mit Engagement daran arbeiten, die Folgen der Versiegelung für Klima, Wasser, Boden, Luft, Tiere und Pflanzen klein zu halten. In der Zusammenarbeit mit Bürgermeister von Ungern-Sternberg und seinen Mitarbeitern war dies möglich. Auf der Naturschutzseite setzte dies allerdings voraus, dass reiner Kampfgeist durch Augenmaß ausgeglichen wurde.

Vom Müllentsorgen über das Schonen von Deponieraum zur Abfallwirtschaft

Engelbert Tröndle

1. Müllentsorgung bis Mitte der 80er-Jahre des 20. Jahrhunderts

Seit 1887 betreibt die Stadt Freiburg die Entsorgung des Haus- und Gewerbemülls in städtischer Regie. Zuvor oblag die Entsorgung dem einzelnen Bürger, der sich auch privater Firmen bedienen konnte. Diese Firmen deponierten die von ihnen eingesammelten Abfälle in Gruben in unmittelbarer Nähe der Stadt. Meist waren es aufgelassene Kiesgruben.

In der Lehnerstraße stand auch eine Düngemittelfabrik, die aus den Abfällen eine sogenannte »Pudrette« zur Felddüngung herstellte.

Mit dem Zusammenbruch dieser Firma übernahm die Stadt Freiburg die Entsorgung des Haus- und Gewerbemülls. Die Stadt deponierte die Abfälle in einem ehemaligen Steinbruch am Schlierberg in der Nähe des heutigen Weinbauinstituts. Heute ist das Grundstück rekultiviert und mit Reben bepflanzt.

1952 war diese Deponie verfüllt und man wich auf einen flächigen Einbau des Hausmülls auf Äcker im Gebiet Haid aus. Die Flächen wurden mit Humus überdeckt und wieder der Landwirtschaft zugeführt. Aufgrund von Anliegerbeschwerden musste diese Entsorgungsmethode jedoch bald aufgegeben werden. Man zog auf den Wolfsbuck, ein Gebiet in der Nähe des Flugplatzes, wo das französische Militär Schutt und Abfälle ablagerte. Diese neue Deponie blieb bis 1973 im Betrieb, ihre Aufnahmekapazität war erreicht. Der Deponie Wolfsbuck folgte die Deponie Eichelbuck im nördlichen Mooswald. Sie wurde für eine Kapazität von sechs Millionen Kubikmetern konzipiert. Die Deponierung erfolgte ohne großen Aufwand, teilweise ohne Verdichtung.

2. Drohender Müllnotstand – Erfordernis eines Abfallentsorgungskonzepts

Nach zehnjähriger Laufzeit war die Deponie Eichelbuck zur Hälfte verfüllt, woraus man auf eine weitere Restlaufzeit von zehn Jahren schließen konnte. Voraussetzung hierfür war jedoch, dass das mittlere jährliche Abfallaufkommen bei 300 000 Kubikmetern verharrt, was bisher nicht zutraf. Im schlimmsten Fall wurde mit fünf Jahren Restlaufzeit gerechnet.

Vor dem Hintergrund, dass die Planfeststellung und der Bau einer neuen Abfallentsorgungsanlage zehn Jahre dauern, drohte die Stadt in einen Müllnotstand zu geraten.

Ein weiterer, neuer Deponiestandort auf der Gemarkung Freiburg schien ausgeschlossen. Es bedurfte einer höherwertigen Entsorgungsanlage und eines Entsorgungskonzepts.

Die Erarbeitung eines Abfallentsorgungskonzepts oblag den Fuhrparkbetrieben.

3. Erste Maßnahmen zur Laufzeitverlängerung der Deponie Eichelbuck

1. Gründung der Freiburger Erdaushub- und Bauschuttaufbereitungsanlage FEBA
In den jährlich angelieferten 300 000 Kubikmeter Abfällen sind rund 100 000 Kubikmeter Erdaushub und Bauschutt enthalten. Davon sind 50 000 Kubikmeter nach Aufbereitung wieder im Straßen- und Erdbau verwendbar.

Die auf Anregung der Stadt Freiburg gegründete Freiburger Erdaushub- und Bauschuttaufbereitungsanlage übernahm diese Aufgabe. Die Gesellschafter stammen aus der Kies- und Straßenbaubranche. Die Stadt ist ebenfalls Gesellschafterin. Die Anlage ging 1986 in Betrieb (Abb. 1).

Abb. 1   Freiburger Erdaushub- und Bauschuttaufbereitungsanlage FEBA

Abb. 2   Wertstoffsortieranlage

2. Einführung der grünen Wertstoffsammeltonne

In den von Erdaushub und Bauschutt befreiten 200 000 Kubikmeter restlich zu deponierenden Abfällen befanden sich auch große Mengen Wertstoffe wie Papier, Kunststoff, Glas, Textilien und Dosenschrott. Sie stammten überwiegend aus Verpackungen und dürften 30 Prozent des abzulagernden Volumens betragen haben.

Zur Fernhaltung dieser Mengen von der Deponie wurde 1986 die grüne Wertstofftonne eingeführt. Zuvor fand ein Testlauf mit 4000 Haushalten in den Jahren 1984 und 1985 statt.

Die Umstellung der bisherigen Hausmüllabfuhr auf die getrennte Abfuhr von Wertstoffen in der »grünen Tonne« und des restlichen Mülls konnte ohne zusätzliche Fahrzeuge und zusätzliches Personal bewerkstelligt werden. Die Sortierung und Verwertung der gesamten Wertstoffe erfolgte im Auftrag der Stadt von einer Privatfirma in einer von der Stadt zur Verfügung gestellten Werkhalle (Abb. 2).

4. Städtische Müllkommission – Zusammenarbeit mit dem Landkreis – Gründung Zweckverband Abfallentsorgung Breisgau ZAB

Durch das Fernhalten von rund 100 000 Kubikmetern Erdaushub und Bauschutt sowie 60 000 Kubikmetern Wertstoffe hat sich die Restlaufzeit der Deponie etwas mehr als verdoppelt.

Damit wurde Zeit gewonnen, um ohne zeitlichen Druck die beste Lösung für die Abfallentsorgung zu finden. Es wurde die Müllkommission gegründet, ein gemeinderätliches Gremium, das sich ausschließlich damit befasste.

Abb. 3   TREA Thermische Restabfallbehandlungs- und Energieerzeugungsanlage

Verschiedene Entsorgungstechniken wie Verbrennung, Kompostierung und Pyrolyse wurden diskutiert und derartige Anlagen besucht.

Inzwischen stand der Landkreis Breisgau-Hochschwarzwald vor den gleichen Abfallentsorgungsproblemen wie die Stadt Freiburg. Es war daher naheliegend, dass man sich zusammenschloss, um gemeinsam eine Lösung zu finden. Man gründete 1989 den Zweckverband Abfallentsorgung Breisgau »ZAB«. Dieser entschied sich für eine biologisch, mechanische Abfallentsorgungsanlage »BMA«.

Das hierfür erforderliche Planfeststellungsverfahren konnte keine Genehmigung finden. Ein auf der Deponie Eichelbuck durchgeführter Kompostierungsversuch musste aus Gründen der Arbeitssicherheit eingestellt werden. Vor diesem Hintergrund wurde der »ZAB« aufgelöst.

Der Landkreis beschloss auf seiner Gemarkung, eine Verbrennungsanlage zu bauen und zu betreiben. Es entstand bei Eschbach die »TREA« – Thermische Restabfallbehandlungs- und Energieerzeugungsanlage, die auch für die Entsorgung des Restabfalls der Stadt Freiburg dienen wird. Die Anlage ging 2005 in Betrieb und wird von einem Privatunternehmen betrieben (Abb. 3).

5. Restabfall aus der Stadt Freiburg zur Verbrennungsanlage TREA – Schließung der Deponie Eichelbuck

Mit Inbetriebnahme der Thermischen Restabfallbehandlungs- und Energieerzeugungsanlage wurden die Restabfälle aus der Stadt Freiburg dorthin geliefert. Hierzu wurde eine öffentlich rechtliche Vereinbarung abgeschlossen. Aus Gründen des Umweltschutzes erfolgte der Antransport per Bahn. Auf der geschlossenen Deponie Eichelbuck wurde dazu eine Umladestation eingerichtet, wo der Restmüll zum Bahntransport in Container geladen wird. Dies sind aus dem Stadtgebiet rund 30 000 Tonnen jährlich, dazu kommen noch weitere Mengen aus den umliegenden Gemeinden.

6. Weiterentwicklung der grünen Wertstofftonne – Duales System Deutschland

1991 trat die Verpackungsverordnung in Kraft. Mit ihr wurden Handel und Industrie zur Rücknahme und Verwertung ihrer Verpackungen gesetzlich verpflichtet. Um sich hiervon zu befreien, bauten die Betroffenen bereits 1990 neben dem bestehenden öffentlich rechtlichen Abfallentsorgungssystems ein zweites – duales – System auf, das unter dem Markenzeichen »grüner Punkt« Verkaufsverpackungen sammelt, sortiert und verwertet. Das System finanziert sich über ein Lizenzentgelt, das die Hersteller und Vertreiber von Waren für ihre Teilnahme am »Dualen System« entrichten. 1992 schloss sich die Stadt Freiburg dem Dualen System an.

Mit Einführung dieses Systems im Stadtgebiet, wurde auch das Sammelsystem geändert. Die grüne Wertstofftonne wurde zur Altpapiertonne, für die Sammlung von Leichtverpackungen wurde eine »gelb-grüne Tonne« eingeführt. Diese war mit Fehlwürfen behaftet, weshalb sie 1997 durch den »gelben Sack« ersetzt wurde.

7. Rückblick

Mit der flächendeckenden Installation der grünen Wertstofftonne im gesamten Stadtgebiet war Freiburg führend unter den deutschen Großstädten. Freiburg setzte Maßstäbe für andere Gebietskörperschaften.

Die Einführung der »grünen Tonne« war die Geburtsstunde der Abfallwirtschaft in Freiburg und ein Meilenstein für den Umweltschutz.

Die Erd- und Bauschuttaufbereitungsanlage FEBA, die Thermische Abfallbehandlungs- und Energieerzeugungsanlage TREA und das Duale System DSD gewährleisten auch in Zukunft eine sichere Abfallentsorgung der Stadt.

Bedauerlich ist, dass die Restmüllverbrennungsanlage aus politischen Gründen nicht auf dem Stadtgebiet Freiburg errichtet werden konnte.

Abfallentsorgungsanlagen sollten im Schwerpunkt des Müllaufkommens gebaut werden. Dies ist die Stadt Freiburg und nicht das Umland. Das Umladen und Transportieren der städtischen Restabfälle zur Verbrennungsanlage belastet die Umwelt und bringt zusätzliche Kosten mit sich, die der Bürger laufend zu tragen hat.

Jahrhundertprojekt – Abwasserzweckverband Breisgauer Bucht

WERNER DAMMERT

Die Verbandsgründung

Die Stadt Freiburg und deren Umland, aber auch alle Gemeinden in der Region, haben in den 50er- und 60er-Jahren des letzten Jahrhunderts eine rasante Entwicklung genommen. Die Regelung der Abwasserbeseitigungsfrage konnte bei weitem nicht mit dieser Entwicklung Schritt halten. In Freiburg wurden noch das 1891 in Betrieb genommene Rieselfeld und die Kläranlage Freiburg – Nord betrieben. In Waldkirch gab es eine mechanische Kläranlage für die Gemeinden des vorderen Elztals und der March-Abwasserverband hatte eine Kläranlage im Bereich Neuershausen erstellt. Der Großteil der Abwässer aus den kreisangehörigen Gemeinden wurde in sogenannte geschlossene Gruben geleitet, die immer wieder zu leeren waren, oder in sogenannten Hauskläranlagen vorgereinigt und über das Kanalnetz den Gewässern zugeführt.

Die außergewöhnliche Zunahme der Bevölkerungszahl sowie die ebenfalls markante industrielle Entwicklung haben im Raum der Breisgauer Bucht in Folge der ungünstigen Gewässerverhältnisse zu großen Missständen auf dem Gebiet der Abwasserbeseitigung geführt. Die Gewässer der Bucht, die zeitweilig nur eine sehr geringe Wasserführung aufwiesen, waren nicht mehr in der Lage, die nur unzureichend vorgeklärten Abwässer des Raumes schadlos für die Wasserläufe, das Grundwasser und somit für die Wasserversorgungsanlagen aufzunehmen.

Folgerichtig gab es immer lauter werdende Beschwerden aus der Öffentlichkeit wegen der zunehmenden Gewässerverschmutzung. Erinnert sei nur an Bilder, die durch die Presse gingen, auf denen zu ersehen war, wie sich die Schmutzwasserreste in den Gewässern als graue Massen flussabwärts wälzten und an den Ufern ekelerregende Ablagerungen stattgefunden hatten.

Politisch war man sich einig, dass diesem Zustand dringend abgeholfen werden muss. Diese Erkenntnis war Anlass, eine großräumige Abwasserbeseitigungsplanung für die Breisgauer Bucht zu erstellen. So wurde dann beim Regierungspräsidium Südbaden Abteilung Wasserwirtschaft eine Arbeitsgruppe eingerichtet, die zwischen Juni 1962 und Herbst 1964 vier

Varianten zur Lösung der Abwasserfrage entwickelt hatte, denen eines gemeinsam war, nämlich dass eine zukunftssichere Lösung des Abwasserproblems nur durch die Ableitung der gereinigten Abwässer zum Vollrhein sinnvoll ist. Von den vier Varianten wurden drei im weiteren Verfahren aus topografischen und wirtschaftlichen Gründen verworfen, sodass die Variante Ableitung der Abwässer nach Riegel und der Bau einer Kläranlage nördlich von Riegel die Zustimmung aller Beteiligten fand, denn diese war aus wasserwirtschaftlicher Sicht die ausgewogenste und dazu noch die kostengünstigste Lösung. Nur bei dieser Variante war es aufgrund der topografischen Verhältnisse möglich, die Ableitung der gesamten Abwässer aus dem gesamten Raum, mit nur geringfügiger Ausnahme, mit dem zur Verfügung stehenden natürlichen Gefälle, das heißt ohne Pumpbetrieb zu bewerkstelligen.

Der technischen Planung für das vorgesehene Verbandsgebiet wurde nicht die seinerzeitige Einwohnerzahl, die bei circa 250 000 Einwohner lag, zugrunde gelegt, sondern es wurde eine prognostische Einwohnerzahl, hochgerechnet für das Endplanungsjahr 2025, ermittelt, die bei 450 000 Einwohnern lag. Für die industriellen Abwässer wurde ebenfalls ein prognostischer Wert ermittelt, der in der Größenordnung der prognostischen Einwohnerentwicklung lag. Insgesamt wurden damit der Planung Einwohnerwerte beziehungsweise Einwohnergleichwerte in der Größenordnung von 900 000 bis 1 000 000 Einwohner zugrunde gelegt. Die technische Planung sah den Bau eines Abwasserkanalnetzes mit circa 120 Kilometern Länge und mit Rohrdurchmessern zwischen 25 Zentimetern und 3,50 Metern vor. Während die Kanäle auf die Wassermengen des Endplanungsjahres 2025 dimensioniert wurden, wurde die geplante Kläranlage nicht auf das Endplanungsjahr ausgelegt, da eine Vergrößerung dieser Einrichtung bei Bedarf relativ einfach erfolgen kann.

Von der Projektgruppe wurde außerdem ein Baukostenverteilungsschlüssel entworfen, der davon ausging, dass die gesamten Verbandsanlagen 90 Millionen DM kosten sollten, wovon 66 Millionen DM für den Bau der Kanäle und 24 Millionen DM für den Bau der Kläranlage eingeplant waren. In den Baukosten nicht enthalten war der Bau eines Ableitungskanals von der Kläranlage zum Vollrhein bei Kappel am Rhein, der mit zehn Millionen DM veranschlagt war und als Folgemaßnahme aus dem Versailler Vertrag von der Bundesrepublik Deutschland getragen werden sollte.

Bei den Untersuchungen für die Baukostenverteilung zeigte es sich, dass eine einheitliche Behandlung aller am Projekt zu beteiligenden Kommunen zusammen mit der Stadt Freiburg in einem gemeinsamen Kostenschlüssel nicht möglich ist. Dies war auf die außergewöhnlich hohe Abwassermenge der Stadt Freiburg im Verhältnis zu den anderen Städten und Gemeinden zurückzuführen. Der Anteil der Stadt Freiburg musste daher gesondert ermittelt werden und wurde mit 65 Prozent festgeschrieben.

Für die Organisation und Abwicklung des Projekts bot sich die Bildung eines Zweckverbandes an, ein Instrument, das sich schon seit Jahren für die Bewältigung gemeindeüberschreitender Maßnahmen auf den verschiedensten Gebieten sehr bewährt hatte.

Dem Verband sollten (vor der Gemeindereform) neben der Stadt Freiburg 34 Gemeinden des Landkreises Freiburg und zwölf Gemeinden des Landkreises Emmendingen, insgesamt also 47 Städte und Gemeinden, angehören.

Es oblag nunmehr den beiden Landratsämtern zusammen mit dem Regierungspräsidium die kreisangehörigen Städte und Gemeinden von der Notwendigkeit und Wichtigkeit der Gründung eines Zweckverbandes zur Durchführung des Abwasserprojektes zu überzeugen. Eine wahrlich nicht leichte Aufgabe.

In auf viele Wochen verteilten und oft nächtelang andauernden Gemeinderatssitzungen wurde das Projekt vorgestellt und oft sehr kontrovers diskutiert.

Dass die Abwasserbeseitigungsfrage einer dauerhaften Lösung bedurfte, wurde im Grundsatz von niemanden angezweifelt, zumal die eine oder andere Gemeinde bereits Probleme hatte, die Genehmigung neuer Baugebiete zu erhalten. Wesentliche strittige Fragen waren, ob es denn nicht sinnvoller sei statt einer Großlösung mehrere Kleinlösungen anzustreben, die Kostenverteilung der Baukosten in Höhe von 90 Millionen DM, für jene Zeit ein horrender Betrag, und vor allem auch die Dominanz der Stadt Freiburg im Hinblick auf das damals nicht immer spannungsfreie sogenannte Stadt-Umland-Verhältnis.

Zur ersten Frage konnten die Vertreter der Wasserwirtschaftsverwaltung die vorgetragenen Bedenken mit den Argumenten entkräften, dass der Betrieb einer Großanlage auf Dauer deutlich wirtschaftlicher sei und die Reinigungsleistung einer Großanlage erheblich bessere Werte als viele kleinere Anlagen erzielen würde.

Der Vorschlag zur Verteilung der angenommenen Baukosten sah vor, dass hierfür nicht die seiner Zeit tatsächlichen Einwohnerzahlen, sondern von der damaligen Planungsgemeinschaft Breisgau errechnete prognostische Einwohnerzahlen zugrunde gelegt werden. Diese zweifellos richtige Berechnungsgrundlage wurde aber einerseits von vielen, vor allem vor dem Hintergrund angezweifelt, dass sie befürchteten, die Entwicklung ihrer Gemeinden würden zu sehr eingeschränkt. Im Hinblick auf die Kostenbeteiligung hätten die prognostischen Zahlen bei dem einen oder anderen aber durchaus auch etwas niedriger angesetzt werden können, vor dem Hintergrund, dass man bei Zugrundelegung des tatsächlichen Einwohnerwertes erheblich weniger bezahlen müsste als bei dem prognostischen Einwohnerwert.

Nach dem Kostenverteilungsschlüssel war vorgesehen, dass die Stadt Freiburg circa 65 Prozent der Baukosten, das entsprach rund 59 Millionen DM, zu tragen habe. Da man üblicherweise davon ausgeht, dass derjenige der am meisten bezahlt auch am meisten zu sagen hat, wurde befürchtet, dass die Stadt alle anderen Verbandsgemeinden majorisieren könnte, wenn sie mit dem ihrem Kostenanteil entsprechenden Stimmrecht ausgestattet würde. In Gesprächen mit der Stadt wurde aber vereinbart, dass deren Stimmrecht auf 40 Prozent festgeschrieben wird. Dadurch wurde erreicht, dass die Stadt ohne weitere Verbündete aus dem Verband keine Entscheidungen gegen die übrigen Verbandsmitglieder herbeiführen konnte. Dieses Zugeständnis seitens der Stadt Freiburg war politisch bemerkenswert und für alle Beteiligten so vertrauensbildend, dass es bis heute für die Verbandstätigkeit von größter Bedeutung ist.

Im Sommer 1966 war der Beitritt aller beteiligten Städte und Gemeinden beschlossene Sache und die Verbandssatzung nach Verkündung im gemeinsamen Amtsblatt am 15. Dezember 1966 in Kraft getreten. Damit war der auch heute noch größte Abwasserzweckverband in Baden-Württemberg mit einer Einzugsgebietsfläche von circa 650 Quadratkilometern gegründet.

Der Verband von 1966 bis heute

Gründungsmitglieder waren die Städte Freiburg und Waldkirch und die Gemeinden Au, Bahlingen, Buchenbach, Buchheim, Buchholz, Burg, Denzlingen, Ebnet, Ebringen, Eichstetten, Eschbach, Föhrental, Gottenheim, Gundelfingen, Gutach, Heuweiler, Hochdorf, Holzhausen, Hugstetten, Kappel, Kirchzarten, Kollnau, Lehen, Malterdingen, Merzhausen, Neuershausen, Nimburg, Oberglottertal, Oberried, Ohrensbach, Opfingen, Pfaffenweiler, Reute, Riegel, Schallstadt, Siensbach, Stegen, Tiengen, Umkirch, Unterglottertal, Vörstetten, Waltershofen, Wildtal und Zarten. Dem Verband später beigetreten sind die Stadt Endingen und die Gemeinde Horben. Angeschlossen an den Verband, ohne Mitglied zu sein, sind die Gemeinden Forchheim und Weiswil sowie der Ortsteil Wasenweiler der Gemeinde Ihringen.

Insgesamt hat der Verband nach der Verwaltungsreform die Städte Freiburg, Waldkirch und Endingen sowie 26 Gemeinden als Mitglieder (Abb. 1).

In der konstituierenden Sitzung der Verbandsversammlung am 15.12.1966 wurde Bürgermeister Dipl.-Ing. Hermann Zens von der Stadt Freiburg zum 1. Vorsitzenden des Abwasserzweckverbandes gewählt.

Am 1. Juli 1967 wurde die Geschäftsstelle bestehend aus einem Geschäftsführer, einem Verwaltungsleiter und drei weiteren Mitarbeitern in der Breisacher Straße in Freiburg eröffnet. Zum Geschäftsführer wurde Dipl.-Ing. Günther Heinz, der als Mitglied der Projektgruppe beim Regierungspräsidium Freiburg maßgebliche Vorarbeit für das Abwasserprojekt geleistet hatte, bestellt. Verwaltungsleiter wurde Herr Peter Lukas von der Stadt Freiburg.

Die Aufgabenstellung des Verbandes war in der Verbandssatzung bestimmt worden und bestand vor allem aus der Planung und dem Bau eines Kanalnetzes von circa 150 Kilometern Länge und einer Verbandskläranlage mit 600 000 Einwohnerwerten sowie der Finanzierung des gesamten Projektes.

1968 wurde mit dem Bau der Abwasserkanäle begonnen. In 13 Jahren mussten rund 100 Kanalbaustellen von der Planung bis zur Endabrechnung betreut werden. Rund 150 Kilometer Rohre mit Innendurchmessern zwischen 25 und 400 Zentimetern, teilweise mit Einzelgewichten von rund 30 Tonnen, wurden in Tiefenlagen bis acht Metern verlegt. Aufsehenerregend war in jener Zeit die Veröffentlichung von Bildern in der Presse, aus denen zu ersehen war, wie ein Personenkraftwagen durch die verlegten Kanäle gefahren ist. Mit über 2500 Grundstückseigentümern mussten Grunddienstbarkeitsverträge abgeschlossen werden, um es zu ermöglichen, die Kanalleitungen durch deren Grundstücke zu verlegen (Abb. 2 und 3).

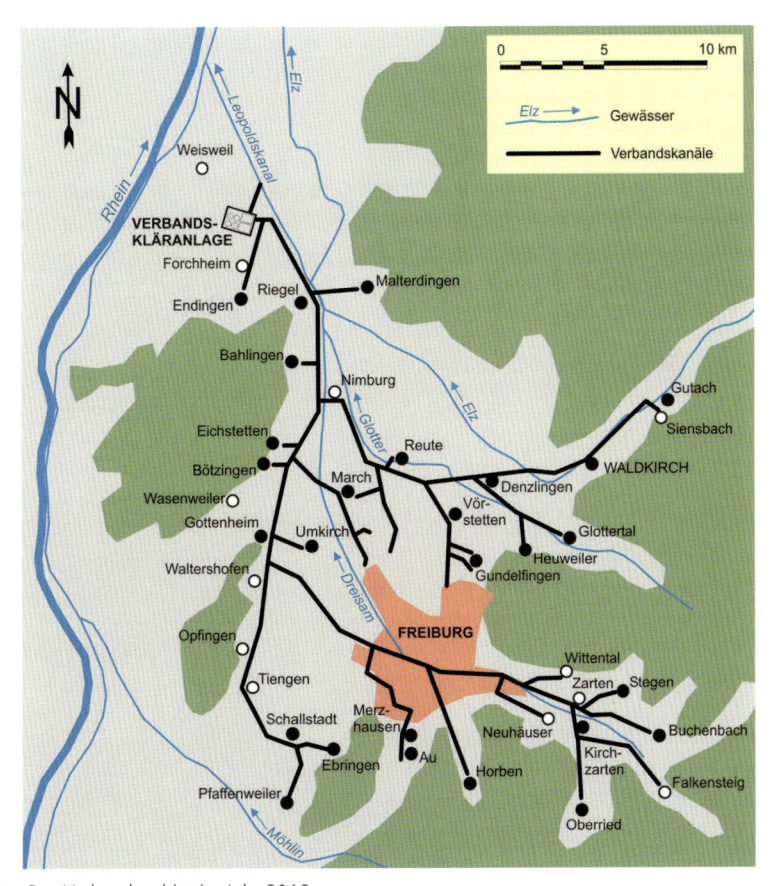

Abb. 1   Das Verbandsgebiet im Jahr 2019

Abb. 2 Transport von Abwasserrohren mit einem Durchmesser von 4 Metern zur Baustelle

Abb. 3 Die Situation auf der Baustelle

Der Entwurf des Regierungspräsidiums und die Planung des Abwasserzweckverbandes sahen vor, dass die geklärten Abwässer aus der Kläranlage nicht über den Leopoldskanal in den Restrhein, sondern über einen separat zu bauenden Ableitungskanal mit einer Länge von circa zehn Kilometern durch das Gebiet Taubergießen nach Kappel am Rhein abgeleitet werden sollten. Dieser Absicht lag die Befürchtung zugrunde, dass es im Leopoldskanal und im Restrhein durch die Durchleitung beziehungsweise Einleitung des geklärten Abwassers zu Problemen mit der Wasserqualität kommen könnte. Das dafür notwendige wasserrechtliche Verfahren wurde am 10. Februar 1971 eingeleitet. Für den Verband völlig unerwartet, weil bis dahin unbestritten, wurden gegen das Projekt erhebliche Bedenken geltend gemacht. Sprecher gegen das Projekt waren der Ortenaukreis, die Städte Lahr und Ettenheim und die Gemeinden Kappel, Rheinhausen und Rust; dazu kam noch die im Elsass gelegene Gemeinde Rheinau. Die Masse der Einsprüche kam von der Schutzgemeinschaft Taubergießen und den von ihr mobilisierten Verbänden sowie dem Schwarzwaldverein und der Arbeitsgemeinschaft Heimatschutz Schwarzwald. 32 363 Unterschriften gegen das Projekt waren vorgelegt worden, wobei 23 000 Unterschriften aus Südbaden, über 7000 aus Württemberg, 700 aus dem übrigen Bundesgebiet und rund 200 aus dem Ausland stammten. Nach jahrelangen Diskussionen mit den Einsprechern, in deren Verlauf auch das Gesamtkonzept des Verbandes infrage gestellt worden war, hatten die Einsprecher gefordert, auf den Ableitungskanal zu verzichten, die mechanischbiologische Kläranlage mit weiteren Reinigungsstufen auszustatten und das so vorgereinigte Abwasser unmittelbar unterhalb der Kläranlage über den Leopoldskanal in den Restrhein einzuleiten. Mit diesem Vorschlag sollte jeglicher Eingriff im Bereich des Taubergießens verhindert werden. Nachdem es zwischen Einsprechern und Antragsteller zu keiner Einigung gekommen war, hat das Regierungspräsidium nach entsprechender Interessenabwägung und dreijähriger Verfahrenszeit dem wasserrechtlichen Antrag mit Bescheid vom 18. Januar 1974 stattgegeben.

Ein weiterer Vorgang erzürnte in diesem Zusammenhang die Verbandsgemeinden. Das Regierungspräsidium hatte aufgrund der Unsicherheit, dass die Ableitung der geklärten Abwässer nicht gesichert sei, einen Baustopp in der gesamten Breisgauer Bucht verfügt. Dies hatte aus guten Gründen den Widerspruch aller betroffenen Gemeinden hervorgerufen. Gemeinden erwogen den Austritt aus dem Verband, selbst die Auflösung des Verbandes stand zur Debatte. Im Frühjahr 1974 hatte sich die Verbandsversammlung geweigert, den Haushalt für das Jahr 1974 zu beschließen. Der Konflikt hatte sich damals so verschärft, dass selbst der damalige Ministerpräsident des Landes Baden-Württemberg Dr. Filbinger vermittelnd eingreifen musste.

Rein rechtlich hätte der Verband den geplanten Abwasserkanal, nachdem er wasserrechtlich genehmigt und die Genehmigung im Verfahren vom Verwaltungsgerichtshof bestätigt worden war, bauen können. Nachdem die Einsprecher ihr Ziel, den Kanal in Richtung Kappel gerichtlich zu verhindern nicht erreichen konnten, wurde von ihnen eine politische Lösung angestrebt. Mit dieser Initiative hatten die Projektgegner schließlich auch Erfolg. Diese Lösung sah vor, die Kläranlage mit einer weitergehenden Reinigungsstufe auszustatten und das so vorgeklärte Abwasser über den Leopoldskanal dem Restrhein zuzuführen. Der Verband brachte wiederholt zum Ausdruck, dass die politische Lösung wirtschaftlich die mit Abstand teuerste sei und er den politischen Vorschlag nur unter der Voraussetzung akzeptieren könne, dass die wasserwirtschaftliche Verantwortung für diese Lösung beim Land bleibt und die durch die weitergehende Reinigung bedingten Mehrkosten als Folgemaßnahmen des Oberrheinausbaus vom Bund und Land zu tragen sind. Dieser finanziellen Forderung wurde durch den Abschluss des sogenannten Oberrheinvertrages stattgegeben.

Im Dezember 1979 wurde dann vom Regierungspräsidium die zeitlich befristete wasserrechtliche Befugnis zur Einleitung des mechanisch-biologisch gereinigten Abwassers in den Leopoldskanal erteilt. Die im Verfahren geforderte weitergehende Reinigungsstufe wurde gebaut und 1992 in Betrieb genommen.

Während des zuvor geschilderten Verfahrens wurde der Planungsauftrag für den Bau der Kläranlage an ein privates Planungsbüro vergeben. Nach Fertigstellung der Planung fand der 1. Spatenstich für die Anlage am 3. September 1976 in Anwesenheit von Ministerpräsident Dr. Filbinger statt.

Nach über dreijähriger Bauzeit und Durchführung des Probebetriebes konnte die offizielle Inbetriebnahme der Kläranlage am 15. Oktober 1980 in Anwesenheit von Umweltminister Gerhard Weiser stattfinden.

Mit der Herstellung und Inbetriebnahme des Abwasserkanalnetzes, der Verbandskläranlage und der weitergehenden Reinigungsstufe war der Verbandsauftrag auf der Basis der Grundsatzentscheidung eigentlich erfüllt, aber nur eigentlich. Umweltpolitische, wasserwirtschaftliche, technische und räumliche Entwicklungen machten noch eine ganze Reihe von bedeutenden investiven Maßnahmen notwendig. Hier seien insbesondere die Schlammtrocknungsanlage, die Sandfilteranlage, der Bau von drei Blockheizkraftwerken sowie das Verwaltungsgebäude an der Hanferstraße in Freiburg erwähnt. Als aktuell letzte Baumaßnahme ist aber die Erweiterung der biologischen Stufe der Kläranlage, zu der der Spatenstich aus Anlass des 50-jährigen Bestehens des Abwasserzweckverbandes in Anwesenheit von Umweltminister Franz Untersteller erfolgte, zu nennen (Abb. 4 und 5).

Abwasserzweckverband Breisgauer Bucht // 263

Abb. 4 Die Verbandskläranlage 2019

Abb. 5 Faultürme

Die Finanzierung des Verbandes

Wie schon erwähnt, wurde bei der Verbandsgründung von Baukosten in Höhe von insgesamt 90 Millionen DM, ohne die Kosten für den damals geplanten Abwasserkanal von der Kläranlage in den Vollrhein, für den 10 Millionen DM vorgesehen waren, ausgegangen. Tatsächlich ist aber bis heute für alle Investitionen ein Kostenaufwand von circa 265 Millionen Euro entstanden. Diese immensen Mehrkosten beruhen auf bei der Verbandsgründung nicht absehbaren Kostenentwicklungen in der Anfangszeit und vor allem auf die zusätzlichen Investitionskosten für seinerzeit nicht geplante Maßnahmen in den letzten drei Jahrzehnten.

Die Finanzierung des Projektes erfolgte über Landeszuschüsse, Kreditaufnahmen und Investitionskostenumlagen der Verbandsmitglieder.

Das Land hatte ursprünglich eine Förderung von 37,5 Prozent für das Projekt zugesagt. Durch eine geplante, drastische Kürzung der Fördermittel für Abwasserbeseitigungsmaßnahmen im Jahre 1973 sollte dann aber nur noch eine Förderung in Höhe von 17 Prozent erfolgen. Diese Absicht des Landes sorgte für erheblichen Unmut beim Verband. Nach intensiven Verhandlungen, auch unter Einschaltung des Ministerpräsidenten, wurde letztendlich eine Landesförderung in Höhe von 25 Prozent der Kosten vereinbart.

Die Landeszuschüsse betrugen letztlich 53 Millionen Euro. Außerdem wurden zehn Millionen Euro als einmaliger Betriebskostenzuschuss für die Mehrkosten als Folgemaßnahme des Oberrheinausbaus bewilligt.

Circa fünf Millionen Euro wurden von den Mitgliedsgemeinden über Investitionskostenumlagen nach dem vereinbarten Kostenverteilungsschlüssel aufgebracht.

Der weitaus größte Teil der Investitionskosten in Höhe von 207 Millionen Euro wurde über Kreditaufnahmen fremdfinanziert, und zwar zu Konditionen, die während der Hauptinvestitionszeit um ein Mehrfaches höher lagen als heute.

Die Lasten aus dieser Verschuldung und alle weitergehenden Betriebskosten sind nach einem in der Verbandssatzung vereinbarten Kostenverteilerschlüssel von den Verbandsmitgliedern zu erbringen. Der in der Satzung ursprünglich vereinbarte Verteilerschlüssel wurde in den Jahren 1990, 2002 und 2005 den geänderten Verhältnissen angepasst und da es bei Veränderungen der Kostenverteilung immer Gewinner und Verlierer gibt, verdient es einer besonderen Erwähnung, dass die jeweiligen Verbandsbeschlüsse einstimmig gefasst wurden.

Die wirtschaftliche Effizienz der Verbandstätigkeit lässt sich schon allein daran erkennen, dass zur Finanzierung der aktuellen Verbandsumlagen in Höhe von circa 16,8 Millionen Euro pro Jahr eine Umlage von 0,79 Euro pro Kubikmeter Abwasser erhoben wird, die von den Gemeinden über die Abwassergebühren an die Verbraucher weitergegeben werden. In Anbetracht der Größenordnung der Finanzierungskosten ein unglaublich günstiges Ergebnis, das dazu führt, dass die Abwasserpreise in den Verbandsgemeinden im Vergleich zu den Durchschnittsgebühren in Baden-Württemberg um circa 25 bis 30 Prozent günstiger liegen.

Nach ursprünglich fünf Mitarbeitern bei der Verbandsgründung hat der Verband heute mit 95 Mitarbeitern und einer Bilanzsumme von 86 Millionen Euro die Größe eines mittelständischen Unternehmens.

Der damalige Ministerpräsident Lothar Späth bezeichnete das Abwasserprojekt Breisgauer Bucht »als Jahrhundertleistung aktiven Umweltschutzes in unserem Land«; dem ist nichts mehr hinzuzufügen. Der Verband hat nicht nur die ihm mit der Grundkonzeption gestellten Aufgaben zu 100 Prozent erfüllt, sondern darüber hinaus eine Vielzahl von weitergehenden, damals nicht voraussehbaren Maßnahmen angegangen und vollzogen und seine Aufgaben werden trotzdem noch nicht erschöpft sein. Konkret in der Planung ist schon der Neubau eines Betriebsgebäudes mit Sozialräumen, Werkstätten, Läger, Verwaltung und Labor auf der Kläranlage. Die Phosphor-Rückgewinnung aus den Klärschlämmen und die 4. Reinigungsstufe zur Elimination von schwer abbaubaren Spurenstoffen, wie Arzneimittelrückständen sind in der Vorbereitung.

Die fortschreitende Bevölkerungsentwicklung, die immer perfekter werdenden technischen Möglichkeiten insbesondere bei der Abwasserreinigung und das immer sensibler werdende Umweltbewusstsein werden auch in der Zukunft neue Anforderungen an den Verband stellen und man kann wohl mit Fug und Recht davon ausgehen, dass diese von ihm in gleicher großartiger Weise gelöst werden wie in der Vergangenheit. Wenn man heute in der Presse lesen kann, dass in der Dreisam Lachse ausgesetzt wurden und in anderen Gewässern der Region, darunter im Leopoldskanal, beobachtet wurde, dass Lachse zurückgekehrt sind, spricht dies dafür, dass die Gewässer in der Region wieder eine hervorragende Qualität haben und sich damit die geleistete Arbeit und der geleistete Aufwand sehr gelohnt haben. Bestätigt wird damit auch, dass die damals so umstrittene Großlösung mit einer einzigen zentralen Kläranlage die einzig richtige Lösung darstellt.

Der Verband ist auch ein Aushängeschild interkommunalen Zusammenwirkens und dies, obwohl vor der Verbandsgründung eine weitverbreitete Befürchtung bestand, dass die große Stadt Freiburg die übrigen Mitglieder majorisieren könnte. Dies ist mitnichten geschehen. Alle auch noch so schwierigen Entscheidungen, und es gab derer viele im Verband, wurden in großer Übereinstimmung, meist einstimmig, getroffen.

Städtische Wasser- und Abwasserpolitik

Jürgen Bolder

Als ich 1983 von Hamburg, wo ich meine erste Stelle nach dem zweiten Staatsexamen in der Baubehörde der Freien und Hansestadt innehatte, zur Stadt Freiburg in das Tiefbauamt wechselte, bekam ich schon im Auswahlverfahren mit, wie nah meine künftige Aufgabe der Politik sein würde: Der Gemeinderat entschied sich damals gegen den Vorschlag des Amtes und damit zu meinem Glück für mich, was dazu führte, dass ich stets mit besonderem Interesse für die Vorgänge im Gemeinderat und darüber hinaus – bis zuletzt auch auf europäischer Ebene – meine Aufgaben erledigte.

Die häufig anzutreffende Zurückhaltung von Ingenieuren gegenüber den politischen Mechanismen führt natürlich dazu, dass Möglichkeiten der Einflussnahme auf die politischen Entscheidungen verpasst werden. Es kann den Ingenieursaufgaben aber sehr dienlich sein, wenn der Entscheidungsträger aus erster Hand informiert ist. Es war also von Anfang an mein Anliegen, zu den Spitzen der städtischen Verwaltungen und zum Gemeinderat und seinen Mitgliedern ein gutes Verhältnis zum gegenseitigen Verständnis zu pflegen. Ich will daher im Folgenden besonderen Wert auf die politischen Aspekte der wasserwirtschaftlichen Aufgabenstellungen in dem beschriebenen 15jährigen Zeitraum von 1983 bis 1998 legen.

Wasserwirtschaft – Was ist das?

Der Begriffsteil »Wirtschaft« deutet bereits an, dass es sich bei der beschriebenen Aufgabenstellung um einen Optimierungsprozess mit einer nur begrenzt zur Verfügung stehenden Ressource handelt. Wer darunter einen ökonomischen Prozess der Wertschöpfung versteht, liegt mit Sicherheit falsch. So wie es in der europäischen Wasserrahmenrichtlinie dem Gesetzestext vorausgestellt heißt, ist Wasser keine Ware (Abb. 1). An Wasser kann grundsätzlich kein Eigentum gebildet werden. Und Wasser ist dennoch der wichtigste Baustein allen Lebens auf der Erde. Wasserwirtschaft ist also eine existentielle Aufgabenstellung für jedes Individuum (es muss genügend trinken) und für jede Gesellschaft, die ausreichend Wasser für ihre Aktivitäten braucht. Selbstverständlich sollte sich also eine Gesellschaft vordringlich um eine gute Wasserwirtschaft kümmern.

Abb. 1   Logo der Initiativen gegen die Privatisierung von Wasserdienstleistungen

Ortsbezug – Was heißt Wasserwirtschaft für Freiburg?

Seit Beginn der Freiburger Geschichte, die sicher nicht erst 1120 mit der Verleihung der Marktrechte begonnen hat, war ein ausreichendes Wasserangebot die Voraussetzung allen Erfolgs. Nicht weniger wichtig war die Tatsache, dass sich der Siedlungsraum der mittelalterlichen Stadt auf dem Hochgestade der Dreisam befand, womit auch die Voraussetzung der Hochwassersicherheit gegeben war und somit ein »zu viel des Guten« vermieden werden konnte. Es bildete sich so in Freiburg im Laufe der Jahre eine Kultur der Wasserwirtschaft heraus, die bis in unsere Zeit sichtbar durch die Bächle, über die im Mittelalter so viel Dünger auf die Felder gebracht wurde, dass der Gewerbekanal im heutigen Stühlinger »Mistbach« genannt wurde, und die noch existierenden Genossenschaften der Wassernutzer (zum Beispiel der Mühlen) – Runzen genannt – fortbesteht (Abb. 2).

Organisatorisch – Wo sind die Aktiven?

Wenn diese Voraussetzungen einer gedeihlichen Entwicklung auch für unsere Zeiten gelten sollen, so muss es adäquate Verwaltungsstrukturen geben, die für Erhalt und Anpassung dieser Grundlagen sorgen. Zu diesen gehören die Gesetze und Regelwerke, wie sie auf den verschiedenen Ebenen eingerichtet sind. Aber es gehören ebenso die passenden Elemente im Bereich der Anwendungen dazu; was auf Landesebene die Wasserwirtschaftsverwaltung ist, ist in den Kommunen ein Wasserwerk, eine Kläranlage, eine Stadtentwässerung und ein Gewässer-Management.

Abb. 2   Freiburgs Bächle
Joergens.mi/Wikipedia, Lizenz: CC-BY-SA 3.0 https://creativecommons.org/licenses/by-sa/3.0/de/legalcode

Inhalte – Die Elemente einer nachhaltigen Wasserwirtschaft

Die Versorgung der wachsenden Stadt mit gutem und ausreichendem Trinkwasser war mit den Wasserwerken in Ebnet (Dreisamtal) und Hausen (Rheintal) bereits seit den 1970er-Jahren für die absehbare Zukunft, selbst bei einer starken Dynamik des Bedarfs, gesichert. Auch die organisatorischen Voraussetzungen waren mit der Freiburger Energie- und Wasserversorgungs AG, kurz FEW, unter Beteiligung der Thüga AG als Kapital- und Know-how-Geber mit ihren zahlreichen Stadtwerkebeteiligungen vorhanden.

Ein noch nicht ausreichend gelöstes Problem stellte aber die zukünftige Entsorgung des gebrauchten Trinkwassers, also des Abwassers für die wachsenden Kommunen in der Breisgauer Bucht dar. Eine Lösung durch örtliche Kläranlagen hatte sich nicht bewährt. In einigen Gemeinden war in den 1960er-Jahren noch nicht einmal eine Kanalisation vorhanden. Ein Abwasserzweckverband mit einer zentralen Kläranlage war daher 1966 mit starker Hilfe des Landes gegründet worden und baute sein Netz an Transportkanälen insoweit aus, dass 28 Kommunen angeschlossen werden konnten. Auch die Stadt Freiburg schloss sich im Jahre 1985 vollständig an, sodass die letzte »Kläranlage« der Stadt, das Rieselfeld, außer Betrieb gehen konnte.

Im Übrigen lagen anfangs der 1980er-Jahre noch viele weitere wasserwirtschaftliche Verhältnisse im Argen:

Altlasten waren zum Beispiel damals in diesem Zusammenhang ein neuer Begriff; gemeint waren Standorte von ehemaligen Mülldeponien, Werkstätten und sonstigen Einrichtungen, bei denen mit wassergefährdenden Stoffen umgegangen wurde, ohne den Boden- und Grundwasserschutz zu beachten.

Kanalsanierung war für den städtischen Haushalt ein neuer Ausgabenposten, dessen viel zu niedriges Budget von Jahr zu Jahr schwankte, weil es sich hervorragend dafür eignete, sich bei ihm für unerwartete, aber stadtentwässerungsfremde Aufgaben zu bedienen. Das jährliche Volumen umfasste nicht mal 20 Prozent der in den Abwassergebühren veranschlagten Abschreibung der Investitionen.

Für ein konsequentes Vorgehen gegen *Fehleinleitungen* von gewerblich genutzten Grundstücken war kein Verständnis vorhanden, es wurde eher als Behinderung der Wirtschaft abgelehnt.

Für den *Hochwasserschutz* durch Wasserrückhaltung galten die Siedlungsflächen für zu wertvoll; das Wasserwirtschaftsamt drohte wegen fehlender Rückhaltebecken mit Bauentwicklungstopp.

Die *Renaturierung* von Wasserläufen galt als unbezahlbarer Luxus und als Verschwendung wertvollen Ackerlandes.

Aber die Einstellung der Politik zur damals noch recht jungen Aufgabenstellung »Schutz der Umwelt« änderte sich rasant und die Stadtentwässerung verstand sich selbstverständlich schnell als Vorreiter eines »praktizierten Umweltschutzes«.

Für die bessere Abstimmung der gewässerbezogenen Projekte wurde unter der Leitung der Stadtentwässerung die Koordinierungsgruppe Wasser, kurz KoWa, eingerichtet; kurze Zeit später wurde das Baudezernat auch für die Aufgaben des Umweltschutzes zuständig. So kam es, dass zunächst im Tiefbauamt das Altlasten-Kataster für Freiburg aufgestellt wurde, bevor dann das neu eingerichtete Umweltschutzamt diese Aufgabe übernahm.

Die wichtigsten Erfolge auf dem Weg zu einer nachhaltigen Wasserwirtschaft in Freiburg in den 1980er- und 1990er-Jahren waren:

Ein zentraler Verband – Die Abwasserlösung für Viele!
Das Reinigungsverfahren »Rieselfeld« bestand aus einem schlecht kontrollier- und steuerbaren zweistufigen Prozess: Absetzung grober Bestandteile des Abwassers und anschließende biologische Reinigung im Wege einer Bodenpassage. Das so »gereinigte« Wasser wurde über Drainagen gesammelt und verließ beim Mundenhof über den sogenannten Saugraben das Rieselfeld. Die Landwirtschaft des Mundenhofs profitierte vom reichen Nährstoffangebot im Abwasser. Dies war ein Verfahren, das Ende des 19. Jahrhunderts vielerorts in Deutschland Anwendung fand, aber mit dem heutigen Abwasser völlig überfordert war; abgesehen von der Fragwürdigkeit einer Verwendung von

quasi ungereinigtem Abwasser zur Bewässerung von Feldfrüchten, auch wenn damit im wesentlichen Futter für die Tiere des Mundenhofs produziert wurde.

Es war daher absolut richtig, die Anlage stillzulegen und alle Abwässer Freiburgs und der umliegenden Ortschaften einer modernen zentralen Kläranlage zuzuführen und dort nach dem Stand der Technik zu reinigen. Im politisch grün-alternativen Umfeld hatte sich dennoch Widerstand gebildet, weil man befürchtete, dass infolge der Abwasserableitung in unterirdischen Kanälen die Gewässer austrocknen und der Mooswald Schaden nehmen würde. Von GRÜNER Seite wurde befürwortet, mehrere kleine Kläranlagen zu bauen, was aber zu erheblich mehr Bau- und Betriebskosten geführt und für die Gewässer keine ausreichende Entlastung gebracht hätte. Die klare Linie der vom Land Baden-Württemberg aufgestellten Konzeption einer zentralen Großkläranlage für die Breisgauer Bucht brachte außer der Kostenvorteile auch eine politische Gemeinschaft der Mitgliedskommunen zustande, in der das Miteinander von »Stadt und Land – Hand in Hand« – wie es einst Landrat Schill formulierte – gut funktionierte.

Neben der Versorgung der Stadt mit gutem Trinkwasser war durch die große Verbandslösung auch auf der Entsorgungsseite eine sehr zukunftsfähige und insgesamt nachhaltige Lösung gefunden worden, weil eine Überforderung der Gewässer auf absehbare Zeit ausgeschlossen werden konnte. Im Laufe der Zeit musste das System bereits mehrfach ausgebaut und den neuen Anforderungen angepasst werden. Dies ist aber in der Großlösung und in der Nähe des Rheins als Vorfluter wesentlich leichter und kostengünstiger. Der Abwasserzweckverband Breisgauer Bucht gehört bundesweit zu den Verbänden mit den niedrigsten Umlagen, die zur Refinanzierung aus Abwassergebühren bezahlt werden.

Gewässer – Vorfluter und Erholungsorte

Das Ideal für die moderne Wasserwirtschaft ist ein Gewässer, das als Biotop verstanden, zwar genutzt aber nicht überfordert wird. Dieses Ziel galt es nach dem vollständigen Anschluss an die zentrale Kläranlage anzustreben und diese Maxime bestimmte die Aufgabenstellung der Stadtentwässerung, die dazu ausreichend personell auszustatten und somit in die Lage zu versetzen war, ein entsprechendes Programm aufzustellen und bei genügend finanzieller Ausstattung in einem absehbaren Zeitraum umzusetzen.

Eigenbetrieb – das richtige Geschäftsmodell

Die Bereitstellung der notwendigen Finanzmittel für eine nachhaltige Stadtentwässerung war, wie oben bei der Kanalsanierung bereits erwähnt, im allgemeinen städtischen Haushalt gegenüber den konkurrierenden Kräften nicht durchzusetzen. Erst die Einrichtung eines gebührenfinanzierten Eigenbetriebs

Abb. 3   Logo des Eigenbetriebs Stadtentwässerung Freiburg

mit einem eigenen Wirtschaftsplan war die Lösung. Das ökologische Wasserwirtschaftskonzept von 1991 beschrieb den Handlungsbedarf und wurde zur Entscheidungsgrundlage. 1992 wurde Baden-Württembergs erster »Eigenbetrieb Stadtentwässerung« in Freiburg gegründet und damit diese kostenrechnende Einrichtung aus dem städtischen Haushalt ausgegliedert (Abb. 3). Im Rahmen der vom Gemeinderat beschlossenen Wirtschaftspläne waren nun die notwendigen Investitionen durch Kreditaufnahmen finanzierbar. Die resultierenden Kreditfolgekosten wie Zins und Tilgung werden zusammen mit den betrieblichen Kosten durch Gebühreneinnahmen ausgeglichen. Es gilt das Kostendeckungsprinzip; das heißt, ein zu viel an eingenommenen Gebühren ist in den folgenden fünf Jahren durch Anrechnung in der Kalkulation zurückzuzahlen. So ist es bis heute:
– Ein vollständig transparentes System, bei dem Profite für den städtischen Haushalt ebenso wie dessen Belastung entfallen.
– Ein solides und durch das öffentlich-rechtliche Verhältnis zum Benutzer quasi risikoloses Geschäftsmodell, mit dem sich die vielen und anspruchsvollen Aufgaben, die anstanden, tatkräftig angehen ließen.

Und diese waren:
Kanalsanierung:
Das über 700 km lange Freiburger Netz der öffentlichen Kanäle stammt zu großen Teilen noch aus dem 19. Jahrhundert, als in Freiburg die ersten Kanäle verlegt wurden. Die regelmäßige Inspektion der Leitungen zeigte einen steigenden Sanierungsbedarf, sodass ein langfristiges Programm zur Reparatur und Sanierung aufgelegt werden musste. Genauso alt wie die öffentlichen Hauptkanäle sind aber auch die Leitungen, mit denen die Häuser angeschlossen sind. Folglich wurde über die städtische Satzung geregelt, dass die privaten Eigentümer ihre Leitungen auf Dichtheit zu überprüfen haben und bei Bedarf auch abdichten müssen. Neu war, dass diese Regelung konsequent angewandt wurde, wenn der Hauptkanal durch die Stadt saniert wurde, beziehungsweise ein Umbau der privaten Leitung erfolgte.

Getrennte Abwassergebühren:
Wenn Abwassergebühren für die Beseitigung von Schmutz- und Regenwasser nur nach dem Verbrauch von Trinkwasser berechnet werden, so wie das bisher der Fall war, können unzumutbare Ungerechtigkeiten entstehen. Kleine gewerblich genutzte Grundstücke mit relativ hohem Wasserverbrauch zahlen anteilig eventuell zu viel für die Niederschlagswasserableitung und große Grundstücke mit relativ wenig Wasserverbrauch zahlen dann zu wenig für das Niederschlagswasser, wenn sie große Anteile des Grundstücks versiegelt haben, sodass der Regen nicht versickern kann. Nachdem die GRÜNEN in den Gemeinderat eingezogen waren, wurde von ihnen vehement nach einer geänderten Gebührenstruktur verlangt, in der die Gebühr für die Regenwasserentsorgung nach Fläche berechnet würde. Freiburg war daher bereits 1997 eine der ersten Kommunen in Baden-Württemberg, die getrennte Gebühren für Schmutz- und Niederschlagswasser einführte; heute ist dies Standard im ganzen Land.

Gewässerschutz:
Die Gewässer sind für die Ableitung des Niederschlagswassers gut geeignet, wenn es nicht zu einer Überforderung nach Menge und Qualität kommt. Um dies zu verhindern, waren etliche öffentliche Regenwasser-Behandlungs- und Regenwasser-Rückhalteanlagen zu bauen. Besonders wichtig war im gutnachbarschaftlichen Miteinander, dass die Unterlieger Freiburgs durch eine entwicklungsbedingte Abflussverschärfung nicht unnötig mit Hochwasser zu kämpfen hatten. So entstanden zahlreiche Hochwasserrückhaltebecken, deren größte am St. Georgener Dorfbach und am Dietenbach gebaut wurden, um Umkirch beziehungsweise Gottenheim vor Überschwemmungen zu schützen (Abb. 4).

Für den neuen Stadtteil Vauban wurden zentrale Anlagen zur Versickerung des Regenwassers konzipiert, sodass der St. Georgener Dorfbach entlastet werden konnte. Auch in der Wiehre am östlichen Ende der Urachstraße befindet sich so eine kombinierte Anlage zur Speicherung und Versickerung von Regenwasser (Abb. 5).

Das Einleiten von Niederschlagswasser kann durch das Abschwemmen von Ablagerungen aus dem Kanal oder von Straßen und Hofflächen auch zu einer qualitativen Gewässerbelastung führen, die im Rahmen der Gesetze vermieden werden muss. So waren etliche Anlagen zur Regenwasserbehandlung zu errichten.

Am Moosbach wurde sogar eine Gewässergüte-Messstation eingerichtet, die immer Alarm zu geben hatte, wenn aus dem intensiv genutzten Industriegebiet Nord zu viel Belastung in den Bach abgegeben wurde, sodass die untere Wasserbehörde nach der Ursache forschen konnte.

Abb. 4　Hochwasserrückhaltebecken in St. Georgen

Abb. 5　Kombinierte Anlage zur Speicherung und Versickerung von Regenwasser an der Urachstraße

In Zusammenarbeit mit der Feuerwehr wurden an bestimmten Stellen sogenannte Notverschlüsse eingebaut, um im Brandfall kontaminiertes Löschwasser von den Gewässern fernzuhalten und entsorgen zu können. Die Katastrophe von Schweizerhalle (Sandoz, 1986) für den Rhein wollten wir in Freiburg auf jeden Fall vermeiden.

Gewässerzustand:
Um über den Zustand der Freiburger Gewässer Bescheid zu wissen, wurde in Zusammenarbeit mit der Universität Freiburg 1988 eine erste Fließgewässer-Bestandsaufnahme durchgeführt und nach zehn Jahren wiederholt. Alle größeren Gewässer wurden nach chemischen, biologischen und ökomorphologischen Kriterien bewertet und gegebenenfalls ein Bedarf zur Herstellung eines guten Zustandes ermittelt. Schon nach zehn Jahren konnten wir erste Verbesserungen feststellen, die unsere Maßnahmen ausgelöst hatten.

Ein Mittel zur Steigerung der ökologischen Wertigkeiten ist die Renaturierung von künstlich umgestalteten Wasserläufen; den Welchentalbach, den Dietenbach und den Neugraben am Tuniberg konnten wir damit teilweise naturnah umgestalten (Abb. 6). Wenn ein Ausbau zum Hochwasserschutz unvermeidbar war, so legten wir großen Wert auf eine naturnahe Bauweise mit reichlich ortstypischem Bewuchs wie zum Beispiel am Dorfbach in St. Georgen (Baugebiet Häge).

Abb. 6 Der renaturierte Neugraben

Abb. 7   Erste Bachpatenschaft mit Oberbürgermeister Dr. Rolf Böhme

Öffentlichkeitsarbeit:
Eine Verwaltung ist immer im Auftrag des Bürgers tätig. Er bezahlt letzten Endes alle Projekte mit Gebühren, Beiträgen oder Steuern. Es ist daher stets wichtig, die Bürgerschaft zu informieren und die geplanten Maßnahmen zu erläutern, um ihnen eine indirekte Beteiligung zu ermöglichen. Dem diente eine proaktive Öffentlichkeitsarbeit, die auch ihre positive Ausstrahlung in den Gemeinderat und in die Mitarbeiterschaft hatte. Um ein gutes Verständnis für die Zusammenhänge zwischen dem menschlichen Tun und seinen Auswirkungen auf das Wasser zu fördern, wurde mit sehr viel Engagement durch den jeweiligen Baudezernenten das Projekt »Bachpatenschaften« gefördert (Abb. 7). In Schulen und Vereinen wurde mit großem Erfolg dafür geworben und zahlreiche Initiativen gegründet, die an den Wasserläufen bis heute Säuberungen durchführen, Neophyten bekämpfen, Nisthilfen aufhängen und so weiter und sich so für eine gesunde Gewässerlandschaft engagieren, in dem sie – und das schien uns besonders wichtig – bereits in jungen Jahren ein Verständnis für die Auswirkungen des eigenen Handelns auf den Wasserhaushalt entwickeln.

Solares Freiburg

Rolf Disch

Am 20. September 2019 waren in Freiburg 30 000 Menschen auf der Straße und demonstrierten für Klimaschutz. Die Schüler von »Fridays for Future« fordern für Freiburg 100 Prozent Erneuerbare Energien, Nullemission bis 2030 und den Ausruf des Klimanotstands. Sie hielten »uns Erwachsenen« vor: »Wir sind hier, wir sind laut, weil ihr uns die Zukunft klaut.« Aber haben »wir Erwachsene« selbst in den 1980er-Jahren im Kampf gegen Wyhl nicht schon dasselbe gefordert und seitdem dafür gekämpft? Einerseits macht »Fridays for Future« da weiter, wo wir angefangen haben – und das macht Mut. Andererseits haben die Schüler recht: Freiburg ist so wenig wie irgendeine andere Stadt in Deutschland, ja auf der Welt schon da, wo wir hinmüssen, zu 100 Prozent Erneuerbaren Energien und Nullemission, denn ja, ob wir ihn nun lokal ausrufen oder nicht, wir befinden uns im Klimanotstand. Und das macht mir große Sorgen. Da wir selbst in einer Lebenszeitspanne das Klimaproblem geschaffen haben, müssen wir auch in der Lage sein, Abhilfe zu schaffen. Die Frage ist jetzt: Wie viel werden wir tun, um die Katastrophe aufzuhalten und vor allen Dingen: Wie schnell – es ist ein Wettlauf mit der Zeit.

»Solares Freiburg«, das hat bereits eine Geschichte von einigen Jahrzehnten, und ich möchte hier an einige Stationen erinnern. Ich bin kein objektiver Chronist der »Green City«. Dazu war und bin ich viel zu sehr persönlich involviert. So möge man mir nachsehen, dass ich hier nur eine persönliche Auswahl und persönliche Einschätzungen geben kann, dass manches Projekt, mancher streitbare Kämpfer unerwähnt bleiben wird. Eigentlich habe ich auch keine große Neigung zur Rückschau, schaue lieber auf die nächsten Schritte, die nächsten Projekte, die wir machen müssen, um voranzukommen. Und zwar schnell, viel schneller und viel mutiger, als wir bisher waren, müssen wir werden. Und sind wir in Freiburg nicht gar langsamer und träger geworden im Ausbau der Erneuerbaren Energien im Vergleich zu den Aufbruchs- und Pionierzeiten, im Vergleich zur Jahrtausendwende nach Einführung des Erneuerbare-Energien-Gesetzes EEG?

Wenn ein Rückblick nicht nur Selbstbespiegelung sein soll, dann muss er sich heute der Kritik der »Fridays for Future« stellen, die selbst für die alten Verfechter der Solarenergie heißt: Ihr wart nicht konsequent genug, seht doch hin! Die Erde erhitzt sich weiter, die Emissionen steigen, Tausende Tier- und Pflanzenarten sind gefährdet, unser Lebensstil ist mörderisch, wir leben auf Kosten der kommenden Generationen und der ärmeren Kontinente. Wir haben die Techniken, die wissenschaftlichen Analysen, aber wir ziehen die Konsequenzen nicht – jedenfalls nicht so, wie wir alle wissen, dass es nötig wäre. Der Rückblick, wenn er denn irgendeinen Sinn haben soll, muss also zugleich wieder energisch nach vorne wenden, was schon einmal als Energie, als Aufbruchsstimmung, als Kreativität da war, damals …

… damals in Wyhl, damit muss ein Rückblick auf das »solare Freiburg« beginnen. Es war das erste Kernkraftwerk, das durch Bürgerproteste in den Jahren 1973 bis 1977 verhindert wurde. Ein Schlüsselerlebnis. Eine Allianz zwischen Jung und Alt, Bürgern, Studenten, Winzern. Aus der Bauplatzbesetzung, aus dem Zusammenhalt über viele Jahre entstanden viele Initiativen, wissenschaftliche Institute, politische Agenturen, Unternehmen der nachhaltigen Wirtschaft, der Bio-Landwirtschaft. Im Rückblick ist das Wichtige nicht das berühmte »Nai hämmer gsait!«, sondern die Einsicht von vielen Aktivisten, dass das »Nein« nicht genügt, sondern dass man dann auch sagen muss, was man stattdessen will. Und dass dringender Handlungsbedarf bestand, legten auch einige Ereignisse nahe: Die Ölpreiskrise von 1973, die zu Sonntagsfahrverboten und Geschwindigkeitsbegrenzungen für die Autos führte, demonstrierte zum ersten Mal die Abhängigkeit der Industriestaaten von fossiler Energie. Die zunehmenden Waldschäden ab 1975 im Schwarzwald sorgten trotz großen Widerstandes der Autoindustrie für die Einführung des Katalysators, des bleifreien Benzins und zur Reduzierung des Schwefelgehalts.

Im April 1975 begann die »Volkshochschule Wyhler Wald« auf dem besetzten AKW-Bauplatz in Wyhl mit Umwelt-Diskussionen und -Bildungsarbeit. Daraus entstand das renommierte Öko-Institut. Durch den BUND und die badisch-elsässischen Bürgerinitiativen kam es 1976 zu den weltweit ersten großen Solar- und Umweltmessen, den »Sonnentagen in Sasbach« am Kaiserstuhl. Hieraus entwickelten sich in Freiburg die großen Umweltausstellungen. In der Folge kam die »Messe Intersolar« von Pforzheim nach Freiburg, die hier so erfolgreich war, dass bald das Freiburger Messegelände zu klein wurde und sie nach München umzog (und sich mit Freiburger Beteiligung nach San Francisco, San Diego, Sao Paulo, Mexico City, Dubai und Bangalore erweiterte). 1981 wurde das Fraunhofer Institut für Solare Energiesysteme ISE gegründet mit Prof. Adolf Goetzberger als treibender Kraft. Das Freiburger ISE wurde bald zum größten der fünf Fraunhofer-Institute in Freiburg und zum weltweit zweitgrößten Solar-Forschungsinstitut.

In Vorbereitung auf die Landesgartenschau 1986 in Freiburg schlug ich dem Geschäftsführer und späteren Wirtschaftsförderer der Stadt Freiburg vor, der Solarenergie und alternativen Leichtbau-Fahrzeugen Platz einzuräumen. Den Landesgartenschaubesuchern sollte die Möglichkeit gegeben werden, sich nicht nur über Zukunftstechnologie zu informieren, sondern diese auch auszuprobieren. Die Leitung der Landesgartenschau wollte dieses Thema nicht selbst aufgreifen, bot mir jedoch ein Gelände an, auf dem ich diese Vorschläge selbst umsetzen könne. Nach eintägiger Bedenkzeit nahm ich den Vorschlag an und organisierte mit Sponsoren das »Solar Eck«, mit drei Solarpavillons für Fahrzeugausstellung, Werkstatt und Service-Station sowie einer Teststrecke für die Besucher. Diese konnten nicht nur neuartige Liegeräder und Elektrovehikel ausprobieren, sondern auch im Werkstattpavillon und vorgelagerten Freigelände dem Bau von Solarmobilen zusehen. Im April 1986 eröffnete im Rahmen der Landesgartenschau auch die Ökostation ihre Pforten. Diese macht bis heute für Schüler und Jugendliche, aber auch für Erwachsene ein attraktives Umwelt-Lernprogramm.

1985 gab es das erste Solarmobilrennen »Tour de Sol« vom Bodensee zum Genfer See, an dem ich mit dem selbstentwickelten viersitzigen Solarmobil »Stromer« teilnahm. Mir gelang es dann – im Hinblick auf die Landesgartenschau – den Start der ersten Weltmeisterschaft im Solarmobilfahren, die »2. Tour de Sol«, nach Freiburg zu holen. Am 23. Juni 1986 schwang Oberbürgermeister Rolf Böhme die Startflagge. Aus dem »Disch Design«-Stall waren vier Solarmobile dabei, die alle am Ziel ankamen und sehr gute Plätze belegten. Die Fahrzeuge lösten durchaus gemischte Reaktionen aus: »Der soll bloß uffpasse, dass er unterwegs net fliegt«, grinst ein Zuschauer. So ist das, wenn man Neues beginnt. Anfangs wird man belächelt, später, wenn ein wenig Erfolg eintritt, bekämpft, und wenn es ein gutes Ende nimmt, wird man kopiert und alle wollen es schon immer gewusst haben. Das gilt auch für viele der »solaren Anfänge« Freiburgs. Die »Tour de Sol«, das war solch ein Anfang. War es auf längere Sicht auch ein Erfolg? Ich dachte damals, wenn man zeigt, wie ein Fahrzeug sich durch die Kraft der Sonne bewegt, dann wird es die Menschen faszinieren und die Entwicklung wird schnell gehen. Führen Wege von den damaligen Solar-Vehikeln zur Elektromobilität von heute? Sicherlich gaben sie einen Anstoß. Aber schnell ging es nicht, und geht es immer noch nicht. Bei der Verkehrswende wurde längst nicht das erreicht, was wir beim Strommix und bei energieeffizienteren Neubauten geschafft haben. Ich sehe in Freiburg jedenfalls mehr tonnenschwere SUVs als Elektro- oder gar Solarmobile. Aber es gibt auch Fortschritte, wenn man die vielen Fahrräder und inzwischen auch die vielen Pedelecs und Cargo-Pedelecs auf den Straßen sieht. In diesem Leichtfahrzeug-Bereich ist die Elektromobilität heute schon sehr erfolgreich.

1986 gab es aber auch zwei schlimme Unfälle, die viele Menschen betroffen und nachdenklich machten und zum Handeln zwangen: Der Brand bei Sandoz (Basel / Schweizerhalle) löste eine Umweltkatastrophe aus mit der massiven Rheinvergiftung und großem Sterben fast aller Wasserlebewesen durch auslaufende Pestizide. Und am 26. April 1986 der GAU in der Sowjetunion, der Reaktorunfall in Tschernobyl. Die radioaktive Wolke von

Abb. 1   Solar World Challenge Australien

Tschernobyl erreichte kurz danach auch Deutschland und sorgte für große Angst und Verunsicherung in der Bevölkerung. Die Suche nach Alternativ-Energien beschleunigte sich, und es gab viele Veranstaltungen, Forschungs-, Bildungs- und Pilotprojekte der Universität und Hochschulen, der Institute und vieler Privatinitiativen. So gibt es beispielsweise bis heute das Samstags-Forum von Georg Löser mit wöchentlichen Vorträgen zur Energiewende und zum Klimaschutz.

Eine große Herausforderung war die Teilnahme an der Solar Challenge Australia 1987, der ersten Durchquerung Australiens ausschließlich mit Sonnenenergie (Abb. 1). Es galt, Solarfahrzeuge zu entwickeln und zu konstruieren, die in möglichst kurzer Zeit die 3200 Kilometer von Darwin nach Adelaide nur mit Hilfe der Sonne bewältigen sollten. Ich wurde überredet, an diesem Solarmobilrennen mitzumachen, Sponsoren würden mich unterstützen. In Tag- und Nachtarbeit entstand innerhalb eines dreiviertel Jahres das Fahrzeug »Lichtblick 2« in einem von mir angemieteten ehemaligen Supermarkt im Stühlinger – unter ständiger Beobachtung interessierter Nachbarn. Eine kurze Arbeitsunterbrechung war nötig, um an der sechstägigen Weltmeisterschaft, der »3. Tour de Sol 87« in der Schweiz teilzunehmen. Hier gelang es mir mit »Lichtblick 1« den 1. Platz zu belegen vor dem Schweizer Formel-1-Piloten Marc Surer.

1993 riefen wir den fesa e.V., den *Förderverein Energie- und Solaragentur Regio Freiburg*, ins Leben, der die Energieagentur Regio Freiburg mit heute über 30 Mitarbeiter hervorbrachte. Im Vorstand saß unter anderem. Solarpionier Georg Salvamoser, der drei Jahre später die Freiburger Solar-Fabrik aufbaute, die bis 2015 hier vor Ort Photovoltaik-Module fertigte. Dass Freiburg damals ein »Hotspot« der Entwicklung der Solarenergie war, zeigt auch, dass 1995 die bereits in den 1950er-Jahren gegründete »International Solar Energy Society« ihr Hauptquartier von Australien nach Freiburg verlegte. Im Bereich Wasserkraft und Windenergie machte sich die Ökostromgruppe mit Andreas Markowski verdient, die mit Kapital aus der Bevölkerung viele regenerative Energieanlagen in und um Freiburg errichtete. Immer wieder ging denn auch der hoch dotierte Deutsche Umweltpreis nach Freiburg und in die Regio, an: Georg Salvamoser, Franz Daschner, Ernst Ulrich von Weizsäcker, Ursula Sladek und Rainer Grießhammer sowie an drei Preisträger vom Fraunhofer-Institut für Solare Energie Systeme: Joachim Luther, Andreas Bett und Hansjörg Lerchenmüller.

Photovoltaik ist sichtbar in Freiburg. Gleich wenn man ankommt an der Bahnhofsfassade oder an der Richard-Fehrenbach-Gewerbeschule, beim Plusenergie-Rathaus im Stühlinger. Auf vielen, wenn auch sicher nicht auf genügend Hausdächern, nicht nur in den Stadtteilen Vauban und Rieselfeld. Den Anfang machten die Bürgersolaranlagen, von denen die erste auf dem Verlagshaus Rombach montiert werden konnte, die ins Guinnessbuch der Rekorde aufgenommen wurde. Ein Coup war danach die solare Ausstattung des Fußballstadions des Freiburger Sportclubs. Ich erinnere mich, wie Georg Salvamoser und ich dieses Ansinnen den SC- und Stadtgremien vorstellten und deutlich machten, dass die Finanzierung über Anteile aus der Bevölkerung und Fußballfans gesichert sei. Man hörte sich das an, war aber zögerlich. Bis jemand den Trainer Volker Finke fragte, der bis dahin ruhig im Hintergrund geblieben war, was er denn davon halte. Er sagte einfach: »Ich finde das gut, ich mache da mit.« Das war der Durchbruch. So bekam Freiburg das erste Bundesligastadion mit einem Solarkraftwerk. Wichtig waren auch Forschungsprojekte des Fraunhofer ISE, von der Gebäudesanierung »Sonnenäckerweg« mit transparenter Wärmedämmung (1987) bis zum energieautarken Haus im Christaweg (1992).

Aber wie konnte man von solchen hochsymbolischen Projekten dazu kommen, die Solarenergie in die alltägliche architektonische Planung zu integrieren? Wie kann man dazu kommen, jedes geeignete Dach, jede geeignete Fassade – und damit ja bereits genutzte Flächen – für die Energiewende noch einmal zu nutzen? Zwar gab es bald auf lokaler Ebene die Möglichkeit, den Photovoltaik-Strom ins öffentliche Netz einzuspeisen, aber kostendeckend war die Vergütung zunächst nicht. Es war etwas für Idealisten und

Überzeugungstäter. Ich versuchte es mit »PV als Option«: Bei verschiedenen Wohnungsbau-Projekten in Freiburg wurden die Häuser so gestaltet, dass das Dach für entweder gleich oder aber später zu montierende PV-Anlagen nutzbar würde, je nach Wunsch der Klienten und Hauskäufer. Das funktionierte manchmal, war aber letztlich ein wenig frustrierend. Stand die Siedlung »Am Lindenwäldle« (1985) – mit kostengünstigen Solarhäusern für kinderreiche Familien – noch im Zeichen passiver Solararchitektur, aber auch für aktive Solarsysteme vorgesehen, so waren bei der Wohnanlage »Solargarten« in Munzingen (1990) bereits Solarthermie – mit neuartigen Speicherkollektoren für das warme Brauchwasser – obligatorisch und die Dächer für Photovoltaikanlagen vorgesehen.

Als ich die Chance bekam, bei einem Projekt im Ziegelweg an der Stadtgrenze zu Merzhausen ein Restgrundstück für mein eigenes Haus zu nutzen, war mir klar: Wenn du selbst es nicht machst, wenn du nicht ein Optimum an Energieeffizienz und Nutzung Erneuerbarer Energien realisierst, wie willst du andere überzeugen? Schon lange hatte ich die Idee eines »Baumhauses«, das von einer Säule wie von einem Stamm getragen wird und so nur eine minimale Fläche versiegelt. So entstand 1994 – in kompletter Holzkonstruktion und mit vielen Umweltinnovationen – das »Heliotrop«, das sich mit dem Lauf der Sonne dreht, um im Winter möglichst viel Sonnenwärme ins Haus zu holen und sich im Sommer selbst zu verschatten (Abb. 2). Es wurde das erste Gebäude weltweit, das mit Solarthermie und einer großen, zweiachsig nachgeführten Photovoltaikanlage auf dem Dach mehr Energie erzeugt, als in seinem Inneren verbraucht wird. »Plusenergiehaus« nannten wir das. Heute, 25 Jahre später, hat sich der Begriff durchgesetzt, ja es gibt inzwischen sogar spezielle Fördermittel des Bundes für solche Plusenergiehäuser. Meine Frau, Hanna Lehmann, hat bisher über 17 000 Besucher aus aller Welt durch das Gebäude geführt, und das internationale Interesse an Besichtigungen reißt nicht ab.

Freilich musste das Prinzip Plusenergie übertragen werden auf Haustypen, die weniger experimentell und aufwendig waren. Das war der nächste logische, notwendige Entwicklungsschritt. Das Ergebnis: die Solarsiedlung am Schlierberg mit ihren 59 Plusenergie-Reihen- und Penthäusern sowie dem Gewerbe- und Bürogebäude Sonnenschiff an der Merzhauser Straße (Abb. 3 und 4). Die Solarsiedlung ist Teil des Quartier Vauban. Gemeinderat und Stadtverwaltung hatten auf Drängen des »Forums Vauban« für dieses Konversionsgebiet ambitionierte Vorgaben gemacht, was energetische Mindeststandards der Gebäude, nachhaltigen Verkehr und Bürgerbeteiligung anging. Viele der circa 200 Einzelprojekte gingen freiwillig noch über die hohen Anforderungen hinaus. Und für mich war klar: In der Solarsiedlung wird jedes Haus ein Plusenergiehaus mit dichter und wärmedämmender Gebäu-

Abb. 2   Heliotrop

Abb. 3   Solarsiedlung am Schlierberg

Abb. 4   Sonnenschiff

Abb. 5   Solarsiedlung – Einfamilienhäuser

dehülle und Lüftung mit Wärmerückgewinnung. Auch erhält jedes Dach die größtmögliche Photovoltaik-Anlage, und zwar nicht nur als Option (Abb. 5). Allerdings waren die Vorbehalte groß: »Technisch unmöglich, unbezahlbar, unverkäuflich«. Keine Bank und kein Bauträger wollte das Risiko der Innovation auf sich nehmen. Aus Presse und Politik kam viel Gegenwind. Alfred Ritter und Marli Hoppe-Ritter, die sich finanziell auch bei der Solar-Fabrik engagiert haben, machten die Realisierung dann doch möglich. Und dann hatten wir Glück: Nachdem die ersten fünf Häuser gebaut waren, kam das Erneuerbare Energien Gesetz EEG, sodass endlich eine kostendeckende Einspeisung des PV-Stroms gewährleistet war. Übrigens wurden alle bisherigen Akteure im Nachhinein in die Förderung des EEGs aufgenommen und so für Ihr Engagement doch noch finanziell belohnt.

Zur Wahrheit gehört aber auch, dass eine ganze Reihe von wichtigen Projekten nur teilweise, in »abgespeckter« Form oder gar nicht realisiert wurde. Ich möchte hier nur die Solarseilbahn zum Schauinsland erwähnen, die, wiewohl damals von Bundesumweltminister Jürgen Trittin eingeweiht, immer noch nicht zustande gekommen ist, sowie das »Solarportal«, die solare Überdachung der Stadtbahnbrücke am Hauptbahnhof, die Regenschutz gebracht hätte und möglicherweise die extrem aufwendige Sanierung erspart hätte oder das »goldene« PV-Dach am Theater Freiburg, als Auftakt für eine Freiburger Solarinitiative (Abb. 6). Hoffen wir das Allerbeste für die Reali-

Abb. 6   Sonnenportal am Hauptbahnhof

sierung des Solartowers am Alten Güterbahnhof und den Solar-Tetraeder an der Besançon-Allee.

Die Solarsiedlung und das Sonnenschiff, ebenso die Solarfabrik waren damals Teil des Auftritts der Stadt Freiburg bei der EXPO 2000 in Hannover. Auch das war ein wichtiger Meilenstein für das »Solare Freiburg«, denn Oberbürgermeister Rolf Böhme war klar, dass man solch eine Chance nicht nur in Hannover für das Stadtmarketing nutzen müsse, sondern vor allem in Freiburg selbst, mit solaren und sozialen Leitprojekten vor Ort. War das zehn Jahre später auf der EXPO Shanghai auch noch so? Nutzen wir das anstehende große 900. Stadtjubiläum in ähnlicher Weise, um Aufbruchsstimmung zu erzeugen, um konkrete Projekte und bürgerschaftliches Engagement freizusetzen?

Und was lernen wir aus Projekten wie dem Quartier Vauban mitsamt Solarsiedlung? Und aus anderen, richtungsweisenden Projekten wie dem Solar Info Center, dem emissionsfreien Hotel Victoria und dem »Green City« Hotel, dem IHK-Gebäude mit solarer Kühlung? Immerhin ist ein weiterer Stadtteil, Dietenbach, in Planung. Werden wir über das im Vauban Erreichte hinausgehen? Sind wir so konsequent wie die junge Generation von »Fridays for Future« zurecht einfordern? Konsequent wäre ein Stadtteil mit noch weniger Verkehr und ausschließlich mit Plusenergiehäusern, am besten komplett »ohne Auspuff und Schornstein«. Ein Plusenergie-Stadtteil, der hochwertiges urbanes Wohnen mit Klimaschutz und Klimaanpassung verbindet. Wird das (wichtige!) Thema »bezahlbares Wohnen« am Ende dagegen ausgespielt werden? Oder gelingt es noch einmal, Soziales, Ökonomisches und Ökologisches so zusammenzuspannen, dass etwas Faszinierendes, Neues entsteht?

Täglich machen Pressemeldungen auf den weltweiten Klimanotstand aufmerksam und warnen vor der drohenden Klimakatastrophe. Über 11 000 Wissenschaftler, darunter 900 aus Deutschland, erklären gerade (im November 2019) die bisherigen Anstrengungen zur CO_2-Reduzierung als völlig unzureichend, um die immer schneller werdende Erderhitzung zu bremsen. Ihr Fazit ist ernüchternd: Wenn sich nichts grundlegend ändere, drohe »unsägliches menschliches Leid«.

Während »Fridays for Future« sich auf die Ergebnisse der Klimaforscher beruft, lässt Freiburg die Forderungen von FFF wissenschaftlich auf Machbarkeit überprüfen mit dem Ergebnis: Freiburg könne das aus eigener Kraft nicht schaffen. Zu sehr hänge die Stadt von *externen Faktoren* ab. Dies steht im Widerspruch zu Untersuchungen der Energieagentur Regio Freiburg, die vor Jahren schon aufzeigte, wie Stadt und Region die Energiewende gemeinsam schaffen können. Es sind auch die *internen Faktoren* wie Festhalten an Gewohnheiten und Bequemlichkeiten, mangelnder Mut und zögerliches Handeln, die die Situation verschärfen. Andererseits hat Freiburg ein großes Potential mit seiner Universität, den Fachhochschulen und Instituten sowie vielen Experten in und außerhalb der Behörden. Zusammen mit vielen engagierten Bürgern hat Freiburg die große Chance, wieder die Rolle eines Vorreiters einzunehmen. Wenn Freiburg mutig handelt und wieder eine Vorbildfunktion einnimmt, kann es dazu beitragen, dass unsere Gesellschaft nicht sehenden Auges in den Notstand schlittert, der, je länger man wartet, desto härtere und teurere Maßnahmen erfordert.

Anstatt nostalgisch eine Rückschau auf die »Solarhauptstadt« von damals zu betreiben, sollten wir uns daran erinnern, was das »solare Freiburg« gekonnt hat, um heute das zu tun, und es ganz und gar zu tun, was unabweisbar notwendig ist, zum Vorteil für alle.

Die Institutionalisierung des Umweltschutzes

Freiburg – erste Stadt in Süddeutschland mit eigenem Umweltschutzamt

Dieter Wörner

Umweltschutz gewinnt an Bedeutung

In den 1970er-Jahren nahm in der deutschen Öffentlichkeit das Interesse für Umweltfragen und in der Folge das Umweltbewusstsein deutlich zu. Gründe hierfür waren unter anderem der 1972 vom Club of Rome veröffentlichte Bericht »Grenzen des Wachstums«, das zunehmende Phänomen des Waldsterbens in Deutschland, die Angst vor den Gefahren der Atomenergie und deren ungelöster Entsorgungsprobleme sowie andere Berichte über Belastungen der Umwelt durch Schadstoffe. Politisch signifikant ist die zunächst zivilgesellschaftlich in Bürgerinitiativen organisierte Antiatomkraft- und Umweltbewegung gefolgt von der Gründung der Partei der GRÜNEN, erst im zweiten Schritt erfolgte ein Bewusstseinsprozess in den traditionellen politischen Parteien und in der Exekutive.

Nach dem erfolgreichen Widerstand in Wyhl und in der ganzen Region gegen den Bau eines von der Landesregierung geplanten Atomkraftwerkes am Rhein in den 1970er-Jahren gewann die beschriebene bundesdeutsche Entwicklung eines *wachsenden Umweltbewusstseins gerade in der Region Freiburg* eine besonders klare und breit verankerte Basis (Abb. 1). Zwei Merkmale unterschieden diese regionale und lokale Umweltorientierung von der bundesdeutschen Entwicklung: Deutlicher stand hier die Suche nach realistischen Alternativen zu den kritisierten Gefahren der Atomkraft und anderer Technologien im Vordergrund und die Unterstützung in der Bevölkerung beruhte auf einer breiten Basis. So wurden in der Region schon früh Initiativen für die Solarenergie ergriffen und die Ablehnung der Atomkraft fand Unterstützung in allen Alters- und Berufsgruppen und Anhängern aller Parteien.

Auch in der Stadt Freiburg wurden seit den frühen 1980er-Jahren durch den Gemeinderat und die Verwaltung Initiativen zum Schutz der Umwelt ergriffen. Ein umweltschonendes Verkehrskonzept, das neben dem Individualverkehr auch dem ÖPNV und dem Fahrrad größere Anteile am Verkehrsaufkommen sichert, eine 1984 nach dem Basler Vorbild als sogenannte

Abb. 1   Protestplakat gegen Atomkraftwerk Wyhl (ca. 1975)

Umweltkarte eingeführte preisgünstige Monatskarte für den Nahverkehr, die stadtweite Einführung einer grünen Tonne für gemischte Wertstoffe in den Haushalten, ein erster Umweltbericht der bisherigen Koordinationsstelle Umweltschutz im Baudezernat und ein gemeinderätlicher Umweltausschuss sind Beispiele.

Der Weg zur Neuorganisation des kommunalen Umweltschutzes

Die Partei der GRÜNEN ergriff im Kommunalwahlkampf 1984 die Initiative zur *Gründung eines städtischen Umweltschutzamtes*. Der Gemeinderat der Stadt Freiburg beschloss 1985 mit einer knappen Mehrheit der Stimmen der SPD, der GRÜNEN und der FDP diese Organisationsänderung zur Stärkung des kommunalen Umweltschutzes. Während bislang die Wahrnehmung der Umweltbelange jeweils bei den Trägern der städtischen Planungs- und Betriebsaufgaben beziehungsweise bei den allgemeinen und besonderen Polizeibehörden (staatliche untere Verwaltungsbehörden in der Stadtverwaltung) lagen, war der Leitgedanke dieses Beschlusses, den kommunalen Umweltschutz gleichberechtigt mit den klassischen Verwaltungsbereichen des Bau-, Finanz-, Sozial- und Kulturwesens zu organisieren.

Demnach sollte beispielsweise Planen und Bauen (Stadtplanung, Tiefbau, Hochbau) getrennt von den dabei zu beachtenden Aspekten des Naturschutzes, Biotopschutzes, Gewässerschutzes oder der Energieversorgung organisiert werden. Ergänzend sollten eigenständige fachliche Planungsaufgaben wie ein stadtweites Energieversorgungskonzept oder eine Stadtbiotop-Entwicklung im Sinne einer Umweltplanung durch die neue Organisationseinheit wahrgenommen werden. Schnell war klar geworden, dass es sich dabei nicht wie gegebenenfalls bei kleineren Kommunen um eine Stabsstelle (Umweltbeauftragter), sondern um ein eigenständiges Amt handeln musste.

Diskutiert wurde im Gemeinderat zusätzlich die Frage, ob das neue Amt ohne (kleine Lösung) oder mit den staatlichen Aufgaben der unteren Umweltordnungbehörden (Naturschutz-, Wasserrechts-, Abfallrechts-, später auch Immissionsschutzbehörde als große Lösung) ausgestattet werden sollte. Eine Mehrheit im Gemeinderat setzte 1985 die sogenannte große Lösung durch und stattete das neue Umweltschutzamt mit 16 ½ Planstellen aus. Davon wurden die meisten Stellen von anderen Ämtern ins neue Amt übertragen (alle damaligen unteren Umweltverwaltungsbehörden sowie eine Fachstelle für das lokale Energieversorgungskonzept); fünf Stellen wurden zusätzlich geschaffen (Amts- und Verwaltungsleitung, Umweltplanung).

In einigen nordrhein-westfälischen Städten mit großen Umweltproblemen (Luftverschmutzung, Altlasten et cetera) waren aufgrund des Problemdruckes schon früh Umweltschutzämter gegründet worden, Freiburg war in Süddeutschland aber die erste (Groß-) Stadt, die wegen der zunehmenden Bedeutung des Umweltschutzes und aus Vorsorgegründen eine selbstständige Organisationseinheit mit dem Ziel der Stärkung einer unabhängigen Wahrnehmung der Umweltaufgaben schaffte. Bemerkenswert ist auch, dass die fachlichen Anforderungen der neu zu besetzenden und auszuschreibenden Stellen das klassische Profil von kommunalen Stellen sprengte; so wurden unter anderem Qualifikationen der Energietechnik beziehungsweise Physik, der Biologie, der Umwelttechnik und weiteres zugrundegelegt.

Die neue Amtsleitungsstelle wurde nach landesweiter Ausschreibung im Frühjahr 1986 durch den Gemeinderat besetzt. Mit dem neuen Stelleninhaber nahm das Umweltschutzamt am 1.6.1986 seine Arbeit auf.

Meine neue Leitungsaufgabe – Weg und Motive

Im Jahre 1986 war ich seit sieben Jahren im Umweltministerium Baden-Württemberg (damals noch Umweltabteilung im Landwirtschaftsministerium) als Referent für technischen Umweltschutz (Strahlenschutz, Sicherheit in der Kerntechnik, Immissionsschutz et cetera) tätig. An der ausgeschriebenen Stelle war für mich besonders reizvoll, dass es sich um eine *innovative ökologische Gestaltungsaufgabe* handelte, die mehr Zukunftsgestaltung der Umweltqualität als die eher auf Gefahrenabwehr bezogenen Ministeriumsaufgaben versprach. Dabei waren ein breites fachliches Aufgabenspektrum aus allen naturwissenschaftlichen Fachgebieten, aber auch Kommunikationsfähigkeit in die Öffentlichkeit und die Kommunalpolitik gefragt.

Zusätzlich waren die Rahmenbedingungen und die Unterstützung für diese Aufgaben in der (damals sogenannten) heimlichen Umwelthauptstadt Deutschlands vielversprechend für eine solche Pionieraufgabe. Durch mein Ingenieurstudium der Energietechnik, Promotion zu einem physikalischen Thema, Erfahrung in Forschung und in der Landesverwaltung konnte ich fachliche Anforderungen der ausgeschriebenen Stelle einbringen.

Erstes Konzept für das neue Umweltschutzamt

Die Entwicklung der strategischen Ausrichtung des neuen Amtes musste sowohl vorhandene aktuelle Umweltprobleme in Freiburg als auch Chancen für eine längerfristige Orientierung der Stadtentwicklung an ökologischen Erfordernissen berücksichtigen. Hinzu kam ein großes öffentliches Interesse an Information und Beratung von Bürgerinnen und Bürgern.

In Bezug auf die Integration des jungen Amtes in die Stadtverwaltung gab es eine öffentliche Erwartungshaltung, dass das Umweltschutzamt Anwalt der Umwelt und von engagierten Bürgern beziehungsweise von Umweltverbänden und Bürgerinitiativen gegenüber anderen Ämtern sein solle.

An akuten Umweltproblemen im Jahre 1986 in Freiburg muss genannt werden: die neu entdeckte großflächige Schwermetallaltast aus dem Bergbau in Kappel und Kommunikationsprobleme bei der Vermittlung gegenüber der Öffentlichkeit (fachlich kompetente Ansprechpartner in der Stadtverwaltung), ungelöstes Problem der Nitratbelastung in Wasserschutzgebieten der Freiburger Trinkwassererfassung oder periodisch auftretende (Winter-)Smogsituationen im Stadtgebiet.

Neben Lösungen für vorhandene Umweltbelastungen war auch die bessere Durchsetzung des *Vorsorgeprinzipes* bei der Stadtentwicklung und Stadtplanung eine wichtige Aufgabe. Dazu zählte die frühzeitige Untersuchung von zu überplanenden Bereichen (zum Beispiel für neue Wohngebiete) nach ökologischen Kriterien (Biotope, Altlasten et cetera, gegebenenfalls in einer Umweltverträglichkeitsprüfung) und eigene ökologische Fachplanungen. Zu Letzterem zählte insbesondere das schon vorher in der Bauverwaltung begonnene lokale Energieversorgungskonzept mit dem Ziel der kommunalen Energiewende (Ausstieg aus fossilen Energieträgern und aus der Abhängigkeit von der Atomenergie), eine Luftreinhalteplanung, ein Biotop-Entwicklungskonzept und später auch ein ökologisch orientiertes Abfallwirtschaftskonzept. Diese eigenständigen (großteils neuen) Aufgaben der *Umweltplanung* wurden im neuen Umweltschutzamt ein tragender Pfeiler.

Neben der Gefahrenabwehr (Umweltordnungsrecht) und der Umweltplanung wurde die Öffentlichkeitsarbeit mit Beratungs- und Informationsinstrumenten zur dritten Säule des Umweltschutzamtes (Abb. 2).

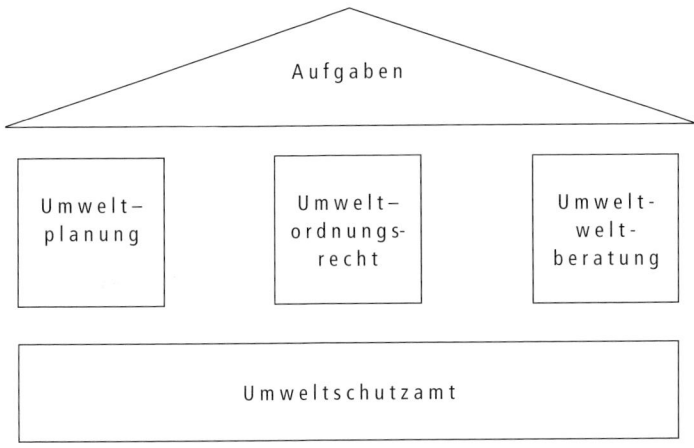

Abb. 2   Die Aufgabenbereiche des Umweltschutzamtes

Schnell zeigte sich, dass es sich beim Aufbau und einer ersten konzeptionellen Profilierung des neuen Amtes um eine Pionieraufgabe handelte, zu der es neben großen Erwartungen auch breite Unterstützung in und außerhalb der Verwaltung gab.

Tschernobyl bestimmt den Start

Der Aufbau des jungen Amtes wurde jedoch in den ersten Monaten wider Erwarten fremdbestimmt. Das am 26. April 1986 außer Kontrolle geratene Atomkraftwerk von Tschernobyl in der Ukraine emittierte bis Mitteleuropa große Mengen an stark radioaktiven Spaltprodukten aus dem Reaktorkern, die ab Anfang Mai auch in Freiburg und ganz Süddeutschland vor allem durch Regenauswaschung Böden, Nahrungsmittel, Wild, Spielplätze et cetera stark kontaminierte. Behörden, Fachleute, Politik und Medien waren praktisch unvorbereitet und hilflos. Die Öffentlichkeit war durch drängende Fragen, Angst, teilweise auch Wut geprägt und adressierte all dies auch an die örtlichen Bürgermeisterämter.

Dem konnte sich auch in seiner Aufbauphase das Umweltschutzamt nicht entziehen. Erforderlich waren Informationen und soweit möglich Beratung gegenüber Hunderten von Anrufern, die in der Stadtverwaltung Auskunft und Hilfestellung erwarteten. Aber auch fachliche Beratung und Koordination in der Stadtverwaltung war gefragt, denn bislang hatte nur ein Teil der Feuerwehr Fachkenntnisse im Strahlenschutz. So bauten wir nach Arbeitsbeginn am 1.6.1986 innerhalb von Stunden ein fast durchgängig besetztes Auskunftstelefon und ein Kommunikationssystem (unter anderem mittels eines der ersten Telefaxgeräte in der Stadtverwaltung) mit staatlichen Behörden und städtischen Ämtern auf.

Der *Reaktorunfall von Tschernobyl*, so dramatisch seine Auswirkungen waren, war die erste – aber nicht einzige - Gelegenheit für das neue Umweltschutzamt Kompetenz unter Beweis zu stellen und damit auch gegenüber vorher teilweise skeptischen »gewachsenen« Strukturen und Ämtern als Gesprächspartner und als Teil der Verwaltung akzeptiert zu werden.

Unter dem Eindruck des Reaktorunfalles fasste noch im Mai 1986 der Gemeinderat der Stadt Freiburg einstimmig einen Beschluss zum Ausstieg aus der Kernenergie und zur Umsetzung eines lokalen Energieversorgungskonzeptes (siehe unten).

Aufbau und Integration des Umweltschutzamtes

Auf der Grundlage der genannten drei Säulen Umweltplanung, Umweltordnungsrecht und öffentliche Kommunikation wurde in den ersten Jahren eine Struktur für das neue Amt aufgebaut, die wichtige Umweltthemen aktueller und konzeptioneller Art aufgriff und gleichzeitig eine Integration in die gewachsene Stadtverwaltung und städtische Gesellschaften anstrebte.

Für das Gelingen des Letzteren können folgende Erfahrungen benannt werden: Mit der Zeit wurde das Umweltschutzamt wichtiger Partner der Stadtplanung durch Arbeitsteilung bei ökologisch wichtigen Fragestellungen in der Bauleitplanung und der Einführung von jeweils durch das Stadtplanungsamt und Umweltschutzamt gemeinsam durchgeführten freiwilligen Umweltverträglichkeitsprüfungen. Parallel wurde die Energiefachstelle im Umweltschutzamt wichtiger Gesprächspartner der bisher für Energiefragen praktisch allein verantwortlichen Freiburger Energie- und Wasserversorgung (FEW) und konnte den Oberbürgermeister bei der strategischen Neuausrichtung der FEW mit dem Ziel einer Rekommunalisierung der Energiepolitik (ökologische Energiedienstleistungen anstelle von Handel mit Energie) unterstützen. Die aufgebaute ökologische Fachkompetenz im neuen Amt bei vielen naturschutz- und technikbezogenen Fragestellungen unterstützte diesen Integrationsprozess.

Inhaltlich konnten viele Projekte, Konzepte und Einzelmaßnahmen mit Pioniercharakter angegangen werden. Bis in die erste Hälfte der 90er-Jahre des letzten Jahrhunderts wurden vom neuen Amt Initiativen im kommunalen Umweltschutz angestoßen, die Freiburg auch bundesweit als Vorreiter in

Erscheinung treten ließen: Erstes Smog-Frühwarnsystem, bundesweit erster Ozonalarm, kommunales Pestizid-Anwendungsverbot, Mehrweggebot bei öffentlichen Veranstaltungen und die verpflichtende Niedrigenergiehausbauweise, später Passivhausbauweise gehören dazu. Vieles wurde später auf Landes- oder Bundesebene gesetzlicher Standard.

Dass dies auch im politischen Raum der Öffentlichkeit, der Medien und des Gemeinderates auf Anerkennung stieß, lässt sich mit der Tatsache belegen, dass bis in die 1990er-Jahre hinein alle Abstimmungen im Umweltausschuss oder Gemeinderat zu (teilweise sehr innovativen und früher eher umstrittenen) Umweltthemen einstimmig beschlossen wurden. Dies setzte sich auch danach durch eine breite öffentliche und gemeinderätliche Unterstützung des Nachhaltigkeitskurses dieser Planungen in Freiburg fort.

Das lokale Energieversorgungskonzept und das Klimaschutzkonzept der Stadt Freiburg

Neben vielen anderen ökologischen Fachkonzepten zur Biodiversität, zum flächendeckenden Altlastenkataster, zum Gewässerschutz oder zur Luftreinhaltung nahm das lokale Energieversorgungskonzept (EVK), dessen Grundlagen schon vor der Gründung des neuen Amtes im Stadtplanungsamt erarbeitet worden waren, für das ökologische Profil der Stadt Freiburg auf viele Jahre hinaus den entscheidenden Platz ein.

Das energiepolitisch im Gemeinderat einstimmig formulierte Ziel des Ausstiegs aus der Atomenergie und dem Überwinden der Abhängigkeit von den fossilen Brennstoffen (Entkarbonisierung) jeweils bezogen auf Strom und Wärme (Heizenergie) wurde in ein Fachkonzept mit den drei Säulen Energiesparen, Erneuerbare Energien und neue Technologien (insbesondere Kraft-Wärme-Kopplung) überführt und in den Jahren nach 1986 in Hunderten von Maßnahmen umgesetzt (Abb. 3).

Mitte der 1990er-Jahre entwickelte das Umweltschutzamt aus diesem Energieversorgungskonzept heraus ein *Freiburger Klimaschutzkonzept*, das aufbauend aus den energiepolitischen Zielen sowie dem Verkehrskonzept ein weiteres aktuelles Ziel, nämlich die drastische Reduktion der Treibhausgase in Freiburg formulierte. Dieses Konzept mit einem breiten Umsetzungspaket wurde 1996 vom Gemeinderat als einer der ersten Städte in Deutschland beschlossen.

Schon früh zeigten sich in der Umsetzung des EVK und Klimaschutzkonzeptes in Freiburg Erfolge
– Initiativen zur Solarenergie führten zu einem Spitzenplatz in der sogenannten Solaren Bundesliga unter deutschen Großstädten aufgrund eines Vergleiches der realisierten Photovoltaik- und Kollektoranlagen.

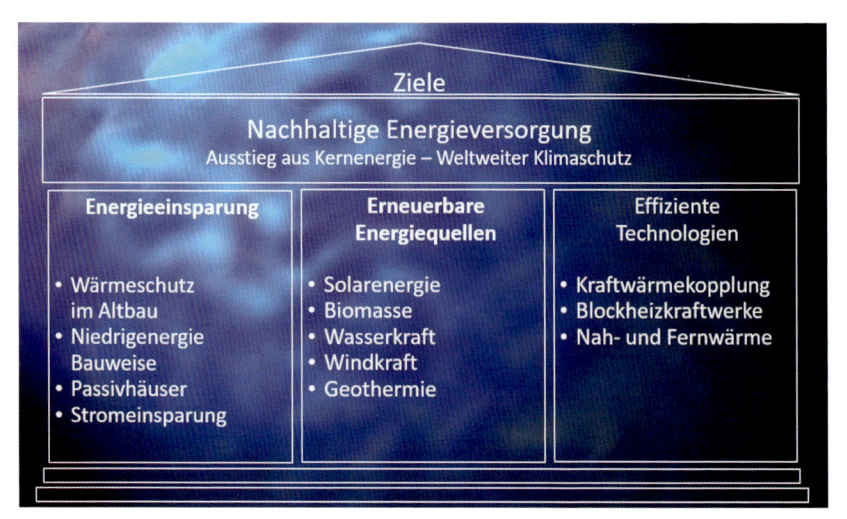

```
┌─────────────────────────────────────────────────────────┐
│                         Ziele                           │
│              Nachhaltige Energieversorgung              │
│       Ausstieg aus Kernenergie – Weltweiter Klimaschutz │
├───────────────────┬───────────────────┬─────────────────┤
│  Energieeinsparung│    Erneuerbare    │    Effiziente   │
│                   │    Energiequellen │    Technologien │
│                   │                   │                 │
│ • Wärmeschutz     │ • Solarenergie    │ • Kraftwärmekopp│
│   im Altbau       │ • Biomasse        │   lung          │
│ • Niedrigenergie  │ • Wasserkraft     │ • Blockheizkraft│
│   Bauweise        │ • Windkraft       │   werke         │
│ • Passivhäuser    │ • Geothermie      │ • Nah- und Fern-│
│ • Stromeinsparung │                   │   wärme         │
└───────────────────┴───────────────────┴─────────────────┘
```

Abb. 3 Freiburger Energieversorgungskonzept

– Die schon 1992 eingeführte bei Neubauten grundsätzlich verbindliche Niedrigenergiebauweise in Freiburg sicherte einen langfristig niedrigen Heizenergieverbrauch und gleichzeitig einen überregionalen Vorsprung im technisch-ökonomischen Know-how in einem innovativen Neubaustandard.
– Die in Neubau- oder Konversionsgebieten verpflichtende Prüfung von neuen Technologien insbesondere der Blockheizkraftwerkstechnik (BHKW) zur Wärmeversorgung führte schnell zur Inbetriebnahme von Dutzenden neuer wirtschaftlich und effizient arbeitender BHKWs (heute weit über 200). Zusammen mit größeren Heizkraftwerken konnte die frühere Abhängigkeit von Atomstrom durch kommunale Eigenstromerzeugung fast vollständig überwunden werden.
– Die Ausrichtung der früheren FEW zu einem regionalen ökologisch orientierten Energiedienstleistungsunternehmen leistete große Beiträge zu den energie- und klimapolitischen Zielen der Stadt Freiburg.

Bis zur ersten Dekade des neuen Jahrtausends war das auch unter dem Aspekt der Nachhaltigkeit in der Lebensweise (»Nachhaltigkeit als Lebensstil« mit Anregungen für eine Neuausrichtung von Ernährung, Konsum, Freizeit et cetera) fortgeschriebene Klimaschutzkonzept im bundesweiten Vergleich sehr erfolgreich. So konnten die pro Kopf emittierten CO_2-Emissionen in Freiburg gegenüber dem Vergleichsjahr um 37,2 Prozent gesenkt werden (bezogen auf die Bereiche Strom, Wärme, Mobilität, Gewerbe und Industrie; Stand 2016). Die Stadt hatte sich schon 2014 das politische Ziel gesetzt, bis 2050 klimaneutral zu werden.

Wirkung der neuen Organisationsstruktur auf Planungsprozesse der Stadt Freiburg

Bis zur Gründung des Umweltschutzamtes waren die Planungsgrundlagen für Bebauungspläne, insbesondere auch ökologische Fachgrundlagen innerhalb des dafür zuständigen Planungsamtes erarbeitet und abgewogen worden.

Die neue Organisationsstruktur mit einem für solche Fragen zentral und unabhängig zuständigen Umweltschutzamt (organisatorisch dem Oberbürgermeister beziehungsweise später einem Umweltdezernat zugeordnet) zusammen mit dem neuen Instrument der Umweltverträglichkeitsprüfung stellte sicher, dass diese Fachgrundlagen durch das neue Fachamt (beziehungsweise beauftragte Büros) unabhängig erarbeitet, bewertet und in den jeweiligen Gemeinderatsdrucksachen transparent aufgearbeitet und dokumentiert wurden. Das Abwägungsergebnis wurde jeweils durch das Umweltschutzamt zusammen mit dem Planungsamt (gegebenenfalls auch kontrovers) dokumentiert und dem Gemeinderat in der Drucksache zum Beschluss vorgeschlagen.

Diese *neue, öffentliche Abwägungskultur* führte auch bei konfliktbeladenen Flächen zu einem nachvollziehbaren Entscheidungsprozeß im Gemeinderat und gegenüber der Öffentlichkeit einschließlich der Umweltverbände, die regelmäßig im Planungsprozeß einbezogen worden waren. Dadurch, aber auch durch eine frühzeitige stadtweite Kartierung von problematischen Planungskriterien (Biotope, Altlasten, Überschwemmungsflächen et cetera) konnten Planungsprozesse auf der Ebene der Bebauungspläne und des Flächennutzungsplanes mit mehr Planungssicherheit durchgeführt und Zielkonflikte mit größerer Transparenz entschieden werden.

Gerade die *politischen Ziele* der Energiewende und des Klimaschutzes der Stadt Freiburg konnten mit einer zügig aufgebauten Energiefachstelle und Klimaleitstelle (als Fachabteilung) im Rahmen der *neuen Organisation* des Umweltschutzamtes wirksam angegangen werden.

Was ist gelungen – was konnte nicht umgesetzt werden ?

Aufgrund der schnellen Entwicklung der lokalen und globalen Umweltprobleme (insbesondere des fortschreitenden Klimawandels und der Gefährdung der biologischen Vielfalt) nahmen Erwartungshaltung an das und konkrete Aufgaben des neuen Umweltschutzamt stetig zu. Dies zeigte sich auch am wachsenden Aufgabenbereich mit circa 60 Planstellen (Stand 2014) sowie der finanziellen Ausstattung.

Nach dem Motto des Umweltschutzamtes »Global denken, lokal handeln« wurden zu vielen dieser Themen langfristige Handlungskonzepte entwickelt und in die Stadtentwicklung und -planung eingebracht. Dabei wurden auch an Schnittstellen zu den Bereichen *Ökonomie* (Ökologie als Innovationstreiber für die Solar- und Umweltwirtschaft), *Soziales* (Zielgruppenarbeit) und *Kultur* (Diskussion von Werten und Verhalten, Nachhaltigkeit als Lebenskunst) *Synergieeffekte* generiert.

Die Organisationsstruktur mit einem eigenständigen Fachamt außerhalb der traditionellen Geschäftsbereiche hat es gerade beim drängenden Thema des Klimaschutzes in Freiburg (wie auch in vielen deutschen Städten) leicht gemacht, eine *unabhängige Klimaschutzkompetenz* zu schaffen.

Letztlich ebneten darüber hinaus viele ökologische Konzepte des Umweltschutzamtes den Weg zu einer *Strategie der Nachhaltigkeit* der Stadt Freiburg, das über die Ökologie hinaus auch Wert auf zukunftsfähige Lösungen für Wirtschaft, Finanzen, Soziales und Kultur legt. *»Green City« wurde zum Label Freiburgs* aber auch zum Beleg, dass Nachhaltigkeitspolitik auf kommunaler Ebene großen Gestaltungsspielraum findet.

Es gab aber auch ökologische Problembereiche in Freiburg, die nicht gelöst oder nachhaltig angegangen werden konnten: Die Altlast Stolberger Zink konnte nicht saniert werden, die energetische Renovierungsrate im Altbaubereich war nicht ausreichend hoch, die Windkraft konnte nicht weiter ausgebaut werden, die Reduktion der Klimagase in Freiburg ist zwar beeindruckend, aber angesichts der Schnelligkeit des weltweiten Klimawandels noch zu gering und der Siedlungsflächenverbrauch konnte zwar zeitweilig reduziert werden, ist aber aufgrund des Einwohnerwachstums zu hoch. Letztlich ist eine kommunale Abkopplung von nationalen und internationalen Entwicklungen nicht möglich.

Internationales Umweltprofil der Stadt Freiburg

Freiburg erhielt seit 1992 viele *Preise aufgrund seiner* ambitionierten, in vielen Bereichen *innovativen Projekte und Konzepte* zum kommunalen Umweltschutz. Hierzu zählen »Deutsche Umwelthauptstadt« (1. Platz 1992), »Bundeshauptstadt für Naturschutz« (3. Platz 2007), Solarbundesliga (1. Platz und weitere vordere Plätze), »Climate Star für Freiburger Gebäudestandards« (2009), »Bundeshauptstadt im Klimaschutz« (2010) und »Nachhaltigste Großstadt Deutschlands« (2012).

Erfolg hat bekanntlich viele Väter und diese Anerkennungen gehen auf eine Gesamtleistung der engagierten Bürgerschaft, von Verbänden, der Parteien und Gemeinderatsgruppierungen, von Oberbürgermeister, Dezernenten und Fachämtern und städtischen Gesellschaften zurück. In den genannten

Bereichen hatte das Umweltschutzamt jeweils die fachlichen Grundlagen und Konzepte erarbeitet und häufig die Initiativen entwickelt.

Das Profil der Stadt Freiburg als ökologisch ambitionierte »*Green City*« wurde international bekannt und führte zu vielen Nachfragen ausländischer Fachleute, die bei Besichtigungen und Vorträgen in Freiburg Beispiele nachhaltiger Stadtentwicklung kennenlernen wollen. Es wurden bis zu 25 000 FachbesucherInnen pro Jahr in Freiburg gezählt, aber auch viele Einladungen zu Kongressen, Tagungen und anderen Veranstaltungen im Ausland zeigten das Interesse an Freiburger Konzepten. So war ich in circa 20 Jahren zu Dutzenden von Vorträgen zur Umweltpolitik der Stadt Freiburg und zum Profil der »Green City« in Japan, USA, Korea, China, Iran, Ukraine, Schweden, Estland, Irland, Kroatien, Spanien, Italien, Frankreich, Schweiz, Österreich und Deutschland eingeladen.

Die Reform der Organisation kommunaler Aufgaben mit Umweltbezug in deutschen Städten

Viele bundesdeutsche Städte im Deutschen Städtetag befaßten sich seit Mitte der 80er-Jahre des letzten Jahrhunderts ähnlich wie Freiburg mit der Frage, die Vielzahl an kommunalen Aufgaben mit Umweltbezug entsprechend ihrer zunehmenden umweltpolitischen Bedeutung neu zu organisieren.

In einem Gutachten der KGSt von 1992 konnte Freiburg seine positiven Erfahrungen für eine an der Nachhaltigkeit organisierte Struktur einbringen. Das Gutachten (KGSt-Bericht Nr. 18/1992) empfiehlt den Mitgliedsstädten letztlich eine Organisationsstruktur, die analog zur frühzeitigen Neuorganisation in Freiburg Aufgaben des ordnungsrechtlichen Umweltschutzes, der Umweltvorsorge (hier Umweltplanung) sowie der Umweltberatung in einem zentralen Amt zusammenzufassen. So haben bis heute eine Vielzahl von zumindest größeren Städten in Deutschland eigenständige Umweltschutzämter gegründet, die inzwischen *anerkannte Träger von eigenständigen Umweltaufgaben und gleichberechtigte Partner von gesamtstädtischen Planungsprozessen* insbesondere der Stadtentwicklung und Stadtplanung geworden sind.

Dies gilt unabhängig von der Frage der Gründung von Umweltdezernaten mit einem politisch verantwortlichen Umweltbürgermeister/Umweltbürgermeisterin, was nicht Gegenstand dieses Berichtes ist.

900 Jahre Freiburg – 30 Jahre Umweltdezernat

INTERVIEW MIT
FRAU BÜRGERMEISTERIN GERDA STUCHLIK

FRAGE: *»Green City«, ein schillernder Begriff. Nicht jeder weiß, was damit gemeint ist. Was genau macht die »Green City« Freiburg aus?*

GERDA STUCHLIK: Das Label »Green City« geht zurück auf eine Idee des früheren Wirtschafts- und Tourismusförderers der FWTM, Bernd Dallmann. Eines Tages kam er in eine Sitzung und meinte: Wir müssen das, was wir hier in Freiburg so gut machen, besser kommunizieren. Wir brauchen ein Label. Und schon war die Marke »Green City« geboren.

Also eine Marketingaktion?

Nein, das Label ist und war stets substanziell mit Inhalten gefüllt. »Green City« steht für eine Stadt, in der früher als in anderen Kommunen ökologische Innovationen ihren festen Platz hatten und haben. Ich will gerne zwei konkrete Beispiele nennen. Zum einen war »Green City« die Bezeichnung für ein Cluster, in dem sich die damalige Solarwirtschaft, die Forschung und das Handwerk zusammengefunden haben. Mit der klaren Vereinbarung: Wir wollen im Bereich des Ausbaus der erneuerbaren Energien und der Energieeffizienz in Freiburg bundesweit Impulse setzen.

Und zweitens?

Wir haben damals unter der Marke »Green City« unmittelbar ein neues Projekt gestartet, den Green Industry Park. Die Idee war, das älteste Industriegebiet in Freiburg klimagerecht zu machen. Was haben wir getan? Wir haben mit den Akteuren vor Ort das Gespräch gesucht. Wir haben gefragt, welche Beiträge für Klimaschutzmaßnahmen wären Sie bereit zu leisten? So haben wir ein Netzwerk aus Betrieben unterschiedlicher Branchen aufgebaut, welches klimarelevante Projekte realisiert.

Abb. 1   Windräder am Schwarzwaldrand in Freiburg

Wie sind Sie vorgegangen?

Mir war es von Anfang an wichtig, strukturiert vorzugehen. Wir haben Daten erhoben und festgestellt, dass zehn Prozent des CO_2-Ausstoßes in Freiburg alleine im Industriegebiet Nord entstehen. Für unser Klimaschutzkonzept haben wir in vielen kleinen Arbeitsschritten miteinander Maßnahmen identifiziert, die die Firmen umsetzen können, um CO_2 einzusparen. Zum Schluss hatten wir ein Maßnahmenpaket von 70 Klimaschutzmaßnahmen nur für das Industriegebiet Nord. Mittlerweile sind rund 60 Unternehmen im Klimaschutz engagiert. Diesen Prozess der Umwandlung des ältesten Industriegebietes hin zu einem zukunftsweisenden, nachhaltigen, energie- und ressourceneffizienten Industriegebiet fand und finde ich unheimlich spannend.

Um welche Themen geht es heute im Green Industry Park?

Der jüngste Schritt: Wir bauen eine Verbindung vom Industriegebiet Nord zum neuen Stadion des SC Freiburg, um Prozess- oder Abwärme zu nutzen um ein klimaneutrales Stadion realisieren zu können. Eine andere Initiative ging von der Mitarbeiterschaft im Industriegebiet aus: Es geht um eine bessere Anbindung an den ÖPNV und bessere Radwege. Denn im Industriegebiet Nord werden nur 14 Prozent der täglichen Fahrten mit dem Fahrrad zurückgelegt, stadtweit jedoch 34 Prozent. Und es stimmt: Die Situation in der Hans-Bunte-Straße oder der Tullastraße ist für Fahrradfahrer unmöglich. Das packt jetzt das Garten- und Tiefbauamt an und baut die Radwege aus. Die VAG prüft zudem einen neuen Ringbus.

Was war wichtig für das Gelingen?

Entscheidend ist es immer, das Gespräch zu suchen. Wir haben uns oft mit den dort ansässigen Unternehmen zusammengesetzt, die Stadtverwaltung war mit dem Umweltschutzamt beteiligt, mit der FWTM, teilweise waren auch die Abfallwirtschaft, die badenova oder die VAG beteiligt. Die Verantwortlichen haben sich kennengelernt, die Firmen haben sich vernetzt und arbeiten miteinander an Fragen des Klimaschutzes. Das ist für mich das beste Beispiel für »Green City«: Cluster bilden, Akteure zusammenführen, systematisch arbeiten, konkrete Maßnahmen vereinbaren, umsetzen und die Wirkung evaluieren.

Freiburg ist 1992 Umwelthauptstadt geworden, wurde 2010 Bundeshauptstadt Klimaschutz und 2012 zur nachhaltigsten Stadt Deutschlands gewählt. Worin liegen die Anfänge dieses umweltpolitischen Wegs?

Die Anfänge liegen in der klaren Haltung der Bevölkerung zu Beginn der 1970er-Jahre: Wir wollen kein Atomkraftwerk in Wyhl haben. »Nai hämmer gsait« hieß damals der Slogan der Protestierer. Und das waren viele, aus der ganzen Region. Das besondere war: Das Nein zur Atomkraft wurde ergänzt durch konkrete Alternativen. Hier hat sich eine Umweltbewegung gebildet, die nach Lösungen suchte: Wie können wir uns nachhaltig mit Strom versorgen? Wie wollen wir verträglich Wärme erzeugen? Dieses Denken in Alternativen war immer das Besondere in Freiburg und der Region. Und darauf ist die gesamte Region bis heute stolz. Zu Recht.

Worin liegen die Wurzeln für dieses Engagement? Hat das etwas mit der Mentalität hier im Südbadischen zu tun?

Ich würde schon sagen, es hat etwas mit der Mentalität zu tun, und zwar damit, dass die Menschen in einem Naturraum groß werden, der die Seele berührt. Wer sich als Kind, als Jugendlicher, als Erwachsener in dieser Landschaft bewegt, der wird berührt durch die Natur, durch landschaftliche Vielfalt, durch Schönheit und weiß diese einfach zu schätzen. Daraus, glaube ich, ist eine Grundhaltung des Bewahrens entstanden, ein Bewahren, das zugleich weiß, dass man sich immer auch weiterentwickeln muss, um das Gute zu erhalten.

Ich empfange als Umweltbürgermeisterin viele Besucher- und Expertengruppen und erzähle, wo wir heute stehen in unserer Arbeit und wie wir dazu gekommen sind. Häufig schaue ich dann in staunende Gesichter und höre den Satz: Das schaffen wir nie! Ich erkläre dann, das ist ein Weg von 20, 30, 40 Jahren, das ist eine ganz lange Geschichte. Die Erfolge sind Ergebnis vieler kleiner Schritte. Und den Weg kann man nur gehen, wenn man Partner findet, die mitgehen.

Welche Rolle spielen hierbei einzelne Persönlichkeiten?

Ich will einfach mal auf Herrn Professor Adolf Götzberger und Professor Joachim Luther hinweisen. Als ich vor 20 Jahren nach Freiburg kam und Herrn Luther kennenlernte, hat er als Physiker in einer kleinen Leichtbauhalle zur Nutzung der Solarenergie geforscht und an der Entwicklung von Photovoltaik-Modulen gearbeitet, ein hochengagierter und kluger Tüftler. Diese Halle war Geburtsort und Startpunkt des Fraunhofer-Instituts für Solare Energiesysteme. Heute arbeiten hier in Freiburg 1200 Mitarbeiterinnen und Mitarbeiter in modernen Labors und sind europaweit vorne in der Solaren Forschung. Oder Rolf Disch, der im Bereich der Architektur und des Bauens immer vorne dabei war. Er hat gezeigt, wie man mit der Sonne bauen kann und dass Häuser nicht nur Energieverbraucher sind, sondern selbst auch solare Kraftwerke sein können. Ohne solche Persönlichkeiten schaffen wir es nicht.

Freiburg hatte eines der ersten kommunalen Umweltämter und das erste Umweltdezernat einer deutschen Stadt überhaupt. Wir sprachen schon die späteren Auszeichnungen und Titel an, wie Bundeshauptstadt Klimaschutz oder jüngst in 2012 die nachhaltigste Großstadt Deutschlands. Wie wichtig sind solche Auszeichnungen für die tägliche Arbeit?

Für die Stadt sind sie unendlich wichtig, und zwar immer in den Momenten, wenn das Thema nicht ganz *en vogue* ist. Als wir zum Beispiel Klimahauptstadt wurden, das war 2010, da war Klimaschutz eine freiwillige Aufgabe unter vielen. Heute ist Klimaschutz auch durch *fridays for future* wieder ein zentrales politisches Thema. Vor zehn Jahren war das anders. Die Auszeichnung hat uns im Umweltdezernat damals geholfen, trotzdem weitere Schritte zu planen, finanzielle Mittel einzufordern und neue Maßnahmen zu finanzieren. Unsere Argumentation war: Ein Titel verpflichtet, wir müssen dieser Auszeichnung auch in den nächsten zehn Jahren gerecht werden.

Titel also als Ansporn?

Für mich waren sie immer Ansporn. Und dennoch habe ich in den Diskussionen mit den Vertreter_innen von *fridays for future* gelernt, dass unsere Geschwindigkeit noch zu gering ist. Das sieht man von innen mitunter nicht, weil man in den Mühen der Ebene unterwegs ist. Dennoch: Die junge Generation macht uns zu Recht deutlich, dass wir noch viel schneller werden müssen.

Hat fridays for future in Freiburg schon etwas konkret bewegt?

Im April 2019 gab es neue Beschlüsse im Gemeinderat, eine breite politische Mehrheit für mehr Klimaschutz. Und zeitgleich brachte *fridays for future* in Freiburg 10 000 junge Menschen auf die Strasse. Wir hatten soeben unsere Zielsetzung verschärft. Bis 2030 wollen wir über 60 Prozent CO_2-Reduktion erreichen. Und dann sagte *fridays for future*: Nein, bis 2030 müsst ihr klimaneutral sein, 2035 spätestens. Wir haben uns mit Vertreter_innen der Bewegung getroffen, jungen engagierten Menschen, die zahlreiche Ideen zur Umsetzung einbringen. Das Thema Klimaschutz war erneut in der Dezernentenrunde und wir lassen nun überprüfen, was wir tun müssten, um eine Klimaneutralität im Jahre 2030/2035 zu erreichen. Allerdings nicht als symbolische Ankündigung, sondern hinterlegt mit konkreten Maßnahmen. Das wird nicht einfach, da mache ich mir nichts vor. Auf jeden Fall ist wirklich noch mal eine richtige Dynamik reingekommen in das Thema Klimaschutz.

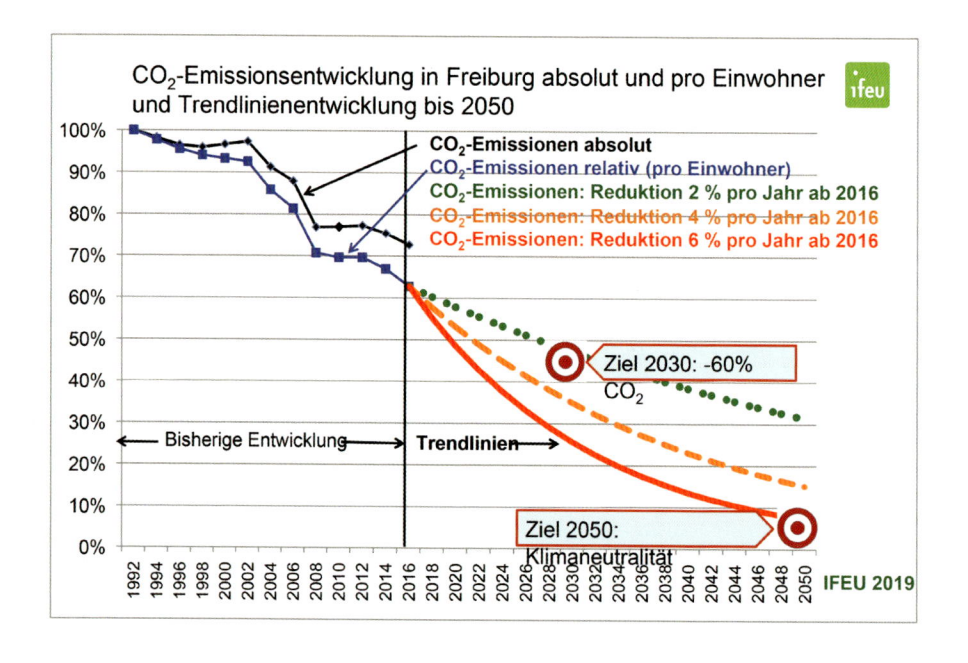

Was steht als nächstes an?

Wir wollen mit der Bürgerschaft die Stadtteile zu Klimaschutzquartieren entwickeln, so wie wir das beim Green Industry Park für das Industriegebiet gemacht haben. Wir müssen über unsere Lebensstile nachdenken. Aber auch konkret investieren zum Beispiel in unsere Wärmenetze oder die Sanierung der Gebäude. Wir müssen auch unser bequemes Mobilitätsverhalten ändern. Die Mobilitätswende stellt die größte Herausforderung dar. Da geht es um eine Neuverteilung von Straßenräumen. Das Ziel muss weniger Autoverkehr sein. Mehr Platz für Fußgänger, Vorrang für Radfahrer und ein noch besserer ÖPNV. Aus Parkraum muss vermehrt Frei-, Grün- und Lebensraum werden. Hier müssen wir alle umdenken und gemeinsam umsteuern.

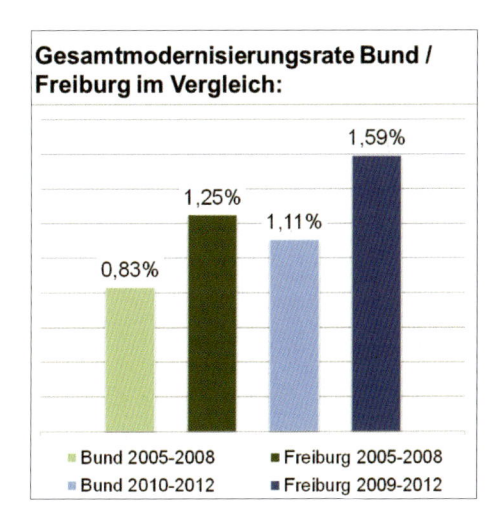

Gesamtmodernisierungsrate Bund / Freiburg im Vergleich:

- Bund 2005-2008: 0,83%
- Freiburg 2005-2008: 1,25%
- Bund 2010-2012: 1,11%
- Freiburg 2009-2012: 1,59%

Sind Umwelt- und Klimaschutz in Freiburg wie häufig befürchtet Jobkiller? Oder entstehen hierdurch auch neue Arbeitsplätze in der Stadt?

Die Umwelt- und Solarwirtschaft ist ein wichtiges Wachstumscluster mit rund 2000 Betrieben und 12 000 Mitarbeitenden, die wiederum rund 650 Millionen Euro pro Jahr erwirtschaften. Insbesondere das Handwerk zeichnet sich durch eine hohe Kompetenz aus und derzeit wird mit dem Holzbau ein neuer Kompetenzbereich erschlossen und ausgebaut.

Freiburg ist ja auch Forschungsstandort.

Ganz wichtig: Aus der universitären oder universitätsnahen Forschung entstehen immer wieder Ausgründungen und start ups, die zu neuen Arbeitsplätzen führen. Die Albert-Ludwigs-Universität hat ein spezielles Umwelt-Cluster entwickelt, auch die Fraunhofer-Institute sind wichtige Impulsgeber. Übrigens: Die Vernetzung dieser Akteure geht auf den damaligen Oberbürgermeister Dieter Salomon zurück. Er hat die Forschungsinstitute, ob es Max-Planck war, Fraunhofer oder die Universität regelmäßig zu abendlichen Kamingesprächen eingeladen. Dort fand auch eine Vernetzung statt und es wurde diskutiert, wo können wir besser miteinander kooperieren, wie können wir neue Forschungsprojekte auflegen.

Lassen Sie uns den Fokus wechseln: Die »Green City« ist auch eine Stadt des Waldes. Vom Auwald bis zum Bergwald bietet Freiburg alles.

Rund 40 Prozent der Gemarkung Freiburgs ist mit Wald bedeckt. Und auch hier fordert uns der Klimawandel sehr heraus. Durch Trockenheit und Borkenkäfer verlieren wir gerade die Fichte. Wir haben gemeinsam mit Wissenschaftlern Untersuchungsflächen angelegt: Welche Baumarten werden in Zukunft die Wärme und Trockenheit, die auf uns zukommen werden, im Stadtwald überleben.

Der Wald muss zahlreiche Rollen übernehmen: Erholungsraum, Erlebnisraum, Ökosystem und Wirtschaftsfläche. Wie geht man in Freiburg mit diesen Ansprüchen und daraus resultierenden Zielkonflikten um?

Schon vor 20 Jahren haben wir mit der Bevölkerung und der Politik einen Diskurs geführt, welche Rolle der Stadtwald einnehmen soll. Traditionell gab es die Anforderung, er muss vor allem ökonomisch genutzt werden und Erträge bringen. Mittlerweile haben wir eine Waldkonvention, die besagt, dass alle drei Faktoren, das Soziale, das Ökologische, und das Ökonomische gleichwertig sind. Das heißt, natürlich ernten wir Holz, erzielen jährlich zwei Millionen Euro an Ertrag. Wir sehen Holz als nachwachsenden regionalen Rohstoff und als Speicher von CO_2. Wir sorgen dafür, dass der Wald nachwächst und CO_2 gebunden wird. Das zweite ist die soziale Funktion für die Bevölkerung, der Wald als Naherholungsraum, für die Sinne, für das Spazierengehen, für den Sport. Das ist immens wichtig hier in Freiburg, sodass wir das als mindestens gleichwertig neben den ökonomischen Ertrag stellen. Und dann kommt das Ökologische ebenfalls hinzu, nämlich dass wir ganz bestimmte Flächen stillgelegt haben, auf denen keine Nutzung stattfindet. Das ist in unserem Totholz- und Bannwald-Konzept festgehalten. Zudem wird unser Wald zertifiziert, nach den Vorgaben des Forest Stewardship Council. Da war Freiburg im Land Vorreiterin und musste sich einiges an Kritik anhören, bevor das Konzept schließlich unter der grün-roten Landesregierung auf den Staatswald in Baden-Württemberg übertragen wurde.

Wo wird die »Green City« in Freiburg sonst noch sichtbar. Ich gebe Ihnen jeweils ein Stichwort. Der Opfinger See …

… verbindet die Freizeitnutzung mit einem wunderbaren Biotop und Refugium für die Natur.

Zu Freiburg gehören auch die Tuniberg-Gemeinden. Die Biotopvernetzung am Tuniberg ist …

… ein gutes Beispiel für die gelungene Einbindung der Bevölkerung in den Erhalt von Natur und den lokalen Artenschutz.

Die Regiokarte …

… ist seit 25 Jahren ein Erfolgsmodell für den ÖPNV in der Region und bietet der Bevölkerung die Möglichkeit, die Region umweltfreundlich zu entdecken und klimafreundlich zum Arbeitsplatz oder zur Schule zu gelangen.

Freiburgs Fahrradfahrer_innen sind …

… eine ganz wichtige Säule im Verkehr und sorgen dafür, dass in Freiburg mittlerweile mehr als ein Viertel aller Wege per Rad zurückgelegt wird. Außerdem sind sie unendlich kreativ: Was es hier mittlerweile an Rädertypen gibt, an Möglichkeiten, sie auch für den Transport zu nutzen, eine tolle Vielfalt!

Die Fuhrparkflotte der VAG …

… wird in fünf Jahren, was die Busse anbelangt, eine E-Bus-Mobilität sein.

In Sachen Abfall …

… sind die Freiburgerinnen und Freiburger nach wie vor Spitze. Eine super Sortierqualität beim Biomüll, ein im Vergleich sehr geringes Aufkommen an Restmüll, etwa 90 Kilo pro Kopf. Da sind wir mit an der Spitze in Baden-Württemberg, aber wir müssen noch besser werden, noch mehr Abfall vermeiden.

Freiburg will eine Bio-Musterregion werden. Was bedeutet das?

Unser Ziel ist eine Vernetzung der Konsumenten in der Stadt mit der Landwirtschaft und den Erzeugern in der Region. Es geht darum Stadt-Land-Beziehungen zu vertiefen und zugleich die Landwirtschaft zu motivieren, auf Bioanbau umzustellen. Da hat sich in den letzten Jahren bereits einiges getan. Wir erleben jetzt, dass etwa 15, 20 Prozent der Landwirtschafts- und Weinbaubetriebe bereit sind, auf biologische Erzeugung umzustellen. Darin wollen wir sie unterstützen und bei den Verbraucher_innen das Bewusstsein für regionale Lebensmittel weiter stärken. Die Bio-Musterregion ist eine Vision, wir beginnen gerade sie aufzubauen.

Welche Rolle spielt hier die gesunde Ernährung in den Mensen, Kitas und Kantinen?

Dieses Thema beschäftigt mich schon 20 Jahre. Es ist bei allen Beteiligten eine grundsätzliche Bereitschaft da. Und es liegt auch nicht an den Kosten für regionales Obst oder Bio-Gemüse, dass es mit der Umstellung noch hapert. Die Schwierigkeiten sind oft ganz praktischer Natur: Wenn die Kantinen Möhren oder Kartoffeln aus der Region geliefert bekommen, fehlt das Personal, dieses zu säubern, dieses zu schälen und es dann auch klein zu schneiden. Das ist zu zeitaufwendig. Was uns in der Kette noch fehlt, ist ein Betrieb, der diesen Zwischenschritt macht, der die Vorstufe der Bearbeitung übernimmt. Die Bauern erzeugen und liefern an, ein Betrieb bereitet das Gemüse vor und beliefert die Kantinen. Ich hoffe, dass wir diesen Lückenschluss mit der Bio-Musterregion hinbekommen.

Ein zweiter Schwerpunkt Ihres Dezernats, ist die Bildung. Welche Rolle spielt in der »Green City« Bildung für Nachhaltige Entwicklung (BNE)?

Freiburg ist reich an außerschulischen Angeboten, die BNE vermitteln. Die Ökostation des BUND ist eine der Pioniereinrichtungen. Seit zehn Jahren haben wir das WaldHaus, in dem es um das Ökosystem Wald und die Bedeutung von Wald und Klimaschutz geht. Dann haben wir viele NGO's, etwa die fesa, die im Bereich erneuerbare Energien auch Angebote für den Unterricht macht. Es gibt wunderbare Einrichtungen, die aus Eigeninitiativen entstanden sind, vom Abenteuerspielplatz in Weingarten bis zum Kinderabenteuerhof Vauban. Und nicht zu vergessen der Mundenhof, der städtische Tier-Natur-Erlebnispark mit über 300 000 Besucher_innen pro Jahr. Wir haben einen Fonds für Bildung für Nachhaltige Entwicklung aufgelegt, bei dem sich Kitas, Schulen und andere Initiativen um Zuschussmittel bewerben können. Und das Freiburger Bildungs-Kleeblatt bedeutet, dass wir Aspekte des Sozialen,

Abb. 2 Besondere Lernorte – der Natur-Erlebnis-Park Mundenhof

des Ökonomischen, des Ökologischen und auch des Kulturellen zusammen führen, wenn wir eigenes Handeln reflektieren. Wir glauben, dass Kinder, Jugendliche wie auch Erwachsene über kulturelle Zugänge eine andere Wahrnehmung darüber bekommen, was Nachhaltigkeit bedeutet. Wir haben Nachhaltigkeit in Freiburg immer ein bisschen breiter gedacht.

Was geschieht diesbezüglich im Schulbereich?

Im Grundschulbereich haben wir ein tolles Angebot. Das heißt, Freiburger Forschungsräume, und bedeutet, dass wir den Kindern ermöglichen, eine Woche lang aus der Schule hinauszugehen ins WaldHaus und dort die Natur zu entdecken, und zwar den ganzen Tag. Die Kinder bereiten sogar ihr Essen über dem Feuer zu. Das Angebot »Schulverwaldung« wiederum richtet sich an die jungen Menschen, in der Pubertät. In der siebten, achten Klasse, wenn man sowieso keinen Bock auf Schule hat, lernen diese jungen Menschen eine ganze Woche lang draußen im Wald. Man kann Bäume fällen und daraus Bänke bauen oder die Artenvielfalt im Wald entdecken. Es gibt eine Klimaschule, in der Bäume gepflanzt und aufgezogen werden.

Abb. 3   Lernen von und mit der Natur im Stadtwald Freiburg

Im Green Industry Park war Vernetzung ein Schlüsselbegriff. Gilt das auch für den Bereich Bildung?

Mich hat am Anfang sehr überrascht, dass es kaum Vernetzung in der Bildungslandschaft gab. Die Realschullehrer_innen kannten sich untereinander, aber sie kannten nicht die »Gymnasialen« oder die Kolleg_innen aus den Grundschulen. Doch jetzt, in der gemeinsamen Arbeit, in den Fortbildungen, die wir anbieten, hat man sich kennen- und wertschätzen gelernt. Gleiches gilt auch für die Erzieher_innen, die nun gemeinsam mit den Grundschullehrer_innen in der Sprachförderung qualifiziert werden. Eine Grundschullehrerin weiß nun sehr wohl, was ein Erzieher vorher leistet, damit das Kind gut in der Grundschule ankommt. Man gewinnt dadurch die Möglichkeit, sich abzusprechen und auch mal gemeinsam auf ein Kind zu schauen und es zu fördern.

Welche Rolle spielt dabei die Bildungsregion Freiburg?

Die Bildungsregion war ein Modell, das mittlerweile in ganz Baden-Württemberg Wirksamkeit zeigt. Früher hieß es ja, die Stadt ist für die Toiletten zuständig und das Land für die Talente. Heute geht es darum, gemeinsam den Blick auf die Bildungslandschaft zu legen und miteinander die Voraussetzungen für ein gelingendes Aufwachsen und gute Bildungschancen zu schaffen. Und Stadt wie Land müssen Einrichtungen im Bildungsbereich dabei unterstützen. Ähnlich wie im Klimaschutz mit der Erstellung einer regelmäßigen Klimabilanz alle zwei Jahre, haben wir im Bildungsbereich angefangen, eine systematische Bildungsberichterstattung aufzubauen, aus der heraus wir dann Schwerpunktmaßnahmen ableiten.

Und wo genau sind Sie dann tätig geworden?

Ein Beispiel: Die klare Ansage aus dem Bereich der Haupt- und Realschulen war, wir schaffen es nicht, die Jugendlichen in Ausbildung zu bringen. Wir brauchen Unterstützung im Bereich der beruflichen Orientierung. Die Analyse von Zahlen und Daten zeigte: Zu viele finden nach Schulabschluss keinen Anschluss in die Ausbildung. Die Stadt hat gemeinsam mit der Arbeitsagentur freie Träger beauftragt, mit zusätzlichem Personal Berufsorientierung in der Schule anzubieten, Bewerbungstrainings mit den Jugendlichen durchzuführen und Vernetzung in den Betrieben herzustellen. So haben wir die Übergangsquote in die Ausbildung um etwa 20 Prozent erhöht.

Was noch?

Die Notwendigkeit der Sprachförderung etwa, die haben wir durch die Bildungsberichterstattung erst so richtig erkannt. Ein Viertel der Kinder in Freiburg benötigt Unterstützung beim Erlernen der Sprache. Wir setzen heute Sprachförderkräfte in den Kitas und auch in der ersten Klasse an den Grundschulen ein. Die haben »den Hut auf« bei der Sprachförderung. Sie können unmittelbar mit den Schüler_innen oder den Kindern im Kindergarten arbeiten und unterstützen Erzieherinnen und Lehrer, sodass jeder in seinem Verantwortungsbereich Sprachausbildung im Alltag praktiziert. Das ist für mich eine kleine Revolution: Der Schulträger, also die Kommune, geht erstmalig im schulischen Bereich mit Personal rein und sagt, die Sprachbildung ist uns so wichtig, dass wir eine zusätzliche Unterstützung und eigene Mittel bereitstellen.

Wichtig ist auch der sozialräumliche Ansatz: Wir fangen dort an, wo wir den größten Förderbedarf haben und vernetzen die Kitas, die Schulen und freien Träger miteinander. Wir stimmen die Konzepte aufeinander ab und wollen so sicherstellen ist, dass Schüler_innen auch am Übergang Kita – Grundschule gut begleitet und sprachlich gut gefördert werden. Wir haben uns hier ganz neu aufgestellt, und ich hoffe, dass uns der Bildungsbericht in etwa sechs, sieben Jahre aufzeigt, dass wir erfolgreich sind.

»Green City« umfasst für Sie auch die Schaffung von Zukunftschancen für die junge Generation. Sie engagieren sich bei den Talenten. Tun Sie das auch bei der baulichen Infrastruktur?

Der Sanierungsstau in den Schulen war enorm, als ich nach Freiburg kam. Ich erinnere mich noch gut an meine erste Pressekonferenz am Droste-Hülshoff-Gymnasium. Der Beton bröselte, es regnete rein, es war kalt und unangenehm. Wir haben in den letzten 20 Jahren die Schulsanierung und den Kita-Ausbau als Schwerpunktaufgabe der Stadt Freiburg definiert. Das heißt, wir haben seither über 300 Millionen Euro in die Schulsanierung investiert. Etwa 50 Prozent der Schulgebäude sind mittlerweile entweder generalsaniert oder in einem guten Zustand. Im Bereich der Beruflichen Schulen haben wir jedoch noch einmal mindestens 300–400 Millionen Euro zu stemmen, um diese zu sanieren.

Gehen bei den erheblichen Finanzmitteln, die Sie für die Sanierung oder beim Neubau brauchen, die ökologische Anforderungen baden?

Nein, natürlich nicht. Da müssen wir schon als Verwaltung wirklich Vorbild sein. Wir haben einen Gemeinderatsbeschluss, der klar und deutlich sagt: Wir dürfen im Neubau nur noch Passivhausstandard realisieren und bei den Sanierungen müssen wir mindestens Niedrigenergie-Sanierung erreichen. Und überall, wo möglich, soll in Holz gebaut werden. Kitas, die derzeit im Bau sind, entstehen aus Holz.

Zu Beginn unseres Gesprächs haben Sie erwähnt, wie wichtig einzelne Persönlichkeiten sind, die Impulse geben und die »Green City« immer wieder vorantreiben. Man kann nie alle nennen, dennoch, wer gehört für Sie unbedingt mit dazu?

Zu diesem Kreis gehört für mich ganz sicher der viel zu früh verstorbene Solarunternehmer Georg Salvermoser, weil er im Bereich der erneuerbaren Energien und vor allem der Solarenergie in Freiburg und bundesweit immens viel bewegt hat. Auch Andreas Markowsky von der Ökostromgruppe e. V., der ein exzellenter Vertreter der Windenergie und Umsetzer vieler Projekte ist und der sich vielen kritischen Diskussionen immer wieder stellt. Viele Anregungen hat uns auch Ernst Ulrich von Weizsäcker gegeben, der hier in der Nähe von Freiburg wohnt. Nennen möchte ich auch Rainer Grieshammer, Mitbegründer des Öko-Instituts, mit seinem Hauptsitz in Freiburg. Ebenso Professor Franz Daschner, der als erster Mediziner mit dem Deutschen Umweltpreis ausgezeichnet wurde und mit dem Preisgeld die Stiftung Viamedica gegrün-

Abb. 4   Eine alte Deponie als Solarkraftwerk – der Energieberg Eichelbuck

det und zum Beispiel das Projekt Klimaretter = Lebensretter angestoßen hat. Nicht zu vergessen Hanna Lehman, ein steter Aktivposten und Partnerin bei Veranstaltungsreihen wie »Nachhaltigkeit als Lebenskunst«, die zudem wichtige Impulse für die umweltfreundliche Umgestaltung der Katholischen Akademie gegeben hat. Das alles sind wunderbare Menschen, die Freiburg umweltpolitisch vorangebracht haben. Und all diejenigen, die ich hier nicht namentlich genannt habe, sind ebenfalls gemeint!

Diese Personen sind Pioniere der ersten Stunde. Gibt es auch junge Hoffnungsträger, oder bleibt die »Green City« am Ende ein Generationenprojekt?

Nein, das ist keine Generationenfrage. Wir haben viele junge Leute, die Engagement und Ideen einbringen. Sie sind beruflich vielleicht noch nicht so etabliert, wie die oben Genannten und finden sich heute noch in der Bewegung *friday for future* wieder. Es ist einfach toll zu sehen, was in Freiburg immer wieder entsteht: Das Agrikultur-Festival etwa, das in den letzten sechs Jahren entstanden ist, greift die Themen Ernährung, Landwirtschaft und die Bedeutung der Landwirtschaftsproduktion im Klimaschutz auf. Das Festival im Eschholzpark hat sich hervorragend entwickelt. Da erleben wir, wie etwas ganz Neues im Bereich Ernährung entsteht, mit jungem Gesicht, coolem Auftritt und zeitgemäßer Kommunikation. Ich bin mir ganz sicher: Wir werden auch in den nächsten 20 Jahren eine starke Umweltbewegung und Menschen haben, die Freiburg ökologisch weiterdenken und voranbringen werden.

V. Soziale Nachhaltigkeit

Mittelpunkt Familie

Sigrun Löwisch

Zur 900jährigen Geschichte Freiburgs gehört der *Mittelpunkt Familie.* Ihr Wohl und Wehe hat die Stadt in der Vergangenheit geprägt und prägt sie auch heute. Struktur, Lebensweise und Bedürfnisse der Familie wandeln sich im Laufe der Zeit. Darauf zu reagieren, ist Aufgabe der Stadt und ihrer Institutionen, von Kirchen und gesellschaftlichen Organisationen und auch der Bürgerinnen und Bürger selbst. Wie Freiburg zur Bewältigung dieser Herausforderung in den letzten 50 Jahren Hand angelegt hat, soll an einigen Beispielen aufgezeigt werden.

Kindergärten

Die 60er- und 70er-Jahre des letzten Jahrhunderts waren die Jahre der Babyboomer. Der daraus resultierende Bedarf an Kindergartenplätzen war immens. So gab es nur mangelhafte Chancen auf einen Platz – vor allem, wenn die Mutter nicht berufstätig war. Eine Zunahme der Kindergartenplätze war nicht in Sicht. In meiner Funktion als damalige Kreisvorsitzende des Deutschen Familienverbands ergriff ich die Initiative: Eine von mir durchgeführte Untersuchung der fehlenden Kindergartenplätze ergab einen großen Bedarf. Nach eindrucksvoller Diskussion im Gemeinderat fand sich eine Mehrheit (trotz Bedenken der Rathausspitze) für den Ausbau der Kindergartenplätze und mit finanzieller Hilfe der Stadt haben die Träger, ganz überwiegend die beiden großen Kirchen, die Aufgabe nach anfänglichen Schwierigkeiten bewältigt. Die Pfarrgemeinde St. Albert hat auf Anregung ihres Pfarrers Erich Wittner, des späteren Dompfarrers, sogar entschieden, beim Neubau ihrer Kirche auf einen Glockenturm zu verzichten und stattdessen einen Kindergarten zu bauen. Durch Erweiterungen und Behelfsgruppen, vor allem aber durch Neubauten wurde die Kinderbetreuung vorbildlich. Der Ende der 1970er-Jahre einsetzende Rückgang der Geburtenzahlen ist dann kluger Weise nicht zu Rückbau und Personalabbau, sondern zur Verkleinerung der Gruppen und zur Verbesserung der pädagogischen Arbeit genutzt worden.

Kitas

Die Familienstrukturen änderten sich ebenfalls: Immer häufiger waren nicht nur die Väter berufstätig, sondern auch die Mütter. Auch gab es wesentlich mehr Alleinerziehende.

Für Mütter und Väter wurden Maßnahmen zur Vereinbarkeit von Familie und Beruf sehr wichtig. Und so ergab sich als Aufgabe der 1980er- und der 1990er-Jahre der den Bedürfnissen der Arbeitswelt folgende Übergang vom Kindergarten zur Kindertagesstätte mit entsprechenden Betreuungszeiten. Auch ihn haben überwiegend die freien Träger geleistet. Hinzu getreten sind aber weitere Träger: So hat sich zum Beispiel Anfang der 1990er-Jahre auf Initiative der damaligen Frauenbeauftragten der Universität, Renate Zöpffel, ein Uni-Kita-Verein gebildet, der mit Unterstützung des Rektorats Träger der ersten Uni-Kita wurde. Heute ist das System der Uni-Kitas etabliert und es gibt eine Anzahl von weiteren Betriebskindergärten. So verfügt der seit 1998 entstandene neue und besonders kinderreiche Stadtteil Vauban über ein vielfältiges Angebot an Kinderkrippen und Tageskindergärten auch mit inklusiven Plätzen (in Freiburg betragen Inklusionskinder in Kitas insgesamt mindestens fünf Prozent). Freiburg hat sich inzwischen im Städteranking 2018, auch im Krippenplatzangebot, beachtlich nach vorne geschoben. In der Kinderbetreuungsquote sind wir im Land an der Spitze. Unsere derzeitige Anzahl an 220 Kitas und vor allem die Ganztagsbetreuung (mit mehr als sieben Stunden) muss trotzdem noch ausgebaut werden, was auch geplant ist. Anfang 2019 wurden 119 Kinder unter einem Jahr bei uns betreut, dieses Angebot soll ebenfalls noch aufgestockt werden. Eine große Herausforderung und nicht einfach ist es, genügend Erzieherinnen oder andere pädagogische Fachkräfte zu finden.

Schulkinderbetreuung

In den letzten Jahren ist die Schulkinderbetreuung zur neuen familienpolitischen Aufgabe der Stadt geworden. Wenn man Familien fragt, was sie für einen gelungenen Alltag brauchen und was sie sich besonders wünschen, dann ist die meist genannte Antwort: Gute, verfügbare Kitas und gute Schulen mit umgreifender Betreuung. Sie sind für Eltern in Ausbildung und Berufstätigkeit unerlässlich. Wie sehr – und manchmal mit ungewohnten Mitteln, aber erfolgreich – sich die Stadtverwaltung bemüht, kann man aus folgendem Fall gut erkennen: Die Essensversorgung von 40 Schulen und Kitas sollte vor allem durch regionale Caterer und frisch zubereitet erfolgen. Das ist den Eltern wichtig, die nicht akzeptieren wollen, dass das Essen erst mit dem Lastwagen tiefgekühlt quer durch Deutschland transportiert wird. Die Stadtverwaltung ist aber normalerweise verpflichtet, nach EU-Vergaberichtlinien auszuschreiben. Die Stadtverwaltung hat 2019 eine prima Strategie neu entwickelt: »Cook & Freeze«-Verfahren wurden ausgeschlossen, es wird tägliche Bestellung und tägliche Lieferung verlangt, oder es muss ein Besuch in einem die Nahrungsmittel liefernden Bauernhof ermöglicht werden. Und siehe da, das Essen für unsere Kinder kommt aus der Region und nun kochen nur regionale Küchen für sie. Das ist ein gutes Zeichen für erfolgreiche Familienpolitik in Freiburg.

Inklusion

Freiburg ist inzwischen auf dem Weg zur inklusiven Stadt. Das ist für die betroffenen Familien sehr wichtig. 234 Kinder mit Behinderung besuchen inzwischen Regelschulen. Der sonderpädagogische Förderbedarf, der noch nicht genügend abgedeckt ist, darf aber nicht zur Überlastung der Lehrerschaft führen! Eine große Herausforderung und nicht einfach ist es, genügend Erzieher oder andere pädagogische Fachkräfte zu finden. Heilpädagogische Horte mit einer besonderen pädagogischen Betreuung und Förderung, vor allem für Kinder von sechs bis zwölf Jahren ergänzen das Angebot. In den Schulen spielt die Inklusion eine wichtige Rolle. Es ist nun ungefähr 30 Jahre her, seit das erste Kind mit Trisomie 21 in eine Grundschule in der Wiehre eingeschult werden konnte. Dies ermöglichte ein Beschluss im Jugendwohlfahrtsausschuss des Gemeinderats. Vorausgegangen waren gemeinsame Gespräche mit Eltern und Lehrern, um deren Zustimmung zu erreichen. Nach einem Jahr gab es mit den gleichen Gruppen ein Gespräch über die Erfahrungen. Einige Eltern sagten: »Für den kleinen Ben [Name geändert] war es sehr gut, aber profitiert haben vor allem unsere Kinder, denn sie haben viel dazu gelernt und gehen mit behinderten Menschen ganz anders um ...«.

Spielplätze

Kinder brauchen auch jenseits der Kita und Schule Raum zur Entfaltung. In einer Großstadt sind Spielplätze dafür ein Muss. Deren Existenz allein genügt aber nicht. Sie müssen mit Leben erfüllt werden. Diesem Anliegen hat sich in Freiburg die 1973 von Eltern und Vereinen, insbesondere dem Deutschen Familienverband, gegründete »Arbeitsgemeinschaft Freiburger Spielplätze« angenommen. Sie hat bei der Stadt die Ausstattung der Spielplätze mit herausfordernden Spielgeräten erreicht, mitunter gegen den Widerstand von Anwohnern, die sich gestört fühlten. Die Arbeitsgemeinschaft, bei der unter

Abb. 1   2019 umgestalteter Spielplatz beim Pulverturm, Ecke Wallstrasse / Greiffeneckring in Freiburg. Foto: A. J. Schmidt, Zero Foto

anderem auch der Frauenring, Deutscher Kinderschutzbund und Jugendtreff Haslach beteiligt waren, hat darauf gedrungen, dass es jedes Jahr einen festen Etat für Spielplätze gab. Das sei besonders wichtig, weil Spielplätze in der Regel nach fünf Jahren abgespielt seien. Das wurde im Gartenamt ernst genommen: 1978 haben sich die Mittel für die Instandsetzung von 20 000 DM auf 100 000 DM erhöht. Auch in jüngster Zeit wird zugelegt: 2019 wurde der Spielplatz beim Pulverturm – an der Ecke Wallstrasse/Greiffeneggring mit einem beträchtlichen Kostenaufwand zu einem gelungenen Mehrgenerationenspielplatz umgestaltet (Abb. 1). Auch der Spielplatz im Stühlinger wurde 2019, wie auch weitere, sehr gut und anregend neu gestaltet.

Es besteht Bedarf für Spielplätze, auf denen sich auch ältere Kinder und Jugendliche austoben können. Auf Antrag der CDU-Fraktion hat der Gemeinderat schon am 23.9.1973 den ersten Abenteuerspielplatz – in Weingarten – beschlossen, der über die Jahre hinweg eine feste Einrichtung in Freiburg geworden ist. Dieses Angebot wird insbesondere von Schülern gut angenommen.

Die Arbeitsgemeinschaft hat es aber nicht nur bei der Einrichtung der Spielplätze belassen. Mit der Aktion »Eltern spielen mit ihren Kindern« hat sie die Erwachsenen zum Mitmachen aktiviert und bei diesen auch Erinnerungen an die eigene Kindheit wach gerufen. Dabei trafen auch die vom Deutschen Familienverband abgehaltenen Seminare »Väter lernen spielen« einen Nerv. Sie waren gut besucht und trugen mit dazu bei, den Weg zu ebnen, dass Väter heute selbstverständlich – und gerne – mit ihren Kindern spielen.

Spielmobil

Besonders positiv bringt sich seit Jahrzehnten das »Freiburger Spielmobil« ein. Im Juli 2019 wurde wieder Interessantes angeboten: Bei der Schneeburgschule in St. Georgen drehte sich beim Programm »Wasserbaustelle« alles ums Wasser. Im Mittelpunkt stand dabei ein Röhrensystem aus 100 Metern Plastikrohr, das die Kinder so aufbauen konnten, dass ein Kreislauf entstand und das Wasser von Becken zu Becken floss. Außerdem gab es eine Bootle-Werkstatt, viele Spiele, wie die beliebte Rollenrutsche und anderes mehr. Für solche Angebote, wie auch die des »Kinderabenteuerhofs Freiburg e.V.« am Alfred-Döblin-Platz für Mädchen von 11 bis 15 Jahren (das Sommerferienprogramm 2019 war komplett ausgebucht) kann man nur dankbar sein. Denn Digitales ist heute ein immer stärkerer Teil in der Lebenswelt der Kinder und Jugendlichen. Das ist total in Ordnung – wenn es nicht dazu führt, dass Mädels und Jungs sich nicht mehr genug in der frischen Luft austoben, keine gemeinsamen Spiele mehr machen und ihrer Phantasie nicht freien Lauf lassen. Laut JIM- Medienstudie 2018 besitzen bereits 95 Prozent der 12 bis 13jährigen ein eigenes Smartphone. Da kommen Anregungen wie zum Beispiel das Angebot einer »Abenteuerwoche« für Sechs- bis Neunjährige oder einer Survivalwoche für Teenager (von 10 bis 14 Jahren) durch die WaldHaus-Stiftung wie gerufen.

Ferienpass

Als eine der ersten größeren Städte führte Freiburg 1978 den Ferienpass ein. Die Initiative ging von mir als Stadträtin aus, zuvor hatte ich mir die Unterstützung vieler Freiburger Einrichtungen, wie der Branddirektion, der Fuhrparkbetriebe, des Forstamts, der Museen, des Planetariums und des Tiergeheges Mundenhof versichert. Der Gemeinderat unterstützte das Vorhaben einmütig. Stadträtin Ursula Kopf steuerte das künstlerische Logo des Passes bei (Abb. 2). Der Ferienpass wurde ein großer Erfolg und nach und nach bis zur heutigen Form ausgebaut.

Abb. 2   Erstes Logo für den Ferienpass, gestaltet von Dr. Ursula Kopf (ehem. Stadträtin)

Mutter-Kind-Modell

Alleinstehende Mütter und Väter haben es besonders schwer. Ihnen zu helfen und Mut zu geben, ist familienpolitisches Gebot. Der unvergessene Sozialbürgermeister Berthold Kiefer hat ab 1964 23 Jahre lang als »Architekt einer sozialen Infrastruktur« für viele wichtige Beiträge der Stadt gesorgt. Nicht weniger wichtig waren und sind die Beiträge privater Organisationen wie das »Mutter-Kind-Modell« des Deutschen Roten Kreuzes Freiburg. Mechthild Herder hat als Initiatorin des »Helferkreis für Mutter und Kind e.V.« dieses Gebot ebenfalls ernst genommen: Der »Helferkreis« setzt sich nun seit 35 Jahren unabhängig und mit ehrenamtlichem Engagement für Mütter in Not ein und bietet verlässliche Hilfe in schwierigen Lebenssituationen. So fanden 2017 465 Mütter aus 36 Ländern den Weg zum »Helferkreis«. Im Jahr 2006 ging auch das »Haus des Lebens« aus dem »Helferkreis« hervor. Diese Einrichtung unterstützt Schwangere und alleinerziehende Mütter in ihrem Alltag. Es sind oft Mädchen und junge Frauen, die nicht wissen wo sie hingehören und weder vom Vater des Kindes, noch von ihren Eltern oder Freunden Unterstützung bekommen. Im »Haus des Lebens« werden sie »aufgefangen«. Ermöglicht wird so auch ein Schulabschluss oder eine Berufsausbildung.

Fußabdrücke in der Bundespolitik

Familienpolitik ist auch Sache der Länder und des Bundes. Mitunter gelingt es, auf dort zu treffende Entscheidungen positiven Einfluss zu nehmen. Dass auch unverheiratete Väter und in bestimmten Fällen Großeltern und Geschwister Anspruch auf Erziehungsgeld und Erziehungsurlaub haben sollten, war von jeher ein Freiburger Anliegen. Wie in der Festschrift für Wolfgang Jäger, inzwischen Ehrenbürger Freiburgs, berichtet ist, gelang es einer Freiburger Initiative, die Verwirklichung dieses Anliegens in der Novellierung des Bundeserziehungsgeldgesetzes 1991 unterzubringen.

Aus Freiburg stammte auch die Idee, das 1993 entstandene Patt bei der Einführung der dringend benötigten Pflegeversicherung durch Einschaltung des Sachverständigenrates zu überwinden.

Zukunft

Die Familie wird auch in Zukunft Mittelpunkt in der Stadt sein. Dementsprechend werden die familienpolitischen Aufgaben in Freiburg nicht kleiner werden. Sie werden sich wandeln und dabei vielleicht auch differenzierter und komplizierter werden. Der Blick in die Vergangenheit gibt die Zuversicht, dass sie auch in der Zukunft gut bewältigt werden.

Frauen planen und bauen – nicht nur für Frauen

Das Modellprojekt der Stadt Freiburg im Stadtteil Rieselfeld

Renate Bert

Auch heute noch überwiegen bei Stadt- und Verkehrsplanung, insgesamt beim baupolitischen Denken und Handeln nicht nur männliche Denk-Weisen, vielmehr sind zusätzlich die dafür zuständigen Strukturen und Positionen vorrangig männlich geprägt. Bisher existiert keine institutionelle Absicherung für eine geschlechtergerechte Planung, Frauenbelange werden inzwischen allenfalls am Rande, aber nicht ausreichend berücksichtigt. Unter dem Aspekt der Geschlechtergerechtigkeit ist es vermehrt notwendig die Sicht der Frauen auch bei der Realisierung von Stadtplanung und Architektur, auch bei den Themen Wohnen und Arbeiten mit einzubeziehen. Deshalb wurden schon vor 25 Jahren Frauen in Freiburg aktiv, um ihre Vorstellung von geschlechtergerechter Planung zu realisieren. Ein gelungenes beispielgebendes Projekt wird hier vorgestellt.

Die Stadt Freiburg wächst und wächst, Freiburg die »Schwarmstadt« im Süden des Landes, nicht mehr streng altbadisch orientiert, aber – trotz starken studentischen Einwohneranteils – selbstbewusst badisch strukturiert. Lebendig ist die Stadt, vielfältig sind ihre Angebote. Der anklingende Stolz auf das Wachsen der Stadt aber wird gebremst durch eine anschwellende Verunsicherung, bedingt durch den spürbaren Mangel an bezahlbarem, preiswertem Wohnraum, ein Mangel, der auch anderen Städten zum Verhängnis werden könnte, wenn es ihnen nicht gelingt ein positives städtisches Sozialgefüge zu gewährleisten.

Auch in Freiburg mit dem Realisierungsprogramm für den neuen Stadtteil Dietenbach und dem Neu-An-Denken eines weiteren zusätzlichen Stadtteils wäre es meines Erachtens notwendig, in einer umfassenden öffentlichen Diskussionsphase nach einer Klärung zu suchen wie »groß« eine Stadt wachsen, wie intensiv sie sich entwickeln soll oder darf, um sich selbst noch »treu bleiben« zu können. Und ist es überhaupt wichtig und dann auch möglich, dass eine Stadt ihren Charakter bewahrt ohne die heraufbeschworene »Käseglocke« darüber stülpen zu müssen? Welche Wohnkonzepte könnten dazu beitragen das Städtewachstumsproblem bundesweit in den Griff zu bekommen? Fragen, die bedrängend im Raum stehen.

Schon damals in den 1960er- und 1970er-Jahren entstanden – wie auch heute unter dem Druck des Wohnraummangels – die Stadtteile Landwasser und Weingarten. Ab 1995 dann werden die Stadtteile Rieselfeld und Vauban geplant und gebaut. Von den 30 »Lernjahren«, die zwischen den Stadtteil-Neuplanungen liegen, profitieren die beiden Letztgenannten in hohem Maße. Sie rücken Freiburg in den Fokus der Republik: Freiburg wird hofiert, Freiburg ist vorbildlich für die Umwandlung des Konversionsgeländes Vauban, wird beispielgebend für die Planung des neuen Stadtteils Rieselfeld.

Für die letztgenannten städtischen Bauaufgaben war es ein Glücksfall, dass das Baudezernat – von Sven von Ungern-Sternberg geleitet – offen und aufgeschlossen die Ideen der jüngeren Planerinnen und Planer koordiniert und mitgetragen hat.

Denn inzwischen orientierte man sich stadtplanerisch an Strukturen der Zeit um 1900. So wurde zum Beispiel der Stadtteil Wiehre mit seinen Straßenräumen, seiner Blockrandbebauung und »moderaten« Parzellenstruktur der Orientierungsstadtteil für den Bebauungsplan Rieselfeld. Dadurch, dass man in den Bebauungsplan ein Konzept mit der Ausweisung kleinerer Parzellen einbaute, konnte man die Realisierung neuer innovativer Wohn- und Geschäftsmodelle anstreben und Monostrukturen verhindern. Man ermöglichte damit ein Zusammenleben aller Einkommensschichten. Dank dieser positiven Vorgaben, dank aber auch der positiven Konstellation im Baudezernat und den damit inhaltlich verbundenen Ämtern, dank der Aufbruchstimmung und

Abb. 1   Gesamtüberblick über das Frauenwohnprojekt – im Vordergrund der öffentliche Spielplatz und der Kindergarten. Foto: Ursula E. Müller

Unterstützung im Gemeinderat konnte das nachfolgend beschriebene *Stadt & Frau – Modellprojekt der Stadt Freiburg* realisiert werden (Abb. 1).

Zur Entstehungsgeschichte

Allgemein wurden bisher bei Stadtplanung und Architektur die Bedarfe und Sichtweisen von Frauen weder abgefragt noch berücksichtigt. Deshalb tat sich 1990 im Vorfeld der Planungen für den neuen Stadtteil Rieselfeld eine Gruppe von Frauen – verschiedenen Alters, verschiedener Berufe – zusammen, um ihre Erwartungen und Wünsche an neues Bauen und Wohnen zu formulieren und zu diskutieren, um ihre diesbezüglichen Erfahrungen auszutauschen. Drei Jahre lang traf man sich anfangs in privaten Wohnzimmern, später im Architekturforum am Lederleplatz. 1993 wurde der Verein *Stadt & Frau* gegründet.

Wir beschäftigten uns mit großem Engagement im theoretischen und praktischen Selbststudium mit der Frage, wie die Wohnungen, das Wohnumfeld, die Stadtteile, wie die gesamte Stadt geplant und gebaut sein müsste, damit sich auch Frauen und Mädchen darin sicher bewegen können. Öffentlichkeitsarbeit wurde wichtig, es entstand ein weitreichendes Netzwerk zum Austausch von Fachinformationen.

Auf der Agenda stand die Mitarbeit sowohl beim Bürgerbeteiligungsverfahren als auch bei der Erstellung des Kriterienkataloges für eine frauenorientierte und frauengerechte Bebauung des neuen Stadtteils Rieselfeld.

Um in dem neuen Baugebiet eine frühzeitige soziale Vernetzung zu ermöglichen, hatte die Stadt Freiburg engagierten Baugruppen finanzielle Unterstützung über eine kommunale Entwicklungsgesellschaft KE gewährt, um ihnen die Möglichkeit zu geben ihre Projekte zu realisieren – eine Entscheidung der Stadt, die sich, wie es sich im Nachhinein herausstellt, bewährt hat.

Auch der Verein *Stadt & Frau* erhielt aus dem Topf der KE finanzielle Unterstützung. Diese zur Verfügung gestellten Mittel ermöglichten es dem Verein sich professionell bei der Projektentwicklung vom »Wohnbund Frankfurt« beraten zu lassen, was umso notwendiger geworden war, weil keine eigenen Gelder vorhanden waren. Das Bauvorhaben musste wegen der öffentlichen und eigenen Ansprüche nach besonderem Verfahren abgewickelt werden, zumal erst noch ein Bauträger gefunden werden musste, der das soziale Millionenkonzept vorfinanzierte. Die Vereinsfrauen drohten mit dem rein ehrenamtlichen Einsatz an ihre Grenzen zu stoßen.

1994 gelang es ihnen die Stadt von ihren Intentionen zu überzeugen, was dazu führte, dass städtischerseits fünf aneinandergrenzende Grundstücke einer Eckbebauung für das Frauenbauprojekt reserviert wurden. Das dadurch gebildete Gesamtgrundstück war von den Frauen nach intensiv diskutier-

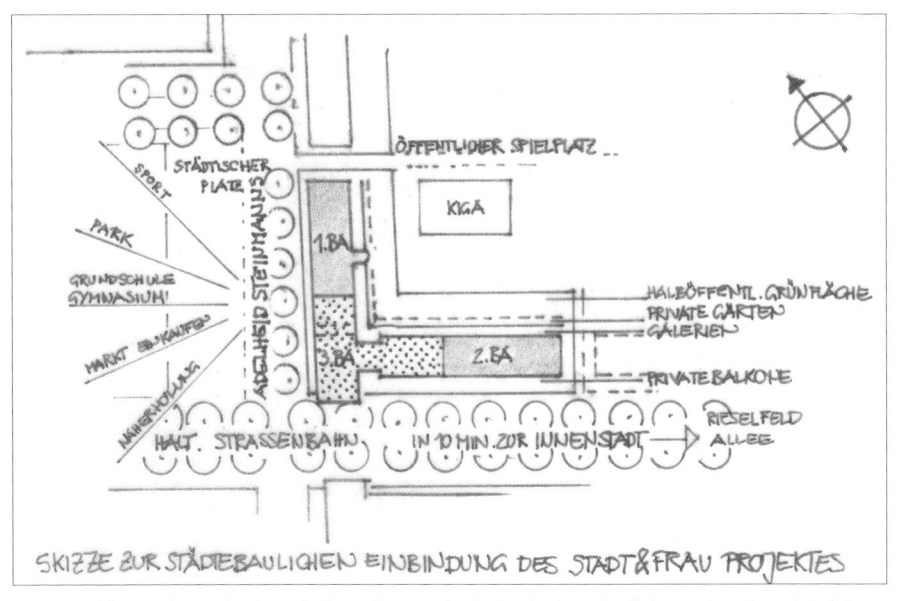

Abb. 2   Skizze, die die Aufteilung der Bauabschnitte (BA) verdeutlicht: geplant 1. und 2. BA durch die 4 Architektinnen des Vereins Stadt & Frau: Renate Bert, Charlotte Smuda-Jescheck, Ursula E. Müller, Ingeborg Thor-Klauser, zusammen mit der Landschaftsarchitektin Mathilde Jaccarino-Kirchner, der 3. BA (1. Preis des Wettbewerbs) wurde geplant von evaplan aus Karlsruhe.

ten Vorgaben ausgesucht worden: im Süd-Osten des Stadtteils Rieselfeld an städtebaulich prägnanter Ecke. Hier konnten die Forderungen, die Inhalte des Kriterienkatalogs – vom Verein *Stadt & Frau* im Rahmen des Bürgerinnenbeteiligungsverfahrens entwickelt – baulich realisiert werden (Abb. 2).

Die Gesamtkonzeption des Hauses entwickelten – im Dialog mit den Vereinsfrauen – vier Architektinnen des Vereins: Renate Bert, Charlotte Smuda-Jescheck, Ursula E. Müller und Ingeborg Thor-Klauser zusammen mit der Landschaftsarchitektin Matilde Jaccarino-Kirchner. Das Projekt entstand in drei Bauabschnitten. Die Ausführungsplanung von zwei Bauabschnitten übernahmen die Architektinnen des Vereins, für den dritten Bauabschnitt hatte die Stadt einen Wettbewerb vorgeschrieben, der aber – von uns gefordert – auch nur für Architektinnen ausgeschrieben wurde und dessen Preisgericht – mit Ausnahme des Bauträgers – nur Frauen angehörten. Den Wettbewerb gewann 1996 das Büro evaplan aus Karlsruhe. Im gleichen Jahr wurde dann auch die Wohnungsbaugenossenschaft *Stadt & Frau e.G.* durch den Verein und zukünftige Bewohnerinnen gegründet. Die Genossenschaft war für die Verwaltung und für die Auswahl der Mieterinnen zuständig. Ende des Jahres 1996 war endlich Baubeginn und Anfang des Jahres 1998 zogen die ersten Bewohnerinnen ein und bauten die Hausgemeinschaften auf.

Abb. 3   Blick auf die Galerien des 1. Bauabschnitts und auf das üppige Grün im Garten, dessen Wachstum möglich ist dadurch, dass in diesem Bereich auf die Tiefgarage verzichtet wurde.

Bei der Planung der Wohnungen hatten wir einen »unüblichen« Weg gewählt: Weil wir Wert auf eine frühzeitige Bewohnerinnenbeteiligung legten, planten wir – in vielen Sitzungen – überwiegend mit und für die zukünftigen meist finanziell schwachen Mieterinnen bevor die Käuferinnen bekannt waren. So ergab es sich, dass später die Anlegerinnen – quasi als Dreingabe – eine gut motivierte Mieterschaft zusätzlich zu ihrer Wohnung erhielten.

Einige Zahlen zum Projekt *Frauen planen und bauen – nicht nur für Frauen:*

Es gibt	68		Wohnungen
mit	4800	qm	Wohnfläche
davon	450	qm	Fläche zur gemeinschaftlichen Nutzung
davon	250	qm	Fläche zur gewerblichen Nutzung
auf	3600	qm	Grundstücksfläche.

Die Gebäude wurden in Niedrigenergiebauweise (65 KWH/qm) errichtet und bekamen ein Gründach (Abb. 3).

Die Besonderheiten des Projektes – mit Frauenblick ermöglicht

– Schon die Lage des Baugrundstückes bietet Vorgaben, die sich positiv auf das Leben im Projekt auswirken: Kindergarten und öffentlicher Spielplatz in Ruf- und Sichtnähe, gleich nebenan Treff- und Kommunikationsmöglichkeit am städtischen Platz, Straßenbahnhaltestelle vorm Haus, im Rückbereich der Wohnungen das Grün der Gärten, Arbeitsplatzmöglichkeiten in unmittelbarer Nähe, Grundschule, Gymnasium und Sportplätze fußläufig erreichbar.
– Weil Berufstätigkeit für Frauen zunehmend eine existentielle Voraussetzung für ihr Leben ist, sind im zweiten Bauabschnitt die Maisonettewohnungen so konzipiert, dass die eine Ebene der Wohnung zum Beispiel als Praxis oder Büro und die andere als Wohnung genutzt werden kann und je nach gewähltem Bedarf getrennte Zugänge möglich sind. Gewerbeeinheiten werden im dritten Bauabschnitt angeboten.
– Die Wohnungsgrundrisse (nach dem Prinzip des »Durchwohnens« im ersten Bauabschnitt von Ost nach West, im zweiten Bauabschnitt von Süd nach Nord orientierte Wohnungen) haben besondere Zuschnitte: Der übliche reine Wohnbereich wurde zugunsten gleich großer Räume verkleinert, sodass jede Person in der barrierefreien Wohnung wie angestrebt »ein Zimmer für sich alleine« bewohnen kann. Treff- und Mittelpunkt sind die großen Wohnküchen, wo auch Haus- und Familienarbeit partnerschaftlich aufgeteilt werden. »Hausfrau und Mutter in die Küche und Türe zu …« – diese Zeit ist Vergangenheit. Eingefahrene Geschlechterrollen können hier abgebaut werden.
– Durch die Richtlinien des sozial geförderten Wohnungsbaus in Baden-Württemberg waren die förderungswürdigen Wohnflächen stark begrenzt. Es bedurfte einer besonders intensiven Planung, um das erwünschte und angestrebte Konzept »ein Zimmer für sich allein« baulich umzusetzen.
– Für das Wohnkonzept war es auch wichtig, eindeutig die Bereiche zu definieren, die die jeweils verschiedenen Bedürfnisse nach Kommunikation ermöglichen: vom öffentlichen Platz über die halböffentlichen Galerien, die auf allen Ebenen alle drei Bauabschnitte verbinden, bis hin zu den ganz privaten Balkonen und Terrassen.

Wie es sich im Nachhinein herausstellt, finden die meisten Begegnungen innerhalb der Hausgemeinschaften auf diesen verbindenden Galerien statt – über Bobby-Car Kinderbegegnungen oder Plauderstündchen und Frühstückstreffen. Für die größeren Feste stehen Gemeinschaftsräume und Garten zur Verfügung (Abb. 4).
– Bereichernd für den Zusammenhalt der Hausgemeinschaften sind zudem die Gemeinschaftsräume des Projektes, deren Anteil mit 10 Prozent der Wohnfläche ungewöhnlich hoch ist. Ihre Nutzungen werden von den Bewohnerinnen in den einzelnen Bauabschnitten selbst verschieden festgelegt und eingerich-

Abb. 4   Ein Plauderstündchen auf der Galerie

tet, (Hausgemeinschaftsbesprechungen, Geburtstagsfeste, Kinderspielraum, Kinderkino, Gäste-Übernachtung, Waschmaschinenraum, Sport- und Gymnastikraum, …). Finanziert wurden sie über die Wohnungskäuferinnen, die einen höheren Kaufpreis als üblich für die Wohnungen zahlten.
– Zusammen wohnen, zusammen leben, zusammen alt werden: Das Frauenprojekt macht es möglich, dass Menschen unterschiedlicher sozialer Stärke, dass Jung und Alt im Haus ihre Wohnung finden. Das Angebot der überwiegend barrierefreien Ein- bis Fünf-Zimmer-Wohnungen, die Mischung von öffentlich geförderten Mietwohnungen mit unterschiedlich gefördertem Mietpreisniveau bei Baubeginn zusammen mit Eigentumswohnungen unterstützen die Vielfältigkeit der Bewohnerinnen-Struktur.

Das Projekt profitiert zudem davon, dass das Konzept vorsieht nach Bedarf große Wohnungen in kleinere Wohneinheiten zu unterteilen und kleine Wohnungen zu einer großen zusammenzuschließen. Außerdem ist es möglich, einen Raum, der zwischen zwei Wohnungen angeordnet ist – den »Schaltraum« – nach Bedarf oder Lebenssituation der einen oder anderen Wohnung zuzuschlagen. Sandwich-Paneele für die dann jeweils benötigten Türöffnungen sind für eine unkomplizierte Änderung vorbereitend eingebaut (Abb. 5).

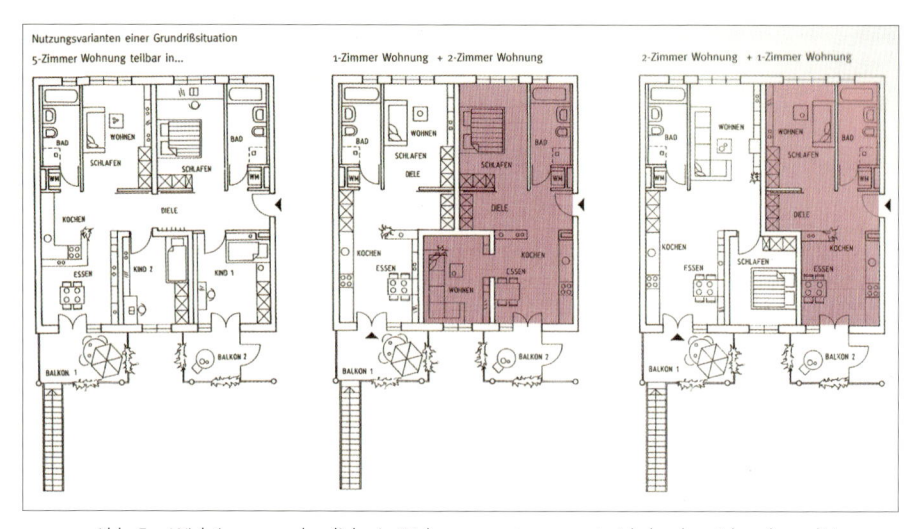

Abb. 5   Wichtig war es, baulich ein Wohnungssystem zu entwickeln, das sich unkompliziert an verschiedene Lebensphasen und Lebenskonzepte anpassen lässt, z.B. eine große Wohnung nach Bedarf in zwei kleinere Wohnungen aufteilen, das »Schaltzimmer« je nach Bedarf der einen oder anderen Wohnung zuordnen.

– Im Jahr 2002 wurde das Modellprojekt *Stadt & Frau* beim baden-württembergischen Landeswettbewerb »Wohnen mit Kindern« mit dem 2. Preis ausgezeichnet, eine Auszeichnung, die für sich spricht.

Das Projekt heute

Heute, gut 20 Jahre nach Erstbezug, ist das von Frauen konzipierte und realisierte Projekt immer noch ein in allen Bereichen stimmiges, nachbarschaftlich positiv funktionierendes »Wohnhaus«. Inzwischen hat man sich an das System der Doppelparkierung in der Tiefgarage gewöhnt. Für diese Art der Parkierung hatten wir uns damals gemeinsam entschieden, um die baurechtlich erforderliche Parkierungsfläche zu halbieren und die somit »gewonnene Fläche« als Gartenfläche anbieten zu können, als Boden, auf dem auch größere Bäume ihre Wurzeln schlagen können (Abb. 6). Inzwischen sind auch diejenigen, die »damals« als Studierende einzogen, heute anders positioniert und meist nicht mehr in Freiburg. Glücklicherweise sind viele Stabilisatorinnen geblieben, diejenigen, deren Kinder, damals noch klein, jetzt aus dem Nest ausgeflogen sind, die sowohl als Mietende als auch als Ersteinziehende in Eigentumswohnungen leben, diejenigen, die die Hausgemeinschaften und Nachbarschaften pflegen und stärken. Sie sind auch heute noch die Impulsgebenden, oft für den gesamten Stadtteil – sie sind einfach unverzichtbar! Die

Abb. 6   Garten zweiter Bauabschnitt mit Tiefgarage

im dritten Bauabschnitt entstandenen Gewerbeflächen haben ihre Besitzer beziehungsweise Pächter des Öfteren gewechselt, so wie es in der Geschäftswelt allgemein üblich ist. Das Erschließungssystem zusätzlich über den Aufzug im dritten Bauabschnitt funktioniert, was sicherlich auch der Tatsache geschuldet ist, dass sich die drei Eigentümergemeinschaften im Projekt freundschaftlich gesonnen sind. Dazu wächst auf den Balkonen und den zurzeit etwas ruhigeren Galerien und ebenso in den privaten und gemeinschaftlichen Gärten ein versöhnlich-üppiges Grün.

Das Projekt als Vision für zukünftiges Bauen und Wohnen

Nachdem Besuche, Rundgänge mit Besichtigungen einiger Wohnungen, nachdem offene Gespräche und anregende Diskussionen zeigen, dass dieses lebendige, von Frauen (nicht nur für Frauen) geplante und gebaute Projekt über einen langen Zeitraum so wunderbar »funktioniert«, sollte man erwarten können, dass es als bestes Beispiel für zukünftiges Bauen in das Programm städtischer Planung aufgenommen und mehrfach wiederholt wird – auch in Freiburg!

Seniorenpolitik in Freiburg

ELLEN BRECKWOLDT

Was in der Nachkriegszeit mit den Sozialdiensten der Wohlfahrtsverbände und der Kirchen begann, mündete in einem eigenständigen Seniorenbüro, das in der Stadtverwaltung verankert, und mit allen Anbietern der Altenhilfe gut vernetzt ist.

Seniorenarbeit wird in hohem Maße ehrenamtlich geleistet, von vielen engagierten Helferinnen und Helfern, die ihr Wissen, ihre Zeit, ihre Energie und ihren Enthusiasmus zur Verfügung stellen. Es ist eine Gemeinschaftsleistung, die jede öffentliche Anerkennung und Unterstützung verdient.

Die Anfänge einer strukturierten Seniorenarbeit – Vereinigung Freiburger Sozialarbeit

Nach dem Zweiten Weltkrieg mit hungernden Menschen und zerstörten Häusern beschlossen die Wohlfahrtsverbände in Freiburg, ihre Angebote zu bündeln und gemeinsam zu handeln. 1946 etablierten sie mit dem damaligen Studentenwerk und der Stadt Freiburg die *Arbeitsgemeinschaft Freiburger Nothilfe*, um die Not für alte und junge Menschen zu lindern. Die Zusammenarbeit bewährte sich, und 1954 gründeten sie den *Verein Freiburger Nothilfe*, der 1972 seinen heute noch gültigen Namen erhielt: *Vereinigung Freiburger Sozialarbeit*.

Dieser Zusammenschluss der Ligaverbände, zu denen seit den 1960er-Jahren auch die israelitische Gemeinde gehört, mit der Stadt Freiburg und dem heutigen Studierendenwerk ist bemerkenswert und einmalig in Deutschland.

Daraus entwickelte sich eine gezielte Arbeit für und vor allem mit Senioren. So überlegten die Mitglieder der Vereinigung Freiburger Sozialarbeit in den Jahren 1971/72 ihren Sachverstand in der Altenhilfe, Altenberatung und Altenbildung in einem Seniorenkreis zusammenzuführen und für diese Arbeit klare Strukturen zu schaffen.
Im Herbst 1974 war der erste *Seniorenarbeitskreis* gebildet, der im Juni 1975 mit der *Woche der älteren Generation* erstmals mit einem vielseitigen Programm an die Öffentlichkeit trat. Der Seniorenarbeitskreis und der Vorstand der Vereinigung Freiburger Sozialarbeit verständigten sich darauf, einen Kreisseniorenrat für den Stadtkreis Freiburg zu schaffen. Und nach intensiver gemeinsamer Vorarbeit wurde am 13.12.1976 der *Kreisseniorenrat Freiburg* gegründet.

In der Präambel der Satzung heißt es: »Im Bewußtsein der besonderen, oft schwierigen Situation des alten Menschen in unserer Gesellschaft haben sich die verantwortlichen Träger und Gemeinschaften der sozialen Arbeit in der Stadt Freiburg im Jahr 1976 zur Gründung des Kreisseniorenrats in Freiburg entschlossen«.

Mitglieder sind alle Institutionen und Organisationen, die in allen Bereichen der Seniorenarbeit – Hilfe, Bildung, Begegnung, Beteiligung – tätig sind: zum Beispiel Wohlfahrtsverbände, kirchliche Einrichtungen, Begegnungsstätten, offene Angebote, Clubs. Die Stadt Freiburg unterstützt deren Aufgaben und Angebote mit dem Amt für Soziales und Senioren und fördert sie.

Die Mitgliedsorganisationen entsenden Senioren-Delegierte in die Vollversammlung, aus deren Mitte alle drei Jahre die Vorstände gewählt werden. Der Rat arbeitet unabhängig und ist weltanschaulich und parteipolitisch neutral. Seit seinem Bestehen begleitet der Kreisseniorenrat, heute *Stadtseniorenrat*, die städtische Sozialpolitik mit Anregungen. Er weist auf Probleme hin, macht Vorschläge und arbeitet an Lösungen mit; kurzum, er vertritt die Interessen der älteren Menschen in Freiburg.

Nach und nach entwickelte der Stadtseniorenrat auch eigene Angebote. So wurde 1979 ein S*eniorenpass* eingeführt und in seiner Geschäftsstelle ausgegeben. Der Pass ermöglichte den Menschen über 60 Jahren eine Reihe von Vergünstigungen in Straßenbahnen und Bussen, beim Eintritt in Schwimmbäder, ins Theater und in Museen. Leider wurde diese kommunale Förderung Ende 2001 aus budgetären Gründen per Gemeinderatsbeschluss wieder abgeschafft. Als Antwort auf das große Informationsbedürfnis in der Bevölkerung wurde ein *Ratgeber für die ältere Gesellschaft* entworfen. Mit einem Verzeichnis von Einrichtungen und Diensten für ältere Menschen wurde er zu einem echten Renner. 1990 erschien eine *zweite erweiterte Auflage* mit zusätzlichen Informationen und wertvollen Hinweisen zu neu entstandenen Initiativen. 1997 wurde schließlich der Vorläufer des heute bekannten *Wegweisers »Älter werden in Freiburg«* mit Unterstützung des 1994 eröffneten *Seniorenbüros* erarbeitet (Abb. 1).

Diese Broschüre listet alle Dienste, Initiativen, Beratungs- und Begegnungsmöglichkeiten für Ältere und Alte in Freiburg auf und bietet eine gute Orientierung im Dickicht der zahlreichen Angebote. Inzwischen ist sie ein gut eingeführtes und beliebtes Nachschlagewerk für Freiburgs Bevölkerung. Sie wird immer noch vom Seniorenbüro und dem Stadtseniorenrat herausgegeben, alle zwei Jahre aktualisiert und steht kostenlos bereit. 2018/19 erschien die zwölfte Auflage.

Schließlich erreichte der Kreisseniorenrat, dass er *sachkundiges Mitglied im Sozialausschuss der Stadt Freiburg* wurde. Damit kann er die Anliegen und Sichtweisen der Senioren direkt in die kommunale Diskussion einbringen und erlangt eine politische Stimme.

Abb. 1   Broschüre »Älter werden in Freiburg«, 12. Auflage 2018

Abb. 2   Deutsche Delegation in Mulhouse mit den französischen Gastgebern, Juni 2005

Der Seniorenrat bewies überregionale Voraussicht, als er bei seiner Gründung 1976 Mitglied im 1974 gegründeten *Landesseniorenrat in Stuttgart* wurde.
Eine weitere überregionale und internationale Kontaktaufnahme erfolgte in das benachbarte Elsass zum *Seniorenrat Mulhouse*. Es gab Besuche und Gegenbesuche, man tauschte Erfahrungen und Konzepte aus und lernte voneinander. Ein, insbesondere im unmittelbaren historischen Kontext gesehen, wichtiger interkultureller und persönlicher Austausch (Abb. 2).

Das Seniorenbüro

Die Zunahme der älteren Bevölkerung machte es nötig, ein eigenes Amt für Senioren in der Stadtverwaltung zu verankern. Das Amt sollte Anlaufstelle für die Älteren sein und gleichzeitig Querschnitts-Aufgaben in der Stadtverwaltung übernehmen, um die Belange der Älteren in allen Bereichen des politischen Spektrums zur Geltung zu bringen: beim Bauen, im Verkehr, in der Kultur und anderem. Der ehrenamtlich wirkende Seniorenrat konnte eine so umfassende Aufgabe alleine nicht leisten. So wurde am 18.03.1994 das *städtische Seniorenbüro* eröffnet, zunächst mit drei professionellen Mitarbeitern. Es informiert und berät ältere Menschen und deren Angehörige. Es kooperiert mit allen Akteuren der Seniorenarbeit und vernetzt sie. Es steht für den fachlichen Austausch in diversen Gremien zur Verfügung. Schließlich plant es auch in enger Zusammenarbeit mit dem Stadtseniorenrat die Altenarbeit und Altenhilfe im ambulanten, stationären und teilstationären Bereich für die Zukunft.

Im Laufe der Jahre wuchsen die Aufgaben des Seniorenbüros. Da die Zahl der Älteren weiter anstieg und familiäre Netze sich auflösten, entstanden neue Bedürfnisse und Notwendigkeiten. Als am 01.01.1995 die *Pflegeversicherung* bundesweit eingeführt wurde, war das Seniorenbüro äußerst hilfreich bei der Umsetzung.

Im Folgenden einige Beispiel der Seniorenarbeit in Freiburg:
Wohnen ist ein Top-Thema. Es ist ein besonderes Anliegen im Alter, weil die eigenen vier Wände zum Lebensmittelpunkt werden. Der große Wunsch selbständig, selbstbestimmt und unabhängig zu bleiben, in vertrauter Umgebung zu leben, mit sozialen Kontakten zu Nachbarn und Freunden, führt zum *Betreuten Wohnen zu Hause*. Wenn die Kräfte nachlassen, werden Hilfen im Haushalt und in der Lebensführung einbezogen.
Natürlich entwickelten sich auch eine Reihe anderer Möglichkeiten: Etwa das *Betreute Wohnen in einer Wohnanlage* oder das *Wohnen in einem Wohnstift*.
Eine Alternative bieten *Neue Wohnformen* an. Dabei schließen sich Menschen zu Gruppen zusammen und versuchen, ihre eigenen Ideen zum gemeinschaftlichen Wohnen zu verwirklichen.
Darüber hinaus gibt es *Wohnen für Hilfe* in einer Wohnpartnerschaft zwischen Studierenden und Senioren vermittelt durch das Studierendenwerk; sowie Sonderformen wie *Wohnen mit Demenz,* sowohl innerhalb privater Initiativen, als auch in Pflegeheimen.

In Pflegeheimen steht die *Pflege* im Mittelpunkt. Für Fragen dazu ist das Seniorenbüro zuständig, wie auch für die *zentrale Heimplatzvermittlung*.

Leider stehen – wie auch in anderen Städten – in Freiburg zu wenige *Kurzzeitpflegeplätze* zur Verfügung. Sie wären wichtig, um pflegende Angehörige zu entlasten.

Zu Freiburgs Infrastruktur gehören zahlreiche *Begegnungsstätten* in unterschiedlicher Trägerschaft. Sie sind Treffpunkte und bieten diverse Programme an. Sie sind offen für alle Menschen und werden gern von Senioren genutzt. Nach vorgegebenen Richtlinien werden diese Begegnungsstätten von der Stadt finanziell gefördert.

Quartiersarbeit ist ein weiteres Aufgabengebiet auch für den Seniorenbereich. In den Stadtteilen müssen ausreichend Angebote für eine gute Versorgung vor allem der Älteren vorhanden sein, sowie Treffpunkte und Programme, um ein Miteinander aller Menschen zu fördern. Entsprechend passende Konzepte wurden in Zusammenarbeit mit den Hochschulen erarbeitet. Zwei Beispiele waren richtungsgebend:
1. Die Zusammenarbeit der Stadtentwickler des Rieselfeldes mit der Evangelischen Hochschule und
2. das gemeinsame Vorgehen der Katholischen Hochschule mit den kommunalen Stiftungen und dem Bürgerverein Littenweiler. Beides führte zu einem lebendigen Miteinander der Menschen in diesen Quartieren.

2004 wurde der *Bunte Tisch Migration* gegründet mit Fachdiensten aus der Migrations- und Altenarbeit, sowie den pflegenden Angehörigen. Damit wurde ein Forum zur Information und zum Austausch für ältere Migranten geschaffen, um auch für sie eine passende Versorgung im Alter zu gewährleisten.

Nach dem Vorbild des »Wegweisers Älter werden in Freiburg« wurden im Laufe der Jahre weitere *Informationsbroschüren* erarbeitet: Informationen zu Wohnen und Begegnung, zu stationären Pflegeeinrichtungen, zu Demenz und andere mehr. Alle stehen kostenlos zur Verfügung.

Als im Oktober 2010 *landesweit Pflegestützpunkte eingerichtet* wurden, wurde dieser in Freiburg dem Seniorenbüro zugeordnet. Seither übernimmt der Pflegestützpunkt die zahlreichen Aufgaben der Beratung, der Koordinierung und Vernetzung im Bereich der Pflege.

Es gibt weitere zahlreiche Angebote im Seniorenbereich aufgelistet in der Broschüre »Älter werden in Freiburg«. Ein Großteil wird von freien Trägern der Wohlfahrtspflege auch mit Hilfe ehrenamtlich engagierter Menschen erbracht.

Das Seniorenbüro übernimmt die Vernetzung und Weiterentwicklung des Versorgungs- und Unterstützungssystems für ältere Menschen.

Der Stadtseniorenrat

Auch der ehrenamtlich tätige Seniorenrat entwickelte sich unabhängig vom Seniorenbüro weiter. Er bekam einen neuen Namen und wurde am 16.10.2000 als *Stadtseniorenrat Freiburg e.V.* ins Vereinsregister eingetragen (Abb. 3). Dort engagieren sich bis heute *Senioren für Senioren* auf vielfältige Weise in den unterschiedlichsten Lebensbereichen: im großen Kultur- und Bildungsbereich, im Sport und in der Musik, und auf dem umfangreichen Pflege- und Gesundheitsgebiet.

Beispiele sind die *externen Heimberäte in den Pflegeheimen*. Es stellen sich Ehrenamtliche zur Verfügung, um die Interessen derjenigen Heimbewohner zu vertreten, deren Kräfte nachlassen. Zusammen mit der Heimaufsicht sorgt der Rat für Aus- und Fortbildung der Freiwilligen.

Ein *Pflegesorgetelefon* wurde eingerichtet, das inzwischen als allgemeines *Informationstelefon* funktioniert. Es ist an drei Tagen in der Woche vormittags besetzt und die Ehrenamtlichen, die die Gespräche annehmen, haben Zeit zum Zuhören.

Der ideale Standort des Rats in der Schusterstraße 19 mitten in der Stadt wird gern von den Älteren als Anlaufstelle genutzt.

Abb. 3   Der Vorstand des Stadtseniorenrates

Abb. 4 Flyer der Bürgerschaftsstiftung Soziales Freiburg

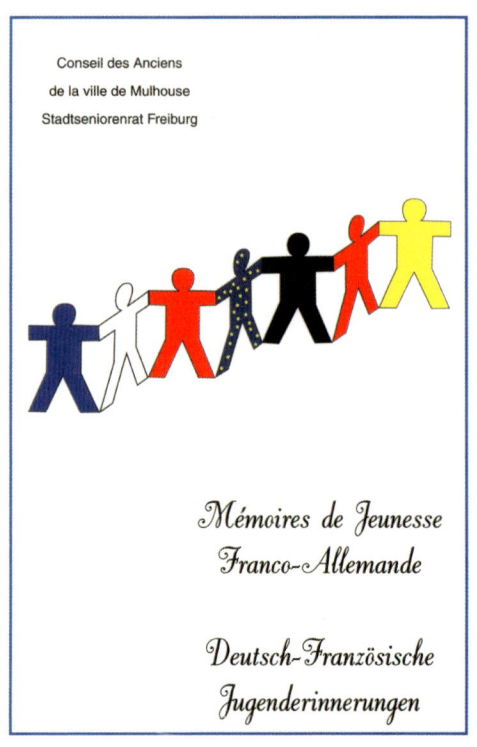

Abb. 5 Bucheinband »Mémoires de Jeunesse Franco-Allemand – Deutsch-Französische Jugenderinnerungen«, Mulhouse 2007

2006 gründete der Stadtseniorenrat die *Bürgerschaftsstiftung Soziales Freiburg,* um der zunehmenden Altersarmut und der Vereinsamung entgegenzuwirken. Mitarbeiter/innen der Beratungsstellen hatten Alarm geschlagen und auf die Not älterer Menschen mit zu kleinen Renten aufmerksam gemacht. Daraufhin stiftete der Seniorenrat das Startkapital und sammelte Spenden. Inzwischen ist die Bürgerschaftsstiftung Soziales Freiburg eine eigenständige Institution. Sie hilft jährlich gut 100 Menschen aus großer finanzieller Not, wenn staatliche oder öffentliche Leistungen nicht möglich sind (Abb. 4).

Gegen die Einsamkeit älterer Menschen schenken Ehrenamtliche ihre Zeit zum Spazierengehen, Vorlesen oder zum Gespräch. Wer ein »Zeitstifter« werden möchte, kann sich bei der Stiftung melden.

Jedes Jahr wird ein *Seniorentag* zu einem wichtigen Thema veranstaltet. Inhalte wie *Gesundheit im Alter – Wie schaffe ich das und wer hilft mir dabei? Lernen im Alter – Was ist möglich? Verkehr und Mobilität, Wohnen im Alter* werden mit Experten diskutiert und in Workshops erarbeitet.

Der *Seniorenrat* organisiert Lesungen in der Stadtbibliothek und besondere Filme im kommunalen Kino.

Diverse Kooperationen mit anderen Netzwerken wie Bündnis für Familie, Antidiskriminierung, Inklusion verbreitern die Plattform des Seniorenrates und sorgen für die Einbeziehung der Sicht der Senioren und ihrer Argumente.

Die *langjährige Zusammenarbeit* mit dem *Stadtseniorenrat Mulhouse* in Frankreich führte zu Freundschaften diesseits und jenseits des Rheins. Man tauschte Arbeitsweisen aus, traf sich zu Workshops und formulierte gemeinsame Ziele. 2007 entstand ein *gemeinsames Buch: Französisch-Deutsche und Deutsch-Französische Jugenderinnerungen* (Abb. 5).

Blick in die Zukunft

Der demographische Wandel mit einer Zunahme der älteren Menschen stellt Politik und Gesellschaft in den nächsten Jahren vor große Herausforderungen. Laut Amt für Bürgerservice und
Informationsmanagement waren 2018 49676 Menschen in Freiburg 60 Jahre alt und älter bei einer Gesamteinwohnerzahl von 226 207 – das sind fast 22 Prozent der Bevölkerung. Im Vergleich dazu waren 2012 noch 45103 Menschen über 60 Jahre alt. Daraus resultiert auch für Freiburg eine Zunahme der älteren Bevölkerung.

Eine Weiterentwicklung der Altenarbeit ist unumgänglich. Regelmäßige dezentrale Beratungen in den Stadtteilen wären dringend notwendig, aufeinander abgestimmte Wohnprojekte könnten unterstützt werden, ausreichende Angebote der ambulanten und stationären Pflegemöglichkeiten sollten geschaffen werden. Große Bedeutung hat auch ein zügiger Ausbau einer echten Barrierefreiheit. Für den neuen Stadtteil Dietenbach sollte man die Seniorenpolitik als Querschnittsaufgabe sehen, damit er zu einem altersgerechten Viertel wird.

All dies erfordert eine weitere Mobilisierung des Ehrenamts und eine Stärkung der Vernetzung in den Stadtteilen. Viele ehrenamtliche und professionelle Menschen sind mit großem Engagement und Herzblut bei der Sache. Die verschiedenen Aktivitäten sind nur mit einem Gemeinschaftskraftakt möglich.

Ich wünsche mir einen sorgsamen Umgang mit Menschen und Ressourcen hin zu einem guten Miteinander der Generationen. Und damit bin ich, hoffentlich auch in Zukunft, nicht allein.

Bürgerbeteiligung in Freiburg

Lange Tradition, zahlreich engagierte Akteure und vielfältige Möglichkeiten der Bürgerbeteiligung

MICHAELA PILTZ

Freiburg zeigt sich vor dem Jubiläumsjahr 2020 mit 226 207 Einwohner_innen (Stand 31. Dezember 2018) als viertgrößte Stadt Baden-Württembergs. Mit 28 Stadtteilen und neun Ortschaften treffen dabei in Freiburg gewachsene Identitäten im Kleinen auf die aktuellen Anforderungen und gesellschaftlichen Herausforderungen einer wachsenden Gesamtstadt. Die Zusammenarbeit zwischen Politik, Verwaltung und Bürgerschaft nimmt dabei einen besonderen Stellenwert ein, um Freiburg im Sinne des Gemeinwohls und passend zur eigenen Identität zu gestalten. Information, Dialog und Beteiligung der Bürgerschaft haben in Freiburg, ebenso wie das bürgerschaftliche Engagement, eine lange Tradition und finden seit Jahrzehnten in unterschiedlichen Formen und Ausprägungen statt. So haben sich neben den in der Gemeindeordnung Baden-Württembergs festgeschriebenen Organen und Strukturen, wie Gemeinderat, Ortschaftsrat, gesetzlich vorgeschriebene Formen der Bürgerbeteiligung zum Beispiel im Baugesetzbuch für die Bauleitplanung, die Durchführung von Wahlen, die Möglichkeiten des Bürgerbegehrens und Bürgerentscheids sowie seit 2015 die Regelung zur angemessenen Beteiligung von Kindern und Jugendlichen, breit gefächerte und zusätzliche Möglichkeiten der Mitwirkung und politischen Teilhabe gebildet. Sichtbar wird dies unter anderem im seit Jahrzehnten vorhandenen ehrenamtlichen Engagement der Freiburger Bürger- und Lokalvereine. Manche Bürgervereine bestehen seit über 100 Jahren und entstanden vor dem Ersten Weltkrieg als bis dahin selbstständige Ortschaften in die Stadt eingegliedert wurden, andere gründeten sich mit der Entstehung neuer Stadtteile in den letzten Jahrzehnten (vgl. 60 Jahre Arbeitsgemeinschaft der Freiburger Bürgervereine (AFB), 2012).

Mit Ihrem Engagement leisten die Bürgervereine große ehrenamtliche Arbeit in ihrem Stadtteil. Neben der Teilnahme an Bürgerdialogen engagieren sie sich unter anderem für Stadtteilfeste, soziale Aktivitäten, Pflanz- und Pflegeaktionen, knüpfen Netzwerke, halten Kontakte in die Stadtverwaltung und zum Gemeinderat. Dabei haben sie die unterschiedlichen Themen einer vielfältigen Gesellschaft im Blick und pflegen sowie fördern die Gemeinschaft. Die Lokal- und Bürgervereine sind unabhängig gegenüber Parteien, Gruppierungen, der Stadtverwaltung und weiteren Behörden. Um die Interessen zu bündeln und als bürgerschaftliche Vertretungen mit einer Stimme sprechen zu können, gründete sich vor über sechzig Jahren die Arbeitsgemeinschaft der Freiburger Bürger- und Lokalvereine (AFB). Als Dach aller 18 Bürger- und Lokalvereine hat sie sich zur Aufgabe gemacht, die stadtteilübergreifenden Interessen des bürgerschaftlichen Gemeinwohls zu vertreten, und stellt damit für Gemeinderat und Verwaltung einen wichtigen Partner dar (vgl. 60 Jahre Arbeitsgemeinschaft der Freiburger Bürgervereine (AFB), 2012).

Neben den Bürgervereinen sind die vielfältigen Akteursgruppen der Stadtgesellschaft wichtige Ansprechpartner_innen. Dazu zählen unter anderem Kinder, Jugendliche, Senioren, behinderte Menschen, Migrant_innen, religiöse Gruppierungen, Vertretungen aus Wirtschaft, Wissenschaft, Kultur- und Sozialbereichen, neue Gruppierungen und Bewegungen und viele mehr. Dies unterstreicht, dass Bürgerbeteiligung in Netzwerkarbeit funktioniert, denn bei den gesetzlich nicht vorgeschriebenen, dialogorientierten Formen der Bürgerbeteiligung stehen das gemeinsame Herausarbeiten von Anregungen, Befürchtungen und Ideen im Mittelpunkt. Informationen können so früh ausgetauscht und Konflikte thematisiert werden. Nur wenn dabei die jeweiligen Zielgruppen über die richtigen Kommunikationswege angesprochen und eingebunden werden oder wenn bei übergreifenden Themen eine Vielfalt der Stadtgesellschaft vertreten ist, können Bürgerbeteiligungsverfahren zum Erfolg führen.

Blickt man auf die Ortschaften, so gilt seit Beginn der 1970er-Jahre in den eingemeindeten Stadtteilen Ebnet, Hochdorf, Kappel, Lehen, Munzingen, Opfingen, Tiengen und Waltershofen die Ortschaftsverfassung mit Ortschaftsrat, Ortsvorsteher_in und örtlicher Verwaltung. Die Ortschaftsräte werden bei der Kommunalwahl von der Bürgerschaft der jeweiligen Ortschaft für fünf Jahre gewählt und haben ein Anhörungs- und Vorschlagsrecht bei allen wichtigen Aufgaben der Ortschaft. Die Ortsvorsteher_innen sind Vorsitzende der Ortschaftsräte und leiten im Auftrag des Oberbürgermeisters die Ortsverwaltungen. Sie werden vom Gemeinderat auf Vorschlag des Ortschaftsrates jeweils für die Amtszeit der Ortschaftsräte gewählt und haben eine beratende Stimme im Gemeinderat. Im Rahmen von Ortschaftsratssitzungen wird ein öffentlicher Tagesordnungspunkt »Bürgerfragestunde« nach § 33 Abs. 4 Gemeindeordnung aufgesetzt, in der die Ortsvorsteherin oder der Ortsvorsteher Fragen der Einwohner zu allen Gemeindeangelegenheiten beantwortet und Anregungen und Vorschläge entgegennimmt (vgl. https://www.freiburg.de/pb/206688.html aufgerufen am 22.09.2019).

Über die kommunale Ebene Freiburgs hinaus unterstützt die Landesebene Baden-Württembergs seit vielen Jahren die Beteiligung der Bürgerschaft. Mit der »Politik des Gehörtwerdens« fördert das Land Baden-Württemberg eine Kultur der Beteiligung. So war Freiburg 2017 eine der Modellstädte, bei welchen die Veranstaltungsreihe »Nachbarschaftsgespräche: Zusammenleben – aber wie?« durchgeführt wurde. Bei dieser Form der aufsuchenden, kleinräumig gestalteten Bürgerbeteiligung werden in ausgewählten Stadtteilen, mit engagierten Akteuren und zufällig ausgewählten Bürgerinnen und Bürgern, Menschen erreicht, die sonst nicht ins Gespräch mit Politik oder Verwaltung kommen.

Bürgerbeteiligung in der Praxis

Die Stadt Freiburg schätzt die Beteiligung der Öffentlichkeit als elementare Voraussetzung einer funktionierenden und zukunftsgerichteten Stadtgesellschaft. In den letzten Jahren wurden in Freiburg quer durch zahlreiche Themen und Projekte Bürgerbeteiligungsverfahren durchgeführt, wie zum Beispiel im Bau- und Planungsbereich, bei Verkehrsprojekten, der Umwelt- und Klimapolitik, beim Haushalt, bei sozialen und gesellschaftlichen Themen wie Migration und Integration oder der Digitalisierung. Anbei ein kurzer Einblick in Projekte aus Vergangenheit und Gegenwart:

Die Entwicklung des Quartiers Vauban – Bürgerbeteiligung 1995 bis 2014

Bereits vor über zwanzig Jahren wurde die Entwicklung eines zukunftsfähigen und nachhaltigen Wohnquartiers für mehr als 5000 Bewohner_innen unter Beteiligung der Bürgerschaft durchgeführt. Das ehemalige Kasernengelände Vauban wurde zu einem neuen Stadtteil. Ermöglicht wurde dies durch eine Projektstruktur, welche die Zusammenarbeit zwischen der engagierten Bürgerschaft, Politik, Verwaltung und weiteren Akteuren der Stadtgesellschaft förderte. Der damalige Baubürgermeister Dr. von Ungern-Sternberg lud 1995 zu einem ersten Informationsgespräch ins Rathaus, nach dessen Verlauf eine Reihe von freiwilligen Beteiligungsmaßnahmen stattfanden, die über das reguläre Beteiligungsverfahren nach Baugesetzbuch hinaus gingen. Der Baubürgermeister stand für Konfliktgespräche zur Verfügung und es fanden regelmäßige, in kurzen Abständen stattfindende Arbeitssitzungen mit dem Forum Vauban e. V. statt, welches sich 1994 aus engagierten Bürger_innen gebildet hatte. Der Gemeinderat stellte dem Forum neben Räumen auch Finanzmittel aus dem kommunalen Haushalt zur Verfügung, um die fachlich-inhaltliche Arbeit zu ermöglichen.

Damit die politischen Vertreter_innen über die Entwicklungen im Beteiligungs- und Planungsprozess informiert sind, ist eine passende Einbindung notwendig. Hierzu wurde die »Gemeinderätliche Arbeitsgruppe Vauban« (GRAG Vauban) als informelles Gremium gegründet. Das Forum Vauban

Vielfältige Veranstaltungen zur Beteiligung der Bürgerschaft in Freiburg: Bürgerveranstaltung zur Erarbeitung des Perspektivplans Freiburg, zur Erarbeitung des Rahmenkonzepts für den Stadtteil Mooswald und zur Gestaltung des Mehrgenerationenplatzes am Pulverturm war ebenfalls eines der Mitglieder. Beschlüsse wurden darin nicht gefasst, es wurde jedoch ein frühzeitiger Diskurs über Themen und Meinungsbilder wie auch über Unklarheiten und Differenzen möglich. Wichtige Fortschritte, um ein so großes Projekt effektiv voranzubringen.

Mit dem ersten Bebauungsplan im Jahr 1997 endete zwar die gesetzlich vorgeschriebene offizielle Bürgerbeteiligung, sie wurde jedoch über die gesamte Projektlaufzeit in der bisherigen, erweiterten Beteiligung freiwillig fortgeführt. Im weiteren Verlauf gründeten die Bewohner_innen als Nachfolge des aufgelösten Forum Vauban e.V. den Stadtteilverein Vauban e.V. (vgl. Quartier Vauban von der Kaserne zum Stadtteil, Abschlussbericht zur Entwicklungsmaßnahme Vauban 1992–2014, 2016).

Die engagierte Bürgerschaft, wie auch die erweiterte Bürgerbeteiligung, die von Verwaltung und Gemeinderat damals durchgeführt wurde, ermöglichte die gemeinsame Arbeit zwischen den Akteuren. Auch heute steht Freiburg mit der Entwicklung des neuen Stadtteils Dietenbach vor großen Herausforderungen, die mit weiteren und neuen Formaten der Bürgerbeteiligung begleitet werden.

Stadtteilleitlinien (STELL) – Bürgerbeteiligung seit dem Jahr 2011

Mit den »Stadtteilleitlinien« wurde ein Beteiligungsverfahren eingeführt, welches den jeweiligen Stadtteil in den Blick nimmt und der Bürgerschaft einen breiten Beteiligungsspielraum einräumt. Bisher wurden Stadtteilleitlinien für St. Georgen, der Innenstadt, im Stühlinger, in der Wiehre und in Landwasser erarbeitet. Ziel der Stadtteilleitlinien ist es, eine übergeordnete Zielvorstellung für die räumliche Entwicklung eines Stadtteils zu erarbeiten. Die STELL sind damit eine strategische Richtschnur für die kommenden zehn bis 15 Jahre und stellen kein kurzfristiges Maßnahmen- oder Investitionsprogramm dar. Die Inhalte besitzen einen empfehlenden Charakter und dienen als Abwägungsgrundlage für alle wichtigen Planungsebenen wie »Flächennutzungsplan«, »Bebauungspläne« als auch bei »Innenentwicklungsmaßnahmen«. Hierbei ist das aktive Mitwirken der Bürgerschaft als »Experten vor Ort« mit den notwendigen Detailkenntnissen zentral. So werden gemeinsam Defizite und Potenziale im Stadtteil identifiziert, Entwicklungsziele und erste Handlungsoptionen benannt.

Die Bürgerbeteiligung wird hierbei über die Bürgervereine als Multiplikator organisiert. Wichtig ist dabei, eine möglichst offene und niedrigschwellige Beteiligung im Stadtteil zu erreichen. Neben den Bürgervereinen und interessierten Bürger_innen wird der Dialog durch weitere Zielgruppen wie beispielsweise die »Stadtteildetektive« ergänzt, die sich speziell dem Blick von Kindern auf ihren Stadtteil widmen. Die Ergebnisse der Bürgerschaft werden mit den zuständigen Fachämtern der Stadtverwaltung abgestimmt und in den Stadtteilleitlinien zusammengeführt. Abschließend werden die STELL dann vom Gemeinderat als Entwicklungskonzept beschlossen (vgl. https://www.freiburg.de/pb/322417.html#id434914, aufgerufen am 22.09.2019).

Ein kleiner Einblick in die Erarbeitung der »Stadtteilleitlinien Wiehre und Oberau« zeigt das große und lange Engagement der Bürgerschaft. Im November 2011 wurde mit einer Auftaktveranstaltung mit über 200 Personen gestartet. Rund 120 Personen davon haben sich in sieben Arbeitsgruppen zusammengefunden, die sich in der Folge in insgesamt 35 Sitzungen und einer ganztägigen Zukunftswerkstatt mit der Entwicklung der Wiehre und Oberau beschäftigten. Danach wurden die Ziele und Zwischenergebnisse diskutiert und im Anschluss durch eine bürgerschaftlich organisierte Redaktion in der Broschüre »Wohin geht's zur Zukunft Wiehre?« zusammengefasst und der Stadtverwaltung in einer öffentlichen Veranstaltung übergeben. Da diese bürgerschaftlich erarbeitete Broschüre in ihren Maßnahmenvorschlägen sehr eng gefasst war und durch die Verwaltung auf Umsetzbarkeit geprüft werden musste, wurde in enger Abstimmung mit den betreffenden Ämtern und in Rücksprache mit den Bürgervereinen ein zusammenfassendes Planungsdokument »STELL Wiehre« erarbeitet, das mithilfe städtischer Fachdaten die Bestandssituation umfassend darstellte, bewertete und im Sinne der STELL eine langfristigere Maßstabsebene zur Stadtteilentwicklung einnahm.

Um neben diesen langfristigen Entwicklungen erste, kleinteiligere Maßnahmen zeitnah umzusetzen wurde ein Umsetzungsfonds eingerichtet. Dieser betrug fünf Euro pro Einwohner_in (Hauptwohnsitz) und damit standen 155 000,00 Euro zur Verfügung. Auch nach Abschluss des offiziellen Prozesses ist ein gemeinsames Miteinander der Bürgerschaft notwendig, um die Ziele umsetzen zu können (vgl. Gemeinderatsdrucksache G-17/171 Stadtteilleitlinien (STELL) Wiehre).

Erarbeitung einer Digitalstrategie für die Stadt Freiburg – Bürgerbeteiligung in den Jahren 2018/2019

Die Gesellschaft befindet sich mitten im digitalen Wandel, was auch in der Stadt Freiburg viele Fragen hervorruft. Einige davon sind: Wie sieht ein digitales Freiburg der Zukunft aus? Welchem Bild von digitaler Stadt wollen wir folgen? Was können, was wollen wir beeinflussen? Welche Chancen bieten sich, urbane Lebensqualität nachhaltig zu verbessern? Wie begrenzen wir dabei Risiken?

Um diese Fragen und eine Digitalisierungsstrategie, die zukunftsweisende Entwicklungsfelder aufzeigt, für Freiburg zu erarbeiten, startete die Stadt Freiburg einen groß angelegten Dialogprozess mit Bürger_innen sowie Vertreter_innen aus Wissenschaft, Wirtschaft und der Verwaltung. Die Bürger_innen konnten sich bei einer Bürger_innen-Konferenz, einer anschließenden Online-Beteiligung und einer repräsentativen Bürgerumfrage einbringen. Sie haben Antworten formuliert und kreative Ideen eingebracht, wie die Stadt Freiburg im Jahr 2025 digital aussehen soll. Zusätzlich wurden zahlreiche Workshops durchgeführt, an welchen Akteure der Verwaltung, der Wissenschaft und der Wirtschaft teilnahmen. Die Ergebnisse wurden vom Amt für Digitales und IT analysiert, ausgewertet und zusammen mit weiterer Expertise konnte ein Entwurf der Strategie erarbeitet werden. Im Anschluss haben Bürger_innen den Entwurf an vier Themenabenden in einem gezielt dafür entwickelten Format diskutiert und dabei Lob, Kritik, Fragen und Anregungen eingebracht. Im Anschluss beschließt der Gemeinderat die Digitalisierungsstrategie. Mit dieser Form der Bürgerbeteiligung wurde neben der inhaltlichen Bearbeitung eine bessere Vernetzung lokaler Akteure und die Aktivierung vorhandener Potenziale erreicht. Auch bei den folgenden Fortschreibungen der Digitalisierungsstrategie soll die Bürgerschaft eingebunden werden.

Ausbau und qualitative Stärkung der Bürgerbeteiligung

Bürgerbeteiligung beinhaltet neben Chancen auch Herausforderungen. So haben sich in den letzten Jahren die gesellschaftlichen Anforderungen an Information und Beteiligung gewandelt. Die Bürger_innen möchten ihr Lebensumfeld und gesellschaftliche Fragestellungen stärker mitgestalten und hinterfragen deutlicher die Notwendigkeiten von Planungen und Entscheidungswegen. Informationen werden schneller angefordert, gestreut und befürwortende und kritische Haltungen bilden sich – vor allem auch durch die sozialen Medien – sehr zügig und mit hoher Professionalität. Je nach Projekt, Ziel und Rahmenbedingungen müssen die Möglichkeiten einer Beteiligung, deren Ausgestaltung und die für alle Beteiligten einzusetzenden Ressourcen vorausschauend geplant werden. Die passenden Formate und richtigen Zielgruppen müssen aktiviert und eingebunden werden. Eine verständliche und transparente Kommunikation bildet dabei die Grundlage zur Beteiligung. Das heißt, die handwerkliche Gestaltung des Dialogprozesses muss qualitativ gut geplant und umgesetzt werden.

Neben den oben genannten Voraussetzungen ist aktuell vor allem die Frage des Umgangs miteinander in den Fokus gerückt. Nur wenn alle Personen auf einen dialogischen und sachorientierten Austausch achten, kann der Wert der gemeinsamen Diskussion, gerade in konfliktreicheren Diskursen, sichtbar werden. Dies gilt sowohl für Vor-Ort-Veranstaltungen, als auch in Online-Dialogen und Sozialen Medien.

Die Stadt Freiburg hat die Aktivitäten im Bereich der freiwilligen, dialogisch orientierten Bürgerbeteiligung seit 2014 weiter ausgebaut. So wurde durch Herrn Bürgermeister Prof. Dr. Haag im Jahr 2014 die Stabsstelle Kompetenzzentrum Bürgerbeteiligung im Baudezernat gegründet. Diese Stabsstelle hat den Auftrag, die Bürgerbeteiligung weiter zu entwickeln. Daraus entstanden in Zusammenarbeit mit Ämtern, Projektgruppen unter anderem folgende wesentlichen Entwicklungen:

- Die Qualifizierung innerhalb der Verwaltung wird gestärkt wie auch die Gestaltung der Bürgerbeteiligung weiter systematisiert und strukturiert. Die eingeführte Richtschnur Öffentlichkeitsbeteiligung für Bau- und Planungsprojekte liefert dabei praxisbezogenes Wissen zur guten und passenden Gestaltung von Beteiligungsverfahren.
- Mit der Vorhabenliste für Bau- und Planungsprojekte der Stadt Freiburg informiert das Baudezernat die Öffentlichkeit frühzeitig über Vorhaben. Die Vorhaben werden als interaktive Karte und Liste auf der Internetseite der Stadt dargestellt. Um eine schnelle Orientierung zu ermöglichen, sind die Informationen in der Vorhabenliste nach räumlicher Lage (Stadtteile) und Themen gegliedert. Bilder und Piktogramme erleichtern die Bedienung.
- Auf der Internetseite mitmachen.freiburg.de werden alle aktuell laufenden Online-Beteiligungsverfahren sowie Informationen zu kürzlich abgeschlossenen Verfahren dargestellt.
- Das Format der »Zufallsbürger_innen« wurde eingeführt und bereits zahlreich eingesetzt, um viele unterschiedliche Bürger_innen in Dialoge einzubinden.
- Das Format der Bürgerversammlung wird als Pilot-Projekt zur Bürgerbeteiligung bei der Entwicklung des neuen Stadtteil Dietenbach eingesetzt. Hierzu werden unter Berücksichtigung statistischer Gesichtspunkte Freiburger_innen zufällig ausgewählt, die kontinuierlich in den Dialog eingebunden werden.
- Quer durch alle Themen werden bewährte und neue Formate der Bürgerbeteiligung eingeführt und der dialogische Teil gestärkt. Dies gilt sowohl für Online-Beteiligungsverfahren als auch für Veranstaltungen vor Ort. Durch die Verknüpfung der Bürgerbeteiligung mit Inhalten der Digitalisierungsstrategie wurden die Weichen für weitere neue digitale Formate gestellt. Auf eine verständliche Sprache und Gender-Aspekte wird geachtet.
- Die Beteiligung der unterschiedlichen Zielgruppen wie Kinder, Jugendliche, Senioren, Menschen mit Behinderung, Migrant_innen et cetera wird durch passende Formate, bessere Verzahnung der Netzwerke und aufsuchender Beteiligung – also mit Dialogen vor Ort bei den Bürger_innen – forciert.
- Die Kommunikationswege zu jeweiligen Nutzergruppen werden ausgebaut wie zum Beispiel der Einsatz von Sozialen Medien.

Weitere Formate, die durchgeführt werden, sind:
- Bürgerumfragen: Alle zwei Jahre führt die Stadt Freiburg eine repräsentative schriftliche Befragung zu aktuellen Themenstellungen durch. Die daraus gewonnen Resultate stellen ein aktuelles Meinungsbild der Freiburger Bevölkerung zu wichtigen Fragestellungen dar, das als Grundlage für kommunalpolitische Entscheidungen dienen kann.
- Bürgergespräche: Die Stadtteilgesprächsreihe »OB vor Ort« findet monatlich statt und wird in alphabetischer Reihenfolge fortgeführt.

Das Stadtjubiläum 2020 – Ein Fest von, mit und für die Freiburger Bürger_innen

Freiburg lebt die Kultur der Beteiligung. Dies zeigen nicht nur die Aktivitäten in den Projekten oder die angestrebten Maßnahmen zur weiteren Qualitätssteigerung, sondern vor allem die Haltung der Akteure. »Ein Fest von, mit und für die Freiburger Bürger_innen aller gesellschaftlichen Milieus und jeden Alters« lautete der Wunsch des Gemeinderates für die Ausgestaltung des Stadtjubiläums. Gefeiert wird das gesamte Jahr 2020 im Zentrum, in den Stadtteilen und Ortschaften (vgl. Gemeinderatsdrucksache G-17/215). Ein schönes Zeichen der Würdigung des Engagements und der Zusammenarbeit.

VI. Ökonomische Nachhaltigkeit

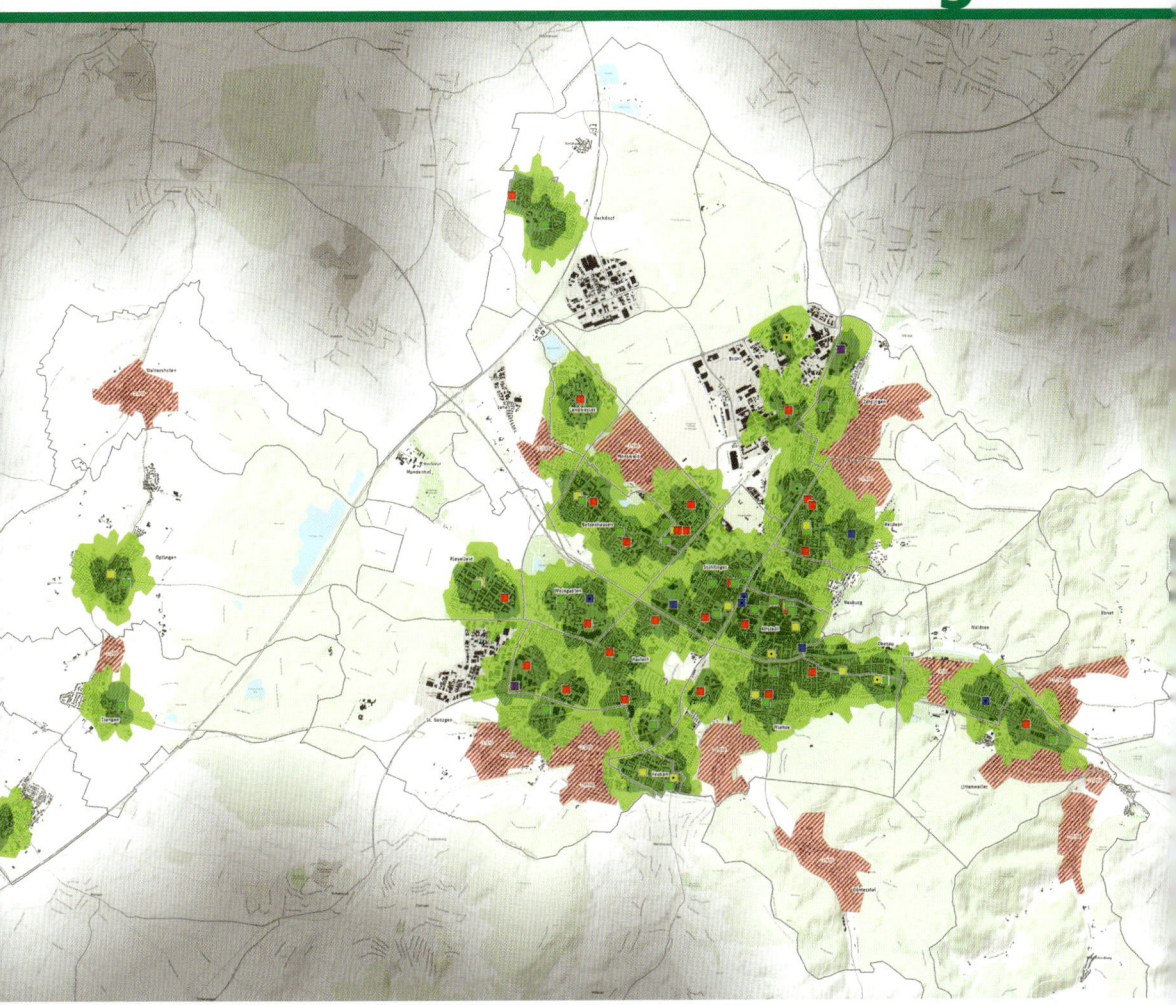

Aspekte, Indikatoren und Beispiele einer nachhaltigen Finanz- und Wirtschaftspolitik der letzten 25 Jahre in Freiburg

Otto Neideck

In Erinnerung an Walter Preker, der wie kein anderer in den letzten Jahrzehnten mit unzähligen Presseerklärungen, Essays, Reden und Ausreden die Geschichte und Geschichten in dieser Stadt geschrieben und beschrieben hat.

1. Was ist eigentlich nachhaltig?

Wenn eine Stadt auf 900 Jahre zurückblickt, kann sie zu Recht von sich behaupten, dass sie sich nachhaltig im Sinne von dauerhaft entwickelt hat. Sie hat Kriege, Katastrophen und Naturgewalten ebenso überdauert wie auch Zeiten politischer Wirren und Irritationen. Das alles aber hat das Gesicht einer Stadt geprägt, macht ihren Charakter, das Flair und letztendlich die Lebensqualität aus.

Ich hatte die Freude und Ehre fast 25 Jahre als Bürgermeister, also rund 2,7 Prozent dieser Zeit, politisch mitzugestalten. Mit zu gestalten heißt, einer von vielen Mitstreitern zu sein, die über die neun Jahrhunderte in dieser Stadt Verantwortung getragen haben.

Bezogen auf die letzten 25 Jahre waren es zwei Oberbürgermeister, eine hoch motivierte Kollegin und acht ebenso engagierte Kollegen im Bürgermeisteramt, insgesamt über 100 ehrenamtliche Stadträte/innen, über 50 fachlich kompetente Amtsleiter/innen und ein paar Tausend fleißige Mitarbeiter/innen, sowie über 30 städtische Gesellschaften, Eigenbetriebe und Zweckverbände. Sie alle haben das kommunale Geschehen mitgeprägt und gehören zur großen kommunalen Familie oder, wie es so schön heißt, zur Daseinsvorsorge.

Wenn ich unter dem eingeschränkten Blickwinkel einer nachhaltigen Finanz- und Wirtschaftspolitik rückblickend unsere Arbeit beschreibe, so natürlich aus meiner subjektiven Wahrnehmung dieser Zeit.

Als ich 1993 in Freiburg Bürgermeister wurde, war das Thema der Nachhaltigkeit weitgehend ein Insiderbegriff in der Forstwirtschaft. Das damit verbundene Handlungsprinzip, auch wenn schon rund 300 Jahre vorher von Hans Carl von Calowitz formuliert, war im politischen Alltag nicht eingeführt. Das damit verbundene forstwissenschaftliche Prinzip, nachdem nicht mehr Holz gefällt werden sollte, als jeweils nachwachsen kann, führte sprachlich und auch inhaltlich ein Nischendasein. Auch die bereits bekannten Studien des Club of Rome (Die Grenzen des Wachstums, 1972) oder die Publikation von Herbert Gruhl (Ein Planet wird geplündert, 1975) die in den Siebzigern für Furore sorgten, rückten das Thema Nachhaltigkeit im politischen Handeln noch nicht in den Mittelpunkt.

Aber was ist eigentlich nachhaltige Politik, wie können wir sie, wenn überhaupt, messen? Wie lange muss etwas wirken oder bewirken, damit wir wirklich von nachhaltig sprechen können? Oder ist Nachhaltigkeit ein »Gummiwort« aufgrund seiner vielfältigen Verwendung in den letzten Jahren? Kann man über Indikatoren oder Kennzahlen, insbesondere, wenn sie für längere Zeiträume vergleichbar vorliegen, gewisse Rückschlüsse auf eine nachhaltige oder wie es so schön heißt »enkelgerechte« Politik ziehen? Lassen sich beispielsweise an Hand der Entwicklung des Steueraufkommens, der Verschuldung, des Wohnungsbaues oder der Anzahl der Beschäftigten in einer Stadt mögliche Rückschlüsse auf eine wirksame kommunale Finanz- und Wirtschaftspolitik ziehen? Noch schwieriger ist allerdings die langfristige Wirkung von getroffenen Investitionsentscheidungen oder Ausgaben zu beurteilen. Da bleibt nur die subjektive Beurteilung oder, neudeutsch, eine gefühlte Wirklichkeit.

Wenn ich mich nachfolgend auf unsere nachhaltige Finanz- und Wirtschaftspolitik der letzten 25 Jahre beziehe, dann in einem umfassenden Sinne. Welche Akzente haben wir gesetzt, um dauerhafte Entwicklungen anzustoßen und welche, insbesondere Investitionsentscheidungen, haben wir getroffen, um dauerhafte sprich nachhaltige Effekte zu generieren.

2. Von der Forstwirtschaft zur Finanzwirtschaft

Das Ursprungsprinzip, nicht mehr Holz zu fällen, wie in einer Periode nachwachsen kann, lässt sich vereinfacht übertragen auf die Finanz- und Haushaltswirtschaft einer Kommune, aber natürlich auch auf private Haushalte. Nämlich, dass man nicht mehr Geld ausgeben kann, als man hat. Eigentlich eine simple Weisheit, die auch für die verständlich ist, die nicht aus der Forstwirtschaft kommen. Und wenn man größere Anschaffungen tätigen möchte, muss man dafür sparen oder im Falle einer Kreditfinanzierung sicherstellen, dass man diesen Kredit, einschließlich dafür erhobener Zinsen, in einem überschaubaren Zeitraum auch zurückzahlen kann. Zinsen sind der Preis dafür, dass man nicht erst sparen muss, um eine größere Investition zu tätigen, sondern dass diese sofort verfügbar und nutzbar ist. Aber sparen muss man trotzdem, wenn auch erst im Nachhinein, um den Kredit bedienen zu können. Eigentlich auch eine simple Weisheit, die nicht erst in den Neunzigern bekannt war, aber zu diesem Zeitpunkt genauso wenig im politischen Alltag angekommen war wie das Thema Nachhaltigkeit. Vielmehr sprach man von Zukunftsinvestitionen, die vorausschauend die Basis für ein zukünftiges Wachstum sein sollten. Mit diesem zukünftigen Wachstum und dem damit gewonnenen Mehrwert wiederum sollten dann die Schulden beglichen werden, mit denen man die Investitionen auf Pump finanziert hatte. Der Begriff der rentierlichen Schulden machte die Runde.

Etwa vergleichbar mit Investitionen in der Privatwirtschaft, die zu mehr Umsatz oder Kostensenkung führen sollen und letztlich zu mehr Gewinnen, erhoffte man sich vergleichbare Effekte. Die Möglichkeit, dass Wirtschaftswachstum kein Automatismus sein muss oder es sogar zu einem sogenannten Negativwachstum kommen kann, war eigentlich seit der Ölkrise der Siebzigerjahre bekannt. Gesamtwirtschaftlich betrachtet war damit die Logik von rentierlichen Schulden durchbrochen. Bekanntlich sind auch nicht alle Investitionen der Privatwirtschaft im oben genannten Sinne erfolgreich.

In diesem gesellschaftspolitischen Umfeld bewegten wir uns auch in Freiburg, beflügelt durch die außerordentliche Dynamik einer permanent wachsenden Stadt. Die Überwindung der Provinzialität hin zu einer wirklichen Großstadt hatte begonnen, spätestens mit der Überschreitung der Einwohnerzahl auf über 200 000 oder dem Aufstieg des SC Freiburg in die Erste Bundesliga. Die Breisgau-Brasilianer im Dreisamstadion brachten Freiburg nachhaltig auf die deutsche, ja auch internationale Landkarte. Egal, wo man war, wann immer man sagte, man komme aus Freiburg, war das Thema sofort beim Fußball. Von der Stadt des Weines, des Waldes oder der Gotik hatten auch die nur wenig Ahnung, die in Freiburg studiert hatten und entgegen dem Freiburger Volksglauben die Stadt danach tatsächlich verlassen hatten. Die Freiburger (die Bobbele) sind überzeugt, dass es nur zwei Kategorien von Menschen gibt, nämlich die in Freiburg wohnen und die, die in Freiburg wohnen wollen.

3. Belege einer nachhaltigen Kommunalpolitik

Daher verwundert es nicht, dass das Einzige, was in Freiburg wirklich nachhaltig war und ist, nämlich die Bevölkerungsentwicklung, und damit einhergehend das Problem hinreichenden bezahlbaren Wohnraum zu schaffen und natürlich auch entsprechende Arbeitsplätze. Zwischen 1993 und 2019 hat die Bevölkerung um über 35 000 Einwohner zugenommen, im Durchschnitt um rund 1300 Personen pro Jahr. Zwischen 2000 und 2005 durch Rieselfeld und Vauban waren es sogar jährlich rund 2000 Einwohner.

Einwohner Entwicklung in Freiburg						
1990	1995	2000	2005	2010	2015	2020*
191 029	199 273	205 102	215 966	224 191	226 191	232 000

*eigene Schätzung

Auch wenn wir gerade in den letzten fünf Jahren mit tollen Geburtenzahlen aufwarten konnten, und die Sterbequote seit über zwei Jahrzehnten deutlich unter der Geburtenrate liegt, so ist doch die entscheidende Komponente der Bevölkerungsentwicklung durch Zuzüge von außerhalb erfolgt. Ein Indiz dafür, dass natürlich ein Wohnungsangebot auch Nachfragen von außerhalb erzeugt. Aber natürlich ist das auch ein Indiz für die Attraktivität der Stadt. Seit etwa fünf Jahren werden wir auch als »Schwarmstadt« bezeichnet.

Die Thematik der Wohnraumversorgung hatte schon unsere Amtsvorgänger in den Sechzigern und Siebzigern beschäftigt, eng verbunden mit den damals neuen Stadtteilen Landwasser und Weingarten. In meiner Amtszeit hieß die Antwort auf diese Herausforderung, Rieselfeld und Vauban. Zum Teil gegen den erheblichen Widerstand der Grünen im Gemeinderat durchgesetzt, mit der Kraft eines Oberbürgermeisters und Baubürgermeisters und einer knappen Mehrheit im Gemeinderat. Dass beide Baugebiete zu politischen Hochburgen der Grünen werden würden, ahnten nur wenige. Die Hoffnung, dass die nächste Generation, so wie früher nicht unüblich, anders politisch agieren würde als die Eltern, ja, diese Hoffnung schwindet von Wahl zu Wahl.

In den zurückliegenden drei Jahrzehnten sind 30 000 neue Wohnungen entstanden, allerdings ohne dass sich am Wohnungsmarkt eine dauerhafte Entspannung eingestellt hat. Der Neubau von durchschnittlich 1000 Wohnungen pro Jahr belegt die Rentierlichkeit dieser Investitionen allerdings auch einen erheblichen, jährlich wachsenden Flächenbedarf.

Wohnungsbestand						
1990	1995	2000	2005	2010	2015	2020*
84 016	91 147	98 316	102 507	106 772	110 323	114 000

*eigene Schätzung

Wohnraumversorgung, insbesondere zu bezahlbaren Preisen, bleibt allerdings auch die zentrale Herausforderung der Kommunalpolitik in den nächsten Jahren.

Die andere Herausforderung ist parallel dazu entsprechende Arbeitsplätze anzubieten. Dies ist durch eine gezielte Ansiedlungspolitik sowohl in der Stadt als auch im Umland bisher gelungen. Die Erweiterung des Gewerbegebietes auf der »Haid«, der interkommunale Gewerbepark »Breisgau« in Bremgarten, die Bürogebäude an der Bahnhofsachse und im Güterbahnareal sind nur einige Beispiele für die Attraktivität Freiburgs als Dienstleistungs- und Wirtschaftsstandort.

Sozialversicherungspflichtig Beschäftigte						
1990	1995	2000	2005	2010	2015	2020*
88 931	90 633	94 360	94 327	103 543	116 976	125 000

*eigene Schätzung

Allein in den letzten 25 Jahren hat sich die Zahl der sozialversicherungspflichtigen Beschäftigten um über 35 000 auf nahezu 125 000 erhöht. Wenn man bedenkt, dass Freiburg eine Stadt des Dienstleistungsgewerbes ist und über zahlreiche öffentliche Institutionen verfügt, wie fünf Hochschulen, Polizei- und Regierungspräsidium, Finanzämter und über 80 Schulen, dann dürfte unter Einrechnung der dort besoldeten, nicht versicherungspflichtigen Beamten, die Arbeitsmarktentwicklung noch deutlich positiver sein.

Dies sind Indikatoren einer nachhaltigen Lebens- und Arbeitsattraktivität einer Stadt. Hinzu kommen die jährlich deutlich gesteigerten Übernachtungszahlen der Hotels und Ferienwohnungen, die die Anziehungskraft Freiburgs ebenfalls unterstreichen.

Meine erste Wahlperiode, also etwa bis zur Jahrtausendwende, war bestimmt durch eine unglaubliche Wachstumseuphorie. Rieselfeld, Vauban, Konzerthaus und Messe wurden mit viel Kraft und natürlich mit viel Geld quasi aus dem Boden gestampft. Eine Schlüsselstellung hierbei hatte der Stadtbauverbund, der unter anderem geförderte Wohnungen baute. Hinzu kam, dass durch den Abzug der französischen Streitkräfte kurzfristig rund 500 Wohnungen frei wurden. Das Thema Folgekosten oder aber auch die Frage der Instandhaltung der vorhandenen Infrastruktur wie Schulen, Kindergärten, Straßen oder Schienen, ebenso wie der bestehende Wohnungsbestand, waren von untergeordneter politischer Bedeutung. Es entstanden neue moderne, zum Teil auch geförderte, Wohnungen in den neuen Stadtteilen, ebenso wie Kindergärten oder neue Stadtbahnlinien. Diese eigentlich von allen als sehr positiv empfundenen Entwicklungen versperrten den Blick auf die vorhandenen, sich abnutzenden Substanzen.

Dass dies kein Freiburg spezifisches Thema ist, mag man an dem Zustand der Landes- und Bundeseinrichtungen, wie Straßen, Brücken und Schienenverbindungen erkennen.

Die Finanzierung der Investitionen war, anders als die Unterhaltungsmaßnahmen, haushaltsrechtlich über Investitionskredite im Vermögenshaushalt möglich. Unterhaltungsmaßnahmen waren in der Regel im Verwaltungshaushalt zu veranschlagen und durften natürlich nicht über Kassenkredite finanziert werden. Dass in manchen Bundesländern, anders als in Baden-Württemberg, gegen diese Regel verstoßen wurde, hat dort in den Städten allerdings nicht zu einer besseren Infrastruktur geführt, sondern zu desaströsen Entwicklungen und der heute beklagten Altschulden Thematik.

Freiburg hatte mit dem Rieselfeld und der ehemaligen französischen Vauban Kaserne eine Sondersituation, denn die Infrastruktur in den neuen Stadtteilen finanzierten sich über die erzielbaren Grundstückseinnahmen quasi selbst. Eine Rechnung, die wirklich aufging, ja sogar im Rieselfeld übererfüllt wurde. Die Thematik der Folgekosten, nämlich dass auch diese Infrastrukturprojekte zu unterhalten sind, spielte bei den Entscheidungen ebenso wenig eine Rolle, wie die Frage der dauerhaften Finanzierung zusätzlicher Mitarbeiter, zum Beispiel für die Kindergärten, Straßenreinigung et cetera.

Die Thematik der Folgekosten war allerdings bei der Diskussion über das Konzerthaus und beim Bau der neuen Messe Gegenstand politischer Auseinandersetzungen. Insbesondere hatten unter anderem die etablierten Kultureinrichtungen Sorge, dass die damit verbundenen Ausgaben zu ihren Lasten gingen. Im Rückblick ist das Gegenteil belegbar.

Die neue Messe konnte zum Teil mit den Grundstücksverkäufen des alten Messplatzes finanziert werden, quasi als eine Art intelligenter Finanzierung. Gleichzeitig entstand in der Oberwiehre ein attraktives Einkaufszentrum und jede Menge neuer Wohnungen.

Durch einen geschickten Schachzug mit dem Land konnte ein bisheriges Wiesengrundstück für die Erweiterung der Universität verkauft werden und ebenfalls als Finanzierungsbeitrag zum Messebau eingebracht werden. Gleichzeitig wurde damit der Grundstein für die technische Weiterentwicklung unserer Universität gelegt. In den folgenden Jahren wurde die 11. beziehungsweise ursprünglich 15. Fakultät im wahrsten Sinne des Wortes aufgebaut.

Das Land seinerseits hat sich dieses Geld beim Bund über das Bund/Länderprogramm zur Hochschulfinanzierung wiedergeholt. Wenn auch damals nicht so genannt, war es eine mehrfache »Win-win-Situation« für Stadt, Land und Universität.

Trotzdem musste ein noch erheblicher Teil der Investitionskosten über Kredite finanziert werden, wohl wissend, dass weder die Messe noch die Rothaus-Arena oder das Konzerthaus kostendeckend zu betreiben waren.

Politisch betrachtet war dies letztlich eine Mischung aus Wirtschafts- und Kulturförderung. Kultur vermittelt bekanntlich andere Werte, fernab jedweder ökonomischer Überlegung.

Beim Konzerthaus waren die Finanzierung und die Sinnhaftigkeit von Anfang an politisch umstritten – eigentlich bis zur Eröffnung. Gegner und Befürworter haben alle legalen und zum Teil illegalen Mittel benutzt, um je nach Sichtweise zu argumentieren. In den politisch interessierten Kreisen waren die Bevölkerung und auch der Gemeinderat gespalten. Nennen wir es hohe politische Kunst oder harte kommunalpolitische Arbeit, die die Realisierung in unendlich vielen Gemeinderatssitzungen immer mit knapper Mehrheit ermöglichte. Mehrheiten kosten in der Politik auch Geld. Es gilt die Faustregel, umso knapper, umso teurer. Viele Ausgaben, die natürlich nicht dem Konzerthaus zugerechnet wurden, waren notwendig, um die jeweiligen Mehrheiten sicherzustellen.

Ob dieses Konzerthaus zu den nachhaltigen Projekten gehört, ist 20 Jahre danach, sowohl von den Folgekosten, aber vor allem von seinem vielfältigen Nutzen unstrittig. Es war die Initialzündung für die gesamte Entwicklung der Bahnhofsachse mit dem neuen Bahnhof, den Hotels, Bürogebäuden und vieler, neuer Arbeitsplätze. Das Konzerthaus oder im linken Sprachgebrauch die »KTS« war nicht nur ein Kampfsymbol, an das sich die linke Bewegung in der Stadt abarbeiten konnte. Es war auch ein in Beton gegossenes Dokument dafür, dass in der Stadt was geht, dass man im einundzwanzigsten Jahrhundert angekommen war und mit Kraft die Stadt auch gegen Widerstände nach vorne gebracht hatte. Mit dem Konzerthaus hat die Stadt nicht nur einen besonderen kulturellen Veranstaltungsort, man denke nur an das einst beheimatete SWR Orchester und die vielen Konzerte, die gesellschaftlichen Veranstaltungen, wie Bälle, Firmenevents et cetera. Vor allem aber als Tagungsort, zum Beispiel in Verbindung mit den vielfältigen Veranstaltungen der Universität, war und ist das Konzerthaus von hervorzuhebender wirtschaftlicher Bedeutung. Dies ist auch abzulesen an der Entwicklung der Übernachtungszahlen in den Hotels oder aber an den in den letzten Jahren erfolgten zusätzlichen Übernachtungsangeboten. Schon seit vielen Jahren haben wir mehr Übernachtungsgäste als Heidelberg, und die Anzahl der Tagestouristen aus aller Welt überfluten zum Teil die Gassen der Altstadt.

Übernachtungen in Beherbergungsbetrieben						
1990	1995	2000	2005	2010	2015	2020*
560 893	623 340	806 351	965 580	1 289 891	1 448 470	1 600 000

*eigene Schätzung

Quasi eine Verdoppelung in den letzten 20 Jahren, und dies trotz der nicht von allen geliebten »Bettensteuer«.

Das Konzerthaus und die neue Messe haben weitreichende, dauerhaft wirtschaftliche wie auch gesellschaftliche Prozesse angestoßen, sodass man beide Projekte als nachhaltig für die Stadtentwicklung bezeichnen kann.

In die Kategorie strittig, aber notwendig und heute unstrittig nachhaltig, gehörte auch der B31-Tunnel. Wer jemals im Stau im Freiburger Osten stand, empfindet den Tunnel und nicht nur die Ebneter als reine Wohltat. Die weitgehend von Bund und Land finanzierte Maßnahme war aber politisch vor Ort auszuhalten und die Freiburg typischen Konflikte wurden unerbittlich und unversöhnlich ausgetragen. Ob die Freiburger sich noch erinnern an die Demonstrationen, das Anketten der Menschen an die Bäume, an die vielen, zum Teil gewalttätigen Aktionen auch gegen den Bau des Konzerthauses?

Nichts scheint in Freiburg (und nicht nur hier) weniger nachhaltig als das eigene Gedächtnis!

4. Die Phase der Sanierung und Entschuldung

In dieser Zeit entwickelt sich nicht nur die Stadt rasant, sondern auch die Schulden im kommunalen Haushalt. Die Verschuldung erreichte mit über 330 Millionen Euro für baden-württembergische Verhältnisse besorgniserregende Höhen. In Nordrhein-Westfalen konnte man, insbesondere im Ruhrgebiet, über solche Zahlen nur schmunzeln. An Rückzahlungen der Kredite war nicht zu denken. Die Höhe der Nettokreditaufnahme, also die noch mögliche weitere Verschuldung, war regelmäßig Gegenstand bei den Gesprächen mit der Kommunalaufsicht beim Regierungspräsidenten.

Der heutige gängige Begriff der »Schuldenbremse« könnte eine Freiburger Erfindung sein. Das Regierungspräsidium macht der Stadt um die Jahrtausendwende unmissverständlich klar, dass neue Kredite, egal wofür, nicht mehr genehmigt werden – ebenso weitere Leasinggeschäfte wie bei der Modernisierung des Theaters oder dem Neubau des Betriebshofes. Anders als in Nordrhein-Westfalen hatten wir eine Rechtsaufsicht und »genossen« nicht eine »Linksaufsicht«.

Die Kassen waren leer und für eine Politik der Schulsanierung und des Ausbaus von Kinder- und Schulbetreuung musste »neues« Geld beschafft werden. Alle noch so mühsamen und zum Teil schmerzlichen Einsparungsmaßnahmen brachten mehr Verdruss als wirklich neue finanzielle Spielräume. So entstand die Idee, nach dem Vorbild von Dresden, die städtischen Wohnungen zu verkaufen. Über Nacht wäre die Stadt schuldenfrei gewesen, und man hätte aus eigener Kraft Geld für die gewünschten und notwendigen Projekte gehabt. Mit der Landesentwicklungsgesellschaft stand ein seriöser Käufer zu Verfügung, mit dem eine Sozialcharta vereinbart wurde, die die Mieter dauerhaft vor überhöhten Mieten, Kündigungen et cetera geschützt hätte. Natürlich waren auch entsprechende, weitgehende Absicherungen für die Mitarbeiter der Freiburger Stadtbau vorgesehen. Den nüchternen, rationalen Überlegungen stand eine emotionale, zum Teil aufgeheizte Stimmung in den Bürgerversammlungen entgegen. Dennoch war das Bürgermeisteramt überrascht, dass sich eine deutliche Mehrheit beim Bürgerentscheid gegen den Verkauf der Wohnungen der Stadt und der Freiburger Stadtbau entschieden hatte. Die Idee des »frischen Geldes« war gescheitert. Mit zeitlichem Abstand lässt sich das Abstimmungsergebnis als ein klares Votum für eine nachhaltige, kommunale Wohnungspolitik interpretieren.

Damals nicht absehbar, setzte etwas zeitversetzt eine positive Wirtschaftsentwicklung in Deutschland ein. Damit verbunden waren ausgesprochen positive Steuereinnahmen und Zuweisungen für die Kommunen. Dieses quasi »frische Geld« konnte genutzt werden, die ehrgeizigen Ziele der Schulsanierung, den Ausbau von Kindergarten- und Kinderkrippenplätzen ebenso anzugehen, wie beispielsweise den Ausbau der Schulkindbetreuung oder die Finanzierung neuer Projekte.

Zum ersten Mal in der neueren Geschichte der Stadt wurde in erheblichem Umfang in die bestehende Infrastruktur investiert. Saniert wurden nicht nur Schulen und Hallen, sondern auch die Technik des Theaters, das Augustinermuseum, die Einsegnungshalle auf dem Hauptfriedhof, die alte Stube in St. Georgen, Feuerwehrhäuser, Kindergärten, Sportplätze, Straßen, Brücken, und Verwaltungsgebäude und so weiter. Diese nur beispielhaft aufgezählten Maßnahmen waren dem über Jahre angewachsenen Sanierungsstau geschuldet, ebenso die Bildung eines Klima- und Umweltfonds zur zusätzlichen Umsetzung entsprechender ökologischer Maßnahmen.

Daneben ist als besonderes Indiz einer nachhaltigen Haushaltspolitik herauszustellen, dass im gleichen Zeitraum in erheblichem Maße Schulden zurückgezahlt wurden. Selbstredend, dass keine neuen Kredite aufgenommen werden mussten, sondern innerhalb von rund zehn Jahren die Verschuldung im Kommunalhaushalt halbiert wurde. Darüber hinaus konnten alte Verpflichtungen im kommunalen Pensionsfond mit über 30 Millionen Euro bedient werden.

Schuldenstand im kommunalen Kernhaushalt in Euro						
1990	1995	2000	2005	2010	2015	2022*
262 000 000	311 000 000	314 000 000	320 600 000	284 000 000	141 300 000	257 900 000

* Lt. Haushaltsplanung

Von rund 330 Millionen Euro im Jahre 1998 sank die Verschuldung im städtischen Haushalt auf rund 140 Millionen Euro im Jahr 2015. Die Reduktion der Verschuldung im Kernhaushalt der Stadt um 190 Millionen Euro oder um knapp 60 Prozent ist eine große, verantwortungsvolle Leistung des Gemeinderates und des Bürgermeisteramtes. Es ist nicht selbstverständlich, dass Politiker nicht der Versuchung erliegen, lieber Geld in neue Projekte zu stecken als in die Entschuldung. Es war die Umsetzung des von der CDU-Fraktion erdachten Masterplans, der im Gemeinderat eine große Mehrheit fand. Auch dies ist nachhaltige Politik, damit kommende Generationen nicht die Schulden ihrer Vorfahren abtragen müssen, sondern noch eigene Gestaltungsspielräume haben. Die deutlich steigende Tendenz in den letzten zwei Jahren auf über 250 Millionen Euro Schulden bis voraussichtlich Ende 2020, auch unter Betrachtung der Verschuldung in den Gesellschaften und Eigenbetrieben, sind allerdings kein Zeichen einer positiven Nachhaltigkeit, sondern fehlender politischer Prioritätensetzung.

Sanieren, investieren, konsolidieren und Vorrang für Bildung, Familien und Kinder waren die politischen Maximen einer ganzen Dekade. Die Dekade einer umfassenden, vielfältigen und nachhaltigen Kommunalpolitik. Aber auch neue, vollständig finanzierte Projekte wie der »Platz der Alten Synagoge«, die Neugestaltung des Rottecks- und Werderrings, das Güterbahnareal, die Erweiterung des Gewerbegebietes auf der Haid oder das neue Quartier »Gutleutmatten«, haben die letzten 15 Jahre geprägt und das Stadtbild dauerhaft verändert.

5. Ausblick

Die Weichen für eine weitere Stadtentwicklung wurden gestellt; stichwortartig sei hingewiesen auf die geplanten Baugebiete in Lehen und im Dietenbachgelände, der ersehnte Stadttunnel mit der Idee einer Stadt am Fluss, der weitere Ausbau des Straßenbahnnetzes unter anderem zur Messe und die neue Heimstätte für den SC.

Die Thematik der Nachhaltigkeit hat zunehmend Einzug gefunden in der alltäglichen kommunalpolitischen Praxis. Die Betrachtung von Lebenszyklen bei Investitionen, der ökologische Fußabdruck, Niedrigenergiestandards oder Plusenergiegebäude, regenerative Energieerzeugung, Verwertung von Abfallstoffen sind nur einige Beispiele einer veränderten Denkweise. Auch die verstärkte Berücksichtigung der Erhaltung von Bestandsinvestitionen ist im Rahmen des seit 2015 eingeführten Rechnungswesens – »der Doppik« – stärker als früher ins Bewusstsein kommunalpolitischer Entscheidungen gerückt. Angelehnt an die althergebrachte kaufmännische Buchführung der

Privatwirtschaft bildet die »Doppik« unter anderem die Abschreibung, sprich den jährlichen Werteverzehr des Anlagevermögens einer Stadt ab. Dieser Werteverzehr muss von einer Gemeinde erwirtschaftet werden und quasi regelmäßig für die Sanierung der Bestände verausgabt werden. Nur so ist auf Dauer die Erhaltung des städtischen Vermögens gewährleistet. Dieser Betrachtungseise wird auch unter dem Aspekt der Nachhaltigkeit und Generationengerechtigkeit in Zukunft mehr Aufmerksamkeit zu schenken sein.

Aber natürlich gilt die Aussage aus dem Buch von Rolf Böhme von 1984 weiter: »Je mehr wir haben, umso mehr haben wir zu wenig.« Und da eine Stadt niemals fertig ist, sondern sich weiter entwickelt, bleibt auch in den nächsten 900 Jahren genug zu tun. Wünschen wir uns gemeinsam, dass es in Friede, Freiheit und in Wohlstand geschehen mag

Die Rolle des Handwerks in der »Green City«

Johannes Ullrich

Nachhaltigkeit und Bildung für nachhaltige Entwicklung sind im Handwerk fest verankert. 900 Jahre Freiburg bedeuten auch 900 Jahre Handwerk in Freiburg. Ein deutliches Manifest nachhaltiger Bauweise ist das Wahrzeichen der Stadt, das Freiburger Münster, das eine Strahlkraft auf die ganze Region hat. Steinmetze, Zimmerer, Glaser und viele Handwerker weiterer Gewerke haben jedes einzelne Bauwerk dieser Stadt errichtet. Man könnte auch sagen: ohne Handwerk keine Nachhaltigkeit. Das galt bei der Stadtgründung damals und hat bis in die heutige Zeit an Bedeutung nicht verloren – im Gegenteil.

Nachhaltiges Handwerk

Zunächst möchte ich auf das Begriffsverständnis im Handwerk eingehen: Eine nachhaltige Unternehmensstrategie beeinflusst die Ausrichtung unternehmerischen Handelns. Ökonomische Belange, gesellschaftliche und ökologische Verantwortung werden integrativ betrachtet. Die drei Dimensionen Ökonomie, Ökologie und Soziales finden dauerhaft in der Unternehmensstrategie, unter Beachtung der Bedürfnisse und Ansprüche insbesondere der Kunden, ihren Raum. Das umfassende und weitreichende Verantwortungsverständnis ist dem Handwerk immanent. Die ausgeprägte Kundennähe, die Leistungserbringung vor Ort in unserer Region ermöglichen die Entwicklung individueller und langlebiger Lösungen für den Kunden und für die Gesellschaft. Das nachhaltige Verständnis lässt sich kurz mit folgenden Stichworten skizzenhaft umreißen:

– *Handwerk bedeutet Vielfalt*, beispielsweise in der Herkunft der Menschen mit Wurzeln auch außerhalb Deutschlands. Heute wird dies wieder in besonderer Ausprägung bei der Integration von Menschen mit Migrationshintergrund deutlich.
– *Handwerk ist regional* mit der Verschränkung der Handwerksorganisation vor Ort, wie zum Beispiel Innungen und Kreishandwerkerschaften mit Kommunen, Vereinen und Initiativen in der Region.
– *Handwerk ist Wissen und Können* mit einem handwerklichen Berufslaufbahnkonzept, das von einem lebensbegleitenden Erwerb von beruflicher Handlungskompetenz ausgeht.

- *Handwerk ist Zukunft* durch die Begründung und Übergabe familiengeführter Unternehmen.
- *Handwerk schont Ressourcen* mit einem nachhaltigen Wertschöpfungsverständnis, das sich dadurch manifestiert, dass Wartung, Instandhaltung und Reparatur dem schnelllebigen Ersetzen von Produkten vorgeht.
- *Handwerk engagiert sich* als Multiplikator von energieeffizientem Handeln insbesondere im Baubereich.

Nachhaltiges Bildungswesen im Handwerk

Das hohe Engagement des Handwerks lässt sich am Beispiel der Qualifizierung der Fachkräfte anschaulich darstellen. Die Bildungszentren des Handwerks, die im Bezirk der Handwerkskammer Freiburg auf fünf Standorte verteilt sind, bieten eine Vielzahl an überbetrieblichen Aus- und Weiterbildungsangeboten zu Aspekten der Energieeffizienz wie auch der erneuerbaren Energien (Abb. 1). Dabei werden die in den Bau-, Ausbau- und anlagentechnischen Gewerken tätigen Handwerker für die Teilnahme an Weiterbildungsangeboten gewonnen. Durch thematisch fokussierte Aus- und Weiterbildungskonzepte werden sowohl die Unternehmen als auch die einzelnen Mitarbeiter für das Thema Nachhaltigkeit sensibilisiert und auf ein professionelles Handeln vorbereitet. Der Themenbereich Nachhaltigkeit erweitert gleichzeitig die chancenreichen beruflichen Bildungs- und Karrierewege im Handwerk.

Abb. 1   Die überbetriebliche Ausbildung in der Gewerbe Akademie ist wichtiger Faktor des nachhaltigen Bildungswesens im Handwerk.

Auf dem Weg zur »Green City«

Aus heutiger Sicht wurde der Weg zur grünen Hauptstadt von vielen Akteuren geebnet, darunter sind die großen Forschungseinrichtungen der Stadt, die Bauverwaltung der Stadt, viele große Unternehmen, Architekten und Planer. Sie alle haben viel Pionierarbeit geleistet. Eher im Schatten der Diskussion stehen dabei häufig die Umsetzer, die Macher und Ausbilder der Macher, also das Handwerk. Diese Feststellung überrascht, wenn man die Details der ökologischen Dimension differenziert betrachtet: Nachhaltige Technologie, die durch das Handwerk in die Fläche getragen wird, findet sich beispielsweise im Bereich der Mobilität – angefangen beim Straßenbau und der Ladeinfrastruktur für Elektro-Mobilität bis hin zu den vielfältigen Fortbewegungsmitteln im Bereich der Kraftfahrzeuge und Zweiräder. Die Einrichtung und Unterhaltung der gesamten Infrastruktur ist im Wesentlichen ein Aufgabenbereich der verschiedenen handwerklichen Gewerke. Noch deutlicher wird die Bedeutung des Handwerks für die mehr denn je geforderte Energiewende bei einer erweiterten Betrachtung des Bausektors. Hier kommt nachhaltiges Bauen bereits bei der Auswahl der Baustoffe, der Haustechnik (Stichwort »Smart Home«), der Energieeffizienz und Umwelttechnologie zum Tragen (Abb. 2). (Fast) jede Fotovoltaik-Anlage und jeder moderne Heizkessel wird durch einen Handwerksbetrieb installiert und gewartet. Mit anderen Worten: Das Handwerk ist bei der Umsetzung der Energiewende der zentrale Partner und konnte zur besonderen Rolle der Stadt Freiburg als »Green City« einen positiven Beitrag leisten.

Abb. 2 Nachhaltiges Projekt: Auszubildende des SHK-Handwerks und Studenten des Studiengangs Energiesystemtechnik an der Hochschule Offenburg bauten einen Container zum Null-Energie-Raum aus.

Die Handwerkskammer Freiburg als Motor für nachhaltige Entwicklung

Die Kernkompetenz der Handwerkskammer liegt in der überbetrieblichen Ausbildung, die die duale Ausbildung neben dem betrieblichen Lernumfeld und der Berufsschule vervollständigt. Das größte Ausbildungszentrum der Handwerkskammer, die Gewerbe Akademie in Freiburg, liegt im Stadtteil Landwasser (Abb. 3). An diesem Ort werden die (zukünftigen) Fachkräfte unter anderem in den Bereichen Bau-, Holz-, Elektro-, Kraftfahrzeug-, Metall- sowie Sanitär-,Heizungs- und Klimatechnik ausgebildet. Das Handwerk ist der offizielle Ausrüster der Energiewende und das dank des dualen Ausbildungssystems und des Meisterbriefes – immer mit der nötigen Erfahrung, dem nötigen Fachwissen und der nötigen Qualität.

Neben den Anstrengungen im Bereich der Aus- und Weiterbildung hat sich die Handwerkskammer Freiburg in den letzten Jahren und Jahrzehnten immer wieder in die Diskussion eines nachhaltigen Wirtschaftens aktiv eingebracht. Seit Jahrzehnten ist das Bekenntnis für eine nachhaltige Energiepolitik tief in unserer Region verwurzelt. Das Handwerk ist hierbei der Schrittmacher.

Mit der auf Initiative der Kammer gegründeten strategischen Partnerschaft *Klimapartner Oberrhein* verfügt die Region über ein Netzwerk, das den Klimaschutz nicht nur aktiv fördert und Maßnahmen zur Energieeinsparung verfolgt, sondern damit auch der regionalen Wirtschaft wichtige Impulse gibt. Die Handwerkskammer Freiburg nahm in den vergangenen Jahren mehrfach Stellung zu aktuellen Entwicklungen im Zusammenhang mit der Energiewende, die sich etwa in den *Freiburger Erklärungen* wiederfinden. Doch nicht

Abb. 3 Die Gewerbe Akademie in Freiburg ist das größte Bildungshaus der Handwerkskammer Freiburg.

nur mit Diskussionsbeiträgen, sondern auch mit handfesten Aktionen, langfristigen Projekten bis hin zu regionalen Messen hat sich die Kammer dem Thema aktiv angenommen.

Umweltzentrum Freiburg

Bereits vor der Jahrtausendwende hat sich die Handwerkskammer Freiburg mit der Gründung eines Umweltzentrums dem Thema Nachhaltigkeit im Handwerk zugewandt. Das Umweltzentrum war die Keimzelle für viele Projektideen sowie deren Umsetzung. Darunter sind einerseits Schwerpunktaktionen zu verzeichnen, die für das Thema Umwelt und Nachhaltigkeit sensibilisieren. Zu nennen sind hier diverse Projekte mit dem Schreinerhandwerk, die beispielsweise die Reduktion schädlicher Stoffe bei Lackierungen zum Ziel hatten. Projekte, die also einen unmittelbaren Nutzen für Produzenten und Endverbraucher haben, jedoch zeitlich begrenzt waren. Bereits in den 1990er-Jahren wurden andererseits maßgeblich die Weichen für dauerhafte Einrichtungen und Institutionen gestellt, die bis zum heutigen Tag bestehen und das Freiburger Bild der »Green City« maßgeblich mitgeprägt haben.

Die Handwerkskammer Freiburg hat selbst eine Beratungsstelle eingerichtet, die sich im Bereich der Umwelt- und Innovationsberatung als Anlaufstation für das Handwerk etabliert hat. Durch die kostenlosen Beratungsleistungen konnten seither Hunderte von Betrieben in die Lage versetzt werden, nachhaltige Produktion und nachhaltige Produkte einzuführen. Auch bei der Entstehung der Energieagenturen in Freiburg und in der Ortenau, die mittlerweile sowohl den öffentlichen als auch privaten Sektor mit umfassenden Beratungsangeboten versorgen, hatten die Handwerksorganisationen maßgeblichen Anteil.

Messen als Branchentreffpunkt

Gemeinsam mit den Partnern der Stadt Freiburg, insbesondere der Freiburger Wirtschaftsförderungsgesellschaft FWTM, wurde im Jahr 2008 erstmals die Messe »Gebäude-Energie-Technik«, kurz GETEC, ausgerichtet. Die GETEC hat sich seither zu einer festen Größe in der Branche entwickelt, die für den Klimaschutz in der Region zukünftig sogar noch an Bedeutung gewinnen kann. Ziel dieser jährlichen Veranstaltung ist es, private und gewerbliche Bauherren, Immobilienbesitzer und Bauträger sowie Architekten, Planer, Fachhandwerker, Energieberater und kommunale Energiebeauftragte zu vernetzen. Der inhaltliche Austausch dient vor allem dazu, einen Überblick

Abb. 4   Die von der Handwerkskammer mitinitiierte Messe »Gebäude.Energie.Technik.« hat sich zur festen Größe für die Branche entwickelt.

rund ums energieeffiziente Bauen und Sanieren sowie über alle erneuerbaren Energien und die Zukunftsthemen Stromspeicherung und Eigenstromnutzung zu gewinnen. Auch in Zeiten der verstärkten virtuellen Informationsbeschaffung hat die physische Präsenz der Aussteller und Referenten einen hohen Stellenwert für das regionale Handwerk (Abb. 4).

Ausblick

Eine zentrale Erkenntnis aller Anstrengungen auf dem Feld der Nachhaltigkeit ist die zwingende Notwendigkeit, strategische Kooperationen mit einer Vielzahl von Akteuren einzugehen. Umwelt- und Klimaschutz sowie nachhaltiges Wirtschaften sind nur im partnerschaftlichen Verbund möglich. Die Handwerkskammer Freiburg hat sich hier in den letzten 30 Jahren mit einer Vielzahl von regionalen und überregionalen Netzwerkpartnern zusammengeschlossen. Die Bedeutung der Handwerksbetriebe ist bei der Umsetzung der Klimawende nicht zu unterschätzen. Nach heutiger Einschätzung könnten aber die nicht ausreichenden Kapazitäten im Handwerk zu einem ernst zu nehmenden Hemmnis bei der konkreten Umsetzung werden. Stagnierende beziehungsweise rückläufige Ausbildungszahlen und die hohe Sogwirkung anderer Wirtschaftszweige auf die im Handwerk ausgebildeten Fachkräfte bilden die größte Herausforderung für das Handwerk und eine gelingende Klimawende. Die Vorreiterrolle der Stadt Freiburg als »Green City« kann nur mit gut ausgebildeten und tatkräftigen Handwerkern aufrechterhalten werden.

Die Bedeutung des Einzelhandels für die Stadtentwicklung

Hanna Denecke | Roland Jerusalem

Der Einzelhandel in Freiburg

Die Stadt Freiburg stellt mit ihrem vielfältigen Mix aus kleinen und großen Einzelhandelsgeschäften mit namhaften Filialisten sowie inhabergeführten Betrieben, einem abwechslungsreichen Gastronomieangebot sowie zahlreichen Freizeit- und Kultureinrichtungen eine der attraktivsten Innenstädte Deutschlands dar. Viele bekannte Filialen, welche in anderen Städten in Einkaufszentren außerhalb des Stadtzentrums gelegen sind, befinden sich in Freiburg direkt in der schönen historischen Altstadt. Die Freiburger Innenstadt besitzt somit nicht nur für die Freiburger Bürgerschaft eine Magnetfunktion, sondern ist auch regional sehr beliebt und zieht darüber hinaus auch Besucher aus der nahen Schweiz und Frankreich an.

Bei Einzelhändlern zählt Freiburg somit zu den begehrtesten Städten in Deutschland. Die kompakte Altstadt, welche auch bei schlechterem Wetter durch teilweise überdachte Passagen beispielsweise in der Kaiser-Joseph-Straße gut begehbar ist, bietet somit ein großes Einkaufs- und Freizeiterlebnis.

Doch die Handelslandschaft in Freiburg zeichnet sich nicht nur durch die attraktive Innenstadt aus. Lebendige Zentren in den Stadtteilen und Quartieren, mit einer bunten Mischung aus Lebensmittelläden und sonstigen kleineren Läden, wöchentlichen Markttagen, vielfältigen Dienstleistungsangeboten und kulturellen Einrichtungen, Cafés und Restaurants tragen ebenso zur Lebensqualität bei, welche diese Stadt – nicht nur bei Touristen – so beliebt macht. Der Handel hat somit eine wichtige »stadtbildende Funktion«: Städtisches Leben, urbane Attraktivität und Multifunktionalität sind ohne Einzelhandel nur schwer vorstellbar.

Historie – Anlass zur Steuerung des Einzelhandels in Freiburg

Warum sich die Stadt Freiburg bereits Anfang der 1990er-Jahre dazu entschloss, ein Einzelhandelskonzept für Freiburg zu erstellen, zeigt der Blick in die Vergangenheit. Bereits seit Beginn der 1970er-Jahre waren neue Vertriebsformen im Einzelhandel mit permanent wachsenden Verkaufsflächen

Abb. 1 Blick aufs Schwabentor

Abb. 2 Blick nach Norden in die Kaiser-Joseph-Straße

Abb. 3   Blick in die Gerberau

entstanden. Dies hatte auch in Freiburg zur Folge, dass die Einzelhandelsflächen in den zentralen Lagen zunehmend knapper und teurer wurden. Neu auf den Markt drängende, aber auch alteingesessene Einzelhändler suchten günstige, größere Standorte, die sie vor allem in den Gewerbegebieten am Stadtrand fanden. So entstanden in den 1970er- und 1980er-Jahren vermehrt große Supermärkte und sonstige Verbraucherzentren auf der auto-freundlichen »grünen Wiese«. Der große Wocheneinkauf mit dem Auto wurde zunehmend bequemer, sodass die Innenstädte und die Stadtteilzentren spürbar an Attraktivität und Anziehungskraft verloren. Gleichzeitig klagten jedoch die Kunden ohne Pkw über immer weiter zunehmende Wege beim Einkaufen, wenn beispielsweise der Lebensmittelmarkt im Quartier geschlossen wurde.

Anfang der 1990er-Jahre wurde deutlich, dass die Entwicklung des Einzelhandels in Freiburg dringend stadtentwicklungspolitisch geregelt werden muss, um dem Abwandern der Geschäfte aus den zentralen Lagen in die Peripherie und den damit verbundenen negativen Folgen entgegenzuwirken. Freiburg beschloss daraufhin 1992, als eine der ersten Kommunen und erste Großstadt in Deutschland, das Märkte- und Zentrenkonzept. Kommunen sind berechtigt, Einzelhandelskonzepte aufzustellen, um aus städtebaulicher Sicht unerwünschten Fehlentwicklungen entgegenzuwirken, beispielsweise durch eine Anhäufung des Handels auf der »grünen Wiese«. Somit können Kommunen ihre planerische Konzeption sichern, indem das Baugesetzbuch hierfür die entsprechenden planungsrechtlichen Mittel zur Verfügung stellt (vgl. Bundesverwaltungsgerichtshof – BVerwG (2011): Beschluss vom 01. Juni 2011. AZ – 4 B 2/11. Leipzig).

In der Planungspraxis kann hierdurch der Verkauf bestimmter Sortimente hinsichtlich der Lage im Stadtgebiet und der Größe der Verkaufsfläche begrenzt werden. In der planerischen Abwägung einzelner Belange bedeutet dies, dass »dem raumplanerischen Ziel zur Sicherung der zentralörtlichen Versorgungskerne und verbrauchernahen (fußläufigen) Versorgung der Bevölkerung – gemäß § 1 Abs. 4 BauGB –, [...] Vorrang vor den Interessen [einzelner Privater]« gegeben werden kann (vgl. Verwaltungsgerichtshof Baden-Württemberg – VGH BW (2010): Urteil vom 27. Oktober 2010. AZ – 5 S 875/09. Mannheim).

Das Freiburger Einzelhandelskonzept hat sich seitdem als Instrument zur Steuerung und Ansiedlung von Einzelhandelsprojekten erfolgreich in Freiburg etabliert. Bestandteil des räumlich-funktionalen Konzeptes war neben der Definition und Abgrenzung von Zentren, der erstmalige Beschluss von Grundsätzen zur räumlichen Einzelhandelsentwicklung. Das Ziel der Einzelhandelssteuerung war es daher von Beginn an, Einzelhandelsbetriebe in Freiburg wieder vermehrt in die Innenstadt und die Stadtteile zu lenken, um deren Attraktivität wieder zu steigern und die wohnortnahe Versorgung zu sichern.

Das Konzept wurde seitdem mehrfach fortgeschrieben und kontinuierlich angepasst. Mit Hilfe des Märkte- und Zentrenkonzeptes konnten die zur Verfügung stehenden Instrumente der Bauleitplanung erstmals in dem Maße eingesetzt werden, dass gezielter Einfluss auf Standortentscheidungen von Einzelhandelsbetrieben möglich war. Insbesondere die integrierten und zentralen Lagen konnten somit in ihrer Funktion in den vergangenen 25 Jahren größtenteils gesichert und gestärkt werden.

Neuaufstellung Einzelhandels- und Zentrenkonzept

Das seit 1992 bestehende bisherige Märkte- und Zentrenkonzept ist im Jahr 2018 nach mehreren Fortschreibungen ganzheitlich in Form des Freiburger Einzelhandels- und Zentrenkonzeptes neu aufgestellt und vom Gemeinderat als städtebauliches Entwicklungskonzept beschlossen worden. Es ermöglicht als städtebauliches Instrument in erster Linie die räumliche Einzelhandelssteuerung, entsprechend der folgenden stadtentwicklungsplanerischen Zielsetzungen:
– Erhaltung und Stärkung der oberzentralen Versorgungsfunktion Freiburgs
– Erhaltung und Stärkung der Identität der Innenstadt und den sonstigen Zentren in den Stadtteilen und Quartieren der Stadt
– Verkürzung der Wege im Sinne der »Stadt der kurzen Wege«
– Erhaltung und Stärkung der Nahversorgungsstruktur

- Schaffung von Investitionssicherheit für Betreiber und Investoren
- Schaffung einer Entscheidungssicherheit für städtebaulich erwünschte Investitionen
- Sicherung von Gewerbegebieten für Handwerk und produzierendes Gewerbe.

Das Konzept bezieht sich neben der Innenstadt auch auf die einzelnen Stadtteile, Quartiere und gewerblichen Gebiete in Freiburg und hat somit eine gesamtstädtische Bedeutung. Es stellt eine Argumentations- und Entscheidungshilfe bei konkreten Einzelhandelsprojekten für die Politik, die Verwaltung und die Betreiber dar.

Denn das Konzept legt eindeutig fest, in welchem Bereich und in welchem Ausmaß die Ansiedlung und Erweiterung von Einzelhandelsbetrieben städtebaulich zielführend ist. Auf Grundlage des Konzeptes können Einzelhandelsanfragen im Kontext der gesamtstädtischen Entwicklung betrachtet und bewertet werden. Mit Hilfe des Konzeptes kann somit gezielt Einfluss auf Standortentscheidungen von Einzelhandelsbetrieben genommen werden, sodass insbesondere die integrierten und zentralen Lagen in der Stadt Freiburg in ihrer Funktion erhalten und gestärkt werden.

Ziele des Freiburger Einzelhandels- und Zentrenkonzeptes

Die Innenstadt soll auf Grundlage des Freiburger Einzelhandels- und Zentrenkonzeptes im Sinne der »Stadt der kurzen Wege«, als zentraler Einzelhandelsstandort mit Magnetwirkung für Einzelhändler und Kunden gestärkt und als zusammenhängender Einkaufsbereich ausgebaut werden. Nur so kann ein lebendiger Raum mit hoher Nutzungs- und Funktionsdichte geschaffen werden. Daher sollen insbesondere jene Sortimente vorrangig in der Innenstadt angesiedelt werden, die aus Sicht der Betreiber eine hohe Kundenfrequenz zur wirtschaftlichen Tragfähigkeit benötigen, wie beispielsweise Bekleidungs- und Schuhgeschäfte, Elektrofachgeschäfte, Spielwarengeschäfte oder auch große Buchhandlungen. Durch die Konzentration der Einzelhandelsbetriebe in dieser zentralen Lage ist eine sehr gute Erreichbarkeit der Innenstadt mit öffentlichen Verkehrsmitteln sowie mit dem Rad oder zu Fuß gegeben. Dadurch kann überflüssiger Autoverkehr weitgehend vermieden und die sich daraus ergebenden Umweltbelastungen reduziert werden. Der Einkaufsbummel in den verkehrsberuhigten Fußgängerzonen der Innenstadt ist vor der historischen Kulisse eine besondere Stärke Freiburgs, die es zu erhalten und zu stärken gilt.

In Freiburg gibt es darüber hinaus mit dem »ZO – dem Zentrum Oberwiehre« sowie den »Westarkaden« auch zwei Shoppingzentren außerhalb der

Innenstadt. Bei beiden Einkaufszentren ist das Hauptsortiment jedoch auf die Versorgung der Bevölkerung mit Lebensmitteln und weiteren Produkten des täglichen Bedarfs ausgelegt, um die Innenstadt als Einkaufsmagnet nicht zu schwächen.

Eine Ausnahme bilden jedoch große Betriebe wie Bau- und Gartenmärkte oder große Möbelhäuser, die aus raumordnerischer Sicht eine überregionale Bedeutung besitzen, da sie Kunden nicht nur aus Freiburg, sondern aus der ganzen Region und den angrenzenden Nachbarländern anziehen. Da diese Betriebe in der Regel jedoch sehr viel Ladenflächen benötigen und aus rechtlicher Sicht nur in größeren Städten wie Freiburg angesiedelt werden können, sind diese Betriebe ausnahmsweise an dafür ausgewiesenen Sonderstandorten anzusiedeln. Hinzu kommt, dass der Großteil der Bevölkerung für den Transport der Waren, beispielsweise bei Baumärkten, ein Auto benötigt. Hierfür werden vergleichsweise mehr Abstellplätze für Pkws benötigt, als dies in der für den ÖPNV, Fuß- und Radverkehr zentral gelegenen Innenstadt möglich ist. Dennoch kommen in der Fahrradstadt Freiburg vermehrt auch Lastenfahrräder für den Transport von sperrigen Waren zum Einsatz, sodass auch Betreiber von großen Möbelhausketten diese Räder zum Ausleihen anbieten.

Bedeutung der Nahversorgung für Freiburg

Doch nicht nur in der Innenstadt trägt der Einzelhandel als maßgeblicher Frequenzbringer zur Attraktivität bei, welcher das städtische Erscheinungsbild prägt. Auch in den Zentren der Freiburger Stadtteile und den einzelnen Quartieren kommt dem Handel eine tragende Rolle zu. Auf Grundlage des Einzelhandelskonzeptes sind die im Vergleich zur Innenstadt deutlich kleineren Zentren in den Stadtteilen und den Quartieren überwiegend von Betrieben der Nahversorgung geprägt. Zu den klassischen Nahversorgungsbetrieben gehören neben Lebensmittelmärkten auch Drogeriemärkte, Kioske und Apotheken, kleine Schreibwarengeschäfte sowie Blumenläden. Aus planerischer Sicht zählen zu diesen Nahversorgungssortimenten jene Betriebe, welche Waren verkaufen, die täglich oder wöchentlich vom Kunden nachgefragt werden. Also Produkte, die häufig konsumiert und daher regelmäßig vom Kunden gekauft werden müssen, wie zum Beispiel Lebensmittel.

Ein Ziel der Stadt ist es daher, die Nahversorgung in Freiburg dahingehend auszubauen, dass jede Bewohnerin und jeder Bewohner die Möglichkeit hat, innerhalb von fünf bis zehn Minuten einen Lebensmittelmarkt zu Fuß zu erreichen. Mit der Fortschreibung des Freiburger Einzelhandels- und Zentrenkonzeptes haben der Erhalt und der Ausbau der wohnortnahen Versorgung daher einen noch größeren Stellenwert erhalten als bisher. Denn insbesondere

Abb. 4 und 5   Nahversorgungsbetriebe im Rieselfeld

für weniger mobile Bevölkerungsgruppen ist eine »Stadt der kurzen Wege« in Bezug auf die wohnortnahe Versorgung von hoher Bedeutung. Doch auch für die mobile Bevölkerung sollen attraktive Nahversorgungsbetriebe in fußläufiger Erreichbarkeit gelegen sein, sodass der Verzicht aufs Auto nicht als Einschränkung betrachtet wird. Dadurch kann überflüssiger Einkaufsverkehr weitgehend vermieden und die entstehenden Umweltbelastungen reduziert werden.

Die Stadt Freiburg hat es sich mit den übergeordneten Nachhaltigkeitszielen auch zur Aufgabe gemacht, attraktive Stadtteile und Quartiere hoher Qualität, mit daseinssichernder Infrastruktur, einer hohen Nutzungsvielfalt, starken Zentren, attraktivem Einzelhandel und Begegnungsmöglichkeiten zur

Abb. 6 und 7   Nahversorger in Alt-Zähringen und Haslach

Vernetzung im Quartier zu schaffen. Dabei ist ein kompakter zentraler Versorgungsbereich mit kurzen Wegen Voraussetzung für Dichte und Frequenz und damit unabdingbar für die Entwicklung und das Entstehen lebendiger Räume. Der Erfolg dieses Nachhaltigkeitsziels wird mit Hilfe der Nachhaltigkeitsindikatoren gemessen.

Diese geben an, in welchem Bereich binnen zehn Minuten zu Fuß ein Lebensmittelbetrieb als qualitativer Nahversorger erreicht werden kann. Als Berechnungsgrundlage dienen dabei die tatsächlichen Wegezeiten, basierend auf Navigationssystemen. Der Vorteil der Isochronen gegenüber klassischen Entfernungsradien ist, dass räumliche Barrieren wie Flüsse, Bahnlinien, viel befahrene Straßen oder auch topographische Höhenunterschiede in die

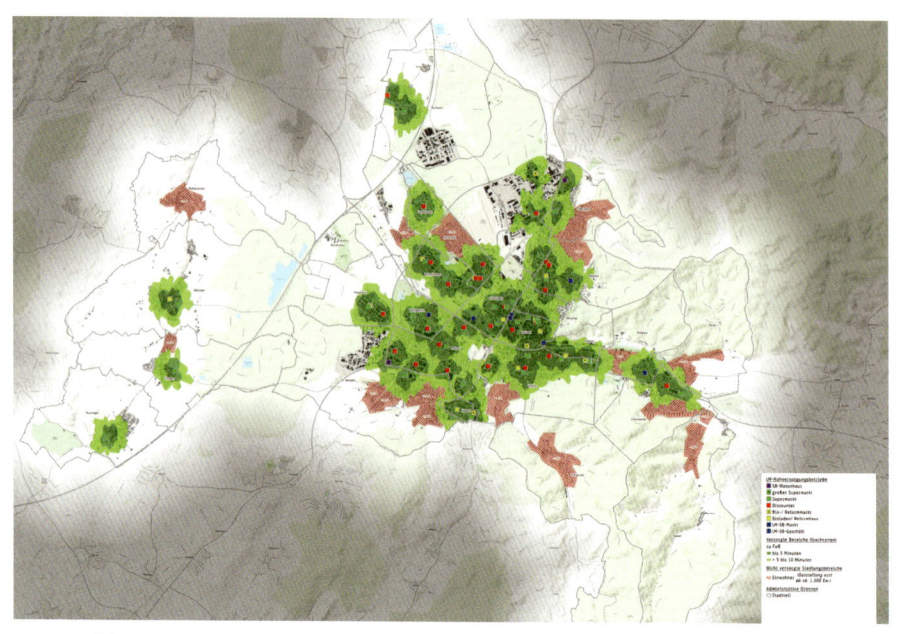

Abb. 8   Nahversorgungsisochronen zu Fuß bis zehn Minuten (einschließlich nicht versorgte Bereiche)

Wegeberechnung miteinfließen. Aktuell beträgt der Anteil der Einwohner in Freiburg, die nach oben genannter Definition binnen zehn Minuten zu Fuß nahversorgt sind (siehe Abb. 8, hellgrüner Bereich), circa 82 Prozent (vgl. Stadt Freiburg, 2018). In weniger als 5 Minuten Fußweg erreichen ca. 52 Prozent der Bevölkerung den nächsten Lebensmittelmarkt (vgl. Abb. 8, dunkelgrüner Bereich).

Jedoch zeigt sich ein typisches Bild: Während in den innerstädtischen Bereichen beziehungsweise in den innenstadtnahen Stadtteilen in der Regel eine hohe bis vollständige fußläufige Nahversorgung besteht, sind in zahlreichen Stadtteilen, die sich in den Randbereichen der Stadt Freiburg befinden, geringere Nahversorgungsanteile festzustellen (rot schraffierte Bereiche). Dies lässt sich unter anderem dadurch begründen, dass die entsprechenden Stadtteile oftmals eine verhältnismäßig geringe Bevölkerungsdichte beziehungsweise Siedlungsbereiche mit geringen Einwohnerzahlen aufweisen und somit erschwerte Voraussetzungen für eine flächendeckende Nahversorgung hervorbringen. Die Frage der Erreichbarkeit von Nahversorgungseinrichtungen rückt auch vor dem Hintergrund des demografischen Wandels – mit spürbaren Veränderungen der Alters- und Sozialstruktur und der räumlichen Verteilung der Bevölkerung – immer stärker in den Fokus der Stadtplanung.

Abb. 9   Planungskonzeption Alter Sportplatz Breikeweg, Waltershofen

Mit dem Ziel der flächendeckenden Versorgung mit Gütern des täglichen Bedarfes sollen die vorhandenen Nahversorgungsangebote erhalten und gestärkt werden. In Siedlungsbereichen ohne Nahversorgungsbetriebe, wo Versorgungslücken bestehen, soll die Situation verbessert werden, indem in Kombination mit weiteren Nutzungen Handelsflächen entstehen. Gelungene Beispiel hierfür sind der am Tuniberg im Stadtteil Waltershofen geplante Nahversorger, der in Kombination mit Wohnungsbau errichtet werden soll (Abb. 9) oder der Abriss und Neubau des bestehenden Discounters im Bereich des Stadtteilzentrums Westarkaden. Hierdurch können Flächen besser genutzt und wichtige Impulse zur Funktion und Belebung des Quartiers gesetzt werden.

Fazit

Die klassische Aufgabe des Einzelhandels vermag zunächst nur in der Versorgung der Bevölkerung mit Gütern und Waren des täglichen, mittelfristigen und langfristigen Bedarfs liegen. Jedoch ist der Einzelhandel in Freiburg an integrierten Standorten auch der Motor für städtische Qualität – denn er fordert und fördert Dichte, Frequenz und Mischung. Um die Nahversorgung der Bevölkerung – auch der weniger mobilen – zu sichern und darüber hinaus die stadtbildprägende Kraft des Handels aufrecht zu erhalten, bedarf es in der Stadtentwicklung langfristig jedoch der gezielten Steuerung durch das Freiburger Einzelhandels- und Zentrenkonzept.

VII. Neue Stadtteile

Der neue Stadtteil Rieselfeld

Klaus Siegl

Vorbemerkung

Freiburg erlebte nach dem Zweiten Weltkrieg wiederholt Entwicklungsphasen, die zu großen Wohnungsnachfragen bei gleichzeitig geringem Angebot führten. Dies war auch Ende der 1980er-Jahre der Fall. Aus der damaligen Flächendiskussion heraus wurde bis 1995 ein Bedarf von circa 6500 preiswerten Wohnungen prognostiziert. Es wurde aber schnell klar, dass mit den noch verfügbaren und den geplanten Wohnbauflächen dieser Bedarf nicht gedeckt werden konnte.

Das Freiburger Rieselfeld

Zur Entsorgung der durch die rasante Bevölkerungsentwicklung stark gestiegenen Abwassermengen erwarb die Stadt 1889 den Mundenhof mit einer Gesamtfläche von circa 320 Hektar, um dort eine Rieselanlage zur natürlichen Abwasserreinigung zu errichten. Nahezu 100 Jahre war die 1891 in Betrieb genommene »natürliche Kläranlage« funktionsfähig, bevor sie Mitte der 1980er-Jahre stillgelegt und ab 1980 das Abwasser überwiegend in die Großkläranlage »Breisgauer Bucht« nach Forchheim geleitet wurde. Die weiträumige und gleichzeitig parzellierte Kulturlandschaft entwickelte sich durch die Verrieselung, vor allem durch die Wasserzufuhr, zu einem besonderen Lebensraum für viele Pflanzen- und Tierarten.

In städtischem Besitz stand das Rieselfeld schon immer im Blickfeld der Stadtentwicklung. In den Flächennutzungsplänen von 1970 und 1980 waren Nutzungen wie Wohnungsbau, Gewerbe, Messegelände und universitäre Einrichtungen angedacht. Ende der 80er-Jahre konzentrierte sich die Planung auf den östlichen Teil mit circa 90 Hektar für Gewerbe und Industrie. Ökologisch wichtige Teile im westlichen Freiraumbereich sollten so geschützt werden. Nach dem Ende der Verrieselung wurde dafür ein Biotopentwicklungskonzept erstellt. Aufgrund des großen Bedarfes wurde 1991 nach teils heftig geführten Diskussionen »soziale Verantwortung kontra ökologische Verantwortung« um die Nachverdichtung freier Flächen, über Alternativflächen zur Bebauung und deren ökologischer Bedeutung schließlich im Freiburger Gemeinderat der Bau eines neuen Stadtteils im Osten des Rieselfeldes mit einer Fläche von

Abb. 1   Blick nach Westen, 2012

circa 78 Hektar beschlossen. Das »Westliche Rieselfeld« wurde zum Ausgleich ab 1995 als Naturschutzgebiet ausgewiesen. Es gehört heute zu den größten Naturschutzgebieten in Baden-Württemberg und hat als NATURA-2000-Gebiet den höchsten Schutzstatus in der EU (Abb. 1).

Die Vorbereitung und die Ziele

Zur Vorbereitung eines vom Stadtplanungsamt federführend durchgeführten städtebaulichen und landschaftsplanerischen Ideen- und Realisierungswettbewerbes wurde eine intensive Diskussion über die Ziele und Vorgaben für den geplanten Stadtteil Rieselfeld zwischen der Bevölkerung, der Verwaltung und der politischen Ebene geführt. Ziel war auch, Fehler früherer Stadtteilgründungen nicht zu wiederholen. Die Ergebnisse des Beteiligungsprozesses flossen in den Auslobungstext für diesen im Sommer 1991 bundesweit ausgeschriebenen städtebaulichen und landschaftsplanerischen Ideenwettbewerb ein.

Die damalige Bedarfssituation in Freiburg, der bereits erwähnte Abwägungsprozess zwischen sozialer Verantwortung und ökologischer Verantwortung sowie die Ergebnisse des Beteiligungsprozesses waren entscheidend für die zu verfolgenden Ziele für den neuen Stadtteil mit circa 4500 Wohneinheiten für circa 10 000 bis 12 000 Einwohner.

Erreicht werden sollte
- Realisierung eines urbanen Stadtteils mit höherer Dichte und überwiegendem Anteil an Mehrfamilienhaus- und Geschoßwohnungsbau (> 90 Prozent);
- ein sehr flexibles und robustes städtebauliches Konzept, um auf mögliche Entwicklungen schnell reagieren zu können;
- Verhältnis öffentlich geförderter zu frei finanziertem Wohnungsbau 50 zu 50;
- vielgestaltige Gebäudetypologien für unterschiedliche Wohn- und Eigentumsformen, größere und kleinere Bauprojekte sowie verschiedene Zielgruppen durch Kleinparzellierung zur Vermeidung von Monostrukturen;
- Ausweisung von Mischgebietsnutzungen zur Schaffung von Arbeitsplätzen und privaten Infrastrukturen wie Läden, Praxen, Gaststätten und so weiter zur Überwindung der Trennung von Wohnen und Arbeiten;
- besondere Berücksichtigung der Belange von Frauen, Familien, älteren und behinderten Menschen;
- integrierte und bedarfsgerechte öffentliche Infrastrukturen von Anfang an;
- zukunftsorientierte Verkehrssysteme mit Vorrang Stadtbahn und Radwegverkehr sowie flächendeckend Tempo 30;
- ökologische Zielsetzungen wie Niedrigenergiebauweise, Fernwärme-Versorgung aus Kraft-Wärme-Kopplung, Einbindung regenerativer Energien, Regenwassernutzungskonzept, Aufwertung des westlichen Rieselfeldes;
- hohe Qualität privater und öffentlicher Grünbereiche, Besucherlenkung zu den Freiflächen außerhalb des Stadtteils.

Die städtebaulichen Ziele

Den 1. Preis des internationalen städtebaulichen und landschaftsplanerischen Ideenwettbewerbs gewannen vier Büros aus dem Raum Freiburg/Lörrach: die Architektengemeinschaft Böwer, Eith, Murken und Spieker (Freiburg), Architekt Güdemann (Planungsgruppe Südwest aus Lörrach), Architekt Morlock (Schallstadt) und Landschaftsarchitekt Meier (Freiburg). Sie schlossen sich zur Projektgemeinschaft Rieselfeld zusammen und wurden mit den weitergehenden städtebaulichen Planungen (Städtebaulicher Entwurf, Bebauungspläne, Grünordnungspläne) beauftragt (Abb. 2).

Wesentliche Elemente des 1. Preises waren die Stadtbahnachse in der zentralen Rieselfeldallee, quasi als »Rückgrat« des Stadtteils und die prägnante Blockrandbebauung beidseits entlang der Stadtbahnachse. In der Stadtteilmitte waren die zentralen öffentlichen Infrastruktureinrichtungen mit Kepler-Gymnasium, der Clara-Grunwald-Grundschule, der Sporthalle, dem Stadt-

Abb. 2   Städtebauliches Konzept

teiltreff »Glashaus« sowie an zwei verschiedenen Standorten vorgesehene Bauflächen für die Katholische und die Evangelische Kirche (Abb. 3). Von der Stadtteilmitte aus nach Norden gerichtet schließt sich der sogenannte Grünkeil an. Er sollte zum Schutz der ökologisch wertvollen Flächen im Westen die bisherigen Besucherströme, die nach Norden zur Naherholungszone Käsbach-/ Dietenbachniederung wollten, lenken. Dichte Baublockstrukturen mit grünen Innenbereichen liegen beidseits der Stadtbahnachse bis zum westlichen Rand des Baugebiets. Die Bebauungsdichte nimmt nach außen hin zur Mundenhofer Straße (Norden) und zur Opfinger Straße (Süden) ab. Das Gebiet wurde in vier Bauabschnitte unterteilt und in je zweijährigem Abstand planerisch entwickelt. Während im ersten und im zweiten Bauabschnitt fast vollständig Geschosswohnungsbau vorgesehen war, gibt es vor allem im dritten und vierten Bauabschnitt Bereiche für Familienhausbau (Stadthäuser, Reihenhäuser, Doppelhäuser) und entlang der Rieselfeldallee gemischte Bauflächen mit erdgeschossigen Flächen für Handel, Gastronomie, Dienstleistungen, Praxen und so weiter (Abb. 4). Gewerbliche Flächen waren in geringerem Umfang zur Opfinger Straße ausgewiesen. Im Nordosten schließt ein sogenannter Wohnbogen das Baugebiet zur Besançonallee ab und dient gleichzeitig als Lärmschutz.

Abb. 3   Blick auf die Stadtteilmitte

Abb. 4   Häuser am Neunaugenbach (1. Bauabschnitt)

Die Organisationsstruktur

Nach dem Gemeinderatsbeschluss zum Wettbewerbsergebnis im Juni 1992 wurden verwaltungsseitig sowohl die Organisationsstruktur festgelegt als auch ein Planungs- und Kommunikationsjahr eingeschoben mit dem festen Ziel, Ende 1993 mit der Erschließung und Ende 1994 mit der ersten Bebauung beginnen zu können.

Das Projekt Rieselfeld wurde durch eine außerhalb der üblichen Verwaltungshierarchie angesiedelte ämter- und dezernatsübergreifende Projektgruppe in Partnerschaft mit der Kommunalentwicklung (KE) aus Stuttgart, einem kommunalen Dienstleistungsunternehmen, realisiert.

Dieses gemeinsame Projektmanagement war zentrale Steuerungseinheit und verantwortlich für das Gesamtprojekt. Angegliedert zunächst an das Bauverwaltungsamt im Baudezernat, bildete das Projektmanagement gemeinsam mit Kolleginnen und Kollegen des Stadtplanungsamtes und des Amtes für Liegenschaften und Wohnungswesen die engere Projektgruppe. Weitere Fachämter wurden für spezielle Aufgaben im Rahmen einer »erweiterten« Projektgruppe hinzugezogen. Ab 2004 war die Projektgruppe Rieselfeld eine eigenständige Dienststelle im Dezernat des Oberbürgermeisters.

Eine wichtige Einrichtung im Kommunikationsprozess zwischen Gemeinderat und Verwaltung war die Gemeinderätliche Arbeitsgruppe Rieselfeld, die das Projekt bis zum Schluss begleitet und siebzigmal getagt hat. In ihr wurden alle anstehenden Themen ergebnisoffen diskutiert und erst Wochen später in den gemeinderätlichen Gremien zur Entscheidung gebracht: Vertreter des Stadtteils waren jeweils dazu eingeladen. Dies hat wesentlich zur großen Akzeptanz des Projektes in der Politik und im Stadtteil beigetragen.

Das Verkehrssystem

Der neue Stadtteil Rieselfeld ist über einen Anschluss an der Besançonallee sowie zwei Anschlüsse an der Opfinger Straße mit dem Auto erreichbar. Ein vierter Anschluss von der Kreuzung Besançonallee/Opfinger Straße dient dem Stadtbahnanschluss und dem Radfahr- und Fußgängerverkehr. Die Stadtbahn ist im »Stadtteil der kurzen Wege« für alle Nutzer über die drei Haltestellen gut erreichbar. Ein Jahr nach Bezug der ersten Wohnungen war über die Haltestelle Lindenwäldle der Anschluss an das städtische Stadtbahnnetz bereits hergestellt (Abb. 5).

Aus dem städtebaulichen Konzept ergab sich ein orthogonales Straßen- und Erschließungssystem mit Wohnsammelstraßen, Wohnstraßen und Wohnhöfen. Die Parkierung im Mehrfamilienhaus- und Geschosswohnungsbau fin-

Abb. 5   Isometrie, 2010

det in Tiefgaragen im Verhältnis ein Stellplatz je Wohnung eins zu eins statt. Im Familienhausbereich gibt es Stellplätze in Carports im gleichen Verhältnis und im öffentlichen Straßenbereich wurden circa 20 Prozent der Anzahl der privaten Stellplätze angelegt. In den letzten Jahren wurden an verschiedenen Stellen Parkplatzbereiche für Carsharing ausgewiesen.

Das soziale und kulturelle Leben im Stadtteil

Auch wenn der Begriff »Nachhaltigkeit« zu Beginn der Projektentwicklung 1992 noch nicht vollständig Eingang in den Sprachgebrauch gefunden hatte, so doch erklärtes Ziel, der Entwicklung des sozialen und kulturellen Lebens von Anfang an die gleiche Bedeutung zuzumessen wie den städtebaulichen, ökologischen und den Vermarktungsaspekten. Heute verbindet man dies mit dem Begriff »Nachhaltige Stadtentwicklung«. Die bereits vor dem Wettbewerb begonnenen Beteiligungsprozesse wurden intensiviert und ausgebaut. Bereits im Frühjahr 1993 wurde der städtebauliche Entwurf in seiner vorläufigen Fassung in einem Partizipationsprozess zur Diskussion gestellt. Über 90 Bürgerinnen und Bürger bearbeiteten das Konzept in acht thematischen Arbeitskreisen. Über 190 Vorschläge wurden erarbeitet und dem Gemeinderat vorgelegt. Viele Anregungen sind im Zuge der Projektentwicklung berück-

Abb. 6   Clara-Grunwald-Grundschule

sichtigt worden, oder wurden aufgenommen. Über den gesamten Zeitraum spielte Bürgerbeteiligung eine zentral wichtige Rolle und wurde über übliche Maßstäbe hinausreichend praktiziert.

Neben der Clara-Grunwald-Grundschule – zeitweise die größte Grundschule Baden-Württembergs –, dem Kepler-Gymnasium und der Freien Waldorfschule Freiburg-Rieselfeld e. V. gibt es das Kinderhaus »Taka-Tuka-Land«, die Kita Rieselfeld, die Kita »Wilde 13«, den Sport-Kindergarten der Freiburger Turnerschaft von 1844 e. V. (FT), das Caritas-Kinderhaus »Arche Noah«, zwei Waldkindergarten-Gruppen und weitere private Einrichtungen (Abb. 6). Die beiden christlichen Kirchen gaben ihre zunächst vorgesehenen getrennten Standorte auf und realisierten nach einem Wettbewerb »Zwei Kirchen unter einem Dach« das ökumenische Kirchenzentrum Maria-Magdalena auf einer als sogenannten Kulturreserve vorgesehenen noch freien Grundstücksfläche am zentralen Maria-von-Rudloff-Platz. Der Stadtteiltreff »Glashaus« mit Kinder- und Jugendmediothek und Jugendarbeit, die zweiteilige Sporthalle neben der Clara-Grunwald-Grundschule und der Erweiterungsbau für deren Spitzenbedarf ergänzen die öffentlichen Infrastrukturen. Der ursprüngliche Ansatz, bei Rückgang der Schülerzahlen in der Clara-Grunwald-Grundschule beziehungsweise im Erweiterungsbau freiwerdende Räume anderen Nutzungen, wie zum Beispiel für ältere Menschen, zuzuführen, wurde nicht weiterverfolgt. Die Schullandschaft und die pädagogischen Konzepte hatten sich in der Zwischenzeit deutlich verändert mit entsprechend wachsendem Raumbedarf.

Abb. 7   Stadtteilzentrum »Glashaus«

Jenseits der Mundenhofer Straße wurde mit zeitlicher Verzögerung das Sportgelände »Untere Hirschmatten« gebaut und 2013 eingeweiht. Es wird aufgrund seiner Attraktivität von Jung und Alt intensiv genutzt.

Aus dem Engagement der Rieselfelder Neubürger ist der BürgerInnenVerein Rieselfeld e. V. (BIV) mit seinen Arbeitskreisen als Bindeglied zwischen Stadtteil und der Stadtverwaltung entstanden. Auf Vorschlag der Evangelischen Hochschule, parallel zur baulichen auch die Entwicklung sozialen und kulturellen Lebens zu fördern, wurde für sechseinhalb Jahre die Quartiersarbeit K.I.O.S.K. (Kommunikation, Information, Organisation, Selbsthilfe, Kultur) bezuschusst. Aus ihr entstand der Stadtteilverein K.I.O.S.K. e. V., der heute im Auftrag der Stadt die Quartiersarbeit sowie die Kinder- und Jugendarbeit im »Glashaus« betreibt. K.I.O.S.K. hat die Betriebsträgerschaft für das »Glashaus«, in dem die viel benutzte Kinder- und Jugendmediothek als Außenstelle der Stadtbibliothek untergebracht ist (Abb. 7). Ein Café, welches von Ehrenamtlichen betrieben wird, rundet das Angebot im »Glashaus« ab. BIV und K.I.O.S.K. ergänzen sich in ihren Aufgabenfeldern.

Zahlreiche Aktivitäten sind aus der Quartiersarbeit von K.I.O.S.K. heraus entstanden wie zum Beispiel der Verein Sport vor Ort (SVO) mit heute über 2 500 Mitgliedern und der Verein ÄwiR (Älter werden im Rieselfeld). Auch die Freiburger Turnerschaft von 1844 e. V. (FT) mit ihrem Sportkindergarten und Angeboten für Jugendliche und Erwachsene sowie weitere private Einrichtungen geben wichtige Impulse für ein lebendiges soziales und kulturelles Leben. Der demographische Wandel wird sich auch hier im Stadtteil bemerkbar machen. Leben heute circa 700 Personen im Alter von über 65 Jahren im Rieselfeld, so werden es im Jahr 2030 über 2000 Personen sein. Darin, sich um die Belange dieser Altersgruppe zu kümmern, sieht der Verein ÄwiR seine Aufgabe. Imageprägend für den Stadtteil ist auch der Volkslauf Rieselfeldmeile, der zunächst vom Physiotherapie- und Laufzentrum (PULZ) und seit 2018 vom Verein Sport vor Ort organisiert wird.

Die ökologischen Ziele

Freiburgtypisch spielten ökologische Zielsetzungen von Anfang an eine zentrale Rolle. Energetische Belange fanden ihren Niederschlag bereits im städtebaulichen Konzept durch die Ausrichtung und Gliederung der Baukörper. Rieselfeld war bundesweit der erste Stadtteil, der komplett in Niedrigbauweise mit einem nachzuweisenden Energieverbrauchswert von maximal 65 kWh/qm im Jahr realisiert wurde. Hier hatte ein Erfahrungsprozess bei allen am Bau Beteiligten begonnen, der sich in den Folgejahren auch über das Rieselfeld hinaus positiv auswirkte. Der Anschluss des neuen Stadtteils an das Fernwärmenetz in Weingarten bewirkte für das dortige frühere Heizwerk mit hohen Emissionslasten durch Kohle und Schweröl die Entwicklung zu einem sehr effizienten Blockheizkraftwerk. Im neuen Stadtteil wurden regenerative Energien wie Solarenergie, Wärmepumpen und Holzpellet-Heizungen zugelassen. Das Rieselfeld war 1998 auch eines der Modellprojekte des bundesweiten Forschungsfeldes »Schadstoffminimierung im Städtebau«. Die Studie zeigte damals, dass durch Niedrigenergiebauweise, höhere Baudichte, Fernwärme mit Kraft-Wärme-Kopplung, Stromsparmaßnahmen und einem verbesserten ÖPNV gegenüber einem konventionellen Baugebiet nahezu 50 Prozent CO_2 eingespart werden können. Diese Studien waren wichtige Meilensteine für die heute geltenden Anforderungen.

Das städtebauliche Konzept nahm die Aspekte Klima, Luft und Lärm auf und mit baulichen Maßnahmen wie dem sogenannten Wohnbogen im ersten Bauabschnitt und im Straßensystem wurde die Durchlüftung mit Nord-Süd-Winden berücksichtigt.

Die fast 100 Jahre lang erfolgte flächenhafte Verrieselung der Abwässer hatte große vorteilhafte Auswirkungen auf die Flora und Fauna des Rieselfeldes. Nach Wegfall der Abwässer galt es zum Erhalt dieses Ökosystems ein intelligentes Wässerungskonzept zu entwickeln. Dies umfasste sowohl die getrennte Sammlung Niederschlagswasser als auch die Anreicherung des Grundwassers über die Grünflächen als Sickerflächen. Das Niederschlagswasser wird über Kanäle einer Bodenfilteranlage zugeführt, dort biologisch gereinigt und dem westlichen Rieselfeld wieder zugeführt. Dieses Konzept ist Teil der baurechtlich erforderlichen Ausgleichs- und Ersatzmaßnahmen, die in ihrer Gesamtheit im westlichen Rieselfeld realisiert wurden. Durch dauerhafte Pflegemaßnahmen wird die Freiraumqualität des Naturschutzgebietes Westliches Rieselfeldes gesichert. Ein Naturerlebnispfad lenkt Besucher im Naturschutzgebiet und gibt Einblicke in die Besonderheiten dieser Landschaft. Die Minimierung der Flächenversiegelung im öffentlichen und privaten Bereich sowie die Herstellung eines belastungsfreien Baugrunds durch den flächenhaften Abtrag von fünfzig bis achtzig Zentimetern belasteten Oberbodens als Konsequenz auf intensive Altlastuntersuchungen, waren Bestandteile des Bodenkonzeptes.

Das Grünkonzept umfasst ein Netz von stadtteilgliedernden öffentlichen Grünzügen mit Anbindung an die umgebenden Landschaftsbereiche sowie die gemeinsamen Blockinnenbereiche in den Baublöcken, die ein sehr kleinteiliges Netz privater Grünflächen mit hoher Aufenthaltsqualität ermöglichen und außerhalb der Tiefgaragen nicht unterbaut werden dürfen (Abb. 8).

Das 2013 eröffnete Sport- und Freizeit-Gelände »Untere Hirschmatten« mit einem Kunstrasenplatz und mehreren Freisportflächen, einem Umkleide- und Sanitärgebäude sowie einer Gymnastikhalle dient der sportbegeisterten Bevölkerung und den Schulen. Unter der Betriebsträgerschaft des Vereins »Sport vor Ort« ist es heute schon mehr als ausgelastet. Durch die aktuelle Planung des neuen Stadtteils Dietenbach wird das Gelände »Untere Hirschmatten« mit den daran anschließenden Sportflächen für Dietenbach eine Scharnierfunktion zwischen den Wohnbereichen beider Stadtteile einnehmen.

Abb. 8   Blick in einen Blockinnenbereich aus dem 2. Bauabschnitt, Ost

Die Vermarktungsstrategie

Die Vorgaben circa 90 Prozent Mehrfamilienhaus- und Geschosswohnungsbau und 50 Prozent öffentlich geförderter Mietwohnungsbau als Folge der intensiven Diskussion um die Vertretbarkeit des Baugebiets zulasten des Landschaftsschutzes und die Vorgabe strukturell und architektonisch einen vielgestaltigen Stadtteil zu entwickeln, hatten wesentlichen Einfluss auf das städtebauliche Konzept. Absicht der Projektgruppe Rieselfeld bei der Vergabe der Baugrundstücke war, Strukturen zu vermarkten und nicht nur Grundstücke zu verkaufen und das richtige Projekt am richtigen Ort zu realisieren. Im Vorfeld wurden unterschiedliche Bausteine für Qualitäten im Rieselfeld wie zum Beispiel gemeinsame Grünbereiche, familien- und frauenspezifische Belange, barrierefreies Wohnen, Niedrigenergiebauweise und Sicherheit intensiv diskutiert und umgesetzt. Bei der Vermarktungsstrategie auf der Grundlage einer Kleinparzellierung wurde Wert auf Bauprojekte mit maximal 40 Wohneinheiten je Investor/Bauherrschaft gelegt. Es gelang, in nahezu allen Baublöcken eine gute strukturelle Mischung zwischen Miet- und Eigentumsprojekten, frei finanziertem und öffentlich gefördertem Wohnungsbau, größeren und kleinen Investoren wie auch Baugemeinschaften zu realisieren. Die Veränderung der staatlichen Wohnbauförderung im Jahr 1998 von Mietwohnungsbau hin zur Förderung von Wohneigentum sowie die Verlängerung der sogenannten Spekulationsfrist für Wohnungsverkauf von zwei auf zehn Jahre brachte schon zwei Jahre nach Bezug der ersten Wohnungen signifikante Veränderungen der Rahmenbedingungen im öffentlich geförderten wie auch im frei finanzierten Mietwohnungsbau. Aufgrund der reduzierten Kontingente der staatlichen Fördermittel konnten nur circa 1000 öffentlich geförderte Mietwohnungen entstehen. Dafür bekamen aber viele meist junge Familien die Möglichkeit, Eigentumsprojekte innerhalb der Fördergrenzen zu realisieren. Die Projektgruppe verstärkte deshalb die Aktivitäten bei den Baugemeinschaften und kleineren Investorenprojekten mit Wohneigentum. Dies wirkte sich positiv auf die Nachfrage bei diesen Zielgruppen aus. So haben zum Beispiel insgesamt circa 90 Baugemeinschaften/Baugruppen Projekte mit über 800 Wohneinheiten im Eigentums- wie auch im Mietwohnungsbau realisiert. Die über alle vier Bauabschnitte verteilten unterschiedlichen Gebäudetypologien wie Blockrandbebauung, Zeilenbauten, Punkthäuser, sogenannte Stadthaustypen sowie Reihen- und Doppelhäuser führten zu der gewünschten Vielfalt. Die Projektentwicklung und -realisierung ist über ein eigenes Treuhandkonto außerhalb des städtischen Haushaltes finanziert worden. Die Einnahmeseite bestand im Wesentlichen aus den Erlösen vom Verkauf der städteeigenen Grundstücke und zu einem geringen Teil aus Zuschüssen sowie aus dem Programm »Wohnungsbauschwerpunkte des Landes Baden-Württemberg«. Das

Finanzvolumen des Treuhandkontos betrug bei den Einnahmen wie auch bei den Ausgaben circa 160 Millionen Euro. Bei den öffentlichen Einrichtungen umfasste die Finanzierung dabei lediglich die Investitionskosten. Laufende Kosten wurden und werden über den städtischen Haushalt abgewickelt.

Resümee

Das Rieselfeld mit heute circa 10 000 Einwohnern, circa 4200 Wohneinheiten und über 600 Arbeitsplätzen ist ein lebendiger Stadtteil geworden, der seinen Platz im Gefüge der Freiburger Stadtteile gefunden hat. Das Engagement der Stadt Freiburg, die öffentliche Infrastruktur von Anfang zu realisieren und bedarfsgerecht weiter zu entwickeln sowie eine konsequente Bürgerbeteiligung inhaltlich und finanziell zu unterstützen, hat wesentlich dazu beigetragen, dass sich sehr schnell stabile Strukturen bürgerschaftlichen Lebens entwickeln konnten. Rieselfeld kann zu Recht als gutes Beispiel einer nachhaltigen Stadtteilentwicklung bezeichnet werden. Der Stadtteil Rieselfeld ist zu einer guten Adresse in Freiburg geworden.

Der Stadtteil Vauban

Freiburgs grünes Viertel

ROLAND VEITH

Abb. 1   Logo des Stadtteils

Noch kann das Stadtviertel Vauban für sich in Anspruch nehmen, Freiburgs jüngster Stadtteil zu sein. Doch es ist absehbar, dass dieses Attribut schon bald weitergereicht werden wird, gleichsam wie ein Staffelstab – die Vorbereitungen für die Planung und Umsetzung des neuen Stadtteils Dietenbach im Freiburger Westen, nördlich angrenzend an den Stadtteil Rieselfeld, sind längst angelaufen und werden mit Nachdruck vorangebracht.

Im Quartier Vauban, der ehemaligen Kaserne der Forces françaises en Allemagne (FFA) [Französische Streitkräfte in Deutschland] an der Merzhauser- und Wiesentalstraße, erinnern heute noch einzelne Gebäude an die frühere militärische Nutzung. Nach dem Truppenabzug im Jahr 1992 konnte die Stadt Freiburg 34 Hektar dieser Liegenschaft von der Bundesrepublik Deutschland erwerben mit dem Ziel, hier ein neues Wohngebiet zu errichten. Aufgabe einer städtischen Projektgruppe war auf der Grundlage eines zu erstellenden Bebauungsplanes, das Gesamtareal neu zu erschließen, Kasernengebäude abzubrechen, flächenhafte Altlasten im Boden und Grundwasser zu bereinigen, neue Grundstücksparzellen zu bilden und schließlich alle Baugrundstücke zu reprivatisieren. Lediglich die Flächen des Gemeinbedarfs, wie Kindertagesstätten, Grundschule, Spielplätze, Grünflächen und Verkehrsflächen einschließlich Marktplatz sollten im Eigentum der Stadt verbleiben.

Entsprechend den Vorgaben des Gemeinderates und dank des großen Interesses an dem neuen Stadtquartier konnten alle Grundstücke veräußert und der im Bebauungsplan festgesetzten Nutzung zugeführt werden. Als Ergebnis ist ein urbaner, lebendiger und familienfreundlicher Stadtteil entstanden. Über 5600 Bewohner haben hier ihr Zuhause gefunden. Der Stadtteil Vauban, das grüne Viertel, fand weit über Freiburgs Stadtgrenzen hinaus Aufmerksamkeit (Abb. 1). The New York Times berichtete auf Seite eins über das Konversionsprojekt – durchaus als Höhepunkt ist die Einladung zur Präsentation des Stadtteils Vauban im Rahmen der Weltausstellung 2010 in Shanghai zu verstehen. Noch heute reisen Gruppen nach Freiburg, um sich vor Ort mit nachhaltiger Stadtentwicklung zu befassen (Abb. 2).

Abb. 2   Der neue Stadtteil Vauban – Baustand 2016

Die Kasernenzeit

Unmittelbar an die Gemarkung Merzhausen anstoßend liegt am südlichen Stadtrand der neu entstandene Stadtteil Vauban, begrenzt durch den Merzhauser beziehungsweise St. Georgener Dorfbach, die Rheintalbahn Basel-Frankfurt im Westen, die Wiesentalstraße im Norden sowie die Schlierbergstraße im Osten. Die vorausgegangene militärische Nutzung begann bereits in der Nazi-Zeit, als 1936/38 die nach Leo Schlageter benannte Wehrmachtskaserne für das Infanterie- und Jägerregiment Nr. 76 errichtet wurde. Hinzuweisen ist dabei auch auf die Zwangseingemeindung der einst selbstständigen Gemeinde St. Georgen und die Zwangsenteignung der bis dahin landwirtschaftlich genutzten Grundstücke.

Mit Kriegsende erfolgte die Beschlagnahme des Kasernenareals durch die französische Armee. Die Kaserne an der Merzhauser Straße wird nach Sébastien Le Prestre de Vauban umbenannt in »Quartier Vauban«. Der Name ist eng mit der Geschichte der Stadt verbunden: Vauban war einst französischer Festungsbaumeister von Ludwig XIV.

Zum Freiburger Stadtbild gehörten über Jahre bis zu 7000 Berufssoldaten, Wehrpflichtige sowie Verwaltungsangestellte. Schließlich endete die Kasernenzeit in Freiburg mit dem Abzug der französischen Truppen am 25.08.1992. Am Kasernentor an der Merzhauser Straße wurden die Schlüssel zur Vauban Kaserne an Oberbürgermeister Dr. Rolf Böhme übergeben (Abb. 3).

Abb. 3   Die Vaubankaserne – Luftaufnahme 1991

Grundsatzentscheidungen

Mit der Aufgabe der Kaserne tat sich für die Stadt Freiburg eine völlig neue Perspektive auf und die einmalige Chance für eine geordnete städtebauliche Entwicklung am südlichen Stadtrand. Im Gemeinderat bestand rasch politisches Einvernehmen, diese Konversionsfläche zu erwerben und mit dem Bund in Verhandlungen einzutreten. Bis zum Abschluss eines Kaufvertrages konnte ein Vertrag über eine Zwischennutzung der Liegenschaft geschlossen werden, ohne die Teilflächen, die im Einvernehmen mit der Stadt für das heutige Studierendenwerk (damals Studentenwerk) sowie für die Selbstorganisierte Unabhängige Siedlungsinitiative (S.U.S.I) bereitgestellt wurden. Die Verhandlungen über den Erwerb fanden schließlich 1994 ihren Abschluss mit der notariellen Beurkundung des Kaufvertrages.

Richtungsweisend war die Entscheidung, sowohl die Planung für das neue Wohngebiet wie auch deren konkrete Umsetzung nicht einem oder mehreren Projektentwicklern zu überlassen. In der Folge wurde eine aus der Verwaltungshierarchie herausgelöste Projektgruppe Vauban eingerichtet, die unmittelbar dem Baudezernenten zugeordnet wurde. Auch später, als aus politischen Erwägungen das Baudezernat aufgelöst wurde, blieb diese »Sonderstellung« der Projektgruppe bestehen, indem sie direkt dem Oberbürgermeister unterstellt wurde.

Mit der Kommunalentwicklung LEG Baden-Württemberg GmbH hatte die Projektgruppe einen erfahrenen und kompetenten Partner, der als Projektsteurer und Treuhänder fungierte. Diese Einbindung war vor allem deshalb angezeigt, weil in der Stadt Freiburg erstmals das im Baugesetzbuch verankerte Rechtsinstrument der Städtebaulichen Entwicklungsmaßnahme angewandt wurde. Zudem sollte das Projekt außerhalb des kommunalen Haushaltes über ein Treuhandkonto finanziert werden, mit der Vorgabe einer »In-sich-Finanzierung« – das heißt, im Prinzip sind die aus dem Projekt entstehenden Kosten durch die Einnahmen aus dem Verkauf der Baugrundstücke auszugleichen.

Planungsvorgaben

Für das neue Stadtquartier wurde ein städtebaulicher Ideenwettbewerb ausgelobt. Vorgabe war der Abbruch der aus der Kasernenzeit vorhandenen Gebäudesubstanz, zumal an dessen Erhalt kein denkmalpflegerisches Interesse gegeben war. Das Plankonzept sollte überwiegend Wohnnutzungen ermöglichen mit etwa 2000 Wohneinheiten, ausgelegt auf etwa 5000 Bewohner. Mischgebietsflächen wie auch Gewerbeflächen sollen die Bedarfe des täglichen Lebens abdecken können. Gemeinbedarfsflächen waren vorzusehen für eine Grundschule, für Kindertagesstätten, für Spiel- und Freiflächen der künftigen Bewohner. Gefordert war ferner ein innovatives Verkehrskonzept wobei die Anbindung des Stadtteils an das Stadtbahnnetz der VAG, als Verpflichtung galt. Wie kann der private Stellplatznachweis gelöst werden, wie können Lösungsansätze aussehen für den öffentlichen Parkierungsbedarf? Wie kann der Radverkehr attraktiver gestaltet und der Stadtteil mit dem bestehenden Radwegenetz verknüpft werden? Auch klimatische Fragestellungen waren aufzugreifen und auf ihre Relevanz für die Planung zu prüfen, wie etwa vorhandene Hangwindsysteme oder ökologische Aspekte, wie Biotopflächen oder schützenswerte Baumbestände.

Das Interesse an diesem Wettbewerb übertraf bei weitem die Erwartungen. Auf drei Sitzungstage musste das Preisgericht angesetzt werden und hatte circa 100 Wettbewerbsbeiträge zu bewerten. Ausgewählt und durch den Gemeinderat schließlich bestätigt wurde das Konzept des Stuttgarter Architekturbüros Kohlhoff & Kohlhoff in Zusammenarbeit mit den Verkehrsplanern des Büros Billinger, Stuttgart. Die Weiterbearbeitung zum städtebaulichen Entwurf, der als Grundlage in den Bebauungsplan einfließt, bestätigte die Robustheit und Flexibilität des Konzeptentwurfs. Der Begriff der »Lernenden

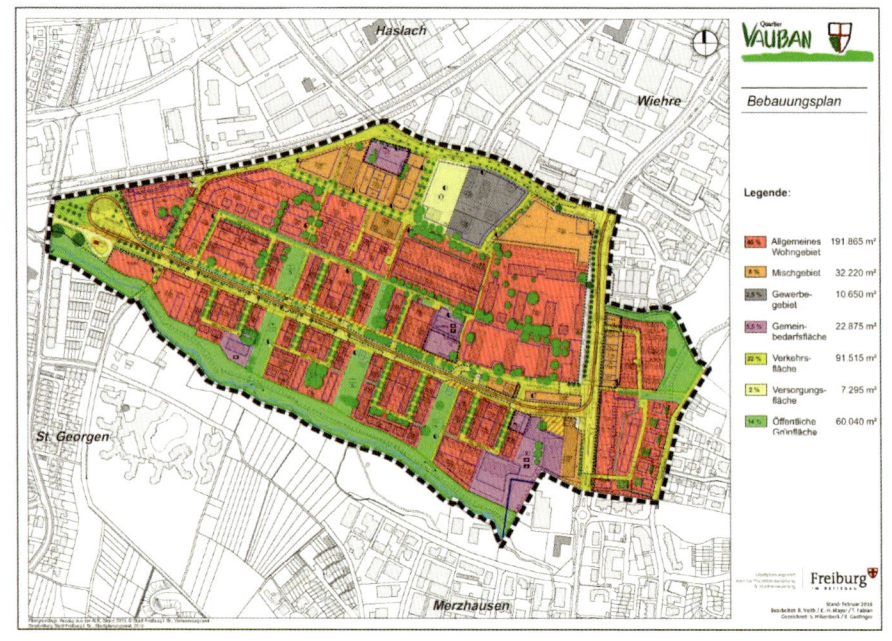

Abb. 4   Bebauungsplan Vauban – Plan 6-130d

Planung« bewahrheitete sich bei vielen Gelegenheiten – abweichend von den ursprünglichen Entwurfsvorgaben war es möglich, auf Bauherrenbedürfnisse zu reagieren, wenngleich damit die Notwendigkeit verbunden war, in Änderungsverfahren den Bebauungsplan zu überarbeiten (Abb. 4).

Erweiterte Bürgerbeteiligung

Stadtteilgründungen früherer Jahre erfolgten meist am Reißbrett von Planern und Architekten, wobei die Interessenslagen der künftig hier Wohnenden nur bedingt in den Planungsprozess einfließen konnten. Heute sind die Vorgaben des Baugesetzbuches zur Beteiligung der Bürgerinnen und Bürger an Planungsverfahren zu beachten. Doch gerade bei langandauernden Entwicklungsprozessen sind diese eher als Mindestanforderungen zu verstehen. Der damalige Baubürgermeister Dr. Sven von Ungern-Sternberg rief deshalb zu einer erweiterten Bürgerbeteiligung auf, die sich nicht auf die formalen gesetzlichen Vorgaben beschränken sollte, sondern auch die baulichen Umsetzungsprozesse begleitete. Das bürgerschaftlich orientierte »Forum Vauban« vertrat gegenüber Verwaltung und Politik streitbar und durchaus erfolgreich Zielsetzungen, die schließlich Eingang in das Planungs- und Umsetzungskonzept für den neuen Stadtteil fanden. Beachtenswert ist ferner, dass die durch das »Forum Vauban« geleistete Arbeit in späteren Jahren zur Gründung des »Stadtteilvereins Vauban« führte, der die Bürgerbelange bis heute weiter verfolgt. Bürgerbeteiligung beschränkt sich also nicht auf die Gründungs- und Planungsphase eines neuen Stadtteils, sondern findet über Jahre hinweg erfolgreich statt, letztlich zum Wohle der hier Wohnenden.

Vauban hat ein besonderes Flair

So lautet die immer wieder zu hörende Aussage. Und sie kommt nicht nur von den rund 5600 Bewohnern, die hier ein neues Zuhause gefunden haben und gerne in ihrem Stadtteil leben. Auch Besuchergruppen, die nach Freiburg reisen und sich im Vauban-Viertel umschauen, teilen und bekräftigen diese Einschätzung. Wie kommt es dazu? Welche Vorgaben bilden das Grundgerüst dieser Siedlung?

Bereits die Lage der ehemaligen Konversionsfläche am südlichen Rand der Stadt in unmittelbarer Nachbarschaft zur politisch selbstständigen Gemeinde Merzhausen ist etwas Besonderes. Aus dem urbanen, baulich verdichteten Wohngebiet erreicht man fußläufig in wenigen Minuten die freie Landschaft, kann Wald und Wiesen des Schönbergs sowie die herrliche Aussicht ins Rheintal und auf die Stadt genießen (Abb. 5).

Abb. 5   Baugruppenprojekte in der Harriet-Straub-Straße

Abb. 6   Grünspange, Frischluftschneise und Spielplatz

Alte Baumbestände erhalten – Frischluftschneisen sichern

Wohlfühlklima im Stadtteil sichern auch die mächtigen über 80 Jahre alten Linden, die aus der Kasernenzeit stammen. Sie wurden in das Siedlungskonzept eingebunden, bilden das grüne Grundgerüst. Gleiches gilt für die Uferzone des St. Georgener Dorfbaches, der als Biotop geschützt ist und von Ost nach West das Baugebiet durchfließt, überquert werden kann mittels mehrerer Stege und begleitet wird von einem Fuß- und Radweg.

Frischluftschneisen gliedern die Baustruktur, sichern Abstand zwischen den Baufeldern und führen zielsicher den aus dem Hexental und Schönberg kommenden Hangwind in den Stadtteil hinein. Der »Hexentäler« ist durchaus vergleichbar mit dem »Höllentäler«, jedoch in seinem Ausprägungsgrad schwächer. Insbesondere im Sommer sind nächtliche Abkühlung und Frischluftzufuhr im Viertel gewährleistet (Abb. 6).

Spiel- und Erholungsflächen

Die beschriebenen Frischluftschneisen haben eine weitere Funktion: Sie sind öffentlich zugängliche Spiel- und Erholungsflächen, nutzbar durch Kinder aller Altersstufen wie auch durch Erwachsene. Die Nutzungs- und Ausstattungskonzepte dieser fünf Freizeitflächen wurden entwickelt in zahlreichen Workshops – auch unter Einbeziehung derer, die unmittelbar angrenzend an die Spielflächen wohnen. So ist festgelegt, dass die Spielangebote bedarfsorientiert ausgerichtet sind und auf die Belange der Kinder, Eltern und Nachbarn eingehen.

Konfliktlagen verursachen allerdings Ballspiele. Hier gehen die Interessenlagen nicht nur von Kindern und Jugendlichen auseinander, auch für die Bewohner ist der mit den Mannschaftsspielen einhergehende Lärm oftmals kaum aushaltbar. Für die Jugendlichen wurde deshalb ein »Ballspielkäfig« in etwas peripherer Lage nachträglich gebaut. Durch den Käfig ist gesichert, dass Bälle die Spielfläche nicht verlassen können und Jugendliche durch die Stadtbahn oder andere Fahrzeuge nicht gefährdet sind.

Der Verkehr im Stadtteil Vauban

In der gewachsenen Stadt ist die Forderung nach verkehrsberuhigenden Maßnahmen durchaus verständlich – aber nur mit großem Aufwand technischer und finanzieller Art möglich. Bei einem neu entstehenden Stadtquartier müssen deshalb die sich auftuenden Chancen konsequent genutzt werden. Der Verkehr auf den Sammelstraßen muss zwingend dort bleiben, darf keine Schleichwegverbindungen im neuen Stadtviertel finden (Abb. 7). Wer Ziele in Vauban ansteuert, muss auf der Hauptachse Tempo 30 einhalten und auch

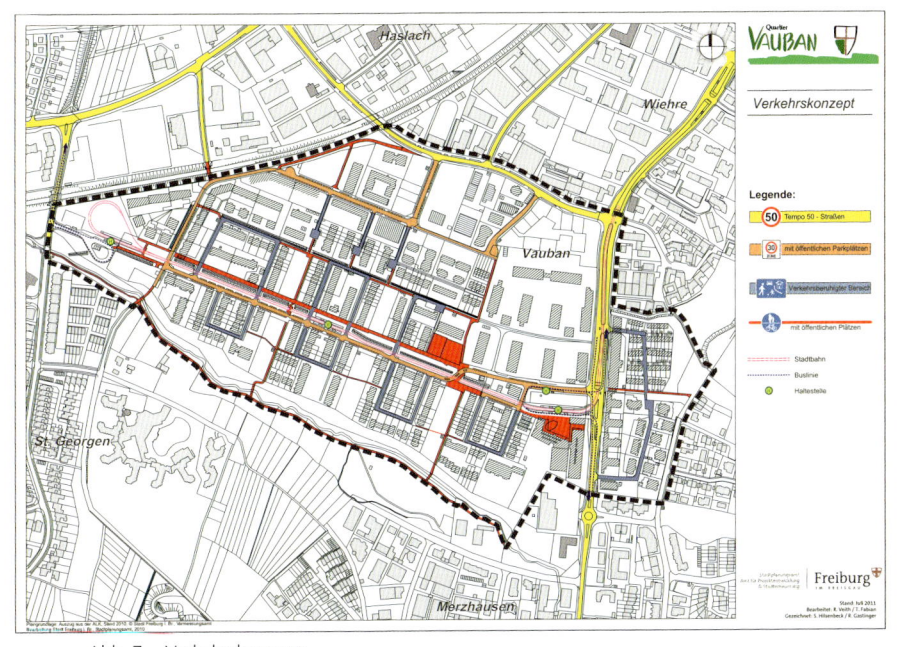

Abb. 7   Verkehrskonzept

akzeptieren, dass in den einzelnen Wohnclustern die Regeln für verkehrsberuhigte Bereiche Gültigkeit haben – alle Verkehrsteilnehmer sind gleichberechtigt, es gilt Schrittgeschwindigkeit. Und das Ergebnis ist verblüffend: Kinder können wieder auf der Straße spielen!

Parken – wohin mit dem Auto?

Welche Rolle spielt für mich und meine Familie das Auto? Das ist eine der zentralen Fragestellungen für das Wohnen in Vauban. Verschiedene Modelle eröffnen bedarfsorientierte Lösungen:
- Zwei Quartiersgaragen bieten Stellplätze an zum Kauf durch die Wohnungs- beziehungsweise Gebäudeeigentümer in den stellplatzfreien Wohnangern, insbesondere entlang der Vaubanallee. Auf den Hausgrundstücken sind hier keine Stellplätze zulässig.
- Auch das klassische Modell Tiefgarage unter dem Wohnhaus wird vorgehalten.
- Autofreie Haushalte führen ebenfalls einen Stellplatznachweis, die konkrete bauliche Umsetzung ist zeitlich ausgesetzt. Interimsweise wird das Baugrundstück als Grünfläche genutzt.

Für Besucher des Stadtteils stehen bewirtschaftete öffentliche Parkplätze zur Verfügung.

Weniger Kfz im Stadtteil

Mit den aufgezeigten Möglichkeiten kann die Entscheidung für oder gegen ein eigenes Auto deutlich beeinflusst werden, wobei die breit ausgerichtete Fahrzeugflotte der Carsharing-Anbieter die individuelle Bedarfsnachfrage von Kraftfahrzeugen steuern kann. Der private Kraftfahrzeugbestand in Vauban ist im Vergleich zu anderen Stadtteilen deutlich niedriger. In der Gesamtstadt werden je 1000 Einwohner 394 Kfz registriert, in Vauban sind es 208 Kfz je 1000 Einwohner (Stand: 31.12.2017).

Stadtbahnlinie 3 – Vauban

Im Finanzierungsbudget für den neuen Stadtteil waren von Beginn an Gelder eingeplant für den Neubau einer Stadtbahnlinie. Sie wurde verknüpft mit der neuen Linie 5 aus Haslach zur Innenstadt, die über die Basler Straße zur Johanneskirche und weiter in die Innenstadt geführt wurde. Nach einer zwei-

Abb. 8   Stadtbahn in der Vaubanallee

einhalbjährigen Bauzeit konnte die Linie 3 Vauban am 29.04.2006 in Betrieb genommen werden. Im neuen Stadtteil fährt sie drei Haltestellen an, das ergibt kurze Wege von und zu den Wohnungen. Die große Wendeschleife ganz im Westen ist Linienende und zugleich Startpunkt für die Rückfahrt ins Stadtzentrum und von dort aus in alle Richtungen. An der Wendeschleife Vauban besteht optional die Möglichkeit einen Umsteigepunkt einzurichten zu den Regionalzügen auf der Gleistrasse der Deutschen Bahn. Allerdings ist dafür zwingende Voraussetzung, dass das dritte und vierte Gleis der Rheintalbahn befahren ist, denn nur so kann am Umsteigepunkt Vauban die erforderliche Haltezeit vorgehalten werden. Ferner besteht die grundsätzliche Möglichkeit, die Stadtbahnlinie unter den Gleisen der Eisenbahn »durchzustecken« und sie weiterzuführen nach St. Georgen.

Die VAG zeigt sich über die Kundenfrequenz der Linie 3 und das Verkehrsverhalten der »Vaubanler« hochzufrieden. Auch die Stadtteilbewohner sehen in der Stadtbahn einen nicht zu unterschätzenden Beitrag zum viel diskutierten Schutz der Umwelt und des Klimas. Selbst die Kinder, die weiterführende Schulen besuchen und diese meist in der Innenstadt finden, sind selbstständig mit der Stadtbahn unterwegs und leisten ihren Klimaschutzbeitrag (Abb. 8)!

Infrastrukturen

Zu einer erfolgreichen Siedlungsentwicklung gehört der Anspruch, einen lebendigen Stadtteil auf den Weg zu bringen, keinesfalls darf eine »Schlafstadt« entstehen. Es braucht öffentliche/soziale Infrastrukturen, aber auch wirtschaftliche/private. Dabei sollen kurze und sichere Wege ausreichend sein, um zu den Zielen zu gelangen.

Die bereits beschriebenen Spiel- und Erholungsflächen in den Grünspangen entsprechen diesen Anforderungen. Das Garten- und Tiefbauamt sorgt fortlaufend für die Betriebssicherheit. Drei Kindertagesstätten konnten aus Projektmitteln, angeordnet an drei Standorten innerhalb des Stadtteils, gebaut und bedarfsgerecht zur Verfügung gestellt werden. An jedem dieser Standorte können fünf bis sechs Gruppen mit jeweils 20 Kindern betreut werden. Private Einrichtungen komplettieren das Angebot.

Die Kinder gehen schließlich in dem ihnen vertrauten Stadtteil in die fünfzügige Karoline-Kaspar-Grundschule. Sie verfügt über eine zweiteilbare Sporthalle und die notwendigen Freiflächen für Schulsport und Aufenthalt. Außerhalb der Schulzeiten beziehungsweise in den Abendstunden kann die Halle für den Stadtteilsport und durch Sportvereine genutzt werden.

Nicht wegzudenkender Bestandteil der Angebotspalette im Stadtteil ist das Bürgerhaus »Haus 037« am Alfred-Döblin-Platz geworden. Verwaltung und Gemeinderat waren ursprünglich von einem Abbruch des Gebäudes ausgegangen. Die Bürgerbeteiligung forderte den Erhalt und die Einrichtung einer Begegnungsstätte, die dem ganzen Stadtteil zugutekommen sollte. Nach langer Debatte und einer Kampfabstimmung im Gemeinderat fiel der Beschluss für den Erhalt des Hauses sowie die Bereitstellung von Städtebaufördermitteln aus dem Projekt Vauban. Der private Trägerverein »Haus 037« organisierte die Projektplanung, betrieb den Umbau und sichert gemäß den vertraglichen Vereinbarungen den laufenden Betrieb dieses Treffs. Bestandteil des Gesamtkonzepts ist die Gaststätte »Süden«, die über den Stadtteil hinaus bekannt ist (Abb. 9).

Dem Gebäude vorgelagert ist der vielfältig nutzbare Marktplatz: Organisiert durch einen Trägerverein findet hier wöchentlich ein Bauernmarkt statt. Regionale und saisonale Produkte werden angeboten, sehr zur Freude der im Quartier Wohnenden. Mittwochs trifft man regelmäßig auf ein fröhliches, buntes, markttypisches Treiben, bei dem auch die Kinder nicht fehlen.

Im Vauban sind natürlich auch gewerbliche Infrastrukturen anzutreffen, die in einem lebendigen, gut aufgestellten Stadtteil zur Grundausstattung zählen, ganz im Sinne der kurzen Wege. Der örtliche Supermarkt im Erdgeschoss der Solargarage an der Stadtbahnhaltestelle Paula-Modersohn-Platz liegt in bester Lage, wird in seinem Angebot ergänzt durch zwei weitere Märkte, eine

Abb. 9   Bürgerhaus am Alfred-Döblin-Platz

Apotheke, die Kooperative »Quartiersladen«, wozu Bäckereien, Handwerksbetriebe, ein Friseur und ein Fahrradladen mit Reparaturwerkstatt kommen sowie eine Vielzahl kleinerer Anbieter mit sehr unterschiedlichen Sortimenten wie, Schreibwaren, Bücher, Blumen, Second Hand. Zusammenfassend: Alles was im täglichen Bedarf nachgefragt wird, ist in Vauban anzutreffen, auch Ärzte, Therapeuten, Rechtsanwälte, Cafés, Eisdielen, eine Kantine, eine Gaststätte. Im »Green City« Hotel Vauban arbeiten Menschen mit und ohne Handicap.

Bauzeit und Baubeteiligte

Mit dem Abzug der französischen Truppen 1992 musste zunächst neues Planungsrecht geschaffen werden als Rechtsgrundlage für die künftige Bebauung. Ein städtebaulicher Ideenwettbewerb lieferte die Grundidee für die Gestaltung und die baulichen Nutzungen – 1997 erlangte der Bebauungsplan erstmals Rechtskraft, fünf Jahre nach Übernahme der Konversionsflächen durch die Stadt. Im Folgejahr zogen bereits die ersten Bewohner in den privat errichteten Neubau. Schließlich konnte 2016 das letzte Wohn- und Geschäftshaus fertiggestellt werden. Zum 31.12.2017 hatte der Stadtteil Vauban 5602 Einwohner, darunter 1231 Kinder und Jugendliche unter 18 Jahren (21,9 Prozent) – ein junger familienfreundlicher Stadtteil. Die Generation der über 65-Jährigen macht 249 Personen (4,4 Prozent) aus.

Ansprechend und lebendig zeigt sich auch die Architektur. Nicht die großen, meist von Bauträgern errichteten Gebäude sind vorherrschend, sondern die von Baugruppen und Einzelbauherren konzipierten Häuser eröffnen eine Vielfalt in der Architektur, wie sie bei länger zurückliegenden Stadtteilgründungen kaum zu finden ist.

Den Klimazielen, die aktuell intensiv diskutiert werden, kommen die Energiestandards der Gebäude entgegen. In den Stadtteilen Rieselfeld und Vauban wurden die Investoren und Bauherren in den Grundstückskaufverträgen verpflichtet, die Niedrigenergiebauweise mit 65 kWh/m²a beim Bau umzusetzen. Viele Bauherren entscheiden sich für verbesserte Standards, indem sie Passivhäuser und auch Plusenergiehäuser errichten. Die Dachlandschaft in Vauban wird geprägt durch Solarmodule, wie thermische Anlagen zur Warmwasserbereitung und Photovoltaik-Anlagen zur Stromgewinnung. Übrigens: Mit dem vor Ort erzeugten Strom kann der gesamte Stadtteil versorgt werden.

Freiburgs neuer Stadtteil Dietenbach: sozial – ökologisch – lebenswert

Rüdiger Engel

Abb. 1 Logo für den neuen Stadtteil

Seit Jahrzehnten sind in Freiburg der Wohnungsbau und die Bereitstellung von Wohnbauflächen zentrale Themen der Stadtentwicklung. Nur wenige Großstädte in Deutschland sind wie Freiburg seit dem Zweiten Weltkrieg kontinuierlich gewachsen. Freiburg ist eine beliebte Universitätsstadt – und somit ist die Bevölkerungsentwicklung von den damit einhergehenden Wanderungsbewegungen, gewissermaßen einer Bildungswanderung, bestimmt. Hatte Freiburg im Jahr 1980 noch rund 175 000 Einwohner, so zählt die nun 900 Jahre alt werdende Stadt im Jahr 2020 mehr als 230 000 Menschen, die auf ihrer Gemarkung wohnen.

Das Thema ist also nicht neu. Nach dem Zweiten Weltkrieg entstanden vor allem im Westen neue Siedlungsgebiete, entlang der Sundgauallee etwa, oder die Stadtteile Landwasser, Weingarten, Rieselfeld und Vauban. Die nahezu zeitgleiche Entwicklung von Rieselfeld und Vauban zwischen 1993 und 2010 brachte dem nach der deutschen Wiedervereinigung sehr angespannten Wohnungsmarkt eine deutliche Entlastung und Freiburg zwei Vorzeigestadtteile, die international Beachtung finden.

Die städtische Siedlungspolitik hielt sich nach dem Millennium unter dem Eindruck der langsam wachsenden Stadtteile Rieselfeld und Vauban sowie einer Bevölkerungsprognose, die einen Anstieg nur noch bis etwa 2012 und auf nicht mehr als ca. 210 000 Menschen voraussagte, mit der Ausweisung neuer Flächen zurück. Für 2020 prognostizierte der Flächennutzungsplan 208 340 Einwohner. Das anhaltende Bevölkerungswachstum der folgenden Jahre erschütterte diese Prognose nachhaltig. Nachdem die Wohnbaupolitik im Jahr 2010 durch das wieder eingeführte Amt eines Baubürgermeisters gestärkt war, folgten bald Initiativen zur Schaffung von neuem und zur Erhaltung bestehenden Wohnraums. Der Gemeinderat zog sich in mehrere ganztägige Klausuren zurück, beriet über ein Handlungsprogramm Wohnen und erteilte Ende 2012 den Auftrag, Flächen für einen neuen Stadtteil mit rund 5000 Wohnungen zu suchen.

Die zentralen wohnungsbaupolitischen Ziele Freiburgs sind in dem 2013 beschlossenen Handlungsprogramm Wohnen niedergelegt. Das Handlungsprogramm konnte nicht alle Probleme mit einem Schlag lösen, es liefert aber Daten und Fakten als Planungsgrundlage und geht Ursachen nach, die zur Wohnraumknappheit geführt haben. Das kommunale Handlungsprogramm Wohnen versteht sich als Richtschnur für die folgenden Jahre und hat das Ziel, Wohnen in Freiburg zukunftsfähig und nachhaltig zu gestalten, indem ein ausreichendes und bezahlbares sowie den unterschiedlichen Bedürfnissen von Menschen in der heutigen Zeit entsprechendes Wohnungsangebot geschaffen wird. Ein besonderes Augenmerk wird dabei auf die soziale Durchmischung in den einzelnen Stadtteilen gelegt.

Eines der wichtigsten Ziele ist die Ausweisung neuer Wohnbauflächen aufgrund der kommunalen Planungshoheit. Da die verbleibenden Flächen des Flächennutzungsplans 2020 schwer zu entwickeln sind, wird parallel an einem neuen Stadtteil und weiteren Siedlungsschwerpunkten, insbesondere im Bereich des Güterbahnhofs Nord, rund um das Technische Rathaus und im Bereich der Einzelhandelsflächen an der Gundelfinger Gemarkungsgrenze gearbeitet. Ein Perspektivplan zeigt die Möglichkeiten der weiteren städtebaulichen Entwicklung der Stadt Freiburg auf.

Mittelfristig werden in der Stadt Freiburg jährlich 1000 neue Wohnungen benötigt. Um diese realisieren zu können, begannen zwei Jahrzehnte nach der Entwicklung der Stadtteile Rieselfeld und Vauban Ende 2012 die vorbereitenden Untersuchungen zu einem neuen Stadtteil: Dietenbach, unmittelbar nördlich des Stadtteils Rieselfeld. Als eine Alternativenprüfung 2015 Flächen westlich von St. Georgen ausschied, konzentrierten sich die Arbeiten auf Dietenbach und der Gemeinderat beschloss am 24. Juli 2018 mit einer rund 700-seitigen Beratungsvorlage eine städtebauliche Entwicklungsmaßnahme für eine 130 Hektar große Fläche, die ganz überwiegend noch landwirtschaftlich genutzt wird.

Die große Herausforderung für die Planung und die Realisierung des Stadtteils ist damit der Umgang mit den rund 450 Eigentümern und vor allem mit den dort wirtschaftenden Landwirten. Aber auch die ökologischen Probleme sind vielfältig und spiegeln ein gewandeltes Bewusstsein für die Problematik einer Inanspruchnahme von Natur und Landschaft für den Siedlungsbau wider: Große Flächen werden vom 100-jährigen Hochwasser überflutet, sodass nach den inzwischen geltenden wasserhaushaltsrechtlichen Vorschriften dort ein Bau- und Planungsverbot besteht. Der Dietenbach muss also erst umgebaut und dabei ökologisch aufgewertet werden, ohne die unterliegenden Gemeinden zu beeinträchtigen, bevor ein Bebauungsplan verabschiedet werden kann. Der Bau zweier Hochwasserrückhaltebecken zwischen Horben und Günterstal sowie zwischen Günterstal und der Wiehre entlastet vor allem die hochwassergefährdeten Stadtteile Günterstal, Wiehre und Haslach, er ermöglicht aber auch, durch einen Umbau des Dietenbachs westlich der Besançonallee das Gebiet des zukünftigen Stadtteils hochwasserfrei zu modellieren.

Planungsaufgaben sind in den vergangenen drei Jahrzehnten immer komplexer geworden, weil die Vorschriftendichte (nicht nur in Umweltfragen) und das in der planerischen Abwägung zu verarbeitende Wissen (durch Nutzung des Internets) exponentiell zunahmen. Freiburg liegt zwischen den Schwarzwaldhängen und den Hügeln der March und des Tunibergs eingebettet. Die vom Schwarzwald herab in Richtung des Rheins fließenden Grundwasserströme werden hier gestaut und rufen schützenswerte Strukturen wie den Mooswald hervor. Der Mooswald ist heute Teil des europaweiten Natura-2000-Schutzgebietsystems, das auch das Naturschutzgebiet Rieselfeld umfasst, das anlässlich der Planung des gleichnamigen Stadtteils geschaffen wurde. Die Planung des neuen Stadtteils Dietenbach muss eine gute Nachbarschaft zu diesen Schutzgebieten sichern, sie darf zudem die gewässerabwärts liegenden Gemeinden Umkirch und Gottenheim nicht beeinträchtigen, die seit Jahrzehnten bemängeln, die Stadt dehne sich auf Flächen aus, die zur Regenrückhaltung für ihre Gemarkung wichtig sind. Ein sachbezogener, offener Dialog mit den Nachbargemeinden auf Augenhöhe ist eine wichtige politische Voraussetzung für das Gelingen des neuen Stadtteils.

Quer durch das Gebiet des zukünftigen Stadtteils führen eine überörtliche Gasversorgungsleitung und zwei Hochspannungsleitungen, die im Einvernehmen mit den Leistungsträgern verlegt werden müssen, bevor erste Erschließungsarbeiten für den neuen Stadtteil durchgeführt werden können. Ein 90 Meter hoher Sendemast des Südwestrundfunks steht mitten im Gebiet und muss ebenfalls verlegt werden. Wenn man sich vor Augen führt, dass im Gebiet auch mehr als ein Dutzend Landwirte tätig sind und die Flächen mehr als 450 Eigentümer haben, viele davon Erbengemeinschaften, so wird schnell klar, dass der neue Stadtteil Dietenbach vor größeren Hürden steht als Rieselfeld oder Vauban.

Dennoch sind die Planungsarbeiten zügig vorangeschritten und waren von Anbeginn an durch eine breite politische Mehrheit getragen: Der Auftrag zur Planung wurde vom Gemeinderat bei nur einer Gegenstimme gefasst, die städtebauliche Entwicklungssatzung dann rund fünf Jahre später im Juli 2018 bei nur vier Gegenstimmen angenommen. Eine Bürgeraktion Rettet Dietenbach sammelte anschließend die für einen Bürgerentscheid erforderlichen Unterschriften. Am 24. Februar 2019 konnten die Freiburgerinnen und Freiburger über die Frage abstimmen: »Soll das Dietenbachgebiet unbebaut bleiben?« Die Fragestellung war suggestiv, denn die meisten Freiburger assoziieren mit dem Dietenbachgebiet den gleichnamigen Park im Stadtteil

Weingarten mit dem Badesee, und die Initiatoren weigerten sich, ihre Fragestellung zu ändern oder auch nur zu präzisieren. So musste zunächst einmal Aufklärungsarbeit darüber geleistet werden, wo überhaupt der neue Stadtteil entstehen soll. Der von beiden Seiten durchgehend sachlich geführte Wahlkampf nahm dann zu Jahresbeginn 2019 an Fahrt auf, in allen Medien, auf der Straße, auf den Stadtteilmärkten, in vielen Veranstaltungen (Abb. 2).

Obwohl der Bürgerentscheid nur drei Monate vor der Kommunalwahl stattfand, warben die meisten Gemeinderäte parteiübergreifend unter dem Motto »Nie war ein Nein so Zukunft!« für die Schaffung von bezahlbarem Wohnraum in einem neuen Stadtteil. Viele Organisationen, Arbeitgeber- und Sozialverbände sowie Gewerkschaften, aber vor allem auch die Vollversammlung der Studierenden der Universität Freiburg unterstützten den Bau des neuen Stadtteils. Das politische Spektrum des Widerstands war ebenso bunt: Es reichte vom Bauernverband über die Umweltverbände bis hin zur AfD (die aber im Wahlkampf keine Rolle spielte) (Abb. 3 und 4).

Das Abstimmungsergebnis war überraschend deutlich: Mehr als 60 Prozent der Freiburgerinnen und Freiburger stimmten bei einer hohen Wahlbe-

Abb. 2   Informationsveranstaltung im Konzerthaus am 6.2.2019

Abb. 3   Platz der Alten Synagoge, Februar 2019

Abb. 4   Aufruf zum Bürgerentscheid am 24.2.2019 für den Stadtteil Dietenbach

teiligung von fast 50 Prozent am 24. Februar 2019 mit »Nein« ab und befürworteten damit den neuen Stadtteil (Abb. 5). Dietenbach war damit das erste und deshalb viel beachtete Städtebau-Großprojekt in ganz Deutschland, das einen Bürgerentscheid »überstand«. Die breite Unterstützung in der Bevölkerung spiegelte sich nochmals im Ergebnis der Kommunalwahl im Mai 2019 wider: Die Fraktion Freiburg Lebenswert/Für Freiburg, die als einzige im Gemeinderat die Bürgerinitiative unterstützt hatte und gegen den Stadtteil Stellung bezog, verlor zwei ihrer vier Mandate und damit auch den Fraktionsstatus. Wer allerdings gemeint hatte, ein gewonnener Bürgerentscheid würde dem Projekt freie Bahn verschaffen, sah sich getäuscht: Die Gegner des neuen Stadtteils beschreiten den Rechtsweg. Der Bürgerentscheid ist probates und vor allem kostengünstiges Mittel für politischen Widerstand. Wenn sich keine Mehrheit findet, wird versucht, das Projekt durch Klagen zu verzögern und zu gefährden. In Freiburg war dies bereits beim Neubau des Stadions zu beobachten und das dort erkennbare Muster wiederholt sich nun.

Trotz der außerordentlichen demokratischen Legitimation, über die der neue Stadtteil damit verfügt, muss in den kommenden Monaten und Jahren

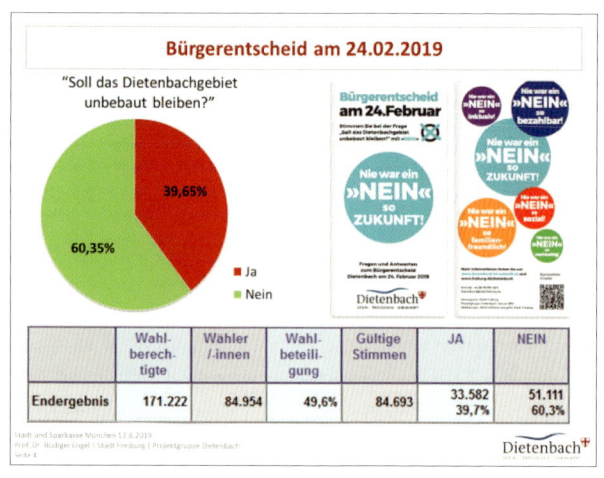

Abb. 5   Ergebnis des Bürgerentscheides

der öffentliche Diskurs weitergeführt werden. Schließlich waren fast 40 Prozent der Freiburgerinnen von der Erforderlichkeit eines neuen Stadtteils nicht überzeugt. Zudem gilt es, die politischen Versprechungen des Wahlkampfes, insbesondere die Realisierung von 50 Prozent öffentlich geförderten Mietwohnungen in einem klimaneutralen Stadtteil, mit Leben zu füllen und zu realisieren.

Der neue Stadtteil hat inzwischen auch ein Gesicht erhalten: Ein europaweiter Städtebauwettbewerb, an dem 30 Büros teilnahmen, endete am 4. Oktober 2018 mit einer Überraschung: Ein Freiburger Architekturbüro, K 9 Architekten, die in einer Arbeitsgemeinschaft mit den bayerischen Freiraumplanern Latz und Partner sowie dem hessischen Verkehrsplanungsbüro StetePlanung arbeiten und die durch ein Konsortium verschiedener Energieplanungsbüros unterstützt wurden, bedachte die Jury mit dem ersten Preis. Das Siegerteam erstellt derzeit einen Rahmenplan, der vom Gemeinderat Ende des Jahres 2020 erörtert werden soll und in dem alle Aspekte der Stadtentwicklung nochmals überarbeitet werden. Der Siegerentwurf ermöglicht den Bau von 6500 bis 6800 Wohnungen auf rund 57 Hektar Fläche. Ein Stadtteil mit hoher Dichte bei gleichzeitig hoher Freiraumqualität entsteht. Seine Blockstrukturen, die sich an Freiburger Vorbildern orientieren, ermöglichen eine homogene Verteilung des vom Gemeinderat geforderten 50 prozentigen Anteils an öffentlich geförderten Mietwohnungen. Damit kann ein in vielerlei Hinsicht bemerkenswerter Stadtteil entstehen: Er ist demokratisch legitimiert, darüber hinaus sozial gerecht, ökologisch verträglich, klimaneutral und wirkt der Zersiedelung (und dem Pendlerverkehr) entgegen. Hier kann bezahlbarer Wohnraum für etwa 15 000 Menschen wachsen – wenn man so viele Menschen im Umland von Freiburg unterbringen wollte, würde hierfür die rund vierfache (landwirtschaftliche) Fläche versiegelt!

Die Entwicklung von alternativen Flächen aus dem Flächennutzungsplan ist dem gegenüber mühsam, die Potenziale für eine – in der Nachbarschaft oft unerwünschte – Innenentwicklung, die regelmäßige eine Nachverdichtung ist, gering. Da in den vergangenen Jahren die Marge von jährlich über 1000 zusätzlichen Wohnungen oft nicht erreicht worden ist und durch Wanderungsbewegungen in einzelnen Jahren ein überproportionales Wachstum zu verzeichnen war, fehlen nach groß angelegten Untersuchungen, die 2015 durch empirica gemacht wurden, fast 15 000 Wohnungen bis zum Jahr 2030. Die Stadt benötigt daher den Bau eines neuen Stadtteils im Gewann Dietenbach. Dort können nach dem Siegerentwurf des städtebaulichen Wettbewerbs mehr als 6500 Wohnungen für mehr als 15 000 Menschen gebaut werden.

Aufgrund der komplizierten Eigentümerstruktur und der schwierigen Rahmenbedingungen der Umwelt wendet die Stadt für die Realisierung des neuen Stadtteils eine sogenannte städtebauliche Entwicklungsmaßnahme an, ein Instrument des besonderen Städtebaurechts, das in den 1970er-Jahren vom früheren Münchner Oberbürgermeister und damaligen Bundesbauminister Hans-Jochen Vogel konzipiert worden war. Um Enteignungen zu vermeiden, kooperiert die Stadt bei der Entwicklung des Stadtteils mit der Sparkasse Freiburg-Nördlicher Breisgau, die über eine eigens gegründete Tochtergesellschaft konzertiert Flächen aufkaufen will. Hierdurch gelingt es offenbar, die meisten der Grundstücke entweder in die Hand der Stadt Freiburg oder die der Sparkassengesellschaft zu bringen, sodass lediglich für rund 5 Hektar Flächen Anfang 2020 die Enteignung beantragt werden muss.

Bei allen Schwierigkeiten in der Entwicklung beinhaltet das Projekt eines neuen Stadtteils aber auch einzigartige Chancen für ein buntes, inklusives und klimaneutrales Quartier, in dem modellhaft bezahlbarer Wohnraum für alle geschaffen wird. Der Gemeinderat hat nämlich beschlossen, dass 50 Prozent der Wohnungen als öffentlich geförderte Mietwohnungen erstellt werden müssen, womit mehr als 3000 Wohnungen zu einem Mietpreis von einem Drittel unter dem Mietspiegel auf den Markt kommen werden. Die vor kurzem entwickelten Stadtteile Rieselfeld und Vauban haben darüber hinaus gezeigt, auf welche Art und Weise qualitätvolle Stadtteile entwickelt werden können: durch eine kleinteilige Parzellierung der Grundstücke, eine Vermarktung, die den Endverbraucher anspricht und die Bildung von Baugruppen und neuen Genossenschaften, die auch Initiativen von unten Raum zur Entfaltung und zur Entwicklung von Ideen lässt. Dabei ist es wichtig, dass zeitgleich mit der Erstellung von ersten Wohngebäuden auch soziale und kulturelle Einrichtungen geschaffen werden, Kindertagesstätten und Schulen zur Verfügung stehen und insbesondere die Stadtbahn in das Neubauviertel fährt, um den Anreiz zu schaffen, auf ein eigenes Auto zu verzichten.

Der neue Stadtteil wird zudem beitragen, in der Region Arbeit zu schaffen: Allein die Stadt wird rund 800 Millionen Euro in die Erschließung des Gebietes investieren, hinzu kommen mehr als vier Milliarden Euro für die privaten Baumaßnahmen. Für die kommenden 20 Jahre intensiver Bauarbeiten bedeutet dies ein jährliches Volumen von rund 250 Millionen Euro, das in die regionale Bauwirtschaft fließt.

Planung und Erschließung eines neuen Stadtteils erfordern eine enge interdisziplinäre Zusammenarbeit. In der Stadtverwaltung arbeiten derzeit rund 25 Personen unterschiedlicher Fachrichtungen ämter- und dezernatsübergreifend an der Vorbereitung des neuen Stadtteils: Architektinnen, Betriebswirte, Informatiker, Gewässer- und Kanalbauer, Juristinnen, Landschaftsplanerinnen, Stadtplaner, Tiefbauingenieure, Sozial- und Umweltwissenschaftlerinnen, Verkehrsplaner, Physiker, Fachfrauen für Öffentlichkeitsbeteiligung. Das gesamte Wissen, das die Verwaltung einer Großstadt besitzt, wird in diesem Projekt gebündelt. Alle wissen um die Bedeutung des Projekts für die Stadtentwicklung und Fachbereiche, die sich sonst manchmal argwöhnisch gegenüberstehen, arbeiten konstruktiv zusammen. Ein regelmäßiger Austausch mit den städtischen Gesellschaften und verschiedenen Fachkreisen mit Architekten oder Immobilienfachleuten ermöglicht die Entwicklung von praxistauglichen Lösungen.

Aber die Diskussion darf nicht allein unter Fachleuten stattfinden, sondern muss in einen Dialog mit der Stadtgesellschaft münden, wie der neue Stadtteil ausgeformt werden soll. Während für die Entwicklung des städtebaulichen Gesichts seit Langem unterschiedliche Beteiligungsformen erprobt und bewährt sind, ist weitgehend unbekannt, auf welche Art und Weise die Frage »wer baut was für wen« der Öffentlichkeit erschlossen werden kann. Die Stadt will hierbei Vorschläge eines Gremiums von Einwohnerinnen und Einwohnern einholen, die nach dem statistischen Zufallsprinzip angefragt worden sind und die hinsichtlich ihrer Zusammensetzung einen breiten Querschnitt der Bevölkerung darstellen, weil Jung und Alt vertreten sind, Mieter und Eigentümer, Freiburger Bobbele und Neubürger sowie Menschen aller Einkommens- und Bildungsschichten. Diese Dialoggruppe von rund 35 Personen soll die Immobilientypologie besprechen und ihre Vorstellungen artikulieren, welche Wohnungen mit welchen Bindungen gebaut werden sollen. Eine Marktsondierung wird die Vorbereitungsarbeiten ergänzen.

Die wichtigste Aufgabe im Jubiläumsjahr 2020 wird aber darin liegen, den städtebaulichen Entwurf von K 9 Architekten zu einem Rahmenplan weiter zu entwickeln, der dann in den nächsten Jahren Grundlage der Bauleitplanung sein wird. Ihre Grundideen haben die Verfasser wie folgt charakterisiert:

Die Gestalt einer typisch europäischen Stadt hat im Allgemeinen immer zwei Ausgangspunkte: Erstens den Ort und zweitens seine Menschen. Zuerst ist es der Ort, an dem eine Stadt entsteht, diese eigene, unverwechselbare Stelle auf unserem Planeten, mit all ihren natürlichen, geografischen und mittlerweile auch von Menschen geschaffenen Eigenheiten. Und jeder dieser Orte ist einzigartig: diese Qualität soll hier gefunden werden. Der zweite Ausgangspunkt sind die Menschen, die diesen Ort gestalten und bewohnen werden, mit all ihrem Wissen, ihren Wünschen und Bedürfnissen. Und jeder dieser Menschen, jede Gruppe, die sich hierfür zusammenfindet, ist einzigartig. Diese Individualität soll sich entfalten. Für sie gilt es, einen Rahmen zu schaffen. Ziel dabei ist eine Stadt für den Menschen! ...

Das städtebaulich-freiraumplanerische Grundgerüst ist geprägt von zwei großen Grünzügen, die Bezüge zu den benachbarten Freiräumen des Dietenbachparks in Weingarten und des Mooswald herstellen, die Bezüge zum Kaiserstuhl und Schwarzwald berücksichtigen und den neuen Stadtteil gliedern (Abb. 6). Die beiden Freiraumachsen entlang des Dietenbachs und des Käserbachs berücksichtigen den bestehenden Baumbestand und werden zu Stadtteilmitte hin zu Auen mit unterschiedlichem Parkcharakter aufgeweitet. Diese Freiräume weisen große Aufenthalts- und Erholungsqualitäten auf, sind ein Raum der Begegnung und stiften Identität. Die Parkanlagen tragen gleichzeitig zur Verbesserung des Stadtklimas bei und bieten aufgrund ihrer Lage für alle BewohnerInnen und Bewohner des neuen Stadtteils kurze Wege in das quartierinterne Grün. Der Druck auf die schützenswerte Umgebung wird somit stark gemindert (Abb. 7).

Alle wichtigen Verkehrs- und Blickachsen münden in den zentralen Platz. Er ist eng an die wichtigen Grünräume des Stadtteils angeschlossen und bietet einen flexibel nutzbaren Raum in angemessenem Maßstab. Als Ort eines Wochenmarktes oder für Stadtteilfeste ist er ein wichtiger sozialer Treffpunkt. Ringsum sind wichtige, stark frequentierte Nutzungen vorgesehen, u.a. das Kirchenzentrum, Geschäfte, Supermarkt, Discounter, Stadtteiltreff, Pflegeheim und Gastronomie. Damit sind die Voraussetzungen für eine lebendige, urbane Mitte gegeben ... (Abb. 8)

Angestrebt wird eine klimaneutrale, nachhaltige und wirtschaftliche Energieversorgung. Grundbaustein der Wärmeversorgung des neuen Stadtteils ist ein sogenanntes »kaltes Wärmenetz«. Dieses Netz versorgt mit Durchschnittstemperaturen von 0 bis 20° C Wärmepumpen, die in den Gebäuden sitzen. Diese Wärmepumpen sind in der Lage, aus dem kalten Wasser des Wärmenetzes warmes, bis zu 65° C heißes Wasser zu machen, um damit die Gebäude zu heizen oder auch zu duschen.

Das »kalte Wärmenetz« wiederum versorgt sich über einen sog. »Eisspeicher« mit Wärme. Diese Eisspeicher sind große, ausschließlich mit Wasser gefüllte Becken, die auf der einen Seite mit Wärmeenergie aus einer Abnahme-Quelle versorgt werden, auf der anderen Seite dem Eisspeicher gespeicherte Wärmeenergie an das kalte Wärmenetz abgeben. Sie stellen den Energiepuffer im Netz dar. In diesen Fällen wird der Phasenübergang von flüssigem Wasser zu festen eines dazu verwendet, die in diesen Prozess versteckte Wärmeenergie zu nutzen.

Die Eisspeicher wiederum werden von zwei Energiequellen aus der Umwelt mit Wärme versorgt: unserer Sonne und der Wärme aus dem Haupt-Abwasser-Kanal der Stadt Freiburg, die zur Kläranlage nach Forchheim führt. Der Haupt-Abwasser-Kanal führt große Mengen Abwasser vorbei, die ja früher im Rieselfeld versickert worden waren. Dieses Abwasser ist immer verhältnismäßig warm. Über Wärmetauscher im Wasserrohr kann die Wärme genutzt werden und in die Eisspeicher eingespeichert werden. Die Sonnenenergie wird über sogenannte PVT (Photovoltaik-Thermie) -Module genutzt. Diese Module haben auf ihrer Vorderseite ein han-

418 // Neue Stadtteile

Abb. 6 und 7　Geplante Grünzüge im Dietenbach

Abb. 8   Zentraler Marktplatz im Dietenbach

delsübliches PV-Modul, das Strom erzeugt, auf der Rückseite einen Wärmetauscher, der die Abwärme aus der Umgebungsluft nutzt und in die Eisspeicher ableitet.

Der Strom wird über die PVT-Module und PV-Module geliefert. Hierfür werden Dachflächen und Teile der Fassaden mit PV-Modulen gelegt. Ziel ist es, die benötigte Wärmeenergie komplett über die Sonne und den Abwasserkanal zu gewinnen. Dadurch wird eine vollständige Klimaneutralität gewährleistet…

Der Entwurf des Teams rund um K9 Architekten bietet die einmalige Chance, die Wohnungsnot in Freiburg zu entschärfen. Ein Stadtteil mit bezahlbarem Wohnraum für Menschen aller Altersgruppen entsteht. Die robuste städtebauliche Struktur ermöglicht vielfältige und flexible Nutzungen, der große Freiraum entlang des Dietenbachs bietet hohe Freizeit- und Erholungsqualität. Eine kleinteilige Parzellierung sichert dem barrierefreien Stadtteil eine Vielfalt, wie wir sie aus dem Rieselfeld und Vauban kennen. Die Erfolgsgeschichte dieser Stadtteile kann weitergeschrieben werden. Der Vorsitzende des Preisgerichts, Prof. Dr. Franz Pesch, kommentierte den Entwurf so:

> Aus vier herausragenden Finalisten hat das Preisgericht das Team um das Freiburger Architekturbüro K9 ausgewählt. In einem integrierten Planungskonzept werden die Anforderungen an zukunftsorientierte Mobilität und Energieversorgung, an Landschaftsschutz und Klimaanpassung mit dem Wunsch nach einem guten Leben in sozial gemischten Nachbarschaften verbunden. Entworfen wird das Zukunftsbild eines klimagerechten Stadtteils im menschlichen Maßstab – ein urbaner Stadtteil der kurzen Wege, mit Nutzungsmischung und sozialer Vielfalt, mit Aussicht in die großartige Landschaft und mit dem Lebensnotwendigen in Reichweite. Mit diesem Plan bekommt Freiburg die Chance, seine führende Position beim Bau neuer Stadtteile auszubauen.

Nach dem Bürgerentscheid gehen die Arbeiten am neuen Stadtteil mit Hochdruck voran: Der Dietenbach wird umgebaut, das Erdaushublager geplant und errichtet, die Hochspannungs- und Gasleitungen sollen innerhalb der nächsten drei bis vier Jahre verlegt werden. In einem bürgerschaftlichen Dialog wird der Rahmenplan weiterentwickelt und die Grundlage für den Verkauf der Grundstücke geschaffen. Ein demokratischer, sozialer und ökologischer verantwortlicher Stadtteil kann entstehen, im konstruktiven Dialog zwischen allen an der Stadtplanung Interessierten (Abb. 9).

Abb. 9   Städtebaulicher Rahmenplan (Stand Dezember 2019)

VIII. Blick über den Tellerrand

Die Kragenweite muss stimmen

Gedanken zu den Stadt-Land-Beziehungen

Dorothea Störr-Ritter

Als Landrätin eines der schönsten Landkreise in Deutschland habe ich meinen Dienstsitz in einer der schönsten und attraktivsten Städte der Republik (Abb. 1). Exterritorial und trotzdem irgendwie mittendrin in unserem Landkreis. Diese Besonderheit ist der Tatsache geschuldet, dass der Landkreis Breisgau-Hochschwarzwald die Stadt Freiburg nahezu völlig umschließt, abgesehen von einem klitzekleinen Abschnitt von drei Kilometern Länge nordwärts in Richtung Emmendingen. Einem legeren Kragen gleich legt sich der Landkreis um die Stadt. Und das seit dem Jahr 1973, als der Landkreis Breisgau-Hochschwarzwald aus großen Teilen der früheren Landkreise Freiburg, Müllheim und Hochschwarzwald gebildet wurde. Er umfasst auf einer Fläche von knapp 1400 Quadratkilometer insgesamt 50 Städte und Gemeinden. Mit rund 270 000 Einwohnern liegt der Landkreis derzeit mit rund 40 000 vor der Stadt Freiburg. Die Bevölkerungszahl wächst in den letzten Jahren stetig. Das hängt natürlich auch damit zusammen, dass die Gemeinden im Umland von Freiburg einen wachsenden Zuzug von Menschen erleben, die entweder in der Stadt selbst keinen Wohnraum finden, ihn sich nicht leisten können oder die ganz bewusst das »Landleben« vorziehen. Und dabei zieht es die Menschen nicht nur ins direkte Freiburger Umland. Ihre Kreise ziehen sich immer weiter. Der Kragensaum wird damit zunehmend breiter.

So ist es kein Wunder, dass der Landkreis Breisgau-Hochschwarzwald in einem besonderen Verhältnis zu Freiburg steht. Der frühere Oberbürgermeister von Freiburg, Dieter Salomon, hat in dem Buch »Augenblicke«, das anlässlich des 40-jährigen Bestehens des Landkreises Breisgau-Hochschwarzwald im Jahr 2013 erschienen ist, seinen persönlichen Beitrag überschrieben mit dem Titel »Wir können gar nicht anders als miteinander«. Ist das nun ein Satz inniger Verbundenheit, realistischer Erkenntnis oder einfach nur faktischer Wahrnehmung? Sicherlich spiegelt er wieder, was historisch, kulturell und ökonomisch auf der Hand liegt: Stadt und Landkreis, das sind schon zwei verschiedene Gebietskörperschaften, die einige Jahre brauchten, bis Reibung auch eine gewisse Wohlfühlwärme entwickelte. Was uns heute normal erscheint, war sicherlich nicht immer so. Abgrenzung war eher angesagt als Verbindung. Aber Stück für Stück ist man näher zusammengerückt, die Erkenntnis gewinnend, dass wie im richtigen Leben eine gute Nachbarschaft

Abb. 1   Eingang zum Hauptgebäude des Landratsamtes in der Stadtstraße in Freiburg

eine solide Basis für Wohlbefinden ist. Die Region Freiburg, zu der traditionell neben der Stadt und dem Landkreis Breisgau-Hochschwarzwald auch der Landkreis Emmendingen gehört, gleicht in ihrem Beziehungsgeflecht einem filigranen Mobile – wohl austariert ein Wunderwerk. Zwischendurch kommt aber immer mal wieder Bewegung rein – von Erschütterungen zu sprechen, wäre sicherlich nicht gerechtfertigt, zumal das Mobile sich immer wieder weitestgehend einpendelt. Alles in allem eine nüchterne, sachorientierte Nachbarschaft, die gut gepflegt wird. Bestes Beispiel: Der Vorsitz in den drei wichtigsten gemeinsame Gremien »Region Freiburg«, »Wirtschaftsförderung« und »Zweckverband Regio Nahverkehr (ZRF)« wechselt alle zwei Jahre turnusmäßig oder wird je nach Sachlage pragmatisch verlängert.

Abgesehen davon sind Landkreis und Stadt pflichtgemäß vernetzt. Schließlich ist unser Dezernat »Gesundheit und Versorgung« als staatliche Verwaltung auch als Gesundheitsamt und Versorgungsamt für die Stadt Freiburg zuständig. Offenkundig wird das beispielsweise in jedem Sommer, wenn die Wasserqualität der Badeseen zum medialen Thema wird.

Die »Green City« Freiburg lebt von ihrer grünen Lunge, dem Umland. Nicht umsonst gehört der Landkreis Breisgau-Hochschwarzwald zu den beliebtesten Tourismusdestinationen in Deutschland und ist gemessen an den Übernachtungszahlen der tourismusstärkste Landkreis in Baden-Württemberg. Er ist aber auch das Naherholungsgebiet schlechthin für die Städter. Breisgau, Kaiserstuhl, Markgräflerland, Glottertal, Dreisamtal, Münstertal und der

Hochschwarzwald sind sommers wie winters für die Menschen in Freiburg nahe und lohnende Ziele.

Kein Wunder also, dass die Förderung und Entwicklung des öffentlichen Nahverkehrs mit der Regiokarte als gemeinsamem Tarif für die ganze Region, und der vertakteten Bus- und Bahnverkehre in der Organisation des Zweckverbands Regio Nahverkehr (ZRF) und des Regio-Verkehrsverbundes (RVF) konsequent angegangen wurde. Mit dem Projekt »Breisgau-S-Bahn 2020« zur Elektrifizierung aller Stecken sind wir auf der Zielgeraden. Verkehrsminister Winfried Hermann bezeichnete es bei einer Fahrt auf der Höllentalstrecke als das derzeit bedeutendste Projekt dieser Art in Baden-Württemberg. Angesichts des damit verbundenen finanziellen Kraftakts aller Beteiligten lässt sich mit Fug und Recht sagen, dass es sich hierbei um einen zentralen Meilenstein in der Zusammenarbeit von Stadt und Landkreisen handelt. Die S-Bahn-Linien sind für beide Seiten attraktiv. Tausende von Berufspendlern, Einkäufern und Touristen können somit jeden Tag aus dem Umland in die Stadt kommen oder umgekehrt. Außerdem entlasten neue Wohnbauflächen in den Gemeinden nicht unerheblich die angespannte Lage auf dem Freiburger Wohnungsmarkt. Kein Wunder, dass mit der wachsenden Bevölkerungszahl auch das Selbstbewusstsein der Kommunen im Landkreis wächst.

Die Verkehrsproblematik insgesamt stellt nicht nur dieser Tage eine immense Herausforderung dar. Der viergleisige Ausbau der Rheintalbahnstrecke durch die Deutsche Bahn sei da genauso genannt wie die West-Ost-Verbindung über die B 31 in den Schwarzwald. Zum Bahnstreckenausbau haben Stadt und Landkreis im dafür vom Bund eingerichteten Projektbeirat eindrucksvoll bewiesen, wie erfolgreich ein Schulterschluss zur gemeinsamen Interessenvertretung sein kann. Bei der B 31-Ost war der Erfolg bisher leider nur aufseiten der Stadt. Aber was nützt eine untertunnelte Stadtautobahn durch die »Green City«, wenn diese im Osten außerhalb der Stadt in einer Tempo-30-Zone endet? Das Umland, also die zuvor schon angesprochene grüne Lunge, leidet ohnehin schon immer unter einer gewissen Atemnot, wenn verkehrspolitische Maßnahmen in der Stadt und für die Stadt eine Verlagerung der Problematik auf die Ausweichrouten zur Folge haben. Verständlich, wenn sich der Kragen dann zwar nicht zusammen, aber doch zurückzieht.

An einem gemeinsamen Strang ziehen Stadt und Landkreis auf jeden Fall, wenn es um die geplante Reaktivierung der Eisenbahnlinie Colmar-Freiburg und den Eisenbahnanschluss an den Euroairport Basel-Mulhouse-Freiburg geht. Nationale Grenzen überwinden wir gemeinsam.

Es gibt weitere zahlreiche Beispiele gut funktionierender Zusammenarbeit: der interkommunale Gewerbepark Breisgau beispielsweise, auf dem mit der TREA die Möglichkeit zu einer gemeinsamen modernen Abfallentsorgung und Abfallverwertung entstand. Dabei ökologisch vorbildlich zu handeln, ist für beide Partner selbstverständlich. Auf der Fläche des Gewerbeparks entsteht mit dem Feuerwehrausbildungszentrum ein weiteres interkommunales Leuchtturmprojekt. In gemeinsamer Trägerschaft sollen alle für unsere Region erforderlichen praktischen Ausbildungen und Übungen zur Brandbekämpfung und Technischen Hilfeleistung einschließlich der Gefahrstoffeinsätze angeboten werden. Modernste Einrichtungen werden dafür geschaffen. Das Aus- und Fortbildungsangebot wird neben den »eigenen« Feuerwehren auch den Einsatzkräften der Landkreise Lörrach und Emmendingen sowie den Werkfeuerwehren in der Region gegen Gebühren zur Verfügung stehen. Die ehemals auf der Gemarkung Freiburg gelegene Atemschutzübungsanlage wird ebenfalls zum gemeinsamen Betrieb in den Gewerbepark ziehen. Siebzig Prozent der Kosten für die fünf Millionen Euro teure neue Anlage trägt das Land, den Rest teilen sich der Landkreis Breisgau-Hochschwarzwald (60 Prozent) und die Stadt Freiburg (40 Prozent). Die Grundlage für das interkommunale Projekt hat der Landkreis Breisgau-Hochschwarzwald geschaffen, indem er als Bauherr das rund 10 000 Quadratmeter große Grundstück im Gewerbepark Breisgau südlich von Freiburg rechtzeitig gekauft und für die Anlage reserviert hat.

Ebenfalls gut aufgestellt sind wir mit der von der Landesregierung geförderten Bio-Musterregion als einer beispielhaften Stadt-Land-Beziehung zur Förderung der Kooperation der Akteure der Bio-Branche. Der Landkreis kann dabei viel mit einbringen, bewirtschaften doch über 13 Prozent der landwirtschaftlichen Betriebe rund 16 Prozent der landwirtschaftlichen Fläche im Breisgau-Hochschwarzwald als Bio-Betriebe ökologisch. Damit liegt der Landkreis bereits jetzt deutlich über dem Landesdurchschnitt. Die Bio-Musterregion ist eine interessante Erweiterung der seit Langem bestehenden Partnerschaft zwischen der Stadt und Gemeinden des Landkreises zur Stärkung des regionalen Anbaus und Konsums regionaler Bioprodukte.

Und welche Bedeutung der Landkreis für den SC Freiburg hat, zeigt sich nicht nur an den vielen Fans des Vereins, die aus dem Landkreis zu den Spielen kommen. Ein besonderes Pilotprojekt für eine neue interkommunale Kooperation stellen die Ausgleichsflächen für das neue Stadion des SC Freiburg in den Rebbergen rund um Vogtsburg im Kaiserstuhl dar. Rund 33 Hektar verbuschte Böschungen werden für über zwei Millionen Euro wiederhergestellt und anschließend gepflegt und freigehalten (Abb. 2). Dabei leistet vor allem auch der Landschaftserhaltungsverband Breisgau-Hochschwarzwald einen wesentlichen Beitrag. Im Gegenzug bekommt die Stadt Freiburg etwa dieselbe Menge Punkte auf ihrem Ökokonto gutgeschrieben. In dieser ökologischen Tragweite gab es noch keine Partnerschaft zwischen einer Stadt und ihrem Umland. Für mich hat dieses Modell im Dreiklang von Landschaft,

Abb. 2 Weinland und Rheintal: Blick über Vogtsburg im Kaiserstuhl

Naturschutz und Landwirtschaft große Zukunft. Denn Naturschutz braucht keine Konfrontation, sondern Kooperation.

Und: Ist nicht etwa der aus dem Landkreis stammende, im Landkreis fest durch seine Reben verwurzelte ehemalige SC-Präsident Fritz Keller ein überzeugendes Beispiel dafür, wie weit man es bringen kann, wenn man aus Stadt und Landkreis das Beste zusammenbringt? Mit Blick auf unseren Anteil könnte uns vor Stolz beinahe der Kragen platzen …

Es tut sich also viel und ich habe nur szenisch einige Beispiele herausgegriffen, die sinnbildlich sind für das Verhältnis von Stadt und Region in der heutigen Zeit. Bilanzierend möchte ich zusammenfassen: Wenn die Kragenweite zwischen der Stadt Freiburg und dem sie umgebenden Landkreis stimmt, lässt es sich auf beiden Seiten gut leben. Ein schöner Kragen kann die Stadt auch in Zukunft schmücken. Pflegen wir ihn auch in Zukunft gemeinsam!

Freiburg – das Rätsel seiner besonderen Anziehungskraft aus der Sicht von außen

Gudrun Heute-Bluhm

Warum eigentlich gibt es angeblich nur zweierlei Menschen: solche, die in Freiburg leben und solche, die dort hinziehen möchten? Warum wollen so viele Menschen in Freiburg leben? Warum gilt Freiburg als die Stadt, in der sich die Menschen so wohl fühlen, dass sie materielle Nachteile in Kauf nehmen?

Es kann nicht nur die Lage zwischen Schwarzwald und dem Genießerland Frankreich sein. Es sind nicht nur die Bächle. Ist ein besonderes Lebensgefühl der Treiber oder eher das Gefühl, ja die Überzeugung, etwas Besonderes zu sein, als kleine europäische Hauptstadt am südlichen Oberrhein?

Freiburg und sein Umland – die Geschichte eines Spannungsfeldes

Ende der 1980er-Jahre stieß die Stadt Freiburg erstmals nach dem Krieg an die Grenzen ihres Wachstums. Die Entwicklung des Stadtteils Rieselfeld, in dem heute knapp 10 000 Einwohner leben, war ein Vorläufer heutiger Konversionsprojekte, von exzellenten Stadtplanern entworfen mit einer besseren Mischung von Angeboten für unterschiedliche Bevölkerungsgruppen als dies Stadtteilprojekte der Nachkriegszeit aufwiesen. Gleichzeitig prägte ein heftiger Konflikt zwischen den verschiedenen Feldern der Nachhaltigkeit die Entwicklung des neuen Stadtteils. Die grüne Stadt Freiburg musste Teile ihres unter Natur- und Landschaftsschutzes stehenden grünen Gürtels opfern um des Bauflächenwachstums willen. Die Geschichte wiederholt sich bekanntlich nicht wirklich. Die Debatte um den neuen Stadtteil Dietenbach weckt jedoch Erinnerungen an die damaligen Diskussionen.

Der damalige Oberbürgermeister Dr. Rolf Böhme hatte zunächst die Vorstellung, das Bevölkerungswachstum durch eine verstärkte Baulandausweisung in der Region Freiburg auffangen zu können. Dies scheiterte am Widerstand der Umlandgemeinden, die den Verlust ihrer eigenen Prägung befürchteten.

Auf der Habenseite dieser Vorstellung stand indessen die höchst erfolgreiche Entwicklung der Breisgau-S-Bahn. Als großes Ziel Ende der 1980er-Jahre am Reißbrett skizziert und kraftvoll von Oberbürgermeister Böhme eingefordert, gelang es tatsächlich, einen Teil der erforderlichen Wohnungen im Umland zu erstellen. Die neue und qualitätvolle Nahverkehrsverbindung wurde zum Bindeglied zwischen Wohnsiedlungen vom Rhein bis an den Schwarzwald.

Bis heute dürfte die Förderung der umweltfreundlichen regionalen Mobilität als der wichtigste Erfolgsfaktor für den Zusammenhalt der Stadt Freiburg mit den angrenzenden Landkreisen anzusehen sein. Die Einführung der Umweltpunkte-Karte und später der einheitlichen RegioKarte war beispielgebend für die Entwicklung der Verbundtarife in Baden-Württemberg. Eine geniale Win-Win-Situation: Wer in der Stadt wohnt, profitiert vom guten Nahverkehrsangebot. Wer in die Stadt pendelt, zahlt für die längere Strecke.

Bemerkenswert ist, dass dieses Modell einer einheitlichen Karte ohne die sonst übliche Zonierung in Baden-Württemberg nicht wirklich kopiert wurde. In der inzwischen verstärkten Klimaschutz-Diskussion werden neben dem Postulat eines kostenlosen Nahverkehrs auch solche Modelle wie das beispielsweise in Wien praktizierte 365-Euro-Jahresticket hervorgehoben. Die RegioKarte könnte als weitere Alternative gesehen werden wie auch das Baden-Württemberg-Ticket bei entsprechender Bezuschussung.

Ist Freiburg deshalb schon immer eine »Green City« gewesen?

Freiburg – die einstige Öko-Hauptstadt

RegioKarte, Breisgau-S-Bahn und der Titel Öko-Hauptstadt – diese Trias schien aus der Sicht der angrenzenden Landkreise eine geniale Entwicklungsstrategie. Die beiden ersten Projekte mit ihrem konkreten Nutzen für die Menschen in Stadt und Land stießen auf ungeteilte Zustimmung, auch wenn diese teuer bezahlt werden muss. Der Titel wurde zunächst als ein gelungenes Stadt-Marketing der damaligen Wirtschaftsförderung zugerechnet, dabei aber durchaus inhaltlich hinterfragt. Ein Teil der kommunalen Akteure der eher konservativen Landkreise wendete sich grundsätzlich gegen die aufkommende »Vergrünung«. Ein anderer Teil fragte sich, ob dieser Anspruch durch konkretes Handeln denn überhaupt eingelöst werde.

Außer der Mobilität war vor allem der frühe Einstieg in die Solartechnologie mit Rolf Disch und der Solarfabrik Grundlage der selbst verliehenen Prädikatisierung. Hier konnte Freiburg im Laufe der Jahre seine führende Rolle ausbauen insbesondere durch Ansiedlung einschlägiger Fraunhofer-Institute und damit einen beachtlichen wirtschaftlichen Nutzen aus diesem Titel ziehen.

Die erstarkende grüne Bewegung mündete aber auch in die Weigerung, gemeinsam mit dem Landkreis eine Abfallverbrennung zu bauen, die nach heutigen Maßstäben einen hervorragenden Einstieg in ein Nahwärmenetz geboten hätte. Ökologie war damals nicht mit Ökonomie gepaart, sondern eher ideologisch und kompromisslos. Und in Bezug auf die Müllverbrennung wollte sich auch das bürgerliche Freiburg nicht die Finger beim Wahlvolk verbrennen. So erfand man die wenig umweltgerechte Form der sogenannten Biologisch-Mechanischen Abfallbeseitigung (BMA). Erst die rot-grüne Bundesregierung setzte diesen Versuchen ein Ende durch Verabschiedung der TA Siedlungsabfall, die abrupt das grüne Abfall-Modell in Freiburg zunichte machte. Die Abfallverbrennung wurde im Landkreis fernab jeder Bebauung errichtet, was die Nutzung der Abwärme nahezu verhindert.

Auch heute ist es in der Region nicht selten, dass die inhaltlichen Argumente der Umweltschützer herhalten müssen für eine durchaus privatnützige Ablehnung eines Projekts. Der Bürgerentscheid in Emmendingen gegen die Bebauung des Gewanns Haselwald-Spitzmatten dürfte weniger ökologisch motiviert sein als seine offizielle Begründung.

Manchmal wurden die Fehlwürfe auch einfach ausgegliedert. So fanden sich anfangs die aus dem autofreien Graswurzel-Stadtteil Vauban verbannten Fahrzeuge nicht selten im benachbarten Merzhausen wieder. Versöhnung brachte auch hier erst die Verlängerung der Straßenbahn bis fast in den Landkreis hinein. Wieder war es die Mobilität, die den Weg bereitete für eine Aussöhnung des Umlands mit Freiburg und seinem grünen Anspruch.

Dieses Selbstverständnis entwickelte sich zum politischen Aha-Erlebnis in der Oberbürgermeisterwahl 2002. Die Wahl von Dr. Dieter Salomon versöhnte die urgrüne Klientel mit der traditionellen Freiburger Bürgerschaft. Die einen verzichteten auf den bürgerbewegten grünen Markenkern, um als erste Großstadt von einem Grünen regiert zu werden, der ihnen eigentlich viel zu sehr Realo war. Das traditionelle Freiburg entdeckte in der Zusammenarbeit mit ihm ein neues Lebensgefühl, ein grünes Gewissen in bürgerlichem Wohlbefinden.

Eine konsequent grüne Weiterentwicklung der Stadt durch neue nachhaltige Leuchtturmprojekte ist mit Dieter Salomon nicht unbedingt verbunden. Andere baden-württembergische Großstädte haben sich jedenfalls deutlich wahrnehmbarer dem Klimaschutz verschrieben. Die bahnbrechenden Leitprojekte der frühen Jahre stammen aus der Ära Böhme, die Mobilitätsthemen allesamt verortet im Dezernat des langjährigen christdemokratischen Baubürgermeisters Sven von Ungern-Sternberg.

Wenn Freiburg in der Ära Salomon also sein grünes Profil wenig schärfen konnte, so hat die Stadt unter diesem Oberbürgermeister dem grünen Projekt wohl auf ganz andere Weise zu großem Erfolg verholfen.

So wie nur Gerhard Schröder gegen die Seele der SPD soziale Reformen durchsetzen konnte und Angela Merkel gegen Widerstände in der CDU ihre

Flüchtlingspolitik, gelang es ihm, grüner Politik den ideologischen Schrecken zu nehmen und sie in der Mitte der Gesellschaft zu verorten.

Auch wenn er durch seine Weigerung, grüne Graswurzelpolitik um jeden Preis mitzutragen, seine Autorität im Grünen Lager auf Spiel setzte, hat er den Markenkern der Stadt Freiburg neu definiert. Grüne Politik wurde zur Normalität, und diese Botschaft ging von Freiburg aus.

Heute werden nicht wenige auf die Frage nach der Beliebtheit von Freiburg und der Faszination dieser Stadt antworten, dass es ein grünes Lebensgefühl ist, dass Lebensqualität heute grün definiert wird. Das dürfte bleiben. Ist es aber letztlich Grund, Freiburg zur grünen Hauptstadt zu ernennen?

Freiburg – die europäische Stadt

Der amerikanische Erfolgsautor Jeremy Rifkin hat in seinem Buch »Der europäische Traum« formuliert, wie das Bild der Stadt Freiburg europäisch gezeichnet werden könnte: »Der europäische Traum ist ein Silberstreifen am Horizont einer geplagten Welt. Er lockt uns in eine neue Zeit der Inklusivität, Diversität, Lebensqualität, der spielerischen Entfaltung, Nachhaltigkeit, der

Abb. 1 Erasmus von Rotterdam, Gemälde von Hans Holbein d.J., Paris (Louvre)

individuellen Menschenrechte und der Rechte der Natur und des Friedens auf Erden. Wir Amerikaner haben immer gesagt, für den amerikanischen Traum lohnt es sich, zu sterben. Für den neuen europäischen Traum lohnt es sich, zu leben.«

Freiburg war immer eine europäische Stadt, seit dem Mittelalter jeweils im Kontext ihrer Zeit.

Die Zähringer legten den Grundstein für das, was wir heute als europäische Stadt begreifen: Gute Verwaltung und größtmögliche Freiheit für die Bürger war ihr Bestreben für die Städte, die sie gründeten. Sie knüpften ein für damalige Verhältnisse internationales Städtenetzwerk, welches noch heute existiert und beispielgebend erscheint. Anders als die Hansestädte, die vor allem durch wirtschaftliche Interessen zusammengehalten wurden, war es hier die gemeinsame Überzeugung von Good Governance und kommunaler Daseinsvorsorge, wie es wohl in der Sprache unserer Zeit beschrieben werden kann.

An Erasmus von Rotterdam kommt man in Freiburg nicht vorbei (Abb. 1). Er gilt als einer der ersten Europäer und gab den wichtigen Auslandsstipendien der EU seinen Namen. Er steht im Freiburger Kontext für das Zeitalter des Humanismus, für die wichtige historische Verbindung zu Basel und er lebte in Freiburg, kehrte dorthin zurück, weil er sich dort wohlfühlte …

Vielleicht wäre es ganz im Sinne der Menschen, die in Freiburg leben oder dort leben wollen, die grüne Wohlfühlstadt wieder als europäische Stadt zu begreifen und Nachhaltigkeit als Merkmal kommunaler Stärke in Europa zu definieren. Gemeinsam mit dem Umland und den Nachbarstädten am Oberrhein?

Learning from Freiburg to make cities livable internationally

MICHAEL MEHAFFY

It was in the suburbs of the United States that the disaster of modern sprawl – ironically an invention of European planners and architects – took root as a global phenomenon. In the USA, suburban residents who sought escape from the problems of city cores found new problems, often of their own making: car dependency, congestion, commuting delay and expense, isolation, health problems, and high levels of emissions, pollution, and resource depletion. By comparison, Americans looked to European cities like Freiburg, and saw enviably livable and ecological cities with thriving mixed-use zones, teeming with pedestrians, transit and bicycles.

But it is clear that that this was not always so. In many cases these historic European cores were regenerated only after severe war damage, or after long periods of economic and population decline. The same forces of sprawl had also begun to work on European cities and suburbs too. The notable successes like Freiburg were achieved, in most cases, only after shrewd tactical combinations of visionary policy changes, new tools and practices, and patient re-investment.

Freiburg's achievements in particular are especially impressive to Americans. The faithful reconstruction of the city's heavily-damaged historic core after the war – in contrast to the demolition of many historic center-city structures in the name of »modernization« in the USA – helped to revitalize the center, and offered an excellent opportunity to add significant upgrades to pedestrian and transit facilities. Instead of being ripped out, as in many US cities, the city's existing tram line was preserved and extended to become a backbone of the city, encouraging extensive infill transit-oriented development. Many other impressive achievements followed.

This is why Americans, and so many other people from around the world, want to come to Freiburg to study its lessons. While not all of its successes are transferrable, the forces encountered in Freiburg – market dynamics, policy inertia, short-term self-interest, hidden subsidies and barriers – exist to a large degree in the USA and other countries too. Many of the strategies used to successfully overcome these challenges can be applied elsewhere too – or at least studied and learned from.

That is also a reason that the International Making Cities Livable (IMCL) conference series, of which I am the current director, awarded Freiburg its Cities of Vision Award in 1993, for its »commitment to principles of livability and sustainability in all planning and urban design issues.« The IMCL paid particular recognition to Freiburg's then-Mayor, Sven von Ungern-Sternberg, for »guiding Freiburg's great achievements in becoming Europe's foremost example of a sustainable, green, healthy and child-friendly city.« Thus began a long and fruitful relationship between the IMCL, the Mayor, and the city, including the IMCL conference held in Freiburg two years later.

IMCL Background

The IMCL was begun in 1985 by the visionary architect and urbanist Suzanne Lennard, together with her husband, the distinguished social psychologist and medical sociologist Henry Lennard. The focus has always been interdisciplinary and international, with the aim to stimulate dialogue and discussion about the quality of city life and human well-being. IMCL conferences bring together international delegations of city officials, architects, planners, developers, community leaders, behavioral and public health scientists, artists and others responsible for the livability of their cities. At the conferences they are able to exchange experiences, ideas, expertise and inspiration, and build a network for future collaboration and exchange.

The IMCL Conferences are different from other conferences in architecture, planning or municipal affairs in part because of the breadth of themes and issues addressed. From the outset the organizers felt that, unless our attention can comprehensively address all the elements essential to a livable city, little can be accomplished.

Discussions at the IMCL Conferences, therefore, range from architecture appropriate for maintaining a city's identity, to urban design and planning features conducive to public health and social life, to the description of festivals that energize and unite communities. Special attention is given to defining the elusive concept of the public realm, and its significance for the life of the city. At the same time there has been a continuing concern with features of cities essential for the well-being of children. The initial focus on city centers was extended, over time, to include the city's periphery, new urban neighborhoods, suburbs and the region as a whole.

The wide range of expertise represented by city leaders, practitioners and scholars from cities in Europe as well as North America has maintained an international and cross cultural perspective to show how efforts that promoted the well-being of a city's inhabitants in one city or country could, or sometimes could not be, adapted for other cities. Often the lessons for what could not be adapted were no less important – for example, how to build with the local »DNA of place« and making the most of the local context, including its environment, climate, culture, economy, and other unique conditions.

Within a brief time, the IMCL conferences have become a prominent forum for many politicians, urban professionals, academics and community leaders concerned with economic progress and social equity. Valuable working relationships have been established within a growing international network of colleagues. Through the efforts of those who participated in these conferences, the IMCL Conferences have had considerable influence in shaping thinking about cities, and in refocusing the subject matter of other professional conferences on the city as a whole.

The conferences are based on the premise that the city is a kind of organism, with interdependent social and physical elements, and that therefore, it is essential to understand the relationship between the built environment, patterns of urban social life, and city inhabitants' experience of well-being.

After Henry Lennard's death in 2005, Suzanne continued as a tireless champion of livable cities, and Director of the IMCL conferences. A prolific author and popular public speaker, Suzanne paid many fond visits to Freiburg. Following her death in September 2019, the members of the board of the IMCL (including Freiburg's former Mayor, Sven von Ungern-Sternberg) promptly agreed to continue the organization, re-named the Suzanne C. and Henry L. Lennard Institute for Livable Cities, Inc.

The Freiburg IMCL Conference of 1995

Following the IMCL Cities of Vision Award to the City of Freiburg in 1993, and the city's growing international stature as a success story, the IMCL selected Freiburg as the locale for its annual conference in the summer of 1995. Attendees delighted in visiting the fine old medieval city, which had become an innovative and prosperous urban center, and its innovations in transport, cycling and public space regeneration. But perhaps most important, attendees wanted to study the city's lessons about accommodating new development.

Instead of accommodating growth in sprawling car-dependent suburban developments, the city created two new urban extensions on redeveloped land: Rieselfeld, on a former sewage plant, and Vauban, on an abandoned army base. Today, both developments feature speedy tram connections into the heart of downtown. In 1995, Vauban was still in planning, and Rieselfeld was a relatively new development Visitors were impressed to see plans (later realized) for solar collectors, passive solar houses, community gardening, car share programs, and other state-of-the-art green development features.

Visitors were able to learn about how the design and construction process in Rieselfeld was controlled through a series of urban codes, with stipulations about energy efficiency and other green development features. They studied the innovative development process established by the City, with smaller parcels sold to developers and to community co-housing groups (called Baugruppen).

In 1995, detailed planning had just begun for Vauban. Conference attendees were impressed by the direct participation of the area residents in planning, with the result of an increased emphasis on community facilities such as gardens, playgrounds, and a community center. Residents also said they wanted more variety in the building types, community artwork, and other characteristics to enhance livability.

Conference attendees were impressed by Vauban's impressive plans for green features, most of which have since been built out – including a cogeneration plant that uses excess heat from manufacturing, extensive solar electric, solar heating, green infrastructure, and energy-efficient houses (many being zero-energy). For Americans especially, the progressive pricing of car ownership through a steep annual parking fee was especially notable.

Perhaps the most important lesson from Freiburg for IMCL attendees was that »green« living can be coupled with livable and beautiful neighborhoods that are suitable for families, children, the elderly, and those with a range of incomes. It is not a sacrifice to live in a more ecological and sustainable way, but as in Freiburg, it is a step up in quality of life overall.

Ongoing collaboration toward a »New Urban Agenda«

The International Making Cities Livable conference series hopes to continue to work with the residents and officials of Freiburg as part of a growing network of collaborators. Like many organizations, we have been working in recent years on the »New Urban Agenda,« the landmark framework agreement that emerged from the Habitat III conference in 2016, and was later adopted by acclamation by all 193 countries of the United Nations. That document makes it clear that the achievements of cities like Freiburg need to be studied and shared with other cities as they seek similar improvements.

Previous conferences in the Habitat series focused on problems of rural development, or on sustainable development. The focus of Habitat III was more specifically on the quality and livability of cities, particularly in the context of rapid urbanization and the increasing problem of sprawl. As part of the mix, many cities are struggling with similar problems of segregation, inequality, fragmentation, poverty, and environmental deterioration.

Part of the challenge is in so-called »market-rate« development, which is too often sprawling, car-dependent, high in consumption and emissions, privatized, and lacking in a healthy public realm. Part of the challenge also is for those trapped in poverty within cities or urban regions, either because of gentrification and displacement, the dynamics of slums and »sink estates,« and other forms of inequity.

As the New Urban Agenda noted in its introductory passages:

> Since the United Nations Conferences on Human Settlements in Vancouver, Canada, in 1976 and in Istanbul, Turkey, in 1996, and the adoption of the Millennium Development Goals in 2000, we have seen improvements in the quality of life of millions of urban inhabitants, including slum and informal-settlement dwellers. However, the persistence of multiple forms of poverty, growing inequalities and environmental degradation remain among the major obstacles to sustainable development worldwide, with social and economic exclusion and spatial segregation often an irrefutable reality in cities and human settlements.

The New Urban Agenda recognized the challenges of implementation, even as it also recognized the great opportunities that cities represent for human development. As the document stated in its introductory section:

> We are still far from adequately addressing these and other existing and emerging challenges, and there is a need to take advantage of the opportunities presented by urbanization as an engine of sustained and inclusive economic growth, social and cultural development, and environmental protection, and of its potential contributions to the achievement of transformative and sustainable development.

It is worth noting that many of the central elements of the New Urban Agenda are exactly those that have been achieved by Freiburg. This is a key reason why Freiburg is seen by many as an important exemplar for study. While the city offers some lessons specific to Europe, many of the issues confronted there – like sprawl and its alternatives – are global in extent.

The New Urban Agenda also departs from an earlier generation of Twentieth-Century planning, which formed the blueprint for suburban expansion and the forms of sprawl that we see today – beginning in the USA, but spreading to many other countries – as well as the failures to deal with inner-city poverty. For example, the Athens Charter of 1933 enshrined a number of principles of urban planning that turned out to have fateful consequences.

Chief among them was the idea of function-based zoning, separating workplaces from homes and from commercial facilities. Closely related to that was the idea of segregating pedestrians from the street, and restricting streets to the functions of fast-moving vehicles. Also closely related was the idea that buildings should be segregated from the street and from each other. Rather than forming diverse zones of interaction with the public realm, buildings would be isolated with green landscapes.

The Athens Charter also viewed historic structures in one of two ways. A few notable structures were to be kept as monumental commemorations to history – museum pieces, in effect – while the rest were to be demolished unceremoniously. This meant, among other things, that older, often affordable, vibrant and creative districts that had served to lift their residents out of poverty were demolished, and residents were relocated to »sink estates« where they were too often trapped in poverty.

A related problem is that the Athens Charter saw the city as primarily a creation of technical specialists aiming to achieve a final determined state. It marginalized the role of the people themselves as creative agents, able to pursue opportunities for human development and co-creation. This approach only further exacerbated the problem of poverty, inequality and urban dysfunction.

We and other colleagues have conducted research to document the key elements of the New Urban Agenda, and the ways that they differ most significantly with the key elements of the Charter of Athens. In each case it is telling that Freiburg is leading the way in reforms that are consistent with the New Urban Agenda.

1. Mixed use instead of function-based zoning. Work, home, recreation and transport are to be integrated within diverse, mixed-use neighborhoods:

> We commit ourselves to promoting the development of urban spatial frameworks, including urban planning and design instruments that support … mixed uses (Paragraph 51, NUA)

2. Mixed streets instead of functionally restricted streets. The design of streets aims to create pedestrian-centered public space along with mixed multi-modal transportation. Streets are critical public spaces that allow the interaction of diverse peoples:

> We commit ourselves to promoting safe, inclusive, accessible, green and quality public spaces, including streets … that are multifunctional areas for social interaction and inclusion, human health and well-being, economic exchange and cultural expression and dialogue among a wide diversity of people and cultures, and that are designed and managed to ensure human development and build peaceful, inclusive and participatory societies, as well as to promote living together, connectivity and social inclusion. (Paragraph 37, NUA)

3. Integration instead of segregation of buildings. Urban design must create coherent public spaces by fronting and activating the edges of buildings, and thereby avoid what Jane Jacobs derisively called the »project land oozes« of the Athens Charter model. This is critical to achieve a successful, active pedestrian and public realm:

> We will support ... measures that allow for the best possible commercial use of street-level floors, fostering both formal and informal local markets and commerce, as well as not-for-profit community initiatives, bringing people into public spaces and promoting walkability and cycling with the goal of improving health and well-being. (Paragraph 100, NUA)

4. Adaptive re-use, not demolition, of historic fabric and pattern, including informal areas. The first priority is to re-use existing assets, including regeneration of historic buildings and informal urban patterns, fostering creativity and opportunities for advancement in a variety of spaces, varying in age and cost:

> We will promote planned urban extensions and infill, prioritizing renewal, regeneration and retrofitting of urban areas, as appropriate, including the upgrading of slums and informal settlements, providing high-quality buildings and public spaces ... while preserving cultural heritage... (Paragraph 97, NUA)

5. The city is not a closed »end state« but an open evolving structure wherein many people, businesses, nonprofits, government agencies and other entities generate and regenerate parts of the city, including its open public spaces:

> We will encourage the development of policies, tools, mechanisms and financing models ... that would address the evolving needs of persons and communities, in order to improve the supply of housing ... This will include support to incremental housing and self-build schemes, with special attention to programmes for upgrading slums and informal settlements. (Paragraph 107, NUA)

6. The city is co-created by all citizens, and is not merely a technical creation by specialists. The city is a kind of platform that offers, through its accessible public space, many opportunities to engage in the social production of the city and its places:

> We share a vision of cities for all, referring to the equal use and enjoyment of cities and human settlements, seeking to promote inclusivity and ensure that all inhabitants, of present and future generations, without discrimination of any kind, are able to inhabit and produce just, safe, healthy, accessible, affordable, resilient and sustainable cities and human settlements to foster prosperity and quality of life for all. We note the efforts of some national and local governments to enshrine this vision, referred to as »right to the city«, in their legislation, political declarations and charters. (Paragraph 11, NUA)

Freiburg's international leadership in making cities livable

The leadership of the City of Freiburg in all these aspects of the New Urban Agenda is internationally recognized, perhaps nowhere more so than by the International Making Cities Livable conference series, and the institute that serves as its host. We are honored to include Sven Von Ungern-Sternberg, former Freiburg mayor, on our Leadership Board, and we hope that we can again locate a conference in that wonderful city in the near future. We will also be conducting study tours of mayors, planners, developers, NGO heads, academics, and other leaders in the field, and Freiburg will certainly be a prominent destination on the itinerary (as it has already been).

In the meantime, we look forward to continued contact, collaboration and exchange, as we continue to share the important lessons this remarkable city has to offer the world.

B DER AUSBLICK

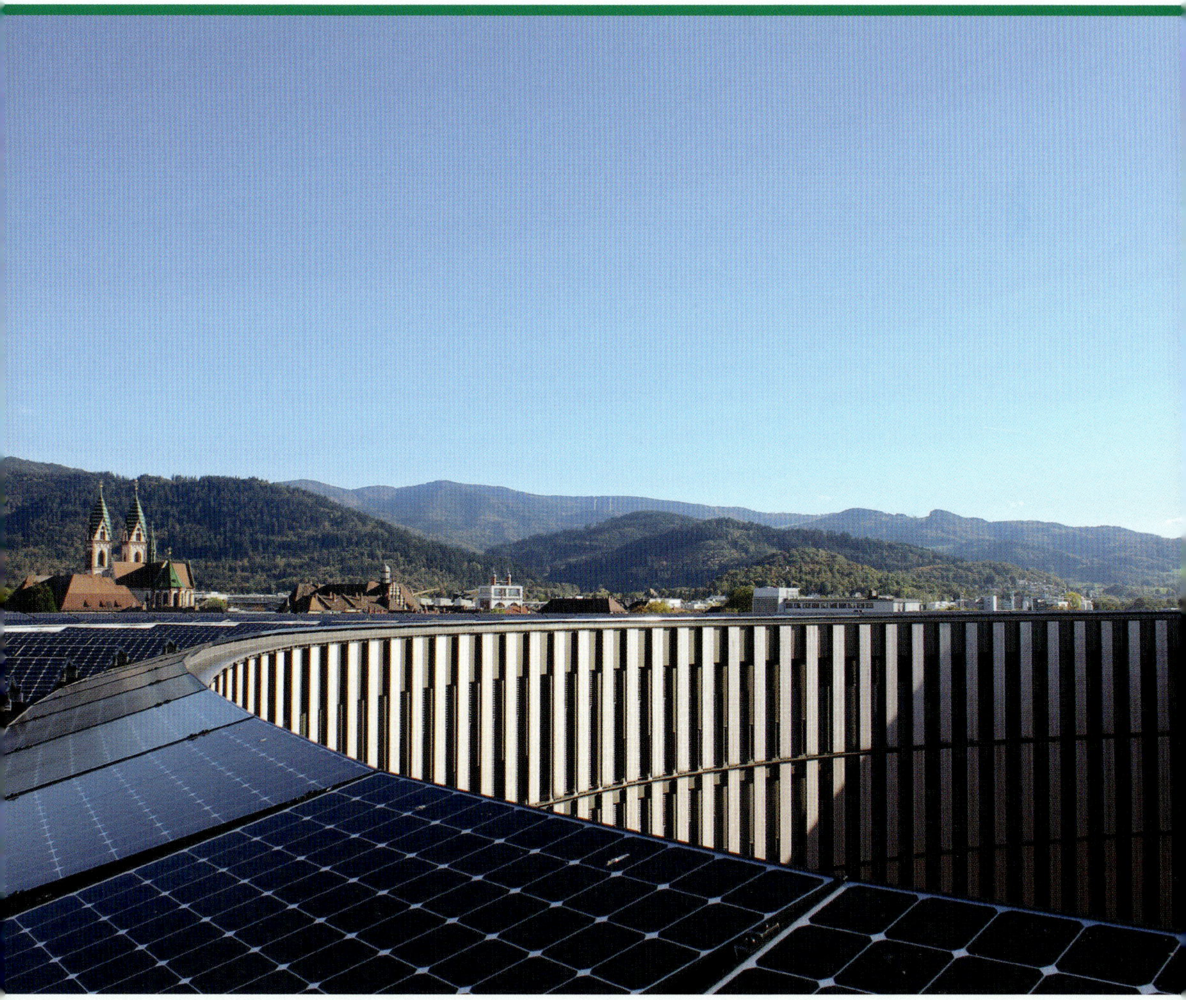

Architektur der städtischen Gebäude – Rolle der Freiburger Stadtbau

Ralf Klausmann | Magdalena Szablewska

Der städtische Immobilien- und Dienstleistungsverbund – Freiburger Stadtbau – bewirtschaftet und verwaltet über 11 000 Wohnungen und ist somit die größte Wohnungsimmobiliengesellschaft in Südbaden. Darüber hinaus werden rund 2900 Parkplätze, die öffentlichen Frei- und Hallenbäder und das KEIDEL Mineral-Thermalbad im Stadtraum betrieben und verwaltet. Weiterhin befinden sich die Radstation und das Konzerthaus am Hauptbahnhof im Eigentum der Gesellschaft. Seit 2013 ist die Freiburger Stadtbau am von ihr entwickelten »Green City« Hotel Vauban beteiligt. Sie ist damit für die Stadt Freiburg bereits seit 100 Jahren ein wichtiges Instrument zur Daseinsvorsorge ihrer Bürger_innen. Kernaufgabe des Unternehmens ist der Erhalt und die Schaffung von preisgünstigem bezahlbarem Wohnraum für einkommensschwache Haushalte.

Mit ihrer Tätigkeit insbesondere in den Bereichen Wohnungs- und Stadtbau sowie Gebäudesanierung und Modernisierung prägt sie maßgeblich das Stadtbild Freiburgs. Als kompetente kommunale Entwicklerin gehört zu ihren Aufgaben unter anderem die Errichtung von Wohnbauten zur Vermietung im geförderten und frei finanzierten Bereich sowie als Wohneigentum. Die Freiburger Stadtbau schafft als kommunale Wohnungsbaugesellschaft auch Wohnraum für Geflüchtete und von Wohnungslosigkeit bedrohte Menschen, dies unlängst in der Bergäckerstraße und der Tullastraße.

Darüber hinaus widmet sich die Freiburger Stadtbau Sonderprojekten wie der Erstellung von Kindertagesstätten und Feuerwehrhäusern wie jüngst in St. Georgen. Im Jahr 2012 entstand das Zentrale Kunstdepot, in 2013 das Stadthaus M1 mit dem integrativen »Green City« Hotel Vauban (Abb. 1) und jüngst der Pavillon am Europaplatz. Die hohe Qualität und Innovation der Planungen manifestieren sich in einer Vielzahl von Auszeichnungen, die das Unternehmen erhält. Der renommierte Hugo-Häring-Preis wurde im Jahr 2014 insgesamt an vier Projekte der Freiburger Stadtbau vergeben.

Mit seinem Engagement in der Stadtentwicklung widmet sich das Unternehmen auch Sanierungs- und Modernisierungsmaßnahmen, die mit Unterstützung der Stadt Freiburg und des Landes Baden Württemberg im Rahmen

Abb. 1   M1 – »Green City« Hotel

der Sozialen-Stadt-Programme realisiert werden. Beispielgebend sind die modernisierten Hochhäuser im Stadtteil Weingarten (Abb. 2). Seit Jahrzehnten führt die Freiburger Stadtbau dort Maßnahmen zur Wohnraumerneuerung und Attraktivierung des Umfeldes durch. Sie ist insbesondere auch Vorreiter im Bereich der ökologischen Sanierung. Die vielfach ausgezeichneten Hochhaussanierungen im Passivhausstandard zählen zu den herausragenden Sanierungsprojekten der Freiburger Stadtbau. Die Bugginger Straße 50 ist Teil des Forschungsprojektes »Weingarten 2020« und wurde vom Fraunhofer Institut für Solare Energiesysteme ISE wissenschaftlich begleitet.

Durch ihre bauliche Tätigkeit im Freiburger Stadtraum schafft das Unternehmen lebenswerte Wohnquartiere, integriert in diesen Zusammenhang auch soziale Einrichtungen und Infrastrukturen, prägt das Wohnumfeld und den Freiraum mit Räumen für Begegnungen und Austausch, die zum Aufenthalt einladen und Flächen für spielende Kinder und das Gärtnern bieten und beweist damit stets ihre langjährige Kompetenz als Stadtgestalterin und Entwicklerin. Trotz der aktuellen Marktlage und vorherrschender Auslastung der Baufirmen verfolgt die Freiburger Stadtbau ein anspruchsvolles Neubauprogramm und plant die Errichtung von 2500 Wohnungen über das Jahr 2024 hinaus. Somit wird auch in Zukunft eine Vielzahl an zukunftsweisenden Projekten, bei denen der Klimaschutz und die Inklusion aber auch die städte-

Abb. 2 Wohnhochhäuser – Weingarten

bauliche und architektonische Qualität eine wichtige Rolle spielen, realisiert. Die neuen Stadtteile wie Kleineschholz und Dietenbach befinden sich bereits in Planung. Die städtebaulichen Wettbewerbsverfahren bei denen die Freiburger Stadtbau mit ihrer Expertise beratend eingebunden war, wurden von der Stadt Freiburg durchgeführt.

Beispielhaft für nachhaltige Projekte der Freiburger Stadtbau sind innovative Mehrfamilienhäuser in Holzbauweise und modularen Konstruktionen, energieeffiziente Wohnquartiere mit alternativen Mobilitätsangeboten im privaten und halböffentlichen Bereich sowie Solartechnik mit Mieterstrommodellen, für die sich die Gesellschaft bereits seit 1977 stark engagiert. Insbesondere die behutsame Entwicklung bestehender Quartiere stellt vor dem Hintergrund des Mangels an Bauland ein wesentliches Instrument zur Innenentwicklung dar. Darüber hinaus widmet sich das Unternehmen der Sanierung und Modernisierung von Bestandsgebäuden und denkmalgeschützten Ensembles wie der Knopfhäuslesiedlung im Rahmen der Sozialen Stadt. In enger Zusammenarbeit arbeitet man hier mit der Stadt Freiburg. Es trägt damit zum Erhalt eines wichtigen Teils der Freiburger Stadtgeschichte bei (Abb. 3).

Das städtebauliche Konzept bildet im Zusammenhang mit der Entwicklung eines Wohnquartiers den ersten grundlegenden und wichtigen Schritt. Er

Abb. 3   Sanierung des denkmalgeschützten Quartiers – Knopfhäuslesiedlung

gibt die Ordnungsstrukturen der Gebäude aber vor allem auch der Zwischenräume vor. Dabei werden die Proportionen der Bauwerke in Verbindung mit dem städtischen Raum, der Baudichte und Nutzungsmischung definiert (vgl. dazu Christoph Mäckler, Heimat Stadtquartier Thesen, Konferenz zur Schönheit und Lebensfähigkeit der Stadt, Band 9, Berlin 2019). Diesem wichtigen Aspekt widmet sich die Freiburger Stadtbau in einer ganz besonderen Art und Weise. Die soziale Nachhaltigkeit eines Quartiers wird maßgeblich von dessen Nutzungsstruktur geprägt. Vielfältige Nutzungsarten bereichern die gemeinschaftliche Wohnform und prägen ihren Charakter. Die Kombination aus Miet- und Eigentumswohnungen im öffentlich geförderten, frei finanzierten und selbst genutzten Bereich befördert das harmonische Miteinander. Lebenswerte Quartiere werden jedoch auch von der sozialen Infrastruktur und den Aufenthaltsräumen in den Außenbereichen geprägt.

Um im Rahmen von Nachverdichtungen und Quartiersentwicklungen, aber auch bei Einzelbaumaßnahmen, die richtigen Antworten auf die entwerferischen und städtebaulichen Fragen zu finden, die ebenfalls im architektonischen Kontext mit ihrer Umgebung stehen, führt die Gesellschaft Konzeptverfahren in Form von Wettbewerben und Mehrfachbeauftragungen durch. Dies geschieht in enger Abstimmung mit dem Stadtplanungsamt und der Jurierung durch kompetente Fachexperten aus dem Bereich der Architektur und des Städtebaus sowie der Landschaftsplanung. Dabei wird das Bauobjekt gleichwertig zur Außenraumgestaltung bewertet. Ein weiteres Instrument zur Sicherstellung der architektonischen und städtebaulichen Qualität stellt die Beratung im Gestaltungsbeirat der Stadt Freiburg dar, der ebenfalls von renommierten Fachexperten besetzt ist.

Die Planungen von Quartiersentwicklungen gehen auch auf Bewohner_innen-Initiativen zurück, die als Grundlage für die ersten Ideen und Machbarkeitsstudien dienen. So geschehen ist dies im Quartier Metzgergrün, wo eine Bewohner_innen-Initiative das Bestreben hatte, das Wohnquartier zukunftsfähig auszubauen. Die ersten Überlegungen zur Sanierung und Erweiterung konnten sich im Verlauf der Untersuchungen nicht bestätigen, boten jedoch gleichzeitig die Möglichkeit über eine größere Entwicklung an dieser Stelle nachzudenken. Das Ziel war die Bewohnerstruktur im »neuen« Quartier zu erhalten und gleichzeitig den Charakter der bestehenden Siedlung in eine moderne zeitgerechte Architektursprache zu überführen. Dabei bleibt die Mitwirkung und Partizipation der Bewohner_innen und der Öffentlichkeit ein wichtiger Aspekt im Verlauf des Entwicklungsprozesses.

Im Rahmen einer Mehrfachbeauftragung konnte das international tätige Architekturbüro Dietrich Untertrifaller aus Bregenz den Wettbewerb für sich entscheiden. Für die Gestaltung der Außenanlagen, die von hoher Komplexität und Anspruch zeugen, zeichnet das Landschaftsarchitekturbüro Rambol Studio Dreiseitl aus Überlingen verantwortlich. Die städtebauliche Struktur, die das Architekturbüro entworfen hatte, weist im Vergleich zur bestehenden Siedlungsstruktur aus den 1950er-Jahren eine Blockrandbebauung mit entsprechenden Öffnungen zur Luftdurchströmung auf. Die drei- bis viergeschossigen Gebäudeensemble wurden modular konzipiert, sodass sie eine behutsame Entwicklung des Quartiers mit entsprechenden Umzugsmöglichkeiten für die Bewohner_innen bieten. Das städtebauliche Konzept geht jedoch auch auf die vorhandenen topografischen und infrastrukturellen Grundstückseigenschaften mit den richtigen Stilmitteln ein. Die Geländehöhen und der vorhandene Runzen werden für die Gestaltung von attraktiven Aufenthalts- und Begegnungsräumen genutzt. Auch dem ökologischen Aspekt wird hierbei Rechnung getragen, indem sowohl Holzbauten, Fassadenbegrünungen als auch Flächen für das private Gärtnern angeboten werden. Ein zentraler Marktplatz mit flankierender sozialer Infrastruktur, einer KiTa, einem Quartiersraum und Räumen für ein Café oder eine Bäckerei runden das Konzept ab. Weiterhin wird das Quartier verkehrsberuhigt ausgebildet. Dem ruhenden Verkehr sind Quartiersgaragen zugeordnet mit entsprechenden Mobilitätskonzepten, Carsharing- und E-Ladestationen (Abb. 4).

Ein weiteres herausragendes Innenentwicklungsprojekt bildet die Bebauung der ehemaligen ECA-Siedlung im Schildacker. Die amerikanische Economic Cooperation Administration (ECA) errichtete mit den Mitteln des Marshall-Plans nach dem Zweiten Weltkrieg mehrere Siedlungen in Deutschland. Die Gebäude aus den 1950er-Jahren entsprachen nicht mehr den heutigen Erfordernissen und wiesen keine Potenziale für eine nachhaltige Sanierung auf. Für die Neukonzeption der Bebauung wurde vom Kölner Architekturbüro

Abb. 4   Quartiersentwicklung – Im Metzgergrün, Visualisierung

ASTOC im Jahr 2013 eine Machbarkeitsstudie erstellt. Auch bei diesem Projekt stand der Verbleib der Bewoher_innen im Fokus der Entwicklungsgedanken. So wurde ein schrittweiser Rückbau der bestehenden Gebäude vorgeschlagen. Die neuen Baukörper sollten sowohl zur Verkehrslärmberuhigung im Quartier an der Baslerstraße beitragen, als auch die zentrale gewachsene Grünfläche mit historischem Baumbestand wahren und aufwerten. Insbesondere der anspruchsvollen Aufgabe der Strukturierung des Längsbaukörpers an der Baslerstraße begegneten die Planer auf eine kreative Art und Weise. Durch die Verschwenkung der Gebäudeteile entstand der Eindruck einer Ziehharmonika, die insbesondere für die Fußgänger die enorme Länge von 140 Metern aufbricht und einzelne Treppenhauseingänge autark erscheinen lässt (Abb. 5).

Der zweite Bauabschnitt im Gebiet wendet sich dem Werkstoff Holz zu. Nach 20 Jahren widmet sich die Freiburger Stadtbau erneut dem Thema Holzkonstruktion. Bereits Ende der 1990er-Jahre entstanden im Rieselfeld die ersten Holzbauten im damaligen neuen Stadtteil. Zwischenzeitlich hat sich die Holzbautechnologie stark weiter entwickelt und bietet aktuell neben der traditionellen Bauweise eine weitere Möglichkeit zur Realisierung der Bauvorhaben vor dem Hintergrund der vorherrschenden Branchenauslastung. Auch hier konnten Spezialisten aus dem Fachbereich Holzbau gewonnen werden. Die sechs Gebäude mit über 100 Wohnungen wurden vom Architekturbüro Kaufmann aus Vorarlberg konzipiert und fügen sich städtebaulich und architektonisch sehr gut in das Gesamtbild des Quartiers (Abb. 6).

Die Fassade bildet als ein maßgebliches gestalterisches und architektonisches Element die Trennung zwischen dem öffentlichen und privaten Bereich.

Abb. 5   Quartiersentwicklung, 1. Bauabschnitt – Im Schildacker

Abb. 6   Quartiersentwicklung, 2. Bauabschnitt, Holzbau – Im Schildacker, Visualisierung

Sie wirkt prägend und bestimmend durch ihre Materialien gegenüber dem öffentlichen Raum und muss sowohl ausreichenden Schutz für die Privatheit bieten als auch die Kommunikation ermöglichen (vgl. Wolfgang Sonne und Arnold Bartetzky, Die Architektur der Stadt und ihre Fassaden, Konferenz zur Schönheit und Lebensfähigkeit der Stadt, Band 7, Berlin 2017).

Im Zuge der Wohnraumschaffung setzt die Stadt Freiburg auch auf unkonventionelle Projekte. Das »Rennwegdreieck« im Stadtteil Herdern besticht durch seine außergewöhnliche Form und die besondere Fassadengestaltung. Auf einem bestehenden städtischen Verkehrsinselgrundstück entwarf das

Abb. 7   Visualisierung Rennwegdreieck – Herdern

Basler Architekturbüro Bachelard Wagner einen dreieckigen Baukörper mit gefasten Gebäudekanten und konkav gefalteter Klinkerriemchenfassade. Somit konnte das Planungsbüro die Jury der Mehrfachbeauftragung mit der außergewöhnlichen Gestaltung des Gebäudes überzeugen. Insbesondere die städtebauliche Präsenz des Baukörpers im Straßenraum erfordert eine prägende Ausformulierung der erdgeschossigen Bereiche. In diesem befinden sich bewusst keine Privaträume. Vielmehr dienen diese Flächen dem öffentlichen und halböffentlichen Raum, in dem sie die Nebenräume des Gebäudes, aber auch Gewerbeflächen aufweisen. Aufgrund der hohen Ausnutzung des Grundstücks wird ebenfalls in diesem Bereich ein Indoor-Spielplatz eingerichtet. Dieser bietet gleich zwei Nutzungsmöglichkeiten. Zum einen können die kleinen Bewohner dort spielen, zum anderen kann die Fläche als Begegnungsraum für die Bewohner_innen dienen (Abb. 7).

Das wesentliche Merkmal einer lebendigen Stadt stellt die Offenheit und soziale Interaktion ihrer Bewohner_innen dar. Der öffentliche Raum muss somit von seinen Nutzern be- und erlebbar sein (vgl. Jan Gehl, Die lebendige Stadt, Städte für Menschen, 3. Auflage, Berlin 2016). Neben der Aufgabe Wohnraum herzustellen, ist die Freiburger Stadtbau auch im Bereich von Sonderbauten tätig. Als jüngstes Beispiel kann der architektonisch ansprechende und in seiner Bauform prägnant ausformulierte Pavillon am Europaplatz angeführt werden. Dieser bildet einen städtebaulichen und an der historischen

Abb. 8 Pavillon am Europaplatz

Geschichte des Ortes orientierten Schlusspunkt für die Einkaufsstraße und Fußgängerzone Kaiser-Josef-Straße. Dem innerstädtischen Großprojekt ging eine Mehrfachbeauftragung voraus, in welcher das international tätige Berliner Büro J. Mayer H. und Partner mit einem luftigen Entwurf und organischen Baukörper- und Dachformen überzeugen konnte. Das Gebäude trägt in einer ganz besonderen Weise dem publikumswirksamen und markanten Ort mit seiner Gestaltung Rechnung. Seine Grundidee basiert auf der Verbindung der öffentlichen Nutzungen wie die Räume der Verkehrsbetriebe als Verkehrsknotenpunkt und Haltestelle für die Trambahnlinien mit seiner Funktion als Begegnungsraum für die Freiburger_innen, in dem es in seinem erdgeschossigen Glasbau Gastronomieflächen anbietet mit Sitzmöglichkeiten auf dem Europaplatz. Die floralen Dachformen schützen den Innenraum und spenden im Sommer Schatten. Auch die fünfte Fassade des Gebäudes bietet durch ihre Begrünung und die organische Form der Dachaufbauten eine angenehme Ansicht für die umliegenden Anwohner_innen (Abb. 8).

Die dargestellten Beispiele verdeutlichen die hohe Bedeutung der Projekte und Entwurfsaufgaben, mit denen die Freiburger Stadtbau im Kontext der Stadtgestaltung wirkt. Sie ist ein verlässlicher Partner für die Stadt Freiburg beim Erhalt und der Schaffung von bezahlbarem Wohnraum, aber auch im Rahmen der Gestaltung von räumlichen und architektonischen Qualitäten. Der hohe Anspruch an die Konzeption von Wohnquartieren und Einzelgebäuden im Sinne der nachhaltigen städtebaulichen Ausformung des Umfeldes, aber auch im holistischen Zusammenhang des städtischen und nachbarschaftlichen Gefüges, prägt das Handeln des Unternehmens seit 100 Jahren und wird dies auch in Zukunft unter Beweis stellen. Die Freiburger Stadtbau engagiert sich in der Entwicklung von Nachverdichtung im innerstädtischen Kontext, aber auch bei der Gestaltung von neuen Stadtteilen. Sie steht mit ihrer Kompetenz für ein soziales, ökologisches und wirtschaftlich nachhaltiges Handeln und wird in dieser Ausrichtung auch künftig die Stadt bei ihren vielfältigen Aufgaben begleiten.

Gebäudestandards

Andrea Katzer-Hug

»Wer die Sucht zu bauen hat, bedarf zu seinem Verderben keines anderen Feindes«, besagt ein französisches Sprichwort.

Die Sucht zu bauen haben wir als städtisches Gebäudemanagement, ehemals Hochbauamt, nicht, jedoch die Aufgabe, städtische Bauaufgaben im öffentlichen Raum umzusetzen mit der Passion, diese Aufgabe angemessen durchzuführen – im besten Sinne des Wortes.

Das Schlagwort »Gebäudestandards« impliziert, dass es für diese Aufgabe feststehende Regeln gibt, die bei der Umsetzung einen Rahmen geben und gleichbleibende Qualität gewährleisten.

Regeln gibt es zwar, aber sie lassen viele Freiheiten. »Gebäudestandards« beinhaltet für jeden etwas anderes: Für den Architekten sind es Vorgaben in Qualität und Ästhetik, der Gebäudetechniker denkt an die technische Ausstattung mit oder ohne Lüftungsanlage, mit oder ohne Gebäudeleittechnik; der Energiemanager versteht darunter den energetischen Standard des Gebäudes nach der aktuellen EnergieEinsparverordnung – oder darf es gar ein Passiv- oder ein PlusEnergiehaus sein?

Die Bandbreite der Assoziationen mit dem Begriff »Gebäudestandard« macht es unmöglich, hieraus allgemeingültige Regelungen abzuleiten. Dennoch braucht gerade eine öffentliche Bauherrin wie die Stadt Freiburg Rahmenbedingungen, die dem Bauen zugrunde gelegt werden können, damit das Rad nicht bei jedem Projekt neu erfunden werden muss.

Wie ist dieses Thema also zu fassen?

Zunächst – und das macht das Thema nicht einfacher – ist festzuhalten, dass die öffentliche Bauherrin eine Vorbildfunktion innehat.

Dies bedeutet für städtische Bauvorhaben, dass sie möglichst in jeder Hinsicht zukunftsweisend sein sollen. Die Architektursprache muss herausragend und visionär sein, ohne die energetischen Standards zu vernachlässigen, im Gegenteil: Auch hier soll im Hinblick auf die Nachhaltigkeit ein Leuchtturm entstehen. Die Nutzer_innen sollen ihren Aufgaben im Objekt möglichst reibungslos nachkommen können, wohlfühlen sollen sie sich ebenfalls.

Das Ganze soll sich aber bitteschön trotzdem rechnen.

Diese und noch viele andere Anforderungen werden an unsere Bauten gestellt. Sie alle zu erfüllen, das wäre gleichbedeutend mit der Erschaffung der Eier legenden Wollmilchsau, ist also unmöglich – und doch besteht genau dieser Anspruch.

Die Stadt Freiburg legt ihren Baumaßnahmen ein ganzes Regelwerksbündel zugrunde.

Hier gibt es zunächst die gesetzlichen Vorgaben, Regelwerke, Richtlinien und Empfehlungen, subsumiert unter dem Begriff »Stand der Technik«. Diese dienen als Basis für jede Maßnahme, sind das unverrückbare Gerüst.

Die nächste Ebene, die legislative, wird durch den Gemeinderat repräsentiert. Auch der Gemeinderat gibt uns eine ganze Reihe von Regelungen vor, die wir als Verwaltung einzuhalten haben – und das sind nicht wenige.

Bereits aus dem Jahr 1996 datiert das PVC-Verbot, das uns dazu anhält, möglichst keine PVC-haltigen Materialien zu verbauen. Seit diesem Zeitpunkt werden in der Regel zum Beispiel Holz-Alu-Fenster verwendet, als Bodenbelag werden meist Linoleum, Fliesen oder Naturstein eingebracht.

In den 2000er-Jahren erfolgten weitere wegweisende Festlegungen im Baubereich. Diese betrafen sowohl die Material- als auch die Energiestandards. Bei Heizungsanlagen ist deshalb seit 2003 der Einsatz von Holz oder anderen Biomasseprodukten zu prüfen, ebenso sind Solarenergie beziehungsweise der Einsatz eines Blockheizkraftwerks (BHKW) abzuklären. Mittlerweile tun mehrere Dutzend Blockheizkraftwerke (BHKWs) in öffentlichen Gebäuden ihren Dienst; es wird außerdem unter anderem mit Holzwerkstoffen, Sonne und Erdwärme geheizt.

Einen entscheidenden Schritt zu eindeutigen Energiestandards stellte 2009 die Entscheidung des Gemeinderats dar, dass Neubauten zukünftig in Passivhausstandard, Sanierungen mit Passivhauselementen umzusetzen seien. Es folgten weitere Beschlüsse zur Begrünung von Dächern, zur Nutzung von stadteigenen Dächern für die Solargewinnung, zur Vorrangprüfung des Baustoffes Holz bei Bauvorhaben im öffentlichen Bereich. Zuletzt führte die Weichenstellung zur klimaneutralen Verwaltung zur Erkenntnis, dass bei öffentlichen Bauten in der Regel mit Plusenergie-Häusern gearbeitet werden muss, um Defizite in Bestandsgebäuden auszugleichen.

Die großen bauwerksumfassenden Regeln und Rahmenbedingungen sind jedoch nur ein Teil der Einschränkungen, die unseren Baumeistern auferlegt werden.

Auch im Kleinen gibt es eine Unzahl von zu beachtenden Themen; Schriftreihen, DIN-Normen und nicht zuletzt die Baustandards des Gebäudemanagements selbst, die Ausführungsstandards sichern und Materialien regeln und damit einen erheblichen Einfluss auf die Nachhaltigkeit unserer Gebäude haben.

Vor dem Hintergrund all dieser Rahmenbedingungen könnte man annehmen, dass die öffentlichen Gebäude zukünftig alle von ähnlicher Bauart sein werden. Erstaunlicherweise ist das Gegenteil der Fall.

Die aktuellen Bauprojekte der Stadt Freiburg wie zum Beispiel die Neubauten der Staudinger Gesamtschule, der Adolf-Reichwein-Schule und der Lorettoschule verblüffen durch ihre Vielfalt in Ausdruck und Materialität.

Das neue Rathaus im Stühlinger

Das herausragende Beispiel für ein Gebäude, das neue (Gebäude-)Standards setzt, ist unser Rathaus im Stühlinger, erster Bauabschnitt.

Dieses Gebäude ist in jeder Hinsicht zukunftsweisend.

Städtebaulich und stadtgestalterisch fügt sich das Gebäude in den Grüngürtel zwischen Eschholzpark und Universitätsklinikum ein, berücksichtigt Wegebeziehungen, eröffnet Ein- und Durchblicke. An der Fehrenbachallee, dem alten Technischen Rathaus zugewandt, entstand ein neuer, städtischer Platz, an dem auch der Haupteingang des Rathauses zu liegen kommt.

Die Formgebung des Gebäudes hat mehrere schlagende Vorteile: Die ovale Solitärform mit Innenhof erscheint trotz eines Bruttorauminhalts von fast 100 000 m³ nicht wuchtig, sondern elegant; mehrere Gebäudekomplexe dieser Art werden sich in der Zukunft nach Fertigstellung weiterer Bauabschnitte zu einer anmutigen städtebaulichen Figur mit definiertem Zentrum zusammenfügen. Die nächsten Bauabschnitte zwei und drei müssen durch diesen Kunstgriff nicht einem bestehenden Gebäuderumpf angegliedert werden, was unschöne Schnittstellen und eine große Belastung für die Nutzer des bereits bestehenden Gebäudes bedeuten würde (Abb. 1 und 2).

Nicht nur Formgebung und Figur sind außergewöhnlich, auch im Erscheinungsbild und in der Fassade setzt dieses Gebäude neue Maßstäbe.

Die Integration aller Disziplinen ist hier hervorragend gelungen; die Ästhetik der Fassade speist sich aus lauter bekannten Elementen, die auf ungewöhnliche Weise zusammengesetzt wurden.

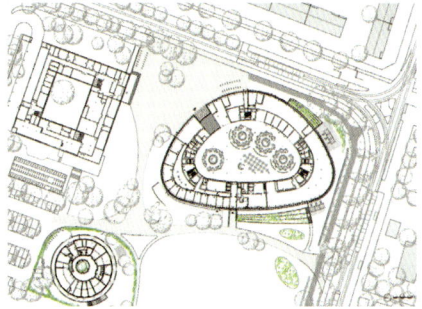

Abb. 1   Wettbewerbsmodell

Abb. 2   Lageplan

Die Kubatur des Gebäudes nimmt sich durch die klare und unaufgeregte Gliederung der Fassade mit ihren deckenhohen gläsernen Fassadenelementen zurück. Gleichzeitig gewährleisten die Fensterelemente eine optimale Tageslichtausnutzung, vor allem in der Heizperiode. An wärmeren Tagen ermöglichen automatisierte Sonnenschutzanlagen die Vermeidung eines übermäßigen solaren Wärmeintrages. Vertikale Elemente, die mit Holzpaneelen aus einheimischen Hölzern beplankt sind, dienen zeitgleich dem solaren Gewinn, da hier Photovoltaikelemente integriert wurden.

Die hohe Transparenz der Fassade, die Einblicke in das Arbeiten der Öffentlichen Hand erlaubt, ist bewusst so gewählt – der aktive, flexible Verwaltungsapparat wird sichtbar.

Ganz besonders transparent zeigt sich die Arbeit der Verwaltung im sogenannten Bürgerservicezentrum im Erdgeschoss, das sich direkt an den Haupteingang angliedert (Abb. 3 und 4).

Der hallenartige Raum mit den integrierten Oberlicht-Linsen, die großzügig Tageslicht in das Bürgerservicezentrum einlassen, ist auf einen Blick zu übersehen und ermöglicht somit, dass sich Besucherinnen und Besucher leicht zurechtfinden können.

Mitarbeiterinnen und Mitarbeiter beraten in vier großen Rotunden, die zwar offen gestaltet, deren Beratungsplätze jedoch optisch und akustisch bestmöglich voneinander getrennt sind. Die Farb- und Materialgebung in der Halle ist freundlich und einladend und hinterlässt gleichzeitig einen professionellen Eindruck.

Bürgerinnen und Bürger sind begeistert vom Erscheinungsbild des Bürgerservicezentrums, es wird sehr gut angenommen.

Die Architektur gibt die Melodie vor, die Gebäudetechnik ist hingegen der Taktgeber.

Das Energiekonzept des Rathauses kombiniert erprobte und wirtschaftliche aktive technische Systeme wie zum Beispiel Grundwassernutzung zum Heizen und Kühlen mit passiven Elementen wie der Dach- und Hofbegrünung. Mit Hilfe einer komplexen intelligenten Steuerung wird das Gebäude temperiert; die Kombination von trägen Systemen – Bauteilaktivierung – und agilen Systemen – temperaturverändernden Deckensegeln – trägt zu einer größtmöglichen Zufriedenheit des Nutzers innerhalb dieses äußerst energiesparenden Gebäudes bei.

Das Techniksystem des Rathauses im Stühlinger ist in der Tat hochkomplex.

Sensorsysteme greifen in Steuerungssysteme, die wiederum die technischen Anlagen vollautomatisch regeln, um jedem Nutzer genug Licht, Luft, Wärme oder Kälte zu verschaffen.

Gebäudestandards // 461

Abb. 3   Ansicht von Nordost

Abb. 4   Innenansicht Bürgerservicezentrum

462 // Der Ausblick

Abb. 5 Solardachlandschaft

Abb. 6 Dachgarten auf Bürgerservicezentrum

Das Zusammenspiel der Systeme ist so sensibel, dass die Einregulierung des Gebäudes nach mittlerweile mehr als zwei Jahren immer noch nicht abgeschlossen ist.

Die Energie zum Betrieb der technischen Systeme kommt von Dach und Fassade, der Kreislauf schließt sich somit (Abb. 5 und 6).

Und was hat das alles mit Gebäudestandards und Freiburg auf dem Weg zur »Green City« zu tun?

Tatsächlich hat man bei diesem Gebäude die bestehenden Baustandards und damit den Stand der Technik eingehalten, sie jedoch auf einzigartige Weise zusammengefügt.

Es handelt sich um das weltweit erste öffentliche Netto-Plus-Energiegebäude, also ein Gebäude, das mehr Energie erzeugt, als es für den eigenen Betrieb benötigt. Damit ist ein sehr hoher Energiestandard eingehalten. Mittlerweile hat der Bau sogar mehrere Preise für seinen Gebäudestandard im Hinblick auf Energie erhalten, unter anderem sogar den Deutschen Nachhaltigkeitspreis Architektur 2018.

Es ist ein neuer städtischer Leuchtturm – ein Vorbild für öffentliche Gebäude auf Freiburgs Weg zur »Green City«.

Damit sind wir jedoch noch nicht am Ende des Weges angekommen. Der zweite Bauabschnitt des Rathauses im Stühlinger wird den ersten im Hinblick auf die Energieeffizienz noch übertreffen, dabei jedoch völlig andere Nutzungsbedarfe befriedigen.

Wir alle dürfen gespannt sein, wie weit das Licht dieses neuen Leuchtturms erstrahlen wird. Eines ist klar: Auch dieses nach gängigen Gebäudestandards zu errichtende Gebäude wird die bestehenden Grenzen erweitern und neue Maßstäbe setzen.

Soziale Nachhaltigkeit

Ulrich von Kirchbach

Wer Nachhaltigkeit mit einem Ausblick auf Themen und Herausforderungen für die soziale Stadtentwicklung der nächsten Jahre verknüpft, ist gut beraten, vorab etwas zu seinem Standpunkt zu sagen, aus dem heraus dies geschieht. Das sind für meine Person rückblickend eine zwischenzeitlich fast 18 Jahre währende Amtszeit als für Kultur, Integration, Soziales und Senioren zuständiger Bürgermeister der Stadt. Da sich Zukunft immer aus der Gegenwart heraus entwickelt, wird in diesem Beitrag auch darüber zu berichten sein, wo Freiburg mit der sozialen Nachhaltigkeit aktuell steht. Wer sich mit Themen der Zukunft beschäftigt, tut dies auf der Grundlage von Zielen und Haltungen, ohne die sich Zukunft nicht gestalten lässt. Deshalb möchte ich in diesem Beitrag vor allem auch darüber reden, was die Ziele und Haltungen sind, mit denen wir den Herausforderungen begegnen.

1. Freiburg im Jubiläumsjahr – Wo steht die Stadt?

Als Bürgermeister hat man oft die Gelegenheit, im Kreis von Gästen über die Stadt Freiburg sprechen zu dürfen. Im Jubiläumsjahr 2020 wird daraus eine Rede, die sowohl das Motto des Jubiläumsjahres »Freiburg – 900 Jahre jung« wie auch das Thema soziale Nachhaltigkeit anschaulich illustriert.

– *Freiburg – eine attraktive Stadt*
   Die Freiburger_innen äußern sich bei der von der Stadt regelmäßig durchgeführten Bürgerumfrage sehr zufrieden mit der Lebensqualität und der Infrastruktur in der Stadt. Für drei Viertel aller Befragten ist es nicht zuletzt der Charme als »kleine Großstadt« und die Lage im Dreiländereck, die einen besonderen Reiz schafft. Dem verfallen die, die eine neue Heimat suchen. Und wer schon hier lebt, bleibt meist ein Leben lang mit der Stadt verbunden.
– *Freiburg – eine wachsende Stadt*
   Freiburg zählt zu einer sogenannten Schwarmstadt. Sie wird auch deshalb so bezeichnet, weil die Bevölkerungszahl seit Jahren nur eine Richtung kennt – und die zeigt nach oben. Im Jubiläumsjahr zählt die Stadt rund 230 000 Einwohner_innen. Innerhalb der letzten 20 Jahre ist die Stadt um rund 41 000 Personen gewachsen.

- *Freiburg – eine junge Stadt*
  Mit 39,9 Jahren ist Freiburg nach Heidelberg die zweitjüngste Stadt Deutschlands. Mehr als die Hälfte der Freiburger Bevölkerung ist unter 39 Jahre alt, 17 Prozent der Bevölkerung sind 65 Jahre und älter.
- *Freiburg – eine welt- und beteiligungsoffene Stadt*
  177 Nationalitäten zählen wir in Freiburg. Rund 29 Prozent der Freiburger_innen haben einen Migrationshintergrund, 17 Prozent einen ausländischen Pass. Es gibt in der Stadt vielfältige Formen und Formate der Bürgerbeteiligung und Mitwirkung der Bürger_innen bei städtischen Vorhaben und Planungen. Im Rahmen des Beteiligungshaushaltes sind die Bürger_innen zum Beispiel eingeladen, Ideen und Vorschläge zur Verwendung der Mittel im Haushalt einzubringen, die in die Beratungen des Gemeinderats bei der Aufstellung des Doppelhaushaltes einfließen.
- *Freiburg – eine engagierte Stadt*
  Mehr als ein Drittel der Bürger_innen engagiert sich ehrenamtlich. In der Stadt gibt es über 1800 Vereine und eine kaum überschaubare Zahl von Gruppierungen und Initiativen, die sich in den unterschiedlichsten Bereichen betätigen, sich für andere einsetzen oder Selbsthilfe in eigener Sache praktizieren.
- *Freiburg – eine soziale Stadt*
  Ein breites Angebot an sozialen und kulturellen Einrichtungen sorgt für eine hohe Lebensqualität. Dazu tragen sehr wesentlich die Verbände der Wohlfahrtspflege, freie gemeinnützige Träger und Vereine bei, die Einrichtungen in der Stadt betreiben und vielfältige Beratungs- und Unterstützungsangebote bereitstellen.

Dieses Bild der Stadt ist dem aktuellen Nachhaltigkeitsbericht aus dem Jahr 2018 entnommen, der im Rahmen der Nachhaltigkeitsstrategie der Stadt erarbeitet wurde. Es freut mich nicht nur als Erster Bürgermeister der Stadt, dass man auf diese Weise über Freiburg reden kann. Auch als Bürger der Stadt entspricht dies ganz den Erfahrungen, wie ich die Menschen und die soziale Kultur in der Stadt seit Mitte der 80er-Jahre persönlich erlebe und wahrnehme.

Dann muss man aber auch darüber sprechen, dass in der Stadt
- nur in 17 Prozent der Familien Kinder leben;
- mehr als die Hälfte der Haushalte nur aus einer Person besteht;
- rund 6000 Personen oder rund fünf Prozent der erwerbsfähigen Bevölkerung von Arbeitslosigkeit betroffen sind;
- sieben Prozent aller Haushalte beziehungsweise rund 8500 Haushalte von »Hartz IV« leben, also auf Leistungen der Grundsicherung der öffentlichen Hand angewiesen sind;

- Mieterhaushalte im Durchschnitt 42 Prozent ihres Haushaltsnettoeinkommens für Miete aufbringen müssen;
- insgesamt rund 1400 Personen als wohnungsuchend in der »Wohnungssucherdatei« der Stadt gemeldet sind.

Diese Zahlen sind dem Freiburger Sozialbericht von 2018 entnommen. Er stellt Zahlen und Kennziffern aus den unterschiedlichsten Lebensbereichen bereit und schafft damit Einblicke in das soziale Gefüge der Stadt. Die hier beispielhaft ausgewählten Daten erzählen dann von einer Realität, die das urbane Leben in der Stadt eben auch kennzeichnet. Wenn wir davon reden müssen, dass Familien mit Kindern in der Stadt zu einer Minderheit gehören, die Mehrheit der Freiburger Haushalte aus Single-Haushalten besteht, dass es Haushalte gibt, die den Lebensunterhalt nicht aus eigener Kraft sichern können und bezahlbarer Wohnraum zu einem knappen Gut geworden ist, dann ist das etwas, über das auch andere, mit Freiburg vergleichbare Städte, in ähnlicher Weise berichten können. Dabei steht Freiburg im Vergleich der Städte noch gut da, wenn man sich solcher Realitäten vergewissert, was auch an einer städtischen Politik liegt, die mit vielen Programmen und Maßnahmen auf die hier erkennbaren negativen Auswirkungen des demografischen und gesellschaftlichen Wandels reagiert.

Dass hier anhand von Daten und Fakten über die Stadt gesprochen werden kann, verdanken wir einer Sozialberichterstattung, die der Gemeinderat zusammen mit der Verwaltung in den letzten Jahren etabliert hat. Dazu gehört der bereits genannte Freiburger Sozialbericht, der Bildungsbericht, der Gender Rahmenplan, der ebenfalls schon benannte Nachhaltigkeitsbericht und verschiedene statistische Veröffentlichungen des Amtes für Bürgerservice und Informationsverarbeitung. Sie alle sehen sich dem Ziel verpflichtet, über Entwicklungen in der Stadt faktennah zu informieren und zu einem gesicherten Wissen über die Verhältnisse in der Stadt beizutragen. Das ist gerade in unserer individualisierten Gesellschaft ein Wert von hohem Rang, weil sonst die Gefahr besteht, dass das Wissen und der Kontakt zu den sozialen Lebensformen der Menschen verloren geht, die für das Funktionieren einer Gesellschaft notwendig sind. Der Bezug auf die Sache ist in der Politik wie bei den städtischen Planungen ein Ausweis von nachhaltigem Handeln. Die Sozialberichterstattung ermöglicht dem Gemeinderat und den Ämtern, Stadtentwicklung lern- und wissensbasiert zu gestalten. In Zeiten eines wieder aufkeimenden Populismus, der sich gerade heute erkennbar Bahn bricht, ist daran zu erinnern, dass politische Entscheidungen sachbezogen und auf Basis von Faken getroffen werden sollten und nicht durch tagespolitische Gefühle oder mit Haltungen, die keine Grundlagen in der Wirklichkeit haben. Nicht zuletzt vor diesem Hintergrund sehe ich in einer qualifizierten Sozialberichterstattung eine wichtige Voraussetzung, ohne die eine nachhaltige betriebene Stadtentwicklung nicht möglich ist.

2. Herausforderungen für eine nachhaltige soziale Stadtentwicklung

Nachhaltigkeit als Handlungsmaxime, die auf den schonenden Umgang mit Ressourcen und auf Verlässlichkeit und Dauerhaftigkeit im Handeln ausgerichtet ist, hat in unserer Stadtverwaltung eine lange Tradition. Beginnend mit der Initiierung eines lokalen Agenda 21-Prozesses in den 1990er-Jahren bis zur Einrichtung einer Stabstelle Nachhaltigkeitsmanagement in den 2010er-Jahren, die direkt dem Oberbürgermeister zugeordnet ist. Die städtischen Aktivitäten der Stabstelle werden begleitet von einem Nachhaltigkeitsrat, der sich aus Vertreter_innen der Stadt und der Zivilgesellschaft zusammensetzt.

Die über all die Jahre von der Stadt verfolgte Nachhaltigkeitsstrategie würde einen eigenen Erzählstrang erfordern. An diesen möchte ich im Folgenden aus dem engeren Blickfeld des Sozialen und mit Ausblick auf die von mir gesehenen Themen und Herausforderungen für eine nachhaltige soziale Stadtentwicklung der nächsten Jahre mit einer kurzen Geschichte anknüpfen.

2.1 Wohnen in Freiburg

In Freiburg kann man – wie einführend dargestellt – gut leben. Wenn man hier leben kann, werden dann diejenigen sagen, die in der Stadt eine Wohnung suchen oder Mietkosten haben, für die ein großer Teil des verfügbaren Einkommens aufgewandt werden muss. Dieser Wert erreicht in einigen Stadtteilen rund 50 Prozent und liegt damit über dem bereits benannten städtischen Durchschnitt von 42 Prozent. Zusammen mit einer wachsenden Zahl von Haushalten in der sogenannten Wohnungssucherdatei sind das zwei zentrale Indikatoren, die auf das Fehlen von preiswertem und bezahlbarem Wohnraum für die Menschen hinweisen, die nicht über die Mittel verfügen, sich hohe Mieten leisten zu können. Die Attraktivität der Stadt, von der viele Menschen schwärmen, zeigt sich hier von einer Seite, die das Wohnen in der Stadt zu einem sozialen Thema ersten Ranges hat werden lassen.

Gemeinderat und Verwaltung sehen sich hier dem Ziel verpflichtet, wohnungspolitisch alles dafür zu tun, dass sich auch diejenigen in Freiburg ein Leben leisten können, die auf bezahlbaren Wohnraum angewiesen sind. Die Antwort darauf heißt dann zum Beispiel das in 2012 vom Gemeinderat beschlossene »Kommunales Handlungsprogramm Wohnen«; heißt »Projektgruppe neue Wohnflächen« (ProWO), die 2017 neu eingerichtet wurde oder heißt »Referat für *bezahlbares Wohnen*« (RbW), das 2019 in direkter Anbindung an den Oberbürgermeister neu geschaffen wurde.

Die wohnungspolitische Maxime der Stadt heißt kurz gesagt: Flächen erschließen, Baurecht schaffen, sozialen Wohnungsbau stärken, in den Wohnungsneubau investieren. Mit dem Bürgerentscheid vom Februar 2019 zu Dietenbach, der den Weg frei macht, auf der grünen Wiese einen neuen Stadtteil mit 5000 Wohnungen für 15 000 Menschen realisieren zu können, steht der Stadt ein Schlüssel zur Verfügung, den ich auch ganz persönlich im Kampf gegen hohe Mieten als zentral sehe. Dazu möchte ich im Weiteren auf die Beiträge in diesem Reader verweisen, die das Thema Wohnen im Schwerpunkt haben und die politische Agenda der Stadt hierzu im Detail darstellen.

In den Debatten zum Wohnen ist es mir ein Anliegen, auch öffentliche Beachtung dafür zu schaffen, was es an sozialen Folgeproblemen bedeutet, wenn es an bezahlbarem Wohnraum mangelt.

– Mit hohen Wohnkostenanteilen am Einkommen wächst das Risiko von Armut und Ausgrenzung, weil es die Möglichkeiten einschränkt, in anderen Bereichen am gesellschaftlichen Leben teilzunehmen.
– Es führt zu einer Abwanderung und Verdrängung besonders auch von Familien, die heute schon eine Minderheit sind.
– Ohne Fachkräfte im unteren und mittleren Einkommenssegment, die in der Stadt leben und arbeiten können, hat die Stadt keine Zukunft. Fachkräfte braucht es für das Handwerk, den Dienstleistungs- und Gesundheitssektor, die in der Stadt tragende Säulen der Wirtschaft sind. Der heute in vielen Branchen schon spürbare Fachkräftemangel wird sich noch verstärken, wenn die Stadt für diese Gruppen wegen nicht mehr bezahlbarer Mieten uninteressant wird.
– Wohnungsmangel verstärkt den Druck auf die Obdachlosenhilfe. Der führt dazu, dass Menschen, die Einkommen haben aber keine preiswerte Wohnung finden, vermehrt Plätze in den Unterkünften in Anspruch nehmen müssen. Dies führt zu einer Verdrängung von Personen, die dann als Wohnungslose im öffentlichen Raum Sichtbarkeit zeigen.
– Ein Angebot an privatem Wohnraum ist für die Gruppe der in der Stadt untergebrachten 2100 Flüchtlinge ein Kernelement für Integration. Die kann nur schwer gelingen, wenn den Menschen bloß in den vorhandenen Gemeinschaftsunterkünften eine Perspektive geboten werden kann.
– Wichtig ist, dass die soziale Mischung nicht aus der Balance gerät. Es bedeutet für die Stadt eine enorme soziale Sprengkraft, wenn fehlender Wohnraum dazu führt, dass sich »arme« und »reiche« Stadtteile in dem Sinne bilden, dass man von einer Teilung oder Spaltung der Stadtgesellschaft sprechen müsste. Auch wenn die Lebensverhältnisse mit Blick auf

soziale Belastungsfaktoren nicht in allen Stadtgebieten gleichwertig sind, ist die Stadt von solchen Szenarien weit entfernt.

Das alles verpflichtet uns, auf eine soziale Nachhaltigkeit zu achten, die Wohnen im gesamten Stadtgebiet für alle Menschen ermöglicht und bezahlbar hält. Das sorgt für eine gute soziale Mischung, fördert Integration und gesellschaftlichen Zusammenhalt und schafft sozialen Ausgleich.

Als eine konkrete Maßnahme möchte ich beispielhaft das 2018 neu entwickelte Konzept »Wohnungsakquise für Personen mit besonderen Bedarfslagen« nennen. Damit sollen im Eigentum lebende Privatpersonen angesprochen werden, Wohnraum für Geflüchtete und Wohnungslose zur Verfügung zu stellen. Dabei stehe ich persönlich Pate, mache öffentlich Werbung für die Idee und nutze hier die Gelegenheit, auch Sie als Leser_in direkt anzusprechen:

Sie haben eine Wohnung anzubieten, gerne auch eine, die renovierungsbedürftig ist? Dann bietet Ihnen die Stadt eine langjährige Kooperation an.

Diese Kooperation beinhaltet unter anderem eine feste Ansprechperson bei der Stadt, einen Zuschuss für gegebenenfalls notwendige Renovierungen bis zu 5000 Euro und eine Mietausfallgarantie. Helfen Sie mit, Menschen in Notsituationen wieder eine Perspektive zu schaffen. Zuständig für die Wohnakquise ist das städtische Amt für Migration und Integration.

2.2 Inklusion

Was ist und was will Inklusion? Das ist keine bloß rhetorische Frage, sondern eine, zu der man eine Haltung haben muss und ein Programm. Für die Stadtpolitik ist klar, was man mit der Inklusion meint und wie man das in ein politisches Programm übersetzt. Dieses Programm heißt Gesamtstrategie Inklusion und Aktionspläne. Der Fahrplan dazu heißt: Auf dem Weg zu einer inklusiven Stadt, für den der Gemeinderat im Herbst 2013 die Weichen gestellt hat.

Inklusion ist zwischenzeitlich zu einem Leitbegriff der Stadtpolitik geworden, der weit über den Tag hinaus für die Stadtentwicklung der Zukunft prägend sein wird.

Inklusion verstehen wir so, dass sich die Verhältnisse in der Stadt an die Situation der Menschen anpassen müssen und nicht umgekehrt. Dies sehen wir umfassend. Es bezieht alle Bereiche und Umstände mit ein, die Teilhabe am gesellschaftlichen Leben wegen bestehender Hindernisse oder Barrieren im Lebensumfeld der Menschen erschwert. Inklusiv denken und planen heißt dann zum Beispiel Wohnungen, Wege und Plätze, öffentliche Gebäude und Nahverkehr, Kitas und Schulen, Treffpunkte für Jung und Alt, Einkaufsmöglichkeiten, Ausbildungs- und Arbeitsplätze auf das Ziel der Teilhabe auszurichten.

Dieses Verständnis geht dann auch über die Intention der von der UN in 2006 verabschiedeten Behindertenrechtskonvention hinaus, die im Kern ein Übereinkommen der UN-Mitgliedstaaten über die Rechte von Menschen mit Behinderung beinhaltet. Die UN-Konvention, die von der Bundesregierung im März 2009 ratifiziert wurde, kann im Übrigen im Rückblick auf die Entwicklungsgeschichte des Themas Inklusion als der Marker gesehen werden, aus dem heraus in den letzten Jahren die große Beachtung und Aufmerksamkeit erwachsen ist, die in den unterschiedlichen Bereichen des öffentlichen Lebens eine Breitenwirkung entfacht, die seinesgleichen sucht.

In diesen Tagen hatte ich wiederholt die Gelegenheit, den städtischen Weg zur inklusiven Stadt über die letzten fünf Jahre zu würdigen. Dazu kann ich sagen: Es ist schon viel erreicht, aber es gibt auch noch zu tun. Und weil das so ist, gibt es mit dem Gemeinderat die Übereinkunft, Inklusion als einen längerfristigen Prozess zu gestalten, mit Aktionsplänen als Meilensteinen und thematischen Schwerpunktsetzungen, die im Verlauf des Inklusionsprozesses dann immer wieder auch eine neue Perspektive auf das Thema geben sollen. Bisher liegen drei Aktionspläne vor, die jeweils im Wechsel auf die Zielgruppen behinderte Menschen und ältere Menschen und auf Quartiersentwicklung als raumbezogenes Thema jeweils ein Fokus haben.

Reden wir über die Bilanz des Erreichten, dann kann man zum Beispiel die 130 Maßnahmen aus dem Geschäftsbereich der Stadtverwaltung nennen, die den Stempel inklusiv tragen. Man kann auf einen ganz aktuell erarbeiteten Leitfaden »Inklusive Quartiersentwicklung« verweisen, der als Handreichung für die Arbeit der Fachplaner_innen konzipiert wurde. Benannt werden können viele Aktionen und Initiativen, die mit dem Ziel durchgeführt wurden, für das Thema zu sensibilisieren und das öffentliche Bewusstsein auf bisher nicht gesehene Barrieren und Hindernisse für Teilhabe in der Stadt zu lenken. Das aktuelle Dokument dieser Bilanz heißt Aktionsplan 2019/2020, der allen Interessierten auf der Homepage der Stadt zur Verfügung steht.

Als Ergebnis des bisherigen Prozesses, der mit breiter Beteiligung der städtischen Ämter, Trägern von Einrichtungen und zivilgesellschaftlichen Akteuren und Gruppen gestaltet wurde, hat sich für den weiteren Prozess das Schwerpunktthema Barrierefreiheit herauskristallisiert. Dabei bedeutet Barrierefreiheit mehr als Rampen, abgesenkte Bordsteine oder die Tonsignale an der Ampel. Barrierefreiheit bedeutet: Alle Aspekte unseres Lebens müssen so gestaltet sein, dass sie die Bedürfnisse aller Menschen berücksichtigen und damit auch von Menschen mit dauerhaften körperlichen, seelischen, kognitiven oder Sinnesbeeinträchtigungen genutzt werden können. Das gilt für öffentlich zugängliche Gebäude, Wohnungen und medizinische Einrichtungen

Plakat für die Ankündigung der Woche der Inklusion im Mai 2019 in Freiburg
Quelle Stadt Freiburg

ebenso wie für Verkehrsmittel, Straßen und Plätze. Was Menschen mit Behinderung eine Hilfe ist, hilft uns allen auch im täglichen Alltag. Ich bediene mich hier manchmal einer Sprechweise, die das Gemeinte aus meiner Sicht gut auf den Punkt bringt: »Barrierefreiheit ist für zehn Prozent der Menschen zwingend notwendig, für 40 Prozent hilfreich und für den Rest schafft es Bequemlichkeit«.

Im Bereich der barrierefreien Kommunikation und der Digitalisierungsstrategie muss die Stadt Freiburg künftig die Vorgaben des Landes-Behindertengleichstellungsgesetzes in der aktuellen Fassung aus dem Jahr 2018 umsetzen und für barrierefreie mediale Angebote sorgen. Dies ist eine große Aufgabe, die alle Ämter in den nächsten Jahren sehr beschäftigen wird.

Dass wir in der Stadt mit der Inklusion so weit sind, ist den vielen Akteuren zu verdanken, die sich engagiert in diesen Prozess einbringen. Es ist der starken Interessensvertretung von Menschen mit Behinderung zu verdanken, welche die Verwaltung im Inklusionsprozess kontinuierlich und kritisch begleitet.

Inklusion ist auf einem guten Weg, wenn sich in den Köpfen von uns allen etwas bewegt und wir alle darauf achten, wie es unseren Mitmenschen geht und jede(r) an seinem/ihrem Platz Sorge dafür trägt, dass Teilhabe gelingt.

Die Stadt wird 2021 den nächsten Aktionsplan vorlegen, auf den ich heute schon Beachtung lenken möchte.

2.3 Migration

Freiburg kann auf eine lange Geschichte der Integration von Menschen aus anderen Ländern verweisen, die aus beruflichen oder privaten Gründen nach Freiburg gekommen sind oder hier als Flüchtlinge Unterkunft gefunden haben.

Marksteine im Zeitraffer dieser Geschichte sind unter anderem: Der Ausländerbeirat als direkt gewähltes Gremium nimmt seine Arbeit auf (1987); Freiburg eröffnet erstes städtisches Wohnheim für Flüchtlinge (1988); Stadt richtet ein Interkulturelles Büro ein (1998); Ausländerbeirat wird neu organisiert und in MigrantInnenbeirat umbenannt (2006); Gemeinderat verabschiedet das städtische Leitbild »Migration und Integration« (2006); gemeinderätlicher Migrationsausschuss wird eingerichtet (2006); Stadtverwaltung wird durch ein »Büro für Migration und Integration« gestärkt (2006).

Vor dem Hintergrund weltweiter Flüchtlingsbewegungen mit Höhepunkten in den Jahren 2015 und 2016 ist dem Thema Migration und Integration in diesen Jahren auf allen gesellschaftlichen Ebenen eine neue und bis dahin nicht gekannte Aufmerksamkeit zugewachsen. Dies war begleitet mit Nachrichten, die jeden Abend mit neuen Zahlen und Berichten von weltweit 50 bis 60 Millionen Menschen auf der Flucht aufwarteten. Auch Freiburg stand vor der Aufgabe, Flüchtlinge aufzunehmen und für Unterkunft zu sorgen. Im März 2016 hatte die Stadt rund 3800 Flüchtlinge in 16 auf das Stadtgebiet verteilten Unterkünften wohnversorgt, eine Zahl, die bis heute dann auch den Höchststand markiert. 2019 sind es noch 2100 Personen, die in einer städtischen Unterkunft leben.

Der Zuzug von Geflüchteten hat vor allem im Bereich der Wohnversorgung große Flexibilität und ein schnelles Reagieren bei der Suche nach geeigneten Standorten für die Bereitstellung von Unterkünften erforderlich gemacht. Hier ist es gelungen, in kurzer Zeit zahlreiche kleine Wohnbausiedlungen in Containerbauweise im Stadtgebiet zu errichten. Das war nicht immer einfach, weil das nur geht, wenn Akzeptanz da ist, mit Flüchtlingen in der Nachbarschaft zu leben. An vielen Stellen in der Stadt ist dann auch etwas augenscheinlich Neues passiert, was nicht nur prägend für das Stadtbild war, sondern auch öffentliche Aufmerksamkeit für das Flüchtlingsthema geschaffen hat. Dies hat in der Bürgerschaft große Hilfsbereitschaft und Unterstützung ausgelöst, was in vielen Initiativen und einem breiten ehrenamtlichen Engagement für die Flüchtlinge zum Ausdruck gekommen ist.

Die Stadt hat auf diese Herausforderungen mit der Gründung eines neuen Amtes im April 2016 reagiert. Im »Amt für Migration und Integration« – das meinem Dezernat zugeordnet ist – wurden alle Stellen in der Stadtverwaltung, die mit Migrant_innen mit Flüchtlingshintergrund befasst sind, organisatorisch zusammengefasst. Das hilft den Migrant_innen, weil sie alles unter

	Stadt Freiburg Einwohner_innen nach Migrationshintergrund Rang 1 bis 10	
	Erste Staatsangehörigkeit	Personen
1	Italien	3266
2	Rumänien	2591
3	Türkei	2040
5	Frankreich	1607
4	Syrien	1575
6	Kroatien	1331
7	Polen	1188
9	Irak	1044
8	Kosovo	1043
10	China	1024

Wohnbevölkerung nach Migrationshintergrund
Quelle: Amt für Bürgerservice und Informationsmanagement, Freiburg, 2017

einem Dach finden, was es für die Integration braucht und es stärkt die Verwaltung, die effektiver und koordinierter arbeiten kann. Zeitgleich wurde in direkter räumlicher Anbindung an das Amt auch das Kompetenz-Center für Geflüchtete eröffnet, das den Flüchtlingen bei allen Fragen zu Arbeit und Ausbildung zur Seite steht. Im Amt und im Center sind aktuell rund 200 Menschen beschäftigt.

Das AMI, wie das Amt in der Kurzsprache genannt wird, ist aber kein reines Flüchtlingsamt. Es steht in der Tradition der Integrationspolitik der Stadt und kümmert sich um die Belange aller in Freiburg lebender Menschen, die einen Migrationshintergrund haben. Integration folgt hier auch dem Verständnis, dass dies mehr ist als vorläufiger Schutz und Wohnversorgung in einer Gemeinschaftsunterkunft. Gute Sprachkenntnisse, Wohnen in der freien Sozietät und die Chance, in Arbeit oder Ausbildung zu kommen, sind hier neben vielen anderen Aspekten an erster Stelle zu nennen, wenn Integration gelingen soll. Dies ist ein längerfristiges Projekt, das mit einer Konzentration aller Kräfte in der Verwaltung und der Politik 2016 begonnen hat und noch weit über das Jahr 2020 hinaus Anstrengungen erfordert.

Ich möchte hier beispielhaft auf die Projekte »Integrationsmanagement«, »Einfach.Gemeinsam.Wohnen« und »Leitbild Migration« verweisen, die Schwerpunkte in der Integrationsarbeit sind und Grundlagen für das Integrationsverständnis in der Stadt bereitstellen.

Hinter dem Integrationsmanagement steht die Idee, jedem Geflüchteten eine Fachperson zur Seite zu stellen, die alle Schritte zur Integration individuell mit begleitet und für diese Schritte Verbindlichkeiten schafft. Damit soll die Integration gesteuert und zielgerichtet verfolgt werden. An dieser Aufgabe arbeiten seit Januar 2018 insgesamt 18 Integrationsmanager_innen in Vollzeit mit dazugehöriger Leitung, die im AMI ein eigenes Sachgebiet bilden. Das Projekt wird vom Land Baden-Württemberg über den »Pakt für Integration in den Kommunen« (PIK) mit gefördert.

Das Projekt »Einfach.Gemeinsam.Wohnen« ist eine Antwort auf die schwierige Situation auf dem Wohnungsmarkt und soll mithelfen, dass mehr an bezahlbarem Wohnraum in der Stadt entsteht. Von dem Projekt sollen alle Haushalte profitieren, die preiswerten Wohnraum suchen. Dazu zählen insbesondere auch Menschen mit Flüchtlingshintergrund, die es auf dem Wohnungsmarkt besonders schwierig haben, eine Wohnung zu bekommen. Das Wohnen in Gemeinschaftsunterkünften nennen wir nicht zu Unrecht »vorläufige Unterbringung«, weil auch hier zur Förderung von Integration der Gedanke handlungsleitend ist, normalen Wohnraum für geflüchtete Menschen mit langfristiger Bleibeperspektive in sozial stabilen Strukturen zu schaffen.

Der Begriff »Einfach.Gemeinsam.Wohnen« meint dabei nicht etwa einfache Standards der Gebäude oder der Bauweise, sondern bezieht sich darauf, die Möglichkeiten des Baugesetzbuches zu nutzen (zum Beispiel über die Sonderregelung § 246 Abs. 9 BauGB). Damit kann das Bauen in einem vereinfachten Verfahren realisiert und es können Baukosten gespart werden. Das Projekt befindet sich derzeit noch in der Sondierungsphase, die sich noch in das Jahr 2020 ziehen wird. In dieser Phase geht es noch vorrangig darum, überhaupt Standorte für die Bebauung in den Ortschaften beziehungsweise Stadtteilen zu finden. Ich möchte hier nicht in die oft gehörte Klage einstimmen, die auf die Langwierigkeit von Planungsprozesse abzielt, aber doch auch darauf hinweisen, dass es in den bisher bereits zahlreich geführten Gesprächen mit der Bürgerschaft nicht immer einfach war, das gesamtstädtische Interesse an Integration mit den nachvollziehbaren Interessen aus den Ortschaften und Stadtteilen in Übereinstimmung zu bringen, soweit es dort Standortüberlegungen gab. Persönlich bin ich der Überzeugung, dass das Projekt für die Integrationsbemühungen der Stadt in den kommenden Jahren von großer Bedeutung sein wird.

Große Beachtung findet in diesen Tagen auch die Arbeit an einem neuen städtischen Leitbild Migration und Integration, mit dem das im Vorfeld schon benannte alte Leitbild aus dem Jahr 2006 fortgeschrieben und an die neue Zeit angepasst wird. In einem umfänglichen Verfahren mit breiter Bürgerbeteiligung wurden seit Ende 2018 die Inhalte des neuen Leitbildes gemeinschaftlich entwickelt und bearbeitet. Im Herbst 2019 wurde das Leitbild im Gemeinderat auch mit der Erwartung verabschiedet, dass der Geist dieses Papiers lebendig wird und breite Resonanz in der Stadtgesellschaft findet.

2.4 Nachhaltig für Familien

1997 wurde Freiburg in einem Bundeswettbewerb des Familienministeriums als »Kinder- und familienfreundliche Stadt« ausgezeichnet. Beeindruckt war die Jury insbesondere von den vielfältigen Betreuungseinrichtungen in der Stadt, dem breiten Angebot an Familienberatung und -bildung, von den vielen Möglichkeiten der Freizeitgestaltung, dem guten Wohnumfeld und insbesondere auch den Formen, mit denen die Stadt für Kinder und Jugendliche Beteiligung und Mitsprache ermöglichte.

Mehr als 20 Jahre später würde eine detaillierte Darstellung der in der Stadt vorhandenen kinder- und familienbezogenen Angebote zu einer ebenso eindrücklichen Aufzählung führen und der Stadt in einem neuerlichen Wettbewerb sicher auch wieder eine gute Chance einräumen, prämiert zu werden. Dieser Wettbewerb würde dann allerdings noch mehr als damals die Familie mit besonderem Blick auf die Situationen der Älteren im Familienverbund sehen und für die Infrastruktur das als sozial nachhaltig bewerten, was sie für den Zusammenhalt von Jung und Alt bietet.

Ein nachhaltiges Handeln für Familien ist dann auch etwas, was mir persönlich auch für die nächsten Jahre am Herzen liegt. Ausgerichtet am städtischen Leitbild »Stadt der kurzen Wege« meint das eine Planung, die kleinräumig auf die Stadtteile oder Quartiere ausgelegt ist. Die Menschen sollen im Nahbereich ihrer Wohnung alles finden können, was zur Deckung ihres täglichen Bedarfs notwendig ist. Wichtig ist, dass der Zugang zu den Beratungs- und Hilfeangeboten im Quartier oder in der Stadt leicht erreichbar ist, es einen guten Anschluss an den öffentlichen Nahverkehr gibt und auch genügend Grün- und Erholungsräume in der Nähe vorhanden sind. In diesem Sinne ist Stadtentwicklung sozial nachhaltig, wenn es sich für Familien gut leben lässt, weil es ein Lebensumfeld schafft, das auch Menschen mit Behinderung und älteren Menschen zugutekommt, die mit zunehmenden Alter noch mehr als die Jungen auf kurze Wege im Umkreis ihrer Häuslichkeit angewiesen sind.

Zum guten Leben braucht es dann gegebenenfalls auch eine Quartiersarbeit, die mit Büro, mit Quartiersräumen als Treffpunkte und Personal im Stadtteil/Quartier präsent ist. Sie dient den Bewohner_innen als Anlaufstelle, bietet Begleitung und Hilfe im Alltag, trägt dazu bei, dass die Selbsthilfe und Eigenverantwortung in der Bewohnerschaft gestärkt wird und unterstützt die städtischen Ämter bei den Planungen.

Der Verweis auf die Quartiersarbeit ist mir hier deshalb auch wichtig, weil der Gemeinderat 2018/2019 zusammen mit der Verwaltung im Rah-

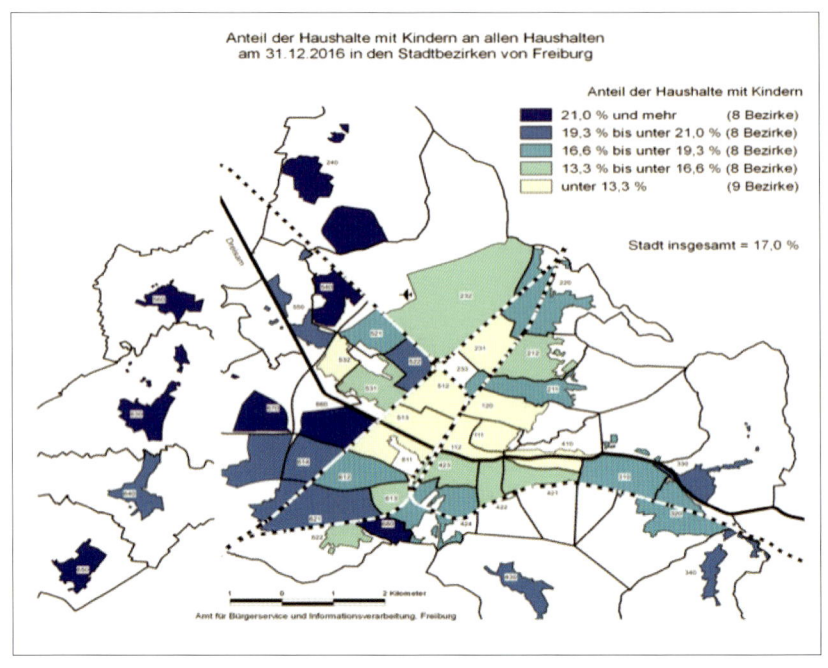

Anteil der Haushalte mit Kindern an allen Haushalten in den Stadtbezirken von Freiburg
Quelle: Amt für Bürgerservice und Informationsmanagement, Freiburg, 2016

men eines umfänglichen Beteiligungsprozesses eine Aufgabenkritik und Neuaufstellung vorgenommen hat, die im Sommer abgeschlossen wurde. Dies alles unter Einbeziehung unterschiedlichster Akteure und Gruppierungen. Dadurch sind neben den Stadtteilen, in denen es bereits in der Vergangenheit schon Quartiersarbeit gegeben hat, zwei weitere Stadtteile hinzugekommen. Auf dieser neuen Grundlage wird es ab 2020 in 13 von 42 Stadtbezirken Quartiersarbeit geben. Die Arbeit mit Familien und die Entwicklung von Hilfe- und Unterstützungsangeboten für alleinlebende Ältere wird dabei ein Schwerpunkt der Arbeit sein. Angesiedelt ist die Quartiersarbeit bei Vereinen oder Trägern der Wohlfahrtspflege. In 2020 wird die Stadt hierfür aus dem städtischen Haushalt rund 1,2 Millionen Euro einsetzen.

Beim vorgenannten Wettbewerb wurde die Stadt auch deshalb als familienfreundlich ausgezeichnet, weil sie schon damals mit einem guten Angebot an Betreuungsplätzen für die Kinder im Vorschulalter aufwarten konnte. Daran hat sich nichts geändert, weil seit vielen Jahren kontinuierlich am Ausbau der Kitaplätze gearbeitet wird. In den 1990er-Jahren war es unter anderem das 1000 Plätze-Programm, das dafür gesorgt hat, dass mit Einführung des Rechtsanspruchs auf einen Kindergartenplatz im Jahr 1999 für alle über Dreijährigen (Ü3) ein Platz angeboten werden konnte. Seit 2013 gibt es den Rechtsanspruch auch für die unter Dreijährigen (U3). Dabei orientiert sich die Stadt an einer Zielquote von 50 Prozent aller Kinder in diesem Alter, die dem Bedarf an Plätzen entspricht, der sich ergibt, wenn man Eltern direkt befragt. Mit Beginn dieses Rechtsanspruchs vor sechs Jahren konnte die Stadt für 14 Prozent der Kinder einen Platz anbieten, heute sind es 46 Prozent. Die Stadt orientiert sich hier an Zielwerten, die noch über den Rechtsanspruch hinausgehen, der nur eingeschränkt für die Ein- bis unter Dreijährigen einen Anspruch normiert.

Der Platzbedarf für die Ü3 und die U3 kennt sowohl für die Vergangenheit als auch für die zukünftigen Jahre nur eine Richtung, und die zeigt nach oben. Um die Versorgungsziele zu erreichen, braucht es bis Mitte der 2020er-Jahre für den gesamten Versorgungsbereich zusätzlich rund 1900 Plätze, wenn man 2019 als Ausgangsbasis nimmt. Dabei sind es weiter steigende Kinderzahlen und im Bereich der U3 auch ein Nachholbedarf an Plätzen, der diese Dynamik bestimmt. Der Nachholbedarf bei den U3 geht dabei einher mit einer veränderten gesellschaftlichen Sichtweise auf die Betreuung dieser Kinder, die heute nicht mehr so familienbestimmt ist wie noch bis in die 80er-Jahre hinein. Im Übrigen nimmt Freiburg beim Platzausbau zusammen mit Heidelberg seit Jahren eine Spitzenposition ein, wenn der Ausbaustand in den Stadtkreisen in Baden-Württemberg in Regelmäßigkeit statistisch erfasst wird.

Beim Ausbau der Plätze ist viel Geld im Spiel. Das lässt sich an zwei Zahlen anschaulich demonstrieren. In den Jahren 2019 und 2020 werden 470 Plätze neu in Betrieb genommen. Dafür sind im Haushalt als laufender Betriebskostenzuschuss an die freien Träger und an Personal- und Sachaufwand für die stätischen Kindertageseinrichtungen rund 3,5 Millionen Euro für 2019 und rund 7,4 Millionen Euro für 2020 eingestellt.

Neben dem Platzausbau wird die Stadt in den nächsten Jahren noch ein stärkeres Invest in die bereits begonnene Weiterentwicklung von Kindertagesstätten zu Familienzentren stecken. Solche Zentren bieten neben der Betreuung auch zusätzliche Angebote der Begegnung, Beratung, Bildung und Begleitung über Zielgruppen und Generationen hinaus. Sie folgen damit einem Konzept, das sich »Öffnung in das Quartier« nennt und sich dadurch auszeichnet, dass es in besonderer Weise integrativ und inklusiv wirkt. Ich sehe es als sehr erfreulich, dass neuerlich auch das Land Baden-Württemberg die Kommunen durch eine Anschubfinanzierung über das Landesförderprogramm »Weiterentwicklung von Kindertageseinrichtungen zu Kinder- und Familienzentren« in ihren Bemühungen in diesem Bereich unterstützt. Die Stadt wird in den nächsten Jahren den stufenweisen Ausbau der Familienzentren forciert angehen.

2.5 Älter werden in der Stadt

»Allein zu Hause« muss man heute oft sagen, wenn man über die ältere Generation in der Stadt spricht. Die Statistik sagt uns, dass 37 Prozent der über 60-Jährigen und nahezu die Hälfte der über 80-Jährigen alleine in eigener Häuslichkeit leben.

Allein zu Hause wird für die Älteren dann vor allem zu einer schmerzlichen Realität, wenn Hilfe im Alltag notwendig oder Pflegeunterstützung gebraucht wird und Familienangehörigen oder sonstige Personen in der Nähe nur schwer oder gar nicht erreichbar sind. Durch die Ergebnisse einer über mein Dezernat extern beauftragten und vom Amt für Soziales und Senioren mit begleiteten Studie zur Situation der Generation 55+, die 2017 in der Stadt durchgeführt wurde, wissen wir, dass fast die Hälfte der Befragten in dieser Generation keine Sicherheit hat, im Bedarfsfall Hilfe in der Familie zu erhalten.

Eine der großen gesellschaftlichen und sozialpolitischen Herausforderungen der nächsten Jahrzehnte heißt: Zukunft der Pflege. Wie in keinem andern Bereich sind es die Herausforderungen des demografischen Wandels, die hier von mehreren Seiten Aufmerksamkeit fordern. Man muss das nicht mit konkreten Zahlen belegen, um zu wissen, dass immer mehr Menschen immer älter werden, damit auch die Zahl der Pflegebedürftigen steigt und auch das Risiko, einmal demenziell zu erkranken. Auf der anderen Seite wissen wir vom Rückgang des Helferpotentials in der Familie und sind mit einem Fachkräftemangel konfrontiert, der in der Pflege schon heute seine Spuren zeigt.

Auch wenn es der Wunsch der meisten Älteren ist, auch bei zunehmendem Versorgungsbedarf möglichst lange in der eigenen Wohnung verbleiben zu können, müssen wir in Pflegeplätze investieren. Die Stadt selbst ist historisch bedingt nicht Träger einer Einrichtung. Die werden wir in Zukunft noch mehr als heute brauchen. Auf das Jahr 2030 gerechnet sehen wir für Freiburg einen Bedarf von rd. 400 Plätzen, die zusätzlich noch gebraucht werden, wenn der Versorgungstand von heute erreicht werden soll. Und wahrscheinlich ist das noch optimistisch gerechnet.

Weil die Pflege im Heim in der Versorgungskette für Ältere nur die letzte Option sein sollte, werden wir unsere Anstrengungen zukünftig noch stärker darauf richten müssen, solchen Vorhaben und Projekten mehr Raum zu verschaffen, die für ein gelingendes Altern auf eine Stärkung und Förderung von Verantwortungsgemeinschaften im Quartier und in der Nachbarschaft setzen. Diese gibt es natürlich heute schon, meist über die Kirchengemeinden organisiert, die mit großem ehrenamtlichen Engagement Hilfe und Unterstützung für Ältere leisten. Wichtig ist, dieses Engagement auch in Zukunft zu erhalten. Daneben braucht es aber auch Offenheit für neue und innovative

Wege und Versorgungsarrangements im Lebensumfeld der Älteren. Das erfordert mehr denn je ein integriertes Denken und Handeln, das ganz viele und unterschiedliche Facetten hat. Barrierefreiheit in der Wohnung und im Wohnumfeld, gemeinsames Wohnen von Jung und Alt, Ausbau ambulanter Wohngruppen, Einsatz der Neuen Medien und Technik für Beratung und Netzwerkbildung möchte ich hier nur beispielhaft nennen. Die Stadt selbst hat in den letzten Jahren schon verschiedene Vorhaben für neue Verantwortungsgemeinschaften initiiert und gemeinsam mit Trägern und den Hochschulen der Stadt umgesetzt beziehungsweise erprobt. Nennen möchte ich das über ein Angehörigennetzwerk gegründete Wohnpflegeprojekt »WOGE e.V.«, das Pflegewohnprojekt »Vaubanaise« für Menschen mit Behinderung oder das Projekt »VEGA«. Dies alles folgt dem Ziel der städtischen Politik, den Älteren so viel wie möglich Sicherheit zu geben, im Bedarfsfall auf Hilfe und Unterstützung zurückgreifen, um so lange wie möglich in der eigenen Wohnung bleiben zu können.

Älter werden in der Stadt in all seinen Dimensionen ist etwas, was die Stadtverwaltung seit Jahren nachdrücklich beschäftigt. Zu erwähnen ist, dass das städtische Seniorenbüro in 2019 sein 25-jähriges Jubiläum begeht. Auch in den Stadtteilen sind in den letzten Jahren mehr als 20 selbstorganisierte Initiativen entstanden, die sich »Älterwerden im Stadtteil« zum Thema gemacht haben. Sie wirken vor Ort und sind wichtige Partner und Initiatoren für Politik und Verwaltung, wenn es um die Belange der Älteren in der Stadt geht. Dabei wissen wir alle, dass wir nicht nur immer länger leben. Wir wissen auch, dass die Lebensqualität im höheren Alter maßgeblich von der persönlichen Gesundheit und Fitness abhängt. Darauf nimmt das Leitbild vom »Aktiven Altern« Bezug, das in einem aktivierenden städtischen Umfeld mit Freizeit-, Sport-, Bildungs-, Treff- und Begegnungsangeboten und Möglichkeiten für Engagement und Betätigungen eine wichtige Voraussetzung sieht, die Gesundheit und Fitness zu erhalten und aktiv am gesellschaftlichen Leben teilzunehmen. Aktives Altern ist deshalb nicht nur ein persönlicher Lebensentwurf, sondern ist und bleibt Leitbild für eine nachhaltige Stadtentwicklung.

2.6 Digitalisierung

Die Demografie und die Globalisierung sind die zwei Schlüsselbegriffe, die immer genannt werden, wenn es um den Wandel in der Gesellschaft und um Fragen der Zukunft geht. Dazu gehört in diesen Tagen auch die Digitalisierung.

Ich spreche vom Internet, von E-Mails, Sprachassistenten, vom elektronischen Einkaufen per E-Commerce, dem E-Health als Ersatz für den Besuch in der Arztpraxis, von Apps und Plattformen mit Angeboten für Musik und Kontakte, um hier nur einige zu nennen. Die Rede ist dann unter anderem von Amazon, Facebook oder von StartUps, die die Möglichkeiten der Digitalisierung nutzen und daraus bereits Geschäftsmodelle entwickelt haben oder gerade dabei sind, an Anwendungen zu arbeiten.

Bei diesen Beispielen und bei der Digitalisierung insgesamt geht es immer auch darum, wie wir mit unseren Mitmenschen kommunizieren und wir die Möglichkeiten, die Digitalisierung schafft, in unseren Lebensalltag integrieren. Es ist sicher nicht übertrieben, in allem, was sich heute schon in diesem Bereich bewegt, einen Megatrend der Zukunft zu sehen, der uns in eine digitale Welt führt, ähnlich der Welt vor 200 Jahren mit der industriellen Revolution, die für die Generationen vor uns große gesellschaftliche Umbrüche und Zäsuren zur Folge hatte. Dabei vollzieht sich heute mit der Digitalisierung alles mit einer Geschwindigkeit an Innovation, die man als exponentiell bezeichnen kann. Womit wir uns in 2030 oder 2040 dann digital beschäftigen werden, ist heute noch gar nicht abzusehen.

Weil man die Zukunft hier als einen offenen Horizont sehen muss, ist für eine soziale Nachhaltigkeitspolitik die Einsicht wichtig, dass wir bei diesem Wandel die gesellschaftliche Teilhabe aller Menschen als handlungsleitend sehen. Wichtig ist, diesen Wandel in der Politik und der Zivilgesellschaft durch eine Rahmengebung mit zu begleiten, damit die Gefahr verringert werden kann, dass bestimmte Gruppen in unserer Gesellschaft in Zukunft digital das Nachsehen haben und von gesellschaftlichen Entwicklungen abgehängt werden.

Digitale Souveränität könnte dann zum Beispiel als Ziel eines generationenübergreifenden und gesamtgesellschaftlichen Ideals benannt werden, die uns alle – und insbesondere auch die ältere Generation – darin unterstützt, die Technologien zum eigenen und zum Gemeinwohl kompetent zu nutzen sowie die Potenziale, Folgen und Implikationen dieser Nutzung zu verstehen und einzuschätzen. Ich nehme hier Bezug auf eine aktuelle Studie »Digital souverän« der Bertelsmann-Stiftung aus dem Jahr 2019, aus der ich dieses Ideal auch deshalb übernommen habe, weil darin ein Ideal von sozialer Nachhaltigkeit zum Ausdruck kommt, die ich auch persönlich als Kompass für das eigene Handeln sehe.

Souveränität benötigt Kompetenz. Deshalb kann man digitale Kompetenz neben Lesen, Schreiben und Rechnen als »vierte Kulturtechnik« verstehen. Diese Technik muss man lernen. Und es ist dann auch wichtig, dass man nicht nur weiß, wo man Informationen findet und wie man in die digitalen Netze kommt, sondern es braucht ein Wissen darüber, wie die Technik einzuordnen und zu bewerten ist und welche Alternativen es gibt. Digitale Souveränität ist für mich deshalb unter dem Aspekt der Daseinsvorsorge vor allem eine Frage der Bildung und eine Frage von Assistenz und Unterstützung für alle, die beim Lernen dieser Kulturtechnik Begleitung brauchen.

Hier sehe ich Herausforderungen, die Kultur der Stadt gemeinsam mit den Bildungseinrichtungen, den sozialen Trägern und Einrichtungen und einer engagierten Zivilgesellschaft weiter zu entwickeln. Eine wichtige Funktion übernimmt hier das 2019 neu geschaffene Amt für Digitales und IT (kurz DIGIT genannt) das direkt dem Oberbürgermeister unterstellt ist. Mit dem Amt wurden die Zuständigkeiten für digitale Fragen innerhalb der Verwaltung strategisch gebündelt und zusammengeführt. Damit ist das Ziel verbunden, Digitalisierung als zentrales Politikfeld stärker in den Fokus zu rücken. Die zahlreichen Facetten der Digitalisierung - die in diesem Beitrag nur kurz und ausschnittweise benannt werden konnten - sollen in einer digitalen Agenda für Freiburg zusammengefasst werden, auf die ich hier ausblickend schon mit einer Ankündigung hinweisen kann.

3. Schlusswort

Nach einem bekannten Spruch lässt sich die soziale Kultur einer Gesellschaft daran ablesen, ob die Menschen im Lebensumfeld ihrer Stadt oder Gemeinde
– die soziale Welt, in der sie leben und handeln, verstehen;
– das Gefühl von Sicherheit und Geborgenheit haben;
– sich darauf verlassen können, im Bedarfsfall Hilfe und Unterstützung zu bekommen;
– sich einbringen, mitmachen und selbst auch etwas gestalten können;
– das Gefühl haben, dass es fair und gerecht zugeht.

Es ist mein Wunsch für das Jubiläumsjahr, dass wir alle – Politik, Verwaltung und Zivilgesellschaft – unser Handeln auf diese Ziele ausrichten und uns für eine nachhaltige Stadtentwicklung einsetzen. Wenn dann in 20 oder 30 Jahren die Freiburger_innen in dieser Weise von ihrer Stadt werden sprechen können und auch von der Attraktivität, der Offenheit und den anderen im Vorspann benannten Punkten, dann wissen wir, dass sich Freiburg weiter nachhaltig entwickelt hat.

Der Nachhaltigkeitsgedanke sollte uns hier auch nochmals in Erinnerung rufen, dass eine Gesellschaft vor allem auch von dem lebt, was in der Sprache der Wissenschaft als »Soziales Kapital« benannt ist. Damit meine ich das bürgerschaftliche und zivilgesellschaftliche Engagement, das sich in Freiburg in Vereinen, in den Kirchen, bei den Verbänden, im Stadtteilleben oder anderen Bereichen in unterschiedlicher und beeindruckender Weise zum Ausdruck bringt. In der Abwandlung eines in anderen Zusammenhängen oft gehörten Spruches, könnte man auch sagen: Bürgerschaftliches und zivilgesellschaftliches Engagement ist für die soziale Kultur einer Stadt nicht alles, aber ohne dieses wäre alles nichts.

Eine Stadt lebt vom bürgerschaftlichen Engagement derjenigen, die sich mit Geld oder ganz direkt mit ihrer Person im privaten Umfeld oder für die Gesellschaft einsetzen und sich für das Gemeinwohl engagieren. Freiwilliges Engagement sorgt für den Zusammenhalt in der Gesellschaft und ist Ausdruck von gelebter Solidarität und Verantwortung. Weil Freiburg ohne dieses Engagement nicht die liebens- und lebenswerte Stadt wäre, die sie ist, ist es wichtig, dass wir diese Ressource ganz im Sinne der Nachhaltigkeit sehen, die uns zu einem schonenden und fördernden Umgang mit dieser Ressource in besonderer Weise verpflichtet. Dazu gehört dann auch, dass wir die lange Tradition in der Beteiligung der Bürgerschaft an den Vorhaben der Stadt fortsetzen und weiter entwickeln. Bürgerbeteiligung und -dialog müssen auch in Zukunft der Schlüssel bleiben, dass die Menschen die Stadt, in der sie leben, mitgestalten können.

Wenn – wie in diesem Beitrag – sich der Blick nach vorne richtet, dann ist es wichtig, sich für die Herausforderungen zu wappnen und dazu braucht es Strukturen und eine Haltung in der Politik und der Verwaltung, die offen und flexibel genug ist, um angemessen auf den gesellschaftlichen Wandel reagieren zu können. Ich greife hier nochmals auf den Nachhaltigkeitsbericht der Stadt von 2018 zurück, in dem eine solche Haltung treffend beschrieben ist: »Routinen in Frage stellen, neue Sichtweisen fördern, auch wenn das den eigenen zuweilen zuwiderläuft; Experimente wagen – auch wenn das ungewohnt ist; Mut mit Hoffnung verbinden – auch wenn das manchmal schwerfällt. Auf leere Formeln und billige Posen verzichten.«. Das wäre auch aus meiner Sicht dann eine Maxime, die uns hilft, den Herausforderungen der nächsten Jahre mit Gestalt und Form zu begegnen, die einer sozialen Nachhaltigkeit angemessen ist.

Das Schlusswort möchte ich dem Gemeinderat überlassen, der in dem Beschluss zu den Freiburger Nachhaltigkeitszielen vom November 2017 unter anderen auch die folgende Selbstverpflichtung für die Stadt formuliert: »Um den globalen Herausforderungen auf lokaler Ebene zu begegnen und den gesetzlichen Auftrag der Daseinsvorsorge zu gewährleisten, fördert die Stadt Freiburg in bürgerschaftlicher Selbstverantwortung und in gemeinsamer Verantwortung mit den Akteuren vor Ort das Gemeinwohl ihrer Bürgerschaft und erfüllt die ihr vom Land und Bund zugewiesenen Aufgaben. Als nachhaltige Stadt versteht sich Freiburg als inklusive, tolerante, wachsende Stadt, die in gemeinsamer Verantwortung Lösungen für eine nachhaltige Entwicklung anbietet.«

Freiburg übermorgen – ein Blick in die nähere und fernere Zukunft

Martin Haag | Babette Köhler

1. Einführung

Freiburg ist eine Stadt mit hoher Lebensqualität. Generationen von kommunalen Entscheidungsträgern, vom Burgherrn bis zum Oberbürgermeister haben sich Gedanken gemacht, wie diese Stadt den Anforderungen der jeweiligen Epoche gerecht werden kann und wie sie für die Zukunft weiterentwickelt werden kann, sodass sie ihre Bedeutung und ihre Qualitäten erhält und ein guter Ort zum Leben und Arbeiten für die Menschen in dieser Stadt bleibt.

Auch heute richtet sich der Blick in die nähere und fernere Zukunft, um rechtzeitig die Weichen so zu stellen, dass Freiburg sich zukunftsfähig weiterentwickelt und doch seine Identität und seinen Charme bewahrt, also »Freiburg bleibt«, wie das gemeinsame Motto des Perspektivplans 2030 und des Flächennutzungsplans 2040 es treffend auf den Punkt bringt.

Dass sich die Stadt auch in Zukunft verändert und weiterentwickelt werden muss, steht außer Frage. Die erfreulicherweise steigende Lebenserwartung stellt neue Anforderungen an eine seniorengerechtere Stadt. Flucht und Zuwanderung erfordern größere Anstrengungen zur Integration. Der Wachstumsdruck, der den Wohnungsmarkt in Freiburg derzeit stark belastet, birgt sozialen Sprengstoff. Daher steht die Aufgabe den sozialen Frieden und ein gutes Miteinander in der Stadtgesellschaft zu erhalten mit höchster Priorität auf der politischen Agenda. Als Teil der allgemeinen Daseinsvorsorge ist diese Aufgabe nicht neu, sie stellt sich seit es Freiburg gibt.

Davon abgesehen sind die Zeiten der Kontinuität in der Stadtentwicklung jedoch vorbei, nach 900 Jahren steht Freiburg an einer Zeitenwende. Im 21. Jahrhundert muss sich die Stadt zusätzlichen Herausforderungen von existenzieller Bedeutung stellen. Auf der globalen Maßstabsebene sind es gegenwärtig im wesentlichen drei Fehlentwicklungen, die eine unumkehrbare Verschlechterung der Lebensbedingungen künftiger Generationen wie auch eine Erhöhung der existenziellen Risiken mit sich bringen: der menschengemachte Klimawandel, die Verschmutzung und Vergiftung der Umwelt sowie der Verlust der Biodiversität, vulgo Artensterben.

Wir müssen uns heute der Frage stellen, wie Freiburg prosperieren kann, ohne auf Kosten nachfolgender Generationen zu leben. Und wir müssen klä-

Abb. 1   Jede Stadt ist im stetigen Wandel: der mittelalterliche Münsterturm vor den in den 2000er-Jahren errichteten Windkraftanlagen auf dem Roßkopf.

ren, wie die Stadt auf die bevorstehenden dramatischen Umweltveränderungen reagieren und auf unvorhersehbare Ereignisse vorbereitet werden kann, die in Zeiten des Klimawandels immer wahrscheinlicher eintreten werden.

2. Nachhaltigkeit und Resilienz als Leitgedanken

Die Stadtentwicklung Freiburg orientiert sich bereits seit mehreren Jahrzehnten am Leitgedanken der Nachhaltigkeit. Angelehnt an die global gültigen Ziele einer nachhaltigen Entwicklung der Vereinten Nationen (UN Agenda 2030 für nachhaltige Entwicklung) hat sich die Stadt Freiburg 2017 auf zwölf Handlungsfelder der Nachhaltigkeit – 1. Teilhabe, 2. Lokales Management, 3. Natürliche Gemeinschaftsgüter, 4. Konsum und Lebensweise, 5. Stadtentwicklung, 6. Mobilität, 7. Resiliente Gesellschaft, 8. Wirtschaft und Wissenschaft, 9. Soziale Gerechtigkeit, 10. Lebenslanges Lernen, 11. Klima und Energie, 12. Kultur und Sport – verständigt, für die verbindliche Ziele beschlossen wurden. Dieser in Freiburg politisch mit breiter Mehrheit getragene Zielkanon wird institutionell durch eine zuständige Stabstelle beim Oberbürgermeister und den Nachhaltigkeitsrat als verantwortliches Gremium vertreten.

Der Nachhaltigkeitsgedanke setzt eine langfristige Planbarkeit der Nutzung und eine Vorhersehbarkeit der Regeneration von Ressourcen voraus. Der zugrunde liegende Gedanke der kontinuierlich funktionierenden ökosystemaren

Zusammenhänge und Stoffkreisläufe, in die sich das planbare menschliche Handeln einfügt, klammert Singularitäten aus. Auf Naturkatastrophen, Chemieunfälle, Bürgerkriege oder Cyberangriffe hat die Nachhaltigkeitstheorie keine Antwort. Insbesondere sind auch die zunehmend spürbaren, aber kaum präzise vorhersagbaren Folgen des bereits eingetretenen Klimawandels wie extreme Hitzeperioden, Starkregenereignisse und Stürme in den Mittelpunkt der Überlegungen getreten. Aufgrund dieser Herausforderungen ist daher als zweiter Leitgedanke der Stadtentwicklung die Resilienz neben die Nachhaltigkeit getreten. Gemeint ist damit die Widerstandsfähigkeit, Anpassungsfähigkeit oder Toleranz des »Systems Stadt« gegenüber äußeren Störungen und Krisen – wie ein Stehaufmännchen, das sich nach jedem Schlag unbeschadet wieder aufrichtet.

Nachhaltigkeit und Resilienz sind Denkansätze, die sich gegenseitig ergänzen und deren ethische Prämisse das Ziel eines langfristigen Erhalts oder gar einer Verbesserung der Lebensbedingungen der Bürgerinnen und Bürger von Freiburg ist. Sie sind im Kern anthropozentrisch, also vom Menschen aus gedacht, auch wenn sie als »Kollateralnutzen« unter anderem zur Rettung von Tier- und Pflanzenarten, ihren Lebensräumen und Ökosystemen führen. Diese beiden Denkansätze können dabei helfen, Fehlentwicklungen der Vergangenheit und Gegenwart zu analysieren und Wege zum Erhalt unserer Lebensbedingungen aufzuzeigen.

Dabei beschreiben diese beiden Leitgedanken keine endgültig erreichbaren Zustände. Peter Jakubowski bezeichnet »Resilienz« ebenso wie »Nachhaltigkeit« als »Heuristik, die gesellschaftliche Such- und Diskursprozesse strukturiert« (Peter Jakubowski: Resilienz: eine zusätzliche Denkfigur für gute Stadtentwicklung. In: Informationen zur Raumentwicklung Nr. 4, Bundesamt für Bauwesen und Raumordnung, 2013). Eine »nachhaltige« Stadt, die ohne Beeinflussung und Beeinträchtigung ihrer Ressourcen und der Entwicklungsmöglichkeiten künftiger Generationen funktioniert, ist ebenso wenig vorstellbar wie eine vollständig »resiliente« Stadt, der weder Naturkatastrophen noch Terroranschläge, Kriege oder Cyberattacken ernsthaft schaden könnten. Im Folgenden richten wir daher den Blick auf die anstehenden Herausforderungen und auf die Weichen, die heute im Sinne der beiden Leitgedanken Nachhaltigkeit und Resilienz für eine zukunftsorientierte Stadtentwicklung gestellt werden können.

3. Neue Herausforderungen für das urbane Zusammenleben

Um der wachsenden und sich wandelnden Stadtgesellschaft einen Rahmen für ein gutes Miteinander zu geben, wird die Stadt künftig noch mehr Verantwortung für den Zusammenhalt der Gesellschaft und für Chancengerechtigkeit übernehmen müssen.

Besonderen sozialen Sprengstoff birgt der Wachstumsdruck, der den Wohnungsmarkt in Freiburg derzeit stark belastet. Mit vielen Wohnbauprojekten der Innenentwicklung wie zum Beispiel dem Wohnquartier Kleinescholz/Stühlinger (Abb. 2), aber insbesondere mit dem neuen Stadtteil Dietenbach wird in den nächsten Jahren dringend benötigter Wohnraum geschaffen und vor allem im unteren und mittleren Mietpreissegment sowie bei den geförderten Wohnungen das Angebot spürbar vergrößert. Zugleich sollen diese Quartiere den neuen sozialen und ökologischen Anforderungen gerecht werden und wie schon die Stadtteile Vauban und Rieselfeld, die in den 1990er-Jahren entworfen wurden, beispielgebend sein für den Städtebau der Zukunft. Aber nicht nur das Wohnen, auch die Wirtschaft stellt in der wachsenden Stadt berechtigte Flächenansprüche. Ziel muss es sein, dass der Bildungs- und Forschungsstandort Freiburg gesichert wird und die Wirtschaft wie bisher gute Bedingungen vorfindet und Arbeitsplätze bietet.

Eine Perspektive auf längere Sicht erhält Freiburg mit dem neuen Flächennutzungsplan 2040 mit integriertem Landschaftsplan. Er soll nicht nur neue Bauflächen darstellen, sondern vor allem soziale, wirtschaftliche und umweltschützende Belange bei der Flächenentwicklung miteinander in Einklang bringen und so die nachhaltige städtebauliche Entwicklung Freiburgs gewährleisten.

Wie alle größeren Planungen in Freiburg wird auch der Flächennutzungsplan mit einer breiten Bürgerbeteiligung erstellt. Dabei kommen verschiedene Formate zur Anwendung, von dem klassischen Informationsabend im Bürgerhaus und Beteiligung von Vereinen und Verbänden über umfangreiche Online-Beteiligungsmöglichkeiten bis hin zu Planspielen mit ausgewählten »Zufallsbürgern«.

Diese Vielzahl von Beteiligung ist wichtig und notwendig um möglichst unterschiedliche Menschen auch an den Diskussionen über die Zukunft der Stadt zu beteiligen. Denn der gesellschaftliche Wandel ist in den Großstädten wie Freiburg besonders schnell und deutlich spürbar. Noch vor wenigen Jahren war der individuelle Lebenslauf in der Regel eine vorhersehbare Abfolge von Lebensphasen, von Kindheit und Jugend über die Ausbildung zur Erwerbsbiografie bei einem oder wenigen Arbeitgebern, begleitet von einer Familienphase und abgerundet durch eine Ruhestandphase.

Heute sind die Biografien zunehmend fragmentiert, sie werden oftmals zu einem nicht vorhersagbaren Potpourri durch lebenslanges Lernen, wechselnde Jobs, Arbeitsplätze und Arbeitgeber, wechselnde Partnerschaften und Patchwork-Familien. An die Stelle des Elternhauses tritt ein Familien- und Beziehungsnetzwerk, das dem Einzelnen große Mobilität und Flexibilität ab-

Abb. 2   Wohnquartier Kleineschholz im Stühlinger, Siegerentwurf des 2019 abgeschlossenen städtebaulich-landschaftsplanerischen Wettbewerbs

verlangt. Menschen mit Fernbeziehungen, Berufspendler und Menschen in Patchwork-Familien wohnen an mehreren Orten.

Die fragmentierten individuellen Biografien tragen zur Individualisierung der Lebensstile bei. Diese unterschiedlichsten Arten wie Menschen zukünftig in einer Stadt leben möchten, für was sie sich engagieren und was sie als Dienstleistung vom Freiburg der Zukunft erwarten, stellen die Stadtentwicklung vor neue Herausforderungen. Die Orientierung der Stadtentwicklung am Gemeinwohl war und ist selbstverständlich und gleichzeitig schwierig, weil es immer berechtigte Einzelinteressen gibt, die zugunsten von Entwicklungen zum Wohle der Allgemeinheit zurückgestellt werden. In einer zunehmend individualistischeren Gesellschaft werden die Auseinandersetzungen mit betroffenen Einzelnen häufiger und härter, die Einsicht dem Gemeinwohl den Vorrang zu geben ist schwerer zu erreichen.

Freiburg will trotz dieser schwierigen Voraussetzungen einen Rahmen bieten für eine neue, vernetzte Stadtgesellschaft, in der Nachbarschaften, Interessensverbünde und Netzwerke die verloren gehenden Familienstrukturen ersetzen können und der Gemeinsinn wieder mehr Bedeutung erhält (Abb. 3).

Die digitale Transformation aller Lebensbereiche, vom Onlinehandel bis hin zum mobilen Arbeiten, beeinflusst in hohem Maße die sozialen Interaktionen in der Gesellschaft. So bieten einerseits soziale Netzwerke Chancen zum

Abb. 3 Bürgerinnen und Bürger legen einen gemeinschaftlichen Garten an: Aktion der städtischen Initiative »Freiburg packt an«.

gezielten, absichtsvollen Aufbau von (virtuellen) Beziehungen, während das beiläufige (reale) Zusammentreffen etwa beim Einkauf, bei Behördengängen oder am Arbeitsplatz seltener wird.

Zugleich entstehen neue Formen des Miteinanders wie die Sharing Economy, Nachbarschaftsnetzwerke und selbstorganisierte Formen der Tauschwirtschaft, gemeinschaftliche Wohnprojekte und informell nutzbare Arbeitsorte. Verbindlichkeit und Verlässlichkeit, Vertrauen und Solidarität werden künftig vermehrt in solchen neuen Strukturen des Zusammenlebens gesucht und gefunden. Freiburg braucht daher den Aufbau stabiler bürgerschaftlicher Netzwerke, die für die Stadtgesellschaft insgesamt oder Teile davon Verantwortung übernehmen und im Krisenfall den Zusammenhalt und die Unterstützung auf Quartiersebene aufrechterhalten können. Die Stadt braucht diese Strukturen und Initiativen und sollte ihnen Raum geben.

In neuen Quartieren wie Dietenbach und Kleineschholz werden die neuen Netzwerke gleich mitgedacht und in der Planung berücksichtigt. Gemeinschaftlich und flexibel nutzbare Freiräume, Gebäude und Einrichtungen schaffen vielfältige Möglichkeiten des Zusammenlebens im Quartier, die bewusste Planung öffentlicher, halböffentlicher und privater Räume bietet Gelegenheiten zur Begegnung und Aneignung ebenso wie zum Rückzug. Gemeinschaftlichen, genossenschaftlichen, generationenübergreifenden, integrativen, inklusiven oder multifunktionalen Konzepten wird bei der Vergabe von Grundstücken Vorrang gegeben. Solche Konzepte können als Keimzellen einer gelingenden Nachbarschaft fungieren und bringen eine hohe Identifikation mit dem Quartier mit sich. Das sind die Grundlagen für die Übernahme von bürgerschaftlicher Verantwortung.

4. Umgang mit Risiken und Abwehr von Gefahren

Vorsorge zu treffen um Gefahren für die Bürgerinnen und Bürger dieser Stadt abwehren zu können war schon in der Vergangenheit wichtig. Und in Zukunft werden es neue Gefahren sein, auf die sich Freiburg einstellen muss. Das sind zum Beispiel die aufgrund des Klimawandels zu erwartenden Starkregenereignisse und die damit einhergehenden Hochwassergefahren. Im Bohrertal zwischen Günterstal und Horben entsteht das größte Regenwasser-Rückhaltebecken in Freiburg und der Region. Und weitere Becken werden folgen müssen, gebaut in der Hoffnung, dass sie nie gebraucht werden. Denn Überschwemmungen, wie sie zum Beispiel die Städte entlang der Elbe oder in Sachsen in den letzten Jahren erlebt haben, wünscht sich niemand. Die Becken werden zumindest sicherstellen, dass in einem solchen Fall keine massiven Schäden in Freiburg entstehen.

Nicht nur der Klimawandel, auch die zunehmende Technisierung und Digitalisierung bergen neben großen Chancen nicht zu unterschätzende Risiken. Die digital vernetzten, zentral gesteuerten Systeme müssen gegen Cyberangriffe und Systemausfälle gesichert werden. Die Angreifbarkeit der Systeme kann durch eine Dezentralisierung nicht nur der daseinssichernden Infrastrukturen, sondern auch der Verantwortung für deren Erhalt und Steuerung sowie durch die Absicherung und gegebenenfalls auch die Dopplung von Infrastrukturen verringert werden.

5. Raum und Zeit – mehrdimensionale Planung

Durch das Stadtwachstum, den gesellschaftlichen Wandel und die Individualisierung in einer zunehmend mobileren und flexibleren Stadtgesellschaft wird Fläche für neue Nutzungen und Funktionen ein immer knapperes Gut.

Wo die Fläche begrenzt ist, gilt es die städtebauliche Dichte zu erhöhen, Gebäudehöhen und -abstände den neuen Erfordernissen anzupassen und selbst Freiraumnutzungen wie Spielplätze, Bolzplätze, Gärten nicht mehr zwei- sondern dreidimensional zu denken und zu realisieren – in mehreren Ebenen, auf Dächern und in der Etage.

Die vierte Dimension – Zeit – tritt als neuer aktiver Aspekt in der Planung hinzu. Städte haben sich immer schon den wandelnden Bedürfnissen angepasst, mittlerweile ist klar, dass Planung nie die Herstellung eines endgültigen Zustandes zum Ziel haben kann, sondern die Aufgabe hat, den permanenten Wandel der Stadt zu gestalten. Schon jetzt ist eine Abkehr von der »zu Ende geplanten« Stadt zu beobachten. Durch die dargestellte Individualisierung der Biografien gewinnen temporäre Nutzungen eine viel größere Bedeutung und erobern zeitliche und räumliche Zwischenräume. Die Mehrfachnutzung von Flächen wird nicht nur in funktioneller und räumlicher, sondern auch in zeitlicher Abfolge geplant.

Flächen sollen nicht mehr ungenutzt für spätere Zwecke vorgehalten werden, sondern können temporär und reversibel für unterschiedliche Nutzungsarten transformiert werden. In den Quartieren und Gebäuden ist eine Abkehr von festgelegten Nutzungsschemata zu beobachten. Gewerblich und zugleich – oder später – auch zum Wohnen nutzbare Gebäude, flexible, veränderbare Wohnungsgrundrisse und ein hoher Anteil gemeinschaftlich nutzbarer Räume werden der heutigen und zukünftigen Arbeitswelt ebenso wie den veränderten Lebensstilen und Familienstrukturen gerecht.

Orte der Begegnung und des informellen Austauschs gewinnen an Bedeutung (Abb. 4). Multifunktionale öffentliche Räume, die zu unterschiedlichen Tages- und Jahreszeiten von unterschiedlichen Gruppen genutzt werden können, und Freiräume, die auf dem begrenzten Raum eine Vielfalt von Sport-, Freizeit- und Erholungsangeboten offerieren, können trotz begrenzter Flächenressourcen eine hohe Lebensqualität im urbanen Raum bieten.

6. Mobilität im Wandel

Die wachsende zeitliche und räumliche Flexibilität der Menschen erfordert neue Formen der Mobilität. Die Herausforderung besteht darin, den wachsenden Bedarf an Mobilität im bestehenden, begrenzten Verkehrswegenetz und mit möglichst geringer Umwelt- und Klimabelastung zu befriedigen. Die Mobilität der Zukunft muss mit deutlich weniger CO_2-Ausstoß auskommen, und soll doch gleichzeitig unsere gestiegenen Bedürfnisse befriedigen. Die Stadtgesellschaft erwartet verlässliche und preiswerte Versorgung mit Gütern aller Art ebenso wie die Sicherung der persönlichen Mobilität, sei es zu beruflichen oder auch privaten Zwecken.

Freiburg und die Region wachsen, Arbeitsplätze werden geschaffen und der Wohnungsbau wird vorangetrieben, um bezahlbares Wohnen für alle zu ermöglichen. Die neuen Einwohner wollen aber nicht nur untergebracht werden, sondern auch mobil sein. Nur die vorhandenen Straßen, Wege und Plätze, der öffentliche Raum wachsen kaum mit.

Die beste Möglichkeit mehr Mobilität auf begrenztem Raum zu ermöglichen, ist der Ausbau des öffentlichen Nahverkehrs. Dabei setzt die Stadt auch weiterhin in erster Linie auf die Schiene: Ein weiterer Ausbau der Stadtbahn ist eine Grundvoraussetzung für einen stadt- und umweltverträglichen Verkehr nicht nur in der Stadt, sondern weit in die Region hinein. Die Breisgau S-Bahn 2020 in der jetzigen Ausbaustufe ist bereits ein riesiger und wich-

Abb. 4 Multifunktionale öffentliche Räume stabilisieren Nachbarschaften: In der Wiehre werden Freianlagen und der öffentliche Raum intensiv zur Begegnung genutzt.

tiger Schritt nach vorn. Wenn der Regionalverkehr der Zukunft stadt- und klimaverträglich abgewickelt werden soll, müssen weitere Ausbaustufen mit deutlicher Taktverdichtung auch in der Peripherie folgen.

Ebenso wichtig ist die Förderung eines umweltverträglichen Individualverkehrs. Trotz der erheblichen Anstrengungen in den letzten Jahrzehnten sind vor allem für den Radverkehr weitere Ausbaumaßnahmen und Verbesserungen erforderlich. Der Radverkehr der Zukunft wird schneller, er wird elektrifiziert und damit regionaler. Er braucht daher neue Wege in der Stadt und vor allem auch in die Region. Wahrscheinlich wird es in einigen Jahren selbstverständlich sein, dass es nicht nur Landes- und Bundesstraßen für den Kraftfahrzeugverkehr gibt, sondern eben auch regionale Radrouten auf denen dann Pendlerdistanzen von 20 Kilometern und mehr zügig und komfortabel zurückgelegt werden können. Solche Projekte werden nur in regionaler Kooperation mit Unterstützung durch das Land realisierbar sein.

Eine große Herausforderung besteht darin, dass der Individualverkehr nicht nur zunimmt, sondern auch immer bunter und vielfältiger wird. Im Jahr 2019 bekam Freiburg ein Fahrrad-Verleihsystem. Zwar brauchen Leihfahrräder keine neuen, zusätzlichen Radwege, aber die zugehörigen Stationen nehmen an zentralen Stellen öffentlichen Raum in Anspruch. Das gilt auch für die Welle von E-Scootern, die auf die europäischen Städte und Freiburg zukommt und die mit ihrer Geschwindigkeit zwischen Fuß- und Radverkehr ihren Platz suchen. In Freiburg wird man im Jubiläumsjahr 2020 unter verschiedensten Mobilitätsangeboten wählen können, so viele wie es nie zuvor gab. Künftig ist mit weiteren, neuen Verkehrsmitteln zu rechnen, die umweltfreundliche Alternativen für den Individualverkehr bieten, aber zusätzlichen Verkehrsraum und öffentlichen Raum beanspruchen. Es geht letztlich um die Frage der sicheren und optimalen Nutzung des kaum vermehrbaren öffentlichen Raumes.

Diese zunehmende Mobilität mit allen ihren heute bekannten und zukünftig vielleicht noch auftretenden Angeboten zu ermöglichen, sie stadt- und umweltverträglich zu gestalten, ist eine große Herausforderung. Idealerweise wird der klassische ÖPNV mit Bahn, Stadtbahn und Bus mit all den neuen Spielarten der Mobilität verknüpft. Im Ergebnis entsteht dann ein einfach benutzbares System umwelt- und stadtverträglicher Mobilitätsangebote als Alternative zum Auto.

Einen wichtigen Beitrag zur Stadtentwicklung wird der geplante und dringend notwendige Bau des Freiburger Stadttunnels leisten. Der Stadttunnel ist der Schlussstein eines schon vor vielen Jahrzehnten begonnenen Gesamtkonzeptes für die Ost-West-Durchfahrung der Stadt aus Zubringer Mitte und B 31 Ost. Im Osten und im Westen Freiburgs ist die Straße längst ausgebaut, nur im Herzen der Stadt Freiburg fehlt der Lückenschluss. Der Raum ist vom Verkehr dominiert und der Regional- und Durchgangsverkehr nimmt stetig zu. Und auch bei einer Verkehrswende mit weniger Auto- und Lkw-Verkehr sowie dem Umstieg auf Elektro- oder Wasserstofffahrzeuge wird die Belastung durch Verkehr hoch bleiben und dieser wichtige städtebauliche Bereich wird weiterhin eine offene Wunde zwischen der Innenstadt und der Wiehre sein. Mit der Verkehrsentlastung durch den Stadttunnel wird an der Dreisam ein urbaner Stadtraum von hoher Qualität entstehen und in der Innenstadt das bringen, was dort heute noch fehlt: ein naturnaher, ruhiger Freiraum am Wasser für die Bürgerinnen und Bürger Freiburgs.

7. Klimawandel und Klimaschutz

In Freiburg wie überall ist Klimaschutz das aktuell dominierende Thema und wird es wahrscheinlich noch lange bleiben. Die Frage wie diese Gesellschaft zu einer Lebensweise findet, die den Ausstoß klimaschädlicher Gase wesentlich reduziert und damit die weitere Erderwärmung wirksam begrenzt, ist eine Existenzfrage.

Die Stadt Freiburg hat sich ambitionierte Klimaschutzziele gegeben, die in unterschiedlichen Handlungsebenen Niederschlag finden, von der Mobilitätsplanung mit dem Fokus auf klimaneutrale Nahmobilität über die Energiepolitik bis hin zur Planung klimaneutraler Neubauten und Quartiere. Einzelne Projekte, wie das 2017 fertiggestellte Rathaus im Stühlinger, ein Plus-Energie Haus, das mehr Energie erzeugt als es verbraucht, zeigen bereits, wo es hinge-

Abb. 5   Solardach des Rathauses im Stühlinger, dem ersten Plus-Energie-Rathaus

hen muss (Abb. 5). Insbesondere beim Bau der neuen Quartiere, allen voran des neuen Stadtteils Dietenbach wird sich zeigen, inwieweit es gelingt, diese Ziele mit dem für das soziale Gefüge der Stadt essenziellen Erfordernis der Schaffung von bezahlbarem Wohnraum in Einklang zu bringen. Die Weichen dafür sind gestellt.

Bereits heute ist der Klimawandel nicht mehr zu stoppen und kann allenfalls noch abgemildert werden. Selbst wenn die politisch hart erkämpften Klimaschutzziele der Bundesregierung erreicht werden, wird Freiburg im Jahr 2050 ein Klima haben, das sich durch Wetterextreme wie stärkere und längere Hitzeperioden, Dürrezeiten und Starkregenereignisse auszeichnen wird.

Allein im August 2018 wurden laut Deutschem Wetterdienst 17 Hitzetage mit über 30 Grad Celsius verzeichnet. Der Stadt Freiburg bleibt nur die Anpassung an diese Entwicklung. Daher wurde 2019 das städtebauliche Klimaanpassungskonzept für das Thema Hitze vorgelegt und vom Freiburger Gemeinderat als Handreichung für die Planung beschlossen. Das Konzept umfasst die Analyse des derzeitigen und zukünftigen Stadtklimas, die Identifikation von besonders betroffenen Bereichen in der Stadt, einen Katalog aus übergeordneten Strategien und lokalen Maßnahmen sowie raumkonkrete Planungshinweise. Die Maßnahmen sollen künftig in der verbindlichen Bauleitplanung festgesetzt, an städtischen Gebäuden umgesetzt und hoffentlich auch von möglichst vielen privaten Immobilieneigentümern aufgegriffen und durchgeführt werden, um die sommerliche Hitzebelastung in der Stadt erträglicher zu machen.

8. Freiburg und die Region

Diese dargestellten politischen und planerischen Herausforderungen können nicht allein in den Grenzen einer Stadt angegangen werden. Angesichts der Verflechtungen der Stadt Freiburg mit der Region und den Nachbarkommunen ist eine enge Kooperation das Gebot der Stunde. Stadtentwicklung macht nicht an administrativen Grenzen halt, die Region ist ein vielfach vernetztes System. Das gilt nicht nur für die räumliche Planung. Wirtschaft, Kultur, Bildung, Soziales, Wohnen, Verkehr und natürlich die Umwelt sind ebenso regionale Themen.

Gerade weil Stadt und Umland in diesem Geflecht ganz unterschiedliche Aufgaben zu übernehmen und Rollen zu spielen haben, ist die Zusammenarbeit zwischen dem Oberzentrum Freiburg, den umliegenden Gemeinden, Klein- und Mittelzentren und dem ländlichen Raum in der Region zum gegenseitigen Nutzen erforderlich.

Die weitaus meisten Herausforderungen der Zukunft werden sich regional besser lösen lassen als kommunal. Dies gilt für den ÖPNV oder die Abwasserbeseitigung schon lange, in Zukunft aber auch für Wohnungsbau, Gewerbegebiete oder Grün- und Freiflächen. In welche Richtung auch immer es gehen wird, eine zukünftig noch stärkere Kooperation zwischen Stadt und den Nachbargemeinden in der Region ist in jedem Fall erforderlich.

9. Freiburg morgen und übermorgen – von hier aus weiter!

Die Stadtentwicklung Freiburgs wird in Zukunft von den genannten Megatrends geprägt sein. Die Stadt muss darauf reagieren und ist dabei auch im Schulterschluss mit der Region keine Insel, sondern in vielen Fragen von rahmengebenden Entscheidungen des Landes, des Bundes und zukünftig auch in immer stärkerem Umfang von der EU abhängig.

Vieles, was die Zukunft bringen wird, können wir aber heute auch noch nicht vorhersagen. Wir wissen aber, dass Städte wie Freiburg, wenn sie sich rechtzeitig auf kommende Herausforderungen und Veränderungen eingestellt haben, stets eine gute Heimat für die Bürgerinnen und Bürger waren und sein werden. Urbanität, Dichte, kurze Wege, die eine Vielzahl von unterschiedlichen sozialen Kontakten und kulturellen Angeboten sowie Bildungseinrichtungen ermöglichen, ja erleichtern das Zusammenleben und die Integration von Menschen unterschiedlicher sozialer Schichten, Herkünfte und Nationalitäten. Auch ökonomisch waren und sind die Städte erfolgreich und bieten ihren Bewohnerinnen und Bewohnern Arbeitsplätze und Chancen für Unternehmerinnen und Unternehmer.

Diese Vielfalt der Menschen und der Möglichkeiten hat die Städte in der Vergangenheit stark gemacht und bildet die Grundlage zukünftige Herausforderungen bewältigen zu können. Auch Freiburg hat diesen Wandel und die Anpassungen an die aktuellen Herausforderungen gut bewältigt. Die Stadt und die Menschen in ihr waren jedoch schon immer auch anders und eigen in ihrem Anspruch, in einem intensiven Diskurs die Herausforderungen zu analysieren und daraus entwickelte Ziele konsequent und auch nicht unbedingt immer im Sinne des gesellschaftlichen Mainstreams umzusetzen. Zentrale Anliegen der Freiburgerinnen und Freiburger wie auch der kommunalen Entscheidungsträger waren, und sind die Lebensqualität in der Stadt, die Bewahrung des historischen Erbes sowie der Schutz der natürlichen Lebensgrundlagen im umfassenden Sinne. Diese Themen sind sozusagen Teil der DNA dieser Stadt und werden auch in Zukunft weiter tragen.

Klar ist, dass die Stadt Freiburg trotz allem, was bereits in den letzten Jahren an Vorbildlichem geschehen ist, auch in Zukunft weiterhin eine innovative Stadtentwicklung vorantreiben muss um die hohe Lebensqualität zu halten und die anstehenden Veränderungen zum Nutzen der Stadt zu steuern. Dabei werden aber die Grundsätze und Prinzipien der letzten Jahre gute Ratgeber und Richtschnur für unsere 900 Jahre alte Stadt sein. Eine Stadt, in der die Bürgerinnen und Bürger gut und sicher auch in den kommenden Jahren und Jahrzehnten leben können. Das Zukunftsmotto Freiburgs lautet daher:

Die Stadt weiterentwickeln – Freiburg bleiben!

ANHANG

Chronik

- 1970
  - Südlicher Teil des Münsterplatzes für Autos gesperrt
- 1971
  - Neubau des Kornhauses am Münsterplatzes fertiggestellt
  - Die Stadtverwaltung plant die Einführung des CAT-Systems.
- 1972
  - Der »Club of Rome« veröffentlicht seinen Bericht über die Grenzen des Wachstums.
  - Rathausplatz und Adelhauser Platz für Autos gesperrt
  - Gründung Vereinigung Freiburger Sozialarbeit
  - Umgründung der Stadtwerke, Bildung von FEW und VAG
  - Abriss des Rotteck-Gymnasiums
  - Der Gemeinderat beschließt Einführung der Fußgängerzone in der Innenstadt.
  - Gründung des Gartenamts durch Amtsleiter Bernhard Utz (Ausgliederung aus dem Planungsamt)
  - Pläne für Landwasser-Nord werden vorgestellt, weitere 50 Hektar Mooswald für zusätzliche 12 000 Einwohner werden benötigt. Insgesamt plant die Stadt ein Wachstum der Bevölkerung um ca. 50 % in kurzer Zeit durch eine Vielzahl von weiteren Baulandausweisungen und Hochbauten.
  - Der Gemeinderat lehnt CAT-System ab und votiert für verstärkten Ausbau der Straßenbahn.
- 1973
  - Deutschlandweite Sonntagsfahrverbote für Automobile wegen der Ölkrise
  - Gründung der Arbeitsgemeinschaft Freiburger Spielplätze durch Eltern und den Deutschen Familienverband auf Initiative von Sigrun Löwisch mit Forderung nach festen Etats für Spielplätze
  - Die Nordseite des Freiburger Münsterplatzes wird durch Gemeinderatsbeschluss autofrei.
  - Der Gemeinderat lehnt die Wachstumsplanung der Verwaltung ab. Der Sprecher der CDU formuliert in seiner Haushaltsrede »qualitatives Wachstum anstelle quantitativen Wachstums als Ziel künftiger Politik«.
- 1975
  - Volkshochschule Wyhler Wald beginnt ihre Aktion und ist Vorläufer des Ökoinstituts.
  - erstmals Woche der älteren Generation
  - Der Gemeinderat bestellt zum ersten Mal einen Naturschutzbeauftragten.
- 1976
  - Sonnentage in Sasbach als weltweit erste große Solar- und Umweltveranstaltung und Vorläufer der erfolgreichen Freiburger Umweltmessen und »Messe intersolar«
  - Gründung Kreisseniorenrat
- 1977
  - Gründung der Nahverkehrskommission
  - Der Gemeinderat votiert für Schwarzwaldautobahn.
  - Gründung des Ökoinstitus
- 1978
  - Die gesamtstädtische Federführung für den Umweltschutz geht vom Hauptamt auf das Baudezernat über.

- Freiburg ist Landessieger im Wettbewerb für den Wiederaufbau und die Gestaltung des Stadtbildes.
- Solarhaus in Tiengen
- Einführung Ferienpass der Stadt Freiburg
- Erhöhung der Mittel für Instandsetzung der Kinderspielplätze von DM 20 000 auf jährlich 100 000 DM

1979
- Einweihung der Gerichtslaube
- Einweihung Schlossberggarage
- Landessieger beim Landeswettbewerb »Wohnen in der Stadt« (Wohnbebauung Schlossberggarage)
- Einrichtung der gemeiderätlichen Spielplatzkommission beim Baudezernat

1980
- Inbetriebnahme der Kläranlage Breisgauer Bucht
- erste Sitzung der Arbeitsgemeinschaft »Freiburger Radwege«
- Unruhen »Dreisameck«
- Ende des Wiederaufbaus der Deutschordenskommende in der Salzstrasse
- Erstmals ziehen bei den Freiburger Kommunalwahlen die Grünen mit 4 Sitzen in den Gemeinderat ein. Die CDU verliert nach ihrem Spitzenergebnis nur leicht (20 statt bisher 21 Sitze), die SPD verliert stark (13 statt bisher 17).

1981
- Gründung des Fraunhofer-Instituts für Solare Energiesysteme ISE mit Professor Adolf Goetzberger
- Unruhen »Schwarzwaldhof«

1982
- Fertigstellung Eschholzpark
- Sanierung Knopfhäusle
- Fertigstellung der Stadtbahnbrücke am Hauptbahnhof

1983
- Landessieger beim Wettbewerb »Bauen und Wohnen in alter Umgebung«
- Die Straßenbahn wird erweitert nach Betzenhausen und Lehen.
- Fertigstellung des Erweiterungsbaus Technisches Rathaus

1984
- Bundessieger im Wettbewerb »Bauen und Wohnen in alter Umgebung«
- Gründung »Bachpatenschaften«
- Einführung der Umweltschutz-Monatskarte
- Radwegebau im gesamten Seeparkgelände und Uferweg
- BVSI-Preis für Straßen und Verkehrswesen: Straßen für den Bürger

1985
- Landessieger beim Wettbewerb »Grün in der Stadt«
- Straßenbahneröffnung nach Landwasser
- Einführung der ersten Tempo-30-Zonen in Weingarten, Mittelwiehre, Landwasser
- Einrichtung einer Verkehrsberuhigungskommission beim Baudezernat
- Eröffnung Fußgängerzone Obere Bertoldstraße
- kostengünstige Solarhäuser in der Siedlung »Am Lindenwäldle«

1986
- Das Umweltamt nimmt seine Arbeit auf mit Amtsleiter Dieter Wörner.
- Einführung der grünen Wertstofftonne
- Inbetriebnahme der FEBA (Freiburger Erdaushub- und Bauschuttaufbereitungsanlage

- Im Anschluss an Tschernobyl beschließt im Mai der Gemeinderat einstimmig ein Energieversorgungskonzept mit den Schwerpunkten Energiesparen, effiziente Energieerzeugung und Erneuerbare Energien und votiert einstimmig gegen den Bau von Kernkraftwerken.
- Eröffnung der Straßenbahnlinie zwischen Fehrenbachallee und Friedrich-Ebert-Platz
- Eröffnung der Landesgartenschau. Die Ökologie bekommt den prominenten Platz am Nordeingang.
- Einführung der »Umweltschutz-Monatskarte« nach dem Vorbild der Stadt Basel

1987
- Freiburg Landessieger beim Wettbewerb »mit dem Fahrrad in die Stadt«
- Goldplakette und Sonderauszeichnung beim Bundeswettbewerb »Bürger deine Gemeinde – alle bauen mit« für die Innenentwicklung insgesamt
- Der Ausländerbeirat nimmt seine Arbeit auf.
- Landessieger beim Landeswettbewerb »Bürger deine Gemeinde – alle bauen mit«
- Auszeichnung des Technischen Rathaus durch den BDI
- Umgehungstraße St. Georgen

1988
- Eröffnung des letzten Abschnittes der Westrandstraße
- Stadt beschließt Park-and-ride-Konzept

1989
- Gründung des Abfallzweckverbandes Breisgau ZAB
- Der Gemeinderat beschließt flächendeckende Einführung von Tempo 30 in Wohngebieten.
- Der Gemeinderat beschließt ökologische Gesamtverkehrskonzeption.
- Landessieger beim Landeswettbewerb »Ortseingänge und Ortsränder im Städtebau«

1990
- Umweltpreis für herausragende Leistungen im Umweltschutz
- Das Gartenamt wechselt in das neu gegründete Umweltdezernat.
- Freiburg erhält das erste Umweltdezernat in Deutschland mit dem Umweltbürgermeister Peter Heller.
- Solargarten in Munzingen
- Wiederaufbau der abgebrannten Ökostation

1991
- Einführung der Regio-Umweltkarte
- Die Stadt verabschiedet ökologisches Wasserwirtschaftskonzept.

1992
- Erster Bundespreis für Natur- und Umweltschutz der Deutschen Umwelthilfe
- Freiburg ist Deutsche Öko-Hauptstadt.
- Verabschiedung des Märkte und Zentren-Konzeptes
- Gründung des Eigenbetriebes Stadtentwässerung, erster in Baden-Württemberg
- Bei Neubauten wird verbindlich Niedrigenergiebauweise festgesetzt.
- Universität erwirbt 140 Hektar für den Flugplatz-Campus
- Erstes energieautonomes Haus im Christaweg

1993
- Gründung der Fesa (Förderverein Energie- und Solaragentur Regio Freiburg)
- Die Baumschutzverordnung wird erlassen. Öffentliche und private Bäume ab einem Stammumfang von 80 cm werden generell unter Schutz gestellt.
- Erster Spatenstich zum Baubeginn des neuen Stadtteil Rieselfeld

- Bauland-Preis der Deutschen Bank für vorbildliche Schaffung von Bauland für das Rieselfeld
- Ehrenpreis in Charleston (USA) für Stadtentwicklung auf der Konferenz »making cities liveable«
- Gemeinderat verabschiedet Generalentwässerungsplan

1994
- Stadt erhält in Hamburg den Ehrenpreis für Stadtentwicklung und das Märkte-Konzept
- BAG-Preis städtebauliche und verkehrliche Maßnahmen
- Freiburg eröffnet neue Stadtbahnlinie nach Weingarten
- erster Spatenstich für die neue B 31 mit Bundesverkehrsminister Wissmann und Ministerpräsident Teufel
- Bau des »Heliotrops« in kompletter Holzkonstruktion mit vielen Umweltinnovationen
- Eröffnung Seniorenbüro
- Solargarten Munzingen »Europäischer Solarpreis« und Architekturpreis »Ökologisch bauen – Wohnen – Leben«
- BAG-Preis »Städtebauliche und Verkehrliche Maßnahmen«

1995
- Freigabe Dreisam-Ufer-Radweg zwischen Kaiser- und Kronenbrücke
- Gründung des Regio-Verbundes Freiburg
- Europäischer Preis für den Nahverkehr in Lille
- »International Making Cities Liveable« Konferenz in Freiburg
- Preis für Flurneuordnung des Landwirtschaftsministeriums Baden-Württemberg
- Ausweisung des Rieselfelds als Naturschutzgebiet

1996
- Vauban wird bei Habitat II in Istanbul als Best-Practice-Beispiel ausgezeichnet
- der Gemeinderat beschließt das vom städtischen Forstamt entwickelte Altund Totholzkonzept zur Förderung der Biodiversität im Stadtwald
- erstes Klimaschutzkonzept für Freiburg mit dem Ziel der Reduktion der Treibhausgasemissionen um 25 % bis 2010
- der Solarpionier Georg Salvamoser baut die Freiburger Solar-Fabrik auf
- Gründung des »Regio Verkehrsverbundes Freiburg«
- 1. Europäischer Preis des Nahverkehrs Groupements des autorités responsables des Transport GART
- Stadt erläßt PVC-Verbot für eigene Gebäude
- Eröffnung des Konzerthauses

1997
- Einführung der getrennten Abwassergebühr
- Straßenbahnlinie ins Rieselfeld wird eröffnet (13. September)
- Auszeichnung des Bundes als kinderund familienfreundliche Gemeinde durch die Bundesministerin für Familie, Senioren, Frauen und Jugend
- Bundespreis »Tourismus und Umwelt«
- Gerda Stuchlik wird Bürgermeisterin und Umweltdezernentin

1998
- 3. April, 1. Spatenstich für den neuen Stadtteil Vauban
- Gründung der BKF (heute RETERRA Freiburg GmbH) und Inbetriebnahme der Bioabfallvergärung

- Das neue Wärmeverbundkraftwerk auf dem Rhodia-Gelände geht in Betrieb. Es deckt über 40 % des Strombedarfs in Freiburg und vermindert den jährlichen CO_2 Ausstoß um fast 200 000 Tonnen. Der Anteil der städtischen Stromversorgung an Atomstrom sinkt von 60 auf 36 %.
- Gründung der Gesellschaft Abfallwirtschaft Breisgau mbH (GAB) zur regionalen Kooperation im Bereich der Abfallentsorgung
- Das 50:50-Programm »nichtintensives Energiesparen« wird für Schulen aufgelegt. In den ersten 20 Jahren wurden so 11 000 Tonnen $CO2$ sowie 2,2 Mio Euro eingespart
- Projekt »Stadt und Frau« auf dem Rieselfeld wird fertiggestellt.

1999
- Die Solarfabrik Freiburg im Industriegebiet Haid, die erste Deutsche Produktionsstätte für Solarmodule, wird eröffnet.
- Der Stadtwald Freiburg erhält das Zertifikat des Forestry Stewardship Councils (FSC) für eine Waldbewirtschaftung mit hohem ökologischem Standard
- Die Stadt Freiburg gründet zusammen mit der FEA Freiburg und dem Verein »Klimapartner im Handwerk« die Energieagentur Regio Freiburg GmbH.
- Die Fahrradstation »Mobile« wird am Bahnhof eröffnet.

2000
- Freiburg beteiligt sich mit dem Projekt Solarregion im Themenpark Energie der Weltausstellung EXPO in Hannover.
- Im Juli verleiht die Deutsche Umwelthilfe das Prädikat »Solarkommune«.
- Auszeichnung des Bundesministeriums für Verkehr, Bau und Wohnungswesen im Forschungsfeld »Naturschutz und Städtebau« des Experimentellen Wohnungsund Städtebaus
- Auszeichnung des Projektes »Sanierung Weingarten-Ost« beim Bundeswettbewerb »Soziale Stadt«
- 1. Preis im Bundeswettbewerb »Regionen der Zukunft« über beispielhafte Wege zu einer nachhaltigen Entwicklung, Auszeichnung der Stadt Freiburg und der Landkreise Breisgau-Hochschwarzwald und Emmendingen durch den Bundesbauminister
- Sanierung Weingarten-Ost., Preis »Soziale Stadt 2000« vom Deutschen Städtetag
- Besondere Anerkennung im Rahmen des Wettbewerbs »Deutscher Städtebaupreis« für den Stadtteil Vauban von der SEB-Bank Saarbrücken
- Der Gemeinderat verabschiedet die 1. Freiburger Waldkonvention.
- 4. Oktober: Eine vom Magazin »Focus« veranlasste Studie unter 60 deutschen Städten setzt Freiburg – vor Wiesbaden und Stuttgart, gefolgt von Karlsruhe – auf den 3. Rang als »Stadt mit der höchsten Lebensqualität«.

2001
- Der Gemeinderat beschließt die Ausweisung von drei Standorten für Windkraftanlagen auf Freiburger Gemarkung: Hornbühl, Roßkopf und Holzschlägermatte.
- Der erste Abschnitt der neuen Stadtbahnlinie 7 (Bertholdsbrunnen – Haslach) wird in Betrieb genommen.
- Die neue B 31 Ost wird dem Verkehr übergeben.
- 22. Oktober: in der Goethestraße 33 wird der erste »Stolperstein« verlegt. Dort lebten bis zu ihrer Deportation nach Gurs die Geschwister Martha, Else und Robert Liefmann.

Die von privater Seite angeregte und durch Spenden finanzierte Aktion erinnert an jüdische Mitbürger und ihre Schicksale. Bis 2004 werden in Freiburg zahlreiche weitere Steine verlegt.
- Eröffnung Institutsneubau für das Fraunhofer Institut für Solare Energiesysteme (ISE)

2002
- Abschluss der Sanierung des ehemaligen Gaswerkes der Stadt Freiburg an der Klarastrasse im Stühlinger. Das Gelände wird für rund 10 Mio. Euro von Schadstoffen befreit.
- Ausweisung des Naturschutzgebietes Schauinsland durch das Regierungspräsidium
- Freiburg erzielt den 1. Platz in der Solarbundesliga.
- Rolf Disch erster Platz im bundesweiten Wettbewerb »Wer baut für die Zukunft?«
- Gemeinderat lehnt mehrheitlich Antrag der CDU für den sechsspurigen Ausbau der A5 zwischen Offenburg und Basel ab.
- Erstes Holz-Blockkraftwerk Vauban eröffnet
- 18. Januar: Die Deutsche Umwelthilfe gibt bekannt, dass Freiburg im bundesweiten Vergleich die Stadt ist, in der am meisten Solarstrom genutzt wird.
- Der zweite Freiburger Windpark am Roßkopf mit vier Windrädern – drei auf Freiburger, eine auf Gundelfinger Gemarkung – in Betrieb genommen
- Dubai Award »Nachhaltiger Modellstadtteil Freiburg-Vauban«. Auszeichnung als Best Practice Beispiel im Rahmen der Weltsiedlungskonferenz

2003
- 26. März: OB Salomon und Bundesumweltminister Jürgen Trittin eröffnen das »Solar-Info-Center« (SIC) am Flugplatz.
- das selbstverwaltete »JugendDenkmal« in der ehemaligen Unterführung am Siegesdenkmal wird nach 3 Jahren Bauzeit eröffnet.
- in der »Solarbundesliga« belegt Freiburg den 1. Platz

2004
- Beginn der Kampagne »Freiburg packt an«. Tausende Freiwillige engagieren sich seither im Bereich der Stadtökologie, in den Parkanalagen, in urbanen Gärten, bei Spielplatz- und Baumpatenschaften.
- Stadtbahnlinie Weingarten wird eröffnet.

2005
- Inbetriebnahme der thermischen Restabfallbehandlungs- und Energieverwertungsanlage TREA in Bremgarten. Durch die Kraft-Wärme-Kopplung wird neben der Verstromung, die 25 000 Haushalte versorgt, auch Fernwärme in der TREA erzeugt und in das Fernwärmenetz eingespeist.
- Die Abfalldeponie Eichelbuck wird stillgelegt. Anschließend beginnen die Arbeiten zur Rekultivierung der Deponie.

2006
- Stadtbahnlinie Vauban wird eröffnet
- Der Gemeinderat beschließt die Auflösung des Baudezernats.
- Der Gemeinderat verabschiedet neues Konzept »Migration und Intergration«.

2007
- Fortschreibung des Klimaschutzkonzeptes und der Maßnahmen im Klimaschutz mit einem eigenen Budget für den Klimaschutz (10 % der Konzessionsabgabe)

2008	• WaldHaus Freiburg als Umweltbildungseinrichtung für Wald und Nachhaltigkeit wird eröffnet
	• Beginn des Projekts EcoFit, einer Kooperation mit Freiburger Unternehmen mit dem Ziel, die Energiesparpotentiale im Betrieb zu ermitteln und umzusetzen
2009	• Der Gemeinderat beschließt die stufenweise Einführung des Freiburger Effizienzhaus-Standards bei Neubauten.
2010	• Der Gemeinderat beschließt die Umsetzung eines kommunalen Artenschutzkonzepts Freiburg.
	• Freiburg gewinnt den ersten Platz beim Wettbewerb Bundeshauptstadt Klimaschutz.
	• Gründung des Freiburger Netzwerks Nachhaltigkeit Lernen
	• Wiedereinführung des Baudezernats mit Baubürgermeister Martin Haag
2011	• WaldHaus Freiburg erhält für das Projekt »Schulverwaldung« eine Auszeichnung der UNESCO
2012	• Freiburg gewinnt den ersten Platz beim Wettbewerb Nachhaltigste Großstadt in Deutschland.
	• Der Gemeinderat beschließt Kommunales Handlungsprogramm Wohnen.
2013	• Das Projekt »200 Familien aktiv fürs Klima« ist Gewinner im Bundeswettbewerb Kommunaler Klimaschutz.
	• Der Gemeinderat verabschiedet das »Radkonzept 2010«.
	• Errichtung des »Green City« Hotels Vauban
2014	• Fortschreibung des Klimaschutzkonzepts mit einem CO_2-Einsparziel von 50 % bis 2030 und der langfristigen Zielsetzung der Klimaneutralität. Darüber hinaus werden die für den Klimaschutz gewidmeten Mittel aus der Konzessionsabgabe von 10 % auf 25 % erhöht.
	• Angebot von kostenloser Energieberatung für alle Haushalte
	• Die Recyclingquote ist von 20 % (1990) auf 70 % angestiegen.
	• Stadtbahnlinie nach Zähringen
2015	• Die rekultivierte Deponie Eichelbuck wird zum »Energieberg«.
	• Der Gemeinderat beschließt das Klimaschutzkonzept für den »Green Industry Park«.
	• Instandsetzung der Gertrud-Luckner-Gewerbeschule
2016	• Stadtbahnlinie Messe und Mooswald
	• Das »Amt« für »Migration und Integration« wird beim Sozialdezernat geschaffen.
2017	• Die Klimaschutzleistung der Forst- und Holzwirtschaft im Stadtwald wird erstmals berechnet. Mit Holz aus dem Stadtwald speichert und vermeidet Freiburg jedes Jahr 63 000 Tonnen CO_2.
2018	• Auszeichnung als »Klimaaktive Kommune«
	• Abschluss der Turmsanierung am Freiburger Münster
2019	• Das Holzbau-Förderprogramm mit 300 000 Euro Fördermitteln für 2020 wird durch die Stadtverwaltung aufgelegt.
	• Die Freiburger Klimabilanz für die Jahre 2015 und 2016 wird veröffentlicht. Die CO_2-Emissionen pro Kopf liegen im Jahr 2016 37,2 % niedriger als 1992.

- Der Gemeinderat beschließt das aktualisierte Klimaschutzkonzept mit 90 neuen Maßnahmen. Gleichzeitig wird das CO_2-Einsparziel für 2030 auf 60 % angehoben.
- Der aus der Konzessionsabgabe gespeiste Klimaschutzfonds wird vom Gemeinderat auf etwa 6 Mio. Euro jährlich erhöht. Finanziert werden hier zusätzliche Klimaschutzprojekte der städtischen Ämter und Gesellschaften.
- Verabschiedung des kommunalen Biodiversitäts-Aktionsplan mit welchem dem Insektensterben und dem Einsatz von Pestiziden begegnet werden soll.
- Der Gemeinderat beschließt das »Freiburger Klimaund Artenschutzmanifest«.
- Am 20. September demonstrieren 30 000 Menschen auf den Straßen Freiburgs für Klimaschutz.
- Stadtbahn durch die Unterwiehre über den Rotteckring in Betrieb genommen

Literaturverzeichnis

60 Jahre Arbeitsgemeinschaft der Freiburger Bürgervereine (AFB). Freiburg 2012. http://afb-freiburg.de/downloads/Heft_AFB_vollstaendig.pdf (Abruf 17.1.2020)

75 Jahre Siedlungsgesellschaft 1919–1994. hrsg. v. d. Siedlungsgesellschaft. Freiburg 1994.

90 Jahre Freiburger Stadtbau – Eine Dokumentation, Freiburg 2009. https://www.freiburger-stadtbau.de/fileadmin/pdf/FSB-Doku_90.pdf (Abruf 17.1.2020)

100 Jahre Freiburger Stadtbau, Video, Freiburg 2019. https://youtu.be/4-XQPvnUVRc (Abruf 17.1.2020)

150 Jahre Lorettobad, hrsg. v. Bürgerverein Mittel- und Unterwiehre e.V. Freiburg 1991.

Alt, Franz: Der Sonnenpapst aus Freiburg, in: ders.: Krieg um Öl oder Frieden durch die Sonne. München 2004, S. 225–238.

Angelucci, Filippo: »Gli scenari costruttivi del paesaggio energetico. Un percorso di lettura da Kyoto a Copenhagen – 1997/2009«, in: ders. (Hrsg.): La costruzione del paesaggio energetico. Mailand 2011.

Batsch, Wolfdieter: Die Freiburger Stadtbahn, in: Freiburger Almanach 33 (1982), S. 22–30.

Batsch, Wolfdieter: Brücken – Bahnen – Bürgersteige. Ein Bauingenieur erinnert sich. Freiburg 2010.

Arbeitsgemeinschaft Freiburger Stadtbild: Freiburger Stadtbild. Jahresheft 1971.

Arbeitsgemeinschaft Freiburger Stadtbild: Freiburger Stadtbild. Jahresheft 1976/78.

Arbeitsgemeinschaft Freiburger Stadtbild: Freiburger Stadtbild. Jahresheft 1992.

Arbeitsgemeinschaft Freiburger Stadtbild: Freiburger Bilderbogen, Häuser verändern ihr Gesicht. Freiburg 1995.

Arbeitsgemeinschaft Freiburger Stadtbild: 50 Jahre Stadtentwicklung – 50 Jahre Arbeitsgemeinschaft Freiburger Stadtbild. Freiburg 2017.

Bäume in Freiburg, Website Stadt Freiburg i. Br. https://www.freiburg.de/pb/233208.html (Abruf 17.1.2020)

Bert, Paul: Zum Architekten- und Ingenieurverein, in: 100 Jahre Freiburger Architektenbuch. Bauen am Ende des Jahrhunderts 1898–1998. Freiburg 1998, S. 22–25.

Bert, Paul: 1950 – 2000. Ein halbes Jahrhundert Bauen in Freiburg, in: Badische Heimat 79 (1999), S. 531–540.

Bert, Paul: Was wird aus Trümmern und Baracken? Der Wiederaufbau der Stadt Freiburg, in: Schauinsland. Zeitschrift des Breisgau-Geschichtsvereins 120 (2001), S. 287–301.

Bert, Renate/Müller, Ursula E.: Frauen setzen neue Maßstäbe: Deutschlands größtes Frauenbauprojekt entstand im Freiburger Rieselfeld, in: RaumPlanung 104 (2002), S. 251–255.

Böhme, Rolf: Freiburgs Weg ins Jahr 2000: Standort und Perspektive, in: Freiburger Almanach 48 (1997), S. 147–182.

Böhme, Rolf: »… die zukünftige Stadt suchen wir«: Freiburg im Jahr 2000, in: Freiburger Almanach 51 (2000), S. 133–141.

Bolder, Jürgen: Hochwasserschutz in Freiburg, in: Freiburger Almanach 36 (1985), S. 45–51.

Bolder, Jürgen: Wasser in Freiburg, gutes Wasser?, in: Freiburger Almanach 41 (1990), S. 29–32.

Borgmann, Grete: Die Frauenbewegung in Freiburg, in: Freiburger Almanach 24 (1973), S. 49–60.

Brandl, Helmut: Vom Wert des Mooswaldes. Gestern, heute und morgen, in: Freiburger Almanach 24 (1973), S. 27–34.

Bullinger, Dieter: Wirtschaftliche Entwicklungschancen in Freiburg, in: Freiburger Almanach 40 (1989), S. 119–124.

Butters, Chris: Vauban – an Urban District. Getting the Whole Picture, in: Signals. Contribution to the Nordic-Baltic conference »Solutions local together«, Turku, Finnland 2011, S. 20–23.

Dallmann, Bernd: Freiburgs umstrittenes Großprojekt, die Kultur- und Tagungsstätte, in: Freiburger Almanach 40 (1989), S. 107–111.

Dallmann, Bernd: Wirtschaftsförderung und Standortentwicklung für Freiburg, in: Badische Heimat 93 (2013), S. 490–500.

Daseking, Wolf: »Nachhaltige Stadtteilentwicklung«: das Erfolgskonzept der Stadt Freiburg, in: Freiburger Almanach 56 (2005), S. 11–18.

Disch, Rolf: Pionierleistungen solarer Architektur, in: Manfred Hegger u.a.: Aktivhaus. Das Grundlagenwerk. Vom Passivhaus zum Energieplushaus. Stuttgart 2013.

Eisele, Hermann: Noch nie war Freiburg so grün wie heute. Grünanlagen in Freiburg einst und jetzt, in: Freiburger Almanach 48 (1997), S. 93–102.

Eisele, Hermann: Dreisameck und Schwarzwaldhof, in: Freiburger Almanach 35 (1984), S. 15–22.

Evers, Hans: Landesgartenschau als Entwicklungsmotor und Großereignis, in: Freiburger Almanach 37 (1986), S. 35–41.

Faller, Yvonne/Mittmann, Heike/Stopfel, Wolfgang/Zumbrink, Stephanie: Das Freiburger Münster. 2. Aufl. Regensburg 2011.

Faller, Yvonne/Mittmann, Heike/Zumbrink, Stephanie: Freiburger Münster – Die Münsterbauhütte. Von den Anfängen bis zur Gegenwart (Schriftenreihe Münsterbauverein Bd. 2). Freiburg 2012.

Familienheim Freiburg Baugenossenschaft eG: Plakatfestschrift zum 75-jährigen Bestehen. Freiburg 2005.

Fiek, Wolfgang: Dr. Rolf Böhme. Quellen und Stationen eines politischen Lebens, in: Freiburger Almanach 54 (2003), S. 31–40.

Fisch, Norbert u.a.: Heliotrop und Solarsiedlung, in: EnergiePLUS. Gebäude und Quartiere als erneuerbare Energiequellen. Braunschweig 2012, S. 56ff.

Fohr, Friedrich: Neues Bauen in Freiburg, in: Freiburger Almanach 4 (1953), S. 63–96.

Fohr, Friedrich: Wiederaufbau in Freiburg, in: Freiburger Almanach 5 (1954), S. 53–98.

Fohr, Friedrich: Neuerbautes Alt-Freiburg, in: Freiburger Almanach 6 (1955), S. 59–92.

Fohr, Friedrich: Freiburg baut auf, in: Freiburger Almanach 7 (1956), S. 69–93.

Freiburg 1944 – 1994. Zerstörung und Wiederaufbau, hrsg. v. Stadt Freiburg, Stadtarchiv. Waldkirch 1994.

Freiburger Kommunalbauten GmbH (Hrsg.): Schloßberg-Parkhaus und Planung Oberstadt: Dokumentation der Freiburger Kommunalbauten GmbH, Stadtplanungsamt, Tiefbauamt, Liegenschaftsamt, Lokalverein Oberstadt. Freiburg 1978/79.

Freiburger Tagespost Nr. 199 vom 29.8.1931: Die Wohngruppe der Baugenossenschaft Familienheim.

Funk, Richard: Freiburger Wasserversorgung einst und heute, in: Freiburger Almanach 21 (1970), S. 41–46.

Gall, Frieder: Freiburgs Ost-West-Verkehrsproblem, in: Freiburger Almanach 29 (1978), S. 117–121.

Geiges, Hans: Unsere Stadt im Wandel der Zeit, in: Freiburger Almanach 13 (1962), S. 61–77.

Geiges, Hans: Die Altstadt von Freiburg und ihr Wiederaufbau, in: Badische Heimat 79 (1999), S. 528–530.

Goethe-Institut e.V. (Hrsg.): Solarsiedlung am Schlierberg, in: Architektur und Ökologie. Berlin–München 2004, S. 20–23.

Grathwohl, Klaus: Bauverein Freiburg im Breisgau eG, gestern und heute, in: Freiburger Almanach 39 (1988), S. 49–60.

Gruber, Karl: Das Stadtbild von Freiburg und sein Sinn, in: Badische Heimat 39 (1959), S. 114–124.

Haag, Martin: Wohnen in Freiburg – ein Schlüssel zur Stadtentwicklung, in: Badische Heimat 93 (2013), S. 529–539.

Heimbau Breisgau eG/Weiner, Martin: 2019 – 100 Jahre Heimbau, Freiburg 2019.

Heller, Peter W.: Stichworte für eine ökologische Umgestaltung Freiburgs, in: Freiburger Almanach 42 (1991), S. 19–23.

Hien, Katharina: 30 Jahre Forschung für Ökologie und Umweltschutz im Ökoinstitut, in: Freiburger Almanach 59 (2008), S. 57–60.

Hien, Katharina: Die »Macher« von »Solar-City«. Die Agentur Triolog gab der Energielandschaft Freiburgs ein Gesicht, in: Freiburger Almanach 60 (2009), S. 33–36.

Hug, Wolfgang: Freiburgs Aufbruch in das neue Jahrtausend. »Die Ära Böhme«, in: Badische Heimat 93 (2013), S. 622–629.

Humpert, Klaus: Ziele des Flächennutzungsplan-Entwurfs 1977, in: Freiburger Almanach 29 (1978), S. 4–16.

Humpert, Klaus/Häge, Adalbert (Hrsg.): Stadterweiterung: Freiburg-Rieselfeld: Modell für eine wachsende Stadt, Stuttgart 2007.

Humpert, Klaus/Oehm, Hans-Jörg/Saß, Manfred: Neue Architektur in Freiburg. 101 Bauten nach 1945, Freiburg 1986.

Humpert, Klaus/Oehm, Hans-Jörg/Saß, Manfred: Neue Architektur in Freiburg. 127 Bauten nach 1945, 2. Aufl. Freiburg, 1992.

Jacob, Werner: Das neue Konzerthaus Freiburg, in: Freiburger Almanach 48 (1997), S. 13–20.

Jacob, Werner: Der neue Stadtteil Rieselfeld, in: Freiburger Almanach 50 (1999), S. 93–102.

Jacob, Werner: Vom Marsfeld zur Modellstadt – Freiburg verwandelt die ehemalige Vaubankaserne zur umweltfreundlichen »Stadt der kurzen Wege«, in: Freiburger Almanach 53 (2002), S. 19–24.

Jacob, Werner: Wohltemperiertes Revier: Rieselfeld revisited: ein Beitrag Freiburgs zum zeitgenössischen Städtebau, in: Freiburger Almanach 56 (2005), S. 31–38.

Kalchthaler, Peter: Freiburg und seine Bauten. Ein kunsthistorischer Stadtrundgang. Mit einem Beitrag von Paul Bert. Freiburg 1986 (4. Aufl. 2006).

Kalchthaler, Peter: Kleine Geschichte der Stadt Freiburg im Breisgau. Eine kommentierte Chronik. Freiburg 1997 (2. Aufl. 2004).

Kalchthaler, Peter (Hrsg.): Wiedersehen! Das Freiburger Stadtbild im Wandel. Freiburg 2016.

Kalchthaler, Peter (Hrsg.): Zweites Wiedersehen! Das Freiburger Stadtbild im Wandel. Freiburg 2017.

Kalchthaler, Peter (Hrsg.): Drittes Wiedersehen! Das Freiburger Stadtbild im Wandel. Freiburg 2018.

Korn, Werner: Denkmalpflege einst und heute, in: Freiburger Almanach 24 (1973), S. 64–77.

Krieger, Volker: Informatik und Mikrosystemtechnik: die neue Fakultät für Angewandte Wissenschaften der Universität Freiburg, in: Freiburger Almanach 48 (1997), S. 55–59.

Kuntzemüller, Viktor: Freiburger Stromversorgung im Jahre 2000, in: Freiburger Almanach 24 (1973), S. 19–26.

Kuntzemüller, Viktor: Freiburger Bächle einst und jetzt, in: Freiburger Almanach 38 (1987), S. 39–44.

Lehr, Albert Maria: Die Freiburger Gewerbegebiete, in: Freiburger Almanach 11 (1960), S. 73–89.

Lehr, Albert Maria: Hat Freiburg noch Raum für Gewerbe und Industrie?, in: Freiburger Almanach 12 (1961), S. 70–85.

Leuchtner, Jürgen/Zitt, Johannes: Mit neuer Energie in die Zukunft: die europaweit erste Nullemissions-Fabrik für Solarstrommodule steht in Freiburg, in: Badische Heimat 79 (1999), S. 669–674.

Linde, Horst: Aus dem Wiederaufbau der Universität, in: Freiburger Almanach 2 (1951), S. 117–128.

Löwisch, Sigrun (Hrsg.): »Familie 78«, Sonderbeilage zu Nr. 4/1978 der Zeitschrift ›Die Familie‹ des Deutschen Familienverbands.

Löwisch, Sigrun: Vom Einfluss einzelner Abgeordneter auf die Gesetzgebung, in: Politik & Verantwortung. Festgabe für Wolfgang Jäger, Freiburg 2000, S. 35–41.

Lukas, Peter: Wohin mit dem Abwasser in der Freiburger Bucht?, in: Freiburger Almanach 25 (1974). S. 15–24.

Lukas, Peter: Großräumige Lösung des Abwasserproblems hat sich bewährt, in: Freiburger Almanach 34 (1983), S. 91–97.

Maier, Irene: Freiburg-Landwasser. Bürger prägen ihren Stadtteil, in: Freiburger Almanach 25 (1974), S. 25–34.

Mayer, Astrid: Les écoquartiers de Fribourg. 20 ans d'urbanisme durable. Paris 2013.

Mehl, Hans-Peter: Freiburg-Weingarten, ein junger Stadtteil zwischen gestern und morgen, in: Freiburger Almanach 29 (1978), S. 39–47.
Neideck, Otto: Von der realen zur virtuellen Stadt: unvorstellbar vorstellbar, in: Freiburger Almanach 51 (2000), S. 174–180.
Nicol, Karl Ludwig: Das Ökomedia-Institut, in: Freiburger Almanach 52 (2001), S. 75–80.
Oesterreicher-Mollwo, Marianne: Aus dem Tagebuch der Tour de Sol '86, in: Oesterreicher-Mollwo, Marianne/Trykowski, Michael: Sonne im Tank. Solarmobile – Technik, Typen, Möglichkeiten. Frankfurt a. M. 1987, S. 12–16.
Oesterreicher-Mollwo, Marianne: Im Zeichen der Sonne: die Solarregion Freiburg. Freiburg 2000.
Phleps, Hellmut: Die Verkehrsfragen im Freiburger Generalbebauungsplan, in: Freiburger Almanach 7 (1956), S. 61–65.
Preker, Walter: Freiburg auf dem Weg ins nächste Jahrtausend: oder: Die Entzauberung des Vorurteils, »in Freiburg gehe nichts voran«, in: Freiburger Almanach 46 (1995), S. 11–23.
Rollker, Uwe: Verkehrserschließung im Freiburger Westen am Beispiel der Westrandstraße, in: Freiburger Almanach 40 (1989), S. 112–117.
Rollker, Uwe: Genossenschaftliches Wohnen in Freiburg: dritter Weg zwischen Miete und Eigentum am Beispiel des Bauverein Breisgau e.G., in: Freiburger Almanach 59 (2008), S. 47–56.
Rückbrod, Konrad: Gedanken zu Denkmalschutz und Denkmalpflege in Freiburg, in: Freiburger Almanach 27 (1976), S. 4–18.
Rüskamp, Wolf: Die Chance Oberrhein. Freiburgs Rolle und Perspektive in der grenzüberschreitenden Zusammenarbeit, in: Badische Heimat 93 (2013), S. 430–442.
Salomon, Dieter: »… weil alle am gleichen Strick ziehen«: Green City – mehr als ein Markenzeichen für eine nachhaltige Stadtentwicklung, in: Freiburger Almanach 60 (2009) S. 19–32.
Salomon, Dieter: Universität als Standortfaktor des Wissenschaftsstandards, in: Badische Heimat 93 (2013) S. 469–480.
Schaich, Harald: Naturschutz in der Stadt Freiburg. Organisation, Konzepte, Maßnahmen. Vortrag, Badischer Landesverein für Naturkunde und Naturschutz, 31.01.2018. https://www.blnn.de/pdfs2018/Vortrag_Schaich_Naturschutz_Freiburg_BLNN_31012018.pdf
Schark, Carola: »Dem Vergessen entreißen«: Gedenkbuch zum 70. Jahrestag der Bombardierung Freiburgs am 27.11.1944, hrsg. v. Landesverein Badische Heimat e.V. u. d. Stadt Freiburg i.Br. Freiburg 2014 .
Scherfling, Karlheinz: Freiburg auf dem Weg nach Westen, in: Freiburger Almanach 49 (1998), S. 61–68.
Scherfling, Karlheinz: Solar-City Freiburg, in: Freiburger Almanach 48 (1997), S. 45–48.
Scherfling, Karlheinz: Die Solar-Fabrik Freiburg auf der Haid, in: Freiburger Almanach 51 (2000), S. 41–46.
Scherfling, Karlheinz: Grüne Insel inmitten der Stadt. Bernhard Utz verhalf dem städtischen Grün zu einer völlig neuen Bedeutung, in: Freiburger Almanach 58 (2007), S. 17–29.

Schillinger, Frank: »Wenn der Herr nicht baut, dann bauen die Bauleute vergebens.« Eine Studie zur Geschichte der katholischen Siedlungsbewegung in Deutschland nach dem Ersten Weltkrieg. Berlin 2001.

Schlippe, Joseph: Wie Freiburg wiederentstehen soll, in: Freiburger Almanach 1 (1950), S. 13–47.

Schlippe, Joseph: Schönes Wohnen im schönen Freiburg, in: Freiburger Almanach 4 (1953), S. 37–52.

Schlippe, Joseph: Freiburg einst und heute, in: Badische Heimat 39 (1959), S. 214–271.

Schlippe, Joseph: Wie Freiburg wiedererstanden ist, in: Freiburger Almanach 10 (1959), S. 73–101.

Schmelas, Matthias: Städtebau und Verkehr zur Jahrhundertwende: Schwerpunkt Stadtentwicklung und Region, in: Freiburger Almanach 51 (2000), S. 162–173.

Schmid, Adolf: B 31 – ein Lehrstück. Sieben Jahrzehnte von der Planung bis zum Baubeginn 1997, in: Freiburger Almanach 54 (2003), S. 24–26.

Schmidt, Bertold: Der Freiburger Stadtwald – positive und negative Aspekte, in: Freiburger Almanach 35 (1984), S. 7–14.

Schmidt, Leo: Baudenkmale. Verlust und Wiederherstellung, in: Freiburg 1944–1994, S. 143–155.

Schneider, Hans: Freiburger Geschichten. Bericht aus einer kleinen Groß-Stadt. 1945–1986. Sonderausgabe, Freiburg 1995.

Schneider, Hans (Hrsg.): Freiburg im Breisgau an der Jahrtausendwende. Freiburg 1995.

Schwendemann, Heinrich: Baupolitik im Freiburg der NS-Zeit, in: Badische Heimat 98 (2018), S. 23–39.

Seeh, Hansjörg: Sozial- und Jugendpolitik in Freiburg, in: Freiburger Almanach 45 (1994), S. 13–28.

Schneider, Hans: Ausgewogenheit und Gerechtigkeit als Grundlagen eines humanen Sozialstaates, soziale Entwicklung in Freiburg. Rückblick und Ausblick, in: Freiburger Almanach 51 (2000), S. 151–161.

Siedlungsgesellschaft (Hrsg.): Siedlungsgesellschaft Freiburg im Breisgau. Freiburg 1951.

Stadt Freiburg i. Br.: 3. Freiburger Nachhaltigkeitsbericht. Freiburg 2018. https://www.freiburg.de/pb/site/Freiburg/get/params_E2046954464_Dattachment/1337155/3.%20Nachhaltigkeitsbericht_FR_2018.pdf (Abruf 17.1.2020)

Stadt Freiburg i. Br. (Hrsg.): Dr. Donato Acocella Stadt- und Regionalentwicklung: Gutachten als Grundlage zur Fortschreibung des Einzelhandels- und Zentrenkonzeptes für die Stadt Freiburg. Freiburg 2018. https://www.freiburg.de/pb/site/Freiburg/get/params_E636098156/1277732/180327_EuZ_Berichtsentwurf_Freiburg-1.pdf (Abruf 17.1.2020)

Stadt Freiburg i. Br., Amt für Projektentwicklung und Stadterneuerung: Quartier Vauban. Von der Kaserne zum Stadtteil. Abschlussbericht zur Entwicklungsmaßnahme Vauban 1992–2014. Freiburg 2016. https://www.freiburg.de/pb/site/Freiburg/get/params_E-472828301/1032280/Abschlussbericht%20Vauban_170516.pdf (Abruf 17.1.2020)

Stadt Freiburg i. Br., Amt für Statistik und Einwohnerwesen: Beiträge zur Statistik der Stadt Freiburg, April 1985.

Stadt Freiburg i.Br., Amt für Statistik und Einwohnerwesen: Beiträge zur Statistik der Stadt Freiburg, September 1994.
Stopfel, Wolfgang: Auch vor fünfzig Jahren: Das erste Denkmalschutzgesetz in Deutschland nach dem Kriege, in: Badische Heimat 79 (1999), S. 518–525.
Stopfel, Wolfgang: Staatliche Denkmalpflege und bürgerschaftliches Engagement, in: Badische Heimat 83 (2003), S. 667–672.
Stuchlik, Gerda: Bürgerengagement und neue Kooperationen: eine Vision. Der Jahresbericht 2005 des Schul- und Umweltdezernats, in: Freiburger Almanach 51 (2000), S. 142–150.
Thill, Bernhard: Vauban – ein neuer Stadtteil entsteht, in: Freiburger Almanach 50 (1999), S. 41–48.
Ueberdick, Theo/Ueberdick, Christine D.: Freiburg wächst weiter. Bilder, Dokumente und Ereignisse (Freiburger Stadthefte 17). Freiburg 1970.
Ungern-Sternberg, Sven von: Die Stadtentwicklung in den achtziger Jahren, in: Freiburger Almanach 31 (1980), S. 4–20.
Ungern-Sternberg, Sven von: Die Stadtentwicklung in den 90er Jahren, in: Freiburger Almanach 43 (1992), S. 13–28.
Ungern-Sternberg, Sven von: Moderne und bürgerfreundliche Verkehrsplanung in Ballungsgebieten und Städten, in: Arbeitshefte zur Kommunalpolitik, Düsseldorf 1992.
Ungern-Sternberg, Sven von/Crowhurst Lennard, Suzanne/Lennard, Henry (Hrsg.): »Making Cities Liveable«. Wege zur menschlichen Stadt. Carmel CA, USA, 1997.
Ungern-Sternberg, Sven von: Freiburg-Rieselfeld, in: Ungern-Sternberg/Crowhurst Lennard/Lennard 1997, S. 268–289.
Ungern-Sternberg, Sven von/Jescheck, Volker: Von der Kaserne zur Gartenstadt Vauban. in: Ungern-Sternberg/Crowhurst Lennard/Lennard 1997, S. 322–326.
Ungern-Sternberg, Sven von: Zehn Leitlinien für die Planung und Entwicklung eines neuen Stadtteils, in: Ungern-Sternberg/Crowhurst Lennard/Lennard 1997, S. 237–243.
Ungern-Sternberg, Sven von: Lokale Agenda in Freiburg im Breisgau, in: Lokale Agenda 21 Deutschland: Kommunale Strategien für eine zukunftsbeständige Entwicklung. hrsg. v. Internationalen Rat für kommunale Umweltinitiativen/Kuhn, S./Suchy, G./Zimmermann, M. Berlin, Heidelberg 1998.
Ungern-Sternberg, Sven von: Identität, Urbanität und heimatliche Bindung. Plädoyer für die lebenswerte und liebenswerte Stadt, in: Badische Heimat 79 (1999), S. 454–466.
Ungern-Sternberg, Sven von: Die grundlegenden Überlegungen für die Planungen der Stadtteile Rieselfeld und Vauban, in: Badische Heimat 93 (2013), S. 510–528.
Ungern-Sternberg, Sven von (Hrsg.): Naturschutz in Baden. Geschichte – Probleme – Perspektiven. (Schriftenreihe der Badischen Heimat 8). Freiburg 2013.
Universitätsbauamt Freiburg: Zum Wiederaufbau der Albert-Ludwigs-Universität, in: Freiburger Almanach 10 (1957), S. 30–35.
Vedral, Bernhard: Altstadtsanierung und Wiederaufbauplanung in Freiburg i. Br. 1925–1951. Freiburg 1985.

Vedral, Bernhard: »Ein Unglück ja – aber auch eine Gelegenheit.« Die Wiederaufbauplanung 1945–1949, in: Freiburg 1944–1994, S. 52–62.
Vermögen und Bau Baden-Württemberg, Universitätsbauamt Freiburg: Universitätsbauamt Freiburg. Bauen für Forschung und Lehre 1957–2007. Freiburg 2007.
Vetter, Walter: Die Altstadt als Forum der Gesamtstadt: Gedanken zur Wahrung des Freiburger Stadtbildes, in: Freiburger Almanach 20 (1969), S. 110–115.
Vetter, Walter: Freiburg in Trümmern. Eine Bild- und Textdokumentation, Teil I. Freiburg 1983.
Vetter, Walter: Freiburg in Trümmern. Bild- und Textdokumentation, Teil II. Freiburg 1984.
Witzel, Walter/Seifried, Dieter: Plusenergiehäuser, in: Das Solarbuch. Fakten, Argumente und Strategien für den Klimaschutz. 3. Aufl., Energieagentur Freiburg. Freiburg 2007, S. 72–74.
Zens, Hermann: Freiburg zwischen Gestern und Morgen: die Vorstellungen unserer Stadtplaner für die Entwicklung in der Altstadt, in: Freiburger Almanach 23 (1972), S. 12–26.
Zurbonsen, Karlheinz/Hug, Martin: Energie und Nahverkehr im Zeitenwandel: Zuverlässigkeit feiert Jubiläum ; 150 Jahre Gas, 125 Jahre Wasser, 100 Jahre Strom und Straßenbahn, in: Freiburger Almanach 53 (2002), S. 41–51.
Zurbonsen, Karlheinz: B 31-Tunnel – Der Verkehr rollt. Freiburg trotz Verkehrsfreigabe weiter zwischen Hoffen und Bangen, in: Freiburger Almanach 54 (2003), S. 19–23.

Bildnachweis

Vorwort
Stadt Freiburg, Fionn Große

Einführung
Abb. 1: Auf Jahr und Tag. Freiburgs Geschichte in der Neuzeit, hg. von Christiane Pfanz-Sponagel, R. Johanna Regnath, Heinrich Schwendemann und Hans-Peter Widmann (Schlaglichter regionaler Geschichte 2), Freiburg 2015, S. 197, Abb. 7.
Abb. 2 und 3: Garten- und Tiefbauamt der Stadt Freiburg
Abb. 4: Landesverein Badische Heimat
Abb. 5: Klaus Siegl, Freiburg
Graphik 1 und 2: Sven von Ungern-Sternberg: Die Stadtentwicklung in den 90er Jahren, in: Freiburger Almanach 43 (1992), S. 13–28, S. 16.
Graphik 3: Stadt Freiburg

Klaus Humpert
Abb. 1: Reproduktion aus dem Archiv Klaus Humpert
Abb. 2–6, 8–12, 17, 19: Klaus Humpert, Freiburg
Abb. 7: Augustinermuseum Freiburg
Abb. 13: Stadtplanungsamt (Hg.): »Zur Diskussion Freiburger Innenstadt«, Freiburg 1971/1975.
Abb. 14–16: Archiv Klaus Humpert, Freiburg
Abb. 18: Andreas Schwarzkopf, Lizenz: https://creativecommons.org/licenses/by-sa/3.0/de/legalcod
Abb. 20: »DEMAG Fördertechnik«, Sonderdruck »Aus Verkehr und Technik«, Berlin 1973
Abb. 21: Josef Diel: Ein Dach für Alle, Freiburg 1996, S. 54, Abb. 96.

Paul Bert
Abb. 1–5: Archiv Paul Bert, Freiburg
Abb. 6: Renate Bert, Freiburg
Abb. 7: Larissa Seiffert
Abb. 8: Archiv Erzbischöfliches Bauamt Freiburg
Abb. 9: Anton Bauhofer, Erzbischöfliches Bauamt Freiburg

Eckhard Bull
Abb. 1, 3–11: Vermögen und Bau Baden-Württemberg, Universitätsbauamt Freiburg
Abb. 2: Augustinermuseum Freiburg
Abb. 12: Rombach Verlag KG, Alexander Dietrich

Anja Dziolloß | Marc Ullrich | Martin Weiner
Abb. 1: Stadt Freiburg / Graphikbüro Gebhard | Uhl
Abb. 2: Bauverein Breisgau eG
Abb. 3: Miguel Babo
Abb. 4–6: Heimbau Breisgau eG
Abb. 7 und 9: Familienheim Freiburg eG
Abb. 8: Magor Heged's Photography

Ralf Klausmann | Magdalena Szablewska
Abb. 1–3 Archiv Freiburger Stadtbau GmbH
Abb. 4 Freiburger Stadtbau GmbH, Fotografie Behrendt und Rausch
Abb. 5 Freiburger Stadtbau GmbH, j.b.photo

Hermann Hein
Abb. 1 Archiv Vista tour, Joachim Scheck, Freiburg
Abb. 2 und 4: FOTOGRÄFIN LISA
Abb. 3 und 5: Hermann Hein, Freiburg

Wolfgang E. Stopfel
Abb. 1: Bernhard Vidal: Altstadtsanierung und Wiederaufbauplanung in Freiburg i. Br. 1925–1951. Zum 100. Geburtstag von Oberbaudirektor Prof. Dr. Ing. Joseph Schlippe (Stadt und Geschichte. neue Reihe des Stadtarchivs Freiburg i. Br. 8), Freiburg 1985, S. 6.
Abb. 2: Andreas Praefcke, Lizenz: https://creativecommons.org/licenses/by/4.0/

Dagmar Zimdars
Abb. 1, 2, 3: Bernd Hausner
Abb. 4, 5, 6, 7, 8: Dagmar Zimdars

Yvonne Faller
Abb. 1–3: Freiburger Münsterbauverein e. V., Bildarchiv, C. Tabori

Sven von Ungern-Sternberg
Abb. 1: Gerd Friedrich Hepp, Freiburg
Abb. 2–4: Stadt Freiburg

Martin Haag | Uwe Schade
Abbildung 1: Freiburger Verkehrs AG (VAG)
Abbildungen 2 bis 5: Stadt Freiburg
Abbildung 6: Zweckverband Regio-Nahverkehr Freiburg (ZRF)
Abbildung 7: DB Regio AG / Alexander Kurschat

Oliver Benz | Andreas Hildebrandt
Abb. 1–5: Freiburger Verkehrs AG (VAG)

Hans-Georg Herffs
Abb. 1–9: Garten- und Tiefbauamt der Stadt Freiburg

Sven von Ungern-Sternberg
Abb. 1: Amt für Bürgerservice und Information, Stadt Freiburg 2019.
Abb. 2 und 6: Garten- und Tiefbauamt der Stadt Freiburg
Abb. 3 und 5: Stadt Freiburg
Abb. 4: Copyright © by Karl-Heinz Raach

Bernhard Utz
Abb. 1 und 2: Vermessungsamt Stadt Freiburg
Abb. 3: Bernhard Utz, Freiburg

Helmut Volk
Abb. 1 Adrian Thomale, Lizenz: https://creativecommons.org/licenses/by-sa/3.0/deed.en
Abb. 2: H. Volk, Freiburg
Abb. 3: Norbert Blau

Engelbert Tröndle
Abb. 1 und 3: Engelbert Tröndle, Freiburg
Abb. 2: Bezner Anlagen- und Maschinenbau GmbH, Detmold

Werner Dammert
Abb. 1–5: Abwasserzweckverband Breisgauer Bucht

Jürgen Bolder
Abb. 1: Eigenbetrieb Stadtentwässerung Freiburg (ESE)
Abb. 2: Joergens.mi/Wikipedia, Lizenz: CC-BY-SA 3.0
Abb. 3: Eigenbetrieb Stadtentwässerung Freiburg (ESE)
Abb. 4: Eigenbetrieb Stadtentwässerung Freiburg (ESE)
Abb. 5: Eigenbetrieb Stadtentwässerung Freiburg (ESE)
Abb. 6: Archiv Jürgen Bolder, Freiburg
Abb. 7: Archiv Jürgen Bolder, Freiburg

Rolf Disch
Abb. 1–6: Rolf Disch SolarArchitektur

Dieter Wörner
Abb. 1: BUND Regionalverband Südlicher Oberrhein
Abb. 2: Dr. Dieter Wörner, Emmendingen
Abb. 3: Umweltschutzamt der Stadt Freiburg

Gerda Stuchlik
Abb. 1: Stadt Freiburg
Abb. 2 und 3: Stadt Freiburg
Abb. 4: Badenova AG & Co. KG (Andreas Walny)
Graphik 1: Stadt Freiburg
Graphik 2: Stadt Freiburg

Sigrun Löwisch
Abb. 1: A. J. Schmidt, Zero Foto
Abb. 2: Dr. Ursula Kopf

Renate Bert
Abb. 1, 3, 4, 6: Ursula E. Müller
Abb. 2: Renate Bert, Freiburg
Abb. 5: Stadterweiterung: Freiburg Rieselfeld; Herausgegeben von Klaus Humpert

Ellen Breckwoldt
Abb. 1: »Älter werden in Freiburg – Wegweiser 2018/2019«, Hrsg.: Stadt Freiburg – Seniorenbüro mit Pflegestützpunkt gemeinsam mit dem Stadtseniorenrat Freiburg e. V., Freiburg 2018
Abb. 2: Privat
Abb. 3: Privat
Abb. 4: »Von Mensch zu Mensch – Mitverantwortung übernehmen«. Hrsg.: Bürgerschaftsstiftung Soziales Freiburg, 2019
Abb. 5: »Mémoires de Jeunesse Franco-Allemand – Deutsch-Französische Jugenderinnerungen«, Mulhouse 2007

Michaela Piltz
Abb. 1–3: Stadt Freiburg

Johannes Ullrich
Abb. 1 und 2: Handwerkskammer Freiburg
Abb. 3: Gewerbe Akademie
Abb. 4: Solar Promotion

Hanna Denecke | Roland Jerusalem
Abb. 1 und 2: Stadtplanungsamt Stadt Freiburg. 2018.
Abb. 3: Stadtplanungsamt Stadt Freiburg. 2019.
Abb. 4 und 5: Stadtplanungsamt Stadt Freiburg. 2013.
Abb. 6 und 7: Stadtplanungsamt Stadt Freiburg. 2019.
Abb. 8: Büro Dr. Acocella (2018): Gutachten als Grundlage zur Fortschreibung des Einzelhandels- und Zentrenkonzeptes für die Stadt Freiburg. Lörrach.
Abb. 9: Investorenwettbewerb Stadt Freiburg / K9 Architekten Freiburg. 2018.

Bildnachweis // 517

KLAUS SIEGL
Bild 1: Erich Meyer, 79686 Hasel
Bild 2: Städtebauliches Konzept - Projektgemeinschaft Rieselfeld
Bild 3: Erich Meyer, 79686 Hasel
Bild 4: Stadt Freiburg, Projektgruppe Rieselfeld
Bild 5: Stadt Freiburg, Projektgruppe Rieselfeld
Bild 6: Stadt Freiburg, Projektgruppe Rieselfeld
Bild 7: Klaus Siegl, Freiburg
Bild 8: Klaus Siegl, Freiburg

ROLAND VEITH
Abb. 1–9 : Stadt Freiburg

RÜDIGER ENGEL
Abb. 1–5: Stadt Freiburg
Abb. 6–8: K9 Architekten / die-grille
Abb. 9: K9 Architekten

DOROTHEA STÖRR-RITTER
Abb. 1: Landkreis Breisgau-Hochschwarzwald
Abb. 2: Foto: Daniel Schoenen

RALF KLAUSMANN | MAGDALENA SZABLEWSKA
Abb. 1: Freiburger Stadtbau, Foto: j.b.photo
Abb. 2: Freiburger Stadtbau, Foto: j.b.photo
Abb. 3: A. J. Schmidt, Zero Foto
Abb. 4: Dietrich/Untertrifaller Architekten / Ramboll Studio Dreiseitl
Abb. 5: Freiburger Stadtbau, Foto: Fotographie Michael Spiegelhalter
Abb. 6: Freiburger Stadtbau
Abb. 7: Bachelard Wagner Architekten, Basel
Abb. 8: Freiburger Stadtbau, Foto: Photographie David Frank

ANDREA KATZER-HUG
Abb. 1 und 2: ingenhoven architects
Abb. 3–6: YOHAN ZERDOUN PHOTOGRAPHY

ULRICH VON KIRCHBACH
Abb. 1: Stadt Freiburg
Abb. 2: Amt für Bürgerservice und Informationsmanagement, Freiburg, 2017.
Abb. 3: Amt für Bürgerservice und Informationsmanagement, Freiburg, 2016.

MARTIN HAAG | BABETTE KÖHLER
Abb. 1: pixXit
Abb. 2–5: Stadt Freiburg

AUTOREN- UND AUTORINNEN
Oliver Benz: Freiburger Verkehrs AG (VAG)
Werner Dammert: Abwasserzweckverband Breisgauer Bucht
Rolf Disch: Rolf Disch SolarArchitektur
Anja Dziolloß: Familienheim Freiburg eG
Yvonne Faller: Freiburger Münsterbauverein e. V., Bildarchiv, C. Tabori
Martin Haag: Stadt Freiburg
Gudrun Heute-Bluhm: Städtetag Baden-Württemberg
Andreas Hildebrandt: Freiburger Verkehrs AG (VAG)
Ralf Klausmann: Stadtbau Freiburg GmbH
Babette Köhler: Stadt Freiburg
Michaela Piltz: Stadt Freiburg
Uwe Schade: Zweckverband Regio-Nahverkehr Freiburg (ZRF)
Dorothea Störr-Ritter: Landkreis Breisgau-Hochschwarzwald
Gerda Stuchlik: Stadt Freiburg
Magdalena Szablewska: Stadtbau Freiburg GmbH
Johannes Ullrich: Handwerkskammer Freiburg
Marc Ullrich: Bauverein Breisgau eG
Ulrich von Kirchbach: Satdt Freiburg
Sven von Ungern-Sternberg: Landesverein Badische Heimat e.V.
Martin Weiner: Heimbau Breisgau eG

Alle anderen Fotos: Privat

Autoren- und Autorinnen

Oliver Benz

Oliver Benz wurde am 12. Juni 1974 in Freiburg geboren. Er ist verheiratet und hat eine Tochter. Nach seinem Abitur 1994 und anschließendem Zivildienst erfolgte 1995 bis 2001 ein Studium der Verwaltungswissenschaft an der Universität Konstanz. Zwischen 2001 und 2003 war Oliver Benz als Personalberater in Stuttgart, Essen und Frankfurt tätig. 2003 folgte der Wechsel zur Freiburger Verkehrs AG als Assistent des Vorstands. Nach verschiedenen Stationen bei der Freiburger Verkehrs AG, zuletzt als Unternehmensbereichsleiter Angebot und Betrieb, wurde Oliver Benz 2017 zum kaufmännischen Vorstand der Freiburger Verkehrs AG berufen.

Paul Bert

Paul Bert wurde am 4. August 1932 in Darmstadt geboren. Seit 1936 lebt er in Freiburg. Nach dem Abitur 1952 studierte er in Darmstadt an der technischen Hochschule Architektur, leistete sein Referendariat bei der Oberpostdirektion Freiburg ab und kam 1962 zur Freiburger Bauverwaltung. Hier war er zuletzt stellvertretender Dienstvorstand beim Stadtplanungsamt. Nach seiner Pensionierung 1997 war er 2004 bis 2009 als Mitglied der Kulturliste im Freiburger Gemeinderat engagiert. Paul Bert ist seit 1958 verheiratet mit Renate Bert. Er hat 5 Kinder, 12 Enkel und zwei Urenkel. Die Berts sind 1698 aus dem Piemont – Pragelato in den Cottischen Alpen – vertrieben worden. Etwa 195 Familien wurden vom Hessischen Großherzog in Rohrbach, Wembach »Hahn« (heute Oberramstadt bei Darmstadt) aufgenommen. Vor der Flucht konvertierte von den Auswanderern jeweils einer wieder zum katholischen Glauben, um den Grundbesitz zu erhalten.

Renate Bert

Renate Bert wurde am 4. Mai 1935 in Darmstadt geboren. Dort ging sie zur Schule und machte 1955 ihr Abitur. Es folgte ein Praktikum für das Architekturstudium auf dem Bau, anschließend das Studium der Architektur an der TH Darmstadt mit diplomiertem Abschluss im Jahre 1963. Renate Bert ist stark engagiert in Fragen der Friedenspolitik: Frauen für Frieden, Teilnahme an Protesten, Demonstrationen und Blockaden. Seit 1983 war sie Mitarbeiterin in einem Architekturbüro, ab 1990 im Büro Morlock, das mit der »Projektgemeinschaft Rieselfeld« den städtebaulichen Wettbewerb gewonnen hat. Später brachte sie sich mit der Architektinnengemeinschaft in dem besonderen Frauenprojekt im Rieselfeld ein. Seit 1990 ist sie politisch bei den Unabhängigen Frauen Freiburg aktiv und zog für diese Liste von 1994 bis 1999 im Freiburger Gemeinderat ein. Noch heute ist sie engagiert bei der Architektinnengemeinschaft, bei FrauenSTEP (Stadtentwicklungsplanung) und bei den Unabhängigen Frauen. Sie ist verheiratet mit Paul Bert und hat 5 Kinder.

Jürgen Bolder

Jürgen Bolder wurde am 12. Juli 1949 geboren. Nach der Schulzeit und dem Wehrdienst studierte er an der technischen Universität Stuttgart Bauingenieurswesen mit dem Abschluss als Diplomingenieur. Nach Beschäftigungen bei Ingenieurbüros und einer Referandarsausbildung von 1977 bis 1979 bei der Wasserwirtschaft des Landes Baden-Württemberg war er von 1979 bis 1983 bei der Baubehörde der Hansestadt Hamburg (Wasserwirtschaft und Stadtentwässerung) tätig. Im August 1983 wurde er beim Tiefbauamt der Stadt Freiburg als Leiter der Abteilung Stadtentwässerung eingestellt. Dieses Amt hatte er 25 Jahre lang inne. Jürgen Bolder hat über 30 Jahre berufliche Erfahrung auf dem Sektor kommunale Wasserwirtschaft, insbesondere Abwasserbeseitigung und ist in zahlreichen Gremien, die sich mit diesen Fragen befassen, tätig gewesen. Er ist verheiratet und hat drei Kinder.

Dr. med. Ellen Breckwoldt

Ellen Breckwoldt wurde am 10. Juli 1934 in Hamburg geboren und studierte Humanmedizin. Seit 1973 lebt sie mit ihrer Familie – 3 Kinder – in Freiburg. Von 1974 bis Ende der 1980er-Jahre engagierte sie sich in der Elternarbeit in der Lorettoschule und im Friedrich Gymnasium in Freiburg, zuletzt auch auch auf Bundesebene. Sie war von 1998 bis 2014 Stadträtin der CDU im Freiburger Gemeinderat und engagierte sich in verschiedenen Ausschüssen und Stiftungen, vor allen Dingen für Sozialpolitik, Frauen- und Seniorenarbeit. Sie leitet von 1996 bis heute als Vorsitzende das Frauen- und Kinderschutzhaus und der Freiburger Fachstelle Intervention gegen Häusliche Gewalt (FRIG) und war von 2003 bis 2018 Vorsitzende des Stadtseniorenrates. Sie ist Gründungsmitglied der Bürgerschaftsstiftung Soziales Freiburg und nach ihrem Ausscheiden aus dem Gemeindrat war sie von 2014 bis 2019 sachkundiges Mitglied im Sozialausschuss. Sie erhielt den Verdienstorden der Bundesrepublik Deutschalnd (2003) sowie des Landes Baden-Württemberg (2018).

Eckhard Bull

Eckhard Bull wurde in einem kinderreichen Pfarrhaus am 1.12.1937 im Kaiserstuhl geboren. Nach der Volksschule lernte er in St. Blasien/Schwarzwald und Lörrach 2 Handwerksberufe (Stukkateur und Zimmermann). Den Bauingenieur erwarb er zunächst in der Fachhochschule Konstanz und nach der Hochschulreife an der Technischen Universität Berlin den Dipl. Ing. Architekt (1964–69). Als Freiberufler war er danach in Markdorf/Bodensee und Hamburg 7 Jahre lang in Bürogemeinschaften tätig, um im Anschluss am Regierungspräsidium in Stuttgart die Referendarausbildung im Städtebau als Regierungsbaumeister zu absolvieren (1976). Bei der Staatlichen Hochbauverwaltung Baden-Württemberg begann er 1980 dann als Bau-Assessor und übernahm nach seiner Versetzung an das Universitätsbauamt Freiburg von 1990 bis zu seiner Zurruhesetzung 2002 die Leitung dieses Amtes als Leitender Baudirektor. In dieser Zeit und darüber hinaus übernahm er in Freiburg verschiedene Ämter. Drei Perioden im gemeinderätlichen Bauausschuss als Sachkundiger Bürger und bis 2015 den Bezirksvorsitz für Südbaden in der Architektenkammer Baden-Württemberg. Er ist verheiratet und hat eine Tochter.

Werner Dammert

Werner Dammert war bis 1969 Abteilungsleiter – Wasserwirtschaft – beim Landratsamt Freiburg und damit für die Gründung des Abwasserzweckverbandes zuständig, von 1969 bis 1993 Bürgermeister der Gemeinde Merzhausen, von 1975 bis 2003 ehrenamtlicher Bürgermeister der Gemeinde Horben und von 1999 bis 2003 Vorsitzender des Abwasserzweckverbandes Breisgauer Bucht.

Werner Dammert war auch im Kreis und darüber hinaus regional politisch aktiv. So war er zeitweise auch als Vorsitzender des Badischen Gemeindetages und Mitglied des Bundesvorstandes des Deutschen Städte- und Gemeindetages tätig.

Hanna Denecke

Hanna Denecke studierte von 2009–2015 in Kaiserslautern an der Technischen Universität Stadt- und Regionalentwicklung mit dem Abschluss als M.Sc. Stadt- und Regionalentwicklung. Von 2015 bis 2017 war sie als Projektleiterin bei der Wüstenrot Haus- und Städtebau GmbH in Ludwigsburg tätig. Seit 2017 ist sie beim Stadtplanungsamt der Stadt Freiburg beschäftigt. Sie ist in der Abteilung Stadtentwicklung für die Einzelhandelssteuerung verantwortlich. Das Freiburger Einzelhandels- und Zentrenkonzept stößt in der Fachwelt vielfach auf nationaler, aber auch internationaler Ebene auf Interesse, so dass Frau Denecke das Konzept bereits in Norwegen präsentieren konnte.

Rolf Disch

Rolf Disch wurde 1944 in Freiburg geboren. Von 1958 bis 1961 machte er eine Lehre als Möbelschreiner, danach von 1961 bis 1962 als Maurer. Anschließend besuchte er mit einem Bautechnikstudium die Bautechnikerschule in Freiburg. Es folgte von 1963 bis 1967 ein Architekturstudium an der Fachhochschule Konstanz. Er war von 1967 bis 1969 angestellter Architekt und gründete 1969 das Büro Rolf Disch SolarArchitektur. Seit den 1970er-Jahren ist er aktiv im Kampf gegen den Bau des Atomkraftwerks Wyhl. Erwähnenswert ist, dass »Disch Design« 1985–1988 am Bau von Solarfahrzeugen arbeitete. Rolf Disch wurde 1987 Weltmeister im Solarmobil-Fahren, Australiendurchquerung SolarChallenge. 1993 war er Initiator der deutschlandweit ersten Gemeinschaftssolaranlagen auf dem Sportstadion des Freiburger SC. 1994 wurde das Heliotrop realisiert, das erste Gebäude weltweit mit positiver Energiebilanz. 1998 Gastprofessur an der Staatlichen Hochschule für Gestaltung in Karlsruhe. 2004 Realisierung der Solarsiedlung mit 50 Plusenergiehäusern. 2006 Abschluss der Solarsiedlung mit dem Gewerbebau »Sonnenschiff« in Plusenergiebauweise. Rolf Disch ist verheiratet und hat einen Sohn.

Anja Dziolloß

Frau Dziolloß ist Dipl. Betriebswirtin (FH).
Nach einer Ausbildung zur Immobilienkauffrau und mehrjähriger Berufserfahrung studierte sie an der Hochschule für Wirtschaft und Umwelt Nürtingen/Geislingen Betriebswirtschaft mit dem Schwerpunkt Immobilienwirtschaft. Im Anschluss an ihr berufliches Wirken im Bauträgerbereich ist sie seit dem Jahr 2000 bei der Familienheim Freiburg als Vorstand tätig. Neben der Modernisierung des Wohnungsbestandes von rund 2.700 ist die Baugenossenschaft auch im Neubau von Mietwohnungen zur wohnlichen Versorgung ihrer Genossenschaftsmitglieder aktiv.

Prof. Dr. Rüdiger Engel

Rüdiger Engel wurde 1958 geboren, studierte Rechtswissenschaften in München, Regensburg und Freiburg und promovierte zum Dr. jur. Er arbeitet seit 1992 in der Stadtverwaltung Freiburg und übernahm nach Jahren im Rechtsamt und Baurechtsamt 2018 die Leitung der Projektgruppe Dietenbach. Mehrere Jahre wirkte er auch als Rechtsanwalt und als Verwaltungsrichter, er ist ausgebildeter Mediator und nebenberuflich Honorarprofessor an der Rechtswissenschaftlichen Fakultät der Albert-Ludwigs-Universität Freiburg.

Yvonne Faller

Yvonne Faller wurde 1961 geboren. Sie studierte Architektur und Stadtplanung an der Universität Stuttgart mit dem Abschluss als Diplomingenieurin. Anschließend arbeitete sie dort vier Jahre als wissenschaftliche Mitarbeiterin am Institut für Städtebau. Seit 1991 ist sie freiberuflich als Architektin und Stadtplanerin tätig, zunächst in Stuttgart, seit 1995 in ihrer Heimatstadt Freiburg.

Im April 2005 wurde sie zur Münsterbaumeisterin des Freiburger Münsters berufen und leitet in dieser Funktion die Münsterbauhütte und geschäftsführend den Freiburger Münsterbauverein.

Prof. Dr. Martin Haag

Martin Haag ist seit 2011 Baubürgermeister der Stadt Freiburg i. Br. Er ist Mitglied im Bau- und Verkehrsausschuss des Deutschen Städtetags und Vorsitzender des Bauausschusses des Städtetags Baden-Württemberg. Zusätzlich ist er Mitglied der DASL Deutsche Akademie für Städtebau und Landesplanung, des Architekturforums Freiburg, des Oberrheinischen Architekten- und Ingenieurvereins sowie der Mitgliederversammlung der Region Freiburg.

Bis Ende 2010 war Martin Haag Lehrstuhlinhaber und Leiter des Instituts für Mobilität & Verkehr (imove) an der Technischen Universität Kaiserslautern.

Dr. Hermann Hein

Hermann Hein wurde 1939 in Freiburg geboren und lebt mit Ausnahme einer Studienzeit in Freiburg.
Als das Thema vierspurige Autoschnellstraße in Tieflage in der Wiehre die Bürger beunruhigte, stieß er zur »Aktionsgemeinschaft Planungsvorhaben ASS e.V.«. Hier wurde Walter Vetter auf ihn aufmerksam und lud ihn zu den Sitzungen und dann zum Vorstand der Arbeitsgemeinschaft Freiburger Stadtbild ein. Nach dem plötzlichen Tod von Walter Vetter im Jahre 1991 übernahm er im Frühjahr 1992 den Vorsitz. Nach der Wahl des Baubürgermeisters Dr. von Ungern-Sternberg regte er an, den Denkmalrat zur Rettung von Kulturdenkmalen beim Regierungspräsidium Freiburg zu installieren. 2001 wurde der Denkmalrat eingesetzt. Bis zu seiner Auflösung im Jahre 2013 war er Mitglied dieses Rates. Einige Kulturdenkmale konnte er retten und einige vor Verunstaltung schützen.
2017 feierte die Arbeitsgemeinschaft ihr 50jähriges Bestehen durch eine Festveranstaltung im Historischen Kaufhaus, durch eine Fotoausstellung in der Meckelhalle der Freiburger Sparkasse Nördlicher Breisgau und der Herausgabe eines Buches »50 Jahre Stadtentwicklung, 50 Jahre Arbeitsgemeinschaft Freiburger Stadtbild«.

Hans-Georg Herffs

Hans-Georg Herffs wurde 1968 in Aachen geboren. Er studierte Stadt- und Verkehrsplanung an der RWTH Aachen.
Seit 2008 ist Georg Herffs Abteilungsleiter Verkehrsplanung beim Garten- und Tiefbauamt der Stadt Freiburg.

Gudrun Heute-Bluhm

Nach dem Abschluss des Jurastudiums an der Universität Konstanz im Jahre 1981 begann Gudrun Heute-Bluhm ihre berufliche Laufbahn als Verwaltungsrichterin am Verwaltungsgericht Freiburg. Im Mai 1987 übernahm sie als Erste Landesbeamtin im Landratsamt Breisgau-Hochschwarzwald die Leitung des Bau- und Umweltdezernats und entdeckte die Gestaltungsmöglichkeiten der kommunalen Selbstverwaltung.

Am 2. April 1995 wurde sie zur Oberbürgermeisterin der Stadt Lörrach gewählt und, nach einem glücklosen Intermezzo bei der Oberbürgermeisterwahl in Freiburg, im Jahr 2003 und 2011 wiedergewählt. Funktionen in der Sparkassenorganisation, Aufsichtsratsmandate in den städtischen Gesellschaften sowie bei der badenova und der Thüga bilden den Erfahrungshintergrund für ihre Wahl als Geschäftsführendes Vorstandsmitglied des Städtetags Baden-Württemberg im März 2014. Dieses Amt hat sie am 1. August 2014 angetreten und vertritt in dieser Funktion die Interessen der südwestdeutschen Städte gegenüber der Landesregierung von Baden-Württemberg, der Europäischen Union und im Deutschen Städtetag. Ehrenamtlich ist sie weiterhin tätig als Kreisrätin des Landkreises Lörrach und als Mitglied der Landessynode der Evangelischen Kirche in Baden, seit 1912 auch als Mitglied des Bundesvorstands der CDU.

Ihre Leidenschaft gilt der Kommunalpolitik in all ihren Facetten. Inhaltliche Schwerpunkte ihrer Arbeit in Lörrach und beim Städtetag sind neben allgemeinen Finanzfragen die kommunale Energiepolitik, Digitalisierung und Fragen von Migration und Integration sowie das Thema Bildung in Bezug auf die Stadt als Schulträger.

Andreas Hildebrandt

Der Freiburger Andreas Hildebrandt, Jahrgang 1959, ist verheiratet und hat drei Kinder. Nach dem Abitur am Rotteck-Gymnasium studierte er Diplom-Journalistik an der Universität München und besuchte die 19. Lehrredaktion der Deutschen Journalistenschule in München.

Nach verschiedenen freiberuflichen Tätigkeiten arbeitete er von 1988 bis 1994 im Presse- und Informationsamt der Stadt Freiburg wo er die Bereiche Bau, Umwelt und Verkehr betreute.

Seit 1994 ist Andreas Hildebrandt als Pressesprecher der Freiburger Verkehrs AG tätig.

Prof. Klaus Humpert

Klaus Humpert, geboren in Frankfurt a. M., wuchs im Schwarzwald auf und war Schüler am Jesuiten-Kolleg in St. Blasien. Von 1949 bis 1954 studierte er Architektur an der Technischen Hochschule Karlsruhe. 1955–1965 arbeitete er an der Staatlichen Bauverwaltung in Freiburg. Wichtige Projekte zu dieser Zeit waren die Rundhochhäuser in Lahr und die Planung des neuen Kurhauses in Badenweiler. 1965 wechselte er an das Stadtbauamt Freiburg und war 1970–1982 Leiter des Planungsamtes. 1982–1994 war er Professor am Städtebauinstitut der Universität Stuttgart, 1987–1994 im Rahmen eines Sonderforschungsbereichs über Gesetzmäßigkeiten bei der Ausbreitung menschlicher Siedlungen. Seit 1990 erforscht er die Methode und Praxis der mittelalterlichen Stadtplanung. Humpert war über 30 Jahre lang Preisrichter in über 500 Wettbewerben in den Bereichen Städtebau, Architektur, Landschaftsarchitektur und Kunst. Unter anderem war er Preisrichter und Juryvorsitzender für den neuen Hauptbahnhof Stuttgart (Stuttgart 21), die Erweiterung des Frankfurter Flughafens sowie den Campus Westend der Frankfurter Universität. Klaus Humpert lebt heute in Freiburg.

Roland Jerusalem

Roland Jerusalem studierte Architektur und Stadt- und Regionalplanung mit dem Abschluss als Diplomingenieur. Von 1989 bis 1994 war er Stadtplaner beim Planerbüro Südstadt Köln. In den Jahren 1994–2008 war er beim Stadtplanungsamt Heidelberg tätig als stellvertretender Leiter, 2000–2007 für die Entwicklung eines neuen Stadtteils. 2008 wurde er Leiter des Amtes für Stadtplanung und Umwelt in Konstanz. Seit 2012 ist er leitet er das Stadtplanungsamt in Freiburg. Er ist Mitglied in der Deutschen Akademie für Städtebau und Landesplanung, in der Fachkommission Stadtplanung des Deutschen Städtetages und der Architektenkammer.

Andrea Katzer-Hug

Andrea Katzer-Hug wurde 1973 in Offenbach am Main geboren. Sie ist groß geworden in der Schweiz, Deutschland, Großbritannien und den USA. Sie studierte Architektur an der Universität Stuttgart (Architektur), Diplom 2001. Danach war sie als Architektin tätig, zunächst bei asp Stuttgart, danach bei der SICK AG in Waldkirch als Leiterin Facility Management.
Sie wohnt mit ihrer Familie in der Nähe von Freiburg.

Ralf Klausmann

Ralf Klausmann, Diplom-Immobilienwirt und staatlich geprüfter Betriebswirt, vertritt seit 1999 als Kaufmännischer Geschäftsführer die Freiburger Stadtbau GmbH und die dazugehörigen Verbundgesellschaften. Von 2006 bis 2016 war er alleiniger Geschäftsführer. Zuvor war er seit April 1991 Alleinvertretungsberechtigter Gründungsgeschäftsführer bei der Städtischen Wohnungsbaugesellschaft Friedrichshafen. Mit über 11 000 eigenen und verwalteten Wohnungen ist die FSB die größte Wohnungsbaugesellschaft in Südbaden.

Babette Köhler

Frau Babette Köhler wurde 1964 geboren. Dipl.-Ing. Landespflege, arbeitet seit 1995 in der Freiburger Stadtverwaltung und leitet seit 2009 die Abteilung Stadtentwicklung im Stadtplanungsamt der Stadt Freiburg. Ihr fachlicher Schwerpunkt ist die vorausschauende, integrierte Stadt- und Landschaftsentwicklung.

Sigrun Löwisch

Sigrun Löwisch wurde am 8. November 1942 geboren. Seit ihrer Übersiedlung aus Hamburg nach Freiburg engagiert sie sich seit 50 Jahren in der Kommunalpolitik. In Freiburg-Lehen ist sie ab 1971 Mitglied des Ortschaftsrates, 20 Jahre war sie Ortsvorsteherin (1989–2009). Im Freiburger Gemeinderat war sie von 1975 bis 1991 als Stadträtin tätig. Von 1991 bis 1998 vertrat sie als Abgeordnete der CDU die Stadt Freiburg im Deutschen Bundestag. Im Gemeinderat brachte sich Sigrun Löwisch vor allem für Fragen der Familien- und Kinderpolitik ein.

Sie war Kreisvorsitzende des Deutschen Familienverbandes von 1971 bis 1976, Richterin am Staatsgerichtshof Baden-Württemberg von 1984 bis 1991 und ist Mitglied des Freiburger Universitätsbeirates seit 1991.

Ph.D. Michael W. Mehaffy

Michael W. Mehaffy ist Direktor von IMCL (International Making Cities Livable) und Senior Researcher bei der Ax:son Johnson Foundation und beim Centre for the Future of Places am KTH Royal Institute of Technology in Stockholm. Er lebt in Portland, Oregon USA und Stockholm, Schweden.

Michael Mehaffy studierte Architektur bei Christopher Alexander an der Universität Berkeley und promovierte in Architektur an der Universität von Delft in den Niederlanden.

Zu seiner Tätigkeit am IMCL und in Stockholm ist er Autor, Pädagoge, Stadtplaner, Planer und Berater für strategische Entwicklung mit internationaler Praxis. Er hatte Lehraufträge an sieben Graduierteninstitutionen in sechs Ländern inne und sitzt in den Herausgebergremien zweier internationaler Fachzeitschriften für Stadtgestaltung. Er war Berater von UN-Habitat für die Habitat-III-Konferenz und ihr Ergebnisdokument »The New Urban Agenda«, und wird für Regierungen, Unternehmen und NGOs zu deren Umsetzung und verwandten Themen konsultiert. Der gesuchte Berater in allen Fragen der New Urban Agenda ist Stadtplaner und Wissenschaftler mit hohem internationalen Ansehen.

Otto Neideck

Otto Neideck wurde am 28. Oktober 1953 in Krefeld geboren. Er erhielt 1970–1973 eine kaufmännische Ausbildung und war 1973–1975 als Einkaufsleiter tätig. 1975–1980 studierte er Wirtschaftswissenschaften an der Universität Siegen mit dem Abschluss als Diplomvolkswirt. In den nächsten drei Jahren war er als wissenschaftlicher Assistent an den Universitäten Siegen und Bayreuth tätig. Seit 1983 war Otto Neideck in der Kommunalverwaltung beschäftigt, zunächst in den westfälischen Städten Borken und Rhede, 1989 wurde er Stadtdirektor der Stadt Goslar. 1993 Wahl zum Finanzbürgermeister der Stadt Freiburg, ein Amt, das er bis zu seiner Pensionierung im Jahre 2018 bekleidete. Seit 2002 war er zudem Erster Bürgermeister. Er ist in einer Vielzahl von Gremien und Institutionen in diesen Jahren engagiert gewesen. So war er Vorsitzender des Finanzausschusses des Städtetages Baden-Württemberg. Seit 2003 ist er Vorsitzender des Regionalen Verbandes Südlicher Oberrhein. Er ist Vorsitzender des Abwasserzweckverbandes Breisgauer Bucht und war bis zu seiner Pensionierung im Aufsichtsrat des Freiburger Münsterbauvereins. Otto Neideck ist verheiratet und hat zwei Kinder.

Michaela Piltz

Michaela Piltz wurde 1976 in Karlsruhe geboren. Nach Ihrem Magisterabschluss in Politikwissenschaft und Geschichte war sie von 2007 bis 2014 bei einer international tätigen Strategie- und Kommunikationsberatung tätig. Dort leitete und betreute sie vor allem Dialog- und Beteiligungsprozesse im Bereich Infrastruktur, Energie und Stadtentwicklung auf Bundes-, Landes- sowie auf kommunaler Ebene. Neben der Prozessberatung und dem Projektmanagement war sie als Moderatorin und ausgebildete Mediatorin, vor allem in Konfliktdialogen, tätig. 2014 wurde sie vom Gemeinderat Freiburg zur Leiterin der Stabsstelle Kompetenzzentrum Bürgerbeteiligung bestellt. Michaela Piltz ist Mitglied in mehreren Netzwerken zur Weiterentwicklung und Qualitätssteigerung der Bürgerbeteiligung und deren Verzahnung mit den Formen der repräsentativen und direkten Demokratie, wie u.a. in der Allianz vielfältige Demokratie der Bertelsmann Stiftung.

Uwe Schade

Uwe Schade wurde am 2. November 1969 geboren. Er studierte von 1990 bis 1996 an der Technischen Universität Braunschweig das Bauingenieurswesen mit dem Abschluss als Diplombauingenieur. Nach einer kurzen Beschäftigung im Frühjahr 1997 als freier Mitarbeiter in der Abteilung Regionalverkehr beim Zweckverband Großraum Braunschweig kam er im Mai 1997 zur Stadt Freiburg, wo er beim Tiefbauamt in der Abteilung ÖPNV stellvertretender Sachgebietsleiter für die generelle Planung des öffentlichen Personennahverkehrs wurde. Seit Anfang 2000 hat er die Leitung des Bereichs »Planung und Bau« der REGIO-VERBUND GmbH. Er wurde dann zeitweise stellvertretender Abteilungsleiter und kommissarischer Leiter der Abteilung ÖPNV beim Tiefbauamt. Als das Gartenamt und das Tiefbauamt miteinander verschmolzen wurden, wurde er Leiter der Stabsstelle Regionaler ÖPNV bis er 2008 zur REGIO-VERBUND GmbH überwechselte, deren Geschäftsführer er seit Oktober 2010 ist.

Klaus Siegl

Klaus Siegl wurde am 2. Juni 1945 im Sudetenland bei Karlsbad geboren. Nach der Vertreibung wuchs er im Allgäu auf. Dort machte er 1967 in Lindenberg sein Abitur. Er studierte in Konstanz an der Fachhochschule Bauingenieurwesen mit dem Abschluss als Diplomingenieur (FH). 1973 stieß er zur Freiburger Bauverwaltung. Von 1973 bis 1986 war er beim Stadtplanungsamt tätig und stellvertretender Leiter der Gruppe Flächennutzungsplanung und Stadtentwicklung. Hier war er auch für das erste Energieversorgungskonzept der Stadt Freiburg verantwortlich. Von Oktober 1986 bis Oktober 1992 war er dann im neu gegründeten Umweltschutzamt Leiter der Abteilung Energie und Abfall. Ab Oktober 1992 leitete er bis zu seiner Pensionierung im Jahre 2010 die ämter- und dezernatsübergreifende Projektgruppe Rieselfeld.

Dorothea Störr-Ritter

Dorothea Störr-Ritter, geboren in Freiburg, arbeitete nach dem Studium der Rechtswissenschaften als selbstständige Rechtsanwältin. Sie war Mitglied des Deutschen Bundestags und Landesgeschäftsführerin der CDU in Baden-Württemberg. Seit 2008 ist sie Landrätin des Landkreises Breisgau-Hochschwarzwald. Ehrenamtlich ist sie seit 2011 Mitglied des Nationalen Normenkontrollrates und seit 2014 im Präsidium des Landkreistages Baden-Württemberg. Dazu war sie unter anderem auch viele Jahre Präsidentin des Bundes der Selbstständigen Baden-Württemberg e. V.

Prof. Dr. Wolfgang E. Stopfel

Wolfgang E. Stopfel, geboren 1935 in der Rhön. Abitur an Luthers und Bachs Schule in Eisenach; Studium Kunstgeschichte, Klassische und Christliche Archäologie, Musikwissenschaft in Jena und Freiburg. Stipendiat der Biblioteca Hertziana in Rom. Promotion über ein Architekturthema. Seit 1966 Denkmalpfleger in Praxis und Lehre, 1973– 2000 Leiter der für den Regierungsbezirk Freiburg zuständigen Außenstelle des Landesdenkmalamtes Baden-Württemberg als Nachfolger von Martin Hesselbacher; Honorarprofessor seit 1983; Bundesverdienstkreuz 2000. Wolfgang Stopfel lebt in Freiburg.

Gerda Stuchlik

Gerda Stuchlik wurde am 14. Juli 1958 in Bad Homburg v. d. Höhe geboren. Sie studierte die Fächer Biologie, Geschichte und Politik an der Johann Wolfgang Goethe-Universität in Frankfurt a. M. (Sekundarstufe I und II) und war wissenschaftliche Mitarbeiterin an der Frankfurter Universität und der Gesamthochschule Kassel. 1990–1994 war sie Geschäftsführerin des europäischen Städtezusammenschlusses »Klima Bündnis / Alianza del Clima e.V.«, anschließend 1994–1997 persönliche Referentin und Büroleiterin des Umweltdezernenten Tom Koenigs bei der Stadt Frankfurt a. M. Ab 1997 ist sie Bürgermeisterin für Umwelt, Entsorgung, Grünflächen und Forsten in Freiburg i. Br., ab 1998 Bürgermeisterin für Umwelt, Schule und Bildung in Freiburg i. Br. und ab 2011 Bürgermeisterin für Umwelt, Jugend, Schule und Bildung in Freiburg i. Br.
Seit 1987 Mitglied in der Partei die GRÜNEN.

Dr.-Ing. Magdalena Szablewska

Frau Dr.-Ing. Magdalena Szablewska vertritt als Technische Geschäftsführerin die Freiburger Stadtbau GmbH und die dazugehörigen Verbundgesellschaften. Mit über 11 000 Wohnungen ist die FSB die größte Wohnungsbaugesellschaft in Südbaden.
Zuvor war sie als Bereichsleiterin in Wohnungsbauunternehmen tätig. Nach dem Architekturstudium war sie in Architekturbüros tätig und wechselte im Jahr 2008 in den Wohnungswirtschaftsbereich. Sie absolvierte 2012 ein berufsbegleitendes Masterstudium mit Schwerpunkt Projektmanagement und promovierte anschließend an der Bauhaus-Universität in Weimar.

Engelbert Tröndle

Engelbert Tröndle ist in Basel geboren, und ab 1935 in Freiburg aufgewachsen. Abitur am Rotteck-Gymnasium. Nach Zimmererlehre als Geselle in der Schweiz gearbeitet. Studium des Bauingenieurwesens an der Technischen Universität München. In der Bauindustrie als leitender Ingenieur im Autobahn-, Wasser- und Wasserkraftwerkanlagenbau im Inland und in Übersee tätig. Ab 1975 bei der Stadt Freiburg arbeitend; zunächst beim Tiefbauamt, dann als Amtsleiter der Fuhrparkbetriebe und Geschäftsführer der FEBA und Flugplatz GmbH. Öffentlich bestellter und vereidigter Sachverständiger im Bauwesen. Seit 1997 im Ruhestand.

Johannes Ullrich

Johannes Ullrich ist seit 2014 Präsident der Handwerkskammer Freiburg. Neben diesem Ehrenamt führt der 1962 in Freiburg geborene Meister im Maler- und Lackierer-Handwerk seit 1999 ein 1926 gegründetes Familienunternehmen.

Seit 2014 ist Ullrich zudem Vorsitzender des Landesausschusses Europa des Baden-Württembergischen Handwerkstages (BWHT). Für das regionale Handwerk setzt sich Ullrich seit mehreren Jahrzehnten ein. So war er von 2009 bis 2014 bereits Mitglied der Vollversammlung und Mitglied des Vorstands der Handwerkskammer Freiburg. Zusätzlich war er in diesem Zeitraum Kreishandwerksmeister der Kreishandwerkerschaft Freiburg – Breisgau-Hochschwarzwald – Markgräflerland.

Zwischen 1998 und 2013 engagierte sich Ullrich als Vorstandsmitglied der Maler- und Lackierer-Innung Freiburg; bis 2002 als stellvertretender Obermeister. Auch im Landesinnungsverband Südbaden des Maler- und Lackierer-Handwerks e.V. und im Hauptverband des Maler- und Lackierer-Handwerks war Ullrich engagiert.

Marc Ullrich

Marc Ullrich wurde am 22. April 1977 geboren und ist von der Ausbildung her Immobilienökonom (GdW). Er ist Vorstandsvorsitzender des Bauverein Breisgau eG und Vorsitzender der Arbeitsgemeinschaft Genossenschaften im vbw Verband baden-württembergischer Wohnungs- und Immobilienunternehmen e.V., Stuttgart. Zugleich ist er Delegierter beim GdW Verbandstag, GdW Bundesverband Deutscher Wohnungs- und Immobilienunternehmen e.V., Berlin.

Bernhard Utz

Bernhard Utz wurde 1941 in Freiburg geboren. Nach dem Abitur am Keplergymnasium, absolvierte er ein Studium der Garten- und Landschaftsarchitektur an der TH München. Von 1968 bis 2005 war er Angestellter der Stadt Freiburg: War er die ersten fünf Jahre für Grünplanung im Stadtplanungsamt zuständig, so wurde er danach für 32 Jahre Leiter des Gartenamtes.

Roland Veith

Roland Veith wurde am 22. Dezember 1949 in Freiburg geboren, wo er auch aufgewachsen ist und die Schule besucht hat.
Die berufliche Ausbildung absolvierte er bei der Stadtverwaltung Freiburg. Sein besonderes Interesse galt der Bauverwaltung. Von den ersten Anfängen des Bauverwaltungsamtes als Stabsstelle des Baudezernenten gehörte er dieser Verwaltungseinheit an. Hier verfasste er auch den ersten Umweltbericht der Stadt Freiburg in den 1980er-Jahren und war an der ökologischen Ausrichtung des Baudezernats beteiligt. Aufgrund dieser langjährigen Berufserfahrung wurde ihm 1992 die ämter- und dezernatsübergreifende Leitung der Projektgruppe Vauban übertragen, die er bis 2009 mit der Aufhebung der Entwicklungssatzung durch den Gemeinderat leitete.
Bereits ab 2008 bis zum Beginn des Ruhestandes 2013 war er als Leiter des Amtes für Projektentwicklung und Stadterneuerung tätig.

Dr. Helmut Volk

Helmut Volk studierte in Freiburg Forstwissenschaften und war viele Jahre Leiter der Abteilung Landespflege der Forstlichen Versuchs- und Forschungsanstalt (FVA) in Freiburg. Er führte landesweite Studien u. a. auch über die Bedeutung der Wälder und der Forstwirtschaft für den Naturschutz durch. Von 1976 bis 1986 war er im Ehrenamt Naturschutzbeauftragter der Stadt Freiburg.

Ulrich von Kirchbach

Ulrich von Kirchbach wurde 1956 geboren. Nach dem Abitur 1975 studierte er Rechtswissenschaften und machte 1981 das erste und 1985 das zweite juristische Staatsexamen. In den Jahren 1985–1992 war er beim Regierungspräsidium Freiburg als Referatsleiter tätig und wurde dann für zehn Jahre Dezernent beim Landratsamt Rastatt. Seit 2002 ist er Bürgermeister der Stadt Freiburg und zuständig für den Bereich Kultur, Integration, Soziales und Senioren. Seit dem 1. April 2018 ist er Erster Bürgermeister der Stadt Freiburg und damit Stellvertreter des Oberbürgermeisters.

Dr. Sven von Ungern-Sternberg

Sven von Ungern-Sternberg wurde 1942 geboren, Abitur 1962, Bundeswehr (1962–1965), Studium der Rechte und der Volkswirtschaft in Freiburg und Edinburgh. Nach den beiden juristischen Staatsexamina, der Promotion zum Dr. jur. und dem Abschluss als Diplomvolkswirt Sozial- und Verkehrsdezernent beim Landratsamt Emmendingen (1993–1998). 1971 Wahl in den Freiburger Gemeinderat, 1973–1978 Vorsitzender der CDU-Stadtratsfraktion. 1978–1998 Freiburger Baubürgermeister, ab 1983 auch Erster Bürgermeister. 1978–1998 Vorsitzender des Abwasserzweckverbandes Breisgauer Bucht, 1983–1998 Vorsitzender des Regionalverbandes Südlicher Oberrhein. Von 1998 bis 2007 Südbadischer Regierungspräsident in Freiburg.
Ehrenamtliches Engagement, u.a. Vorsitz des Münsterbauvereins Freiburg, Landesvorsitzender der Badischen Heimat, Vorsitzender des Volksbundes für Kriegsgräberfürsorge von Südbaden und Südwürttemberg.

Martin Weiner

Martin Weiner wurde 1962 in Freiburg i.Br. geboren. Der Diplom Verwaltungswirt war nach dem Studium von 1986–1993 Verwaltungsbeamter bei der Gemeinde Gundelfingen und danach bis 1999 Verwaltungsdirektor der ev. Kirchengemeinde Freiburg i.Br. Seit 2000 ist Martin Weiner geschäftsführender Vorstand der Heimbau Breisgau eG. Er lebt mit seiner Familie in Heuweiler.

Dr. Dieter Wörner

Dieter Wörner wurde 1949 in Schwenningen a. Neckar geboren. Nach Schulbesuch und Abitur 1968–1973 Studium des Maschinenbaus (Energietechnik) an der Universität Stuttgart. Von 1974 bis 1979 war er wissenschaftlicher Angestellter am Institut für Kernenergie und Energiesysteme der Universität Stuttgart, 1974–1976 Studium einiger Semester der Wirtschaftswissenschaften, 1978 Promotion zu einem Thema der Neutronenphysik. Von 1979 bis 1986 war er Referent in der Abteilung Umwelt des Ministeriums für Landwirtschaft, Forsten und Umwelt Baden-Württemberg. 1986 wurde Dieter Wörner der erste Leiter des neu gegründeten Umweltschutzamtes der Stadt Freiburg i.Br. und ist (seit 2001) 1. Betriebsleiter des Eigenbetriebs Abfall. Er war und ist Mitglied in verschiedenen Verbands-, Kirchen- u. Fachgremien (u.a. Arbeitsgemeinschaften im Dt. Städtetag und Städtetag Baden-Württemberg, Mitglied im Umweltbeirat der ev. Landeskirche Baden, berat. Mitglied im Trinationalen Atomschutzverband (TRAS).

Dr. Dagmar Zimdars

Dagmar Zimdars studierte Kunstgeschichte, Germanistik und Geschichte an der Albert-Ludwigs-Universität Freiburg. 1987 Promotion mit einer Arbeit zur Ausmalung der Franziskanerkirche Santa Caterina in Galatina, Apulien. Sie leitet im Regierungspräsidium Stuttgart das Fachgebiet Praktische Bau- und Kunstdenkmalpflege am Dienstsitz Freiburg. Als Hauptkonservatorin ist sie zuständig für das Münster. Forschungsschwerpunkte in der Kunstgeschichte zur Architektur und Kunst des Oberrheins. Zahlreiche Veröffentlichungen und Vorträge zu Themen der Denkmalvermittlung.